KB123403

# 연 · 세전 교장 에비슨 자료집(Ⅵ)

－교육 · 선교 서한집(4) : 1922~1923－

연 · 세전 교장 에비슨 자료집(Ⅵ)
– 교육 · 선교 서한집(4) : 1922~1923 –

초판 1쇄 발행 2022년 12월 30일

편 자 | 연세대학교 국학연구원 연세학연구소
발행인 | 윤관백
발행처 | 선인

등록 | 제5-77호(1998.11.4)
주소 | 서울시 양천구 남부순환로 48길 1
전화 | 02)718-6252 / 6257 팩스 | 02)718-6253
E-mail | sunin72@chol.com

정가 68,000원

ISBN 979-11-6068-758-3 94900
ISBN 978-89-5933-622-7 (세트)

· 잘못된 책은 바꿔 드립니다.

연세사료총서 7

연 · 세전 교장

# 에비슨 자료집(Ⅵ)

– 교육 · 선교 서한집(4) : 1922~1923 –

연세학연구소 편

# ▌책머리에▐

에비슨(Oliver R. Avison, 1860~1956)은 제중원에서 시작한 세브란스병원과 세브란스연합의학전문학교에서 40여 년간, 1915년 개교한 연희전문학교에서 거의 20년간, 두 기관의 운영 책임자였다. 연희전문의 설립자이자 초대 교장 언더우드(Horace G. Underwood, 1859~1916)의 가장 친한 동료로서 그의 대학 설립 정신을 구현하기 위해 노력하였고, 그 일의 하나로서 세브란스의전을 연희전문의 의과로 만들어 하나의 종합대학을 세우기 위해서도 노심초사하였다.

이 책은 에비슨 교장이 두 학교와 병원을 운영하면서 대외적으로 주고 받은 편지를 번역한 네 번째 자료집으로, 『에비슨자료집』으로는 여섯 번째이다. 연세의 역사 자료를 정리한다는 차원에서 시작한 "에비슨자료집"은 2017년부터 총장 정책과제로 시작하였다. 이 작업은 국학연구원 산하 "연세학풍연구소"에서 시작하였는데, 2021년 말에 "연세학연구소"로 개편되어 이 작업을 계속하였다. 에비슨 자료집은 2020년까지 (I)~(V)권을 간행하였는데, (III)권부터는 "교육 · 선교 서한집"이란 부제를 붙였다.

이 자료집에 수록된 문서들은 1922년과 1923년에 작성된 것이다. 이때는 세브란스병원 · 의전과 연희전문이 1919년 3.1운동 후의 어려움을 딛고 일어나 도약의 발판을 다지던 시기였다. 두 학교 모두 총독부의 제2차 조선교육령에 따라 1923년 전문학교 인가를 갱신하여 더 나은 입지에 올라섰다. 연전은 졸업생이 판임관의 공직에 진출할 수 있게 되고 세전은 졸업생이 총독부의 시험을 치지 않고도 의사면허를 받을 수 있게 되었다. 두 학교는 또한 한국인 교수들의 임용과 임원 승진을 본격화하였고, 이사회를 확대하여 한국인이 학교 운영에 참여할 기회를 높였다. 시설 면에서도 큰 향상을 이루어 세전은 기존 시설을 재배치하고, 결핵병사를 건축하고, 감염병동인 경성부민병원을 착공하고, 남대문로 쪽에 가게를 내어 의료용품 도매 사업을 개시하였다. 연전은 언더우드관, 아펜젤러관, 핀슨관(기숙사)의 건축공사를 사실상 끝내고 난방시설 공사만 남겨놓게 되었다. 이 시기에 두 학교는 함께 학교 통합의 문제도 진지하게 논의하였다. 세전을 연전의 의과로 만드는 문제, 두 학교 이사회를 하나로 합치는 문제, 세전의 캠퍼스를 연전 캠퍼스로 옮기는 문제 등을 논의하면서, 언젠가는 세전을 연전의 의과로 만들자는 것에 다수가 합의하였다.

그러나 이 시기는 두 학교 모두에게 시련의 기간이기도 하였다. 두 학교는 재정 위기를 타개하기 위해 양교 이사회의 합의로 교장을 미국에 보내 후원금을 모금해오게 하고 이 일을 위해 교장의 행정업무를 부교장에게 넘기게 하였다. 그리하여 1923년부터 두 학교에서 부교장(연전은 부교장 대리)이 교장의 행정업무를 맡고, 1924년 3월 교장이 도미한 후에는 1926년 6월에 돌아오기까지 부교장이 2년 이상 교장까지 대리하는 비상 운영체제가 가동되었다. 이런 체제는 1927년 이후에 정상화되었다. 이밖에도 이 시기에 이후의 역사적 현상들을 이해할 수 있게 하는 많은 일이 벌어졌다. 그러므로 이 자료들에서 독자들은 다사다난했던 당시 상황을 살피면서 그 역사의 현장을 지킨 이들의 숨결을 직접 느껴볼 수 있다.

이 자료집의 문서들은 필라델피아의 장로교문서보관소, 뉴저지 주 드류대학교 내 연합감리교회 문헌보관소, 캐나다 토론토대학 내 빅토리아대학의 문서보관소에서 수집되었고, 지난번과 마찬가지로 본교의 원로 동문이신 최재건 교수께서 대다수를 수집해주셨다. 나머지 자료를 수집하고 모든 자료를 정리하여 번역과 해제하는 일은 연세학연구소의 전문연구원인 문백란 박사가 맡아서 하였다. 교정과 윤문, 해제 등은 국학연구원장 및 연세학풍연구소장을 지낸 김도형 교수께서 친히 수고해주셨다. 김도형 교수는 정년퇴직한 지제법 시간이 지났음에도 자료집을 편찬하는 전체 과정을 책임져 주셨다. 사진을 쓸 수 있도록 허락해준 University of Southern California의 Digital Library 관계자께 감사드린다. 원문과 번역문을 나란히 싣는 힘든 편집 작업을 감수해주신 선인출판사의 편집진께도 깊은 감사를 드린다.

2022년 8월

연세대학교 국학연구원장

연세학연구소장

김 성 보

## ▎일러두기 ▎

1. 에비슨이 송 · 수신한 서한, 보고서, 전보 등으로 각 문서의 출처는 문서 말미에 제시하였다. 구체적인 소장처와 그 약어는 다음과 같다.
   ① PHS : 미국 필라델피아 장로교문서보관소(Presbyterian Historical Society). 마이크로필름으로 된 "Presbyterian Church in the U.S.A. Board of Foreign Missions, Korea Mission Records 1903~1957" 및 "Presbyterian Church in the U.S.A. Commission on Ecumenical Mission and Relations. Secretaries Files : Korea Mission, 1903~1972" 및 "Korea Mission records, 1904~1960."
   ② UMAC : 미국 뉴저지, 드류대학교(Drew University)의 연합감리교 문헌보관소(The United Methodist Archives Center).
   ③ PCC & UCC : 토론토대학 내 빅토리아대학. 마이크로 필름으로 제공된 "Correspondences of Presbyterian Church in Canada Foreign Mission Committee, Eastern Section Board of Foreign Missions Korea Mission 1898~1925."
2. 원문과 번역문을 각각의 문서로 묶어서 원문을 쉽게 대조할 수 있게 하였다.
3. 번역은 직역을 원칙으로 하되, 가독성을 높이기 위해 긴 문장을 둘 이상의 문장으로 나누기도 하였다.
4. 편지 원문의 서식과 부호의 형태 · 위치를 번역문에서 가급적 그대로 따랐다. 원문에서 밑줄이나 중간줄이 있는 곳은 번역문에서도 같은 모양으로 표시하였다. 그러나 경우에 따라 원문에는 없어도 의미소통을 위해 필요한 단어나 간략한 해설문을 '[ ]' 부호로 문장에 삽입하거나, 대명사를 문맥상의 실제 지시어로 번역하기도 하였다.

5. 경어체로 번역하였지만, 존댓말이 과하여 분위기가 경직되지 않도록 격식을 약간 갖춘 정도의 어투로 번역하였다.
6. 이해를 돕기 위해 각주를 달았다. 각주 설명이 필요한 인명, 단체명, 특정 용어 등에 대해서는 그 명칭이 맨 처음 등장한 곳에 각주를 달았다.
7. 교단별 선교지휘부를 가리키는 'Board of Foreign Missions' 또는 그것의 약칭인 'Board'는 각 교단 총회 산하의 부서란 점에서 '선교부' 또는 '해외선교부'로 번역하였다. 한국에 있는 선교사들의 교단별 집단을 가리키는 'Mission'은 '선교회'로, 'Mission'의 지방거점을 가리키는 'Station'은 '선교지회'로 번역하였다. 'Board'가 대학이사회를 가리키는 "Board of Managers"의 약칭으로 표기하거나 연희전문 · 세브란스의전을 위한 선교부들의 후원 조직인 "Cooperating Board"의 약칭으로 표기되기도 하여 문맥에 따라 '이사회' 또는 '협력이사회'로 번역하였다.
8. 'Charter'는 학교설립 인가 또는 인가신청서를 뜻하지만, 문맥을 따라 대학이사회의 '정관'으로 번역하기도 하였다.
9. 두 학교에 정기적으로 후원금을 내고 이사와 교수를 파송하는 선교부들의 세 가지 협력 수준 'Full cooperation,' 'Partial cooperation,' 'Minimum cooperation'을 1939년 「연희전문학교일람」(『연희전문학교 운영보고서 (下)』, 선인, 2013, pp.197~198)의 이사회 정관에서 표현된 대로 '전부협찬'(全部協贊), '일부협찬'(一部協贊), '최소협찬'(最少協贊)으로 번역하였다.

## ▌차 례▌

**【1923년】**

# ▌해 제▌

본 자료집 Ⅵ권(서한집 4권)은 1922~23년에 에비슨(Oliver R. Avison, 1860~1956)이 우편으로 송수신한 문서(서신, 보고서, 전보, 회의록 등) 90편을 날짜순으로 정리, 번역한 것이다. 이 자료집에 수록된 문서는 ①연전 관련 31편, ② 세전과 병원 관련 28편, ③ 연전, 세전 공통 25편, ④ 개인사와 선교 활동에 관련 6편 등이다. 앞 시기에 비하면 ③의 경우가 많았는데, 이는 두 학교의 공동 협의와 보조가 필요한 사항, 곧 전문학교 인가 갱신, 교장의 후원금 모금 활동, 세전의 과학 과목 연전 위탁 교육, 두 학교의 통합 구상 등이 현안이 되었기 때문이었다.

1922~23년은 두 학교에 매우 중요한 시기였다. 조선총독부의 교육령 개정에 따라 학교 체제를 정비하면서 전문학교 인가를 갱신하였다. 한국 사회의 후원과 관심을 높이기 위해 이사회를 확대하여 조선예수교장로회 총회와 남·북감리연회, 학교 동문회의 대표들을 이사로 받아들였다. 또한 개교 이래 재정 적자는 계속되었고, 이를 타개하면서 학교를 발전시켜야 하였다. 이런 여건 속에서 학교의 운영을 안착·발전시키기 위해 노심초사했던 에비슨 교장의 다양한 노력이 이 자료집의 편지와 전보 속에 담겨 있다.

## 1. 총독부의 교육령 개정 관련 사항

### 1) 교육령 개정과 전문학교 인가 갱신

조선총독부는 1922년 2월, 「교육령」을 개정하였다(제2차 교육령). 개정 방향의 핵심은 학교 종류와 수업 연한에서 일본과 동일한 학제를 채택하여, '내선공학'(內鮮共學)을 내세우고 '일선동인'(一視同仁)을 강조하는 것이었다. 총독부는 학제를 일본과 같게 하면서 조선에도 '대학'을 설립할 수 있는 근거를 마련하여 경성제국대학을 설립하였다(1924년 예과). 제1차 교육령(1911)에서는 조선 내의 대학이 인정되지 않았지만, 이때는 세전과 연전도 '대학'으로 성장할 수 있는 길이 열렸다. 물론 일제 당국은 이를 허용할 생각이 애초부터 없었다.

교육령의 개정으로 연전과 세전은 새로운 조건에 맞추어 전문학교 인가를 다시 받았다. 세전은 관립의학교에 비해 차별받는 것에 불만을 품고 있었고(차례 문서 번호 65, 72, 81. 이하 동일), 연전도 대학이 아닌 전문학교로 머물러야 하는 것을 매우 아쉬워하고 있었다(65). 양교의 이사회는 1922년 3월 16일, 오전에 함께 모여 새 교육령에 따라 다시 인가를 받는 문제를 의논하였고, 이어서 오후에는 두 학교가 따로 이사회를 열었다. 연전 이사회는 오후 2시에, 세전 이사회는 오후 2시 30분에 회의를 열어 인가를 갱신할 것을 결정하였다(1922년 3월 16일 공동회의 및 각 학교 이사회 회의록). 그리하여 세전은 1922년 10월 13일에 새로 인가를 받고, 학교 이름을 '세브란스의학전문학교'로 변경하였다(65, 72, 81).

새로운 법령의 요건으로 더 곤란해진 곳은 연희전문의 수물과였다. 연전은 1923년 3월에 문과, 상과, 신과로 이루어진 '연희전문학교'로 새로 인가를 받았지만, 수물과는 자격있는 교수의 수가 부족하여 옛날 등급에 머물렀다(67). 수물과는 1917년, '사립연희전문학교'로 출범할 당시에도 문제가 있었다(연희전문학교 제4회 이사회 회의록, 1916년 3월 27일). 그 근저에는 순수한 자연과학의 연구와 교육을 총독부에서 달가워하지 않았던 사정이 있었다. 학감 베커(A. L. Becker)는 6개 과를 두는 전문학교 설립인가 신청서를 작성하기 위해 학무국과 협상하다가 '순수 과학과'는 설치할 수 없다는 말을 듣고, '신과는 포기하더라도 수물과는 포기할 수 없다'고 맞섰다. 이사회도 1916년 3월 27일 회의 때, 학무국의 불허 통보를 무릅쓰고, 수물과를 설치할 것을 재확인하였다. 이처럼 처음부터 힘들게 출발했던 수물과는 교수진과 교육내용을 정비하여 1924년 3월에야 다시 인가를 받았다.

### 2) 교육령 개정과 종교교육 문제

전문학교 인가 갱신도 매우 중요한 문제였지만, 이보다도 더 중요한 문제로 여긴 것은 자유로운 종교교육이었다. 따라서 학교 운영진만 아니라 조선 내의 기독교 선교회들, 심지어 미국의 협력이사회(Cooperating Board for Christian Education in Chosen, 뉴욕)까지도 초미의 관심을 가지고 그 추이를 주시하였다. 선교사의 입장에서 이런 자유가 보장되지 않으면 학교를 세울 필요도 없다는 생각이 강하였다. 그들에게 이 문제는 개교 이전부터 항상 제기해온 현안이었고, 1917년 전문학교 인가를 받을 때도 우선적으로 고려한 학교운영의 조건이었다. 그래도 이 문제는 제1차 교육령 아래에서 적당하게 무마되었다. 연전은 신학과를 설치하여 종교교육 문제를 해결하였고, 세전은 병원 내 예배와 전도를 활성화하였다.

제2차 조선교육령이 공포되었을 때, 미국의 협력이사회는 다시 민감하게 반응하여 두 학교를 향해 총독부로부터 인가나 특혜를 받으려고 종교 교육을 희생하면 안 될 것이라고 경고하고, 총독부를 향해서도 완전한 종교교육을 부여해 주기를 바란다는 결의안을 통과시켰다(5, 6, 20). 이에 대해 에비슨은 새 교육령에 대한 협력이사회의 의구심은 현지 상황에 대한 오해에서 비롯되었다고 하면서, 연전이 실제로는 비인가 각종학교인 숭실대학과 똑같은 정도로 종교교육의 자유를 누리고 있다고 설명하였다(24, 25). 그 당시 연전에서는 오전 10시 40분부터 20분간 평균 86%에 이르는 학생들의 자발적인 참석으로 채플 예배를 주 3회, 성경 교육 시간을 주 2회 갖고 있었다(21). 종교교육이 정규 교육과정에 포함되지 않았는데도 오전 시간을 썼던 것은 1920년 4월 1일 정무총감 미즈노 렌타로(水野錬太郎)가 에비슨과의 면담에서 이를 허락했기 때문이었다(『연 · 세전 교장 에비슨 자료집(V) – 교육 · 선교 서한집(3): 1920~21』, 2020, 50번). 그리하여 연전은 그 시간에 모든 학생이 신과 수업을 선택하게 하는 방식으로 종교교육을 하였다.

에비슨은 교육령의 개정으로 완전한 종교교육의 자유를 얻을 기회가 왔다고 하며 한때 성급한 기대감을 나타냈다(6). 그런데 현실적인 측면에서는 학교 인가를 받지 않음으로써 종교적으로 이익을 얻는 것보다 학교 인가를 갱신하여 얻게 되는 법적, 사회적인 유익이 더 크다고 판단하였다. 그는 미국에서는 비인가 학교의 학위증서만 가져도 충분히 사회생활을 할 수 있지만, 조선에서는 훨씬 더 큰 사회적 불이익을 받는다고 설명하였다(25). 그러면서 연전은 종교교육을 여전히 과외 과목으로 하여 학생들이 자발적으로 출석하고 있으며, 총독부의 정책을 따라 인가받은 모든 학교가 그같이 하고 있으므로 교육법의 제약을 크게 심각한 것으로 여기지 않는다고 설명하였다(66).

### 3) 별과 설치, 지정학교 제도 시작

개정된 교육령에 따라 인가를 갱신한 후에 두 학교는 이제 신입생 모집에 어려움을 겪게 되었다. 인가받은 중등학교를 졸업하거나 검정고시를 통과한 학생들만 받아들여야 했기 때문이었다. 이에 '별과'를 설치하여 비인가 학교 졸업생들을 받아들였는데, 고등보통학교가 되기를 거부하고 각종학교로 남아 있던 경신학교를 비롯한 장로회 계통의 학교 졸업생들이 그 대상이었다(7, 82). 에비슨은 일본에서 시행하는 미션계 사립중등학교들에 대한 '지정학교' 제도를 도입할 것을 주장하였고(25), 실제로 1923년 봄에 그 제도가 도입되어 이후에 '지정'을 받은 학교는 각종학교 시절처럼 종교교육을 하면서도 졸업생을 전문학교에 본과생으로 진학시킬 수 있게 되었다(81).

## 2. 연희전문학교의 변화와 발전

### 1) 캠퍼스 조성과 건축

연전은 1921년 10월 5일, 언더우드관과 이학관(아펜젤러관)의 정초식을 거행하였다. 언더우드관의 초석은 원한경(H. H. Underwood)이, 이학관의 초석은 북감리회의 웰치(H. Weltch) 감독이 놓았다(3, 21). 언더우드관은 언더우드의 큰 형인 존 언더우드(John T. Underwood)가, 이학관은 미국 매사추세츠주의 피츠필드 제일감리교회에서 자금을 지원하였다. 그러므로 에비슨은 건축비의 분할금이 차질없이 들어오기를 희망하며 여러 차례 편지로 건축의 진행 상황을 기부자들에게 설명하였다. 그렇게 하여 두 건물을 1922년 겨울에 일부라도 사용할 수 있기를 희망하였다(32, 33, 37). 건물들의 건축 감독은 루카스(A. E. Lucas) 교수였고, 밀러(E. H. Miller) 교수가 협력하였으며, 1922년 여름 동안에는 루카스와 밀러가 교대로 건축을 감독하였다(21, 37).

이와 함께 기숙사(핀슨관)와 선교사 출신 교수의 사택 2채를 짓고 있었는데, 기숙사는 4월 1일 입주할 예정이었다. 사택에는 빌링스(B. W. Billings)와 피셔(J. E. Fisher)가 이미 입주해 있었다. 그 밖에도 베커의 사택과 한국인 · 일본인 교수들의 사택들을 짓고, 모범촌, 운동장, 체육관, 도서관, 박물관을 마련하며, 기숙사 단지(기숙사 3채 이상과 중앙 식당)를 완성하고, 도로, 하수 · 급수 · 난방 · 전기시설을 하기를 희망하였다(9). 1921년 5월 무렵에 이학관은 2층을 올렸으나, 언더우드관 공사는 이보다 조금 더 늦게 진행되었다. 기숙사는 학생들이 6월 1일에 들어갈 수 있도록 마지막 손질을 하였다. 베커와 다카하시의 사택을 짓기 위한 계약을 맺었고, 모범촌의 건축을 본격적으로 시작하였으며, 한국인 교수들의 사택 6채를 짓기 위한 계약도 맺었다(21).

기숙사(핀슨관)는 공사가 완전히 끝나지 않아 농업관(치원관)을 계속 사용하다가, 1922년 하기 교원강습회 때 참석자들이 처음으로 사용하였고, 가을학기에 비로소 학생들이 들어갔다(32). 에비슨은 기숙사의 건축비를 제공한 남감리회, 이학관의 건축비를 제공한 피츠필드 제일감리교회, 언더우드관의 건축비를 제공한 존 언더우드에게 건물의 이름을 지어 주도록 요청할 것을 이사회에 권고하였다(32). 그 후 피츠필드의 교회는 최초로 내한한 감리교 선교사 아펜젤러(H. G. Appenzeller)를 기리는 뜻에서 '아펜젤러'를 이학관의 이름으로 추천하였고, 1923년 1월 이사회 회의 때 이 이름이 확정되었다. 언더우드관은 애초에 존 언더우드가 그의 동생인 언더우드 초대 교장을 기리기 위해 중앙 건물의 건축비를 기부하겠다는 뜻을 밝힌 바 있어서 그 전부터 이미 그렇게 불리고 있었다.

한편 다섯 번째 외국인 사택이 거의 완공되어 베커가 곧 입주할 예정이었고, 모범촌에 지은 낮은 직위의 교원들과 사무직원들의 집 6채는 1922년 10월 1일에 입주할 예정이었다. 종업원 숙소들을 더 짓기 위한 계약도 체결되었고, 도로, 하수시설, 급수시설 등을 위한 공사도 진행되었다. 그러나 아직도 시작해야 할 공사가 많이 남아 있었다. 선교사 교수들의 사택이 더 필요하였고, 기혼학생을 위한 집 5채의 건축을 시작해야 하였고, 본관 건물들의 중앙난방시설, 조명시설, 전력시설 공사도 필요하였으며, 운동장, 체육관을 비롯한 여러 시설도 여전히 필요하였다. 심지어는 동쪽 측면에서 흐르다가 바뀐 물길을 잡는 공사도 해야 하였다(33).

학교 캠퍼스를 조성하는 데는 많은 비용이 들었고, 항상 자금이 부족하였다. 그들은 남감리회 선교부와 캐나다장로회 선교부가 1922년에 각각 1만 7천 불과 2만 5천 불을 내기로 약속한 것에 근거하여 존 언더우드의 허락을 받아 언더우드관의 건축비로 다른 공사의 대금을 치렀다. 그런데 두 곳이 약속을 지키지 않아 언더우드관 공사의 대금을 결제하기 어렵게 되었고(37), 다른 공사의 계약금과 잔금도 지급하지 못할 형편이 되었다(37,

71). 자금 부족 문제는 1923년 말까지 지속되었고, 에비슨은 기회 있을 때마다 협력이사회에 약정금들의 지급을 요청하였다.

건축비 부족과 항상적인 재정적자를 해결하기 위해 대학이사회는 에비슨에게 미국에 가서 선교부들을 직접 상대하고 후원금을 줄 인물을 많이 접촉하여 기금을 구해오도록 압박하였다(37). 재정적자를 해결하기 위해 교장이 미국에서 돈을 구해올 필요가 있었던 것은 세전도 마찬가지였다. 이 일로 빚어진 논란은 뒤에 언급할 것이다.

언더우드관과 아펜젤러관은 공사가 아직 완전히 끝나지는 않았지만, 1924년 4월부터 교육관으로 사용되기 시작하였다(『연희전문학교 운영보고서 (II)』, 26번). 그런데 에비슨이 모금 운동을 위해 1924년 3월부터 1926년 8월까지 학교를 떠나 있었고, 원한경도 박사학위 취득과 모금 운동 조력을 위해 미국에 있었기 때문에, 두 사람의 오랜 부재 기간에 두 건물의 완공식이나 봉헌식을 거행하기는 어려웠을 것으로 보인다.

### 2) 농과 복설과 교수 임용 문제

연전은 재정적인 이유로 1921년 4월부터 입학생이 10명 미만인 과를 운영하지 않았다. 이에 지원자가 적은 농과는 신입생 모집을 중단하였다. 그전에는 농과에서 일본인 교수 이치지마(市島吉太郎)가 1920년 부임하여 가르쳤고, 네브라스카대학을 졸업한 한국인 교수도 가르쳐서 1921년 농과 졸업생을 내기까지 하였다. 농업교육에 각별한 관심을 지닌 에비슨은 이치지마가 학교에 있었을 때, 북미 대륙의 농업을 철저히 터득한 교수를 얻어 동서양의 최고지식을 융합시킬 수 있기를 희망하였다(『연·세전 교장 에비슨 자료집 (V)』, 16번).

농과의 운영을 중단하였지만, 에비슨은 이를 일시적인 조치로 여기고 농과 교수를 계속 물색하였다. 그는 농과교수가 부임하면 먼저 한국어를 배우고, 한국의 농업 상황을 연구하여, 미국에서 쓰는 방법을 무조건 이식하기보다 오히려 한국에서 이미 유행했던 방법들을 개선하면서 한국의 기후, 토양, 지형에 유익한 방법들을 보충하려고 노력할 사람이면 좋겠다는 뜻을 여러 차례 피력하였다(2). 또한 농과를 개설하기 전이라도 그 교수는 200에이커의 대학 부지를 개발하기 위해 연구하고, 조림과 목초지와 과수원을 개발하며, 이미 운영 중인 과들에서 몇 가지 과목을 가르치고, 지역 농민들에게 현재 임대하고 있는 학교 소유의 논과 밭에서 미국식 농법을 사용하여 소출을 증대하는 문제를 실험하며, 학비를 댈 능력이 없는 학생들에게 일할 땅을 주고 경작법을 가르쳐 자조하게 하는 일에 시간을 보낼 수 있을 것이라고 하였다(35).

농과 교수를 찾는 일을 가장 적극적으로 도와준 곳은 캐나다장로회 선교부였다. 캐나다장로회는 자신들이 파송했던 잭(Milton Jack) 교수가 1920년 초에 사임하자 그를 대신하여 연 2천 불(4천 원)을 지급하였고, 잭을 대신하여 농학자를 보내는 일을 기꺼이 맡겠다고 약속하였다(14).

하지만 재정적자에 허덕이던 연전의 입장에서는 농과 교수도 중요하지만, 당장은 캐나다 선교부가 지원해주던 연 2천 불이 아쉬웠다. 또한, 농업 교수를 먼저 구하게 되면 농과를 다시 설치하기 위해 많은 돈이 필요해질 것이라고 예상하였다. 관립농업학교와 경쟁할 만한 수준의 교육을 하기 위해서는 경상예산도 증가할 것이므로 현재의 재정 여건으로는 어렵다고 하면서도, 다른 한편으로 농과 설치를 포기하면 한국인들에게 미래의 발전에 대한 믿음이 없는 것을 보여줄 것이라고 하는 등, 갈피를 잡지 못하였다(24). 고심 끝에 에비슨은 선교부들의 경상예산 지급금이 늘어나거나 학비 수입이 훨씬 많아질 때까지는 연 2천 불의 지급을 유지해달라고 요청하였다(24, 30, 32).

이상과 같이 에비슨을 비롯한 연전의 운영진은 경제적인 이유에서 농과의 운영을 포기하였지만, 어느 때라도 여건이 좋아져서 농과를 다시 개설하기를 간절히 바라고 있었다. 그러므로 마침내 농과 교수를 얻을 수 있게 되었다는 말을 듣게 되자 곧바로 농과의 운영에 필요한 비용과 종사자의 수, 준비 업무 등을 구체적으로 제시할 수 있었고, 연전으로 오겠다는 뜻을 밝힌 지원자를 실제로 만났을 때는 형편이 나아지지 않았는데도 불구하고 그를 끝까지 붙들어 두고 싶어 하는 모습도 보였다(38, 44). 그들은 1927~29년 농촌운동을 벌이고 농과를 복설할 필요성을 다시 검토하였고, 마침내 1932년 11월 15일 학교 안에 농촌지도자양성소를 설치하고 운영함으로써 농업교육과 농촌개발을 향한 뜻을 일부 실현하였다.

## 3. 세브란스연합의학전문학교

### 1) 세브란스의전의 '지정'과 졸업생 의사시험 면제

조선총독부는 1923년 2월 24일자로 의사규칙 제1조에 의거하여 사립세브란스연합의학전문학교를 '지정'하였다. 이로써 세전 졸업생은 별도의 절차 없이 의사면허증을 받아 조선 내에서 의료행위를 할 수 있게 되었다. 지정 이전에는 졸업생은 총독부의 면허 시험을 통과해야 하였기에, 학교 차원에서나 일반 사회에서는 세전이 '승격'되었다고 판단하였다. 이런 과정은 에비슨의 편지에서 상세하게 표현되었다.

'지정'을 얻기까지 세전의 운영진과 교수들은 그들의 학교가 "관립학교보다 더 낮은 등급의 대학으로 인정되는 것을 참을 수 없는" 일로 여기고, 새 교육령 아래에서 인가를 다시 받으면 그들이 여러 해 동안 총독부에 요구해온 대로 커리큘럼의 수준을 높이고, 종교교육을 정규 교육과정에 넣을 자유도 얻으며, 더 좋은 교수진과 더 나은 시설을 갖게 될 것이라고 판단하였다(7). 또한, 졸업생들이 총독부의 시험을 치지 않고도 의료행위 면허를 받을 수 있게 될 것이라고 기대하였다(12, 13). 그리하여 1922년 3월, 인가신청서와 총독부의 면허시험 면제 신청서를 제출하였다(34, 39, 57).

이듬해 1923년 2월, 총독부로부터 세전의 졸업시험을 인정한다는 사실을 통보받고 에비슨은 크게 기뻐하며 협력이사회에 이 일을 전보로 알렸다(56, 57). 그는 세전의 발전을 가로막은 총독부의 장애물이 제거되어 졸업생들이 관립의학교 졸업생들과 비교되어 차별을 받지 않게 되었다고 설명하였다(65, 66, 72, 81). 또한, 13년간 애써온 그들의 노력이 결실을 거둔 것에 대해 사의를 표하기 위해 정무총감을 비롯한 총독부의 고위 관리들과 각계의 유명 인사들을 조선호텔과 경성호텔에서 대접하였다(65, 72, 81).*

### 2) 부지확보, 결핵병사 건축, 새 병동·경성부민기념병원 착공

#### (가) 부지확보, 결핵병사 건축

세전은 병원 뒤편의 땅 1.5에이커를 샀고, 경성역과 남대문로의 건설 공사로 수용될 전

* 『매일신보』 1923년 3월 14일[『신문으로 보는 연세역사』(I)].

면의 도로용지를 부지 뒤편의 땅과 교환하기 위해 철도 당국과 협상하였다(7). 교환 협상은 여름에 끝나서 부지 전면의 노변 땅 61.6평을 내준 대신 운동장 근처의 땅 370평을 받아 주택 부지를 확보하였으며, 도로였던 작은 필지들도 샀다(34, 39, 81). 그러는 동안 부지 경계 밖의 땅 주인들이 경계를 침범하자 네 번 소송을 제기하였다가 세 번 이기고 네 번째에는 패소하였다(39, 65).

다른 한편으로 사업 확장에 따른 업무 효율성의 제고를 위해 공간(방)을 재배열하였고, 크고 작은 건축공사도 벌였다. 1922년 여름 동안에는 운동장 북쪽 끝에 환자 3명을 수용하는 결핵병사를 지었다(34, 65). 종업원들의 주택 2채도 지었고, 상품들을 들이고 포장하는 창고를 판매부 옆에 지었으며, 간호학교 기숙사 옆에 김치 등을 저장하는 창고도 지었다(39, 65). 가을에는 정문 쪽에 안경도 팔고 약국도 배치하는 도·소매용 건물을 짓기 위한 계약을 맺고 공사를 시작하였다(39). 에비슨은 이 지점이 경성역과 상업중심지의 핵심부에 있고 진고개와 종로에 비견되는 훌륭한 사업터라고 설명하였다(34). 이 가게는 1923년 12월에 '그랜드 오프닝'을 광고할 수 있게 되었다. 세전은 또한 세계적인 제약회사와 치과용품 공급회사의 한국 대리점을 맡아 도매업도 하게 되었다. 지하를 개방하여 더 위생적으로 사용하기 좋게 만들었고, 가스관과 급수관, 전기선 등의 위치를 바꾸었으며, 석탄 저장시설을 추가하였다(88).

(나) 새 병동 착공 준비

한편 건물이 너무 비좁아지게 되자 그들은 병원 곁에 새 병동('新病室')의 건축을 추진하였다. 에비슨은 1922년 9월 병동을 짓기 위한 굴착공사를 시작하면서, 교수와 학생을 포함한 교내 구성원 전체가 '근로 봉사'하는 방안을 택하였다. 그러면서 이 일은 새 병동을 지을 돈을 기부받을 때까지 마냥 기다리고 있을 수 없을 만큼 건물이 절박하게 필요하다는 것을 외부에 알려서 재력이 있는 이들이 자금을 기부할 생각을 갖도록 자극하기 위해서라고 설명하였다. 그는 그 건물을 지하 1층에서 지상 2층까지 지으려면 2만 5천 불에서 3만 불이 들 것으로 추정하였다(34). 그러나 그해 12월에는 그 건물을 지하 2층을 포함하여 5층 높이로 구상하고 있다고 설명하였다(39).

그리하여 9월 28일, 6개 팀이 병원 옆의 한 구역을 나누어 맡아 땅을 파기 시작하였고, 겨울이 올 때까지 거의 매일 작업하였다. 에비슨은 간호사들도 한 부분을 맡았는데, 그들이 많은 곳이 가장 많이 진척되었다고 설명하였다(39). 1923년 초에 세브란스(John L. Severance, 1902년 세브란스병원의 건축비를 기부한 Louis H. Severance의 아들)는 한국인 교직원들이 노동하는 장면을 찍은 사진을 보고 기뻐하면서, 한국 현지에서 돈을 모아 병동을 하나 짓는다면, 그의 자매와 함께 기꺼이 두 번째 병동을 짓거나 다른 큰 건물 또는 몇 개의 작은 건물들을 지을 자금을 기부하겠다는 뜻을 피력하였다(48, 52, 66, 67) 이 일은 마침내 에비슨이 미국에 가서 세브란스 남매로부터 받은 10만 불의 기부금으로 '신병실'의 건축을 1926년 본격적으로 시작하여 1927년 완공하는 성과를 거두었다.

(다) 경성부민기념병원의 착공

1919년 서울에 콜레라가 유행하자 1920년 10월, 서울의 유력 인사들이 감염병 전용 병원의 설립을 위한 '경성부민 시립피병원설립 기성회'(회장 박영효)를 조직하고 20만 원을 목표로 활발하게 모금 활동을 전개하였다. 1921년 7월, 기부금의 약정액이 4만 5천 원에 이르자 병원을 세우기 위해 부지를 물색하였다. 그러나 주민들의 반대로 부지를 구할 수 없었고, 모금도 제대로 이루어지지 않았다. 이에 기성회는 1923년 7월, 총회에서 그동안 모은 돈을 세브란스병원에 제공하고 병원 안에 '경성부민병원'을 세우기로 결의하였다. 기성회가 이런 결정을 하기까지는 오긍선이 역할이 컸다.

에비슨은 1923년 7월 소래에서 휴가를 보내다가 피병원 설립을 위한 기부금과 관련된 전보를 받고 급히 서울로 올라왔다. 서울로 돌아와 7월 25일 그들과 합의서를 작성하고 1만 2천 원의 기부금을 받았다. 그는 9월 이사회에 제출한 보고서에서 건축을 즉시 시작할 것을 제의하고, 기부를 더 받아 1만 6천 원이나 2만 원까지 모으기를 바란다고 말하였다(81). 또한, 협력이사회에도 이런 낭보가 있었던 사실을 선전하면서 더 많은 기부금을 얻으려 하였다. 그리하여 1924년 경성부민기념전염병실이 착공되어 1926년 완공되었다.

### 3) 세브란스병원의 발전과 의전 교수의 동정

에비슨은 세브란스병원의 현황을 보고하는 서한도 몇 차례 보냈다. 대체로 환자의 수가 늘었고, 따라서 수입도 늘었다는 내용을 담고 있었다. 또한, 병원장과 교장으로서 각 교실의 변화, 선교사 의사, 교수의 동정도 보고하였다. 그 가운데 중요한 것은 다음과 같다.

**오긍선** : 오긍선은 1921년 안식년을 맞은 반버스커크(J. D. VanBuskirk) 학감을 대리하다 반버스커크와 전체 교수회의 동의를 받아 1922년 9월 학감이 되었다(8, 34, 39). 이 일에 대해 에비슨은 의학교가 처음 시작할 때부터 목표로 삼았던, 한국인 동료에게 책임과 권한을 이양하는 과정이 시작되고 있다고 설명하였다(34). 그러면서 홍석후에게 교수직을 부여한 것도 그런 맥락에서 한 일이고, 이로써 다른 이들도 조만간 비슷하게 승진할 것을 확신할 수 있게 하여 기쁘다고 말하였다. 오긍선은 학감의 직무만 아니라 피부과와 생식기·비뇨기과의 업무도 박주풍의 도움을 받으며 훌륭하게 이끌었다(65). 반버스커크는 1922년 9월 6일 돌아와 생리학과 생화학 과목들을 맡았다(34, 39).

**홍석후** : 안과와 이비인후과에 속해 있다가 미국으로 떠나서 노스다코다 주의 마이놋을 거쳐 캔자스시티로 가서 해부학 전문과정을 이수하고 뉴욕 의학대학원에서 이비인후과 과정을 이수한 후, 1922년 11월 세브란스로 돌아왔다(7, 8, 34, 65). 그의 미국 유학비는 세브란스가 일부를 기부하였고, 나머지는 의학교에서 부담하였다(39). 그는 교수가 되기로 미리 약속을 받고 떠났으며, 이비인후과는 그가 돌아올 때까지 허스트(J. W. Hirst)의 감독 아래 강(H. R. Kang) 의사가 이끌었다(65).

**안과** : 노튼(A. H. Norton)이 1923년 4월부터 안과와 안경 제조 업무를 재조직하였다. 안경 가게에 새 기기와 중국인 기술자를 들임에 따라 안경 제작을 위해 도쿄나 베이징에 더 이상 맡길 필요가 없게 되었고, 판매가 크게 늘었다(65, 72).

**약학과** : 테일러(J. K. Rex Taylor)가 1922년 9월에 와서 약물학과 약리학 과목을 가르치면서 약학과를 이끌고 약품의 판매·제조부도 맡게 되었다(34, 39). 그 덕분에 도소매용 약국으로 쓸 1층짜리 건물을 지어 전국적으로 지방 병원들과 졸업생들에게 약품을 공급하고 이윤을 창출하는 사업을 만들 계획을 세우게 되었다(34, 65).

**스코필드** : 1922년 초부터 전에 세균학과 위생학 교수였던 스코필드의 한국 귀임 문제가 다시 거론되기 시작하였다(8).* 그는 여전히 한국에 마음을 두고 있었지만, 그의 귀임을 가로막는 가정 문제는 해결되지 않고 있었다(16). 에비슨은 1922년 4월 캐나다장로회 선교부에 그가 한국에 올 가능성이 있는지를 분명하게 알려달라고 요청하였고(17), 선교

* 스코필드는 3.1운동의 참상을 알린 사람으로 유명하다. 흔히 스코필드가 이 일로 조선총독부에 의해 추방되었다고 하지만, 스코필드가 한국을 떠난 것은 안식년, 가정 문제 등이었으며, 이때 다시 한국에 들어오고자 하였다.

부 총무는 그해 5월 그를 한국으로 가는 복음전도 선교사로 임명하였다는 사실을 알렸다(19, 22, 27). 그들은 같은 선교부 출신의 맨스필드가 세전에 있었기 때문에 그를 의사로 보낼 수 없었다. 그러나 캐나다장로회의 조선 선교회가 스코필드를 다시 세전에 보내기로 결정하였다(30). 이 소식을 들은 에비슨은 그가 빨리 오기를 기대하면서 의학교 이사회에 스코필드를 다시 세균학과 위생학 교수로 임명해주도록 추천하였다(34). 그러나 이것이 그에 관한 마지막 언급이었다. 그 후로는 그의 거취가 더 이상 언급되지 않았다.

## 4. 연전, 세전의 협력과 재정 적자 문제

### 1) 세브란스의전의 과학 과목 연희전문 위탁교육, 학교 통합안

연전과 세전은 캠퍼스가 떨어져 있었지만, 설립과 운영 주체가 같은 조직에서 나왔고, 따라서 근본적인 교육 이념도 다를 것이 없었다. 특히 이때는 한 사람의 교장 아래 운영되고 있어서 양교가 협조 관계를 유지하기 위해 노력하였다.

세전은 1922년 4월에 시작되는 새 학기부터 1학년생들을 일주일에 이틀씩(월, 화) 연전에 보내 물리, 화학, 생물을 배우며 의예과 수준의 기초학문을 연마하게 하였다(7, 8, 39, 65). 이 과목들은 필수였지만, 세전에서는 그동안 시간강사들이 가르쳐왔다(8). 그에 비해 연전에는 자연과학을 전문적으로 연구 · 교육하는 이과, 곧 수물과가 있었다. 그곳에서 물리학 교육은 베커가, 화학 교육은 밀러(E. H. Miller)가 이끌고 있었으며, 이학관을 과학 교육 전용관으로 사용하기 위해 건축하고 있었다. 베커는 1919년 봄에 안식년을 맞아 떠난 후 미시간대학교에서 대학원 과정을 밟아 물리학 분야에서 박사학위를 받고 1921년 10월에 돌아왔다. 두 대학의 이런 상호 협력은 언젠간 연전에 의예과를 정규 과정으로 두게 되기를 기대하는 마음에서 진행되었다(7, 8).*

에비슨은 이런 일들이 밀접한 협력의 시작이 될 것이라고 보았다(21). 그는 두 학교의 통합을 위해 계획을 세워둔 것은 없지만, 협력 사역으로 교육의 만족도가 높아지고 있고,

* 다른 한편으로 연희전문의 신임 교수인 다카하시(高橋慶太郎)는 세브란스에 와서 일어와 수신을 가르쳤다.

연전의 수입이 늘고 있으며, 의학교에 추가로 건물들이 필요해질 것이므로 연전의 실험실들을 의학생들이 사용하게 하는 것이 유익할 것이라고 설명하였다(24).

하지만 뉴욕의 협력이사회는 이런 교육 협력을 다소 부정적으로 보았다. 그들은 1922년 5월 9일 열린 회의에서, 두 대학의 밀접한 협력이 능률을 높이게 될 것이라는 점은 인정하면서도 각 학교의 개성과 본 모습을 흐리게 하거나 손상하면 안 될 것이라는 의견을 냈다(67).

그 후 에비슨은 12월 12일 서울지역의 동료 선교사들에게 제출한 보고서에서 총독부의 개정된 커리큘럼에 의해 생물학과 물리학이 의학교의 필수과목에서 빠졌기 때문에 1923년 새 학년에는 의학생들을 연전에 보내는 것을 중단하고, 생물학은 생리학 수업 때, 물리학은 각 과에서, 화학은 의학교 실험실들에서 가르칠 계획이라고 설명하였다(39).

며칠 후 1922년 12월 18일, 두 학교 이사회의 공동회의에서 이사들은 양교가 취할 장래 정책으로서 연전에 의과를 두기로 하고, 그렇지만 현재는 그 일을 추진하는 것이 적합하지 않다는 것에 합의하였다(42, 43, 67). 며칠 후 에비슨은 이 합의를 설명하면서, 현재는 통합을 위해 어떤 결정도 내리지 않았지만, 대외적으로 후원금을 호소할 때 두 학교가 사람을 따로 써서 그 일을 제각기 하기보다 하나로 뭉친다면 호소력을 더 높일 것이고, 더 나아가 미국에서는 독립적인 의대들이 점점 적어지고 의학교육이 종합대학의 영역 안에 있어야 할 것으로 여겨지고 있다고 주장하였다(42, 43).

협력이사회는 1923년 1월 17일 열린 회의에서 양교 이사회의 합의 내용을 다루면서 지난해보다는 좀 더 긍정적인 태도를 보였다. 그들은 두 학교의 시설과 장비와 교육과정의 불필요한 중복을 피하여 연전에 의예과를 두거나 연전의 실험실에서 기초적인 의학 수업을 할 수 있다는 점을 인정하였다. 그러면서 양교가 협력할 가능성을 고려하여 세전에 새 실험실과 교실을 지으면 안 될 것이라는 의견을 개진하였다(48). 협력이사회의 총무는 에비슨에게 협력이사회가 그 회의 때 열린 마음으로 이 문제에 접근하여 세전을 연전과 합치거나 연전의 한 과로 두는 기독교 종합대학을 세우는 것에 관해 의논하기까지 하였지만 아무 결정도 내리지 않았고, 일부 이사들은 여전히 각 학교가 특유의 본 모습을 계속 지니기를 바라고 있다고 설명하였다(52, 67). 이에 대해 에비슨은 협력이사회가 두 대학의 통합을 점점 더 승인하는 쪽으로 나아가고 있다고 해석하였다(67).

그 후 양교 교수들은 통합 문제를 본격적으로 거론하였다. 세전의 교수들은 학교를 연전

교지로 옮기는 문제를 여러 차례 의논하다가 현재 자리에 남는 것이 더 낫다는 결론을 냈다. 더 나아가 양교 교수들은 두 학교를 하나의 이사회 아래 합치는 정책에 관해 의논하고, 이 일에 합의하였다(34, 65). 이때 그들은 세전을 연전의 의과로 만드는 계획을 가장 많이 지지하였다(65). 에비슨은 두 학교의 통합이 가까운 장래에 이루어질 수는 없을 것이지만, 그런 때를 대비하여 연전에서 시설 공사를 끝내고 자격을 갖춘 한국인과 일본인 교수를 충분히 고용하도록 경상예산을 증액하여 학교 수준을 높여야 한다고 주장하였다(66).

### 2) 재정 위기와 해결책 모색

#### (가) 재정 위기

연전과 세전 및 병원은 항상적인 재정적자에 시달렸다. 운영에 참여한 선교부들의 지원은 대개 파견한 교수들의 인건비에 소요되었고, 경상비는 기부금이나 학생 수업료로 충당하였는데, 병원에서는 진료 수입으로 경상비를 충당해야 하였다. 목적성 기부금으로 대규모 건물 신축도 하였으나, 이 일 또한 적자를 면하지 못하였다. 연전의 경우에는, 앞서 본 바와 같이, 농과 교수의 임용보다 교수 대신 보내주는 돈이 당장 더 긴요하였다.

세전의 경우에는, 협력이사회의 재정위원회 위원장인 세브란스(John L. Severance)와 그의 자매 프렌티스 부인(Mrs. F. F. Prentiss)이 매년 적자를 메꾸는 데에 필요한 만큼 특별기부금을 보내다 1920년부터 적자 보전금을 연 1만 불로 올려 정례적으로 보내준 것이 그런 형편에서 큰 힘이 되었다(『연 · 세전 교장 에비슨 자료집 (V)』, 6번). 그런데 1919년 3.1운동으로 환자가 폭증한 한 데 이어 1921~22년도와 1922~23년도에도 병원의 수입과 환자 수가 계속 증가하면서(7, 8, 65, 72) 그만큼 의료용품을 더 많이 수입하고 시설을 더 확충할 필요가 발생하였다. 세전은 1922~23년 동안 의료용품을 영국과 미국에서 평소보다 더 많이 구매하였고, 진료실들을 재배치하면서 지출도 훨씬 더 많이 하였다(55). 그러나 1922년 1월 협력이사회가 해외 주문 물품의 대금결제 방식을 바꾸어(5) 협력이사회를 통한 신용결제를 원천적으로 차단하였다. 이 일은 협력이사회에서 해외구입 물품 청구서들을 우선 결제해주면 나중에 약간의 수수료를 더하여 결제대금을 갚고—주로 세브란스의 적자 보전금으로—있던 세전을 혼란에 빠뜨렸다.

이런 상황에서 협력이사회는 1922년 3월, 미국의 재정 상황이 좋지 않으므로 다음 회계

연도의 예산을 최저 수준으로 줄이고 현지 조달을 최대한 확대하라고 지시하였다(5). 그러면서 아주 검소한 예산으로 학교를 운영하고 있는 줄은 알지만, 그러할지라도 느린 성장도 만족하게 받아들일 필요가 있고, 그동안 학교가 비교적 빠르게 발전하여 더 오랜 역사를 지닌 큰 학교들의 교수진과 학비 수입을 크게 능가하고 있다고 말하였다(5). 그러나 에비슨은 오히려 의학교가 수용 능력이 넘어 혼잡해졌으므로 더 많은 기금을 얻지 못하면 최선의 사역을 할 수 없다고 호소하였다(8). 협력이사회는 1922년 5월, 세전과 연전의 1922~1923년 예산을 보면 협력이사회가 책임질 수 없을 만큼의 적자 발생이 예상되는데, 번번이 수입을 다 써버리고는 태연히 협력이사회에 편지를 보내 빚을 갚아주기를 기대하는 모습을 보이는 것에 협력이사회 회계가 큰 혼란을 겪고 실망해왔다고 질책하였다(20).

협력이사회는 세전이 재원을 늘리기 위해 제시한 부지 전면의 땅을 임대하거나 저당잡히려 하는 것도 반대하였다(20, 24, 48, 52, 65). 세전은 결국 변경된 자금결제 방식에 발목이 잡혀 협력이사회에 대해 신용을 잃고 자금 조달마저 차단된 처지로 몰리게 되었고, 이에 경제적인 곤경에서 벗어날 유일한 희망을 에비슨의 해외 모금 활동에 걸게 되었다(51, 54, 55, 56). 그 후 결제방식이 조정되고 세브란스가 적자 보전금을 보내어 곤경에서 벗어나기는 했지만(69, 88), 발전계획을 이행하기 위해서는 획기적인 자금 조달 노력이 필요한 것을 절감하였다.

연전도 매년 적자가 쌓여가고 있었지만, 1921~22년도에는 재정적으로 역사상 최고의 해를 보냈다고 할 만큼 그 어느 때보다 적자를 적게 냈다(21). 교육관, 기숙사, 사택 등의 건축도 순조롭게 진행되었다. 연전을 위해서는 협력이사회 이사장인 존 언더우드(John T. Underwood)가 언더우드관 건축비의 지급 약속을 성실하게 이행했을 뿐만 아니라 다른 필요한 자금도 보충해주었으며, 미국에서 장비 등을 구입하는 일도 직접 관여하여 도와주었다. 그런 지원에도 불구하고 건물들의 완공과 여러 시설 공사를 위해서는 그보다 훨씬 많은 돈이 필요하였다(21). 그러던 중 캐나다장로회와 남감리회 측이 약정금을 일부만 보내면서 건축공사가 크게 차질을 빚게 되었다(37, 71). 연전은 불가피하게 자본금으로 각종 공사의 계약금과 대금을 치렀고, 그 여파로 경상비까지 큰 적자를 내어 자본금으로 조달하게 되었다(37).* 연전은 결국 공사의 지연을 막지 못하게 되고 자본금까지 고갈되어가

* 에비슨은 1928년 10월 1일 원한경과 공동으로 미국의 후원자들에게 쓴 4쪽짜리 감사의 글에서 1924년에는 기본재산이 비어있었다(empty)고 설명하였다. 여기에서 사용된 '기본재산'이란 단어는 자본금을

자 큰 위기의식을 느꼈다.

(나) 국내에서의 해결책 모색-이사회 확대, 동문회 조직

협력이사회는 에비슨에게 연전과 세전이 겪는 만성적인 적자와 특별한 재정 위기에서 벗어나기 위해 현지 한국에서 스스로 후원금을 모으라고 요구하였다. 이 요구는 두 학교에 다 해당하는 주문이었다. 에비슨도 한국사회의 재정협조가 미국과 캐나다 후원자들의 기부 의욕을 고취하는 데에 많은 영향을 미치기 때문에 한국인들의 협력을 증진하기 위해 노력할 필요가 있다고 여겼다(42, 43).

연전과 세전은 이런 차원에서 이사회를 확대하였다. 두 학교 모두 1923년 9월부터 한국 장로교회와 감리교회 대표들과 학교 동문회 대표와 이사회에서 선출한 인사들이 이사회에 합류하였다(32, 33, 34, 65, 81, 82, 87). 이로써 이때부터 두 학교는 한국 장로회와 감리회의 공식적인 후원을 받기 시작하고, 그 수가 훨씬 많아진 한국인 이사들을 위해 회의 때 한국어를 사용하기 시작하였다.* 더불어 연전에서 졸업생들의 관심과 협력을 높이기 위해 동문회가 1923년 3월부터 조직을 준비하여 1924년 출범하였다(42, 43).**

에비슨은 임용된 교수가 봉급을 받지 않는 경우나 거액의 물품을 기부하는 것도 현지인의 재정 후원으로 간주하였다. 그는 백상규 상과 과장이 봉급을 받지 않음으로써 그 금액을 매월 경상예산에 기부하고 있었던 것과 김영환 음악교수가 그랜드피아노 구입을 위해 15개월분 봉급(2,250원)을 기부한 일을 소개하면서 이를 한국인의 후원 사례라고 선전하였다(66, 70). 앞서 설명한 경성부민병원의 신축도 현지 조선인에게 기부 받은 사례라고 적극 선전하였고, 세전의 제1회 졸업생 박서양이 병원건축비로 100원을 기부한 사실도 알렸다(66).

---

가리켰던 것으로 생각된다. "Chosen Christian College, Seoul, Korea, October 1, 1928"

* 한국인 이사들이 늘어나면서 회의 때 종래에는 영어만 사용하다 이때부터 영어와 한국어를 함께 사용하기 시작하였으며(연희전문학교 이사회 1923년 9월 15일 회의록, 1쪽), 나중에는 한국어만 사용하였다(『연희전문학교 운영보고서 (II)』, 50번).

** 1923년 3월 24일 연희전문 제5회 졸업식이 거행된 후에 30여 명의 동문들이 동문회의 조직을 결의하고 준비하여 1924년 3월 15일 제1회 정기총회를 개최하였다. 『연세대학교백년사』(4) 부편, 연세대학교출판부 1985, 347쪽.

(다) 해외에서의 해결책 모색-교장의 미국 내 모금 계획·행정업무 이관

이런 사정에서 두 학교의 교수들은 1922년 12월, 각 학교 이사회에 에비슨을 미국과 캐나다에 보내 후원금을 얻어오게 하는 일을 승인해달라고 요구하였다. 교수들은 에비슨이 그때부터 70세 정년을 맞는 1930년 6월 30일까지 7년 동안 그의 비젼과 오랜 사역 경험과 국내외의 폭넓은 교제 범위를 살려 두 학교의 사역을 널리 알려 후원금을 모금해오는 일에 주력하면 좋을 것이라고 생각하였다(37). 양교의 이사회는 1922년 12월 18일 에비슨의 집에서 함께 의논한 후, 에비슨이 모든 시간을 모금 사역에 쓰도록 교장의 행정업무를 연전의 베커 학감과 —부교장은 곧 안식년을 가질 예정이었다— 세전의 반버스커크 부교장에게 넘기고, 미국에 가서 충분히 오래 머물면서 원하는 목표액을 채우거나 최소한 학교를 계속 운영할 수 있게 할 정도의 금액을 모금해오게 하기로 결정하였다(42, 43).*

에비슨은 두 학교 이사회의 결정 사항을 협력이사회에 알리고, 모금을 위해 미국에 가는 것을 허락해 달라고 요청하였다(45). 협력이사회는 먼저 에비슨의 소속 기관인 북장로회 선교부에 그의 미국 방문을 허락할 것인지를 물었고, 북장로회 선교부가 절차상 조선 선교회의 허락을 먼저 받아야 한다고 하며 불허한 것을 들어 두 대학이사회에 그 계획을 미루도록 요청하였다(46). 협력이사회는 1923년 1월 17일 열린 회의에서 에비슨의 행정업무를 덜어주는 안은 승인하였지만(48, 52), 미국에서 모금 활동을 하는 것은 시기적으로 여건이 불리하다고 보고 가을 전까지는 미국에 오지 말도록 권유하였다.

에비슨은 이런 조치에 크게 반발하였다. 그는 먼저 중국의 4개 미션계 연합대학들—엔칭대(燕京大), 난징대(金陵大), 산동 기독교대(齊魯大), 광주 기독교대(嶺南大)—에 직접 편지를 보내 그 학교들에서는 어떻게 하는지를 알아보았다. 그 대학들의 회신에서 그의 생각과 일치하는 답변을 들은 후, 협력이사회 측에 북장로회 선교부가 조선 선교회의 허락을 먼저 받아야 한다고 말한 것은 어느 한 교파의 선교회가 교파연합기관의 운영에 거부권을 행사하여 연합을 깨는 길을 열어주는 의미가 있으므로 부당하다고 주장하였다(60, 67). 그러면서도 협력이사회의 권유를 좇아 북장로회 조선 선교회에 자신의 선교지 이탈을 허락해달라고 요청하여 승인을 받았다(79).

---

* 에비슨은 1921년 3월, 약 1년간 미국에서 40만 원을 모금한 후 귀국하였다[『동아일보』 1921년 3월 17일, 『신문으로 보는 연세역사』(I)]. 한국으로 귀임한 지 1년 반 정도 지난 시점에서 다시 미국 방문을 추진하게 되면서 다소의 문제가 일어난 것으로 보인다.

에비슨은 이사회들의 결정에 따라 1923년 1월부터 행정업무를 세전의 부교장과 연전 부교장 대리에게 맡겼다(65, 66, 67, 72, 81, 82). 행정적인 보완 조치를 시행하면서 미국 방문을 위해 필요한 모든 절차가 마무리되었다. 그러나 여전히 선교부가 허락하지 않고 있는 가운데 두 학교 이사회는 1923년 6월 19일 다시 모여 만장일치로 그가 미국에 가야 한다고 결정하였다. 그 소식을 들은 북장로회 선교부는 또다시 그의 미국행을 내년으로 연기하도록 요청하였다. 협력이사회도 미국의 재정 상황이 어느 때보다 심각하게 악화되었기 때문에 내년까지 미국행을 연기하도록 요청하였다(81, 82).

그리하여 에비슨은 1924년 3월에야 미국으로 떠났다. 그 후 2년 이상 미국에서 모금 활동을 하다가 1926년 8월에 돌아왔고, 그때까지 연전에서 교장을 대리하던 베커 부교장이 안식년을 갖기 위해 미국으로 떠났기 때문에, 그 후에는 원한경(H. H. Underwood)이 베커 대신 교장 직무를 보좌하였다. 에비슨의 행정업무 이양을 결정했던 1922년 12월 18일 두 학교 이사회들의 결정은, 연전의 경우, 1927년 9월 23일 이사회 회의 때 철회되었고, 그와 동시에 원한경이 부교장으로 선출되었다. 세전에서는 반버스커크 부교장이 1928년 봄에 건강상의 이유로 안식년을 갖게 되면서 교장이 다시 전체 업무를 총괄하게 되었던 것으로 보인다.

(김도형, 문백란)

# ▮사 진▮

▲ 세브란스의학전문학교(전면)와 세브란스병원(후면), 1922년(추정)
(출처: Presbyterian Historical Society, Philadelphia, 이하 PHS)

노동 봉사에 참여한 에비슨 ▶
세브란스병원에 새 병동이 절실히 필요함을 국내외에 알려 후원을 얻기 위해 전체 교직원과 학생이 1922년 9월부터 겨울이 되기 전까지 매일 땅을 팠다.
(출처: PHS)

◀ 오긍선(吳兢善, 1878~1963)
1913년 부임하여 1921년 학감대리가 되었다가 1922년 정식으로 학감이 되었으며, 피부과와 비뇨기과를 이끌었다. 1923년 피병원 설립기성회와 교섭하여 그들의 기부금으로 구내에 경성부민병원을 세우게 하는 데에도 큰 역할을 하였다.
(출처:『世富蘭偲校友會報』제7호, 1926)

▲ 노동 봉사를 하는 세브란스의전 교수들과 학생들

세브란스가 이들이 일하는 사진에서 한국인들이 스스로 노력하는 모습을 보고 기뻐하며 건축기금의 제공을 약속하였다.

▲ 노동 봉사에 참여한 간호사들

세브란스의 전체 인원이 6개 팀으로 나뉘어 공사를 벌였는데, 에비슨은 간호사들이 맡은 곳이 가장 많이 진척되었다고 설명하였다.

(출처: PHS)

▲ 세브란스의전 운동장, 연대 미상

1922~23년 총독부에 수용당할 부지 남쪽의 남대문통 노변 땅을 운동장 뒤편의 땅과 교환하기 위한 협상이 이루어져 운동장이 더 넓어지고 또 다른 주택부지를 얻었다. (출처: PHS)

▲ 세브란스의전 결핵병사

1922년 여름, 운동장의 북쪽 끝에 3명의 환자를 수용할 수 있는 결핵병사가 건립되어 결핵환자를 치료하는 첫 번째 수단이 마련되었다. (출처: 『世富蘭偲校友會報』 제11호, 1929)

▲ 스팀슨관 공사현장의 에비슨. 1920년 겨울

협력이사회 총무 조지 T. 스코트가 1923년 1월 에비슨에게 쓴 편지에서 자신이 3년 전 이달 서울에 왔을 때 눈이 덮인 스팀슨관 건축공사의 비계 앞에서 에비슨의 사진을 찍었다고 회고하였다. 이 건물은 1919년 4월에 착공하여 1920년에 완공(봄학기부터 사용)되었다. (출처: USC Digital Library, Korean Digital Archive Collection)

▲ 모범촌의 한국인 직원 사택

에비슨은 1922년 이사회 보고서에서 낮은 직급의 교원과 사무직원을 위한 사택 6채를 모범촌에 지어 10월 1일 입주할 준비를 마쳤다고 설명하였다. (출처: PHS)

▲ 건축 중인 언더우드관

언더우드관은 아펜젤러관과 함께 1921년 10월 5일 착공되어 1924년 완공되었으나, 1923년 4월부터 사용되었다. 사진에서 건축 중인 중앙 부분은 tower라고 불렸는데, 1922년 10월에 공사가 완료되었다. 위의 사진의 왼편 건물은 스팀슨관이다. (출처: PHS)

▲ 1923년 7월 18일 촬영된 언더우드관

당시의 건축감독 루카스(A. E. Lucas)가 이 사진들을 촬영하였다.
(출처: United Methodist Archives and History Center(이하 UMAH), Drew University)

▲ 본관 건물들의 초기 모습, 1923년

위의 사진은 하단에 "Stimson Hall, Underwood Hall, Science Hall"이란 글자가 적혀 있고, 아래 사진은 조금 더 선명하다. 이 사진은 어쩌면 세 건물을 함께 찍은 사진들 가운데 가장 이른 것이라 할 수 있을 것이다. (출처: UMAH(위), PHS(아래))

MEMORANDUM
ACCOUNTING DEPT.

TRANSFERRED

10/17/22 19

$ 73.30

RECEIVED FROM Chosen Christian College

FOR Shipping Bills 9/20 – 4.86
9/25 – 69.69
9/25 – .85

Credit Shipping

LETTER OF ______ 192 HANDED TO

BY Hagedorn

OCT 18 19

▲ 연희전문에서 송금한 화물운송비의 영수증, 1922년 10월 17일
본관 건물들의 주요 내부 설비를 미국에서 수입해왔다. (출처: UMAH)

▲ 연희전문학교 졸업식 광경, 1922년 3월 24일, 스팀슨관 대강실(大講室)
(출처: 재단법인 연희전문학교 1922년 졸업생기념사진첩)

▲ 연희전문학교 문과 졸업생, 1923년 3월 15일 촬영
배경에 공사 중인 언더우드관과 아펜젤러관이 보인다.

▲ 연희전문학교 문과와 상과 졸업생, 1923년 3월 15일 촬영

(출처: United Methodist Archives and History Center)

# 교육 · 선교 서한집

1922~1923년

## 1. 서덜랜드가 에비슨에게

1922년 1월 7일

O. R. 에비슨 박사,
연희전문학교,
서울, 한국.

나의 친애하는 에비슨 박사님,

당신의 11월 22일 자 편지를 받았지만, 12월 31일 연말 명세서를 작성할 수 있게 될 때까지 답장을 미루었는데, 그 명세서의 사본을 여기에 동봉합니다. [회계] 겐소(Genso) 씨에게도 한 부를 보낼 예정입니다. 지난 1월 당신이 그 위원회에 참석했을 때 내가 제출했던 보고서는 그 시점, 곧 1921년 1월 17일까지의 명세를 보여주고 있습니다. 이것으로 지금까지의 내용을 당신이 모두 알게 될 것입니다. 당신의 편지를 보면, 당신이 1월 17일에 제출된 보고서를 받지 않았던 것으로 생각되므로, 여기에 하나를 동봉합니다. 그 문제에 관해 당신이 원하는 모든 정보를 이것이 제공해줄 것이라고 믿습니다.

당신의 편지를 받고 언더우드[존 T. 언더우드] 씨에게서 받은 2만 불을 송금하였습니다. 당신이 말한 것을 생각해보면, 이 돈은 봄에 건축공사를 시작할 때까지 당신에게 필요한 금액인 듯합니다. 돈이 필요해지면 언더우드 씨가 아주 빠르게 돈을 보내고 있으므로 그 건물을 완공하기까지 자금 확보에는 어려움이 없을 것이라고 짐작합니다.

이학관[아펜젤러관]에 관한 것입니다. 당신이 말한 바와 같이, 당신은 1만 불을 받았습니다. 1만 오천 불은 북감리회 선교부 회계가 가지고 있습니다. 그곳 선교부의 정책은 건축계획을 이행하다가 돈이 필요해지면 그때 송금하는 것입니다. 모든 송금은 돈을 그만큼 더 차용해서* 보내는 것을 뜻합니다. 그러므로 그곳 선교부는 이학관을 건축하는 동안 이 돈이 필요해져서 달라고 요청할 때까지는 이 돈을 내게 넘기지 않을 것입니다. 이학관 건축이 얼마나 빠르게 진행되어 돈이 필요하게 될 것인지를 당신이 알려주기를 바랍니다. 그러면 당신이 말한 것에 근거하여 그 일을 처리해달라고 모스 씨에게 요청하겠습니다.

* '차용'한다는 표현은 자금의 여유가 없는 선교부들이 앞으로 받을 선교후원금(예상 수입)의 한도 안에서 시시때때로 해외 선교지로 보낼 돈을 융통하여 보냈던 정황에서 쓴 것으로 보인다.

이를테면, 만일 당신이 3월이나 4월부터 매달 오천 불이 필요할 것이라고 말한다면 우리가 그 돈을 매달 보내겠습니다.

내가 그 편지에서 진술한 바와 같이, 이 기금을 피츠필드 교회*에서 우리에게 송금하는 것보다 더 빨리 그[북감리회] 선교부가 제공해야만 하는 것은 아니라는 점을 당신은 기억할 것입니다. 우리는 그들이 이번 봄과 여름에 송금할 수 있을지에 관해 어떤 분명한 진술을 그들에게서 듣지는 못하였지만, 웰치(Welch) 감독이 앞으로 몇 주 안에 그들을 방문할 예정이므로 이 문제를 확실하게 처리한 후에 어떻게 되었는지를 내게 알려주겠다고 약속하였습니다.

안녕히 계십시오.

GFS[G. F. 서덜랜드]

출처: UMAC

* 아펜젤러관(이학관)의 건축비를 제공했던 매사추세츠 피츠필드의 제일감리교회를 말함.

TRANSFERRED

Jan. 7, 1922.

Dr. O. R. Avison,
Chosen Christian College,
Seoul, Korea.

My dear Dr. Avison:-

I have your letter of Nov. 22nd and have withheld answer until I could make up my statement for the year ending December 31st, a copy of which is enclosed herewith. I am also sending a copy to Mr. Genso. The report which I made to the Committee last January when you were present, brought the statement up to that time; that is, to January 17th, 1921. This will bring you down to date. I judge from your letter that you do not have at hand a copy of the report made on January 17th and therefore I am enclosing one herewith. I trust this will give you all the information you desire on that matter.

Since you wrote me I have remitted $20,000, received from Mr. Underwood and I judge from what you say that this will be all that you will need until building operations begin in the spring. Mr. Underwood is very prompt in sending forward money as it is needed and I suppose there will be no trouble getting the funds for the completion of that building.

As to the Science Building, you have, as you say, received $10,000.00. $15,000.00 is in the treasury of the Methodist Board. The policy of the Board is to remit for building projects as funds are needed. Every remittance means the borrowing of that much additional money and therefore the Board will not turn over to me this money until the demands of the Science Building call for it. I suggest that you indicate about how rapidly the progress on the Science Building will call for money and I will ask Mr. Moss to try to handle it on the basis suggested by you; that is, if you should say you will need about $5000 per month beginning with March, or April, we will send it forward monthly.

You will recall from the correspondence in which I stated that the Board did not obligate itself to furnish these funds any faster than the Pittsfield church remits to us. We have no definite statement from them as to probable remittances this spring and summer, but Bishop Welch expects to visit them within the next few weeks and has promised to take this question up definitely and report to me regarding it.

Sincerely yours,

GFS
FS
Encl.

## 2. 에비슨이 버터필드에게

1922년 1월 12일

캐년 L. 버터필드 씨,

매사추세츠 농업대학 학장

애머스트, 매사추세츠 주.

친애하는 버터필드 씨,

당신이 동양 여행을 마치고 미국으로 돌아가셨는지 궁금하고, 돌아가셨다면, 중국이란 그 큰 나라를 여행하다가 행여 조그만 한국과 연희전문학교에 대한 기억을 모두 잃어버리지는 않으셨는지 궁금합니다.

당신이 이곳에 오셨을 때, 연희전문학교의 농과를 이끌 사람이 우리에게 필요한 사실을 당신에게 짧게 이야기했는데, 지금 그 사실을 기억하게 하려고 편지를 씁니다. 우리가 찾는 유형의 사람을 당신이 구할 수 있지 않을까 하는 희망을 안고 편지를 쓰고 있습니다. 그는 자기가 맡을 과의 개설을 추진하기 전에 기꺼이 현지 언어를 배우려 하고, 한국의 농업 상황과 이 나라에 특별히 필요한 것들을 시간을 들여 연구하여, 미국에서 쓸모 있다고 밝혀진 모든 방법을 이 나라에 이식하려 하는 실수를 하기보다는, 오히려 [한국에서] 이미 유행했던 방법들을 개선하고, 자신의 판단에 따라, 이 나라의 기후와 토양과 지형에 유익하게 채택할 수 있을 것들을 가지고 지난 방법들을 보충하기 위해 노력할 현명한 사람입니다.

물론 그는 진실한 기독교인의 인격과 선교의 열정을 지닌 사람이어야 합니다. 그의 소속 교파에 관해서는, 우리 대학과 협력하는 선교부들 가운데 하나에 위탁될 수 있다면 어떤 교파든 상관없이 우리에게 적합할 것입니다. 당신이 우리에게 필요한 것을 채워주는 가장 좋은 방법은 [뉴욕시] 5번가 156번지의 스코트(Geo. T. Scott)* 목사를 통해 일을 진행하는 것입니다. 현재 우리에게 그런 사람을 보내줄 가능성이 가장 큰 두 선교부는 테네시 주 내쉬빌에 소재한 남감리회와 캐나다 토론토에 소재한 캐나다장로회입니다.

---

* Geo. T. Scott는 북장로회 선교부의 보조총무(Assitant Secretary)와 협력이사회의 총무로 활동하고 있었고, 1919년 한국을 방문하였다. 뉴욕시 5번가 156번지는 북장로회 선교부 사무실의 주소이다.

버터필드 부인께 우리의 따뜻한 안부 인사를 전해주시기 바랍니다.

안녕히 계십시오,

O. R. 에비슨

출처: PHS

Copy for Mr Scott

SCOTT [illegible]

FEB 14 1922

Ans'd

FILING DEPT.

MAR 1 1922

SECRETARIES

January 12th, 1922.

Dr. Kenyon L. Butterfield,
President, Massachusett Agricultural College,
Amherst, Mass.

Dear Dr. Butterfield,

I am wondering whether you have returned to America from your trip to the Orient and if so whether your visit to China, that great country, has entirely driven from your memory little Korea and the Chosen Christian College.

When you were here I talked briefly with you about our need for a head for the Agricultural Department of the Chosen Christian College and I am now writing to bring that fact back to your memory in the hope that you can secure a man of the right type for us - a wise man who will be willing to study the language and take time and pains to study the Agricultural Conditions of Korea and the country's special needs before attemtpting to open his department, so that he may not make the mistake of trying to impose on the country all the methods found of value in America but rather to improve methods already in vogue and supplement them with those which his judgment may tell him can be profitably adopted to this country's climate, soil and conformation.

He, of course, should be a man of sterling Christian character with missionary zeal. As to his religious denomination, almost anything will suit us if he can commend himself to one of the Boards cooperating with our College. The best way for you to get into touch with our need will be through Rev. Geo. T. Scott, 156 Fifth Avenue. At present the two Boards most likely to send us such a man are the Southern Methodist, Nashville, Tenn., and the Canadian Presbyterian, Toronto, Canada.

Kindly give our cordial greetings to Mrs. Butterfield.

Very sincerely,

O R Avison

## 3. 에비슨이 케네디에게

1922년 1월 13일

F. J. 캐네디 목사,

제일감리교회 목사

피츠필드, 매사추세츠 주.

친애하는 케네디 씨,*

연희전문학교 이학관[아펜젤러관]의 건축이 진행되는 과정을 당신과 당신의 교인들이 더 잘 파악하여 더 많은 관심을 가질 수 있도록 내가 당신께 훨씬 더 자주 편지를 써야 한다는 것을 알고 있습니다. 그런데 그 일을 지켜보는 동안, 나도 그렇게 느끼지만, 당신도 일이 너무 느리게 진행된다고 느끼게 될까 염려됩니다.

우리가 이학관의 정초식 사진들을 당신께 보냈는데, 당신이 그것들을 받아보았으면 좋겠습니다. 정말 멋진 날이었습니다. 많은 사람이 모여 좋은 시간을 보냈습니다. 웰치 감독이 이곳에 와서 초석을 놓아주었기 때문에 매우 기뻤습니다. 그는 본인의 천성대로 크게 감사하며 그 일을 하였고, 당신과 당신의 교회 회중에게 익숙한, 그런 훌륭한 설교를 하셨습니다.

겨울이 되었을 때 지하의 벽들을 세우는 공사가 끝났습니다. 건축업자는 봄이 시작되자마자 1층 공사를 시작하여 7월까지 할 계획을 세우고 있습니다. 그때 우기가 닥치면 거기에 지붕을 올려 비 오는 날에도 내부 공사를 계속할 수 있게 할 것입니다.

며칠 전 건축업자가 와서 그 공사에 관해 이야기했는데, 올해 안에 끝내기를 원한다고 말했지만, 1923년 4월 1일까지 입주할 준비만 해줘도 잘하는 것이라고 나는 생각합니다. 우리는 이 일이 완공되기를 매우 간절히 희망하고 있습니다. 이는 새 건물에 들어가기 전까지는 우리가 과학 수업을 잘 진행할 수 없기 때문이고, 과학 교육을 할 필요가 점점 더 커지고 있기 때문입니다.

---

* F. J. Kennedy는 아펜젤러관[이학관]의 건축비를 기부한 피츠필드 제일감리교회의 목사였다. 이 교회는 1919년 기부를 희망하였고, 에비슨이 1920년 10월 그곳을 방문하여 교인들을 설득해 기부를 확정하게 하였다.

새 학년은 매년 4월 1일 시작하는데, 1922년 4월 1일까지 약 100명의 학생이 새로 등록할 것으로 보입니다. 그처럼 많은 학생을 가르칠 수 있게 되면 1923년 4월 1일에는 더 많이 등록할 것입니다.

정확한 과학지식이 한국인의 인격을 개조하는 초석의 하나가 될 것입니다. 그러므로 당신은 이 건물을 선택하여 본 대학의 교육계획에 참여하는 지혜를 발휘한 일을 자축해도 될 것입니다.

당신이 속한 북감리회 선교회의 목사 베커(A. L. Becker) 박사가 미시간대학교에서 2년간 대학원 공부를 하고 방금 미국에서 돌아왔습니다. 그는 그곳에서 물리학 분야로 Ph.D. 학위를 받았는데, 이 건물에서 본 대학의 학감으로 일할 것입니다. 그는 매우 유능한 사람입니다.

북장로회 선교부의 목사 밀러(E. H. Miller) 이학사는 화학을 맡을 것입니다. 우리는 현재 우리 학교 감리교인 학생들이 모두 이 과에서 과학 수업을 받게 할 계획입니다. 그러므로 당신은 박사들을 배출하는 일에도 참여하게 될 것입니다.

당신의 교회가 이 건물을 위해 얼마의 금액을 보낼 것인지에 관해서는 북감리회 선교부로부터 꽤 오랜 기간 아무 소식도 듣지 못했습니다. 그러나 서덜랜드 씨가 북감리회 선교부와 협력이사회 두 곳에서 회계직을 맡고 있으므로, 내가 그에게 이 문제를 알려달라고 편지를 쓸 생각입니다. 앞으로 15~18개월 동안 어떻게 대금을 완불할 수 있을지를 알 필요가 있기 때문입니다.

당신의 교인들의 관심을 더 높이거나 당신이 그[기부금 모금] 계획을 더 쉽게 완수하도록 내가 할 수 있는 무슨 일이 있다면 내게 알려주기 바랍니다.

웰치 감독이 이번에 미국에 갈 때 당신을 방문할 수 있게 되기를 희망합니다.

케네디 부인과 당신의 교회 임원들께 가장 따뜻한 안부 인사를 전하여 나를 기억하게 해주시기를 바랍니다.

이 편지의 사본을 스티픈스(Stephens) 부인께 동봉해서 보내려 합니다.

안녕히 계십시오.

O. R. 에비슨

출처: PHS

See letter to F. J. Kennedy 2-28-22-8

TRANSFERRED 803-1

January 13th, 1922.

Rev. F. J. Kennedy,
Pastor, 1st Methodist Church,
Pittsfield, Mass.

No covering letter 3-2-22

Dear Mr. Kennedy,

I know I ought to write you much oftener so that you and your people might follow closely and therefore with greater interest the development of the Science Building of the Chosen Christian College, but I fear if you were watching it as I am you would feel its progress to be very slow.

We sent you photos of the laying of the Corner Stone which I hope you received. It was a beautiful day; there was a large gathering and we had a fine time. I was very glad that Bishop Welch could be here to lay the Stone which he did with the gracefulness which is native to him and to give an address in that fine form which is familiar to you and your congregation.

By the arrival of the Winter Season the walls of the basement were completed and as soon as Spring begins the contractor plans to lay the first floor and then push the work so that by July, when the rainy season will come on, he will have it roofed in so that the interior work can go on in spite of probable wet weather.

A few days ago the Contractor came in to talk about it and he says he wants to finish it this year, but in my judgment he will do well if he gets it ready for occupation by April 1st 1923. We very much hope this will be accomplished because our Science work cannot be well done until we can get into the new building and the demand for the Science course is becoming greater.

Our new School Year begins April 1st of each year and we are likely to have a new enrolment of about 100 students April 1st 1922 and as many more April 1st 1923, if we are able to handle so many.

Accurate Scientific Knowledge is to be one of the basic stones in the recreation of the Korean character and you may well congratulate yourselves on having had the wisdom to choose this building for your share of this College Scheme.

Rev. Dr. A. L. Becker, of your Methodist Mission, has just returned from America after a two years' Postgraduate work in Michigan University where he took his Ph.D. in Physics and he will do his work in this building as well as act as Dean of the College. He is a very efficient man.

Rev. E. H. Miller, B.Sc. of the Presbyterian Board will have charge of Chemistry and our present plan is to have our Medical Students take all their science courses under this department, so you will have a part in the making of doctors too.

I have had no report from the Methodist Board for a considerable period as to what amount of money your church has sent in on account of this building, but as Mr. Sutherland is Treasurer of both the Methodist Board and the Cooperating Board for this College, I am now writing him for this information as I shall need to know what will be the prospect for completing the payments during the next 15 to 18 months.

Please let me know if there is anything I can do to enlarge the interest of your people or make it more easy for you to carry the project through.

I hope Bishop Welch will be able to visit you while he is in the U. S. A. this time.

Kindly remember me most cordially to Mrs. Kennedy and to the members of your official Board.

I will enclose a copy of this letter to Mrs. Stephens.

Very sincerely,

O.R. Avison

## 4. 에비슨이 맥케이에게

1922년 2월 16일

R. P. 맥케이 목사, 명예신학박사,

선교부,

캐나다장로교회,

토론토, 온타리오 주, 캐나다.

친애하는 맥케이 박사님:

이 편지에 동봉해서 보내는, 맥켄지 킹(Mackenzie King) 수상 앞으로 보냈던 내 편지의 사본을 당신이 보면, 더글라스 에비슨(D. B. Avison) 의사와 내가 1919년 통과된 새 법률의 요건을 채우지 못해 캐나다 주소를 말소당할 수도 있는 안타까운 상황에 놓인 것을 알게 될 것입니다.

우리가 처한 이런 경우를 해결하게끔 그 법을 수정하는 일에 당신이 혹시 어떤 도움을 줄 수 있을지 없을지는 모르겠지만, 당신이 그 문제에 관심을 가져주면 고맙겠습니다. 예를 들면, 스코틀랜드 출신인 스코트(Scott) 씨와 네시(Nesey), 또는 다른 영국계 사람들은 그 일로 어떤 영향을 받을까요?

안녕히 계십시오,

O. R. 에비슨

출처: PCC & UCC

OFFICE OF PRESIDENT

O. R. AVISON, M. D.

SEVERANCE UNION MEDICAL COLLEGE
NURSES' TRAINING SCHOOL
SEVERANCE HOSPITAL

SEOUL, KOREA

CO-OPERATING MISSIONS
PRESBYTERIAN CHURCH IN THE U. S. A.
METHODIST EPISCOPAL CHURCH
PRESBYTERIAN CHURCH IN THE U. S.
METHODIST EPISCOPAL CHURCH, SOUTH
PRESBYTERIAN CHURCH IN CANADA
PRESBYTERIAN CHURCH OF AUSTRALIA

February 16, 1922.

Rev. R. P. Mackay, D.D.,
Board of Foreign Missions,
Presbyterian Church in Canada,
Toronto, Ont., Canada.

Dear Dr. Mackay:

The enclosed copy of a letter to the Prime Minister, Mr. Mackenzie King, will make you acquainted with an unfortunate condition which has arisen in which it seems that Dr. D. B. Avison and I have lost our Canadian domicile by virtue of not having complied with a new law which was passed in 1919.

I do not know whether or not you can be of any assistance in having an amendment made to the law that would cover such cases as ours; but I would appreciate any interest you might take in the matter. How does it affect Mr. Scott who comes from Scotland, for example, or Mr. Besey, or others of British extraction ?

Very sincerely,

O R Avison

## 5. 스코트가 에비슨에게

1922년 3월 1일

O. R. 에비슨 박사,
이사회,
세브란스연합의학전문학교,
서울,
조선.
연희전문대학교
서울,
조선.

친애하는 에비슨 박사님,

이 편지는 당신을 통해서 서울에 있는 두 대학에 보내는 것입니다. 당신에게 이 편지의 사본 두 통을 보내고, 오웬스(Owens) 씨에게도 두 통을 보내 각 학교에 보관하게 하려 합니다.

1922년 1월 27일 열린 협력이사회 회의

최근에 열린 조선 기독교 교육을 위한 협력이사회(Cooperating Board for Christian Education in Chosen)의 집행위원회와 재정 · 자산위원회 공동회의 회의록의 사본 3부를 당신에게 보냈고, 오웬스 씨에게도 3부를 보냈습니다.

협력이사회 이사들 사이에서 그것을 회람한 지 약 2주가 되었고, 이사들이 답장이나 의견 제시를 하지 않았으므로, 그 회의록이 거기에 기록된 대로 승인받았다고 추정할 수 있습니다.

그 내용은 그 기록 안에서 설명되고 있는 듯하니 간단히 언급하고 지나가겠습니다. 여분의 사본이 여기에 동봉되어 있습니다.

항목 3. 당신은 협력이사회가 전술한 방식으로 [협력이사회의] 회계를 승인하고 그의 직책에 더 많은 책임과 권위를 부여하기로 공식적으로 결정한 것을 알 것입니다. 거기에서 언급된 특정의 사안들은 교파연합 기관들의 회계가 일상적으로 처리하는 것들입니다. 그래서 우리는 [협력이사회의 회계] 서덜랜드(Sutherland) 씨에게 일을 줄이라고 요청하지 못하였습니다. [연희전문의 건축감독] 루카스(Lucas) 씨가 이런 식으로 얼마 동안 재정을 지원받았고, [협력이사회의 회원 단체들인] 협력 선교부들과 선교회들이 재정지원을 책임지지 않는 다른 모든 [선교사] 교직원들도 서덜랜드를 통해 지원문제가 처리될 것입니다.

항목 6. 만일 현지 이사회에 모금 업무*에 적합한 총무**를 두는 것에 관해 제안할 것들이 있다면 우리에게 알려주기 바랍니다.

항목 9. 세브란스 씨가 [세브란스의 적자 보전을 위한] 그의 기부금 1만 불이 일 년에 네 번, $\frac{1}{4}$씩 인출되지 않게 된 사정을 명확하게 이해하고 싶어 합니다. 그는 연말에 적자가 1만 불을 넘을지라도 그것을 메꾸는 데에 필요한 것만 부담하기로 서명하였습니다. 이 계정에 대해서는 분기별 청구서를 더 이상 보내지 말기 바랍니다.

항목 15, F. 완전한 종교 자유 문제가 매우 진지하게 오랫동안 검토되었습니다. 회의록에는 이사들의 개인적인 견해가 모두 엄밀하게 드러나지 않지만, 이 회의록은 평균적인 견해가 어떠한지를 잘 보여주고 있습니다. 완전한 종교의 자유를 희구하며 강경한 진술을 한 이사들이 있었고, 다른 한편으로 부당한 희생을 감수하면서 의무적인 종교교육을 확보하려고 애쓰지 말아야 한다고 생각한 이사들도 한 두 명이 있었습니다. 인도에서 사역하는 3개 장로회 선교회들과 장로회 인도 협의회(Presbyterian India Council)가 그들끼리 가진 최근 회의에서 "계급의식"을 매우 강하게 반대하면서, 필요하다면 종교교육과 종교행사를

---

* 원문의 'promotional secretary'를 '모금 업무'를 맡은 '총무'로 번역하였다. 여기에서 뜻하는 'promotion' 업무는 연희전문과 세브란스의전의 사역을 홍보하면서 후원금을 모금하는 일이다.

** 이때 이미 협력이사회는 장차 신설될 모금 업무 전담 총무 후보로 1903~1908년 부산과 서울에서 선교하였고 뉴욕 북장로회 선교부에서 지역 총무로 활동하고 있던 Ernest F. Hall(1868~1955) 목사와 또 다른 사람을 염두에 두고 있었다(「조선 기독교교육 연합위원회 총무 발신 편지, 1921. 9. 30」, 『선교자료 I－PCUSA 자료를 중심으로－』(평양숭실대학 역사자료집 IV), 김용진 역, 서울: 숭실대학교 한국기독교박물관, 2018, 140쪽). 그 후 1923년경 홀이 협력이사회의 모금 전담 총무가 되었다가 1924년 4월 협력이사회 총무가 되었다.

할 완전한 자유를 어느 정도 제한받게 하기보다는 차라리 정부의 모든 자금 및 경상비 지급과 정부의 모든 인가 및 특혜를 기대하지 않고 사역을 추진하기로 결정한 사실을 알게 되었는데, 흥미로운 일입니다. 그들은 그 자유를 기독교의 필수 불가결한 부분이자 인격 형성을 좌우하는 교육을 하게 하는 것이라고 생각하고 있습니다. 우리는 현지 이사회가 이런 중요한 문제에서 올바른 과정으로 하나님의 인도를 받기를 희망하고 있습니다.

항목 17. 지시받은 바에 따라, 나는 다음 회계년도의 예산을 최저 수준으로 줄이고 현지에서 얻는 금액을 실용적으로 늘리도록 현지의 대학이사회에 조언하라는 요구를 받았습니다. 협력이사회는 이미 가장 검소한 예산으로 학교를 운영하고 있는 대학에 이런 조언을 하는 것이 그 대학에 엄혹한 제한을 가하는 일이 되는 것을 물론 충분히 의식하고 있지만, 그러할지라도 대학은 반드시 해결책을 찾아야 하고 느린 성장이라도 불만 없이 받아들이는 자세가 필요할 수도 있다고 생각하고 있습니다. 대학이 비교적 빠르게 발전해온 사실을 당신은 잘 인지하지 못할 수 있겠지만, 대학의 교직원과 수입(학생 집단이 보장하는 수입)은 더 오랜 역사를 지닌 큰 학교들이 얻는 것보다 훨씬 큽니다.

나는 내 편에서 할 수 있는 일을 하여 협력 선교부들에 기금을 더 내라고 제안하겠지만, 그 결과를 조금도 낙관하지 않고 있습니다. 미국의 재정 상황은 결코 희망적이지 않습니다.

항목 17 전체는 그 회의에서 합의된 의견이 어떠한지를 알려주는 것으로서 전혀 과장되게 기술되지 않았습니다.

우리는 물론 학교[연희전문학교]가 재정상의 제약으로 고생하는 것을 보면서 진심으로 함께 마음 아파하고 있지만, 그 대학이 극히 고무적인 발전과 건설적인 섬김으로 성장하는 모습을 보여주는 것에 대해서는 당신과 함께 기뻐합니다.

노스(North) 박사가 천문대 계획에 관해 언급하였습니다. 그분이 당신과 직접 그 일에 관해 통신하고 있는가 봅니다.

협력이사회 관련 서류들을 모아놓은 내 서류철은, 말하기에는 미안하지만, 현지에서 보냈는데 응답하지 못한 서신들과 신경을 써야 할 업무기록들로 가득 차 있습니다. 스피어(Speer) 씨와 카터(Carter) 씨가 자리를 비워서 그들의 사무가 제게 많이 넘어왔고, 브라운 박사가 최근 여러 주 동안 몸이 아파 다른 이가 대신 책임져온 업무들도 내게 맡겨지고 있습니다. 이런 일들에 더하여 전후(戰後) 선교대회(Post War Conference)의 결과에 관해 선교회들이 보낸 것들도 답지하고 있습니다. 그러므로 나의 일 처리가 어느 정도 미진해도 당신이 너그럽게 양해해주실 것이라고 나는 확신합니다.

### A. 세브란스연합의학전문학교

1. 세브란스(John L. Severance) 씨와 언더우드(John T. Underwood) 씨에 대한 암호.

이 두 분의 이름을 지칭할 때 암호책 740페이지의 마지막 두 줄을 쓰기로 스틸(Steele) 씨와 함께 정하였습니다. 그래서 세브란스 씨의 암호는 'Ymyhf'이고, 언더우드 씨의 암호는 'Ymyid'가 될 것입니다.

2. 북장로회 선교부의 지급금. 이것을 알려드릴 책임은 내게 없습니다. 이 모든 것이 모두 브라운 박사의 선교부 통신을 통해 북장로회 선교회에 통지되고 있기 때문입니다. 나도 수시로 이 모든 지급금에 관해 알려드리려고 애써왔는데, 당신이 받은 다른 편지들도 그것들을 알려주었다는 것을 알고 있을 것입니다. 다음의 사실들은 내가 당신에게 알려주지 않았다고 생각됩니다.

a. 1921년 9월 19일, 103.26불을 여성 선교부가 병상들을 위해 지급한 일.
b. 1921년 10월 24일, 307불을 노스다코타 주의 마이놋(Minot)에서 한국인 의사를 후원하기 위해 지급한 일.
c. 1921년 12월 5일, 5,307.42불을 세브란스 씨와 프렌티스 부인이 함께 동일 금액으로 세탁기, 멸균기, 연구조사를 위해 지급한 일. 또한, 5,049.40불을 언더우드 씨와 세브란스 씨가 함께 동일 금액으로 두 세대용 건물을 위해 지급한 일.
d. 1922년 1월 16일, 375불을 노스다코타 주의 마이놋에서 한국인 의사를 후원하기 위해 지급한 일.

3. 그[문맥상 루카스로 짐작됨]의 봉급을 지급하는 방법에 관해 당신이 언더우드 씨에게 보냈던 편지는 나에게 보내주었으면 더 좋았을 뻔했다고 생각합니다. 우리 위원회가 통상

적인 절차대로 그렇게 지급할 것을 결정한 후부터 나는 당신이 그에게 보낸 편지에 대해 아무것도 모릅니다. 언더우드 씨가 오랫동안 서덜랜드 씨를 통해 루카스 씨를 후원해왔기 때문에, 우리는 "새 정책을 집행하지" 않았습니다. 협력이사회의 정관은 총무가 "현지 이사회들과 협력이사회 사이에서 유일한 공식 소통 창구가 된다"고 규정하고 있습니다. [루카스의 봉급을 지급하는] 그 시기가 끝난 후부터 총무는 행정상의 일로 더 이상 아무 책임도 질 수 없게 되었습니다. 그 [협력]이사회가 바랐던 대로 [연희전문 전임 회계] 겐소(Genso) 씨가 협력이사회의 회계를 인정하였던 것을 부디 유념해주기 바랍니다.

4. 세브란스의전 현지 이사회에서 보낸 회의록과 당신의 편지 및 오웬스의 편지에서 거론한 문제들에 관해 간단히 언급해보겠습니다.

a. 우리는 세브란스의전 졸업생들의 졸업 후 해외 유학 계획에 큰 관심을 갖고 가장 유망한 학생 몇 명을 위해 이 일을 어떻게든 실행할 수 있기를 희망하고 있습니다.

b. 약국과 병원 모두에서 수입이 증가한 것은 협력이사회와 그리고 특별히 세브란스 의료기관의 복지와 발전에 아주 각별한 관심을 가진 이들이 매우 감사하게 받아들이는 일입니다.

c. 대차대조표가 꽤 많은 흑자를 보인 것은 고무적입니다. 이 기금들이 향후의 건축과 설비를 위해 묶여있는 것으로 우리가 알고 있지만 말입니다.

d. 세브란스연합의학전문학교에서 1921년 12월 15일 서울 선교지회에 보낸 보고서는 좋은 발전을 이룬 기록으로 보입니다.

당신은 내 사무소에서 때때로 이 보고서들을 복사하여 당신이 우리에게 준 명단 속의 인물들에게 배포해줄 수 있겠는지를 물었습니다. 협력이사회의 총무에게 그렇게 해주기를 기대하는 것이 옳다는 것을 내가 알고 있기는 하지만, 내 사무소는 현재 이런 과외 업무를 할 형편이 아닙니다. 협력이사회가 언젠가 비서와 속기사들을 고용해준다면, 그들은 당연히 당신이 제안한 이 일을 자신들이 해야 할 역할의 하나로서 수행할 것입니다. 현재는 트럴(George H. Trull) 목사의 사무실이 북장로회 선교부를 대신하여 후원자들에게 문서들을 보내는 일을 하고 있습니다. 그래서 [북장로회] 서울지회와 연계된 장로교인들 및 세브란스 의료기관에 영향을 줄 것이라고 당신이 생각하는 문서의 배포 업무에 관한 일은 트럴 씨의 사무실에서 기꺼이 해줄 것이라고 믿습니다. 그 일을 다시 생각해본다면 당신은 아마 그에게 편지를 쓰고 싶어질 것입니다. 다른 한편으로 현지에서 직접 국제우편 우표를 짧은 보고서들에 붙이고 도장을 찍어 본국에서 세브란스에 관심을 가지는 특정의 사람들에게 그것들을 발송하면 훨씬 더 효과적일 것이라고 믿습니다.

e. 나병과*. [국제] 구라선교회(Leper Committee)가 플레처의 계획을 통과시키지 않은 것은 물론 유감스럽습니다. 그 위원회의 후원을 받지 못하면서 그 일을 어떻게 성공적으로 수행할 수 있을지 모르겠습니다.

결핵 치료 사역을 위해 플레처 박사를 북장로회 선교부의 후원을 받아서 세브란스 의료기관으로 전임시키자는 당신의 제안은 브라운 박사가 업무에 복귀하면 최대한 빨리 논의될 것입니다.

개인적으로 나는 북장로회 선교부가 세브란스의전에 제공하는 교직원 수의 할당 인원을 늘리는 것을 과연 옳은 일로 여겨야 할지 크게 의문입니다. 다른 협력 선교부들이 세브란스의전에 기부하는 것을 비교하고 북장로회 선교부가 다른 의학교에 기부한 것과 학생 집단의 규모를 비교하면, 북장로회 선교부는 상대적으로 매우 활수한 편입니다. 북장로회가 아닌 다른 어느 선교회가 플레처를 받아들여서 자신들을 대표하는 인물로 삼아 세브란스 교직원으로 보내면 안 될까요? 내가 보기에 이번에 그곳에 보낼 할당 인원을 늘려달라고 촉구할 상대로는 북장로회 선교회가 마지막 순서에 있는 것 같습니다.

우리는 나병 문제에 관한 당신의 편지들을 매우 꼼꼼히 살펴보았습니다. [미국 구라선교회 총무] 대너 씨에게 당신이 썼던 편지들의 사본과 현지에서 연 회의들의 회의록과 비공식 회의록 요약문들을 우리에게 보내 그처럼 충분하고 명확하게 알려준 당신께 감사하고 싶습니다.

5. 당신이 테일러(J. E. Rex Taylor) 씨에 관해 보낸 12월 17일자 전보를 받은 후부터 우리 지원자 심의과(Candidate Department)가 그와 접촉하였습니다. 나는 테일러 씨의 문제

---

* 당시의 호칭에 따라 한센병을 '나병'으로 표기하였다. 에비슨은 1919년부터 구라선교회의 후원을 받아 플레처 의사를 고용하여 세브란스병원과 의학교를 중심으로 전국에서 나병 퇴치 사업을 벌이려 하였지만, 1921년 협상이 실패로 끝났다.

가 어떻게 진행되는지에 대해 몇 차례 질의하였습니다. 그들이 알려준 것은 내가 바라는 것만큼이나 고무적이지는 않았습니다. 오늘 지원자 심의과에서 알려주었는데, 그들이 테일러 씨에게 1920년 1월 7일과 9월 20일 편지를 썼으나 응답이 없었다고 합니다. 당신의 전보를 받은 후 리드(Reed) 박사가 12월 21일 당신이 준 주소로 테일러 씨에게 편지를 썼습니다. 그는 테일러 씨로부터 아무런 연락을 받지 못하여 다시 1922년 1월 25일 그에게 편지를 썼습니다. 1922년 2월 6일 리드 박사가 테일러 씨로부터 다음과 같은 내용의 편지를 받았습니다.

1922년 1월 31일

나의 친애하는 리드 씨,

당신의 12월 21일자 편지를 며칠 전에 받았습니다. 워싱턴 주 스포캔(Spokane)의 보펠(Boppell) 목사가 그것을 아이다호 주 세인트 마리스(St. Maries)의 로빈슨(J. M. Robinson) 씨에게 보냈고, 그가 다행히 그것을 우리에게 보냈습니다. 오늘은 당신의 1월 25일자 편지도 받았습니다. 내가 한국 서울에 있는 오웬스 씨에게 듣기를 기대해왔던 것이 무엇인지를 설명해보겠습니다.

세브란스병원의 에비슨 박사가 [내게] 무슨 사역을 기대하는지에 대해 설명해주었는데, 나는 내가 하고 싶은 것이 바로 그것이라고 느꼈습니다. 에비슨 박사와 오웬스 씨로부터 누군가를 찾아달라는 요청을 받았던 래틸(Ratill) 씨가, 그렇게 되었을지 모르겠지만, 8월 어느 때에 내 이름을 그들에게 보냈습니다. 그(래틸 씨)에게 보낸 그들의 마지막 편지에서 그들은 내가 몇 개월 내로 3월 초에 오기를 강권하였습니다. 그러나 5월이나 6월 어느 때에 가도록 조정될 수 있다면 크게 감사하겠습니다.

생활 여건 등의 문제들에 관해 오웬스 씨로부터 더 자세한 설명을 듣기를 내가 기다리고 있었다고 말해도 될 것입니다. 이런 것들과 여권 및 교통편에 관해서도 내게 어떤 정보를 주실 수 있겠습니까?

당신이 발송한 문서를 며칠 내로 받기를 희망합니다.

안녕히 계십시오.

(서명 있음) J. E. 렉스 테일러

웨스트 6번가 1815번지,

시애틀,

워싱턴 주.

2월 7일 리드 박사가 테일러 씨에게 편지를 써서, 우리 교통과를 그[테일러]에게 안내해 주고, 신청서 양식들을 그에게 보내면서, 그에게 편지를 써서 그의 질문 등에 답변해달라는 요청을 자기가 쿤스 씨에게 했다고 진술하였습니다. 테일러의 일이 확정되면 우리가 곧바로 당신에게 알려드리겠습니다.

6. 당신은 1월 30일자로 보낸 편지에서 사택을 건축하기 위해 융자를 받기를 제안하였습니다. 이것은 흥미로운 제안이지만, 선교지 자산을 위해 융자를 받는 것을 장로회 선교부가 확고한 입장을 갖고 끈질기게 반대해온 사실을 당신은 틀림없이 알고 있을 것이기 때문에, 협력이사회가 그런 일에 어떤 태도를 보일지 나는 예견할 수 없습니다. 나는 지금 당신의 모든 편지를 협력이사회 이사장과 재정위원회 위원장에게 제출하여 그들의 반응을 얻을 생각을 하고 있습니다. 당신의 제안대로 여러 교파 선교부들 가운데 한두 곳에 투자해달라고 제안하면 찬성을 받을 가능성이 있습니다. 그러나 세브란스 자산이 그곳의 이름으로 되어 있고, 그래서 그 소유권의 책임이 그곳에 있으므로, 이런 일은 장로회 선교부가 주도적으로나 홀로 결정할 문제가 아닙니다. 내가 데이(Day) 씨에게 그 문제를 검토해달라고 요청했는데, 그는 아마도 그것을 장로회 선교부의 재정위원회와 함께 다루기를 바랄 것입니다.

7. <u>땅의 구매</u>. 세브란스 의료기관은 당신들이 최근에 크고 좋은 땅들을 취득한 일로 인해 기뻐할 것입니다. 세브란스 씨가 당신께 직접 보낸 편지에서 알려주었을 것으로 짐작되는 바와 같이, 그는 자신이 명확하게 승인하지 않은 어떤 땅을 당신들이 산 일로 인해 다소 힘들어하였고, 그 필지의 평당 금액이 이전의 견적을 크게 초과한 사실로 인해서도 그랬던 것 같습니다. 그러나 전체 상황을 숨김없이 다 설명 듣고 난 후에는 이번 투자가 현명했음을 완전히 신뢰하고 있는 것 같습니다. 그래도 그의 약정금은 그가 승인한 특정 항목에만 직접 적용하는 것이 아주 바람직하고, 그 항목을 다른 데로 옮기는 일은 그가 명확히 승인한 후에만 해야 합니다. 그전까지는 아마도 당신이 그에게 보낸 편지들이 내가 면담을 통해서 할 수 있었던 것보다 이런 곤란한 일을 더 충분히 더 만족스럽게 해결하였을 것입니다. 1921년 12월 28일자 편지에서 세브란스 씨는 우리가 자기에게 환어음들이 도착한 것을 알려주면 자기와 프렌티스 부인이 수표를 보내 그것들을 해결하겠다고

말하였습니다. 세브란스 씨가 당신에게 보낸 1월 23일자 편지의 사본을 다시 읽어보고 나는 당신이 그에게 보낸 12월 20일자 편지와 뉴욕에서 면담했던 일이 그를 크게 안심시켰다는 느낌을 받을 수 있었습니다.

## B. 연희전문학교

## 현지 이사회 회의록 등에 대한 짧은 논평

우리는 당신과 오웬스 씨가 보낸 편지들에서 회의록, 재정보고서, 분야별 보고서, 그 밖의 것들을 이해하는 데에 도움이 되는 설명을 해주어 감사합니다.

여러 협력 선교부의 의무적인 연례 지급금의 총액에서 3천5백 불이 증가한 것이 대학의 수입에 맞게 지출하려고 노력해온 대학 측에 큰 도움이 되었기를 희망합니다.

홀(Hall) 재단에 [후원금을 얻기 위해] 접근하는 일에서 세브란스 씨가 그 위탁관리자 두 명 다는 아닐지라도 한 명과는 특별히 친하다는 사실을 당신은 물론 기억할 것입니다.

학비가 학기 당 6불에 불과한 것을 주목합니다. 학자금의 융자를 통한 조정으로, 가난한 남학생들이 대학에 다니는 것을 막지 않을 만큼 [학비를] 올릴 어떤 방안을 여기에서 강구해볼 여지는 없겠습니까?

건물 석재가 부식하여 화강암의 마감 부분이 변색했다는 말을 듣게 되어 유감입니다.

교파연합 여자대학 설립계획의 향후 진행 과정에 관해 우리와 계속 연락해주시기 바랍니다.

내가 앞에서 당신에게 이미 썼듯이, 우리는 그[아펜젤러관] 정초식에 대해 상세히 설명해주고 우리에게 훌륭한 사진들을 보내준 당신과 오웬스 씨께 매우 감사하고 있습니다. 우리는 이 사진들을 활용 가능한 모든 방면에서 활용할 것입니다. 당신은 '*All the World*' 1월호에 두 페이지 분량의 글이 실린 것을 알게 될 것입니다. 그 전체 글도 다른 여러 곳에서 활용되고 있는 것 같습니다.

경상예산과 관련하여 당신이 보낸 모든 것이 협력이사회에 제출되었습니다. 당신의 12월 12일자 편지가 낭독되었고, 다른 편지들의 구절도 낭독되었습니다. 본국의 사무실이 한국에 있는 교육 기관들에 지금의 업무 체계 아래에서 지금 투입할 수 있는 것보다 훨씬 더 각별하게 시간과 생각과 건설적이고 고무적인 에너지를 투입할 필요가 있습니다.

서울에 있는 두 기관의 중요한 모든 문제를 생각하면 누가 보더라도 위의 내용은 극히 적합하지 않고, 내가 보기에, 매우 만족스럽지 않습니다. 그 문제들은 훨씬 더 적절하게 처리되어야 합니다. 모든 선교지와 사업 분야에서 사역이 매우 과중해지고 있어서 우리의 고갈된 사무 인력으로는 그것을 따라갈 수가 없다는 사실을 깨닫고 있습니다. 올해 스피어(Speer) 씨, 카터(Carter) 씨, 헬지(Halsey) 박사를 포함하여 모두가 사무실을 떠났고, 실무를 담당하는 여러 직원이 아픕니다. 내가 크게 의존하고 있는 나의 속기사 비서 두 명이 몸이 아파 당혹스러운 것은 말할 필요도 없습니다. 상황이 자주 극도로 실망스럽습니다. 그러나 우리는 우리 선교회들과 기관들을 위해 그들의 생명과 건강과 어느 정도의 성장에 절대로 필요불가결한 일들이 방해받지 않기를 희망하고 있습니다.

여러분 모두에게 가장 따뜻한 안부 인사를 드리고, 세브란스 의료기관과 연희전문학교가 최고의 성공을 거두기를 간절히 기도합니다.

안녕히 계십시오.

G. T. 스코트

조선 기독교 교육을 위한 협력이사회의 총무

출처: PHS

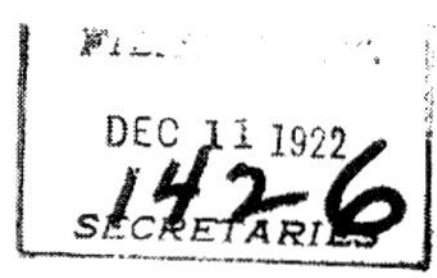


March 1, 1922.

Dr. O. R. Avison,
Field Board of Managers,
Severance Union Medical College,
Seoul,
Chosen.

Chosen Christian College,
Seoul,
Chosen.

Dear Dr. Avison,

This letter is being addressed through you to both the institutions in Seoul. I am sending you two copies and am sending Mr. Owens two copies of it, so that it be filed under each of the institutions.

Cooperating Board meeting of January 27, 1922.

Recently there were sent to you three copies of the minutes of the joint meeting of the Executive Committee and of the Finance and Property Committee of the Cooperating Board for Christian Education in Chosen, and also three copies were mailed to Mr. Owens.

Inasmuch as it is about two weeks since they were circulated among the members of the Board, and there have been no replies from Board members with corrections or suggestions, it can be assumed that the minutes will be approved as written.

I think they are self-explanatory, and I will go through them, with brief comments. An extra copy is enclosed herewith.

Item 3. You will notice that the Board took formal action, recognizing its Treasurer in the way mentioned, thus giving more responsibility and dignity to his office. The special matters referred to are always handled by the Treasurers of Union Institutions, and we could not ask Mr. Sutherland to do less. Mr. Lucas has been financed in this way for some time, and all other members of the staffs who are not the financial responsibility of constituent Mission Boards and Missions will also be handled through him.

Item 4. If the field has any suggestions of a suitable promotional secretary, please keep us informed.

Item 9. Mr. Severance wished it clearly understood that he was not to be drawn upon quarterly for a fourth of $10,000.00, but that he would under-write only what was necessary to make up the deficit at the end of the year on any excess of $10,000.00. Please do not send any more quarterly charges on this account.

(Dr. Avison, #2)

Item 15, F. This question of full religious liberty was considered very seriously and at length. No minute could exactly represent all of the individual views of the group, but this minute was a fair presentation of the medial viewpoint. There are members of the Board who would state vigorously the desire for full religious freedom, and there are one or two members, on the other hand, who feel that compulsory religious instruction should not be secured at undue sacrifice. It is of interest to know that the three Presbyterian Missions in India and the Presbyterian India Council have at their last meetings stood very vigorously against a "conscience class" and decided to forego, if necessary, all government grants for capital and current expenditure and all government recognition and privileges, rather than limit in any degree their full freedom for religious instruction and exercises, which they consider an indispensable part of Christian and character-forming education. We hope that the field Board will be divinely led to the right course in this important issue.

Item 17. In accordance with instructions, I am called upon to advise the Field Board of Managers of the College that its budget for the coming fiscal year be reduced to the very lowest possible figure and that the amount secured in local income be increased as much as practicable. The Board, of course, is fully conscious of what strict limitations are placed upon the College to operate within its modest budget, but feels that the College must nevertheless keep itself solvent and be content to grow as slowly as may be necessary. You may not be fully conscious of the relative degree of rapidity with which the College has been developing and that the staff and income guaranteed by the student Boards are much larger than those supplied to many older and larger institutions.

I will do what I can to have the associated Boards make the increases suggested, but I am not at all hopeful of the result. The financial outlook in America is anything but hopeful.

The whole of Item 17 is not at all over-stated as representing the consensus of opinion of the meeting.

We are, of course, thoroughly sympathetic with the financial restrictions under which the institution is forced to labor, but we rejoice with you in the extremely encouraging progress and constructive service which the College increasingly renders.

The reference to the proposed observatory was made by Dr. North, who probably is in direct communication with you regarding it.

---

My Chosen Cooperating Board folder is, I am sorry to say, very full of unanswered correspondence from the field and notations of things that should be attended to. The absence of Mr. Speer and Mr. Carter has brought a number of their office duties to me, and the recent illness for a number of weeks of Dr. Brown has placed other responsibilities upon me, and in addition to these along come the returns from the Missions on the findings of the Post War Conference; so I am sure you will overlook my delinquency to some extent.

(Dr. Avison, #3)

A. Severance Union Medical College.

1. Code Words for Mr. John L. Severance and Mr. John T. Underwood. For these two names I have arranged with Mr. Steele to use the last two lines on Page 740 of the Code Book- that is, Mr. John L. Severance's code word will be Yayhf, and Mr. John T. Underwood's code word will be Yayid.

2. Appropriations by the Presbyterian Board I do not hold myself responsible for reporting, inasmuch as these are all reported to the Presbyterian Mission in Dr. Brown's Board letters. I frequently try to report all these appropriations, but realize that you have them reported in other letters. The following, I believe, I have not reported to you:

a. September 19, 1921, $103.24, for beds, from the Woman's Board.

b. October 24, 1921, $307.00, from Minot, North Dakota, toward support of Korean physician.

c. December 5, 1921, $5,307.42, for laundry machinery, sterilizer, research work, from Mr. Severance and Mrs. Prentiss, and also $5,049.40 for the double residence, jointly and equally from Mr. Underwood and Mr. Severance.

d. January 16, 1922, $375.00, from Minor, North Dakota, toward support of Korean physician.

3. Your letter to Mr. Underwood on the method of his paying salaries might, I believe, have been better written to me. I knew nothing whatever about your letter to him until after our Committee had decided to follow the usual course with such payments. We were not "inaugurating a new policy," for Mr. Underwood has been supporting Mr. Lucas, through Mr. Sutherland, for a long time. The Constitution of the Cooperating Board states that the Secretary "shall be the sole official medium of communication between the Field Boards and this Cooperating Board." When that time ceases, then the Secretary can no longer be held to any responsibility in connection with administration. Kindly see that Mr. Genso recognizes the Treasurer of the Cooperating Board, as the Board desires.

4. A brief word of comment on matters referred to in the minutes from the Severance Field Board and the covering letters of you and Mr. Owens:

a. We are greatly interested in the proposal for foreign post graduate study by Severance graduates and hope this can be worked out in some way for a few of the most promising men.

b. Increase in receipts of both dispensary and hospital is very gratifying to the Cooperating Board and especially to those most particularly interested in the welfare and progress of the Severance Institution.

c. The balance sheet with a respectable surplus is encouraging, though we understand that these funds are ear-marked for prospective construction and equipment.

d. The report of Severance Union Medical College, as presented to Seoul Station December 15, 1921, is a fine record of progress.

You ask whether my office might copy and circulate these reports from time to time to a list of persons with which you would supply us. My office at present is not in a position to undertake this extra work, although I realize that the Secretary of the Cooperating Board should justly be expected to do so. When the Cooperating Board employs a Secretary and stenographers it then, of course, will have, as one of its functions, this one which you suggest. At present the office of the Rev. George H. Trull circularizes supporters on behalf of the Presbyterian Board. and in so far as the circularization which you have in mind affects Presbyterians interested in Seoul Station and the Severance Institution, I believe Mr. Trull's office would be glad to undertake this work. After thinking it over, you might wish to write to him. In the meantime, if brief reports are going out, I believe it is much more effective to have them arrive under foreign stamp and foreign post-mark directly from the field to the particular person interested at home.

e. Leprosy Department. I, of course, am sorry that the Leper Committee did not carry through the Fletcher plan, but I do not see how it could have been put successfully into operation, without the support of that Committee.

Your proposal that Dr. Fletcher be transferred to the Severance Institution for work on tuberculosis, under support of the Presbyterian Board, will be discussed with Dr. Brown as soon as possible after he returns to the office. Personally, I doubt very much whether the Presbyterian Board will feel justified in increasing its quota on the Severance staff, which is relatively quite generous - relatively, when compared with the contributions of other Boards at Severance, with the Presbyterian Board's contribution to other medical schools and with the size of the student body. Would not some Mission other than the Presbyterian take Dr. Fletcher as its representative on the Severance staff? It seems to me that the Presbyterian Mission is the last one that ought at this time to be urged to increase its quota.

We have gone very thoroughly through all of your correspondence on the leprosy matter and wish to thank you for keeping us so fully and clearly informed, with the copies of the letters you wrote to Mr. Danner, minutes of the meetings on the field and summaries of informal conferences.

5. Mr. J. E. Rex Taylor has been followed up by our Candidate Department ever since the receipt of your cablegram on December 17th regarding him. I have inquired several times how matters are progressing with Mr. Taylor. The reports have not been as encouraging as I hoped. The Candidate Department reports to-day that it wrote to Mr. Taylor and that it had no replies to its letters to Mr. Taylor of January 7 and September 20, 1920. After receiving your cablegram, Dr. Reed wrote on December 21st to Mr. Taylor at the address you gave. Not hearing from Mr. Tayler, he again wrote to him on January 25, 1922. On February 6, 1922, Dr. Reed received from Mr. Taylor the following letter:

(Dr. Avison, #6)

"January 21, 1922.

"My dear Mr. Reed,

"I received your letter dated December 21st several days ago. Rev. Boppell of Spokane, Wn., forwarded it to Mr. J. M. Robinson of St. Maries, Idaho, who fortunately sent it on to us. Also to-day I received your letter of January 25th. I might explain that I have been waiting to hear from Mr. Owens, Seoul, Korea.

"Dr. Avison of the Severance Hospital has explained a little of the work desired, and I feel that it is what I wish to do. Mr. Estill, who was asked by Dr. Avison and Mr. Owens to find someone, if possible, sent my name to them some time in August. In their last letter to him (Mr. Estill) they urge my coming in the next few months and as early as March. However, I would appreciate it very much if I could arrange to go some time in May or June.

"I might say that I was waiting to hear from Mr. Owens regarding matters more in detail, as to living conditions, etc. Could you give me some information along this line and also regarding passports and transportation?

"I hope to receive the literature you mailed in a few days.

"Very sincerely yours,

(Signed) J. E. Rex Taylor,
1815 6th Ave., West,
Seattle,
Wash."

On February 7th Dr. Reed wrote to Mr. Taylor, putting him into touch with our Travel Department, sending him a set of application forms, stating that he was requesting Mr. Koons to write Mr. Taylor in answer to his questions, etc. As soon as the Taylor case is settled we will inform you.

6. You propose a mortgage for residential construction in your letter of January 30th. This is an interesting proposal, as you doubtless realize the Presbyterian Board stands firmly and insistently against the mortgage of field property, but I cannot predict the position of the Cooperating Board on such a matter. My thought is now to submit your letter in full to the Chairman of the Cooperating Board and the Chairman of the Finance Committee to get their reaction. It is possible that they may be favorable to presenting the proposition, as you suggest, to one or more of the investing Boards of the various denominations. However, is it not a matter chiefly or solely for the Presbyterian Board to decide, inasmuch as the Severance property stands in its name, and it is therefore responsible for its title. I have asked Mr. Day to take the matter under consideration, and he may wish to take it up with the Finance Committee of the Presbyterian Board.

7. **Purchase of land.** The institution is to be congratulated upon the fine, large piece of property which you have recently acquired. Mr. Severance, as he may have indicated in personal letters to you, was somewhat disturbed by the purchase of a particular piece of land which he had not specifically authorized and also, I believe, by the fact that the amount per tsubo for this particular plot was greatly in excess of previous estimates. The entire situation, however, was talked over with him frankly, and he, I believe, is fully convinced of the wisdom of this investment, but is very desirous of having his pledges applied directly and only to the particular items which he has authorized and having transfer made from these items only if and after he approves specifically. By this time probably your letters to him have covered this difficulty more fully and more satisfactorily than I could in a personal interview. Mr. Severance, under date of December 28, 1921, states that he and Mrs. Prentiss will send the checks to cover the drafts when we notify him of their arrival. Upon re-reading a copy of Mr. Severance's letter of January 23d to you, I would gather from its tone that your letter to him of December 20th and interviews in New York have largely satisfied him.

**B. Chosen Christian College.**

A brief word on Field Board minutes, etc.:

We are grateful for the helpful explanatory letters which you and Mr. Owens write on the minutes, financial reports, departmental reports, etc.

We hope that the aggregate increase of $3,500 in current annual commitments of various constituent Boards will greatly assist the College in its effort to make its income equalize its expenditures.

In approaching the Hall estate you will, of course, keep in mind the special friendship which Mr. Severance has for one, if not both of the trustees.

I notice that the tuition fees are only $6.00 per term. Is there not some possibility of increase here, with an adjustment through loan scholarships, so as not to prevent deserving, poor boys from attending the College?

I am sorry to hear about the rust from the building stone, which discolors the granite trim.

Please keep us in touch with any further developments in connection with the proposed Union Woman's College.

As I have already written to you before, we are very grateful to you and Mr. Owens for the full accounts of the laying of the corner stones and for the fine sets of pictures which have reached us. We will try to make use of these pictures in every way possible. You will notice the two pages in "All the World" for January. I believe that the full page cut is also being used elsewhere.

Everything that you sent on the current budget was presented to the Board. Your letter of December 12th and passages from other letters were read. The institutions in Korea need to have given to them at the home office a great deal more special time, thought and constructive, promotive energy than is now possible under the present order of things.

(Dr. Avison, #7)

---

The above is an extremely inadequate and, to me, very unsatisfactory letter when one thinks of all the important matters at the two institutions at Seoul, which should be much more adequately covered. The work is becoming so heavy in all of the fields and departments that our depleted office force finds it impossible to keep abreast of it. With Mr. Speer, Mr. Carter and Dr. Halsey all removed from the offices this year and with the illnesses of various members of the executive staff, to say nothing of the disconcerting illnesses of two of my secretary stenographers, upon whom I have placed great reliance, the situation has frequently been extremely discouraging. We hope, however, that we will not be prevented from doing for our Missions and Institutions the things that are absolutely indispensable to their life, health and some degree of growth.

With warmest regards to you all and with earnest prayer for the highest success of the Severance Institution and the Chosen College, I am

Very sincerely yours,

(G. T. Scott)

Secretary of the
Cooperating Board for Christian Education
in Chosen.

GTS/MO

## 6. 스코트가 세브란스의전 · 연희전문 관계자들에게

1922년 3월 8일

관계자 분들께:

북장로회 해외선교부는 오늘 한국 서울로부터 다음과 같이 번역되는 암호 전보를 받았습니다.

> 총독부가 서울에 있는 대학에 종교의 자유를 허가하였습니다. 에비슨*

에비슨 박사는 연희전문학교의 교장인데, 그 대학은 설립되었을 때부터 총독부가 법으로 정한 교과 과정 안에서 의무적으로 성경을 교육할 수 있는 자유를 인정받지 못하였습니다. 그 대학은 자진해서 참석하는 성경 과목 수업과 자진해서 참석하는 채플 예배를 필수적인 교과 과정 시간 이외의 시간에 시행하고 있습니다. 하지만 모든 교원과 거의 모든 학생이 신앙인이자 활발한 기독교인이기에, 그 대학이 완전한 종교의 자유를 제한받고 있는 것을 매우 민감한 문제로 여기면서 거기에서 벗어나기를 간절히 추구해왔습니다. 대학의 부양을 책임지는 본국 선교부들은 그 대학이 바라는 것을 꾸준히 지원해왔습니다. 조선 기독교 교육을 위한 협력이사회는 1922년 1월 27일 열린 가장 최근의 회의에서 이 문제를 다시 검토하고 다음과 같이 끝나는 강력한 결의안을 통과시켰습니다.

> 총독부 당국이 총독부의 인정과 설립 인가 아래, 지금 유일하게 받고 있는 혜택의 범위를 넘어서지 않고도 완전한 종교 자유를 그 학교에 주기를 간절히 바란다. 그 학교의 정규 교육과정에 종교교육을 포함하려고 노력하고 있는 현지 이사회를 격려하기로 의견의 일치를 보았는데, 협력이사회는 조선 사람들이 이[종교교육]를 통해 최고의 이익을 얻도록 그들을 섬기기를 추구하고 있다.

---

* 이 전보는 새로 공포된 제2차 조선교육령 아래에서 전문학교 인가를 갱신할 때 그런 자유를 얻을 것이 확실시된다는 전망을 제시한 것이었으리라고 생각된다.

총독부가 정규 교육과정 안에서 성경 교육을 하고 종교의식을 하는 완전한 자유를 허가함으로써 여러 해 동안 바라고 노력해온 일이 마침내 행복한 결실을 거두게 되었고, 그리하여 그 대학이 건설적이고 기독교적이며 인격을 형성하는 교육에 필수 불가결하다고 우리가 믿는 종교교육의 자유를 얻게 되었다는 사실이 한국에서 온 이 전보로 드러나게 되었습니다. 전보의 내용을 설명한 편지들은 몇 주 후에야 미국에 도착하겠지만, 자세한 사실들을 알리면서 이 메시지에 대한 이 통지문의 해석이 완전히 정당했음을 입증할 것이라고 우리는 믿습니다.

한국에서 수행하는 모든 기독교 [선교] 프로그램이 계속 성공하기를 위해 기도합시다.

안녕히 계십시오.

조지 T. 스코트

고등교육을 위한 [협력이사회] 총무

출처: PHS

Mr Scott

CABLE ADDRESS "INCULCATE NEW YORK"

FILING DEPT.
608
MAR 13 1922
SECRETARIES

TELEPHONE WATKINS 8191

# The Board of Foreign Missions
of the
Presbyterian Church in the U.S.A.
156 Fifth Avenue
New York

OFFICE OF SECRETARY

Sent to The Cooperating Board for Christian Education in Chosen. and to the Executive Council of the Board

March 8, 1922.

TO WHOM IT MAY CONCERN:

The Presbyterian Board of Foreign Missions receives today a code cablegram from Seoul, Korea, reading in translation as follows:

"GOVERNMENT HAS GRANTED PERMISSION RELIGIOUS LIBERTY COLLEGE AT SEOUL AVISON"

Dr. O.R. Avison is President of the Chosen Christian College which since its founding has been denied by Government regulation the freedom to include the compulsory teaching of Bible within its authorized curriculum. The College has conducted voluntary Bible classes and voluntary Chapel exercises outside of the required curriculum hours, but as every teacher and practically every student is a professing and active Christian, the College has very keenly felt the restrictions on its full religious liberty and has eagerly sought their removal. The College has been consistently supported in its desire by Mission Boards at home responsible for its maintenance; the Cooperating Board for Christian Education in Chosen at its latest meeting January 27, 1922, again considered this question and passed a vigorous resolution which closed as follows:

"There is earnest hope that the Government authorities will be able to provide for entire religious freedom without placing an Institution beyond the bounds of the benefits which now obtain solely under Government recognition and charter. It was agreed to encourage the Field Board in the effort to include religious instruction within the recognized curricula of the Institutions through which the Cooperating Board seeks to serve the highest interests of the people of Chosen."

It would now appear from this cablegram from Korea that the hopes and efforts of many years have finally come to happy fruition by the Government's permission of full liberty for Bible teaching within the recognized curriculum and for religious exercises, thus giving to the College that freedom for religious instruction which we believe is indispensable in constructive, Christian and character-forming education. Letters explaining the cablegram will not reach the United States for some weeks, but we trust that the detailed facts will fully justify the interpretation herein placed upon this message.

Let us pray for the continued success of the entire Christian program in Korea.

Sincerely yours,

George T. Scott,
Secretary for Higher Education.

GTS R

## 7. 세브란스의전의 서울 선교지회 제출 보고서

1922년 3월 14일

세브란스연합의학전문학교, 서울, 한국.

1922년 3월 14일 [북장로회] 서울지회에 제출한 기관 보고서

이번 회계년도 가운데 11개월간의 통계를 지금 볼 수 있습니다. 우리가 병원에서 전년도의 같은 기간보다 모두 합쳐 5명 이상*의 환자를 진료했던 것을 알 수 있습니다. 지난 보고서에서 무료환자에게 배정한 병상의 숫자를 줄이기로 결정했던 일을 서울지회는 기억할 것입니다. 그러므로 수입이 병원에서만 이전 11개월보다 3,628.95원이 증가한 것은 놀랄 일이 아닙니다. 상세한 수치는 다음과 같습니다.

| | 유료환자(명) | 무료환자(명) | 수입(¥) |
|---|---|---|---|
| 1922 | 1,265 | 392 | 25,553.75 |
| 1921 | 1,181 | 471 | 21,924.80 |
| | 84(증가) | 79(감소) | 3,628.95(증가) |

약국의 통계는 진료환자의 수가 크게 늘어난 것을 보여줍니다. 그 기간의 총액은 59,474원으로 전년도보다 10,105원, 곧 거의 20%가 늘었습니다. 유료환자의 경우에만 7,652원이 늘어났습니다. 진료실은 평균적으로 환자가 작년만큼 와서 크게 늘지 않았습니다. 수입이 약 10% 또는 2,327.12원만 늘어난 것을 보여주고 있습니다. 상세한 내용은 다음과 같습니다.

| | 유료환자(명) | 무료환자(명) | 수입(¥) |
|---|---|---|---|
| 1922 | 38,238 | 21,246 | 24,978.40 |
| 1921 | 30,586 | 18,793 | 22,651.28 |
| | 7,652(증가) | 2,453(감소) | 2,327.12(증가) |

* 아래의 표에서처럼, 유료환자는 84명 증가하였지만 무료환자가 79명 감소하여 모두 합쳐 5명이 늘었다고 표현한 것으로 보인다.

다른 사역부서들, 곧 X레이, 치과 등은 비슷한 활동을 보여주지만, 세균학 실험실은 말콤슨(Malcolmson) 박사의 활기찬 운영 아래 이 병원과 한국의 다른 병원들을 훨씬 더 많이 봉사하였습니다.

불손한 학생 12명을 퇴학시킨 일의 파장으로 우리 등록생의 수가 30명으로 줄었고, 한 명은 건강 악화로 귀향할 수밖에 없게 되어, 이번 학기에는 의학교에 학생이 29명밖에 없었습니다. 우리는 그 가운데 8명을 이달 23일 졸업시킬 작정입니다. 간호부양성소는 학생 등록 상황이 좋아졌습니다. 지금 11명의 간호학생이 등록되어 있고, 5명의 견습생이 있어서, 학생이 총 16명입니다. 4월에 많은 학생이 입학할 것으로 전망하고 있습니다.

홍[석후] 의사가 미국에서 대학원 공부를 하기 위해 지난 11월에 떠나서 이비인후과 과목을 가르칠 사람이 없게 되었습니다. 학감 대리 오[긍선] 의사는 결국 서울에 있는 군 당국의 도움을 얻었습니다. 그래서 우리가 지금 2명의 일본군대 의사를 얻어서 이 과목들을 가르치고 있습니다. 맥카넬(McCannel) 의사가 매우 감사하게도 홍 의사의 역량에 관해 편지를 써서 보내주었습니다. 그는 [노스다코다 주] 마이놋(Minot)에서 맥카넬 의사와 한두 달을 보낸 후에 캔자스시티로 갔고, 그곳에서 마이어스(Myers) 의사와 머리 해부학 전문 과정을 밟았습니다. 대학에 들어가기 위해 그곳에서 뉴욕시로 갈 예정입니다.

북감리회 선교부에서 노튼(Norton) 의사를 그들의 두 번째 후원 교수로 우리 학교에 임명했다는 소식이 왔습니다. 그래서 우리는 그가 다음 겨울에 돌아올 것으로 예상하고 있습니다. 그가 안과에서 전문 소양을 보여주었으므로 그곳을 맡을 가능성이 큽니다.

우리는 또한 브러프(Bruff) 의사를 교수로 맞이하고 세균학과 위생학 분야의 담당으로 임명하는 즐거움을 누렸습니다. 그는 남감리회에서 두 번째로 보낸 사람입니다. 우리는 또한 미국인 약사가 곧 한국에 도착하여 약물학과 약리학 교육을 맡고 약국과 판매부를 감독하기를 희망하고 있습니다. 협력이사회는 테일러(Rex Taylor) 의사와 이런 일과 관련하여 협상하고 있습니다.

교수회가 최근 회의에서 의학교의 심호섭(H. S. Shim) 의사를 도쿄 제국대학 대학원에서 일 년간 공부하도록 보내기로 표결하였고, 우리는 그 일을 위해 이사회가 4월 1일부터 그를 놓아주기를 기대하고 있습니다. 그는 우리 교수들 가운데 세 번째로 일본에서 대학원 공부를 하는 사람이 될 것입니다.

다음 학기에는 우리 교육 사역의 중요한 혁신을 시도할 것입니다. 연희전문학교 측에서 우리 1학년생들을 일주일에 이틀씩 맡아 물리학, 화학, 생물학, 교육과정상의 필수과목들을 가르치도록 연희전문 관계자들과 협의하였습니다. 우리는 연희전문학교가 의예과를 정규 과정으로 두는 때가 오기를 기대하고 있습니다. 모우리(Mowry) 씨가 최근에 편지를 보내 평양 숭실대학(Union Christian College)에서 앞으로 새로운 계획을 실행하기에 적합한 때가 되면 그런 과정을 둘 계획을 세우고 있다는 사실을 알려온 것도 감사한 일입니다.

지난 10월에 3학년생 12명이 그 학년의 남은 기간에 정학 처분을 받았던 것을 서울지회 선교사들은 기억할 터인데, 그 학생들이 그 일로 인해 유급하게 되었습니다. 이들 가운데 10명이 복교를 신청하였고, 교수회가 4월 1일 그들을 다시 받아들여 7명을 정상적인 학생으로 복귀시켰고, 3명을 근신시켰습니다. 이들이 받은 징계가 아마도 우리 학생들에게 널리 유익한 영향을 끼쳤을 것입니다.

간호부양성소에서는 피셔(Fisher) 양이 계약 기간을 마치고 2월 말에 떠났습니다. 그녀는 북경협화의학원(Peking Union Medical College)에서 몇 달을 보낸 다음 미국으로 돌아갈 예정입니다. 우리는 올여름 결혼하는 폭스(Fox) 양이 머지않아 떠날 것으로 예상하고 있습니다. 캐나다선교회는 영(Young) 양을 보내 어쩌면 4월 1일경부터 그들 몫의 일을 하게 할 계획을 세우고 있습니다.

지난번에 보고한 후, 우리는 병원부지의 주택 단지 뒤편에 있는 1.5에이커의 땅을 사서 경계를 확장하였습니다. 이 땅값은 32,600원이고 등기료 1,141원이 더 들었습니다. 호주장로회 선교회와 남장로회 선교회를 대표하여 오래 근속할 교수들이 이곳에 도착하면 그들에게 그 땅의 일부를 팔 작정입니다. 또한, 현재 한국에 있으면서 앞으로 이곳에 오게 될 교수들을 위해 추가로 필요할 집을 지을 공간도 제공할 것입니다. [남대문통 건설공사의] 최종 단계에서 수용될 예정인 전면의 도로용지를 부지 뒤편의 땅과 교환하기 위한 협상을 철도 당국과 진행하고 있습니다. 그래서 우리는 우리 운동장이 머지않아 삼각형이 아닌 직사각형이 되고 교장 사택 옆쪽으로 건물을 지을 땅을 더 얻게 되었다는 것을 알려드릴 수 있기를 희망하고 있습니다.

멸균기를 현재 가동하고 있는데, 그 기기가 많은 필요를 채워주고 있습니다. 한 해 동안 2만 6천 원어치에 달하는 여러 가지 비품을 구입하였습니다. 의학교 건물도 어느 정도 수리하였습니다. 의료기관 운영상에 어떤 문제점들이 있는지를 많이 조사하여, 조직과 사역 방법을 꾸준히 개선하고 있습니다.

지금 우리 앞에 놓인 큰 의문점은 새 교육법 아래에서 우리의 지위가 어떻게 달라질 것인가 하는 문제입니다. 우리는 여러 해 동안 교육과정의 수준을 높이고 정규 교육과정에 종교의식의 행사를 포함할 자유를 달라고 교육 당국에 촉구해왔습니다. 새 교육법은 우리가 요구해온 권한을 우리에게 허용하도록 정하고 있습니다. 그러므로 이사회가 이번 주에 회의를 열어 새 법이 허용하는 대로 우리의 지위를 높일지, 아니면 일개 사립학교의 지위로 돌아갈지를 결정할 것입니다. 지금까지는 후자가 지지를 받았습니다. 그런데 종교의 자유를 누릴 권한은 인가받은 중등학교에 적용되지 않습니다.

교수진에 있는 사람들은 우리가 전문학교 지위를 유지해야 한다는 의견을 갖고 있습니다. 우리가 우수한 학생들을 얻을 수 없고 졸업생의 학위를 인정받는 것도 결코 바랄 수 없다는 이유에서 관립학교보다 더 낮은 등급의 대학으로 인정받는 것은 참을 수 없습니다. 더 높은 지위에 오르는 것은 더 좋은 교수진과 더 나은 시설을 갖는 것을 뜻하므로 아마도 예산의 증대를 뜻하게 될 것입니다. 학무국장 시바타(Shibata, 柴田) 씨가 말하기를, 새 학교가 시작하려면 그 전에 더 많은 기본재산을 가져야 하지만, 우리 학교는 현재 수준의 교직원과 재정으로도 등급을 높일 수 있고, 그다음에 점점 개선해갈 수 있을 것으로 생각한다고 말하고 있습니다. 예를 들어 우리 가운데 교수 자격이 부족한 사람이 우리를 떠나게 되면 반드시 자격을 충분히 구비한 사람으로 교체해야 합니다. 재학 중인 우리 학생들은 지금처럼 계속 공부할 수도 있고, 옛 교육법 아래에서 졸업하거나 4월 중순에 총독부의 검정고시를 쳐서 새 교육법이 정한 지위를 얻은 다음 계속 공부해서 새 등급으로 졸업할 수도 있습니다. 우리는 보충하거나 변경하고 싶은 사항들을 승인해달라고 총독부에 요청함으로써, 새 전문학교법 아래에서도, 우리의 판단에 따라 교육과정을 개선할 수 있습니다.

우리가 등급을 높임으로써 받게 될 유일한 불이익은 경신, 평양[숭실], 선천[신성]과 같은 비인가 사립 고등보통학교 졸업생들이 인가학교의 졸업시험을 통과하지 못하여 우리 학교에 입학할 수 없게 되는 것입니다. 이는 비인가 학교들이 견뎌야 할 가장 힘든 일이 될 것이고, 그런 환경에서 학생을 얻기가 어려운 것을 깨닫게 될 것입니다. 그러나 그 학교들에 한 가지 희망이 있습니다. 만일 그 학교들이 교직원, 시설, 재정을 관립 고등보통학교의 수준으로 높인다면 <u>지정학교</u>가 될 것이고, 졸업생들은 위에서 말한 시험을 치지 않고도 상급학교에 입학할 수 있습니다. 경신학교와 같은 우리 미션계 학교들의 일부는 아마도 종교의 자유를 누리기 위해 비인가로 남을 것이고, 수준을 올리려고 노력하면 지정학교가 될 수 있을 것입니다.

출처: PHS

SEVERANCE UNION MEDICAL COLLEGE, SEOUL, KOREA.

Institutional Report to Seoul Station, March 14th 1922.

Statistics are available now for eleven months of the fiscal year, and they show that we have treated in the hospital a total of five more cases than the corresponding period of the previous year. As the Station will recall from the last report, it was decided to decrease the number of beds allotted to free patients, so that it is not surprising to learn that our receipts in the hospital alone have increased Y3628.95 over the previous eleven months. The figures in detail are as follows:-

| | Pay | Free | Receipts |
|---|---|---|---|
| 1922 | 1265 | 392 | Y 25,553.75 |
| 1921 | 1181 | 471 | 21,924.80 |
| | 84 inc. | 79 dec. | Y3628. 95 inc. |

The dispensary statistics show a heavy increase in the number of treatments. The total for the period is 59,474, an increase of 10,105 or almost twenty percent over the previous year. This represents an increase of 7652 in the pay class alone. The clinics are not receiving as high an average fee per patient as last year, as the receipts show an increase of only about ten percent. or Y2327.12. The details are as follows:-

| | Pay | Free | Receipts |
|---|---|---|---|
| 1922 | 38,238 | 21,246 | Y 24,978.40 |
| 1921 | 30,586 | 18,793 | 22,651.28 |
| | 7,652 inc. | 2,453inc. | Y2327.12.inc. |

The other departments of the work, the X - Ray, Dental; etc. show a corresponding activity, while the Bacteriology Laboratory, under Dr Malcolmson's energetic management has increased its service to the institution and the other hospitals in Korea very materially.

Following expulsion of the 12 recalcitrant students our register fell to 30, and one had to return home owing to poor health, the medical College had only 29 students in attendance during this term out of which we expect to graduate 8 on the 23rd of this month. The Nurses Training School registration has improved, there being now 11 pupilnurses enrolled and five probationers, a total of 16. There is promise of a large entrance class in April.

The departure of Dr Hong for postgraduate study in America last November left no one to teach the subjects of Eye Ear Nose and Throat. The acting Dean, Dr Oh, finally secured the help of the Military authorities in Seoul, and we now have two Japanese military doctors giving the lectures in these subjects. Dr McCannel has written very appreciatively of Dr Hong's ability. After spending a month or two in Minot with Dr McCannel, he went to Kansas city where he took a special Course in the anatomy of the head with Dr Myers, and from that place he expected to go to New York City to enter College.

Information is to hand that the Northern Methodist Board has appointed Dr Norton as its second representative on our Staff, and we are expecting him to return next winter. In all probability he will take over the Eye Department, for which he has shown special ability.

We have also had the pleasure of welcoming Dr Bruff to the Faculty to take charge of the Bacteriology and Hygiene Department. He is the second representative of the Southern Methodists. We are hoping also that an American Pharmacist will soon reach Korea to take over the teaching of Materia Medica and Pharmacy, and to supervise the Phhrmacy and Sales Departments. The Board is negotiating with Dr Rex Taylor in this connection.

The Faculty voted at a recent meeting to send Dr H. S. Shim, of the Medical Department to the Imperial University at Tokyo for a year of postgraduate study, and we anticipate that the Board of Managers will release him for that purpose from April 1st. He will be the third of our Faculty to take postgraduate work in Japan.

An important innovation will be tried out in our teaching work this coming term. Arrangements have been made with the Chosen Christian College to take our first year men for two days a week and to give them instruction in Physics, Chemistry and Biology, subjects required in the curriculum. We are looking forward to the time when the Chosen Christian College will have a regular pre-medical course, and it is gratifying also to announce that recent correspondence from Mr Mowry advises that the Union Christian College at Pyengyang plans to have such a course hereafter if it will fit into the new scheme of things.

The station will remember that twelve third year students were suspended last October, for the balance of the School year, thereby causing them to lose their year. Ten of these men have applied for reinstatement, and the Faculty is receiving them back on April 1st, seven as regular students and three on probation. The salutary lesson dealt out to these men will presumably have a far-reaching influence on our student body.

In the Nurses Training School, Miss Fisher, having completed her year's contract, left at the end of February to spend a few months at the Peking Union Medical College before returning to the United States. We are expecting ere long to part with Miss Fox, who will be married this summer. The Canadian Mission plans to send Miss Young to take her place, presumably from April 1st.

Since last report we have enlarged our boundaries by the purchase of an acre and a half of land back of the residence section of the Compound. This land cost ¥32,600 plus the registration fees of ¥1141. We expect that some of it will be sold to the Australian and Southern Presbyterian Missions, when their permanent representatives arrive on the ground. It will also provide space for the additional houses needed by the present and in-coming staff. The negotiations with the Railway authorities for land at the back of the compound in exchange for the street frontage which is being expropriated seem to be in their

- 3 -

final stages, and we hope to be able to announce before long that our playground will be rectangular instead of trianglular, and that there will be an additional building site next to the President's home.

The sterilizing plant is in operation and meeting a great need. About Y26,000 worth of equipment of various kinds has been purchased during the year. Some renovating has also been done in the College building. Considerable study is being given to the problems of the running of the Institution, and improvements in the organization and methods of work are constantly being made.

The big question before us now is what our status is to be under the new law. For years we have been urging the educational authorities to allow us to put into effect a curriculum of a higher standard and also to give us freedom to include religious exercises in our official curriculum. Thei new law gives us the privileges we have been asking for, and a meeting of the Field Board of Managers will be held this week to decide whether we shall advance our status as provided by this new law or revert to a private status, which course has found supporters in time past. The rpivilege of religious freedom, however, does not extend to the lower schools which have been registered.

It is the opinion of those connected with the Faculty that we should continue as a Semmon Gakko. We cannot afford to have a College which is acknowledgedly of lower grade than the government school both because we could not get good students and because we could never hope for recognition of our diplomas. Advance means a better teaching staff better equipment and therefore probably an enlarged budget. New schools must have a large endowment fund before starting, but Mr Shibata, the Director of the Educational Bureau, says he thinks we can get the advanced grade with our present staff and finances and then gradually improve. For instance, when any of our less qualified men leave us, we must replace them with fully qualified men &c. Our present students can continue as they are and be graduated under the old regulations or they can take a government examination about the middle of April and have their position in the new order determined and then go on to graduation under the new standard. Under the new Semmon Gakko regulations we can improve our curriculum according to our own judgement by asking the approval of the Governor General to any additions or changes we may wish to make.

The only disadvantage we shall encounter in advancing is that graduates of private unregistered higher common school like Kyungsin, Pyengyang and Syenchun cannot enter our school without passing the graduation examination of a registered school. This, however, will bear most heavily on the unregistered schools, and they may find it difficult to get students under such circumstances. They have one hope, however, if they advance their standards to those of the Government Higher Common schools in the matter of teachers, equipment and finances, they may become approved schools whose graduates may be received into advanced schools without taking the above mentioned examination. Presumably some our Mission Schools, like Kyungsin, will, for the sake of religious liberty, remain unregistered and endeavour to advance up to the standard which will enable them to become approved schools

## 8. 세브란스의전 이사회 연례회의에 제출한 교장 보고서

### 세브란스의전 이사회의 연례회의에 낸 교장 보고서, 1922년 3월 [16일]*

통계

회계년도가 끝나기 전에 연례회의가 열렸기 때문에 완전한 수치를 내는 것이 불가능하지만, 지난 11개월을 돌아보고 판단하면 사역은 매우 고무적이었습니다.

병원의 통계는 환자의 수가 지난해보다 약간 더 늘었을 뿐만 아니라 재정 수입도 크게 늘었던 것을 보여줍니다. 약국에 온 진료 환자의 수도 지난해의 동일한 기간보다 10,105명으로 거의 20%를 넘어섰습니다. 한편 수입은 2,327.12원으로 약 10%가 늘었습니다. 상세한 수치는 다음과 같습니다.

병원

| | 유료환자(명) | 무료환자(명) | 수입(¥) |
|---|---|---|---|
| 1922 | 1,265 | 392 | 25,553.75 |
| 1921 | 1,181 | 471 | 21,924.80 |
| | 84(증가) | 79(감소) | 3,628.95(증가) |

약국

| | 유료환자(명) | 무료환자(명) | 수입(¥) |
|---|---|---|---|
| 1922 | 38,238 | 21,246 | 24,978.40 |
| 1921 | 30,586 | 18,793 | 22,651.28 |
| | 7,652(증가) | 2,453(감소) | 2,327.12(증가) |

의학교에서는 세 학년을 운영하였고, 학생들의 등록상황은 다음과 같습니다.

| 봄학기 | 가을학기 | 겨울학기 |
|---|---|---|
| 42명 | 43명 | 29명 |

* 이사회 연례회의가 3월 16일 열렸다.

6월에 15명이 졸업하였고, 그 가운데 8명이 우리 병원의 인턴이 되었습니다. 현재 우리 학교의 졸업생은 총 105명이고, 그 가운데 58명이 장로교인입니다. 가을학기 동안 3학년생이 교수들에게 퇴학 처분을 철회해달라는 요구를 하였습니다. 그 학년이 대부분 학년을 마치지 못하였고, 12명이 퇴학당하였으며, 그 처벌은 나중에 한 학년을 정학시키는 것으로 바뀌었습니다. 3학년생이 6명으로 줄었습니다. 정학생 12명 가운데 10명이 새 학년 초에 복교를 신청하였습니다. 7명을 정상 학생으로 받아들였고, 3명을 근신하게 하였습니다.

독립만세 시위 소동 이후에 한 해의 수업이 3월이 아닌 6월에 끝나게 되었다는 사실을 이사회는 기억할 것입니다. 올해는 수업시간을 조정하여 두 학년에 대해 3달을 보충해주었으므로 4학년생을 이달에 졸업시키고 3학년생을 진급시킬 예정입니다. 정학을 당한 3학년생의 복교는 우리가 잃어버린 한 해를 회복하고 4개 학년을 다시 운영하게 되는 것을 뜻합니다. 이렇게 하여 우리는 정상 상태로 돌아갈 것입니다.

## 학비

이사회가 회람 투표를 통해 학비를 40원에서 60원으로 올리는 것을 승인하였지만, 교수들과 상의한 후, 바로 얼마 전에 정했던 학비 인상을 1923년까지 미루고 입학금과 실험실 비용만 4월 1일부터 올리기로 결정하였습니다. 그러나 만일 우리 학교가 [새로운 교육법에 따라] 새롭게 전문학교로 승격된다면, 전에 제안했던 대로 올리자고 내가 제안할 것입니다.

## 학감직

반버스커크(VanBuskirk) 의사가 안식년을 맞아 봄학기 말에 떠났고, 오[긍선] 의사가 학감 대리로 임명되었습니다. 그는 모두를 만족시키고자 맡은 일들을 내려놓았고, 새 교육법에 따른 학교 지위의 변동 문제에 관해 총독부와 협상하는 일에서 매우 소중한 도움을 주었습니다.

## 분과들

<u>화학, 물리학, 생물학</u>. 이 과목들은 시간강사들이 맡아왔습니다. 그러나 우리는 다음 4월 1일부터 우리 1학년생이 연희전문학교에서 물리학, 화학, 생물학을 배우도록 조정하

였습니다. 그들은 일주일에 이틀을 그곳에서 보내는데, 기차가 운행된 덕분에 수월하게 그런 조정을 하였습니다. 이 일은 연희전문학교에 의예과 과정을 설치할 가능성을 기대하게 합니다. 모우리(Mowry) 씨가 평양 숭실대학(Union Christian College)에 예비 과정을 둘 계획을 세우고 있다고 진술한 적이 있습니다.

일본어, 수신. 이 과목들은 연희전문학교에서 이 과목들을 가르치는 신임 교수 다카하시(K. T. Takahashi)[高橋慶太郎] 씨가 가르쳤는데, 계속 그렇게 할 것입니다. 그는 또한 총독부와 우리의 관계에 영향을 미치는 모든 문제에서 교장의 자문에 응할 것입니다. 그는 우리 사역에 실제로 관심을 가지고 있음을 입증해보이고 있습니다.

영어. 여전히 오웬스(Owens)가 맡으면서 유(Yuh) 씨의 도움을 받고 있습니다. 올해에는 이 과목의 향상을 위해 강력히 노력할 것입니다.

해부학. 맨스필드(T. D. Mansfield) 의사가 감독하면서 최(Paul Choi)[최동] 의사의 도움을 받고 있습니다. 최 의사가 다른 과로 가게 되었기 때문에, 맨스필드 의사는 봄학기 후에 록펠러가 세운 북경협화의학원에 가 있는 우리 졸업생 한 명을 얻어 도움 받을 생각을 하고 있습니다.

이 과목은 이전 어느 때보다도 철저하게 가르치고 있으므로 더욱 큰 향상이 기대됩니다. 현재 해부학 수업이 매우 철저하게 이루어지고 있습니다.

조직학과 병리학. 이 과목들은 교수들이 협력하여 가르쳐왔습니다. 6월에 사임하고 관립의학교로 간 병리학 교수 도쿠미쓰(Tokumitsu)[德光美福] 의사가 이 과목들을 계속 가르쳐왔고, 실험실 실습은 말콤슨(Malcolmson) 의사와 신(Shin)[신필호?] 의사가 이끌었는데, 당분간 이 일을 계속할 것입니다.

전에 세균학과 위생학 교수였던 스코필드(Schofield) 의사가 이제 한국으로 돌아올 것 같습니다. 우리는 그가 병리학과 조직학을 가르치기를 희망하고 있지만, 그동안은 도쿠미쓰 씨가 계속 강의할 것입니다.

세균학과 위생학. 이 과목들은 스코필드 의사가 떠난 후에 많은 어려움을 겪었지만, 말콤슨 의사가 우리와 1년간 인턴으로 일하도록 배정받고 도착하여 세 가지 어려움을 해결하게 도왔고, 그는 매우 흡족하게 사역하였습니다. 이 난관들은 브러프(W. C. Bruff) 의사가 도착하면서 더 많이 해결되었습니다. 여러분은 그를 세균학과 위생학 교수로 임명하도록 요구할 것입니다.

임상 실습실이 이 과목으로 옮겨졌는데, 이런 변경으로 더 좋은 결과를 얻기를 기대합니다.

생화학과 생리학. 반버스커크 의사가 [1921년] 6월에 떠난 후 수업이 중단되었지만, 그가 이전보다 더 많은 열정과 향상된 방법을 가지고 돌아올 것으로 기대합니다. 새로 졸업한 학생 한 명이 그의 조수가 될 예정입니다. 반버스커크 의사는 [1922년] 8월 말쯤 돌아올 것으로 예상합니다.

약물학과 약리학. 이 과목들은 여러 해 동안 매우 힘든 상황에 처해 있었습니다. 우리는 시애틀의 테일러(J. E. Rex Taylor) 씨를 약제사로 임명하는 일이 어찌 되고 있는지를 알려주는 편지가 도착했다는 말을 듣고 싶습니다. 테일러 씨는 세브란스 씨와 언더우드 씨의 공동 후원으로 올 것이고, 판매부와 제작부와 약의 조제를 운영하는 일에서 오웬스 씨와 협력할 것입니다. 그는 또한 의학교에서 제약학 교육과의 조직을 추진하는 동시에 필수과목인 약물학과 약리학을 가르칠 것입니다. 그동안은 일본인 약사가 가르칠 것입니다. 우리는 현지 약학교에서 젊은 한국인을 배출하여 조제 업무를 적절히 수행할 수 있게 할 것입니다.

이제 대학 졸업반의 사역으로 가면 우리가 보고할 것이 많습니다.

내복약과 진단과 치료법. 이 분야는 많은 변화를 겪고 있습니다.

리딩햄(Leadingham) 의사가 떠남으로써 내복약 분야를 재조직하는 일이 필요해졌습니다. 스타이츠(Stites) 의사가 이 분야의 책임자가 되었고, 이 분야에서 몇 달 동안 협조했던 맨스필드 의사는 다른 중요한 사역으로 옮아갔습니다.

내과 진료실의 장소가 변경되어 사역을 더 잘 통합할 수 있게 되었고, 지금 모두 연결된 방 세 개를 차지하여 업무를 잘 감독할 수 있게 되었습니다.

이 과의 조교수인 심호섭(H. S. Shim) 의사는 4월 1일부터 도쿄제국대학에서 1년간 대학원 공부를 시작하도록 추천을 받았습니다.

그러는 동안 가장 우수한 우리 졸업생들의 한 명인 최동(Paul Choi) 의사가 그의 자리를 맡을 것입니다. 또 다른 우리 졸업생 이(W. S. Lee) 의사는 스타이츠(Stites) 의사를 유능하게 조력하고 있습니다.

위에서 언급한 남장로회 선교회의 리딩햄 의사가 많이 아파서 지난 회계년도 말에 떠났습니다. 그는 지금 완전히 회복되어 한국으로, 어쩌면 우리 학교로도 돌아올 것을 고려하고 있습니다. 다만 그의 선교회는 지금 그를 선교지회의 한 병원에 배정하려 하고 있습니다. 그가 떠나면서 그의 선교회를 대표할 교수 자리가 공석으로 남아 있습니다.

치료법. 이 과목은 당분간 에비슨 박사가 가르칠 것이지만, 더 많은 시간을 낼 수 있는 사람이 이 중요한 분야에 투입되기를 바라고 있습니다.

외과와 정형외과. 러들로(Ludlow)가 학년 내내 안식년을 보냈지만, 이번 달에 돌아올 것입니다. 그가 없는 동안 외과 업무는 고[명우] 의사가 이끌었는데, 책임감을 가지고 매우 잘 수행하였습니다. 방(K. W. Pang) 의사가 그를 유능하게 조력하였고, 이 두 사람은 어떤 수술을 훌륭하게 해냈습니다.

우리는 2년이나 그 이상의 기간에 북경협화의학원에서 봉사하였던 우리 졸업생들 가운데 한 명인 이용설(Y. S. Lee) 의사가 올봄에 돌아와서 우리 교수진에 합류할 것입니다. 그러나 다음과 같은 편지가 와서 그쪽의 입장을 설명하였는데, 우리가 그들의 요구를 들어주는 것이 현명하리라고 생각합니다.

산과와 부인과. 이 과들은 계속해서 허스트(J. W. Hirst) 의사와 신필호(P. H. Shin) 의사의 유능한 지도 아래 있었습니다. 허스트 의사가 오랜 기간 아팠고 나중에는 그의 아들 도날드(Donald)가 오랫동안 심히 아파서 사역의 많은 부분을 여러 달 동안 신 의사가 떠맡았습니다. 책임감이 큰 그의 업무수행 태도를 언급하는 것은 즐거운 일입니다.

소아과. 더글라스 에비슨(D. B. Avison) 의사가 선천에 임시 배정되었기 때문에 이 사역을 아직 맡을 수 없지만, 우리는 그가 초가을에 오기를 기대하고 있습니다.

신경과와 정신병과. 호주장로회 선교회가 맥라렌(McLaren) 의사를 2학기 동안 보내주었습니다. 그 선교회가 그를 자유롭게 해주면 그가 1923년부터 오래 근속할 수 있게 될 것이라고 믿습니다.

피부과와 생식기-비뇨기과. 오[긍선] 의사가 이 사역을 계속 수행하면서 모두를 만족시키고 있고, 우리는 그의 사역에 매우 큰 자긍심을 느끼면서 우리 의료기관에 유익을 끼치는 그의 헌신에 더욱 크게 감사하고 있습니다.

안과, 이비인후과. 이 사역을 위해 2천 불을 준 세브란스 씨와 이비인후과 사역을 위해 올해 1천5백 불을 기부한 노스다코다 주 마이놋(Minot)의 제일장로교회 주일학교에서 베푼 관대한 후원 덕분에 우리가 오랫동안 청원해왔던 바, 홍[석후] 의사를 미국에 보내 대학원 공부를 하게 하기를 바랐던 것을 실현할 수 있었습니다. 홍 의사는 먼저 마이놋으로 가서 맥카넬(McCannel) 의사의 병원에서 그와 함께 일하였고, 그런 다음 캔자스시티에 있는 마이어스(Myers) 의사에게 가서 해부학을 전문적으로 연구하였으며, 지금은 뉴욕시에서 정규 과정을 이수하고 있습니다. 그가 없는 동안 오 의사가 많은 물색 후에 용산(Ryuzan)에 있는 일본군 당국의 도움을 얻는 데에 성공하여, 지금 와니(Wani) 의사와 미즈노(Midzuno) 의사가 각각 안과와 이비인후과 강의를 하고 있습니다.

노튼(Norton) 의사가 북감리회 선교회의 두 번째 대표로서 우리에게 배정되었다는 소식도 전해졌습니다. 그가 안과를 맡고 안경부를 감독할 것으로 예상하지만, 홍 의사가 돌아오면 안과와 이비인후과 사역을 다시 맡을 것입니다.

홍 의사에게 배운 젊은 졸업생인 강(H. R. Kang) 의사가 이 과에서 뛰어난 사역을 펼친 것을 보고할 수 있게 되어 기쁩니다. 그는 심부름꾼의 신분에서 부상한 인물로, 순수한 야망을 품고 힘들게 일하면서 약국에서 자신의 진로를 찾고 의학교에 들어가, 약국에서 야간 근무를 하며 스스로 학비를 벌어 마침내 의학교를 졸업하고 총독부 고시를 통과하여 지금 우리의 가장 유망한 조수들의 한 명이 되었고, 때를 맞추어 교사로 성장하였습니다. 그는 이 나라의 청년들에게 좋은 모범 사례가 됩니다.

<u>X-레이와 전기치료</u>. 지난 5월 홉커크(Hopkirk) 의사가 뢴트겐 업무를 맡기 위해 왔습니다. 그는 이 사역을 크게 발전시켰고, 과외 과정에서 강의하여 큰 도움을 주었습니다. 그의 기량 덕분에 이 새 시설이 매우 만족스럽게 활용되어 진단과 진료 모두에 소중한 기여를 하였습니다. 그는 우리 졸업생 한 명을 훈련하여 매우 훌륭한 뢴트겐학자로 길러낼 것을 기약하고 있습니다.

<u>치과</u>. 맥안리스(J. A. McAnlis) 의사가 외국인 치과 치료를 맡기 위해 마지막으로 와서, 부츠(Boots) 의사가 그의 주된 시간을 본 의료기관의 사역을 발전시키고 한국인의 진료를 증진시키는 일에 쓸 수 있게 되었습니다. 맥안리스 의사는 그 과의 경비로 왔고, 그 과가 그의 봉급, 여비 등의 부담하고 있습니다. 이것은 우리의 치료비를 개정할 필요가 있게 하였지만, 아직도 북경의 감리회 병원에서 청구하는 것에는 미치지 못합니다. 새로운 치과용 기기를 많이 살 필요가 있었고, 부분적인 훈련을 받은 조수를 직원에 추가하였습니다. 그래서 우리는 네 번째 업무 분야를 둔 것에 더하여 세 명의 담당자를 두게 되었습니다.

우리가 아직 완전한 수준의 치과학교를 열 준비가 되어있지 않지만, 그 목표를 점진적으로 이루어갈 수는 있을 것입니다.

나병과. 우리 대학에 플레처(Fletcher) 의사를 데려와 나병과를 계발하는 일을 맡기는 문제와 관련하여 협상이 벌어졌던 것을 이사회는 기억할 것입니다. 이 협상이 적어도 당분간은 결렬되었다는 것을 보고하게 되어 유감입니다. 앞으로 어떤 조정이 이루어질지를 예언할 자리에 있지는 않지만, 그 사람과 곧 만나서 상의하기를 희망하고 있습니다.

그동안 세브란스병원은 구라선교회의 아시아 지역 총무로서 이 나라의 이 사역을 책임맡은 파울러(Fowler) 의사의 인도 아래 한국 구라선교회와 협력할 것입니다. 나환자 치료기관들과 직접 연계된 의사들과 그 밖의 사람들이 그 사역을 거의 다 맡고 있기는 하지만, 나는 오웬스 씨가 총무로 있는 동안 구라선교회의 회장으로 일해 달라는 요청을 받았습니다. 우리는 항상 몇몇 환자들을 치료하고 있고 새 치료법을 사용하고 있습니다.

결핵. 이 질병이 한국을 여전히 가장 크게 위협하고 있어서 우리는 그것을 더 크게 공략할 길을 계속 살펴보고 있습니다. 플레처 의사는 이 사역을 출범시키기 위해 적합한 때에 우리 교수진에 합류할 방법을 찾을 것입니다.

간호부양성소. 지난해에 벌어진 맹휴와 퇴학 조치로 인해 간호학생의 수가 우리가 바라는 만큼 많지는 않았어도 좋은 한 해를 보냈습니다. 올해 등록생의 수는 다음과 같습니다.

| | 봄학기(명) | 가을학기(명) | 겨울학기(명) |
|---|---|---|---|
| 학생 | 15 | 11 | 11 |
| 견습생 | 6 | 5 | 5 |
| 계 | 21 | 16 | 16 |

간호사 2명이 6월에 졸업하였습니다.

캐나다장로회 선교회가 9월에 그들을 대표하여 폭스(Fox) 양을 간호학교에 보냈습니다. 그러나 그녀가 결혼일이 가까워져 우리와 함께 머물 수 없게 되었기 때문에 영(Young) 양이 그 뒤를 잇게 되었습니다. 에스텝(Esteb) 양은 소속 선교회의 연례회의에서 다른 사역에 배정되었습니다. 피셔(Fisher) 양은 본인이 자원했던 한 해의 사역을 마감하고 이번 달에 우리를 떠났는데, 미국으로 돌아가기 전에 북경협화의학원에서 몇 달을 보낼 것입니다. 그녀는 남장로회에서 후원을 받아 그들의 대표로 올 사람을 대신하여 왔지만, 남장로교인들이 즐거이 인력을 보강해주기로 하였으므로, 우리는 그들이 연례회의 후에 장기 근속할 그들의 대표를 우리에게 보낼 수 있을 것이라고 희망적으로 기대하고 있습니다. 쉴즈(Shields) 양은 심각한 질환에서 회복되어 예전의 야간간호 감독 자리로 돌아와 한 해 동안 근무하였습니다. 로렌스(Lawrence) 양은 지난 봄에 전임사역자로 왔습니다. 우리의 외국인 간호사 직원은 지금 4명입니다. 남감리교인들은 캠벨(Cambell) 부인이 몇 년 전 사임한 후에 생긴 빈자리를 채울 사람을 보내지 못하였습니다. 그러나 호웰스(Howells) 양은 편지에서 그들이 올해나 내년에 이 일을 할 것으로 예상한다고 희망적으로 말하고 있습니다.

종교와 사회사역부. 우리가 우리 의학교와 병원의 종교지도자로 함(Ham)[함태영?] 장로를 활용할 계획을 세웠지만, 그는 마침내 자신이 풀려난 후에 급하게 그런 자리를 맡는 것이 현명한 일로 생각되지 않는다고 알려왔습니다. 그래서 우리는 여전히 적합한 사람을 찾고 있습니다. 기회는 많습니다. 너무 젊지도 않고 늙지도 않으며, 아주 잘 교육받고, 좋은 성품과 전도의 열정과 이 자리를 채울만한 매력적인 인성을 지닌 사람을 여러분은 알고 계십니까? 운동을 좋아하는 사람이라면 더욱 소중하게 여겨질 것입니다.

지난 9월 나는 본 대학을 대표하여 북경협화의학원의 봉헌예배에 참석하기 위해 북경에 갔습니다. 스타이츠 의사도 참석하였습니다. 우리 졸업생 3명이 그곳에서 인턴으로 일하고 있는데, 우리의 외과 직원인 방(Pang) 의사가 그곳에서 기숙하며 몇 달을 보냈습니다. 북경의 밀즈(Mills) 의사가 [세브란스] 연구부에서 수행했던 사역을 완료하도록 계속 도와주었고, 그리하여 지난 한 해 동안 몇 가지 팸플릿을 발행했는데, 앞으로도 몇 년 더 도와줄 것입니다.

반버스커크 의사와 스타이츠 의사는 선교사들의 건강에 관한 몇 가지 문제점들을 해결하는 일에도 종사하였습니다. 도드(E. M. Dodd) 의사가 올해 북장로회 선교부의 의료총무 대리가 되어 뉴욕에서 감리회 선교부의 보건(J. G. Vaughan) 의사와 협력하여 그런 분야의 사역을 조직했다는 사실을 보고하는 것은 즐거운 일입니다.

북감리회 선교부와 남감리회 선교부가 올해 안에 그들의 대표를 각각 두 명씩 늘릴 수 있게 되었다는 사실을 보고하는 것도 즐거운 일입니다. 그러나 북장로회 외에 다른 선교회들은 대학에 필요한 자본금을 제공하지 않았다는 사실은 실망스러운 일입니다.

우리 이사회가 의무를 이행하지 않는 선교회들과 선교부들로부터 합당한 반응을 얻도록 그들에게 적절한 압력을 가해도 되지 않을까요?

우리는 건물이 수용 능력에 넘치게 혼잡하여 최선의 사역을 할 수 없습니다. 전에 채택된 재정 프로그램의 실행을 강력하게 요청하고 싶습니다. 심(Shim)[호섭] 의사에게 현재의 봉급을 계속 지급하면서 그를 도쿄제국대학에 보내려 하는 교수회의 계획을 승인해달라고 여러분께 요청합니다.

이제까지는 우리가 4월에 20명의 입학생을 받아들였지만, 자격을 갖춘 사람을 그만큼 찾아낼 수만 있다면, 30명을 받아들일 계획입니다.

---

## 세브란스연합의학전문학교 - 1921~1922
## 현지 이사회에 대한 교장 보고서 요약문

지난 해 병원은 환자가 약간 늘고 수입이 크게 증가한 점에서 매우 고무적이었습니다. 게다가 약국은 지난해보다 진료환자의 수는 20%가 늘고 수입은 10%가 늘어났습니다. 병원 수입은 3,628.95원이 늘고 약국 수입은 2,327.12원이 늘어났습니다.

의학교에서 15명이 졸업하였고, 그중 8명이 우리 병원의 인턴이 되었습니다. 졸업생의 총수는 이제 105명입니다. 가을학기에 학생 12명이 교수들에게 어떤 점을 요구하였고 철회하기를 거부하여 정학을 당하였습니다. 그들 중 10명은 새 학년이 시작될 때 복교를 신청하여, 그 가운데 7명은 정상 학생으로 받아들여졌고, 3명은 근신 처분을 받았습니다.

이사회에서 승인된 학비 인상은 1923년까지 연기하기로 표결하였습니다. 의학교가 새로운 전문학교로 승격되지 않으면 그렇게 할 것입니다.

학감 대리 오[긍선] 의사가 학교의 지위 승격 문제를 총독부와 협상하여 소중한 기여를 하였습니다.

### 부서들

화학, 물리학, 생물학은 내년*에 연희전문학교에서 1학년생을 가르칩니다. 그 학생들은 그곳에서 일주일에 이틀을 보낼 것입니다. 이 일로 연희전문학교에 의예과를 설치할 것을 기대합니다. 일본어와 수신은 연희전문학교의 다카하시 씨가 가르치고 있고, 영어는

---

* 여기에서 '내년'(next year)은 1922년 4월에 시작하는 1922~23학년을 가르킨다.

오웬스 씨가 맡으며, 해부학은 맨스필드 의사가 맡고 있습니다.

조직학과 병리학은 교수들이 협력하여 수업을 이끌고 있는데, 당분간은 그렇게 할 것입니다. 세균학과 위생학은 우리와 함께 1년간 인턴으로 일하도록 배정된 말콤슨 의사가 맡고 있지만, 내년에는 브러프(W. C. Bruff) 의사가 세균학과 위생학 교수가 되어 맡을 것입니다. 생화학과 생리학은 반버스커크 의사의 부재로 수업이 중단되었지만, 내년에는 그가 다시 맡을 것입니다. 약물학과 약리학은 몇 년 동안 어려운 여건에 있었는데, 세브란스 씨와 언더우드(J. T. 언더우드) 씨의 후원 아래 머지않아 임명될 테일러(J. E. Rex Taylor) 씨가 맡을 것입니다.

의학교 졸업반의 사역에 관해서는 다음과 같이 보고합니다. 내복약과 진단과 치료법은 스타이츠 의사를 책임자로 하여 재조직되었고, 우리 졸업생 2명, 곧 최동(Paul Choi) 의사와 이(W. S. Lee) 의사가 그를 돕고 있습니다. (남장로회 선교회의 리딩햄 의사는 건강이 악화되어 떠났는데, 돌아오면 아마 어느 선교지회의 병원으로 배정될 것입니다.) 치료법은 당분간 에비슨 의사가 맡을 것이고, 외과와 정형외과는 러들로 의사가 안식년을 보내는 동안 고[명우] 의사가 유능하게 이끌고 방(K. W. Pang) 의사가 도울 것입니다. 두 사람은 수술을 훌륭하게 해냈습니다. 산과와 부인과는 계속 허스트(J. W. Hirst) 의사와 신필호(P. H. Shin) 의사가 맡고 있습니다. 후자는 허스트 의사와 그의 아들 도날드의 질환 때문에 사역을 많이 맡았으나 매우 유능하게 수행하였습니다. 소아과는 더글라스 에비슨 의사의 지도로 가을에 다시 시작될 것입니다. 신경과와 정신과는 1923년에는 아마 호주장로회 선교회의 맥라렌 의사가 이끌 것입니다. (그는 올해 두 학기를 강의하였습니다.) 피부과와 비뇨기과는 오[긍선] 의사가 매우 만족스럽게 운영하였습니다. 안과와 이 · 비 · 인후과는 홍[석후] 의사가 떠나 있는 동안 용산에 있는 군당국의 도움을 받아 운영하였습니다. 그는 세브란스 씨와 노스다코다 주 마이놋의 제일장로교회의 큰 도움으로 미국에 유학 갈 수 있었습니다. 그러나 그가 돌아오면 그 과의 사역을 이끌 것이고, 그동안에는 북감리회 선교회에서 배정받은 노튼 의사가 안과와 안경부를 맡을 것입니다. X-레이와 전기치료는 지난 5월에 온 홉커크 의사 덕분에 크게 발전하였습니다. 그가 그 일에 헌신함으로써 새 시설이 매우 만족스럽게 사용되어 진단과 치료에 소중한 기여를 하였습니다. 치과는 부츠 의사가 이끌었는데, 그는 주로 본 의료기관의 사역을 발전시키고 한국인의 진료역량을 증진시키는 일에 시간을 보냈고, 맥안리스(McAnlis) 의사가 치과의 외국인 치료업무를 맡았습니다. (우리는 아직 완비된 치과학교를 출범시킬 준비를 하지 못했지만, 우리는 그 목표를 향해 점진적으로 나아갈 수 있을 것입니다.) 나병은 아직 미진한 분야이지만, 세브란스병원은 구라선교회의 아시아 지역 총무인 파울러(Fowler) 의사의 인도 아래 한국 구라선교회와 협력하고 있습니다. 에비슨 의사가 그 선교회의 회장으로 선출되고, 오웬스 씨가 총무로 선출되었습니다. 결핵은 여전히 한국을 가장 크게 위협하고 있지만, 플레처 의사가 이 질병을 대대적으로 물리치기 위해 세브란스병원의 직원으로 합류할 길을 찾을 것입니다.

간호부양성소

이 학교는 좋은 한 해를 보냈지만, 간호학생의 수는 지난해에 발생한 동맹휴학과 퇴학처분의 영향으로 기대했던 것만큼 많지는 않았습니다. 간호사 2명이 6월에 졸업하였습니다. 9월에 캐나다장로회 선교회에서 파송 받은 폭스 양이 곧 결혼하러 떠나면 영(Young) 양이 그 뒤를 이을 것입니다. 에스텝 양이 다른 사역에 배정되고, 피셔 양이 미국으로 귀국하여, 직원 2명의 공백이 생겼습니다. 쉴즈 양은 병에서 회복되어 예전의 야간간호 감독 자리로 복귀하였습니다. 로렌스 양이 지난봄에 전일 근무 사역자로 왔습니다. 외국인 간호사는 4명입니다. 남감리교인들이 몇 년 전에 사임한 캠벨(Campbell) 부인을 이을 다른 간호사를 보낼 수 있기를 희망합니다.

종교와 사회사역부

의학교와 병원의 종교 사역을 맡아 지도해줄 좋은 사람이 매우 필요하고, 그래서 기회가 크게 열렸습니다.

개관

선교사들의 건강문제를 해결하기 위해 반버스커크 의사와 스타이츠 의사가 노력하고 있습니다.

의학교가 수용 능력을 넘어 혼잡하므로 더 많은 기금을 얻지 못하면 최선의 사역을 할 수 없습니다. 의학교는 심[호섭] 의사를 도쿄제국대학으로 보내려는 교수회의 계획을 현지 이사회가 승인해주기를 바라고 있습니다.

대학은 4월에 이전처럼 20명의 입학생을 받지 않고, 자격을 갖춘 사람을 그만큼 확보할 수 있다면, 30명을 받아들일 계획입니다.

출처: UMAC

TRANSFERRED

3-16-22

803 A

SEVERANCE UNION MEDICAL COLLEGE

President's Report to Field Board of Managers

Annual Meeting, March, 1922.

...

STATISTICS

As the annual meeting is being held before the close of the fiscal year, it is not possible to give complete figures, but judging from the returns for eleven months, the work has been very encouraging.

The Hospital statistics show that we have not only made a slight gain over the past year in the number of patients, but have also materially increased our receipts, while in the dispensary the number of treatments exceeds those of the corresponding period last year by 10,105 or nearly twenty per cent, while the receipts increased ¥2327.12 or about ten per cent. The details are as follows:

| | | Pay | Free | Receipts |
|---|---|---|---|---|
| Hospital | 1922 | 1265 | 392 | ¥ 25,553.75 |
| | 1921 | 1181 | 471 | 21,924.80 |
| | | 84 inc. | 79 dec. | ¥ 3,628.95 inc. |
| Dispensary | 1922 | 38238 | 21246 | ¥ 24,978.40 |
| | 1921 | 30686 | 18793 | 22,651.28 |
| | | 7552 inc. | 2453 inc. | ¥ 2,327.12 inc. |

In the Medical School, three classes have been carried, with registration as follows:-

| Spring Term | Fall Term | Winter Term |
|---|---|---|
| 42 | 45 | 29 |

In June, fifteen men were graduated, of whom eight became internes in our Hospital. Our total graduates now number 105, of whom 56 are Presbyterians. During the Fall Term, the third year class made certain demands upon the Faculty which they were requested to withdraw, on penalty of expulsion. The majority of the class failed to comply, with the result that twelve men were expelled, which punishment was later changed to a school year's suspension. The third year class was reduced to six men. Of the twelve students suspended, ten have applied for reinstatement at the opening of the new school year. Seven will be accepted as regular students and three on probation.

The Board will recall that since the Independence troubles our school year, for the classes affected has ended in June instead of in March. This year studies have been so arranged that the three months have been made up in two classes, so that we shall graduate our senior men this month and promote the third year men. The return of the suspended third year students will mean that we shall pick up the year we have lost, and there will be four classes in operation once more. This will bring us back to the normal.

3/16/22

FEES

The Board, by circular vote, approved an increase in fees from ¥40 to ¥60, but after consultation with the Faculty it was decided, as the fees had been raised only a short time before, to postpone the increase until 1923, except that matriculation and laboratory fees are being increased from April 1st. However, if our status is raised to that of a New Semmon Gakko, I shall propose to raise the fees as formerly suggested.

DEANSHIP

Dr. VanBuskirk left on furlough at the close of the spring term, and Dr. Oh was appointed Acting Dean. He has discharged his duties to every one's satisfaction, and his help has been invaluable in the negotiations with the government as to the status of the school under the new law.

THE DEPARTMENTS

Chemistry, Physics, Biology were looked after by time teachers. We have, however, arranged that the Chosen Christian College shall teach Physics, Chemistry and Biology to our first year students from April next. They will spend two days a week there, the train service making such an arrangement convenient. This looks forward to the possible establishment of a premedical course at the Chosen Christian College, and Mr. Mowry has stated that the Union Christian College at Pyengyang plans also to establish a premedical course.

Japanese and Ethics have been taught by Mr. K. T. Takahashi, the new professor of such subjects at the C. C. C. and he will continue to do so. He will also be adviser to the President in all matters touching our relations to the Government. He has given evidence of having the interests of our work on his heart.

English is still under the care of Mr. Owens assisted by Mr. Yuh. A strong effort will be made during the coming year to improve this department.

Anatomy is under the supervision of Dr. T. D. Mansfield assisted by Dr. Paul Choi. After the Spring Term Dr. Mansfield expects to get one of our graduates, now at the Rockfeller College in Peking, to assist as Dr. Choi is to go into another department.

This subject is being given more thoroughly than at any previous time, and we look forward to still greater improvements. Dissecting is now done quite thoroughly.

Histology and Pathology have been carried by a combination of teachers. Dr. Tokumitsu, Professor of Pathology, who resigned in June and went to the Government Medical College has continued to give lectures in these subjects, while the laboratory work has been carried on by Drs. Malcolmson and Shin, and they will continue to do this for the present.

Dr. Schofield, former Professor of Bacteriology and Hygiene is now likely to return to Korea, and we hope to have him carry Pathology and Histology, but in the meantime Dr. Tokumitsu will continue to deliver the lectures.

Bacteriology and Hygiene were a source of much difficulty after Dr. Schofield's departure, but the arrival of Dr. Malcolmson, who

- 3 -

3/16/27

was assigned a year's internship with us, helped us solve these difficulties, and he has done very acceptable work. These difficulties have still further been solved by the arrival of Dr. W. C. Bruff, whom you will be asked to appoint as Professor of Bacteriology and Hygiene.

The Clinical Laboratory has been moved into this department, and we look forward to still better results from this change.

Bio-Chemistry and Physiology have been in abeyance since Dr. VanBuskirk's departure in June, but we expect him to come back even more full of zeal and improved methods than before. One of our new graduates is expected to become his assistant. Dr. VanBuskirk is expected back about the end of August.

Materia Medica and Pharmacy have been under a heavy handicap for several years, but we are expecting to hear any mail now of the appointment of Mr. J. E. Rex Taylor, of Seattle, as Pharmacist. Mr. Taylor will come out under the joint support of Mr. Severance and Mr. Underwood and will be associated with Mr. Owens in the management of the Sales Department, Manufacturing Department and Pharmacy. He will also do the necessary teaching of Materia Medica and Pharmacy in the Medical College as well as promote the organization of a pharmaceutical teaching department. In the meantime it is being given by a Japanese pharmacist. We are putting a young Korean through the local School of Pharmacy so that he can properly carry the dispensing work.

Coming now to the Senior College work we have much to report.

The Department of Internal Medicine, Diagnosis and Therapeutics has undergone much change.

The departure of Dr. Leadingham made a reorganization of the Internal Medicine Department necessary. Dr. Stites has been made the Head of this Department, and Dr. Mansfield, who was associated with this department for several months was removed to other important work.

The location of the Medical Clinics was changed to make possible a better unification of the work and it now occupies three rooms all connected, so that it can be well supervised.

Dr. H. S. Shim, associate Professor in this Department, is being recommended for a year's postgraduate study in the Imperial University at Tokyo, starting from April 1st.

Dr. Paul Choi, one of our best graduates will take his place in the meantime, and another of our graduates, Dr. W. S. Lee is an able assistant to Dr. Stites.

Dr. Leadingham of the Southern Presbyterian Mission, referred to above, left at the close of the last fiscal year on account of serious illness. He has now completely recovered, and contemplates returning to Korea and possibly to our Institution, though his Mission seems at present inclined to assign him to a Station Hospital. His absence has left a vacancy in the representation of his Mission.

For the present, Therapeutics will be taught by Dr. O. R. Avison, but it is hoped that one with more time will be put into this important branch.

 3/16/22

Surgery and Orthopedics Dr. Ludlow has-been on furlough for the school year, but will return this month. During his absence the surgical work has been under the direction of Dr. Koh, who has stood up under the responsibility very well. He has been ably assisted by Dr. K. W. Pang and these two have done some fine operation work.

We anticipated that Dr. Y. S. Lee, one of our graduates who has served for two or more years in the Peking Union Medical College, would return this spring and join our teaching staff, but the following letter has come which speaks for itself, and we think it will be wise to grant their request.

Obstetrics and Gynecology have continued under the able direction of Dr. J. W. Hirst and Dr. P. H. Shin. Dr. Hirst's long illness and later on the severe and prolonged illness of his son, Donald threw the heavy part of the work on Dr. Shin for many months and it is a pleasure to refer to the manner in which he carried the responsibility.

Pediatrics Dr. D. B. Avison has not been able to take up this work yet owing to his temporary assignment to Syenchun, but we look forward to his coming in the early Fall.

Neurology and Psychiatry The Australian Mission sent Dr. McLaren for two lecture periods, and Dr. McLaren has reason to believe that the Mission can release him for permanent residence in 1923.

Dermatology and Genito-Urinary Dr. Oh has continued to carry this work to every one's satisfaction and we are very proud of his work and ever more grateful for his devotion to the interests of the Institution.

Eye, Ear, Nose and Throat Through the generosity of Mr. Severance who has given $2,000 for the purpose, and of the Sunday School of the first Presbyterian Church of Minot, N. D. which contributed $1,500 this year for the work in the Eye, Ear, Nose and Throat Department, we were able, to realize our long cherished ifea to send Dr. Hong to the United States for postgraduate study. Dr. Hong first went to Minot where he served with Dr. McCannel in his hospital, and then went to the Drs. Myers in Kansas City for a special course in Anatomy, and now he is in New York City where he is taking regular studies. In his absence, after considerable search, Dr. Oh succeeded in getting help from the Military Authorities at Ryuzan, and Dr. Wani and Dr. Midzuno are now giving lectures in Eye, Ear, Nose and Throat respectively.

Word has also come that Dr. Norton has been assigned to us as the second representative of the Northern Methodist Mission, and it is expected that he will take over the Department of Ophthalmology, with the supervision of the Optical Department, while Dr. Hong, on his return will carry the work of the Eye, Ear, Nose and Throat Department.

It is gratifying to be able to report the excellent work of Dr. H. R. Kang in this department, a young graduate trained by Dr. Hong. Coming up from an errand boy who by sheer ambition and hard work won his way through the pharmacy and into the medical school, supporting himself by doing night work in the pharmacy, he finally graduated in medicine, passed his Government examination and is now one of our most promising assistants, likely in time to grow into a teacher. He

3/16/28

is a fine example to the young men of the country.

X-Ray and Electrotherapy Dr. Hopkirk arrived last May to take over this department of Roentgenology. He has developed the department greatly, and has given a course of extra curriculum lectures which have been of great help. Under his workmanship the new plant has given great satisfaction and both diagnosis and treatment have received a valuable contribution. He is training one of our graduates who gives promise of making a very good Roentgenologist.

Dentistry Dr. J. A. McAnlis arrived in Seoul last to take over the foreign practice in the Dental Department and allow Dr. Boots to give his main time to the development of the work of the institution and the building up of a Korean clinic. Dr. McAnlis has come out at the expense of the department which is carrying his salary, travel, &c., and this has necessitated the revision of our rates, which, however, are still below those charged by the Methodist Hospital in Peking. Considerable new Dental equipment has had to be purchased and an additional partially trained assistant added to the staff, so that we shall have three chairs going besides a fourth part of the time.

We are not yet prepared to launch a full fledged dental school, but we shall be able to work gradually towards that end.

Leprology The Board will recollect the negotiations which have taken place regarding the coming of Dr. Fletcher to our College to take over the development of the department of Leprology. I regret to report that these arrangements have been nullified at least for the present and I am not in a position to, prophesy what adjustment will be effected, but hope for a conference with him soon.

In the meantime the Severance Institution will cooperate with the Korea Leper Committee which under the guidance of Dr. Fowler, Secretary for Asia for the Society for Lepers, has charge of this work in this country. I have been asked to act as Chairman of that Committee while Mr. Owens is Secretary, though most of the work will devolve on the Doctors and others directly connected with leper institutions. We always have a certain number of lepers under treatment, and the new remedies are being used.

Tuberculosis This still continues to be Korea's greatest menace and we keep on the look out for a way of opening a larger attack on it. Dr. Fletcher may find a way to join our Staff in time in order to launch this.

The Nurses' Training School has had a good year though the number of pupil nurses has not been as large as we desire, due in part to the strike and dismissals which occurred the previous year. The registration for this year has been as follows:-

| | Spring Term | | Fall Term | | Winter Term | |
|---|---|---|---|---|---|---|
| Pupils | 15 | | 11 | | 11 | |
| Probationers | 6 | 21 | 5 | 16 | 5 | 16 |

Two Nurses graduated in June.

3/16/22

The Canadian Mission sent Miss Fox as its representative in the Nursing School in September. Owing to her approaching marriage, however, she will not be able to stay with us, and will be succeeded by Miss Young. Miss Esteb was assigned to other work at the Annual Meeting of her Mission. Miss Fisher, having completed the year for which she volunteered left us this month and will spend a few months at the Peking Union Medical College before returning to the United States. Her support was provided by the Southern Presbyterians in lieu of a representative, but we are hopeful that the reinforcements that the Southern Presbyterians have happily received may enable them to send us a permanent representative after their annual meeting. Miss Shields recovered from her serious illness, and resumed during the year her old post of Night Superintendent. Miss Lawrence came on full time duty last spring. Our staff of foreign Nurses now numbers four. The Southern Methodists have been unable to furnish a nurse for the vacancy which has existed since the resignation of Mrs. Cambell several years ago, but Miss Howells writes hopefully that they expect to do this either this year or next.

Religious and Social Work Department We had planned to use Elder Ham as a Religious leader for our College and Hospital, but he finally reported that it was not considered wise for him to take such a position so soon after his release and we are still on the look-out for a suitable man. The opportunity is great. Do any of you know of a man, neither too young or too old, fairly well educated, of good character and evangelistical zeal and of winning personality to fill this position? Some love for Athletics would make him all the more valuable.

Last September I went to Peking as the representative of the College to attend the dedication services of the Peking Union Medical College. Dr. Stites also attended. We have three graduates serving their internship there, and Dr. Pang of our Surgical Staff spent several months in residence. Dr. Mills at Peking has continued to assist in the completion of the work undertaken by the Research Department, and several pamphlets have been published during the year, and several more are under way.

Drs. VanBuskirk and Stites have also done work on some problems connected with the health of missionaries. It is pleasing to report that the Northern Presbyterian Board has this year had an acting Medical Secretary, Dr. E. M. Dodd, and he in cooperation with Dr. J. G. Vaughan of the Methodist Board has organized the work of the Department at New York.

It is pleasing to record that the Northern Methodist Board and the Southern Methodist Board have within the year been able to increase their representation to two doctors each, but it is disappointing to find none of the other Missions outside of the Northern Presbyterian yet providing any of the capital needs of the College.

Can this Board not bring suitable pressure to bear on the delinquent Missions and Boards to secure an adequate response?

We are crowded beyond our capacity and the best work is impossible. I want to call strongly for the carrying out of the financial Program previously adopted. We ask for your approval of the Faculty's Plan to send Dr. Shim to the Imperial University at Tokyo, his present salary being continued.

3/16/22

We are planning to receive an entrance class of thirty students in April, instead of twenty as heretofore, if that number can be found qualified.

SEVERANCE UNION MEDICAL COLLEGE- 1921-22.

SUMMARY OF THE PRESIDENT'S REPORT

TO THE FIELD BOARD OF MANAGERS.

The past year has been very encouraging as the Hospital shows a slight gain in the number of patients and a material in receipts, while the Dispensary shows a twenty per cent increase over last year in the number of treatments and a ten per cent increase in receipts. The Hospital Receipts show an increase of Yen 3,628.95 and the Dispensary Receipts show an increase of Yen 2,327.12.

Fifteen men were graduated from the Medical School, of whom eight became internes in the Hospital. Total number of graduates is now 105. In the Fall Term, 12 men were suspended for refusing to withdraw certain demands which they had made upon the Faculty. Ten of these have applied for reinstatement at the opening of the new school year, seven of whom are accepted as regular students and three on probation.

The increase in fees, approved by the Board, was voted postponed until 1923, unless the College is raised to the status of a New Semmon Gakko.

Dr. Oh, Acting Dean, has proved invaluable in negotiations with the Government on the status of the school.

DEPARTMENTS.

Chemistry, Physics, Biology are to be taught next year to first year students by Chosen Christian College, the students spending two days a week there. This looks forward to the establishment of a pre-medical course at the Chosen Christian College. Japanese and Ethics have been taught by Mr. Takahashi of Chosen Christian College; English has been under Mr. Owens; Anatomy is under Dr. Mansfield; Histology and Pathology have been carried by a combination of teachers and will be for the present; Bacteriology and Hygiene are under Dr. Malcolmson who was assigned a year's interneship with us, but will be under Dr. W. C. Bruff as Professor of Bacteriology and Hygiene next year; Bio-Chemistry and Physiology, discontinued in the absence of Dr. Van Buskirk, will be resumed under him next year; Materia Medica and Pharmacy, for several years under a handicap, will be under the care of Mr. J. E. Rex Taylor, who is to be appointed in the near future under the support of Mr. Severance and Mr. Underwood.

The Report of the Senior College work is as follows:- The Department of Internal Medicine, Diagnosis and Therapeutics has been reorganized with Dr. Stites as Head of the Department and two of our graduates, Dr. Paul Choi and Dr. W. S. Lee, assisting him (Dr. Leadingham of the Southern Presbyterian Mission left on account of ill health and will probably be assigned to a Station Hospital on his return). Therapeutics will be under Dr. O. R. Avison for the present; Surgery and Orthopedics, during the furlough of Dr. Ludlow, have been under the able direction of Dr. Koh, assisted by Dr. K. W. Pang, who have both done fine operation work; Obstetrics and Gynecology have continued under the direction of Dr. J. W.

Hirst and Dr. P. H. Shin, the latter carrying very ably the heavier part of the work, owing to the illness of Dr. Hirst and that of his son, Donald; Pediatrics will be taken up in the Fall under the direction of Dr. D. B. Avison; Neurology and Psychiatry will probably be directed by Dr. McLaren of the Australian Mission in 1923 (He has given two lecture periods to it this year); Dermatology and Genito-Urinary have been very satisfactorily carried by Dr. Oh: Eye, Ear, Nose and Throat Department has been carried by help sent from the Military authorities at Ryuzan during the absence of Dr. Hong, who through the generosity of Mr. Severance and the First Presbyterian Church of Minot, N. D., was enabled to go to the U. S. for study, but who on his return will carry the work of the Department while Dr. Norton, assigned by the Northern Methodist Mission, will take over the Optical Department and the Department of Ophthalmology. X-Ray and Electrotherapy have been greatly developed by Dr. Hopkirk who arrived last May and who has so devoted himself to the work that the new plant has given great satisfaction and both diagnosis and treatment have received a valuable contribution; Dentistry has been carried by both Dr. Boots, who has given his main time to the development of the work of the institution and the building up of a Korean clinic, and Dr. McAnlis who has taken over the foreign practice in the Dental Department (We are not yet prepared to launch a full-fledged Dental School, but we shall be able to work gradually towards that end); Leprology is still an undeveloped Department, but the Severance Institution has cooperated with the Korea Leper Committee under the guidance of Dr. Fowler, Secretary for Asia for the Society of Lepers, Dr. Avison being elected Chairman of the Committee and Mr. Owens, Secretary; Tuberculosis is still Korea's greatest menace and it is hoped that Dr. Fletcher may find a way to join the staff of Severance Institution in order to launch a larger attack on this disease.

NURSES' TRAINING SCHOOL.

The School has had a good year, although the number of pupil nurses has not been as large as desired, owing to the strike and dismissals which occurred the previous year. Two nurses were graduated in June. Miss Fox, sent by the Canadian Mission in September, will leave shortly to be married and will be succeeded by Miss Young; Miss Esteb, assigned to other work, and Miss Fisher, returning to the United States, will leave two vacancies on the staff; Miss Shields, having recovered from her illness, has resumed her old post of Night Superintendent; Miss Lawrence came on full time duty last spring; the staff of foreign nurses nurses is four in number. It is hoped that the Southern Methodists will be able to furnish another nurse to succeed Mrs. Campbell who resigned several years ago.

RELIGIOUS & SOCIAL WORK DEPARTMENT.

A good man for the position of religious leader for the College and Hospital is greatly needed and the opportunity is great.

## GENERAL.

The problems connected with the health of missionaries are being worked out by Dr. Van Buskirk and Dr. Stites.

The College is crowded beyond its capacity and the best work is therefore impossible unless more funds are provided. The College is desirous to have the approval of the Field Board of Managers of the Faculty's Plan to send Dr. Shin to the Imperial University at Tokyo.

The College is planning to receive an entrance class of thirty students in April, instead of twenty as heretofore, if that number can be found qualified.

## 9. 연희전문 이사회 교장 보고서

### 연희전문학교

### 현지 이사회에 낸 보고서 [1922년 3월 16일]*

본 대학은 여러 측면에서 최고의 한 해를 보냈습니다. 등록생의 수는 우리 학교의 7년 역사상 가장 많아져서, 1917년에는 96명이었는데, 지금은 113명이 되었습니다. 우리는 81명의 출석 학생으로 학년을 끝냈습니다. 캐나다장로회를 제외한 모든 협력 선교회들에서 파송 교수의 할당 인원을 모두 채워주었고, 앤드류 씨가 지난 가을에 와서, 물론 당분간은 언어공부를 하는 임무만 받았지만, 북감리회 대표들의 수의 채웠습니다. 교수진은 노[정일] 씨가 철학 과목 담당교수로 임명되고, 다카하시[高橋慶太郎] 씨가 고용되어 더욱 강화되었습니다.

건축 프로그램이 꾸준히 진행되었고, 이학관[아펜젤러관]과 언더우드관과 첫 번째 기숙사[핀슨관 또는 윤동주관]를 짓기 위한 계약을 지난 봄에 체결하였습니다. 기숙사는 4월 1일 입사할 준비를 마칠 것이고, 이학관과 언더우드관의 일부를 올겨울 동안 사용할 가능성이 있습니다. 외국인 교수의 사택을 2채 이상 짓고 있는데, 빌링스 씨와 피셔 씨가 입주해 있습니다. 베커 씨의 사택을 짓기 위한 계약이 이번 봄에 이루어질 것이고, 원한경 씨를 위해 또 다른 계약을 맺을 가능성도 있습니다. 우리는 또한 일본인 교수와 몇몇 한국인 교수들을 위한 사택도 지을 계획을 세우고 있습니다.

남감리회 선교부에서 1만 7천 불을 보내주고 캐나다장로교인들이 4만 불의 약정금에서 1만 5천 불을 보내주면, 우리는 북감리교인들이 보낸 8천 불과 지불 중에 있는 9만 2천 불을 제외하고(북감리교인들은 약정금을 처음에 5만 2천 불로 정했다가 10만 불로 올렸습니다) 여러 선교부가 이제까지 약정해준 돈을 모두 받게 될 것입니다. 이 돈은 모두 앞으로 건축공사를 하는 동안 사용되겠지만, 필요한 작업을 완수하기에는 충분하지 않을 것입니다. 우리는 곧 협력이사회에 학교 개발계획의 완수를 위한 자본금의 투자를 더 많이 약정해달라고 새로 호소하고 나설 수밖에 없습니다. 이 기금은 우리 외국인과 본토인 교수

---

* 이 문서에는 일자 표시가 보이지 않지만, 뒤에 첨부된 요약본에 '1921~22년도'란 표기가 있으므로 1922년 3월 16일에 열린 대학이사회의 연례회의에 제출한 교장의 연례보고서인 것을 알 수 있다.

의 사택, 모범촌, 운동장, 체육관, 도서관, 박물관을 마련하고 3채 이상의 기숙사와 중앙 식당 건물을 포함한 기숙사 단지를 완성하는 데에 필요합니다. 도로, 하수시설, 급수시설, 난방시설, 전기시설에도 추가 자금이 필요합니다. 앞서 언급한 기숙사들 가운데 하나는 캐나다인들이 제공할 것입니다.

언더우드관과 이학관의 정초식을 지난 10월 동시에 거행하면서 대학이 한 일을 처음으로 크게 홍보하는 기회를 얻었습니다. 행사에는 한국인과 일본인 관리들, 교육가들, 교회의 고위 성직자들을 대표하는 인사들이 참석하였습니다. 본인이 기금을 제공한 새 건물의 봉헌*을 위해 언더우드(John T. Underwood) 씨를 한국으로 초청하자고 우리 이사회에 제안합니다. 그가 오면 한국 사회의 관심을 더 높이고 어쩌면 자생적인 재정 후원도 독려할 좋은 기회를 얻을 것이라고 확신합니다. 우리는 대학 후원 사업에 기여할 수 있는 집단을 키워가는 방향으로 꾸준히 노력해야 할 것입니다.

대학을 운영하기 시작한 첫해부터 누적되어온 재정 적자가 2월 28일까지 19,372.76원에 이르렀습니다. 그런데 2월과 3월에 나갈 봉급과 다른 경비들을 더 추가해서 계산해야 합니다. 그러므로 연말에 2만 3천 불과 2만 5천 불 사이에서 적자가 발생할 것이 예상됩니다. 그러나 우리는 캐나다장로회 선교회가 교수를 파송하는 대신 4천 불을 보내주면 적자가 그만큼 줄어들 것으로 기대하고 있습니다. 북미에서 아직 적자를 줄일 방도를 마련해주지 않아서 우리가 본토인 교수의 사택들을 필요한 만큼 짓지 못하고 교지의 기초공사를 진행하지 못하고 있습니다. 고베 관서학원과 관계를 맺고 있는 남감리회와 캐나다 감리회의 두 선교부가 그 학교에 매년 2만 5천 불씩 기부하는 사실을 생각하면, 우리 학교에 기부하는 3천 불, 2천5백 불, 5백 불이 실로 매우 적어 보입니다. 물론 관서학원은 중학교와 연계되어 있습니다. 그럼에도 불구하고 선교부들이 대학 수준의 교육기관을 운영하라고 우리에게 위임한 사실을 생각하면, 기부금의 수준이 불균형한 것은 아주 분명해 보입니다. 더 나아가 총독부는 우리에게 계속 전문학교로 있으려면 경상수입을 학교의 필요에 더 부합하도록 만들라고 요구하고 있습니다. 그리고 우리가 전문학교로 남든지 남지 않든지 간에 또는 다른 어떤 지위로 돌아가든지 간에 협력 선교부들이 지금 주는 기부금으로

* 언더우드관의 봉헌식이나 준공식에 관한 기록은 잘 보이지 않는다. 연희전문 1924~25년 일람에서 이 기간에 완공되었다고 언급되지만, 에비슨은 후원금 모금을 위해, 원한경은 컬럼비아대 석사학위와 뉴욕대 박사학위 취득을 위해 미국에 가 있었으므로 그들이 참석한 봉헌식의 거행은 현실적으로 곤란하였다.

학교를 운영할 수 없다는 것은 과거의 경험으로 입증되고 있습니다.

---

## 연희전문학교, 1921~1922
## 현지 이사회에 제출한 교장 보고서 요약문

지난해에 7년의 학교 역사상 가장 많은 학생, 곧 113명이 등록하여, 1917년에 96명이었던 것과 비교됩니다. 학년은 81명이 출석한 가운데 끝났습니다.

협력 선교회들은 캐나다장로회 선교회만 빼고 파송 교수들의 할당 인원을 다 채웠습니다.

건축 프로그램: 이학관, 언더우드관, 첫 번째 기숙사의 건축을 위한 계약이 낙찰되었습니다. 외국인 교수 사택 2채가 완공되었고, 또 다른 외국인 교수 사택을 위한 계약이 올봄에 낙찰될 예정입니다. 일본인과 한국인 교수들의 사택 몇 채를 위해서도 계약할 가능성이 있습니다.

여러 선교부의 약정금들을 (북감리회 선교부로부터 8천 불을 받은 것만 빼고) 모두 받았습니다. 이 돈은 앞으로 건축공사를 하는 동안 모두 사용될 것이지만, 계획한 대로 모든 공사를 끝내기에는 부족할 것입니다. 외국인과 본토인 교원들의 주택 공급, 모범촌, 운동장, 체육관, 도서관, 박물관 건물, 기숙사 3채, 중앙 식당을 포함하여, 계획한 것을 모두 끝내려면 더 많이 호소해야 할 것입니다. 이 기숙사들의 하나는 캐나다인들이 제공할 예정이고, 도로, 하수, 급수, 난방과 전력 시설공사를 하기 위한 추가 자금이 필요합니다.

지난해 10월에 거행된 언더우드관과 이학관의 정초식을 계기로 일본인과 한국인 관리들, 교육자들, 교계 인사 사이에서 우리 대학이 많이 홍보되었습니다. 언더우드관을 봉헌할 때 언더우드 씨가 오면 대학에 대한 한국사회의 관심이 더 높아질 것이라는 제안이 있었습니다.

한 해가 끝나면 1만 3천 원과 1만 5천 원 사이에서 적자를 볼 것 같습니다. 이 적자가 본토인 교원들의 사택을 필요한 만큼 짓지 못하고 부지의 기초공사도 하지 못하게 가로

막고 있습니다. 총독부는 우리에게 만일 전문학교로 남아있으려면, 현재 수입을 학교의 필요에 더 적합하게 만들어야 한다고 요구하고 있습니다. 우리가 지금 협력 선교부들로부터 받고 있는 기부금들로는 여하튼 간에 학교를 운영할 수 없습니다.

출처: PHS

Tom Scott

Rec'd FILING DEPT. MAY 24 1922 1426-2 SECRETARIES

C. C. C. Mar 1922

Report of President to Field Board of Managers.

In many respects the College has had its best year. Our student enrolment has been the largest in our seven years' history, namely 113 against 96 in 1917. We have finished the year with 81 students in attendance. All of the cooperating Missions excepting the Canadian Presbyterian have maintained their full quota of teachers, Mr. Andrew's coming last autumn filling up the Northern Methodist representation, although he is of course assigned to language study for the present. The teaching staff has been further strengthened by the appointment of Mr. Roe to the chair of Philosophy, and by the engagement of Mr. Y. T. Takahashi.

The building program has gone steadily ahead, contracts for Science Hall, Underwood Hall and the first Dormitory being let last spring. The Dormitory will be ready for occupation on April 1st, and it is possible that parts of Science Hall and Underwood Hall may be in use during the coming winter. Two more foreign residences have been erected, and are being occupied by Messrs. Billings and Fisher. A contract for Mr. Becker's house will be let this spring, and possibly another for Mr. Underwood. We are also planning to build a Japanese teacher's residence and several for Korean teachers.

With the release of the $17,000 from the Southern Methodist Board and $15,000 from the Canadian Presbyterians on account of their $40,000 pledge, we will have received all of the money which has so far been pledged by the various Boards, with the exception of $38,000 from the Northern Methodists who raised their initial pledge of $52,000 to $100,000, $92,000 of which is in course of being paid in. These monies will all be used during the coming building season, but will be insufficient to complete the work that is necessary. We will soon have to face the question of making a new appeal to the cooperating Boards to make further pledges for capital investment in order to complete the development of the institution. These funds will be needed for the housing of our foreign and native teaching staff, model village, athletic field, gymnasium, library and museum building, and for the completion of the dormitory group, which calls for three more dormitories and a central dining hall. Roads, drains, water supply, heating and power plant also require additional funds. One of the dormitories referred to is to be provided by the Canadians.

The simultaneous laying of the cornerstones of Underwood Hall and Science Hall last October was made the occasion of the first big advertising that the College has done, and there was a representative attendance of Korean and Japanese officials, educators and church dignitaries. I suggest that this Board extend an invitation to Mr. John T. Underwood to visit Korea to dedicate the new building which he is providing, and I feel sure that his coming will provide a favorable opportunity for further developing the interest of the Korean community and possibly of building up indigenous financial support. Our efforts should be constantly directed towards the cultivation of that class of the people who can afford to contribute to the support of the College.

Up to February 28th the deficits on current budget which have been accumulating since the first year of the operation of the College amounted to ¥19,372.76, and the salaries and other expenses for February and March have still to be included. The close of the year is likely therefore to see the deficit between ¥23,000 and ¥25,000, but we expect ¥4,000 from the Canadian Mission in lieu of their teacher which will reduce it correspondingly. The fact that no action has yet been taken in North America to reduce the deficit prevents us from having funds to proceed with the

2.

C. C. C.

Report of President to Field Board of Managers

erection of native teachers' residences to the extent needed, and with the development of the foundational work of the site. When it is considered that the two Boards interested in Kwansei Gakuin at Kobe, the Southern Methodist and the Canadian Methodist, contribute $25,000 each annually to that institution, the contributions to our institution of $3,000, $2500 and $3500 look very small indeed. Of course, the Kwansei institution has a Middle School in connection; nevertheless the disparity in contributions seems very apparent when the Boards have commissioned us to run an institution of College grade. Furthermore, the government requirements as to current revenue if we remain as a Semmon Gakko will require that our current revenue be made more adequate to the needs of the school, and whether or not we do remain as a Semmon Gakko or revert to some other status past experience has shown that we cannot run the institution with the contributions we are now receiving from the cooperating Boards.

## CHOSEN CHRISTIAN COLLEGE - 1921-22.

SUMMARY OF THE PRESIDENT'S REPORT

TO THE FIELD BOARD OF MANAGERS.

The student enrolment for the past year has been the largest in the seven years' history, namely 113, as against 96 in 1917. The year closed with 81 students in attendance.

The Cooperating Missions, with the exception of the Canadian Presbyterian Mission, have maintained the full quota of teachers.

Building Program: Contracts have been let for Science Hall, Underwood Hall and the first Dormitory. Two foreign residences have been completed, and the contract for another foreign residence is to be let this spring, with the possibility of several residences for Japanese and Korean teachers.

All of the monies pledged by the various Boards (with the exception of $8,000. from the Northern Methodist Board) have been received. These monies will all be used during the coming building season, but will be insufficient to complete the entire development as planned. A further appeal will have to be made for the completion of the plans which include the housing of the foreign and native teachers on the staff, a model village, athletic field, gymnasium, library and museum building, three more dormitories and a central dining hall. One of these dormitories is to be provided by the Canadians. Roads, drains, water supply, heating and power plant require additional funds.

The laying of the corner-stones of Underwood and Science Halls last October did much for the advertising of the College among the Japanese and Korean officials, educators, church dignitaries etc. The suggestion was made that a visit from Mr. Underwood at the time of the dedication of Underwood Hall would further the interest of the Korean community in the College.

The close of the year will likely see a deficit of between Yen 13,000. and Yen 15,000. This deficit prevents the erection of native teachers' residences to the extent needed, and also the developing of the foundation work of the site. The Government requirements, if we remain as a Semmon Gakko, will require that our current revenue be made more adequate to the needs of the School, but in any case the Institution cannot be run with the contributions we are now receiving from the Cooperating Boards.

## 10. 에비슨이 멕케이에게

1922년 3월 20일

R. P. 맥케이 목사, 명예신학박사,
캐나다장로회,
토론토, 캐나다.

친애하는 맥케이 씨,

현지 대학이사회의 연례회의와 관련된 회의록과 보고서들을 동봉합니다. 이 회의는 새 교육령에 입각하여 대학의 지위를 승격시키는 문제를 의논하였기 때문에 특별히 중요하였습니다. 이 회의에서 교장이 낸 보고서는 이 문제에 관한 모든 정보를 제공하고 있습니다. 현지 이사회가 대학을 새로운 지위로 승격시키는 것에 만장일치로 합의하였다는 사실을 보고할 수 있어서 기쁩니다.

한 해 동안 등교한 학생들의 수는 우리 대학의 역사상 가장 많았고, 학비로 낸 돈도, 당신이 회계 보고서에서 볼 것처럼, 역사상 가장 많았습니다. 당신은 또한 경상예산의 예상 적자가 크게 줄어들 가능성이 있는 것을 알게 될 것입니다. 이는 우리가 선교회들 가운데 한 곳으로부터 교수를 파송 받는 대신 4천 원을 받을 것으로 기대하고 있기 때문입니다. 그러면 적자가 약 1만 5천 원이 되는데, 우리는 협력하는 선교부들이 이것을 줄일 어떤 방도를 마련해주기를 간절히 바라고 있습니다. 이 적자는 우리가 건축비를 쓰게 만들어서 긴급히 필요한 건물들을 짓지 못하게 할 것입니다. 만일 이 적자액을 협력 선교부들이 나누어 부담해주면 아주 조금씩 나뉠 것입니다. 이 적자가 대학이 시작될 때부터 쌓여온 것이기는 하지만, 독립만세 시위로 우리 학생이 16명으로 줄어들었을 때부터 큰 비중을 차지하기 시작했다는 점을 유념해야 합니다.

상황이 이처럼 아주 좋아 보인 적은 없었다는 말을 할 수 있게 되어 기쁩니다. 우리는 내년에 최소한 150명의 학생을 받아들일 것인데, 이 일을 계기로 이후에 학비 수입을 계속 늘리게 되기를 기대하고 있습니다. 그러나 언더우드관과 이학관이 완공되면 자연스럽게 그 건물들의 운영비가 추가될 것이고, 새 법은 우리에게 더 수준 높은 교수의 임용을 요구할 것입니다. 이런 것은 물론 봉급으로 지출되는 돈이 추가되는 것을 뜻합니다.

당신은 예산 보고서에서 협력 선교부들을 향해 북장로회, 북감리회, 남감리회 선교회들의 경우에는 연례 기부금을 1923년 6천 원에서 시작하여 매년 1만 원으로 올리고, 캐나다 장로회 선교회에는 기부금을 1천 원에서 6천 원으로 늘려달라고 요청한 것을 볼 것입니다. 당신이 이 문제를 진지하게 검토할 사항으로 다룰 것이라고 믿습니다.

당신은 또한 우리가 자본금을 얻기 위해 새로운 모금 운동을 곧 시작하지 않을 수 없게 되리란 점을 알게 될 것입니다. 지금의 건축 시즌이 끝나고 언더우드관과 이학관이 완공되면 지금 있는 기금이 고갈되기 때문입니다.

안녕히 계십시오.

O. R. 에비슨

출처: PCC & UCC

# Chosen Christian College

OFFICE OF THE PRESIDENT

O. R. AVISON, M. D.

Seoul, Chosen

CO-OPERATING BOARDS

PRESBYTERIAN CHURCH IN THE U. S. A.
METHODIST EPISCOPAL CHURCH
METHODIST EPISCOPAL CHURCH, SOUTH
PRESBYTERIAN CHURCH IN CANADA

D

ANS

March 20, 1922.

Rev. R. P. Mackay, D.D.
Canadian Presbyterian Church,
Toronto, Canada.

Dear Mr Mackay,

I enclose the minutes and reports connected with the annual meeting of the Field Board of Managers. This meeting was unusually important inasmuch as the question of advancing to the status of a College under the new law was discussed. The report to the joint meeting by the President gives full information on this subject, and I am pleased to be able to report that the Field Board of Managers agreed unanimously to advance to the new status.

Our student attendance during the year has been the best in the history of the College, and the money contributed for fees is, as you will see by the Treasurer's report, also the best in our history. You will also note that the deficit on the current budget is likely to be very small, due to the fact that we expect to receive from one of the Missions the sum of ¥4,000 in lieu of a teacher. The deficit is therefore about ¥15,000 and we earnestly hope that the Cooperating Boards will take some steps to reduce this, which is being taken out of building funds and which prevents us from putting up buildings that are urgently needed. This sum if distributed among the Cooperating Boards amounts to very little, and it should be borne in mind that this deficit, although it has been accumulating since the commencement of the Collehe, began to assume large proportions when the independence troubles reduced our student body to 16.

I am glad to be able to say that things have never looked so favourable. We expect next year to have a student body of at least 150, and the income from fees from this time should be an ever increasing factor. There will naturally be however, the additional cost of running Underwood Hall and Science Hall when these are completed and the new law will require that we employ a higher grade of teacher, which will mean, of course, additional salaries.

You will see that the budget requests the Cooperating Boards to increase their annual contributions, beginning in 1923 from ¥6,000 to ¥10,000 in the case of the Northern Presbyterian, Northen Methodist and Southern Methodist Missions,

- 2 -

Mr R. P. Mackay.

and the Canadian Presbyterian Mission to advance its contribution from ¥1,000 to ¥6,000 per year. I trust that you will take this into your serious consideration.

You will note also that we shall soon have to embark upon a new campaign for securing capital funds, as our present funds will be finished at the end of the present building season and with the completion of Underwood and Science Halls.

Believe me,
Very sincerely,

O. R. Avison

## 11. 에비슨이 노스에게

1922년 3월 20일

프랭크 메이슨 노스 목사, 명예신학박사,

북감리회 선교부 총무,

150번지 5번가, 뉴욕 시, 뉴욕 주.

친애하는 노스 씨,*

현지 대학이사회의 연례회의와 관련된 회의록과 보고서들을 동봉합니다. 이 회의는 새 교육령에 입각하여 대학의 지위를 승격시키는 문제를 의논하였기 때문에 특별히 중요하였습니다. 이 회의에서 교장이 낸 보고서는 이 문제에 관한 모든 정보를 제공하고 있습니다. 현지 이사회가 대학을 새로운 지위로 승격시키는 것에 만장일치로 합의하였다는 사실을 보고할 수 있게 되어 기쁩니다.

한 해 동안 등교한 학생들의 수는 우리 대학의 역사상 가장 많았고, 학비로 낸 돈도, 당신이 회계 보고서에서 볼 것처럼, 역사상 가장 많았습니다. 당신은 또한 경상예산의 예상 적자가 크게 줄어들 가능성이 있는 것을 알게 될 것입니다. 이는 우리가 선교회들 가운데 한 곳으로부터 교수를 파송 받는 대신 4천 원을 받을 것으로 기대하고 있기 때문입니다. 그러면 적자가 약 1만 5천 원이 되는데, 우리는 협력하는 선교부들이 이것을 줄일 어떤 방도를 마련해주기를 간절히 바라고 있습니다. 이 적자는 우리가 건축비를 쓰게 만들어서 긴급히 필요한 건물들을 짓지 못하게 할 것입니다. 만일 이 적자액을 협력 선교부들이 나누어 부담해주면 아주 조금씩 나뉠 것입니다. 이 적자가 대학이 시작될 때부터 쌓여온 것이기는 하지만, 독립만세 시위로 우리 학생이 16명으로 줄어들었을 때부터 큰 비중을 차지하기 시작했다는 점을 유념해야 합니다.

상황이 지금처럼 아주 좋아 보인 적은 없었다는 말을 할 수 있게 되어 기쁩니다. 우리는 내년에 최소한 150명의 학생을 받아들일 것인데, 이 일을 계기로 이후에 학비 수입을 계속 늘리게 되기를 기대하고 있습니다. 그러나 언더우드관과 이학관이 완공되면 자연스

* 이 편지의 본문은 바로 앞의 10번 편지의 본문과 동일하다.

럽게 그 건물들의 운영비가 추가될 것이고, 새 법은 우리에게 더 수준 높은 교수의 임용을 요구할 것입니다. 이런 것은 물론 봉급으로 지출되는 돈이 추가되는 것을 뜻합니다.

당신은 예산 보고서에서 협력 선교부들을 향해 북장로회, 북감리회, 남감리회 선교회들의 경우에는 연례 기부금을 1923년 6천 원에서 시작하여 매년 1만 원으로 올리고, 캐나다장로회 선교회에는 기부금을 1천 원에서 6천 원으로 늘려달라고 요청한 것을 볼 것입니다. 당신이 이 문제를 진지하게 검토할 사항으로 다룰 것이라고 믿습니다.

당신은 또한 우리가 자본금을 얻기 위해 새로운 모금 운동을 곧 시작할 수밖에 없게 될 것을 알게 될 것입니다. 지금의 건축 시즌이 끝나고 언더우드관과 이학관이 완공되면 지금 있는 기금이 고갈되기 때문입니다.

안녕히 계십시오.

O. R. 에비슨

출처: UMAC

# Chosen Christian College

OFFICE OF THE PRESIDENT

O. R. AVISON, M. D.

Chosen

TRANSFERRED

March 20th 1922.

Rev. Frank Mason North, D.D.
Secretary, Board of Foreign Missions,
Methodist Episcopal Church,
150 Fifth Avenue, New York, N.Y.

Dear Mr North,

I enclose the minutes and reports connected with the annual meeting of the Field Board of Managers. This meeting was unusually important inasmuch as the question of advancing to the status of a College under the new law was discussed. The report to the Joint Meeting by the President gives full information on this subject, and I am pleased to be able to report that the Field Board of Managers agreed unanimously to advance to the new status.

Our student attendance during the year has been the best in the history of the College, and the money contributed for fees, is, as you will see by the Treasurer's report, also the best in our history. You will also note that the deficit on the current budget for the year is likely to be very small, due to the fact that we expect to receive from one of the Missions the sum of ¥4,000 in lieu of a teacher. The deficit is therefore about ¥15,000 and we earnestly hope that the Cooperating Boards will take some steps to reduce this, which is being taken out of building funds and which prevents us from putting up buildings that are urgently needed. This sum, if distributed among the Cooperating Boards amounts to very little, and it should be borne in mind that this deficit, although it has been accumulating since the commencement of the College, began to assume large proportions when the independence troubles reduced our student body to 16.

Detached filed Min. of Field Bd. of Managers C.C.C. FC. 3-7-22

I am glad to be able to say that things have never looked so favourable. We expedt next year to have a student body of at least 150, and the income from fees from this time should be an ever increasing factor. There will naturally be, however, the additional cost of running Underwood Hall and Science Hall when these are completed and the new law will require that we employ a higher grade of teacher, which will mean, of course, additional salaries.

You will see that the budget requests the Cooperating Boards to increase their annual contributions, beginning in 1923 from ¥6,000 to ¥10,000 in the case of the Northern Presbyterian, Northern Methodist and Southern Methodist Missions,

Rev. Frank Mason North.

and the Canadian Presbyterian Mission to advance its contribution from ¥1,000 to ¥4,000 per year. I trust that you will take this into your serious consideration.

You will note also that we shall soon have to embark upon a new campaign for securing capital funds, as our present funds will be finished at the end of the present building season and with the completion of Underwood and Science Halls.

Belive me,
Very sincerely,

O.R. Avison

## 12. 에비슨이 노스에게

1922년 3월 21일

프랭크 메이슨 노스 목사,
선교부 총무,
북감리회,
150번지 5번가, 뉴욕, 뉴욕 주.

친애하는 노스 씨,

우리의 현지 [세브란스의전] 이사회의 연례회의 회의록과 다른 관련 문서들을 함께 보내면서 협력이사회와 몇몇 선교부들의 결단이 요청되는 몇 가지 문제를 더 상세하게 설명하려 합니다.

보험 문제에 관해 말하자면, 건물에 보험을 드는 일에서 우리가 어떤 정책을 취하면 좋을지 협력이사회에서 지도해주시기를 원합니다. 예를 들면, 북장로회 선교부는 그런 돌발 상황에 대응할 기금을 가지고 있으므로 그들의 건물에 보험을 들라는 요구를 하지 않는 것으로 우리는 알고 있습니다. 이곳과 같은 연합기관의 경우에는 이런 원칙을 어떻게 적용하면 좋겠습니까? 어떤 손실이 발생한다면 모든 선교부가 기부해줄 것입니까? 그리고 어떤 비율로 할 것입니까? 어떤 사업 하나를 건의해보자면, 우리는 시설뿐 아니라 판매와 사용을 위해 우리가 보유하는 약품들에도 보험을 들어야 한다고 느끼고 있습니다. 그동안은 현지 이사회의 지시를 받아서 정책을 세울 것이지만, 향후의 안내 지침이 되는 해법도 얻기를 원합니다.

당신은 우리 대학이 새 법에 따라 인가를 받아야 한다고 현지 이사회가 만장일치로 권고한 것을 볼 것입니다. 그래서 우리는 지금 첫 단계에 진입하기 위해 신청서를 작성하고 있습니다. 이 새로운 지위를 받아들임으로써 우리 졸업생들이 총독부의 시험을 치르지 않고 의료행위를 할 수 있는 면허증을 확보할 것이라고 믿고 있습니다. 그렇게 하면 우리 문제점들의 하나가 해결될 것입니다.

[미국에서 감리회] 백주년 기념대회와 다른 모금 운동이 진행된 지 몇 년이 지났지만, 세브란스의 건물 확장계획을 위해 아직 아무 기금도 본교에 오지 않은 사실을 유감스럽

게도 이사회가 알게 되었습니다. 우리와 협력하는 선교회들 가운데 몇 곳이 본국 선교부들에 할당 금액을 채우리고 권고해왔지만, 아직 아무 곳도 결정하지 않았습니다. 우리의 자본금 요청에 대해 명확한 결정을 내려왔던 당신의 선교부는 (a) 예산에 얼마의 금액을 책정하였는지, (b) 첫 번째 분할 지급금을 언제 얼마나 보낼 예정인지를 친절하게 알려주시겠습니까?

치과의 상황에 관해 꽤 많은 토론이 벌어졌습니다. 교수회가 부츠 의사를 의학교의 업무에 배정하였는데, 그것은 의학생들에게 치과 과목을 가르치고, 한국인의 임상 실습을 지도하며, 치과 학생들을 가르쳐 장차 치과학교를 조직할 것을 기대하게 하고, 치과 사역 전체를 감독하는 것을 뜻합니다. 맥안리스 의사는 도착한 후에 선교사들과 다른 외국인들에 대한 치과 치료를 전담해왔고, 지금 5월까지 예약을 접수해두고 있습니다. 사람들이 약속을 잡으려고 아우성인데, 약속을 신속하게 잡을 수 없어서 그들의 치과 질환이 심해지는 동시에 불만이 야기되고 있습니다. 일본에서 온 선교사들도 예약을 요청하고 있습니다. 부츠 의사가 치료가 긴급한 외국인 환자들을 위해 많은 시간을 보내고 있지만, 다른 직무들과 언어공부로 인해 외국인에게 많은 시간을 쓰지 못하고 있고, 맥안리스 의사는 그 상황을 홀로 관리할 수 없습니다. 또 다른 애로점은 맥안리스 의사가 한국인 환자들에게 시간을 잠깐이라도 쓰지 못하고 있기 때문에 본인이 선교사역을 하고 있다는 느낌을 받지 못하고 있는 것입니다. 어느 의사라도 [선교사로 갔다가] 외국인 환자들에게만 모든 시간을 쓰게 될 것을 미리 안다면 선교지로 가려 하지 않을 것을 당신이 쉽게 이해할 수 있을 것입니다.

부츠 의사는 의료와 치과 문제들에 문외한인 선교부 총무들이 선교 인력의 치아 건강을 적절히 지키는 일이 선교의 능률을 높이는 데에 있어서 얼마나 중요한지를 충분히 깨닫지 못하고 있다고 여기고* 있습니다. 그는 치과 업계가 특별히 지난 10년간 엄청나게 발전했던 것을 현지 이사회에 설명하였고, 학교의 치과 진료실과 산업계의 치과 진료실이** 어떻게 결석(또는 결근)을 줄여 건강을 향상시켰는지 등등을 이야기해주었습니다. 오늘날 교단 선교회 안에서 그들의 선교사들이 선교 인력을 어떻게 해서든지(단독으로

---

* 원문의 단어 'fells'는 바로 다음 11번 편지의 맥케이에게 보낸 편지를 보면 'feels'의 오타이다.

** 원문에서는 쉼표가 'industrial dental clinics' 다음에 있지만, 다음의 맥케이에게 보낸 13번 편지를 보면 쉼표가 'reduced absences' 다음에 있다.

파송하든지 아니면 그들이 협력하고 있는 연합 의료기관과 연대하여 파송하든지 하여) 돌봐줄 치과 의사가 한 명도 없이 지내고 있는 현실을 생각하고 있는 선교회는 어디에도 없습니다.

선교부의 후원 아래 세 번째 의사를 임명하는 일이 계류 중인 까닭에, 우리는 선교회들에 직접 제안하고 있습니다. 곧 세 번째 사람을 데리고 있는 동안 입을 지출비의 결손을 선교회들에서 떠맡아준다면 그 사람을 데려올 재정을 우리가 감당하겠다는 것입니다. 우리는 그 사람이 오면 그의 봉급과 여비 등을 지불하기에 충분할 수입을 벌어들일 것이라고 생각하지만, 우리 병원이 선교 인력의 능률을 높이기 위한 봉사[선교사 무상치료]를 우선시하다가 빚을 져야 한다고 생각하지는 않습니다. 그래서 우리는 선교회들에 이 비용을 부담해주기를 요청하고 있습니다. 그들은 [선교부의] 지급금을 분배하기 전에 그렇게 조정할 수도 있고, 선교사 치료비로 허용된 기금들을 활용할 수도 있습니다.

본 의료기관이 발전하고 있는 것을 모든 과의 운영보고서들이 입증하고 있습니다. 오웬스 씨가 다음 달 어느 때에 회계년도를 총괄하는 회계 보고서를 보낼 것입니다.

안녕히 계십시오.

O. R. 에비슨

치과의사 3명을 여기에서 설명한 대로 현지에 두어야 한다면, 적어도 몇 년 동안은 __ 치과학교 설립계획을 권장하지 말아야 합니다. J. W.[J. W. 허스트?]*

출처: UMAC

* 필기로 적힌 이 추신은 다음과 같이 읽힐 수 있다. "Should the field have 3 dentists according to showing herein given-one financial(?) Dental School project should not be encouraged for several year at least. J. W."

OFFICE OF PRESIDENT

O. R. AVISON, M. D.

SEVERANCE UNION MEDICAL COLLEGE
NURSES' TRAINING SCHOOL
SEVERANCE HOSPITAL

SEOUL, KOREA

CO-OPERATING MISSIONS
PRESBYTERIAN CHURCH IN THE U. S. A.
METHODIST EPISCOPAL CHURCH
PRESBYTERIAN CHURCH IN THE U. S.
METHODIST EPISCOPAL CHURCH, SOUTH
PRESBYTERIAN CHURCH IN CANADA
PRESBYTERIAN CHURCH OF AUSTRALIA

883-1

TRANSFERRED March 21, 1922.

Rev. Frank Mason North,
Secretary, Board of Foreign Missions,
Methodist Episcopal Church,
150 Fifth Avenue, New York, N. Y.

Ord. July 10

Dear Mr North,

In forwarding the accompanying minutes and other documents connected with the annual meeting of our ~~Field Board of Managers, I~~ shall mention in more detail several matters which call for the action of the Cooperating Board and of the several Boards.

Regarding the question of insurance, we would like to have a ruling from the Cooperating Board as to what should be our policy in carrying insurance on buildings. We understand, for example, that the Northern Presbyterian Board does not require its buildings to be insured, that it has a fund to cover such contingencies. How does this principle apply in the case of a union institution like this one? In the event of a loss, will all Boards contribute, and in what proportion? As a business proposition, we feel we should carry insurance on the drugs we hold for sale and for use, as well as on our equipment. In the meantime we shall take out a policy in accordance with the instructions of the Field Board, but would like a ruling for future guidance.

You will note that the Field Board recommended unanimously that our College should register under the new law, and we are now making application so as to get in on the ground floor. We have reason to believe that by accepting this new staus our graduates will secure licenses to practice without government examination, which will settle one of our problems.

Although several years have passed since the Centenary and other campaigns got under way the Board noted with regret that no funds have yet come to Severance for the building extension program. Several of the Cooperating Missions have recommended their quota to the home Boards, but all have not yet taken action. In case your Board has definitely acted on our request for capital funds, will you kindly advise (a) what amount has been inserted with the budget and (b) when the first instalment, and for what amount, will be released.

detached & filed separately TC 3-7-23

Considerable discussion took place over the dental situation. Dr Boots has been assigned by the Faculty to the work of the institution which means the teaching of dentistry to medical students, the direction of the Korean clinic, the instruction of dental students looking towards the organization in future of a dental school, and the oversight of the whole dental department. Dr. McAnlis has devoted himself since arrival entirely to the dental care of the foreign community, both missionary and other, and he is now booked up well into May. People are clamouring for appointments, and the fact that they cannot get them promptly is causing dissatisfaction as well as aggravating their dental ills.

Rev. Frank Mason North.

Missionaries from Japan are asking for appointments as well. Dr. Boots has given considerable time to urgent cases among foreigners, but his other duties and language study preclude his giving very much time to foreigners, and Dr. McAnlis cannot handle the situation alone. Another factor is that Dr. McAnlis does not feel he is doing missionary work unless he can give some of his time to Korean patients, and you can easily understand that no doctor would care to come to the Mission field if he thought all his time would be given to foreign patients.

Dr. Boots fells that the Board Secretaries, who are laymen on medical and dental matters, do not sufficiently realize the importance to missionary efficiency of keeping the teeth of the force in proper shape. He pointed out to the Field Board the tremendous strides that dentistry had taken in the last ten years especially, and related how school dental clinics, industrial dental clinics, have reduced absences improved health, etc., etc. No Mission nowadays should consider its staff complete without a dentist in some way connected with its personnel, either in the bounds of the Mission or in connection with a union institution in which it is cooperating.

Pending the appointment of a third dentist under Board support we are making a proposal to the Missions directly, that we will undertake to finance the bringing out of a third man if they will underwrite any deficit that accrues on his maintenance. We feel that his earnings may suffice to pay for his salary, travel, etc., but we do not feel that the institution should go into debt in a service that is primarily for the efficiency of the missionary personnel, so we are asking the Missions for this underwriting, which they can arrange either before their grant is divided, or out of funds allowed for the medical care of the force.

The reports of the operation of the institution in all departments show progress. Mr Owens will forward some time next month the Treasurer's report for the whole fiscal year.

Very sincerely,

O. R. Avison

Should have 3 dentists according to showing herein given — one financed in the field.
Dental school project should not be encouraged for several years at least.
J.R.V.

## 13. 에비슨이 멕케이에게

1922년 3월 22일

R. P. 맥케이 목사,
선교부 총무,
캐나다장로회,
토론토, 캐나다.

친애하는 맥케이 씨,*

우리 현지 이사회의 연례회의와 관련된 회의록과 다른 문서들을 함께 보내면서 협력이사회와 몇몇 선교부들의 결단이 요청되는 몇 가지 문제들을 상세히 설명하려 합니다.

보험 문제에 관해 말하자면, 건물에 보험을 드는 일에서 우리가 어떤 정책을 취하면 좋을지 협력이사회에서 지도해주시기를 원합니다. 예를 들면, 북장로회 선교부는 그런 돌발 상황에 대응할 기금을 가지고 있으므로 그들의 건물에 보험을 들라는 요구를 하지 않는 것으로 우리는 알고 있습니다. 이곳과 같은 연합기관의 경우에는 이런 원칙을 어떻게 적용하면 좋겠습니까? 어떤 손실이 발생한다면 모든 선교부가 기부해줄 것입니까? 그리고 어떤 비율로 할 것입니까? 어떤 사업 하나를 건의해보자면, 우리는 시설뿐 아니라 판매와 사용을 위해 우리가 보유하는 약품들에도 보험을 들어야 한다고 느끼고 있습니다. 그동안은 현지 이사회의 지시를 받아서 정책을 세울 것이지만, 향후의 안내 지침이 되는 해법도 얻기를 원합니다.

당신은 우리 대학이 새 법에 따라 인가를 받아야 한다고 현지 이사회가 만장일치로 권고한 것을 볼 것입니다. 그래서 우리는 지금 첫 단계에 진입하기 위해 신청서를 작성하고 있습니다. 이 새로운 지위를 받아들임으로써 우리 졸업생들이 총독부의 시험을 치르지 않고 의료행위를 할 수 있는 면허증을 확보할 것이라고 믿고 있습니다. 그렇게 하면 우리 문제점들의 하나가 해결될 것입니다.

[미국에서 감리회] 백주년 기념대회와 다른 모금 운동이 진행된 지 몇 년이 지났지만,

---

* 이 편지는 에비슨이 바로 전날 북감리회 선교부 총무 노스에게 보냈던 편지와 본문이 똑같다.

세브란스의 건물 확장계획을 위해 아직 아무 기금도 본교에 오지 않은 사실을 유감스럽게도 이사회가 알게 되었습니다. 우리와 협력하는 선교회들 가운데 몇 곳이 본국 선교부들에 할당 금액을 채우라고 권고해왔지만, 아직 아무 곳도 결정하지 않았습니다. 우리의 자본금 요청에 대해 명확한 결정을 내려왔던 당신의 선교부는 (a) 예산에 얼마의 금액을 책정하였는지, (b) 첫 번째 분할 지급금을 언제 얼마나 보낼 예정인지를 친절하게 알려주시겠습니까?

치과의 상황에 관해 꽤 많은 토론이 벌어졌습니다. 교수회가 부츠 의사를 의학교의 업무에 배정하였는데, 그것은 의학생들에게 치과 과목을 가르치고, 한국인의 임상 실습을 지도하며, 치과 학생들을 가르쳐 장차 치과학교를 조직할 것을 기대하게 하고, 치과 사역 전체를 감독하는 것을 뜻합니다. 맥안리스 의사는 도착한 후에 선교사들과 다른 외국인들에 대한 치과 치료를 전담해왔고, 지금 5월까지 예약을 접수해두고 있습니다. 사람들이 약속을 잡으려고 아우성인데, 약속을 신속하게 잡을 수 없어서 그들의 치과 질환이 심해지는 동시에 불만이 야기되고 있습니다. 일본에서 온 선교사들도 예약을 요청하고 있습니다. 부츠 의사가 치료가 긴급한 외국인 환자들을 위해 많은 시간을 보내고 있지만, 다른 직무들과 언어공부로 인해 외국인에게 많은 시간을 쓰지 못하고 있고, 맥안리스 의사는 그 상황을 홀로 관리할 수 없습니다. 또 다른 애로점은 맥안리스 의사가 한국인 환자들에게 시간을 잠깐이라도 쓰지 못하고 있기 때문에 본인이 선교사역을 하고 있다는 느낌을 받지 못하고 있는 것입니다. 어느 의사라도 [선교사로 갔다가] 외국인 환자들에게만 모든 시간을 쓰게 될 것을 미리 안다면 선교지로 가려 하지 않을 것을 당신이 쉽게 이해할 수 있을 것입니다.

부츠 의사는 의료와 치과 문제들에 문외한인 선교부 총무들이 선교 인력의 치아 건강을 적절히 지키는 일이 선교의 능률을 높이는 데에 있어서 얼마나 중요한지를 충분히 깨닫지 못하고 있다고 여기고 있습니다. 그는 치과 업계가 특별히 지난 10년간 엄청나게 발전했던 것을 현지 이사회에 설명하였고, 학교의 치과 진료실과 산업계의 치과 진료실이 어떻게 결석(또는 결근)을 줄여 건강을 향상시켰는지 등등을 이야기해주었습니다. 오늘날 교단 선교회 안에서 그들의 선교사들이 선교 인력을 어떻게 해서든지(단독으로 파송하든지 아니면 그들이 협력하고 있는 연합 의료기관과 연대하여 파송하든지 하여) 돌봐줄 치과 의사가 한 명도 없이 지내고 있는 현실을 생각하고 있는 선교회는 어디에도 없습니다.

선교부의 후원 아래 세 번째 의사를 임명하는 일이 계류 중인 까닭에, 우리는 선교회들에 직접 제안하고 있습니다. 곧 세 번째 사람을 데리고 있는 동안 입을 지출비의 결손을 선교회들에서 떠맡아준다면 그 사람을 데려올 재정을 우리가 감당하겠다는 것입니다. 우리는 그 사람이 오면 그의 봉급과 여비 등을 지불하기에 충분할 수입을 벌어들일 것이라고 생각하지만, 우리 병원이 선교 인력의 능률을 높이기 위한 봉사[선교사 무상치료]를 우선시하다가 빚을 져야 한다고 생각하지는 않습니다. 그래서 우리는 선교회들에 이 비용을 부담해주기를 요청하고 있습니다. 그들은 [선교부의] 지급금을 분배하기 전에 그렇게 조정할 수도 있고, 선교사 치료비로 허용된 기금들을 활용할 수도 있습니다.

본 의료기관이 발전하고 있는 것을 모든 과의 운영보고서들이 입증하고 있습니다. 오웬스 씨가 다음 달 어느 때에 회계년도를 총괄하는 회계 보고서를 보낼 것입니다.

안녕히 계십시오.

O. R. 에비슨

출처: PCC & UCC

OFFICE OF PRESIDENT
O. R. AVISON, M. D.

SEVERANCE UNION MEDICAL COLLEGE
NURSES' TRAINING SCHOOL
SEVERANCE HOSPITAL
SEOUL, KOREA

CO-OPERATING MISSIONS
PRESBYTERIAN CHURCH IN THE U. S. A.
METHODIST EPISCOPAL CHURCH
PRESBYTERIAN CHURCH IN THE U. S.
METHODIST EPISCOPAL CHURCH, SOUTH
PRESBYTERIAN CHURCH IN CANADA
PRESBYTERIAN CHURCH OF AUSTRALIA

APR 17 1922

March 22, 1922.

Rev. R. P. Mackay,
Secretary, Board of Foreign Missions,
Presbyterian Church in Canada,
Toronto, Canada.

Dear Mr Mackay,

In forwarding the accompanying minutes and other documents connected with the annual meeting of our Field Board of Managers, I shall mention in detail several matters which call for the action of the Cooperating Board and of the several Boards.

Regarding the question of insurance, we would like to have a ruling from the Cooperating Board as to what should be our policy in carrying insurance on buildings. We understand, for example, that the Northern Presbyterian Board does not require its buildings to be insured that it has a fund to cover such contingencies. How does this principle apply in the case of a union instutition like this one? In the event of a loss will all the Boards contribute, and in what proportion? As a business proposition, we feel that we should carry insurance on the drugs we hold for sale and for use, as well as on our equipment. In the meantime we shall take out a policy in accordance with the instructions of the Field Board, but would like a ruling for future guidance.

You will note that the Board recommended unanimously that our College should register under the new law, and we are now making application so as to get in on the ground floor. We have reason to believe that by accepting this new status our graduates will secure licenses to practice without government examination, which will settle one of our problems.

Although several years have passed since the Centenary and other campaigns got under way, the Board noted with regret that no funds have yet come to Severance for the building extension program. Several of the cooperating Missions have recommended their quota to the home Boards, but all have not yet taken action. In case your Board has definitely acted on our request for capital funds, will you kindly advise (a) what amount has been inserted with the budget and (b) when the first instalment, and for what amount, will be released.

Considerable discussion took place over the dental situation. Dr. Boots has been assigned by the Faculty to the work of the institution which means the teaching of dentistry to medical students, the direction of the Korean clinic, the instruction of dental students looking towards the organization in future of a dental school, and the oversight of the whole dental department. Dr. McAnlis since his arrival has devoted himself entirely to the care of the foreign community, both

2.

Rev. R. P. Mackay.

missionary and other, and he is booked up well into May. People are clamouring for appointments and the fact that they cannot get them promptly is causing dissatisfaction as well as aggravating their dental ills. Missionaries from Japan are asking for appointments as well. Dr. Boots has given considerable time to urgent cases among foreigners but his other duties and language study preclude his giving very much time to foreigners, and Dr. McAnlis cannot handle the situation alone. Another factor is that Dr. McAnlis does not feel he is doing missionary work unless he can give some of his time to Korean patients, and you can easily understand that no doctor would care to come to the Mission Field if he thought all his time would be given to foreign patients.

Dr. Boots feels that the Board Secretaries, who are laymen on medical and dental matters, do not sufficiently realize theimportance to missionary efficiency of keeping the teeth of the force in proper shape. He pointed out to the Field Board the tremendous strides that dentistry had taken in the last ten years especially and related how school dental clinics and industrial dental clinics had reduced absences, improved health etc., etc. No Mission nowadays should consider its staff complete without a dentist in some way connected with its personnel, either in the bounds of the Mission or in connection with a union institution in which it is cooperating.

Pending the appointment of a third dentist under Board support, we are making a proposal to the Missions directly that we will undertake to finance the bringing out of a third man if they will underwrite any deficit that accrues on his maintenance. We feel that his earnings may suffice to pay for his salary, travel etc., but we do not feel that the institution should go into debt in a service that is primarily for the efficiency of the missionary personnel, so we are asking the Missions for this underwriting, which they can arrange either before their grant is divided, or out of funds allowed for the medical care of the force.

The reports of the institution's operations in all departments show progress. Mr Owens will forward you some time next month the Treasurer's report for the whole fiscal year.

Very sincerely,

O. R. Avison

## 14. 멕케이가 오웬스에게

1922년 3월 25일

H. T. 오웬스 씨,

서울,

한국, 일본.

친애하는 오웬스 씨,*

당신이 보낸 2월 21일자의 짧은 편지를 받았습니다. 그 편지에서 당신은 [캐나다장로회 교단의] 전진운동 모금액에서 주기로 허락된 1만 5천 불을 아직 받지 않았다고 진술하였는데, 이 진술이 우리를 다소 당황하게 하였습니다.

맥컬(McCaul) 씨에게 편지를 써서 1만 5천 불의 인출이 9월 13일에 승인되었다는 사실을 말하고 그 돈을 지급하라고 말하겠습니다. 그리고 늦지 않게 해야 한다고 말하겠습니다.

나는 또한 그에게 [연희전문을 떠난] 잭(Jack)** 씨의 부재를 대신하여 내는 2천 불도 지급해야 한다고 말하겠습니다. 우리에게 이 두 문제를 해결할 의무가 있다고 생각합니다. 우리가 경제적 압박을 받고 있지만 그래도 당신을 곤란하게 하고 싶지 않습니다.

며칠 전 뉴욕에서 한 편지가 왔는데, 농업 교수를 선발하여 캐나다장로교인들 또는 미국 남감리교인들에게 배정해달라고 제안하는 에비슨 박사의 편지가 동봉되어 있었습니다. 잭 씨의 자리에 농학자를 임명하고 배정하는 일을 우리 선교부가 기꺼이 하겠습니다. 에비슨 박사가 분명히 그런 것을 의도하고 있다고 생각합니다. 우리가 또 다른 사람을 떠맡겠다고 하는 것은 아닙니다. 이는 아주 불가능한 일입니다. 그러나 우리는 내가 방금 편지에서 썼던 그 2천 불을 장차 교수로 승인받을 사람에게 적용하기를 바라고 있습니다.

에비슨 박사에게 [그의 캐나다] 주소 [말소] 문제에 관해 편지를 쓰려 합니다. 이 일은

---

* 이 편지는 수신자가 에비슨이 아니고 그의 비서이자 세브란스의전과 연희전문 양교의 회계인 오웬스이지만, 에비슨과 직접 연관된 공적인 편지이기 때문에 이 서한집에 포함하였다. 발신자는 서명이 없지만 편지 왼편 하단의 이니셜로 누가 보냈는지를 알 수 있다.

** Milton Jack은 캐나다장로회 소속으로 1917년 연희전문 문과 교수로 파송되었다가 1920년 초에 사임하였다.

확실히 바로잡힐 것입니다.

안녕히 계십시오.

RPM[R. P. 맥케이]

출처: PCC & UCC

Mar. 25, 1922.

Mr. H. T. Owens,
SEOUL,
Korea, Japan.

Dear Mr. Owens,

Your note of the 21st of February received, stating that you had not received the $15,000 allowed from the Forward Movement, which was causing some embarrassment.

I am writing to Mr. McCaul, stating that on the 13th of September, he had been authorized to draw that $15,000, and to pay it, and that it should be done without delay.

I am also stating to him that the $2000 in lieu of Mr. Jack's absence should also be paid. We feel under obligation for these two matters, and notwithstanding our financial pressure, we do not wish to have you embarrassed.

A letter came some days ago from New York, enclosing one from Dr. Avison, suggesting that an agricultural professor be chosen, and assigned to either the Presbyterians of Canada, or to the Southern Methodists. Our Board is willing that an agricultural man be appointed and assigned to us in Mr. Jack's place. That is I am sure, what Dr. Avison had in mind. It is not that we have undertaken another man. This is quite impossible, but we wish that the $2000, of which I have just written, should be applied to an approved professor.

I am writing to Dr. Avison as to the question of domicile. I am sure that this can be corrected.

With all good wishes, I am

Yours sincerely,

RPM/AB.

## 15. 멕케이가 에비슨에게

1922년 3월 28일

O. R. 에비슨 박사,

서울, 한국, 일본.

친애하는 에비슨 박사님:

캐나다 주소 문제에 관한 당신의 편지를 받았는데, 맥켄지 킹(MacKenzie King) 수상께 보낸 편지가 당신 편지 속에 동봉되어 있습니다. 내가 개인적으로 알게 된 그 주지사에게 편지를 쓸 생각입니다. 내가 할 수 있는 모든 일을 분명히 할 것입니다.

베시(Vesey) 씨는 당신이 당한 이 모든 당혹스런 일을 아주 모르고 있는 것 같습니다. 캐나다와 연고가 있어야 하는 당신과 같은 사람의 기록이 손상된 것은 당신에게보다 캐나다에 더 큰 문제가 됩니다. 우리는 우리의 탁월한 인재들이 부여해준 명예를 빼앗기게 놔둘 수 없습니다. 그 법을 본 적도 없고 그 요구 사항을 알지도 못하지만, 당신이 해석한 것이 과연 맞는지 의문입니다. 도대체 어느 법이 당신 같은 경우를 보호하지 않고 간과하도록 제정될 수가 있는지 모르겠습니다. 우리가 나중에 설명을 더 듣도록 하겠습니다.

지난번에 오웬스 씨에게 농업 교수에 관해 편지를 쓰면서, 우리가 잭 씨 대신에 보낼 적합한 사람이 있으면 기꺼이 맞아들이겠지만, 이 말은 책임을 추가로 지는 것을 뜻하지 않는다는 점을 아주 분명하게 진술하였습니다. 당신이 알듯이 우리는 지구를 노리는 이 사람들을 경계해야 합니다.

당신이 상해에 가지 않을 것이라고 짐작합니다. 그곳은 당신의 관할구역이 아닙니다. 당신의 일 년간 캐나다 방문이 틀림없이 곧 이뤄질 것 같은데, 그때 당신을 만나겠습니다.

이곳의 자금 사정은 다소 당혹스럽습니다. 국내선교위원회가 회의를 열고 있는데, 1921년에 18만 7천 불과 15만 불의 결손이 생겼다는 것을 보고하였습니다. 해외 선교 상황이 어떠할지는 아직 보고되지 않았지만, 어느 정도 불안한 마음으로 그 전망을 예측하고 있습니다.

암스트롱이 근래에 남중국에 갈 것인데, 돌아오기 전에 한국과 호난(Honan, 湖南)에 잠시 들릴 것입니다. 그가 7월 27일 출항할 것으로 알고 있습니다.

이곳은 봄 날씨에 접어들어 겨울이 사실상 사라졌습니다. 이는 즐거운 일이지만, 때때로 우리는 공기가 차갑게 급변하는 것을 그리워하고 있습니다.

에비슨 부인과 다른 모든 분의 행운을 빕니다.

안녕히 계십시오.

RPM [R. P. 맥케이]

출처: PCC & UCC

March 28, 1922.

Dr. O. R. Avison,
Seoul, Korea, Japan.

Dear Dr. Avison:

Yours received re Canadian domicile, and enclosing a letter addressed to the Premier, MacKenzie King. I am writing to the Premier whom I happen to know personally, and feel sure that anything that can be done will be done.

It is likely that Mr. Vesey is in blissful ignorance of all this perplexity that has come to you. That such a man as you of such a record should have his Canadian connection broken means more to Canada than to you. We cannot afford to be shorn of the honour conferred by our distinguished sons. The law I have not seen nor do I know its requirements, but wonder whether or not you are right in your interpretation. Whether any law could be so enacted as to neglect the protection of such cases as yours or not I do not know. We shall hear more later.

I wrote Mr. Owen the other day re the agricultural professor with the statement that we would be willing to accept any suitable man as a substitute for Mr. Jack, but stating very definitely that it means no additional responsibility. We must, you see, be on our guard against these men who want the earth.

I suppose you will not be in Shanghai. It is not in your parish. No doubt your annual visit to Canada is about due, and we shall see you then.

Funds here are somewhat embarrassing. The Home Mission Committee is meeting and reports a deficit of $187,000, $150,000 of which belongs to 1921. What the Foreign Mission condition will be has not yet been reported, and I contemplate the prospect with a measure of trepidation.

Armstrong will be in South China by this time and perhaps a brief visit to Korea and Honan before returning. His sailing is, I understand, to be on the 27th July.

We have entered upon Spring weather without practically any winter. It is pleasant, but sometimes we long for a real snap in the air.

—2—

With all good wishes to Mrs. Avison and all others,
I am

Yours sincerely,

RPM/BMP.

## 16. 멕케이가 에비슨에게

1922년 4월 17일

O. R. 에비슨 박사,

서울, 한국, 일본.

친애하는 에비슨 박사님:

오늘 방금 디프리스(Defries) 박사로부터 의료협회의 제9차 연례 공고문과 내과 · 외과에 관한 대학규정 문서를 받았습니다. 이 둘을 이 편지와 함께 당신에게 보냅니다. 그것들이 안전하게 도착하기를 바랍니다.

우리가 한 해를 16만 6천 불의 적자로 마감하였다는 사실 외에는 특별히 알려드릴 것이 없습니다. 우리 선교부의 지난 역사에서 이런 적은 없었습니다. [캐나다] 국내선교회는 18만 6천 불의 결손을 보고했다가 그들에게 있는 보전기금을 써서 12만 5천 불로 줄였습니다. 이 일로 인해 우리가 모두 다소 실망하였지만, 한 해가 참으로 힘들었습니다. 우리가 지금 집계하고 있는 추정액이 불가피하게 똑같은 방향을 향하고 있는데, 이런 때는 어떤 말을 하게 되는지를 당신은 이해할 것입니다. 사역을 줄이는 것은 잔인한 경험이지만, 아직 다른 대안은 없는 것 같습니다.

스코필드 의사는 여전히 한국에 많은 관심을 품고 있지만, 그가 돌아가야 하는지 그렇지 않은지의 문제는 아직 해결되지 않고 남아있습니다. 그의 마음은 그곳[한국]에 있고, 우리는 그를 신뢰하지만, 그의 가정 문제가 해결되지 않고 있습니다.

우리는 봄을 맞이했고, 모든 것이 좋아 보입니다. 우리 선교부가 다음 주에 모이는 관계로 내가 할 수 있는 준비 작업을 하느라 바쁩니다. 당신이 중국 교육위원회의 보고서를 보았을 것으로 짐작합니다. 그 문서가 많은 문제를 다루고 있지만, 극히 중요하다고 생각합니다. 이것은 베이징과 산둥에 있는 종합대학들의 연합계획에 즉각적인 영향을 미칩니다. 물론 그 일은 [돈과 인력 투자의] 중복을 피하는 것을 뜻하고, 긴 안목으로 보면 그 사역의 이익이 증진될 것이 틀림없습니다.

행운이 넘치기를 빕니다.

안녕히 계십시오.

RPM[R. P. 맥케이]

출처: PCC & UCC

April 17, 1922.

Dr. O. R. Avison,
Seoul, Korea, Japan.

Dear Dr. Avison:

I just received to-day from Dr. Defries the 9th Annual Announcement of the Medical Council and the Regulations of College of Physicians and Surgeons, both of which I am sending you by this mail. I hope they will arrive safely.

Nothing special to report except that we have closed the year with a deficit of $166,000. We have had nothing like that in the past history of the Board. The Home Mission Committee has reported $186,000 which through a Reserve Fund they have reduced to $125,000. This is somewhat disappointing to us all, but the year has been really a very hard one. You can understand how it will tell because the estimates upon which we are now working are inevitably leading in the same direction. Cutting down work is a cruel experience, and yet there seems to be no other alternative.

Dr. Schofield is still much interested in Korea, and the problem remains yet unsolved as to whether or not he should return. His heart is there, and we have faith in him, and yet the domestic problem is unsolved.

We have entered upon spring, and things are looking well. Our Board meets next week so that I am busy in making what preparations I can. I suppose you have seen the report of the Commission on Education in China. It is a voluminous affair, but I think exceedingly valuable. It is having immediate effects in the proposed union of the Peking and Shantung Universities. Of course, it means that overlapping will be avoided, and no doubt in the long run the interests of the work promoted.

With all good wishes, I am

Yours sincerely,

RPM/M.P.

## 17. 에비슨이 맥케이에게

1922년 4월 25일

R. P. 맥케이 목사, 명예신학박사,
총무, 선교부,
캐나다장로회,
토론토, 온타리오.

친애하는 맥케이 박사님,

당신의 3월 28일자 편지를 오늘 받았습니다. 국무부에서 보낸 편지도 같은 우편물로 왔는데, 그 편지에서 이민 담당 공무원들이 내가 캐나다에 다시 오면 나를 잘 대해주겠다고 말하였습니다. 내 업무가 순탄히 처리되도록 이 편지를 보관하겠지만, 그 법이 나나 나와 같은 형편에 있는 사람들에게 조금 불공정하다고 생각됩니다. 그렇게 할 의도가 전혀 없다고 하더라도 그런 것은 고쳐야 할 듯합니다.

같은 우편물로 매사추세츠 농과대학의 버터필드(Butterfield) 교장이 보낸 편지도 왔는데, 연희전문학교에 갈 사람을 찾기 위해 전력을 다하고 있다고 진술하고 있습니다. 그 사람을 찾게 되면 그 사람은 틀림없이 당신의 후원을 받도록 배정될 것입니다. 당분간은 당신의 선교부와 [조선] 선교회가 우리 대학에 한 명의 대표를 보내는 책임을 질 것으로 알고 있습니다.

스코필드 의사를 세브란스에 다시 임명할 가능성에 관해 내게 어떤 분명한 말씀을 주시겠습니까? 전보로 반버스커크 의사에게 우리가 그[스코필드]에게 병리학 과목을 맡도록 제안할 수 있다고 말했지만, 이후에 아무 말도 듣지 못하고 있습니다. 스코필드 의사가 오지 않으면 다른 사람에게 병리학을 맡길 것을 고려하고 있습니다. 새로 부임할 사람은 반드시 9월 1일까지는 여기에 와야 합니다. 그 이유는 지금 그 사역을 맡은 사람[남장로회 리딩햄 의사]이 [그의 선교회의] 연례회의에서 어느 선교지회의 병원으로 배정받아 갈 것이기 때문입니다. 그는 인턴 과정에서 세균학과 병리학을 가르쳐왔습니다. 당신이 적당한 시일 내에 스코필드 의사에 관해 내게 분명하게 알려줄 수 있으면 좋겠습니다.

우리가 암스트롱 씨의 방문을 기대하고 있는데, 지금 중국에서 진행되는 전쟁으로 그의 여행이 방해받지 않기를 희망합니다. 호난(Honan, 湖南)이 주요 전선이 될 가능성이 있습니다. 이번 전쟁이 벌어지도록 용인되어야 했던 것이 극히 유감입니다. 그 싸움으로 배를 불리고 있는 군수품 제조업자들의 국적을 알면 흥미로울 것입니다.

해외 선교비의 수입액이 최종 수입보고서를 받았을 때 예상했던 것보다 훨씬 나았으면 좋겠습니다. 만일 나의 옛 친구 더글라스(W. A. Douglas)가 토지 가치에 따른 세금부과에 대한 사람들의 생각을 더 많이 바꿀 수 있었다면 캐나다의 사업 여건이 크게 개선되었을 것입니다. 드루리(Drury)와 크레러(Crerar)가 이런 기본적인 경제문제의 해결책을 찾았습니다.

맥콜(McCaul) 씨에게 보내어 연희전문학교에 3만 원을 자본금으로 보낸 사실을 알린 편지의 사본을 동봉하니 찾아보기 바랍니다.

따뜻한 안부 인사를 드립니다.

O. R. 에비슨

나의 답장에 이민과(Immigration Dept.)의 편지 사본을 동봉합니다.

출처: PCC & UCC

Dr O. R. Avison

OFFICE OF PRESIDENT
O. R. AVISON, M. D.

SEVERANCE UNION MEDICAL COLLEGE
NURSES' TRAINING SCHOOL
SEVERANCE HOSPITAL
SEOUL, KOREA

CO-OPERATING MISSIONS
PRESBYTERIAN CHURCH IN THE U. S. A.
METHODIST EPISCOPAL CHURCH
PRESBYTERIAN CHURCH IN THE U. S.
METHODIST EPISCOPAL CHURCH, SOUTH
PRESBYTERIAN CHURCH IN CANADA
PRESBYTERIAN CHURCH OF AUSTRALIA

RECEIVED
MAY 27 1922
ANS'D

April 25, 1922.

Rev. R. P. Mackay, D.D.,
Secretary, Board of Foreign Missions,
Presbyterian Church in Canada,
Toronto, Ontario.

Dear Dr. Mackay:

Your letter of March 28th came to hand to-day and in the same mail came a letter from the Department of State which said that the immigration officials would be lenient with me when I again visited Canada. I shall keep this letter to make my path smooth, but feel that the law does me and those in my position some injustice. Perhaps it may be amended, though there is no hint of any intention of so doing.

I enclose a copy of the Immigration Dept's letter just prior to my reply.

In the same mail also came a letter from President Butterfield of the Massachusetts Agricultural College which stated that he was doing his best to find a man for the Chosen Christian College. Should he be found he will no doubt be assigned to your support. I understand that for the present your Board and Mission are undertaking one representative in the College.

Can you give me any definite word as to the probability of Dr. Schofield's reappointment to Severance ? I cabled Dr. VanBuskirk that we could offer him the chair of Pathology, but have heard nothing since. We have another man in view for Pathology if Dr. Schofield does not come. The new incumbent should be here by the first of September for the man who is now taking that work will be assigned to a station hospital at annual meeting. He has been teaching Bacteriology and Pathology in the course of an interneship. I hope you can advise me definitely in regard to Dr. Schofield within a reasonable time.

We are looking forward to Mr. Armstrong's visit, and hope the present war in China will not embarrass his trip. It is likely that the main battlefront will be in Honan. It is exceedingly regrettable that this war should be allowed to break out. It would be interesting to learn the nationality of the munition makers who are battening on the conflict.

I hope that the receipts for foreign missions will be much better than you expected when the final returns are in. Business conditions in Canada would greatly improve if my old friend W. A. Douglas could convert more people to the taxation of land values. Both Drury and Crerar have seen the light on this basic economic problem.

Enclosed find copy of a letter to Mr. McCaul acknowleding Y30,000 for the capital funds of the C.C.C.

With kindest regards, Very sincerely,

O R Avison

## 18. 에비슨이 코프에게

1922년 4월 26일

A. B. 코프 귀하,
캐나다 국무장관,
오타와, 캐나다.

친애하는 귀하께,*

1919년 캐나다 이민법과 관련된 내 문제로 캐나다 수상 맥켄지 킹(W. L. MacKenzie King) 각하께 보낸 나의 3월 16일자 편지에 대한 당신의 친절한 답장을 받았습니다. 그 문제에 진지하게 관심을 보여준 장관님께 감사합니다.

그런데 블레어(Blair) 씨의 3월 18일자 편지를 살펴보면, 그가 한두 가지를 잘못 이해한 것으로 보입니다. 당신과 그분이 거기에 주목해주셨으면 좋겠습니다.

첫째, 세 번째 단락에서. 그분은 "에비슨 박사의 가족인 그 사람들은 캐나다 등지에서 태어났다"고 말합니다. 캐나다 밖에서 태어난 내 아이들도 그들의 아버지인 나와 같은 시민권을 지닌 영국 국민이라고 여기면 잘못 생각한 것입니까? 그러므로 만일 내가 어떻게 해서든지 캐나다의 내 주소를 잃지 않아야 한다면, 당연한 결과로서 그들도 그들의 주소를 유지해야 하지 않겠습니까?

또한, 한국에서 태어난 나의 모든 자녀는 영국 영사관에 즉시 등록되었고, 결혼하여 미국 시민이 된 딸 하나만 빼고는 계속 영국 국민으로 지내왔습니다.

둘째, 네 번째 단락에서. 블레어 씨는 "에비슨 박사 본인의 경우에는, 캐나다 밖에서 영국 영사에게 등록하지 않고 거주한 사실에 관해 2(d)항의 주소 문제를 매우 엄격하게 해석함으로써 그가 주소를 말소당한 것입니다"라고 말합니다.

내가 만일 영국 영사에게 등록했더라면 내 주소를 보존했을 것이란 뜻이라고 해석하면 잘못 해석한 것입니까? 사실은 이렇습니다. 나는 1893년 한국에 도착한 후 즉시 이곳의 영국 영사관에 아내와 우리가 데려온 아이들과 함께 등록하였고, 다년간 그 등록을 유지

---

* 이 편지는 발신자가 표기되어 있지 않으나, 상단에 에비슨의 이름이 적혀 있고, 캐나다장로회 선교부 총무 '맥케이에게 보내는 사본'이라는 문구가 필기로 적혀 있다.

하였으며, 그래서 항상 영국 영사가 발급한 여권으로 여행해왔습니다.

내가 앞서 인용한 네 번째 단락의 그 문장 다음에 이어지는 블레어 씨의 진술은 기쁜 마음으로 주목하고, 그의 편지 전체에서 보이는 우호적인 정신에 감사합니다.

내가 앞서 보낸 편지에 신속한 관심을 보여준 당신께 감사하며, 위의 문제를 당신이 검토하여 형편이 닿는 대로 조속히 답변해주시면 감사하겠습니다.

안녕히 계십시오.

출처: PCC & UCC

Copy for Dr. McKay

Dr O. R. Avison

April 26th, 1922.

Hon. A. B. Copp,
Secretary of State of Canada,
Ottawa, Canada.

Dear Sir,

I am in receipt of your kind reply to my letter of March 16th to the Hon. W. L. Mackenzie King, Prime Minister of Canada re my relation to the Canadian Immigration Act of 1919 and I thank you for your careful attention to the matter.

However, in reviewing Mr. Blair's letter of March 18th it appears to me that he has missed one or two points in the case to which I would like to draw your attention and his.

1st Paragraph 3. He says "those members of Dr. Avison's family who were born in Canada &c." Am I wrong in presuming that children born to me outside of Canada are yet British subjects with all the same rights of citizenship that pertain to me their father, and therefore if it should appear that I have by any means not lost my Canadian domicile, they also will have retained theirs as a corollary?

All our children born in Korea were also registered in the British Consulate immediately and have continued to be British subjects except one, a daughter who became a U.S.A. citizen by marriage.

2nd Paragraph 4. Mr. Blair says "with regard to Dr.Avison himself, I may say that a very strict interpretation of domicile would under Section 2(d) mean that by residing out of Canada without registration with a British Consul he would cancel his domicile."

Am I wrong in interpreting that to mean that if I had been registered with a British Consul I would have retained my domicile? The fact is that on arriving in Korea in 1893 I was immediately registered in the British Consulate here with my wife and all the children we brought with us and that registration has been maintained throughout the years, so that I have always travelled on a passport issued by the British Consul.

I am pleased to note Mr. Blair's statements following the sentence of paragraph 4 which I quoted above and appreciate the friendly spirit of his entire letter.

While thanking you for your prompt attention to my former letter I would appreciate your consideration of the above questions and a reply at your early convenience,

Very sincerely,

## 19. 맥케이가 에비슨에게

1922년 5월 4일

O. R. 에비슨 귀하,

서울, 한국, 일본,

친애하는 에비슨 박사님,

우리 선교부에서 결정한 사항을 내가 이미 오웬스 씨께 알려준 것으로 생각합니다. 우리는 스코필드 의사를 복음전도 선교사로 임명하였습니다. 그 사람과 우리는 그가 전공[의사] 업무를 내려놓아야 하는 것을 안타깝게 여기고 있습니다. 그가 얼마 지나지 않아 다시 캐나다로 돌아올 수밖에 없게 된다면, 지금은 구할 수 있는 정부 기관에서 일하지 못하게 될 것입니다. 다른 한편으로 그가 맨스필드와 함께 세브란스의전에서 일하도록 허용함으로써 선교부가 새로운 책임을 지는 것도 가능하지 않습니다.* 나중에 어떤 일이 진행될 수도 있습니다. 이러는 동안 그는 집안 상황이 나아지지 않고 있음에도 불구하고 한국에 돌아갈 것을 내다보며 기뻐하고 있습니다. 의사들은 토론토 안에서는 회복할 가망이 없으므로 그가 그곳에 있기보다 밖으로 나가는 편이 더 낫다고 생각하고 있습니다.

시위자들에 대한 당신들의 대처에 크게 흥미를 느꼈고, 독립만세 시위에 유일하게 가능하고 만족스러운 대응을 하였다고 생각합니다. 함흥 중등학교[영생학교]의 옛 건물이 [1922년] 불에 탔던 일은 우리를 다소 당황하게 하였습니다. 이 소식이 왔을 때 우리는 그들이 새 건물에서 사역할 수 있게 하려고 융자받기 직전에 있었는데, 이 소식에 진행을 멈추었습니다. 우리는 그런 종류의 어떤 일로 한국인들이나 국내외의 다른 누구에게 쫓기고 싶지 않습니다.

대학에서 종교를 가르칠 자유를 주는 새 법이 제정된 것이 매우 흥미롭습니다. 일본인들이 아주 칭찬을 받을 만하게 진전을 이루고 있는 것 같습니다. 그들의 과거 기록은 매우 대단하여 미래의 큰 발전을 이끌만하였습니다.

당신이 편지에서 캐나다장로회 선교회가 기부금을 1천 원에서 6천 원으로 올려야 한다

---

* 스코필드가 세브란스를 떠난 후 맨스필드가 그를 대신하여 부임하였기 때문에 캐나다장로회 선교부는 한 명뿐인 파송 교수 할당 인원이 차서 스코필드를 세브란스로 다시 임명할 수 없는 형편이었다.

는 요청을 하였다고 한 것을 보았습니다. 그러는 한편 당신은 감리교인들에게 6천 원에서 1만 원으로 올리도록 요청하고 있습니다. 우리가 전에 전체적으로 너무 낮게 내고 그들이 과도하게 높게 냈던 것이 아니라면, 증액을 요청한 금액은 그 비율이 합리적이지 않습니다. 그런데 어떻게 하더라도 우리가 어떠한 증액을 할 수 있는 처지에 있지 못해 유감입니다. 바로 지금 우리는 모두 다 합쳐 166,661.89불에 달한다고 알고 있는 사상 최대의 적자로 인해 다소 당황하고 있습니다. 그것이 우리를 그저 압도하고 있고, 즉각적으로 구조의 손길이 올 전망도 보이지 않고 있습니다. 회계가 말한 것에 따라 우리는, 올해의 수입이 지난해의 수입과 같을 것으로 가정하여, 연말에는 현재 예산에서 8만 5천 불이라는 또 다른 정점에 이를 것으로 예상하고 있습니다. 얼마나 늘어날지는 물론 예견할 수 없지만, 온 나라가 재정적으로 어려움을 겪고 있습니다. 우리는 반드시 무슨 일을 해야 하지만, 그 일이 무엇인지는 아직 분명하지 않습니다. 교회가 재원을 개발하고 관점을 바로 잡을 수 있었다면, 그들에게 자금이 있을 것입니다.

그런 말을 하기는 쉽지만, 그렇게 하려면 더 많은 것이 필요합니다.

우리는 모건(Campbell Morgan)과 아주 여러 번 만났습니다. 그는 강력한 설교자로서 큰 영향을 끼쳤습니다. 개인적으로 나는 그가 그리 감동적이지는 않고 극적으로 재미있게 설명하기는 하지만 조웻(Jowett) 같은 이에게서 느끼는 그런 매력을 지니고 있다고 생각합니다. 그는 대륙을 횡단하며 여행하고 있습니다.

올가을에 부흥 운동 방면(spiritual lines)에서 모금 운동을 벌일 계획이 있는데, 가장 많은 수입을 얻기를 희망하고 있습니다.

연례회의와 관련된 여러 가지 보고서들을 보내주셔서 감사합니다. 그것들을 흥미롭게 살펴보고 있습니다.

에비슨 부인과 당신께 모든 행운이 함께 하기를 바라고, 두 분 모두 잘 지내기를 빕니다.

안녕히 계십시오.

RPM[R. P. 맥케이]

추신.

당신의 주소 말소 문제와 관련하여 오타와에서 발송한 편지를 받은 사실을 더 빨리 편지로 알려드렸어야 하였습니다. 아래의 글은 그들이 상황을 어떻게 판단하고 있는지를 설명해주고 있습니다.

에비슨 박사 본인에 관하여는, 캐나다 밖에서 영국 영사에게 등록하지 않고 거주한 것에 관한 2(d)항의 주소 문제를 매우 엄격하게 해석함으로써 그가 주소를 말소당한 것입니다. 그러나 이런 식의 일 처리는 이민 담당 직원들의 관행이 아닙니다.

아주 많은 선교사가 자유의사로 내왕하고 있고, 항구에서 그들이 누구이고 무슨 일을 하는지를 알리기 위한 조사를 받는 것 외에는 아무 어려움을 겪고 있지 않습니다. 에비슨 박사가 1920년 캐나다에 돌아와서 1921년 1월에 떠났다는 사실은 그가 어느 항구로 들어왔든지 간에 그 항구의 직원이 1919년의 그 법을 적용하지 않았다는 것을 가리킵니다. 실제로 에비슨 박사의 유일한 고향은 캐나다에 있으므로, 그가 언제라도 돌아오기를 희망하여 캐나다로 돌아올 때는 조금의 어려움도 겪지 않을 것이라고 나는 매우 확신합니다.

출처: PCC & UCC

May 4, 1922.

Dr. O. R. Avison,
Seoul, Korea, Japan.

Dear Dr. Avison:

I think I have already reported to Mr. Owens the action of our Board. We have appointed Dr. Schofield as an evangelistic missionary. The feeling is on his part and ours that it is a pity he should be turned aside from his professional work. Should he require to return to Canada again a little later, he would beout of such service for the Government as is now available. On the other and, it is not possible for the Board to undertake new responsibility by allowing him as well as Dr. Mansfield to serve in connection with Severance College. Something may develop later. In the meantime, he rejoices at the prospect of returning to Korea, notwithstanding the fact that domestic conditions have not improved. The doctors feel that he would be better out of Toronto than in it as there is no chance of recovery.

I was muchiinterested in your treatment of the strikers and feel that the independent course is the only possible and satisfactory treatment. This episode at Ham Heung in the burning of the old academy has embarrassed us somewhat. We were on the eve of making a loan to enable them to proceed with the new building when this report came which arrested proceedings. We do not feel disposed to be driven by anything of that kind by Koreans or any other at home or abroad.

I am quite interested in the new laws giving liberty to teach religion in the college. I think the Japanese are making very commendable progress. Their record in the past has been so remarkable as to encourage great developments in the future.

I note in your letter the request that the Canadian Presbyterian Mission should advance its contribution from 1,000 to 6,000 yen, whilst you are asking the Methodists to advance from 6,000 to 10,000 yen. Unless we have been altogether too low before and they proportionately too high, the suggested increase is not reasonably proportionate. However, in any case I am afraid we are not in a position to make any increase. We are all somewhat embarrassed just now by the largest deficit we have known amounting to $166,661.89. To us that is simply overwhelming and without immediate prospect of relief. We are expending at the present time, the Treasurer tells us, on the present budget at a rate which will culminate at the end of the year in another $85,000, on the assumption that the receipts for the current year will be the same as the receipts for the previous year. Whether there will be any increase, of course, cannot be anticipated, but the country financially is in a somewhat depressed condition.2 We must do something, but what that will be is not yet evident. The Church has the funds if her resources could be tapped and her view point rightly adjusted.

—2—

It is easy to say that but another thing to bring it to pass.

We have had a great series of meetings by Campbell Morgan. He is a mighty preacher and made a profound impression. I do not personally feel that he has that winsomeness that characterises such a man as Jowett, although he is not so pathetic, but dramatic and is an interesting expositor. He is taking a trip across the continent.

There is a contemplated campaign this fall along spiritual lines which we hope will culminate in increased revenue.

Thanks for the varied reports in connection with the annual meeting which I have gone through with interest.

With all good wishes to Mrs. Avison and yourself, and trusting that you are both keeping well, I am

Yours sincerely,

RPM/MMP.

P. S. I should perhaps have written you sooner that I received a letter from Ottawa regarding your domicile. This paragraph explains their view as to the situation.

"With regard to Dr. Avison himself I may say that a very strict interpretation of domicile would, under Section 2 (d) mean that by residing out of Canada without registration with a British Consul, he would cancel his domicile. However, it is not the custom of Immigration Officers to apply the law in this way. A great many missionaries come and go at will and beyond the examination at the port to show who and what they are, no difficulties are experienced. The fact that Dr. Avison returned to Canada in 1920, left in January 1921, indicates that the officer at whatever port he entered did not apply the law of 1919. Practically the only home Dr. Avison knows is in Canada, and I am very sure that he is never likely to have the slightest difficulty in returning to Canada any time he wants to come back. "

## 20. 스코트가 에비슨에게

1922년 5월 16일

O. R. 에비슨 교장, 이사장
H. T. 오웬스 씨, 서기
현지 이사회들,
연희전문학교와
세브란스연합의학전문학교,
서울, 한국.

1. 협력이사회 제30회 연례회의 회의록
2. 잡다한 문제들

나의 친애하는 에비슨 박사님과 오웬스 씨:

1922년 5월 9일 열린 조선 기독교 교육을 위한 협력이사회의 연례회의 회의록을 동봉하니 보시기 바랍니다. 이 회의록에 관해 간단히 설명하려 하는데 회의록의 번호를 활용해서 하겠습니다. 회의록에 나오지 않는 몇 가지 다른 문제들도 언급하겠습니다. 두 학교에 각각 이 편지의 사본 2부(즉 4부)를 보내어 각자 보관하게 하려 합니다. 24부가 담긴 다른 봉투는 배포를 위해 오웬스 씨에게 발송되었습니다.

### 연례회의 회의록

이 회의록이 사실상으로 그 내용을 잘 설명하고 있다고 생각하지만, 그 가운데 몇 가지는 당신이 설명을 더 듣고 싶어 할 것 같습니다.

1. (C). 서덜랜드 씨와 나는 두 학교 중 어느 한 곳에서 봉급을 직접 받는 교직원에 대한 봉급 지급의 기준을 보여주는 자료를 모았습니다. 그 기준은 아마도 북장로회 선교부의 것이겠지만, 최근에 그 장로회 선교부에서 결정된 여러 가지 급여가 모두 포함되지 않았을 가능성이 있습니다. 지금 북장로회 선교부 후원금[선교사 교수 봉급]의 규모와 다른 선

교부들의 그 규모 사이에 일치하지 않는 점이 분명히 있습니다. 그리고 교파연합 기관들이 조정을 통해 기준을 잡는 것이 관례입니다.

2. 만일 협력이사회의 총무직을 전임(專任) 사역으로 맡아달라고 제안할 만한 사람을 현지에서 알고 있다면 망설이지 말고 추천해주기 바랍니다. 지금까지 우리가 이 자리에 확실하고 좋은 자격을 지닌 사람이 있는지를 알아보았지만 적합한 사람을 만나지 못하였습니다. 언더우드 씨와 세브란스 씨가 그런 협력이사회 임원을 둘 필요성과 유용성을 충분히 깨닫고 있는지는 내가 확실히 잘 모르겠습니다.

3. 협력이사회는 현지 이사회의 결정을 조금 우려하여 현지의 대학들끼리 "더 긴밀한 협력 정책"을 펴기를 권하였습니다. 그리고 내게 지시하기를, 협력이사회는 그곳의 이사회들이 두 기관을 합치는 방향으로 어떤 걸음을 내딛는 것에 반대하고, 동일 인물을 두 기관의 교장으로 둔 것이 각 대학의 명확한 분립과 조직 보전을 저해하게 될 통합을 지향하려고 한 것은 아니기를 바란다는 것을 대학이사회에 아주 분명하게 밝히도록 하였습니다. 더 긴밀한 협력 계획 속에 이런 종류의 어떤 일을 하고 있는지는 모르겠지만, 협력이사회는 대학이사회들이 숙고하고 있는 어떤 일이 부지중에 원치 않는 방향으로 진행되는 것은 아닌지 염려하고 있습니다.

4. 협력이사회는 <u>여자대학 설립계획</u>과 관련하여 지금은 더 책임질 수 없다는 생각을 하고 있음을 분명히 밝힙니다. 또한, 우리가 현재 지려고 시도할 수 있는 큰 짐은 연희전문학교의 성공적인 설립일 것이라고 믿습니다.

5. 당신이 여러 편지에서 알려준 새 교육령 문제와 대학에 완전한 종교의 자유를 부여하는 문제가 길게 논의되었습니다. 협력이사회는 새 교육령을 다 파악하지 않았으므로 현지에서 보고한 것들 가운데 일부에 관해서만 결정을 내렸습니다. 본 이사회는 인가된 대학이 종교의 자유를 부여받는 것에 크게 감사하고 있지만, 대학들이 그것 때문에 인가를 받으려 한다는 보고를 듣게 될 것을 우려하고 있습니다. 그런 학교들은 비인가 학교들과는 구별된다는 매우 폐쇄된 감정을 가질 것이고, 종교의 자유를 포기하지 않으면 인가를 받지 못할 것입니다. 협력이사회는 이 후자의 문제를 매우 강하게 느끼고 있습니다. 본 이사회의 어떤 이사들은 본 이사회가 직접 총독부와 접촉해야 한다고 여겼지만, 다른 이사들은 현지 이사회들을 통하는 것이 최선의 접근법이라고 생각하였기 때문에, 후자의 과정을 그 결정에서 채택하였습니다. 협력이사회는 현지 이사회가 적절한 학교 등급에 있는

모든 미션계 중등학교들과 직접적이고 충실한 관계를 성공적으로 유지하기를 희망하고, 모든 미션계 중등학교에 대한 완전한 종교의 자유를 확보함으로써 이런 일이 이루어지기를 희망합니다. 본 이사회는 이를 위해 노력하는 현지 이사회를 힘껏 지지할 것입니다.

9. (B). 북장로회 선교부가 지급금을 8천 원으로 늘렸고, 현지에서 보낸 편지에서 확인되는 것처럼, 8,250원으로 늘리지 않았다는 것을 주목하기 바랍니다. 협력이사회가 겐소 씨에게 보냈던 전보를 뉴욕에서 발송했던 대로 읽으면 "8천 원"입니다. 그러므로 그 오류는 현지에서 전달하거나 전문을 해독할 때 발생했던 것이 틀림없습니다. 우리가 남감리회 선교부에서는 지금 5천 원을 기준으로 하여 규칙적으로 보내고 있다는 것으로 이해하면 되겠습니까?

9. (C). 대학이사회들이 임시로 제안한 대학들의 1922~1923년도 예산은 협력이사회가 책임질 수 없는 수준의 예상 적자를 보여주고 있습니다. 협력이사회의 회계는 현지에서 수입을 다 써버리고는 협력이사회가 현지의 빚을 갚아줄 것이라는 명백한 억측 아래 본국에 편지를 보내는 그 태연한 행동에 거듭하여 큰 혼란을 겪고 있습니다. 협력이사회는 어떤 경우에도 그런 것을 승인한 적이 없었으므로 아주 분명하게 실망해왔습니다. 협력이사회는 그 적자의 큰 부분이 대학의 초창기부터 내려왔다는 사실을 알고 있습니다. 그것을 없앨 어떤 방법이 생기면 좋겠습니다.

10. 캐나다장로회의 맥케이 박사가 좋은 자격을 갖춘 농업 교수를 찾으면서 매사추세츠 주의 애머스트(Amherst)에 있는 매사추세츠 농업대학의 버터필드 교장과 계속 연락하고 있습니다. 맥케이 박사는 한두 명을 생각하고 있습니다. 버터필드 박사도 제안할 수 있을 만한 좋은 사람을 알고 있습니다. 당신은 농업을 가르칠 사람에 관해 맥케이 박사와 계속 직접 연락하기를 원할 것입니다. 롤링스(Rawlings) 박사가 현재로서는 남감리회 선교부가 그런 사람의 후원을 맡는 것이 지혜롭지 않을 것 같다는 편지를 보내왔습니다.

13. 현지에서 세브란스 의료기관의 기금확보를 위해 비공식적으로 낸 세 가지 제안은, 그 회의록에 명시되어 있는 것처럼, 협력이사회를 납득시키지 못하고 있습니다. 세 번째 결정사항인 가게들을 임대하는* 경우에는 "그렇게 해서 얻은 수입과 세금의 관계"가 명

---

* 원문의 'ment'는 차례 번호 22번 문서를 참고하면 'rent'의 오타이다. 재원을 늘리기 위해 부지의 전면에 가게들이나 사무실들을 지어 임대하는 방안이 제안되었던 것으로 보인다. 함께 제안되었던 또 다른 방안은 그 땅을 저당 잡히는 것이었다.

확하지 않을 것입니다. 여러 선교 기관들이 재원을 만들기 위해 자산 일부를 포기했을 때 그런 사실을 밝히 알게 되었고, 정부의 과세를 더 이상 면제받지 못하였습니다.

두 대학의 이사회들이 협력이사회에 결정을 요청하였고 한국인 미국 유학생 문제 외에는 지금 필요한 것들을 언급하지 않은 것처럼 보이기에 두 대학이사회의 회의록들을 신중하게 검토하였습니다. 협력이사회는 이 문제에 대해 아무 결정도 내리지 않았지만, 총무에게 선교지에 편지를 써서 [다음의 사항들을] 특별히 배려하도록 조언하고 관리해야 한다고 지시하였습니다. (1) 한국인 학생에게 미국 유학을 권장할 때는 그런 학생이 한국을 떠나 있는 모든 체류 기간을 위해 재정을 적절히 준비해야 한다는 것입니다. 그 이유는 아주 많은 외국인 학생들이 미국에서 경제적으로 어려움을 겪게 되기 때문입니다. (2) 그런 학생들이 미국의 교육제도에 적응할 수 있도록 영어를 충분히 익히고 다른 학문들에 대한 소양을 가져야 한다는 것입니다. (3) 그런 학생들이 한국에서 정해진 기간 만큼 선교사역을 위해 봉사하라고 하는 분명한 요청을 받아들여야 한다는 것입니다. 이 나라[미국]에 있는 많은 외국인 학생들이 매우 비참한 일을 경험하고 있습니다. 지금 이곳에 1만 명가량 있는데 그들 가운데 수백 명이 미국을 싫어하게 되거나 미국에서 나쁜 영향을 받고 있습니다. 노튼(Norton) 의사가 지난달 내 사무실에서 한국인 한 명을 위해 통역을 했는데, 그는 미국 유학 기간을 연장하도록 한국인 한 명의 재정을 내가 책임지려 하지 않았다고 하여 나를 좋아하지 않는 것이 분명하였습니다.

## 잡다한 문제들

### A. 연희전문학교

여러분이 개별적으로 보낸 다양한 내용의 편지들이 내게 있는데, 그 가운데 회의록에서 거론되지 않은 사항들이 있습니다.

1. 에비슨 박사는 1923년 4월 4일, “경상예산의 자산 항목에서 그처럼 많은 부분을 더 많은 한국인과 일본인 교원을 고용하는 일보다 선교사 교직원을 후원하는 일에 사용하기”라는 표현이 무슨 뜻인지를 질의하고 있습니다. 에비슨 박사는 그 질문을 하려고 했던 협력이사회의 뜻이 무엇인지를 분명히 알고 있었는데, 그것은 만일 그 대학이 현지에서 구할 수 있는 훌륭한 유자격 교원들을 더 많이 찾기가 혹시라도 어렵다면, 지금 선교사들을

임용하는 데에 사용한 돈의 일부를 취하여 한국인과 일본인을 교직원으로 후원하는 데에 쓰라는 것입니다. 어떤 선교부는, 예를 들면 북장로회 선교부는 매년 1만 5백 원 또는 2만 1천 원을 (안식년을 포함하여 여러 해 동안 나눠준 돈을) 선교사 3명을 대학교수로 후원하기 위해 쓰고 있습니다. 이렇게 함으로써 그 "경상예산의 자산 항목들"이 확실하게 가장 잘 사용되기를 바라고 있습니다. 그들은 이 일에 쓰인 본국 교회의 기부금이 다른 일에 더 잘 사용될 수 있다면 그렇게 하라고 현지에 조언하고 싶어 합니다. 우리는 에비슨 박사의 편지를 보고 현지에서는 외국인 교직원들의 봉급을 다른 곳에 사용할 수 있도록 그들의 수를 줄이는 것을 원치 않는다는 사실을 알게 되었습니다.

2. 1922년 3월 31일 종료되는 회계년도의 회계감사 보고서와 해설문을 함께 보낸 오웬스 씨의 1922년 4월 21일자 편지를 어제 받았습니다. 협력이사회의 회의에서 나는 [연희전문의] 한 해 운영이 적자 없이 끝났지만, 344.02원의 적자가 약간 남아있었다는 것을 새로 발견하여 대학이사회의 회의록을 고쳤습니다. 고치지 않은 사본들이 협력이사회 이사들에게 발송되었다고 보고하였습니다.

B. 세브란스연합의학전문학교

1. 루카스(Lucas) 씨와 오웬스 씨의 봉급은 서덜랜드 씨를 통해 적절하게 처리된 것으로 알고 있습니다. 만일 서덜랜드 씨가 현지에 미리 송금하려 한다면, 세브란스 씨와 언더우드 씨에게서 먼저 받아내어 연말에 수지를 정확하게 맞추는 것이 가장 좋을 것입니다. 그가 신중하게 산정한 것을 가지고 그 일을 할 수 있었을 것이라고 짐작합니다. 내가 그와 함께 이 문제를 상의하여 후원의 근거와 지급방법을 합의할 것이고, 추가 설명서를 현지로 보낼 것입니다.

2. 테일러(Rex Taylor) 씨와 그의 약혼녀가 북장로회 선교부 선교지원자 심의과에서 심사를 받았습니다. 우리는 현지로부터 장비와 화물 등을 위한 재정지원의 근거를 통지받지 않았지만, 재정보고서들을 보면 테일러 씨가 에비슨 박사로부터 어떤 약속들을 받았다고 하는 것을 알 수 있습니다. 에비슨 박사는 "5월이나 6월에 출항하는 일이 잘 되기를 희망합니다"라고 썼습니다. 우리는 테일러 씨가 오웬스 씨의 조력자로서 언더우드 씨와 세브란스 씨의 후원을 받게 될 줄로 알고 있습니다.

3. 세브란스 씨의 송금에 관해 당신들이 함께 마련한 방법은 만족스러워서 우리도 동의

할 수 있을 것입니다.

4. 북감리회의 백주년 기념 모금운동 측은 내가 관여하는 연합기관들에 기금을 보낼 것 같지 않습니다. 백주년 운동 측이 세브란스 의료기관을 위해 지정해주도록 특별히 요청받았던 것을 포함하지 않았을 가능성이 있습니다.

5. 에비슨 박사가 1월 30일 편지에서 썼던 융자 계획은 협력이사회에서 그저 격려만 받았습니다. 에비슨 박사가 또한 그 문제를 데이(Day) 씨와 상의하도록 내게 요청하여, 3월 중에 그렇게 하였습니다. 데이 씨는 그 제안에 크게 반대하였습니다. 그 문제를 오래 논의할 수는 있겠지만, 책임을 맡은 모든 부서의 일반 원칙에 크게 반하는 것이 있으므로 더 논의할 필요가 없습니다.

6. 결핵 치유사업을 위해 플레처 의사를 [세브란스로] 옮기는 문제는 북장로회 선교부가 권하지 않고 있고, 구라선교회도 대구에 있는 의사를 후원하는 일을 찬성하지 않고 있습니다. 플레처 의사가 자동차를 하나 받았는데, 구라선교회는 그것이 대구 지역에서 그의 사역을 촉진하기를 희망하고 있습니다.

7. 전에 내가 당신에게 편지를 보낸 후에 북장로회 선교부가 세브란스 의료기관에 특별 충당금을 보냈던 것이 틀림없지만, 이 일이 보고되었을 것이기에 우리는 이곳에 있는 그들에게 보고하지 않을 것입니다.

[북장로회] 총회의 조선위원회가 다음 주에 열리는 총회에서 보고할 계획을 세우고 있습니다. 만일 그 보고서가 북장로회 조선 선교회 안의 어떤 선교사들에게 수락될 수 없는 것이라면, 그 선교사들 가운데 한 명 이상이 총회 석상에서 그것을 반대할 것이라고 나는 알고 있습니다. 총회의 파란색 책에 인쇄된 조선위원회의 보고서를 보면, 만일 교회[총회]가 정한 책임 범위를 선교부가 별일 없이 받아들인다면 선교부의 권한을 분산하고 선교회의 자치를 인정하는 방향으로 갈 것 같습니다.* 우리는 그리스도의 나라의 화평과 발전을 위해 선교지 선교사들과 계속 더 화목해지기를 위해 기도합니다. 올해 총회 앞에 놓인 가장 큰 사안은 여러 조직을 매우 성급하게 융합시켰던, 북장로회 총회의 부서들과 사역자들을 재조직하라는 건의가 제기된 것입니다.

---

* 이 글은 연희전문의 설립을 반대한 한국 내 평양 측 북장로회 선교사들이 교단 총회에 선교부를 제소한 사건의 추이를 보여주고 있다. 한국 안에서 다수파인 평양측은 선교부가 권한을 남용하여 현지의 다수의견을 무시하고 연희전문의 설립을 승인함으로써 현지 선교회의 자치권을 침해하였다고 총회에 제소하였다. 그 후 총회는 선교회의 제소 내용을 일부(자치권 침해 부분) 인용하는 결정을 내렸다.

여러분 각자에게 따뜻한 안부 인사를 드리고, 교직원들이 모두 행복하고 활기찬 여름을 보내기를 빕니다.

안녕히 계십시오.

GTS[G. T. 스코트] 협력이사회 총무

출처: PHS

CABLE ADDRESS "INCULCATE NEW YORK"

FILING DEPT.
TELEPHONE WATKINS 8181
MAY 19 1922
1426
SECRETARII

# The Board of Foreign Missions
of the
# Presbyterian Church in the U.S.A.
156 Fifth Avenue
New York

OFFICE OF SECRETARY

May 16th, 1922

President O. R. Avison, Chairman ✓
Mr. H. T. Owens, Secretary
Field Boards of Managers
Chosen Christian College and
Severance Union Medical College
Seoul, Korea

1. MINUTES OF ANNUAL MEETING OF COOPERATING BOARD.

2. MISCELLANEOUS MATTERS.

My dear Dr. Avison and Mr. Owens:

Minutes Enclosed please find copies of the Minutes of the Annual Meeting of the Cooperating Board for Christian Education in Chosen, May 9th, 1922. I will write a brief explanatory word on these Minutes, using the numerals of the Minutes. I will refer also to a few other matters not touched upon in the Minutes. I am sending two copies of this letter to each of you (that is, four copies) for file in the records of each of the Institutions. Twenty-four copies of the Minutes are being sent to Mr. Owens under separate cover for distribution.

MINUTES OF THE ANNUAL MEETING.

These Minutes, I believe, are practically self-explanatory, but you may wish further word on some of them.

Basis Staff members support 1. (C) Mr. Sutherland and I are gathering data to work out a basis of support for members of the staff who are supported directly by one of the Institutions. The basis will probably be that of the Northern Presbyterian Board, but may possibly not include all of the various allowances which the latest actions of the Presbyterian Board grant. There is now apparently something of a discrepancy between the scale of support of the Northern Presbyterian Board and the present scale of the other Boards, and it is customary for Union Institutions to adopt an intermediate basis.

Secty Full time 2. If the Field has anyone to propose for Full-time Secretary of the Board, please do not hesitate to make recommendations. Our investigations so far for an apparently well qualified man for this position have not led us to any available person. I am not sure that Mr. Underwood and Mr. Severance are thoroughly convinced of the need and usefulness of such an officer of the Board.

Merging two Colleges 3. The Board was somewhat concerned over the action of the Field Board, commending " the policy of closer cooperation" between the two Colleges on the Field, and the Board instructed me to make it very clear to the Managers that the Board would deprecate any steps in the direction of merging the two

Institutions and expressed the hope that having the same man as President of both Institutions would not tend toward any such merging as to affect the distinct separateness and organic integrity of each College. I do not understand that the proposal for closer cooperation has anything of this sort in view, but the Board fears that what the Managers may be contemplating might unconsciously be a step in this undesired direction.

oposed
omans College

4. The Board is clearly of the opinion that it could not now assume the additional responsibility in connection with the Proposed Woman's College, believing that the successful establishment of Chosen Christian College is as big a burden as it can attempt to carry at the present time.

ucational
rdinance

5. Your letters reporting on the new Educational Ordinance and the granting of full Religious Liberty to the Colleges but with restrictions on the graduates of unregistered schools was discussed at length. The Board has not seen in full the new Educational Ordinance and its action was therefore passed on partial reports of it which have come from the Field. The Board is highly gratified that Religious Liberty has been granted to registered Colleges, but is distressed to hear the report that if Colleges are so registered, they will be in a very close sense separated from the unregistered schools, which schools cannot become registered without surrendering their own Religious Liberty. The Board feels very strongly on this latter matter. Some members of the Board felt that the Board should directly approach the Government General on this question, but inasmuch as other members felt that the best method of approach was through the Field Board of Managers, the latter course was the one adopted in the action. The Board hopes that the Managers will be successful in retaining direct and full relationship with all Mission Academies of adequate scholastic grade and that this can be brought about by securing for all Mission Academies full Religious Liberty. The Board will vigorously support the Managers in their efforts in this regard.

ncrease in
Grant

9. (B) Please note that the Northern Presbyterian Board has increased its grant to Yen 6,000. and not to Yen 6,250. as reported back in letters from the Field. A cablegram from the Board to Mr. Genso as it left New York read: "Yen 6,000" so the error must have been in transmission or decoding on the Field. Are we to understand that the Southern Methodist Board now contributes regularly upon the basis of Yen 5,000?

Budget

9. (C) The College Budget for 1922 - 1923 as tentatively proposed by the Managers shows an estimated deficit for which the Cooperating Board cannot assume responsibility. The Treasurer of the Board is recurrently greatly perturbed at the calm way in which the Field over-runs its income and writes home on the apparent assumption that the Cooperating Board is going to pay the Field's debts which the Board has not in any sense authorized and has very distinctly discouraged. The Board appreciated that the larger part of the deficit has come down from the early years of the College and would be happy if some way should transpire for clearing it off.

gricultural
Teachers

10. Dr. Mackay of the Canadian Presbyterian Board is searching for a well qualified Agricultural Teacher for the College and is keeping in touch with President Butterfield of the Massachusetts Agricultural College, Amherst, Mass. Dr. Mackay has one or two men in mind. Dr. Butterfield has also a good man to propose. You will wish to keep in direct touch with Dr. Mackay regarding a man for Agriculture. Dr. Rawlings has written that it would not be wise for the Southern Methodist Board to undertake to support such a man at present.

-3-

15. The three suggestions which were informally made by the Field for securing funds for Severance Institution did not, as clearly shown in the Minutes, commend themselves to the Board. Under the third action regarding Stores for Rent, the "relation of such income to taxes" may not be clear. Other Missionary institutions have discovered that when they yielded some of their property for the production of revenue, they were no longer exempted from taxation by the Government.

The Minutes of both Boards of Managers were carefully considered in-so-far as they called for action by the Cooperating Board, and on other items I believe no reference is now needed, except on the matter of Korean students in America. The Board took no action on this question, but it was understood that the Secretary in a letter to the Field should advise the Managers to take particular care: (1) when recommending Korean student to study in America, that such students should have adequate financial provision for their entire stay away from Korea, as such a large proportion of foreign students become financially stranded in America. (2) That such students should have sufficient knowledge of the English language and other scholastic qualifications to fit them to the American Educational system. (3) That such students should have accepted a definite call for a guaranteed period of service in connection with Mission work in Korea. The experience of many foreign students in this country is extremely unhappy. About ten thousand are here now and hundreds of them become soured on America or spoiled by America. Dr. Norton interpreted for a Korean in my office last month whom I am sure has no love for me as I did not undertake to finance him for an extra year of study in the States.

MISCELLANEOUS MATTERS.

A. CHOSEN CHRISTIAN COLLEGE. I have various letters from each of you some items of which have not been covered by the Minutes.

1. Dr. Avison, April 4, 1922, inquires as to the meaning of the expression "using such a large proportion of the current assets in the support of missionary members of staff rather than in the employment of a larger number of Korean and Japanese teachers." Dr. Avison evidently got the meaning of the Board, which intended to inquire if the Colleges should not perhaps in view of the increasing number of highly qualified teachers locally available, take some of the money now used to employ Missionaries and with it support Koreans and Japanese on the staff. When a Mission Board, for instance the Northern Presbyterian Board, spends $10,500 or Yen 21,000. annually (prorated through a number of years, covering furlough) for the support of three Missionary Teachers on the College staff, the Board wishes to be sure that this is the best use of its "current assets." If this contribution from the Home Church would be better used in other ways, the Board desires the Field so to advise it. We understand from Dr. Avison's letter that the Field does not desire any depletion of its foreign staff in order to make salaries available for other uses.

2. Mr. Owens, April 21, 1922, sends the audit account for the fiscal year ending March 31, 1922, along with the covering letter received yesterday. At the Board Meeting, I stated that the operations of the year had closed without a deficit and now learn that there is a small deficit of Yen 344.02 which accounts for the correction on the Minutes, uncorrected copies of which were, however, mailed to the members of the Cooperating Board.

B. SEVERANCE UNION MEDICAL COLLEGE.

1. Salaries of Mr. Lucas and Mr. Owens are I understand being properly cleared through Mr. Sutherland. If Mr. Sutherland is to remit to the

Field in advance, it would be best for him to collect from Mr. Severance and Mr. Underwood in advance, which I presume he could do on a carefully estimated basis, making exact balance at the end of the year. I will talk this matter over with him and agree one basis of support and method of payment, and covering advises will be sent to the Field.

2. Mr. Ben Tayler and his fiancee have been investigated by the Candidate Department of the Presbyterian Board. We have not received instructions from the Field regarding their financial basis on outfit, freight, etc., but the fiancee reports certain promises which Mr. Tayler has received from Dr. Avison. Dr. Avison states "we hope that sailing in May or June will be all right." We understand that Mr. Tayler is to be supported by Mr. Underwood and Mr. Severance as assistant to Mr. Owens.

3. Regarding Mr. Severance's remittances, the method that is worked out satisfactorily for both of you will be agreeable to us.

4. The Centenary Campaign of the Methodist Church does not seem to be paying over funds to Union Institutions with which I am related. Is it possible that the Centenary did not contain a specific asking designated for Severance Institution?

5. The Mortgage Proposal about which Dr. Avison wrote January 29th, received anything but encouragement by the Cooperating Board. Dr. Avison also requested that I take the matter up with Mr. Day which I did during the month of March. Mr. Day was quite adverse to the proposal. The matter has been discussed at length, but inasmuch as there is strong opposition to the general principle in every responsible quarter, there is no need of discussing it further.

6. Dr. Fletcher's transfer for work on tuberculosis does not receive encouragement from the Presbyterian Board, nor is the Mission to Lepers favorable to supporting a doctor in Taiku. An automobile is being sent to Dr. Fletcher, which the Mission to Lepers hopes will facilitate his work in the Taiku district.

7. There have doubtless be en special appropriations from the Northern Presbyterian Board for the Severance Institution since my previous letter to you, but inasmuch as these would have been reportdd , we will not report them here.

---

The Chosen Commission of the General Assembly is planning to report at the Assembly next week. I understand that if the report should not be acceptable to certain members of the Presbyterian Chosen Mission, one or more of them will oppose it from the floor of the Assembly. The report of the Chosen Commission as printed in the Assembly Blue Book appears to me to go as far toward decentralization of Board authority and autonomy by a Mission as is possible if the Board is to accept safely the responsibility which the Church places upon it. We pray that relationships on the Field may become continuously more harmonious for the welfare and progress of the Kingdom of Christ. The great issue before the Assembly this year is to propose reorganization of the Boards and Agencies of the Presbyterian Church which is very radical in its amalgamation of various organizations.

With kindest regards to each of you and with every wish for a happy and invigorating summer season for every member of the staff, I am

Sincerely yours

GTS/JJ

Secretary of the Cooperating Board

## 21. 연희전문학교 교장보고서

### 연희전문학교
### 1921~22년 보고서 [1922년 5월 22일]*

방금 끝난 학년은 본 대학에 있어서 중대한 시기였습니다. 교육법의 개정으로 대학을 괴롭혀온 불리한 여건들이 많이 없어졌습니다. 총독부는 조선의 교육문제를 일본의 그것과 동일한 수준에 놓는 것을 목표로 하고 있습니다. 이것 때문에 일본에 있는 사립전문학교에게 준 것만큼의 종교 자유를 우리에게 주게 되었습니다. 총독부의 학제 전체에서 교육 수준을 상향시킨 것은 우리가 오랫동안 바라던 대로 우리 교육과정의 수준을 높일 수 있게 하였습니다.

새 교육법이 우리에게 사립학교의 지위로 되돌아갈 수 있는 선택의 기회를 주었습니다. 그러나 현지 이사회는 그 문제를 모든 각도에서 신중하게 검토한 뒤 만장일치로 새 전문학교의 인가를 신청하기로 결정하였습니다. 그에 따라 우리가 신청서를 발송하였지만, 편지를 쓰고 있는 지금까지 새 인가는 나지 않았습니다.

일 년보다 더 이전에, 입학시험을 성공적으로 통과한 학생이 최소한 10명 이상인 과들만 개강하도록 결정하였습니다. 이 정책에 따라 세 과—문과, 상과, 수물과—만 한 해 동안[1921년부터] 운영하였습니다. 총 133명의 학생이 그 과들에 등록하였습니다. 이들 가운데 봄 학기에는 117명, 가을학기에는 90명, 겨울학기에는 79명이 다녔습니다. 그들은 한국의 13개 도 가운데 11개 도에서 왔습니다. 다음의 표는 대다수가 미션계 중등학교에서 온 것을 보여줍니다.

| 학생수(명) | 출신학교의 종교적 배경 |
|---|---|
| 35 | 북감리회 미션계 |
| 23 | 남감리회 미션계 |
| 3 | 남장로회 미션계 |
| 13 | 북장로회 미션계 |

* 보고 일자는 맨 뒷장 하단에 적혀 있고, 문서 제목 왼편에 'Annual'이란 단어가, 오른편에 '5/22/22'이란 숫자가 수기로 쓰여 있다.

| 5 | 캐나다장로회 미션계 |
|---|---|
| 2 | 호주장로회 미션계 |
| 12 | 일반 사립학교 |
| 4 | YMCA |
| 5 | "천국교회"(본토인 종교학교) |
| 12 | 공립학교 |
| 122 | 계 |
| 비율(%) | 출신학교의 종교적 배경 종합 |
| 76 | 미션계 |
| 14 | 다른 사립학교 |
| 10 | 공립학교 |

문과는 봄학기에 52명으로 시작하여 마지막 학기에 40명으로 끝났고, 상과는 그다음으로, 약간 차이 나게 각각 48명과 34명을 기록하였습니다. 수물과는 17명으로 시작하여 5명으로 끝났습니다. 10명이 병으로 그만두었고, 한 명이 죽었으며, 13명이 학업을 감당하지 못하였고, 19명이 이유 없이 떠났습니다.

3월에 10명이 졸업하였는데, 상과생이 7명, 문과생이 3명이었습니다. 이들 가운데 5명은 미션계 중등학교에 채용되었고, 2명은 비미션계 학교의 교사로 채용되었으며, 나머지 3명은 다른 일에 종사하고 있습니다.

올해 신입생 입학은 총독부가 학생들의 등급을 재분류하는 일로 총독부 고시를 보류하여 지연되었습니다. 우리 학교의 입학시험은 118명이 응시하여 63명의 학생을 받아들였습니다. 과들의 등록상황은 다음과 같습니다.

| | 신입생(명) | 재학생(명) | 계(명) |
|---|---|---|---|
| 문과 | 29 | 39 | 68 |
| 상과 | 19 | 27 | 46 |
| 수물과 | 15 | 10 | 25 |

등록생의 총수는 우리 학교 역사상 가장 많게 139명이 되었습니다. 그밖에 세브란스연합의학전문학교와 합의하여 그들의 신입생을 일주일에 이틀씩 데리고 물리학, 화학, 생물학을 가르치기로 하였습니다. 이 일이 더 밀접한 협력의 시작이 될 것이라고 우리는 믿습니다.

교수회는 다카하시 씨를 더함으로써 한 해 동안 크게 보강되었습니다. 그는 일본어 과목을 맡고 교장의 자문에 응하는 역할도 합니다. 일본에서 공부한 후 미국 종합대학에서 공부했던 노정일 씨도 교수진에 합류하였습니다. 낮은 직위에서는 교원들의 변동이 더 많았습니다. 수물과를 졸업하고 졸업 후에 본교에서 교원으로 일했으며 서울에 있는 미션계 학교들에서 시간제 교사로 때때로 일했던 3명이 미국으로 대학원 공부를 하러 갔습니다. 한 명은 로렌스대(Lawrence College)로, 다른 한 명은 미시건대(University of Michigan)로, 세 번째 학생은 드포대(Depauw Univsersity)로 갔습니다. 외국인 교수인력도 앤드류(Thurman Andrew) 씨가 와서 더해졌는데, 그는 수물과에서 일할 것입니다. 미시간대에서 2년간 대학원 공부를 한 후 지난 10월 물리학 전공으로 훌륭하게 Ph.D. 학위를 취득하고 복귀한 베커 씨를 기쁘게 환영하였습니다. 그는 학감 자리를 다시 맡아서 그가 없는 동안 그 사역을 신실하게 수행한 로즈 씨의 짐을 덜어주었습니다.

재정적으로 본교는 역사상 최고의 해를 보냈습니다. 학생들에게서 온 수입은 3,802.50원이었고, 선교부들로부터 온 것은 21,740.04원이었으며, 다른 재원에서는 3,180원이 왔습니다. 선교사의 수고비는 총수입 62,055.86원 가운데 33,333.32원으로 계산되었습니다. 지출은 29,066.56원과 선교사 수고비를 포함해 총 62,399.88원이었고, 344.02원을 적자로 남겼습니다. 이 적자가 이전 해들보다 더 적었던 것은 캐나다장로회 선교회가 교수 대신 4천원을 보낸 덕분이었습니다. 그러나 여전히 여러 해 동안 쌓인 14,558.60원의 적자가 남아 있으므로 청산해야 합니다. 새 학년에 학비 인상이 실행되어 학생들에게서 온 수입이 지금 꾸준히 상승하기 시작하였습니다.

시설 개발도 진척되었습니다. 교장이 1921년 3월 미국에서 돌아온 지 얼마 안 되어 언더우드관, 이학관, 첫 번째 기숙사, 빌링스 씨와 피셔 씨의 사택들을 위한 계약이 체결되었습니다. 후자의 두 건물은 올해 초에 입주되었습니다. 지난 10월 5일 언더우드관과 이학관의 정초식을 공동으로 거행하여 본교를 크게 알리는 기회를 얻었습니다. 특별열차들을 계약하여 각계를 대표하는 인사들을 참석시켰습니다. 웰치 감독(Bishop Welch)이 이학관의 초석을 놓았고, 원한경(H. H. Underwood) 씨가 언더우드관의 정초식을 집전하였습니다. 편지를 쓰고 있는 오늘, 이학관의 2층이 놓였는데, 언더우드관은 이보다 약간 늦게 진행되고 있습니다. 두 건물은 겨울이 올 때까지 지붕을 덮어야 하고, 잘 진행해서 완공을 준비해야 합니다. 기숙사는 지금 마지막 손질을 하고 있고, 6월 1일까지는 학생들이 입사할 수 있게 해야 합니다. 루카스 씨가 8월에 다시 현지에 도착하여, 그때부터 건축 업무의 감독에 전념하고 있습니다.

올봄에 베커 씨와 다카하시 씨의 사택들을 짓기 위한 계약들이 낙찰되었습니다. 모범촌*을 짓는 일이 본격적으로 시작되었고, 한국인 교수들이 살 한옥 6채를 위한 계약이 체결되었으며, 이 가운데 지금 2채가 지붕을 덮을 준비를 끝냈습니다.

한 해 동안 남감리회 선교회로부터 4만 불의 약정금에서 2만 3천 불을 받았고, 캐나다 장로회 선교회로부터 1만 5천 불을 받았습니다. 남감리회 선교회가 낼 나머지 1만 7천 불은 올해에 받기로 약속되었습니다. 한 해 동안 받기로 한 자본금은 총 87,657.66원입니다. 자본계정의 지출비는 총 130,958.01원입니다. 그러나 눈앞에 보이는 기금이 본교의 초기 개발을 위해 충분하지 않으므로 완공을 앞둔 건물을 사용할 수 있으려면 더 많은 돈이 빨리 지급될 필요가 있을 것입니다. 여전히 시급히 필요한 건물들은 중앙 조명과 전력시설, 더 많은 기숙사와 학생 식당, 강당, 더 많은 외국인과 본토인 사택들 등이고, 운동장을 지금 곧 정비해야 합니다.

조선 기독교 교육을 위한 협력이사회의 요청에 따라, 협력하는 교단의 [조선] 선교회들을 향해 한국에 연합여자대학을 세우는 것이 바람직한지에 대해 의견을 표명해주도록 요청하였습니다. 선교회들은 그 원칙을 지지하였는데, 여자대학을 본 대학과 연계하여 조직해야 할 것이라면 그 학교를 반드시 완전한 자치로 해야 한다는 조건으로 지지하였습니다.

대학을 개교한 지 7년이 지났고, 졸업생 명단에는 37명의 이름이 있습니다. 졸업생들의 활동 현황을 돌아보면 이들 가운데 24명이 한국에서 기독교 전파를 위해 종사해왔거나 종사하고 있습니다.

| 졸업생 수 | 졸업 후 활동 상황 |
|---|---|
| 3 | 사망 |
| 3 | 미국 유학 |
| 3 | 대학에서 근무 |
| 3 | 신문사 근무 (한 명은 기독신보에서 근무) |

* 모범촌은 기혼학생들을 위한 기숙사로 학생 부인과 자녀에게도 학업의 기회를 주어 그들의 가정이 부부 간 교육격차와 장기 별거로 깨어지는 것을 막고 학생들이 스스로 지역공동체를 경영하는 경험을 쌓게 하게 위한 것이었다. 그곳에 한국인 교원들의 집도 지어서 그곳의 학생들을 감독하게 하려 하였는데, 교원들을 위한 집 6채를 먼저 지었던 것으로 보인다.

| 3 | 서울 또는 송도에서 사업 |
|---|---|
| 7 | 서울 소재 기독교 학교 교사 |
| 9 | 공주, 송도, 마산, 원산, 영변, 평양, 양주의 기독교 학교 교사 |
| 1 | 상해 [임시정부] 체류 |
| 1 | 주일학교 사역 |
| 2 | 비미션계 학교 교사 |
| 2 | 현재 직업 미상 |
| 37 | 계 |

본 대학의 종교 상황에 관해 많은 오해가 있기 때문에 학감이 대학이사회에 제출한 본교의 종교활동에 관한 보고서를 인용하면서 이 보고서를 마치겠습니다. 그는 다음과 같이 진술하였습니다.

종교활동. 우리는 토요일만 빼고 오전 10시 40분에 주 3일 채플예배를 드리고, 주 2일 성경공부 수업을 하는 계획을 계속 이행해왔습니다. 비록 참석은 자발적으로 하지만, 참석률은 86% 이상으로 매우 좋습니다. 성경공부는 학교 교실에서 합니다.

1학년생은 "예수님의 가르침"을, 2학년생은 "구약성경의 인물들"을, 3학년과 4학년생은 "시가서"를 배웁니다. 가르치는 일은 대부분 외국인 교수들이 합니다. 교수회의 11명이 돌아가며 한 달에 한 번씩 채플예배를 인도합니다. YMCA 학생들은 한 달에 두 번 채플 예배를 맡고 보통 외부 강사를 구해서 설교하게 합니다.

학생들의 최소 삼분의 일은 주일에 시내나 대학 인근에 있는 교회들에서 규칙적으로 봉사하고 있습니다. 어떤 학생들은 어린이 주일학교 부장을 맡고, 다른 학생들은 교사로 활동하며, 어떤 학생들은 정규 대예배와 수요 저녁예배 때 설교를 합니다. 본 대학 YMCA를 대표하여 2명씩 조를 이룬 학생들은 여름방학 동안 한국의 동부 지방이나 남부 지방으로 나가 전도여행을 하고 있습니다. 몇몇은 겨울방학 동안 전도운동에 종사하였습니다. 10명이나 12명의 학생이 일요일이면 한 번에 두 명씩 인근의 어떤 교회들로 파송되어 활동해왔습니다.

[일요일에는] 교수들과 학생들이 흩어지고 그중 많은 사람이 교회에서 일하기 때문에 우리는 대학 채플에서 정규 일요일 예배를 드릴 여지를 찾지 못하였습니다. 또한, 아직까지 조명시설이 없어서 스팀슨관에서 야간집회도 수업도 할 수 없었습니다. 기숙사 학생들은 그들끼리 주간 기도회를 열고, 일요일이면 모두 시내나 대학 인근의 교회들에서 예배를 드립니다. 학생들은 한 명만 빼고 모두 신앙을 공개적으로 고백하는 기독교인입니다.

기숙사. 임시 기숙사에 평균적으로 40명이 있습니다. 교수 2명도 그곳에서 살고 있습니다. 이 40명의 학생들은 인근의 개인집에서 시내는 학생들과 함께 운동장에서 가까운 농가에서 식사를 하고 있습니다. 숙박비는 한 달에 평균 9원에서 11원입니다. 조수들 가운데 한 명인 최(S. H. Choi)[최상현] 씨가 11월 1일까지 기숙사 사감으로 활동하였는데, 『기독신보』의 편집을 맡기 위해 그만두었습니다. 그 후에는 상과의 조교수들 가운데 한 명이고 기숙사에서 지내고 있는 송[치명] 씨가 사감을 맡고 있습니다. 그는 최근에 원달호(T. H. Won) 씨가 기숙사 사감과 체육 주임의 이중 업무를 맡을 역량이 있는 것으로 생각되어 그의 도움을 받고 있습니다.

새 기숙사가 완공되더라도 우리는 우리 학생의 2/3 이상을 수용할 수 없습니다. 시내와 거리가 멀고 대학 근처의 방을 얻어 하숙하기도 어려워서, 기혼학생들을 위한 모범촌 가구 몇 채와 함께 기숙사를 더 짓는 것이 시급히 필요합니다.

본 대학과 연계된 우리 선교지회의 선교사들 가운데 밀러 씨가 응용화학과를 맡았고 그 외에 건축 업무에 많은 시간을 쏟고 있습니다. 원한경 씨는 심리학과 윤리학을 가르치면서 상과에서 영어도 가르쳤습니다. 로즈 씨는 문과에서 영어와 영문학을 가르쳤습니다.

여기에 첨부한 것은 이번 회계년도 재정보고서의 사본입니다.

삼가 제출합니다.

교장

1922년 5월 22일

출처: PHS

CHOSEN CHRISTIAN COLLEGE

Annual Report for the Year 1921-22 5/22/22

FILING DEPT. 1426-2 JUN SECRETARIES

The year just closed has been an eventful one for this College. The changes in the educational law have removed many of the handicaps under which the College has been working. The aim of the government has been to place educational matters in Chosen on the same level as those in Japan. This has resulted in giving us religious liberty as is the case with private Semmon Gakko in Japan. The raising of the educational standards through the whole government system of schools enables us to advance our own curriculum which we have long desired to do.

While the new law gave us the option of reverting to the status of a private institution, the Field Board of Managers after carefully considering the matter from all angles unanimously decided to apply for registration as a new Semmon Gakko, and our application was accordingly sent in but at date of writing the new permit has not been issued.

It was decided over a year ago that hereafter only such departments would be opened for which a minimum of ten students succeeded in passing the entrance examinations. In accordance with this policy only three departments -- Literary, Commercial and Mathematics and Physics -- were carried through the year. A total of 122 students registered for the courses. Of these, 117 were in the spring term, 90 in the fall term, and 79 in the winter term. They came from eleven out of the thirteen provinces of Korea. The following table shows that the large majority came from Mission Academies:

35 came from Northern Methodist Mission Schools
23 came from Southern Methodist Mission Schools
3 came from Southern Presbyterian Mission Schools
13 came from Northern Presbyterian Mission Schools
5 came from Canadian Presbyterian Mission Schools
2 came from Australian Presbyterian Mission Schools
12 came from Private Schools
4 came from Y.M.C.A. School
5 came from "Heavenly Church" School (Native Religion School)
12 came from Public Schools.

Total 122

76% came from Mission Schools
14% came from Other Private Schools
10% came from Government Public Schools.

The Literary Department entered 52 for the spring term and 40 for the final term, while the Commercial Department was a close second with 48 and 34 respectively. The Mathematics and Physics course opened with 17 and closed with 5. Ten were dropped on account of illness, one died, 13 failed in their studies, and 19 left without any reason.

In March, ten men were graduated, seven from the Commercial Department and three from the Literary. Five of these men were snapped up as teachers by Mission Academies, two went into nonmission schools as teachers, and the remaining three went into other pursuits.

The taking in of an entrance class for the present year was delayed owing to the holding of a government examination for the reclassification of students. At our entrance examination, 118 men competed, and 63 were accepted as students. The registration by departments is as follows:

| | New students | Old | Total |
|---|---|---|---|
| Literary | 29 | 39 | 68 |
| Commercial | 19 | 27 | 46 |
| Mathematics & Physics | 15 | 10 | 25 |

making the total registration the largest in our history, or 139. In addition, it has been arranged with the Severance Union Medical College to take their first year students two days a week for instruction in Physics, Chemistry and Biology, which we trust will be but the beginning of a closer cooperation.

The Faculty has been much strengthened during the year by the addition of Mr. K. Takahashi, who takes the Department of Japanese and acts also as adviser, to the President. Mr. C. Y. Roe, who has been trained in Japanese and American universities, joined the staff also. A number of changes were made in the teachers of lower rank. Three of the graduates of the Mathematics and Physics Department who have served the institution as teachers since their graduation, and have incidentally worked as time teachers in Mission Schools in Seoul, went to the United States for postgraduate study. One entered Lawrence College, another the University of Michigan, and the third Depauw University. The foreign personnel was also added to by the coming of Mr. Thurman Andrew, who will be connected with the Department of Mathematics and Physics. After two years of postgraduate work in the University of Michigan we were pleased to welcome back last October Mr. A. L. Becker with his well-earned degree of Ph.D. in Physics who resumed his position as Dean, relieving Mr. Rhodes who had carried the work faithfully during his absence.

Financially, the institution had the best year in its history. Receipts from students were ¥3802.50; from Boards ¥21,740.04, and from other sources ¥3180. Missionary service accounted for ¥33,333.32 in the total income of ¥62,055.86. The expenditures were ¥29,066.56, or a total of ¥62,399.88 including missionary service, leaving a deficit of ¥344.02. The smallness of this deficit compared with former years was due to the fact that the Canadian Mission contributed ¥4,000 in lieu of a teacher. There still remain, however, the accumulated deficits of other years totalling ¥14,558.60 to be cleared away. A higher scale of fees has gone into effect for the new year, so that the income from students from now on should steadily mount.

Progress has also been made in the development of the plant. Shortly after the President's return from America in March, 1921, contracts were let for Underwood Hall, Science Hall, the first Dormitory and residences for Mr. Billings and Mr. Fisher. The two latter were occupied about the beginning of this year. The double ceremony of the laying of the cornerstones of Underwood Hall and Science Hall on October 5th last was made the occasion of much publicity for the institution. Special railroad cars were engaged and a representative company of people of all classes attended. Bishop Welch laid the cornerstone of Science Hall and Mr. H. H. Underwood officiated at Underwood Hall. At date of writing, the second floor of Science Hall is being laid, while Underwood Hall is just slightly behind that stage. Both buildings should be roofed in and well advanced towards completion by the winter. The dormitory is now having the finishing touches put to it, and should be ready for the students by June 1st. Mr. Lucas arrived on the field again in August since which time he has devoted himself to the supervision of the building program.

This spring contracts were let for residences for Dr. Becker and Mr. Takahashi. A start was made in earnest on the Model Village, contracts for six Korean houses for teachers having been let and two of these are now ready for the roof.

During the year $23,000 was received from the Southern Methodist Mission on its $40,000 pledge, and $15,000 from the Canadian Mission. The remaining $17,000 from the Southern Methodist Mission has been promised for this year. The total funds received for capital purposes during the year were Y87,657.66. Expenditures on capital account totalled Y130,958.01. The funds in sight, however, are not sufficient for the initial development of the institution, and further grants will soon be required in order that we may utilize the plant that will soon be ready. The buildings still immediately required are a central lighting and power plant, more dormitories and a students' dining hall, a gymnasium, more residences for foreign and native teachers, etc., and the Athletic field should be at once put into good shape.

At the request of the Cooperating Board for Christian Education in Chosen the cooperating Missions were asked for an expression of opinion as to the desirability of having a union Woman's College for Korea. The Missions have endorsed the principle, with a proviso that if it should be organized in connection with this College the Woman's Department should have complete autonomy.

Seven years have passed since the opening of the College, and the graduating roll contains 37 names. A summary of the graduates present activities is presented which shows that 24 of these men have served or are serving the Christian propaganda in Korea:

3 have died
3 have gone to the United States for postgraduate study
3 are employed in the College
3 are in newspaper work (one with the Christian Messenger)
3 are in business in Seoul or Songdo
7 are teaching in Christian Schools in Seoul
9 are teaching in Christian Schools in Kongju, Songdo, Masan, Wonsan, Yengbyen, Pyengyang and Yangchoo.
1 is in Shanghai
1 is in Sunday School work.
2 are teachers in non-mission schools
2 present occupation not reported
Total 37

As there has been much misunderstanding in regard to the religious status of the College, I shall close this report with a quotation from the Dean's report to the Field Board of Managers on the religious activities of the institution. He says:

> "Religious Activities. We have continued the plan of having Chapel three days a week and Bible study classes two days a week at 10:40 a.m. each day except Saturday. The attendance although voluntary has been very good - 86 percent and above. The Bible classes are held in the class rooms of the school building. The first year students are studying '"The Teachings of Jesus"', the second year students, '"Old Testament Characters'", the third and fourth year students, '"The Poetical Books"'. The teaching has been done mostly by the foreign members of the faculty. Eleven members of the faculty have taken their turn once a month in leading the Chapel services. The Student's Y.M.C.A. have charge of the Chapel service twice a month and usually secure a visiting speaker.

"At least one third of the students have regular Sunday engagements in some of the churches of the city or in the churches in the vicinity of the College. Some are superintendents of children's Sunday Schools, others are teachers, and some preach at the regular Sunday and Wednesday evening services. Two sets of two students each represented the College Y.M.C.A. in making extensive preaching tours in the East and South of Korea during the summer vacation. Several engaged in evangelistic campaigns during the Winter vacation. Ten or a dozen of the students have been sent two at a time to some of the near country churches for Sundays.

"Because the teachers and students are scattered and because so many of them have work in the churches, we have not found it possible to hold a regular Sunday service in the College Chapel. Also since there are no lighting facilities as yet, it has not been possible to have night meetings or classes in the Stimson building. The students in the dormitory hold their weekly prayer meeting and on Sunday they all attend the services of the city churches or those in the vicinity of the College. All but one of the students are professing Christians."

Dormitory On an average there have been forty students in the temporary dormitory. Two of the teachers also live there. These forty students together with a number who room in private houses in the vicinity run an eating club in the farm house near the athletic field. The price of board has averaged from nine to eleven yen a month. Mr. S. H. Choi, one of the assistant teachers, acted as dormitory supervisor until November 1st, when he was released to take up editorial work on the Christian Messenger. Since then Mr. Song, one of the Associate Professors in the Commercial Department, who lives in the dormitory, has been supervisor. Recently he has had the help of Mr. T. H. Won with the thought that possibly Mr. Won may be capable of acting in the double capacity of dormitory supervisor and atheletic director.

Even with the new dormitory finished we will not be able to accommodate more than two thirds of our students. Because of the distance from the city and because of the difficulty of getting room and board in the villages near the college, an additional dormitory together with several model village, houses for married students are urgently needed.

Of the members of our Station connected with the College, Mr. Miller had charge of the Chemistry Department besides devoting considerable time to the work of building; Mr. Underwood taught Psychology and Ethics, as well as English in the Commercial Department; and Mr. Rhodes taught English Language and Literature in the Literary Department.

Appended hereto is a copy of the financial statement for the fiscal year.

Respectfully submitted,

President.

May 22nd, 1922.

See Avisons 1197 - 9/13/22

## 22. 에비슨이 맥케이에게

1922년 5월 30일

R. P. 맥케이 목사, 명예신학박사,

선교부 총무,

캐나다장로회

토론토, 캐나다.

나의 친애하는 맥케이 씨:

당신의 4월 17일자 및 5월 4일자 편지가 늦지 않게 도착하였고, 의료협회의 공고문과 내 · 외과 의사에 관한 대학규정도 내게 왔습니다.

우리는 당신들이 그처럼 많은 적자를 안고 한 해를 마감하게 되었다는 말을 듣게 되어 유감스럽게 생각합니다. 방금 받은 캐나다 신문들에서 대략 27만 8천 불짜리 계획이 총회에 보고되었다는 기사를 주목하고 있습니다. 우리는 경제 불황이 곧 끝날 것이라고 진지하게 믿습니다. 그러나 신문 기사에서 사람들의 기부금은 줄지 않았다는 소식을 본 것은 흥미로운 일입니다. 그것은 전년보다 1만 2천 불이 더 많은데, 매우 고무적이며 상황이 다시 정상으로 회복되면 어떻게 될지를 보여주고 있습니다. 정부의 융자가 뉴욕에서 시작된 방식은 캐나다가 세계 재정의 판도 속에서 매우 잘 버티고 있는 것을 보여주고 있습니다.

우리는 스코필드 의사가 당분간 북음전도 선교사로 일하도록 임명받은 것에 주목하고, 한국에 오고 싶어 했던 자신의 요망을 실현할 수 있을 것이므로, 그와 함께 기뻐합니다. 암스트롱 씨가 한국에 도착하면 그와 함께 그 문제를 더 충분히 다룰 것입니다.

연희전문학교에 대한 연례 기부금에 관해 [대학이사회의] 정관은 다음의 등급들로 협력해줄 것을 요청하고 있습니다.

최소협찬(最少協贊): 선교사 교수 1명, 연례 기부금 1천 원.

일부협찬(一部協贊): 2만 불의 자본금, 선교사 교수 1명, 연례 기부금 2천 원.

전부협찬(全部協贊): 4만 불의 자본금, 선교사 교수 최소 2명, 연례 기부금 4천 원.

당신들은 1만 5천 불을 지급해줌으로써 최소협찬의 등급은 넘어섰으나, 일부협찬의 모든 요구조건을 다 충족하지는 않았고, 4만 불의 자본금을 내는 책임을 진다고 해도 전부협찬으로 가는 도중에 있을 것입니다. 물론 우리는 [본교와] 협력하는 어느 선교부도 그들의 사정이 허용하는 것보다 더 빨리 인상하기를 바라지 않습니다. 그들의 기부금 인상은 적합한 때가 되면 당연히 선교회와 선교부에 의해 결정되어야 할 것입니다. 북장로회 선교부가 이번 회계년도에 8천 불로 늘려서 그에 따라 다른 몇몇 선교부들도 얼마쯤 기부금을 올려주기를 우리는 희망하고 있습니다. 올해는 학비가 지난해보다 크게 오른 것을 볼 것이고, 학생들이 늘었고 지금부터 꾸준히 그렇게 될 것이므로, 우리는 현지 재원에서 이전 해들보다 더 많은 수입을 얻을 것입니다.

모건(Campbell Morgan)이 캐나다에 머무는 동안 벌이는 사역과 캐나다장로회가 계획 중인 모금운동이 교회 전체의 사역에 재정적인 도움을 줄 것이라고 당신과 함께 믿습니다.

안녕히 계십시오.

O. R. 에비슨

출처: PCC & UCC

OFFICE OF PRESIDENT
O. R. AVISON, M. D.

SEVERANCE UNION MEDICAL COLLEGE
NURSES' TRAINING SCHOOL
SEVERANCE HOSPITAL
SEOUL, KOREA

CO-OPERATING MISSIONS
PRESBYTERIAN CHURCH IN THE U. S. A.
METHODIST EPISCOPAL CHURCH
PRESBYTERIAN CHURCH IN THE U. S.
METHODIST EPISCOPAL CHURCH, SOUTH
PRESBYTERIAN CHURCH IN CANADA
PRESBYTERIAN CHURCH OF AUSTRALIA

RECEIVED
JUN 28 1922

May 30, 1922.

Rev. R. P. Mackay, D. D.,
Secretary, Board of Foreign Missions,
Presbyterian Church in Canada,
Toronto, Canada.

My dear Mr. Mackay:

Your letters of April 17 and May 4 came duly to hand, and I also received the announcement of the Medical Council and the Regulations of the College of Physicians and Surgeons.

We regret to hear that you have closed the year with such a large deficit. In Canadian newspapers just to hand, I note that about $278,000 on [illegible] Schemes has been reported to the General Assembly. We sincerely trust that the financial depression will soon pass. It is interesting to note, however, from newspaper reports that there was no falling off in the contributions of the people, which were $12,000 more than the previous year, which is very encouraging and shows what will be done when conditions become normal again. The way in which the Government Loan was taken up in New York shows that Canada stands pretty well with the world's financial interests.

We note that Dr. Schofield has been appointed as an evangelistic missionary for the present, and we rejoice with him that he will be able to realize his desire of returning to Korea. When Mr. Armstrong reaches Korea we will deal more fully with him on the matter.

Regarding the Annual Contribution to the Chosen Christian College, the Charter calls for the following classes of Cooperation:-

Minimum Cooperation:
One missionary teacher and ¥1,000 per annum.

Partial Cooperation:
$20,000 in money, one missionary teacher, ¥2,000 per annum.

Full Cooperation:
$40,000 to Capital Fund, a minimum of two missionary teachers, and annual contribution of ¥4,000.

By the payment of the $15,000 you have passed beyond the stage of minimum cooperation, but not met all the requirements of partial cooperation, although in assuming responsibility of giving $40,000 to capital funds, you are on the way to full cooperation. We do not, of course, wish any cooperating Board to advance faster than its means allow, and it will, of course, have to be decided by the Mission and Board

- 2 -

Rev. R. P. Mackay.

when the time is opportune to increase its contribution. The Northern Presbyterian Board has advanced to ¥8,000 this present year, and we are hoping that some of the other Boards will come up somewhat in their contributions accordingly. This year will see a large increase in fees over the past year, and as the student body increases, as it will steadily do from now, we will receive more revenue from local sources than has been the case in the years gone by.

With you I trust that the work of Campbell Morgan during his sojourn in Canada and the contemplated campaign will be a financial help to the work of the whole of the Canadian Church.

With kind regards, believe me,

Very sincerely,

O.R. Avison

## 23. 에비슨이 서덜랜드에게

1922년 6월 10일

Geo. F. 서덜랜드,

회계,

조선 기독교 교육을 위한 협력이사회,

뉴욕 시, 뉴욕 주.

친애하는 서덜랜드 씨:

지금 미국에 오하이오주립대학교를 졸업한 한국인이 있는데, 그는 우리 대학에서 교수 또는 교원으로 종사할 것을 제안받고 있는 사람입니다.* 그가 한국으로 돌아오도록 [그에게] 여행 경비를 제공할 필요가 있어서, 현지 이사회의 집행위원회가 나를 시켜 당신에게 [그에게] 필요한 그 돈을 보내라고 말하게 하였습니다. 그 돈의 출처는 나중에 정할 것입니다. 아마도 그 사람이 갚을 것이지만, 그렇지 않다면 우리가 특별히 그 비용을 마련할 수 있습니다.

그 사람의 이름은 이춘호 씨인데, 베커 씨가 그의 주소를 알려드릴 것이고, 알 필요가 있는 다른 구체적인 사항들도 전해드릴 것입니다.

안녕히 계십시오.

O. R. 에비슨

출처: UMAC

---

* 이춘호(1893~1950)는 오하이오주립대에서 한국 최초로 수학석사 학위를 받았다. 그는 여비만 아니라 여권을 얻는 일까지 도움을 받아 1922년 여름 귀국하여 9월부터 수물과에서 가르쳤다. 그는 미국 유학을 떠날 때 일본 경찰서에서 여권 발급을 거부당해 여권이 없는 채로 미국에 갔다. 『연희전문학교 운영보고서 (II)』(서울: 선인, 2021)의 사진 자료 부분 49쪽에 그가 여권 문제의 해결을 부탁하는 문서가 제시되어 있다.

OFFICE OF THE PRESIDENT

O. R. AVISON, M. D.

# Chosen Christian College

Seoul, Chosen

CO-OPERATING BOARDS
PRESBYTERIAN CHURCH IN THE U. S. A.
METHODIST EPISCOPAL CHURCH
METHODIST EPISCOPAL CHURCH, SOUTH
PRESBYTERIAN CHURCH IN CANADA

TRANSFERRED

8831

June 10, 1922.

Mr. Geo. F. Sutherland,
Treasurer,
Cooperating Board for Christian Education in Chosen,
New York, N.Y.

Dear Mr. Sutherland:

There is a Korean now in America a graduate of the Ohio State University whom it is proposed to engage as a professor or teacher in this College. It is necessary to advance his travel expenses to return to Korea, and the Executive Committee of the Field Board of Managers has authorized me to have you advance the necessary funds. The source of the payment will be decided later. Perhaps the man will pay it back himself or we can raise the expenses specially.

The man's name is Mr. Yi Choon Ho, and Mr. Becker will advise you of his address and give other necessary particulars.

Very sincerely,

O. R. Avison

RECEIVED BY ASS'T TREASURER (DATE) 7-5-22
REFERRED — DATE
ANSWERED — DATE: Re letter to C.H. Lee 7-6-22
PASSED — DATE 8 21 '22
FILED — DATE JUL 1 ...

OK
Avison

## 24. 에비슨이 스코트에게

1922년 7월 3일

G. T. 스코트 씨,

조선 기독교 교육을 위한 협력이사회 총무,

156번지 5번가, 뉴욕 시, 뉴욕 주.

친애하는 스코트 씨:

협력이사회 회의록을 동봉한 당신의 5월 16일자 편지가 늦지 않게 도착하였습니다. 그러나 이것들을 받기 전에 당신의 5월 19일자 편지가 도착하여 협력이사회 회계를 통해 봉급을 받는 선교사들에 대한 후원 기준을 알려주었습니다. 우리는 또한 테일러 씨와 그의 약혼녀와 나눈 서한도 받았고, 그가 우리에게 곧 오게 될 것이란 소식을 듣게 되어 기뻐하고 있습니다.

1. 당신이 5월 19일자 편지에서 알려준 후원 기준 등에 관한 결정은 매우 만족스러워 보입니다. 당신도 알다시피 여러 선교부의 후원 규모에 편차가 있지만, 봉급을 더 적게 지급하는 선교부들의 선교사들이 봉급 수준을 높이기 위해 열심히 노력하고 있습니다. 그들의 목표를 채우기가 극히 어렵기 때문입니다.

2. [협력이사회의] 풀타임 총무직에 관해 말하자면, 그 직책을 맡도록 추천할만한 사람이 우리에게는 없습니다. 현재의 건축 프로그램을 내년이나 내후년에 끝낼 때, 협력 선교부들이 이 계획을 완료하도록 새로운 약속들을 해주면, 그런 사람이 필요하지 않을 수도 있을 것인데, 특별히 우리가 경상예산을 위해 조금만 더 많은 돈을 얻을 수 있다면 그렇게 될 것입니다. 그런 총무를 둔다면 그가 세브란스의 건축 프로그램에 필요한 것들을 자체 예산에 반영하지 않는 선교부들을 설득하여 반영하게 할 수 있을까요?

3. 두 대학의 보다 더 밀접한 협력에 관해 말하자면, 가능하다면 통합에 대한 어떤 반대 의견들을 우리가 더 자세히 알기 원합니다. 현재는 물론 두 대학의 통합을 위해 아무 계획도 추진하고 있지 않습니다. 올해 시작한 협력 사역은 확실히 두 학교에 이익을 주는 것처럼 보입니다. 지금까지 우리는 세브란스 의학교의 여러 과목을 위해 시간강사들을 써왔지만, 이제는 우리 신입생들을 일주일에 이틀씩 연희전문으로 보내 이 과목들을 맡기고

있습니다. 그리고 연희전문의 일어 교수가 의학생들에게 그 과목을 가르치게 하고 있습니다. 이렇게 하여 가르치는 일의 만족도가 훨씬 높아지고 있고, 연희전문학교의 수입이 크게 늘고 있습니다. 연희전문에 기금이 극히 절실히 필요한 때에 이렇게 조정한 것은 상식적이었다고 생각됩니다. 몇몇 사람이 연희전문에서 의학 예비교육을 해야 하고 그렇게 하는 것이 그곳의 1학년생과 2학년생의 교육을 위해서도 유익할 것이라는 생각을 해왔습니다. 우리 의학교 사역을 위해 추가로 건물들이 필요하므로 연희전문에서 의학 과목의 학점을 따게 하여 지금 그곳에서 사용 중인 실험실들을 의학생들이 사용하게 하는 것은 많은 점에서 유익합니다. 만일 이 계획이 채택된다면 그 학생들은 3학년과 4학년을 병원에서 보낼 것이고, 병원에서 필수적인 실습을 할 것입니다. 그러나 이 생각은 구체화 된 계획안이 아니므로 현재는 실행에 옮기라고 제안된 것이 없습니다. 그래도 대학이사회가 1, 2학년의 수업을 연희전문에 위탁하는 일을 진지하게 권고해야만 할 때가 올 수 있으므로 협력이사회의 지난 회의에서 제기된 긴밀한 통합에 대한 반대론을 더 자세히 알 필요가 있을 것입니다.

4. 여자대학 설립계획을 책임지라는 어떤 공식적인 제안도 협력이사회에 제기된 적은 없었다고 생각합니다. 여러 여자 선교부가 여러 선교지에 여자대학을 설립하는 일에 나서고 있지만, 현재는 그들의 계획 속에 한국이 없습니다. 그래도 늘 그렇지는 않을 것이므로, 대학이사회가 단순히 이런 생각을 하였을 따름인데, 곧 그런 대학의 설립이 한국에서 추진될 것 같고 그런 합의가 이루어질 수도 있을 것 같습니다. 그러면 여자대학 설립계획에 따라 연희전문학교의 실험실들을 사용할 수 있고, 두 대학에서 어떤 전공 분야들에서 교수를 활용하는 이점을 얻을 수도 있으며, 이렇게 하면 모든 관련 집단의 재정 부담이 더 가벼워질 것이라고 생각됩니다.

여자대학의 문제는 며칠 전, 아직 회기 중에 있는 [북장로회] 조선 선교회의 연례회의에서 다루어졌습니다. 그 회의에서 그들은 그런 대학을 세울 때가 되었다고 선언하고 그 대학을 연합대학으로 할지 장로교 대학으로 할지에 관해 토론하였습니다. 늘 그렇듯이 서울지회의 회원들은 감리회 대학과 연합할 것을 주장하였습니다. (감리교인들은 그들의 대학을 설립했던 19__년에[판독 곤란] 그 시기가 왔다고 생각하였습니다.) 그러나 순전히 장로교인만의 여자대학을 세우자는 의견이 많은 지지를 받는 쪽으로 진행되었습니다. 선교회는 그 문제를 표결에 부치지 않고, 9월에 소집되는 장로교 공의회에 그 안을 회부하였습니다. 회기 중에 남장로회 선교회로부터 전보가 와서 그 선교회는 장로교 대학을 세우는 것에 찬성한다고 진술하였습니다. 많은 사람이 캐나다장로회 측은 장로교인들의 대열에 계속 있을 것으로 간주해도 되리라고 추정하고 있지만, 지금 캐나다에서 진행 중인 연합[장·감 교파연합]의 완성은, 아직 체감되지는 않지만, 선교지에 있는 캐나다장로회 선교회의 반발을 살 것입니다. 우리 가운데 어떤 이들은 그 문제에 대한 최선의 해결책은 평양 측이 그곳 대학과 연계하여, 필요한 기금을 현재 그 대학을 후원하고 있는 선교회들이 낸다는 조건 위에서 여자대학을 세우고, 그러면서 감리교인들이 자발적으로 조직하려 하는 여자연합대학과 서울 선교지회가 협력하는 것을 허용하는 일일 것이라고 생각하고 있습니다. [감리회] 여자선교부들이 한국에 그것을 세울 필요성을 검토하게 된다면 틀림없이 많은 재정을 후원해줄 것입니다.

5. 새 교육령에 관한 의문은 상황을 오해한 것에서 비롯되었습니다. 협력이사회가 그 문제를 이해할 수 있게 내가 설명서를 하나 작성하였습니다. 당신이 원한다면 협력이사회의 이사들에게 발송할 수 있도록 그 문서를 별도의 봉투에 담아 당신에게 보내겠습니다.

9. (B). 북장로회 선교부가 올해 경상예산을 위한 지급금을 전보로 알리는 과정에서 발생했던 오류는 얼마 전에 바로잡혔습니다. 남감리회 선교부는 현재 5천 원을 기준으로 하여 후원하고 있는데, 아주 확실하지는 않아도 내년에 6천 원으로 올릴 생각을 하고 있는 것 같습니다.

9. (C). 올 회계년도 경상예산의 예상 적자에 관해 말하자면, 우리는 협력이사회가 여러 선교부의 지급금을 넘어서는 금액에 대해서는 일체 책임질 수 없다고 한 것에 주목합니다. 이렇게 밝힌 것 때문에 대학의 임원들은 무엇을 절약할 수 있을지를 알아내기 위해 예산을 다시 살필 예정입니다. 그렇지만 우리는 누적 적자의 문제를 대하는 [협력이사회의] 태도가 과연 전적으로 정당한지에 대해 의문을 제기하고 싶습니다. 미션계 중등학교들 및 다른 기관들이 적자 때문에 빈번히 어려움을 겪는 것은 일반적으로 알려진 사실입니다. 그리고 당신은 북장로회 선교부가 얼마나 자주 그들의 중등학교들을 구해주고 적자상태를 도울 방도를 찾았는지를 알고 있습니다. 베커 씨는 북감리회 선교부가 바로 얼마 전에 그들의 어떤 선교회에 속한 학교들과 기관들의 적자를 없애기 위해 우리의 적자 금액인 1만 5천 원보다 많은 돈을 지급하였다고 진술하였습니다. 이런 것은 특별한 상황에서 하는 일이 아니라고 믿습니다. 그래서 선교부들은 그들의 중등학교들이 계속 운영되도록 늘

돕고 있습니다. 그러므로 협력이사회의 회계는 우리가 굳건한 신뢰 위에서 적자를 보고할 때 어느 미션계 중등학교가 똑같은 궁지에 몰렸을 때보다 더 크게 동요하며 괴로워하지 말아야 합니다. 그 입장은, 우리가 보고 있듯이, 어느 미션계 학교가 어려움을 겪을 때 그 교파 선교부가 그 학교를 반드시 구해야 한다고 여기는 것과 같은 듯합니다. 그러나 연합기관의 경우에는 그 책임 소재가 그리 쉽게 정해지지 않습니다. "조지가 그 일을 하게 하라"(Let George do it)*는 경우처럼 되어, 모두 조지의 역할을 하기를 망설입니다. 나는 대학이 지출을 매우 신중하게 조사하고 있고 불가피한 일이 아니면 적자를 보고하지 않을 것이란 점을 당신에게 확인시키고 싶습니다. 지금 드러난 것을 보면, 우리가 목전에 두고 있는 돈으로 올해를 지낼 수 있을 것 같지만, 경상예산에서 어떤 흑자를 얻더라도, 그러기를 몹시 원하기는 하지만, 지난 적자를 해소할 수는 없을 것 같습니다.

10. 우리는 또한 농업 교수를 구하는 일로 맥케이 박사와 몇 번 연락하였습니다. 그 교수의 부임은 농과의 신설을 뜻합니다. 그 일은 본토인 교직원을 필요로 하고, 초기 단계에는 학비 수입으로 그 과를 운영할 수 없을 것이므로 경상예산을 위한 기금을 추가하는 것을 뜻하게 됩니다. 그 위에 우리가 아주 좋은 과정을 개설하지 않는 한 관립대학과 경쟁하여 농과생을 끌어오기가 쉽지 않을 것입니다. 현재 캐나다장로회 선교부가 주는 4천 원은 우리에게 교수 한 명보다 더 많은 가치가 있습니다. 지난해에 우리가 175불의 적자로 끝날 수 있게 한 것이 그 돈이었습니다. 현재 상황이 그러하지만, 우리가 뜻을 접고 본 대학이 처음부터 만들려고 계획했던 과정들 가운데 하나인 농과를 설치할 계획을 세우지 않는다면, 이는 미래의 발전 전망에 대한 믿음이 없는 것을 보여줄 것입니다. 우리는 농과에서 이미 한 학년을 졸업시켰지만,** 지난 2년간 이 과의 입학시험을 통과하는 데에 성공한 학생이 10명이 못 되어, 이 과를 개강하지 못하고 있습니다. 지금 한국에 와있는 캐나다장로회 선교부의 [총무] 암스트롱 씨가 캐나다장로회 선교부는 당분간 교수 인력의 공백을 채울 사람 1명을 보내는 대신 4천 원을 기부하는 편을 좋게 여긴다는 견해를 밝혔습니다.

13. 우리는 땅을 저당 잡히거나 임대하기 위해 가게를 짓는 방안에 관한 협력이사회의 지시사항에 주목합니다. 부지 전면의 땅을 개발하는 문제에 대해 우리는 아직 분명한 견

---

* 1920년에 제작된 코미디 영화의 제목이다. 이 작품은 이후 거듭 제작되어 방영되었다.

** 1921년 농과생 김희완(金熙完), 서광진(徐洸璡), 송기주(宋基柱), 3명이 제3회로 졸업하였다. 이 해에는 농과생만 졸업하였다.

해를 갖고 있지 않습니다. 만일 우리가 가게들이나 사무실들을 짓는다면, 그 자산을 돌보기 위해 사실상으로 반드시 한 사람의 시간을 빼앗아야 할 것이지만, 그런 일을 선교사역으로 생각하지 않는 사람들이 있습니다. 우리가 별로 원치 않을 것 같은 일로서, 전면의 땅 일부를 언젠가 임대할 가능성을 논의하기는 하였지만, 아직은 당신께 확정된 내용을 전할 단계가 아닙니다. 어느 부분이든 사업용으로 사용된 땅에 세금이 부과되는 것은 확실한 사실입니다.

재미 한국인 학생과 관련된 협력이사회의 규칙에 관해 말하자면, 그 제안이 아주 적절하다고 생각됩니다.

연희전문학교와 관련된 잡다한 문제들에 관해 말하자면, 우리가 지금은 외국인 교직원의 수를 줄여서 본토인 교원들을 고용하는 일에 그 봉급을 활용할 수 있게 하는 일을 추천할 준비가 되어있지 않습니다. 우리의 본토인 교수진이 성장 일로에 있는데, 우리가 적합한 사람을 찾을 수 있게 되면 재빨리 교수진을 증강할 것입니다.

[미국 감리회] 100주년 캠페인에서 받을 기금에 관해 말하자며, 세브란스와 관련된 기금에 관한 한은 그 문제가 현재 어떤 상황에 있는지 잘 모르고 있습니다. 우리가 아는 것은 처음에 북감리회 선교부가 백주년 기념운동 주최 측에 요청했을 때는 10만 5천 원이 포함되었다는 것입니다. 2년 전 웰치 감독은 우리 이사회의 한 회의에서 이것이 3만 5천 원으로 삭감되었다고 말하였습니다. 그러나 우리는 백주년 기금에서 세브란스 의료기관을 위해 아무 돈도 받지 않았습니다. 반버스커크 의사가 얼마 전 편지에서 자기가 노력해서 혹시라도 올해 안에 1만 불이나 1만 5천 불을 받을 수 있는지를 알아보겠다고 말했지만, 방금 온 나중 편지에서는 올해는 힘들다고 말하였습니다. 그것이 지금 우리가 알고 있는 것의 전부입니다. 당신은 이곳에서 우리가 알 수 있는 것보다 협력이사회를 통해 더 확실한 정보를 얻을 수 있을 것입니다. 남감리회의 백주년 기념행사에 관해 말하자면, 처음 예산에 모두 합쳐 5만 불가량 되는 몇 가지 항목이 세브란스를 위해 책정되어 있었습니다. 나중에 우리는 예산이 다시 만들어지고 있다는 말을 들었고, 그 새 목록에 세브란스 항목은 없다는 소문을 들었지만, 우리는 이 사실을 확인할 수 없습니다. 당신이 [남감리회 선교본부가 있는] 네쉬빌에 문의하여 확실한 내용을 알아볼 수 있을 것입니다.

우리는 또한 협력이사회가 세브란스 부지의 사택용 필지들을 팔지 말아야 하고, 전체 고정 자산에 대한 소유권을 하나의 명의에 두면서 부지 전체를 하나의 온전한 단위로 보유해야 한다는 뜻을 피력한 것에 주목하고 있습니다. 그렇게 하려면 전에 알고 있던 것을 바꿔야 하기 때문에 이 문제를 겐소 씨와 함께 알아보겠습니다. 전에 알고 있던 것이란 외국인 간호사 숙소를 포함한 기관의 건물들은 기관의 설립인가 아래 등록해야 하지만, 주택 부분은 북장로회 선교회나 선교부의 이름 아래 두어야 한다는 것입니다. 만일 우리가 새 땅을 기관의 이름으로 등록하면 선교회의 이름으로 등록된 집들은* 그 기관의 자산 속에서 섬을 이루게 됩니다. 이 문제에 관해서는 우리가 나중에 더 길게 보고하겠습니다.

[북장로회 한국 선교회] 연례회의에서 많은 논쟁 후에 더글라스 에비슨(D. B. Avison)을 세브란스로 배정하였습니다. 이 일로 북장로회 측이 [세브란스에] 6명의 의사와 간호사를 대표로 두게 되었고, 간호사 자리는 하나가 비어있어 채워야 합니다. 그 선교회는 또한 연희전문학교와의 활발한 협력을 위해 다음의 결의안을 통과시켰습니다.

> [총독부의 새 전문학교] 설립인가 아래 완전한 종교 자유가 확보되었으므로 본 집행위원회는 [미국 북장로회] 총회의 지시와 권면을 좇아 연희전문학교와의 완전한 협력관계 진입을 제의하는 것이 의무라고 생각하여 본 선교회를 향해 연희전문학교 이사회와 협의할 위원회를 4명으로 구성하고 다음 연례회의 전에 협력이 실행되면 이 4명을 대학이사회에서 본 선교회를 대표할 이사로 지명하도록 권고한다.

결과적으로 다음의 인물들이 앞서 언급된 지명자가 되었습니다.

> 클라크(Clark) 박사, 어드만(Erdman) 씨, 솔타우(Soltau) 씨, 로즈(Rhodes) 씨

그들이 이사회에서 선교회를 대표할 것이고, 지금 이사로 활동하고 있는 게일(Gale) 박사, 피터스(Pieters) 씨, 쿤스(Koons) 씨, 겐소(Genso) 씨는 사임할 것입니다. 마지막 사람은 이미 사임계를 제출하였습니다.

안녕히 계십시오.

O. R. 에비슨

출처: PHS

---

* 원문은 본래 'the houses not registered'인데, 누군가 'not'을 괄호로 묶고 '?'를 붙여놓았다. 의미전달에 맞지 않아서 그렇게 한 것으로 생각된다. 따라서 여기에서는 'not'을 빼고 번역하였다.

J. R. Avison

OFFICE OF PRESIDENT
O. R. AVISON, M. D.

SCOTT REC'D
AUG 2 1922
Ans'd

SEVERANCE UNION MEDICAL COLLEGE
NURSES' TRAINING SCHOOL
SEVERANCE HOSPITAL
SEOUL, KOREA

238

FILING DEPT.
CO-OPERATING MISSIONS
PRESBYTERIAN CHURCH IN THE U. S. A.
METHODIST EPISCOPAL CHURCH
PRESBYTERIAN CHURCH IN THE U. S.
METHODIST EPISCOPAL CHURCH, SOUTH
PRESBYTERIAN CHURCH IN CANADA
PRESBYTERIAN CHURCH OF AUSTRALIA
AUG 14 1922
SECRETARIES
1926

July 3, 1922.

P. 3
P. 5

Mr. G. T. Scott,
Secretary, Cooperating Board for Christian Education in Chosen,
156 Fifth Avenue, New York, N. Y.

Dear Mr. Scott:

Your letter of May 16 with Minutes of the Annual Meeting of the Cooperating Board came duly to hand. Prior to receiving these, however, your letter of May 19th arrived, giving the basis of support etc. of missionaries whose salaries are paid through the Cooperating Board Treasurer. We also received the correspondence with Mr. Taylor and his fiancee and are glad to hear that they will soon be with us.

1. The decisions as to the basis of support etc. as reported in your letter of May 19th seem to be quite satisfactory. There is as you know a discrepancy between the scale of support of the various Boards, but strong efforts are being made by missionaries of those Boards which are paying lower salaries to increase the rate of remuneration, as it is extremely difficult for them to make ends meet.

2. Regarding the full-time Secretaryship, we have no one to propose for this office. When the present building program is completed, which will be within the next year or two, if the Cooperating Boards will undertake new commitments for the completion of the scheme, such a man may not be needed, especially if we can secure a little more money for current budget. Would such a Secretary be able to induce those Boards which have not put the Severance building program needs in their budgets to do so?

3. Regarding the policy of closer cooperation between the two Colleges, we would like to have in more detail, if possible, some of the objections raised against a merger. There is of course no scheme at present under way for merging the two colleges. The cooperation inaugurated this year seems to us to be certainly to the advantage of both institutions. Hitherto we have had time teachers for a number of subjects in Severance College, but now we send our first year students two days a week to the Chosen Christian College to take these subjects, and we have the Professor of Japanese in the Chosen Christian College teach that subject to the medical students. In this way we are getting much more satisfactory teaching work, and the revenues of the Chosen Christian College are materially increased. When the Chosen Christian College needs funds so badly this seems to us to be a common sense arrangement. There has been in the minds of some the idea that the pre-medical course should be given at the Chosen Christian College, and that it might also be of advantage for the first and second year work to be given there as well. We need extra buildings for our medical college work and it would be of advantage in many respects to put up a medical unit in the C. C. C. and give the medical students the use of the laboratories there as they now do.

Mr. G. T. Scott.

If this plan is adopted the men would spend their third and fourth years at the Hospital, where they would get the practical work required. This idea is, however, not a concrete proposal and there is no suggestion of bringing it into effect at the present time. If, however, the Field Board of Managers should seriously recommend the transfer of the first two year's work to the Chosen Christian College, it might be desirable to know at greater length the objections raised at the last meeting of the Cooperating Board to closer unity.

4. I do not think that any formal proposal was made to the Cooperating Board to undertake the responsibility for the proposed Woman's College. The various Woman's Boards are undertaking the establishment of woman's colleges in various mission lands, but their present program does not include Korea, which, however, will not always be the case and the feeling of the Field Board of Managers amounts to simply this, that if and when such a college is likely to be promoted in Korea it might be feasible to make such arrangements whereby the laboratories of the Chosen Christian College could be used by the proposed Woman's College, and that it might be advantageous also to utilize teachers of certain specialities in both colleges, and this would mean a lighter financial burden for all parties concerned.
The question of a Woman's College was taken up several days ago at the annual meeting of the Chosen Mission, which is still in session. The meeting declared that the time is ripe for such a college and debated whether it should be union or Presbyterian. As usual members of Seoul station argued for union with the Methodist College (the Methodists considered the time was ripe in 19 when they founded their college) but considerable support developed for a purely Presbyterian Woman's College. The Mission did not vote on the question but referred it to the Presbyterian Council which meets in September. During the sessions a telegram came from the Southern Presbyterian Mission stating that that Mission favoured a Presbyterian College. Many are assuming that the Canadian Presbyterian may be counted upon to continue in its Presbyterian column but the consummation of union now proceeding in Canada will have reactions upon the Canadian Mission on the field which are not yet realized. Some of us feel that the best solution of the problem would be for Pyengyang to develop a Woman's College in connection with the College there provided the necessary funds are forthcoming from the Missions now supporting that College, and to allow Seoul station to cooperate with the Union Woman's College which the Methodists are willing to organize and which no doubt will have considerable financial backing when the Woman's Boards come to consider the needs of Korea.

5. The question regarding the New Educational Ordinance has been based on a misapprehension of the situation. I have prepared a paper which aims at setting thematter comprehensively before the Board and under separate cover a supply will be sent you which might be mailed to the members of the Cooperating Board if you so desire.

9.(B)The error in the cable regarding this year's grant of the Northern Presbyterian Board to current budget has been corrected for some time. The Southern Methodist Board is now working on a basis of ¥5,000, and while I am not absolutely certain, I think it is their intention to make it ¥6,000 next year.

Mr. G. T. Scott.

9.(C) Regarding the estimated deficit on current budget for the present fiscal year we note that the Cooperating Board cannot assume responsibility for anything more than the amounts appropriated by the various Boards. On account of this presentment the officers of the college are going pver the budget to see what savings can be made. We would liketo raise the question, however, as to whether the attitude assumed on the question of accumulated deficits is one that is entirely fair. It is common knowledge that Mission academies and other institutions frequently find themselves in difficulties because of deficits and you are aware how often the Northern Presbyterian Board has come to the rescue of their academies and found some way to help them with their deficits. Mr. Becker stated that the Northern Methodist Board not long ago paid a larger sum than the ¥15,000 represnted by our deficit to clear off deficits on the academies and institutions in that one Mission. I belive this is not uncommon situation, and the Boards usually help to keep their academies going. It would seem therefore that the Treasurer of the Cooperating Board should not labour under any great perturbation whenwe in good faith report a deficit than when a Mission academy is in the same fix. The position as we see it seems to be that in the case of a Mission institution the denominational Boards feels that it must come to the rescue, but in the case of a union institution the responsibility is not so easily gotten under, and it seems to be a case of "Let George do it" and everybody hesitates to play the role of George. I would like to assure you that the expenditure is being very carefully scrutinized and the College will not report a deficit unless it is unavoidable. From present indications we may be able to get through this year on the funds in sight, but it does not seem likely that we will be able to clear off the old deficit from any surplus we may have on current budget, much as we should like to do so.

10. We have also had some correspondence with Dr. Mackay with regard to an Agricultural teacher. The coming of such a teacher means the creation of an Agricultural Department, which will require a native staff of teachers and that means additional current budget funds as the income from tuition would not be able to carry the Department in the early stages. Moreover it might not be easy to attract students in Agriculture in competition withnthe Government College unless we could offer a pretty good course. At the present time the ¥4,000 we have been receiving from the Canadian Presbyterian Board has been worth more to us than a man. It was that money that enabled us last year to close with a deficit of about $175. That is theimmediate situation but it would show a lack of faith in future development if we were to hold back and not plan for the Agricultural Department, which is one of the courses the college planned to offer from its inception. We have graduated one class already in Agriculture, but as ten students did not succeed in passing the entrance examinations for this course during the past two years the Department has not been re-opened. Mr. Armstrong of the Canadian Presbyterian Board, now in Korea is of opinion that the Canadian Board would prefer for the present to contribute ¥4,000 in lieu of a man than to fill the vacancy.

Mr. G. T. Scott.

13. We note the instructions of the Cooperating Board regarding the proposal to mortgage the property or to build stores for rent. Our views on the question of the development of the frontage have not yet crystalized. If we were to build stores or offices it would require practically the time of one man to look after the property and some do not consider that regular missionary work. The possibility of making a ground lease with that part of the frontage which we are not likely to want for some time has been mooted, but we are not ready to submit anything concrete to you as yet. It is practically certain that any part of the premises used for business purposes would be subject to taxation.

With regard to the ruling of the Board in connection with Korean students in America, the proposals seem to be quite proper.

With regard to miscellaneous matters connected with the Chosen Christian College, we are not prepared at the present time to recommend any depletion in our foreign staff in order to make salaries available for the employment of native teachers. Our native faculty is growing and we will build it up as fast as the right men can be found.

With regard to funds from the Centenary Campaigns we are somewhat in the dark ourselves as to the present status of the matter so far as Severance is concerned. It is our understanding that the Northern Methodist Board included the sum of ¥105,000 in the initial askings of the centenary. At one of our Board meetings a couple of years ago Bishop Welch stated that this had been cut down to ¥35,000. We have not received any payment, however, from the Centenary funds for the Severance Institution. Dr. VanBuskirk mentioned in a letter not long ago that he was going to try and see whether $10,000 or $15,000 could be advanced, presumably this year, but a later letter just to hand says that is impossible this year. That is all we know at present. You may be able to get more definite information through the Board than we would be able to out here. With regard to the Southern Methodist Centenary several items appeared in the original budget for Severance, totalling about $50,000. Later we received word that the estimates were being made de novo and we have heard rumours that the new list contains nothing for Severance, but have not been able to verify this. Possibly you could get definite word from Nashville.

We note also the desire of the Board that sites for residences on the Severance compound should not be sold but that the entire campus should be held in one unbroken unit with the title to the entire property standing in one name. We will take this matter up with Mr. Genso as it alters the previous understanding which was that the Institutional Buildings, including the Foreign Nurses' Home, were to be registered under the Institutional Charter while the residential section would remain in the name of the Northern Presbyterian Mission or Board. If we register the new land in the name of the Institution that would mean that the houses (not) registered in the name of the Mission would form an island in the midst of the Institutional property. We will report later at further length on the matter.

Mr. G. T. Scott.

The annual meeting assigned Dr. D. B. Avison to Severance after considerable debate. This makes the Northern Presbyterian representation six doctors and ~~three~~ nurses. ~~with one nursing vacancy to be filled.~~ The Mission also passed the following resolution which brings it into active cooperation with the Chosen Christian College:-

"Inasmuch as full religious liberty under charter has been secured by the Chosen Christian College and in accordance with the instructions and exhortations of the General Assembly the Executive Committee feels that it is the duty of the Mission to offer to enter into full cooperation in the Chosen Christian College and recommends that the Mission appoints a committee of four to confer with the Board of Managers of the Chosen Christian College and that these four be the Mission's nominees for the Board of Managers in case cooperation is affected before next annual meeting."

Subsequently the following were made the nominees referred to:

Dr. Clark Mr. Erdman Mr. Soltau Mr. Rhodes

They will become the Mission's represantatives on the Board when the men now acting - Dr. Gale, Mr. Pieters, Mr. Koons and Mr. Genso - resign. The last named has already handed in his resignation.

With kindest regards,

I am,

Very sincerely,

O. R. Avison

## 25. 한국 내 미션계 대학과 중등학교의 관계

### 한국 내 미션계 대학과 중등학교의 현재 관계*

O. R. 에비슨

내가 전에 제출했던 진술서를 통해서는 새 교육령이 미션계 학교들에 끼칠 영향에 관해 선교부 총무들, 한국에서의 연합 선교교육을 위한 협력이사회의 이사들 그리고 그 밖의 사람들이 정확한 지식을 얻지 못한 것이 분명합니다. 그러므로 오해를 없애도록 노력해보겠습니다.

총독부는 일본 본토에서 오랫동안 시행해온 것들과 비슷한 법들을 한국에서 시행하려고 노력해왔습니다. 그런 것들이 모든 면에서 성공해온 것 같지만, 어떤 것은 훨씬 더 크게 영향을 끼칠 것으로 생각됩니다.

총독부의 학제는 다음의 도식으로 설명될 수 있습니다.

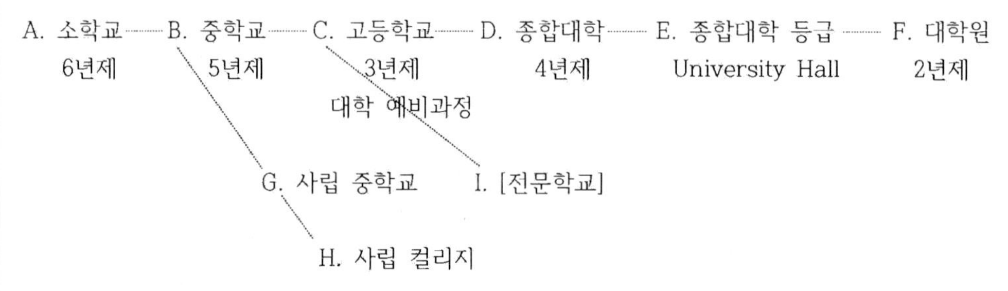


A-B-C-D-E-F: 총독부의 정규 학제
C-I : 총독부에서 전문학교로, 서구사회에서 컬리지로 불리는 관립 전문학교 또는 직업학교
B-G: 사립 중학교
G-H: 사립 컬리지

A부터 F까지의 진로는 20년이란 긴 교육 기간에 학비를 댈 수 있는 사람들이 따라가고,

* 이 글은 수신자의 이름과 발송일자의 표시가 없다. 그래도 본 자료집의 차례 번호 21번 에비슨의 글 안에 총독부의 새 교육령에 대한 이해를 돕기 위해 협력이사회에 보낼 별도의 문서를 작성했다는 내용이 있는 것을 참작하여, 이 글이 바로 그 문서인지 확실하지는 않지만, 관련되는 점이 있어서 21번 다음에 배치하였다.

그 졸업자들은 대학 교원, 과학자, 연구원이 됩니다. D부터 E까지에는 의학, 법률, 농학, 문학, 공학 등의 여러 분야가 있습니다.

A—C—I의 15년의 교육 기간은 다른 진로는 학비를 감당할 수 없는 사람들이 따라가고, 의사, 변호사, 기술자, 중학교 교사와 같은 일반 직업인들을 무더기로 배출합니다.

A부터 F까지 총독부의 정규 학제에는 종교와 교육을 분리하는 규정이 적용되고 있습니다.

C부터 I까지는 정규 진로에서 빠져나온 곁가지인데, 많은 자유를 누리고, 그들 안에서 종교교육을 할 자유를 누리고 있습니다. <u>이 규정 아래에서 우리 연희전문학교가 현재 종교의 자유를 얻고 있습니다.</u>

B에 있는 미션계 학교들은 대부분 종교교육의 자유를 누리기 위해 정규 진로에서 벗어나 있고, 그래서 총독부의 인가를 받지 못한 중학교 수준의 학교들을 세워두고 있습니다. 그 학교들은 중학교라고 불리지 못하는데, 이는 그 용어가 정규 관립학교들인 B와 C에 해당하기 때문이고, 총독부로부터 인정받고 종교의 자유를 일정 정도 박탈당하는 중학교 등록을 순순히 행하는 비슷한 수준의 사립학교[사립 고등보통학교]들에 해당하기 때문입니다.

비인가[미등록] 사립학교의 졸업생은 검정고시를 치르지 않으면 어떤 상급 관립학교에도 진학할 수 없습니다. 그러나 시험을 보는 일은 가능하고, 이를 통과하면 다음 단계의 상급 관립학교, 곧 C에서 D까지 과정으로 고등학교에 입학하거나 C에서 I까지 과정으로 컬리지에 입학할 수 있습니다. 총독부의 진학 시험을 통과하지 못하면 G부터 H까지 비인가 컬리지나 C부터 I까지 관립 컬리지에 입학할 수 있지만, 후자에서는 별과생으로만 입학할 수 있고, 졸업하면 인가받은 전문학교 학위증서를 받지 못하고 별과 학위증서만 받습니다. 이 별과 학위증서는 전문학교 학위증서에 상당하는 교육을 받았음을 입증하지만, 공공사회에서 똑같이 인정받게 해주지 못하고, 총독부나 큰 회사에 고용될 기회를 소지자에게 주지 못합니다. 그래서 자연스럽게 정규 관립학교나 비슷한 수준으로 총독부의 인가를 받은 학교와 컬리지 쪽으로 더 많은 사람이 밀려듭니다.

일본에서는 정부가 중학교 수준의 사립 종교계 학교들을 대하는 태도를 조율하여 그 학교들이 관립 중학교만큼 "아주 잘" 조직되어 충분히 높은 기준에 이르면 "지정"['지정학교'로 인정]*을 해줍니다. 이 "지정"은 졸업생들에게 관립학교 졸업생들에게 주는 것과 똑

* 원문에서 사용된 단어는 "Approval"인데, 문맥을 고려하여 이 단어를 "지정"으로 번역하였다. 다른 영문 문서들에서는 일반적으로 "designated"란 단어가 사용되었다(예: Horace H. Underwood, *Modern Education*

같은 특권을 줍니다. 그렇지 않은 중학교들은 "중학교"란 이름을 쓸 수 없습니다. 그곳의 졸업생들은 다른 학교 졸업생들과 같은 조건에서 다음 단계로 진학하고 "정규"로 여겨질 수 있고, 그 학교들은 완전한 종교의 자유를 계속 유지합니다. 도쿄의 북장로회 메이지 학원, 도쿄의 북감리회 아오야마 학원, 그리고 센다이의 화란개혁교회 학교가 "지정받은 학교"의 유명한 실례입니다.

지금 조선총독부는 올해 일본의 교육제도를 전부 한국에 들여오면서, 한 가지 사항만 제외하였습니다. 그것은 곧 총독부의 기준에 이른 사립 종교계 학교들을 "지정"하는 조항이 아직 없다는 것입니다.

그 제도는 특정 학교들이 일본어만을 교육 용어로 쓰지 않은 까닭에 다르게 평가되는 것만 빼고는 다른 모든 면에서 같습니다. 그래도 그 학교들은 비슷한 지위에서 똑같은 과목들을 가르치고 그 졸업생들은 똑같은 특권을 받습니다.

A에서 B까지의 학교들은 일본어로만 수업하면 소학교로 불리고 그렇지 않으면 보통학교로 불립니다. B부터 C까지 학교들은 일본어로만 수업하면 중학교이지만 그렇지 않으면 고등보통학교로 불립니다. 이름의 차이는 언어의 차이를 가리키고, 총독부에 대해서나 교육제도 상의 진로를 달리하는 학생들에 대해서 다른 가치를 갖게 합니다.

이제 한국에서 최근에 일어난 변화에 대해 생각해보자면, 1922년 4월 1일까지는 일본의 교육법이 한국에 적용되지 않았다는 사실을 기억해야 합니다. 그러나 한국에 필요한 것이 무엇인가에 대한 예전 총독부 관료들의 판단과 일본 학제의 전체 과정을 따를 능력이 한국인에게 없다는 관료들의 판단에 근거하여 특별한 법령들이 공포되었습니다. 그들은 또한 일본에서 일반화된 것과 똑같은 정도의 종교의 자유를 주는 것에 대해서도 두려움을 느끼고 있습니다. 그래서 1915년 모든 사립학교가 10년[유예기간] 안에 정규 관립학교로 등록하게 하는 법을 제정하였습니다. 그 과정은 인가* 학교의 종교교육을 금하는 일본

---

*in Korea*, New York: International Press, 1926, p.218). 1923년 4월 총독이 이 제도의 허용을 통고한 후부터 총독부의 지정을 받은 사립 기독교계 지정학교는, 정규 인가학교에 준하는 지위를 인정받아, 종교교육도 자유롭게 하면서 졸업생들이 총독부의 검정고시를 치르지 않고 상급학교에 진학하는 혜택을 누렸다. 이 글에서 에비슨은 일본 본토의 교육제도를 도입하여 제2차 조선교육령을 공포한 총독부가 일본의 지정학교 제도도 도입해야 한다고 주장하고 있다. 그런 점에서 이 글은 1922년에 작성된 것이 틀림없다고 할 수 있다.

* "registered school"을 여기에서는 "인가학교"로 번역하였다. 등록하는 것이 정규 인가학교가 되는 것을 뜻하기 때문이다. 이후에는 'register'를 문맥에 따라 '등록' 또는 '인가'로 번역하기로 한다.

법률에 그 학교들이 자연스럽게 얽매이게 하는 것이었습니다.

이것은 법으로 정한 교육과정에서 필수적인 부분이라고 발표하지 않는 것을 조건으로 학교 건물 안에서 [방과 후에] 종교교육을 하는 것을 허가해줌으로써 맨 처음 수정되었습니다.

이런 조정 아래 북감리회 중등학교들과 송도에 있는 남감리회의 학교가 등록하였고, 실제로 종교교육을 시행하는 데에 아무 방해도 받지 않았습니다. 연희전문학교는 신설학교로서 설립인가를 받았기 때문에 다른 길을 찾을 여지가 없었고, 그 인가 아래 5년 동안 운영하였는데, 그 기간에 종교교육을 시행하여 좋은 결과를 낳았습니다. 가장 크게 불편한 것은 심리적인 것, 달리 표현하면 감정적인 문제였습니다. 그것은 종교적인 문제에서 무엇이든 어떤 제약을 받거나 우리에게 용인된 사역의 기반을 당국이 침범하여 무례한 태도를 보인다고 느낄 때면 우리가 단호히 반발하였기 때문입니다.

1915년의 교육법에서 등록을 강제하는 조항들은 1920년 철회되었습니다. 그래서 미등록 학교들은 반드시 등록할 필요가 없게 되었고, 등록한 학교들은 만일 미등록 상태로 되돌리기를 원한다면 그렇게 할 수 있게 되었습니다.

<u>등록한 것을 되돌린 학교는 없는 것으로 알려져 있습니다.</u> 그 학교들은 모두 종교교육에 아무 제약을 받지 않은 비인가학교들이 누린 것과 거의 다름없이 인가받은 상태에서 종교의 자유를 누리며 종교교육을 할 수 있었다고 느끼고 있습니다. 그런가 하면 인가학교가 됨으로써 다른 학교들이 누리지 못한 어떤 특권도 누렸습니다.

총독부가 일본 법의 모든 조항을 한국에 적용하지는 않았지만, 1922년에는 위에서 말한 대로 또 다른 진전을 보여, 이미 설명한 것처럼. 특정 학교들에 대한 "지정" 조항만 빼고 일본 법의 모든 조항을 적용하였습니다.

이제 이 법규들을 한국에 적용하는 일이 현존하는 우리 학교들에 어떤 영향을 끼칠지를 설명하겠습니다.

소학교 또는 보통학교들은 그런 상황에 해당하지 않기 때문에 고려하지 않을 것입니다.

중학교 수준의 학교들에 관해 말하자면, 그런 미션계 학교들은 모두 다음 두 그룹으로 나뉩니다. (1) 인가학교, 곧 배재라고 알려진 서울의 북감리회 남학교, 북감리회 이화여학교 중학교부, 평양의 북감리회 남학교[광성고보], 송도의 남감리회 남학교[송도고보], (2) 비인가학교, 곧 한국 전역에서 이른바 중등교육을 하고 있는 장로교 미션계 학교들.

미션계 컬리지들에는 두 가지가 있습니다. 전문학교로 인가받은 서울의 연희전문학교, 비인가여서 전문학교가 아니고 사립 컬리지에 불과한 평양의 숭실대(Union Christian College)*. 이 두 학교는 지금 똑같은 정도로 종교의 자유를 얻고 있는데, 법정 교육과정으로 발표된 것을 보면 종교교육에 제한을 받고 있지 않습니다. 그러나 그것은 두 학교 가운데 어느 쪽이 종교교육을 연희전문학교가 제한을 받으며 했던 것보다 더 많이 하고 있다는 것을 뜻하지 않습니다. 사실상 그것은 양적 · 질적으로 똑같기는 하지만, 지금은 정규 교육과정의 일부로 시행되고 있습니다. 연희전문학교 교원들 가운데 어느 누가 어느 때에 종교교육의 자유를 얻은 일로 기쁨을 드러내고 기쁨이 넘치는 모습을 보여준다면, 위에서 말한 대로, 제약 아래 일한다는 느낌에서 벗어난 감정을 자연스럽게 표현한 것으로 기억해야 하고, 지금 할 수 있는 만큼의 종교교육을 전에는 다 할 수 없었다고 시인한 것은 아니라는 사실을 기억해야 합니다.

그러므로 그 차이는 그들의 기독교적 특성이나 다른 것에 있지 않고 총독부의 학제 전체와 그들의 관계에 있습니다.

이것을 도식으로 단순하게 표현해보겠습니다.

관립 중학교 A → E 서울 연희전문학교, 사립 인가 컬리지, 전문학교
사립 인가 중학교 B
사립 지정 중학교 C → F 평양 숭실대학, 사립 비인가 컬리지
사립 비인가 · 비지정 중학교 D

A와 B와 C의 학생들은 자연스럽게 정규 컬리지로 가는 A의 진로를 따를 것이고, 자격미달로 인한 고통을 전혀 느끼지 않을 것입니다. 그러나 만일 그들이 F로 간다면 좋은 교육을 받더라도 인가받은 학위증서가 주는 가치 있는 모든 혜택을 받지는 못할 것입니다. B와 C가 다 미션계 학교임을 주목하시기 바랍니다.

D의 학생들은 E나 F로 갈 것이고, 만일 계속해서 졸업하게 되면, 두 곳에서 똑같이 가치 있는 학위증서를 받을 것입니다. 그들이 입는 손실은 A와 B와 C의 학생들이 E에서 받

* 본래 1908년 대한제국 학부에서 대학 인가를 받았으나, 일제강점기에 들어 각종학교로 격하되었다가, 1925년 전문학교 인가를 받고 숭실전문학교가 되었다.

을 수 있는 것과 같은 인가받은 학위증서를 받지 않은 데서 올 것입니다. 그러나 총독부는 D의 졸업생들에게 핸디캡을 극복할 길을 제공하고 있습니다. 그들은 매년 봄 총독부가 특별 시험을 실시하여 그것을 통해 이 사람들이 정규학생이 되어 E와 모든 "정규" 컬리지들에 입학할 기회를 찾을 수 있게 하고 있습니다. D도 인가를 받거나 "지정"학교가 됨으로써, 이 방법이 내가 믿는 바대로 빨리 일반화된다면, 정규 진로 안에 들어갈 수 있습니다.

그러므로 미션계 학교가 차별을 받고 있고 그곳 졸업생이 미션계 컬리지에 갈 수 없다고 말하는 것은 잘못된 것입니다. 그들은 두 종류의 대학에 아주 자유롭게 갈 수 있고, 어느 곳이든 진학하기를 선택하면 그곳에서 같은 종류의 학위를 받을 것입니다.

타격을 가장 많이 받을 것으로 보이는 학교는 비인가 사립 컬리지들입니다. 이는 졸업생들의 학위증서가 일반인들이나 총독부의 눈에 똑같은 가치를 지닌 것으로 보이지 않기 때문입니다. 사립 컬리지들이 인가를 받지 않음으로써 종교의 자유를 잃지 않을 수도 있겠지만, 지금은 이런 핸디캡에서 벗어날 수 없습니다. 이 문제를 다른 말로 설명해보겠습니다.

A, B, C와 D의 졸업생들은 평양의 [숭실]컬리지에 가서 아무 지위도 인정받지 못한 채 졸업할 수 있지만, A와 B와 C의 졸업생들은 그렇지 않습니다. 그들은 모두 연희전문학교에 본과 학생으로 들어가서 완전히 인정받는 지위를 얻고 졸업합니다.

D의 졸업생들은 서울과 평양 사이에서 선택할 수 있고, 두 경우 모두 졸업하면 총독부가 인가하지 않은 학위증서를 받지만, 연희전문학교는 지역사회에서 더 좋은 지위를 얻을 가능성이 있으므로, 궁극적으로 그곳에 갈 가능성이 큽니다. 다시 말해서, 그들이 별과 학생으로 연희전문학교에 입학하면, 어느 때에 총독부가 매년 실시하는 진학 시험에서 본과생의 지위를 얻어 총독부가 인정하는 전문학교 학위로 졸업할 수 있습니다. 그들이 실제로 이런 사실을 알게 되면 곧바로 거의 확실하게 이 컬리지에 입학하는 길을 선택할 것입니다.

그러므로 평양의 컬리지는 학생들이 줄어드는 고통을 받을 가능성이 있는 것만 빼고는 새 교육령이 공포되기 전의 지점에 있는 것이 명확합니다. 연희전문학교는 이전보다 훨씬 더 좋은 위치에 있으면서 (a) 종교적 제약의 마지막 잔재를 없애고 (b) 더 수준 높은 과정을 밟을 기회를 얻고 (c) 졸업생들이 모든 종류의 관립과 미션계 중등학교의 더 매력적인 학위증서를 받는 이점을 누리는 것도 분명합니다.

미션계 학교들이 새로운 제약을 받지 않고 있는 것이 분명하지만, 명목상으로 중등학교인 그 학교들은 이전에 했던 것과 똑같이 종교교육의 자유를 누리고 똑같이 사립 컬리지들로 진학합니다. 그리고 만일 그들이 졸업생들의 상급학교 입학시험을 준비시키려 한다면 전에 했던 것과 똑같이 인가받은 컬리지들로 진학하게 할 수 있습니다. 그것은 단순히 등급을 높이는 문제에 불과하고, 총독부가 한 조치는 한국인과 선교사 쪽에서 다 같이 한국인에게도 일본에서 하는 것과 똑같은 교육의 기회를 달라고 끈덕지게 요구한 것에 응답한 것에 불과합니다.

나도 전에 총독부를 비판하는 일에 나섰고, 만일 그들이 하는 일이 그럴 만하면 다시 그렇게 하겠지만, 총독부가 항상 함정을 파서 우리 학교들을 파괴할 계획을 세우고 있다고 의심하면 안 됩니다. 우리는 그런 정신을 공정하다고 판단할 수 없습니다. (위의 문장은 선교부들이나 협력이사회를 향해 한 말이 아닙니다. 그들에게는 이런 경향이 없음을 알고 있기 때문입니다. 이런 잘못된 정신적 태도를 계속 드러내는 어떤 "다른 이들"에 대해 한 말입니다.)

내가 보기에는 총독부가 교육법을 공포할 때 자신들이 아는 바로 최선의 교육제도를 한국에 제공하려 한 것이 분명합니다. 그것은 그들 본토의 제도입니다. 그렇게 함으로써 그들은 어느 면에서 선교부들이 감당하기 어려운 재정적인 요구를 하였지만, 이것은 의도치 않은 것이고 모든 사학 경영자들에게 다 부담시킨 것입니다.

그렇다면 비인가 미션계 학교들은 어떻게 해야 할까요?

1. 평양 [숭실]컬리지는 땅, 건물, 시설, 교직원, 재원 문제에서 총독부의 승인 요건을 충족시킬 자리로 들어가서 총독부에게 인가받은 전문학교가 되도록 노력해야 합니다.
2. 미션계 중등학교들이나 그런 수준에 들기를 원하는 학교들은 총독부의 승인을 받는 데에 필요한 자격을 확보하도록 애써야 하고, 그런 다음 인가를 받을지 아니면 "지정"학교가 되려고 노력할지를 선택해야 합니다.

필요한 기준에 이를 수 없는 이런 학교들은 문을 닫거나 아니면 얻을 수 있을 만한 학생들을 가르치는 일로 만족해야 합니다. 이 학생들은 아마도 학업을 더 쌓기를 바랄 수 없거나 경제적인 지원을 받아 더 멀거나 더 비싼 학교에 가기를 바랄 수 없는 이들일 것입니다.

선교회들과 선교부들은 어떻게 해야 할까요? 인가 획득이나 지정 획득에 필요한 기준으로 그들의 학교들을 모두 끌어올리는 데에 필요한 돈을 제공할 수 없다면, 시설과 인력을 갖춰줄 수 있고 그 기준의 유지가 가능한 최대한의 학교 수 안에서 그 학교들에 집중해서 투자해야 합니다. 그래서 그 학교들이 정규학교로 재조직된 전문학교에 입학할 준비가 된 학생들을 졸업시키기에 적합하게 되어, 미국에서보다, 그곳에서는 실로 충분할지라도, 이곳에서 현실적으로 훨씬 큰 불이익을 받는 비인가 학위증서를 지니는 부담을 져서 삶 전체가 불이익을 받지 않게 해야 합니다.

그러는 한편으로 우리는 조선총독부에 아직 적용되지 않은 법률 하나를 한국에 적용하도록 계속 촉구해야 합니다. 그것은 곧 사립학교들이 "지정"을 받아 완전한 종교의 자유를 보유하게 해달라는 것입니다.

미션계 학교들을 공정하게 대하도록 총독부에 촉구해달라는 요청이 뉴욕에 있는 협력이사회와 북장로회 선교부에 제기된 것에 대해서는, 완전한 종교 자유, 곧 사립학교에서 종교를 가르칠 자유가 모든 학교에 빨리 용인되기를 바라는 선교사들의 희망에 진심으로 찬동하고 있다는 말을 (여기에서 내가 모든 선교사의 감정을 표현하고 있다고 확신합니다) 내가 굳이 할 필요는 없습니다. 그러나 나는 이런 변화를 얻어낼 장소는 한국보다 일본에 있다는 사실을 지적해야만 하겠습니다. 총독부가 일본에서 중앙 정부가 취했던 이 방향을 따르면서 앞서 언급한 한 가지 점만 뺀 것을 보면, 우리는 일본 정부가 일본에서 이끄는 것을 뛰어넘어 가기를 기대할 수 없습니다.

이곳에서도 물론 우리가 "지정"학교 정책을 이곳에 적용하는 특혜를 달라고 압박해야 하지만, 종교와 학제의 관계에 관한 일본의 기본법을 변경하도록 압박하는 일은 일본에서 그곳에 있는 선교사들이 해야 합니다. 나는 그들에게 우리가 줄 수 있는 모든 도움을 주겠다는 확신을 줄 수 있습니다.

출처: UMAC

File Chosen Xian College

TRANSFERRED

## Present Relation of Mission Colleges and Middle Schools in Korea

O. R. Avison

The Mission Board Secretaries, Members of the Cooperating Board for Union Mission Education in Korea and others have apparently not gained from my former statements an exact knowledge of the effect of the new educational regulations on Mission Schools, so I will attempt to clear up the misapprehension.

The effort of the Government-General has been to make the regulations in Korea similar to those so long in effect in Japan itself. They seem to have succeeded in every respect but one which will appear further down.

The Government system in Japan can be shown by the following diagram:

A . Primary School period from Age 6 covering 6 years
B Middle School period covering 5 years
G Private Middle School,
H Private College
C High School period 3 years, preparation for University
I
D University period of 4 years
E University graduation, University Hall, 2 years Post-Graduate
F

A - B - C - D - E - F Regular Government Educational program.
C - I Government Special or Vocational School known to the Government as Semmon Gakko and to the Western public as College.
B - G Private Middle School G - H Private College

The route A to F is followed by those able to finance such a long educational period, 20 years, and its graduates become the College teachers, the Scientific scholars and Research workers. From D to E various departments exist as Medical, Legal, Agricultural, Literary, Engineer, etc.

A - C - I, 15 years, is followed by those unable to finance the others, and it produces the bulk of general professional men as doctors, lawyers, technicians, and middle school teachers.

From A to F, the regular Government program, the regulation separating religion from education is effective.

In C to I, which is a divergence from the regular line, many liberties are granted and amongst them freedom for religious teaching. It is under this regulation that our C. C. O. secures its present religious liberty.

At B, most of the Mission Schools diverge from the main line in order to have freedom for religious teaching, and so they have established schools of Middle School grade, though not so recognized by the Government. They cannot be called "Middle" school as that term is reserved for regular Government schools, B to C, and for private schools of similar grade acceptable to the Government and willing to be registered as Middle Schools, an act which takes away a certain degree of religious liberty.

The graduates of these private schools not so registered are not eligible to pass into any of the higher Government schools without examination, but are eligible for examination, and if they pass, become eligible for entrance to the next higher Government School whether High School, C to D, or College, C to I. Without passing this Government entrance examination they can enter the private unregistered College, G to H, or the Government College, C to I, but in the latter only as Special Students and on graduation they do not get a recognized Semmon Gakko Diploma but a Special Diploma. This Special Diploma may represent just as good an education as does the Semmon Gakko Diploma, but it does not carry with it the same public appreciation nor does it give the holder just the same opportunities for employment by Government or by the large business firms, and so there is naturally a greater push towards Schools and Colleges which are either regular Government Institutions or registered with the Government as of similar grade.

In Japan the Government has modified their attitude towards private religious schools of middle school grade so that they will "approve" those whose standards are sufficiently high to be recognized as "just as good" as Government Middle Schools. This "Approval" gives the graduates the same privileges as are given to graduates of Government Middle Schools except that they cannot use the name of "Middle School." Their graduates may enter the next grade on the same basis as others and are considered as "regulars," and yet the schools continue to retain their full religious liberty. The N. Presbyterian Meiji Gakuin in Tokyo, the N. Methodist, Aoyama Gakuin in Tokyo and the Dutch Reformed School in Sendai are notable examples of "Approved Schools."

Now The Korean Government has this year imported the Japanese Educational System in its entirety into Korea except in one particular,

-3-

Viz. there is as yet no provision for the "Approval" of private religious schools which attain to the Government standards.

In every other respect they are the same except that certain schools are differently rated because they do not use the Japanese language entirely as a medium of instruction. They are of similar standing, however, teach the same subjects and their graduates have the same privileges.

The group A to B is known as a Primary School if its teaching is done entirely in Japanese, otherwise it is a Common School; the group B to C is a Middle School if its teaching is done entirely in Japanese, otherwise it is a Higher Common School. The difference in name indicates the difference in language and has a value of its own to the Government or to any student of the educational system.

Now in considering the recent changes in Korea we must remember that until April 1, 1922, the educational regulations of Japan had not been applied to Korea, but a special set of regulations had been promulgated, based on the judgment of the Governmental people of those earlier days of the needs of Korea and the probable inability of the people to take the full courses of the Japanese School system. They also had a fear of giving the same degree of religious liberty as prevailed in Japan, and so in 1915 put forth an Ordinance directing all private schools to register as regular Government Schools within ten years--a course which would naturally put them under the Japanese rule of no religious teaching in a registered school.

This was first modified by the granting of permission to give religious teaching within the school buildings provided it was not published as an integral part of the legal curriculum.

Under this arrangement the N. Methodist Middle grade Schools and the S. Methodist School at Songdo registered and found no practical barriers to effective religious teaching, and the Chosen Christian College, having no alternative, as it was a new institution, took out its charter and carried on under it for five years during which time its religious teaching was carried on with good practical results, the chief discomfort being psychological, otherwise a matter of sentiment, as we had a decided repugnance to any restriction whatever along religious lines or any feeling that we might be called up by theauthorities for any breach of the proprieties under the working basis conceded to us.

In 1920 the Ordinance of 1915 was repealed in so far as its compulsory clauses as to registration were concerned so that schools that had not registered were not obliged to register, and schools that had registered could revert to the unregistered state if they wished to do so.

It is to be noted that no school that had registered changed back, all feeling that the degree of religious liberty they enjoyed under registration enabled them to give practically as good a religious

-4-

training as was being given by those who, not having registered, had no restrictions whatever, while, being registered, they enjoyed certain privileges not enjoyed by the others.

As yet the Government had not applied to Korea all the provisions of the Japanese regulations, but in 1922, they made another advance, which, as stated above, does apply all the provisions of the Japanese regulations except that of "Approval" of certain schools, as already explained.

Now let me show how the application of these regulations in Korea affects our existing schools.

I am leaving out of consideration the Primary or Common Schools as they do not enter into the situation.

As for schools of Middle School grade all such Mission Schools are divisible into two groups (1) Those that are registered, the S. Methodist Boys' School in Seoul known as Paichai, the N. Methodist Middle School department of Ewha Girls' School, the N. Methodist Boys' and Girls' Schools in Pyengyang, and the S. Methodist Boys' School in Songdo. (2) Those that are not registered, viz., all the Presbyterian Mission Schools of so-called Middle grade in all parts of Korea.

As for Mission Colleges there are two - The Chosen Christian College in Seoul which is a registered Semmon Gakko, and the Union Christian College at Pyengyang which is not registered and therefore not a Semmon Gakko but simply a Private College.

Both of these have now the same degree of religious liberty, that is, there are no restrictions to religious teaching being published in the legal curriculum. It does not mean, however, that either of them gives more religious teaching than the C. C. C. gave when it was under restriction. It is practically the same in amount and in quality, but is now given as a part of the regular curriculum and, whenever one of the C. C. C. teachers expresses his joy at the granting of religious liberty and appears to be exuberant in his rejoicing, it is to be remembered, as stated above, that it is the natural expression of relief from the feeling that he had been working under a sense of restriction and not an acknowledgment that he had been before unable to give as full a measure of religious teaching as he can give now.

The difference, then, does not lie in their Christian character or otherwise but in their relation to the whole government educational system.

I will try to reduce this to a diagram.

| | | | |
|---|---|---|---|
| Government Mid. Sch. | A → | E | Seoul C. C. C. registered Private College, Semmon Gakko |
| Priv. regis. Mid. Sch. | B | | |
| Priv. appr'd " Sch. | C | F | Pyengyang C. C. C. non-registered Private College |
| Priv. unregist'd & unappr'd Mid. School | D | | |

A B & C students going to E follow the natural road to a regular College and suffer no disabilities, but if they go to F, while they may get a good education, they will lose whatever value there is in a recognized diploma. Note that B and C are both Mission Schools.

D students go either to E or F, and if they continue to graduation, they will get from either one a diploma of the same value. Their loss will lie in not receiving a recognized diploma such as A B and C can get from E. But the Government has provided a way for D graduates to overcome their handicap. They will give every Spring a Special Government Examination through which these men may find a chance to enter E and all of her "regular" Colleges as regular students. D can also get into regular line by either registering or becoming an "approved" school when this latter method comes into vogue as I trust it soon will.

It is therefore a mistake to say that Mission Schools have been discriminated against and their graduates rendered unable to go to the Mission Colleges. They can go to either type of College quite freely and they will receive the same type of diploma from whichever they choose to attend.

The Institution that is likely to be hit the hardest is the unregistered private colleges, because its diplomas will not have the same value in the eyes of the public or the government. As the private College may not register without losing religious liberty, this handicap can now be eliminated. Let me say this again in different words.

Graduates of A B C & D can all go to the Pyengyang College and graduate without having any recognized standing, but it is certain that A B & C will not do so, because they can all enter the C. C. C. as regular students and graduate with full recognized standing.

Students of D can choose between Seoul and Pyengyang, and in either case they will, on graduation, receive a diploma which is not recognized by the Government, but, as the Chosen Christian College is likely to give them a better community standing, the probability of their going ultimately to the latter is strong. Again, as they can enter the C. C.C. as special students and at any of the yearly Government Examinations for entrance may secure regular standing and graduate with a Semmon Gakko diploma recognized by the Government, they will, as soon as this knowledge actually gets into their consciousness, almost certainly choose to attend this College.

It is therefore plain that the Pyengyang College is just where it was before the new regulations were promulgated except that it is likely to suffer from a diminishing student body, and it is just as plain that the C. C. C. is in a much better position than before, having gained (a) removal of the last remnant of religious restriction, (b) opportunity for higher grade courses, (c) the advantage of a more attractive diploma for graduates of all types of government and Mission Middle grade Schools.

It is just as evident that no new restrictions have been placed upon Mission Schools but that those of nominally middle school grade have the same liberty for religious teaching that they had before and the same access to private Colleges that they had before, and if they prepare their graduates for the higher entrance examinations, they can have the same access to the recognized colleges they had before. It is simply a question of grading up and the action of the government is but an answer to an insistent call on the part of Koreans and missionaries alike to give the Koreans the same educational opportunities as are accorded to Japanese.

I have done my share of criticising the government in the past, and will do so again if their actions seem to merit it, but we should not suspect the Government of always planning to circumvent us and destroy our schools. Such a spirit makes it impossible to be fair in our judgment. (The above sentence is not intended for the Mission Boards or the Cooperating Board, as I know they have no such tendency, but for certain "others" who constantly manifest this unfortunate mental attitude).

It is evident to me that in promulgating the new regulations the Government has had in mind to give Korea the best educational system known to it, that is the system of their own land. In doing so they have in some respects made financial demands that it is difficult for Mission Boards to meet, but this is incidental and bears alike on all private school enterprises.

What then should the unregistered Mission Schools do?

1. The Pyengyang College should endeavor to get into such a position as to property, buildings, equipment, staff, and resources as will meet the approval of the Government and become a Government recognized Semmon Gakko.
2. The Mission Middle grade Schools or those that aspire to such a grade should strive to secure all that is necessary to qualify them for Government approval andthen take their choice of registering or of trying to become "approved" schools.

Those that cannot reach the required standard should either drop out of existence or be content to teach such pupils as they can get--those who cannot hope perhaps to go far on in their studies or the financial backing to go to a more distant or more expensive school.

What should the Missions and Boards do? If they cannot provide the money necessary to raise all their schools to the required standard for either registration or approval, they should concentrate on the maximum number they can equip, man and maintain at that standard and fit them to graduate men ready to enter a regularly recognized Semmon Gakko so that they will not be handicapped throughout their lives by bearing the burden of an unrecognized diploma--a much more real handicap here than in America, although even there it is real enough.

In the meantime we should continue to urge the Korean Government to apply to Korea the one regulation not yet applied - viz. that by which certain private schools may be "approved", while still retaining their full religious liberty.

In noting the request of the Cooperating Board in New York and of the N. Presbyterian Board, to urge the Government to do justice to Mission Schools, it is scarcely necessary for me to say that I (and in this I am sure I voice the sentiment of all missionaries) am in hearty accord with them in their hope that full religious liberty--that is the liberty to teach religion in private schools--will soon be conceded to every school that wishes to have it, but I must point out that the place to secure this change is in Japan, rather than Korea, seeing that the Government-General has gone as far in this direction as has the Central Government in Japan except in the one particular mentioned and we can hardly expect it to go beyond the lead of the Government in Japan.

We will, of course, press here for the privilege of having the "approved" school policy applied here, but the pressure for the change in the fundamental law of Japan as to the relation of religion to the school system should be made in Japan by the missionaries there. I can assure them we will help them all we can.

## 26. 에비슨이 서덜랜드에게

1922년 7월 10일

Geo. F. 서덜랜드,

회계,

조선 기독교 교육을 위한 협력이사회,

뉴욕 시, 뉴욕 주.

친애하는 서덜랜드 씨:

이학관과 언더우드관에 설치할 설비를 구입하는 문제를 다룬 우리의 4월 26일자 편지와 관련하여 말씀드립니다. 우리는 5월 26일자 언더우드(J. T. Underwood) 씨의 편지, 곧 그가 당신에게 보냈던 편지의 사본을 받았습니다. 거기에서 그는 설비를 구입하는 일에 건축가들이나 기술자들을 필요 이상으로 활용하는 것에 찬성하지 않고 있습니다. 그들에게 줄 수수료를 절약하기 위해서입니다.

우리는 다음과 같은 내용으로 언더우드 씨에게 전보를 쳤습니다. "우리가 당신에게 보낸 4월 26일자 편지에 적힌 대로 기술자들에게서 자세한 설명서를 얻으십시오. 서덜랜드 씨는 전화기와 시계를 제외한 물품들을 가급적이면 당신을 통해서 사고 있습니다."

언더우드 씨가 이 문제에 관해 당신과 이미 상의해왔던 것은 의심의 여지가 없습니다. 우리가 전에 그의 구매 부서를 활용하여 좋은 혜택을 얻어왔으므로, 또다시 그렇게 하는 것을 그가 틀림없이 허락해줄 것입니다.

그 진행 방식이 결정되어 주문이 이미 이루어지고 그래서 우리가 머지않아 운송장을 받게 되기를 지금 바라고 있습니다.

안녕히 계십시오.

O. R. 에비슨

이것은 우리가 언더우드 씨에게 될 수 있으면 그의 구매 부서를 통해 사라고 요청한다는 뜻입니다. 그러나 시계나 전화기의 구입은 제외하십시오. 그것들은 더 검토해보겠습니다. O.R.A.

출처: UMAC

**Chosen Christian College**

OFFICE OF THE PRESIDENT

O. R. AVISON, M. D.

Seoul, Chosen

CO-OPERATING BOARDS
PRESBYTERIAN CHURCH IN THE U. S. A.
METHODIST EPISCOPAL CHURCH
METHODIST EPISCOPAL CHURCH, SOUTH
PRESBYTERIAN CHURCH IN CANADA

TRANSFERRED

July 10, 1922.

Mr. Geo. F. Sutherland,
Treasurer,
Cooperating Board for Christian Education in Chosen,
New York, N.Y.

Dear Mr. Sutherland:

Referring to our letters of April 26th regarding purchase of equipment for Science Hall and Underwood Hall, we have received ~~a copy of~~ Mr. Underwood's letter of May 26th, a copy of which he sent you, in which he favors not using the architects or engineers for the purchaseof equipment more than necessary owing to the desire to save their commissions.

We have cabled Mr. Underwood to the following effect: "Obtain from Engineers full details as per our letter of 26th April yourself Mr. Sutherland buy the goods excepting telephones clock through you preferably."

No doubt Mr. Underwood has conferred with you already regarding this matter. We have used his purchasing department to good advantage in the past, and no doubt he would permit us to do so again.

I hope that now that the method of procedure is settled the orders have already been placed and that we will be getting the shipping bills before long.

Very sincerely,

O R Avison

This means that we ask Mr Underwood to buy through his purchasing department preferably but to omit buying clocks & telephone which will be further considered.

ORA

RECEIVED BY
ASS'T TREASURER (...)
8-9-22
TO — REFERRED — DATE
BY — ANSWERED — DATE
BY — ... — DATE
...5 18-12
BY — FILED — DATE
...

## 27. 맥케이가 에비슨에게

1922년 7월 11일

O. R. 에비슨 박사,

서울, 한국, 일본.

친애하는 에비슨 박사님:

당신에게 직접 하지는 않았어도 오웬스 씨를 통해 이미 답변을 하였다고 생각하지만, 당신의 편지를 받은 사실을 알려드리면서, 한두 마디 말씀을 드리겠습니다.

스코필드 의사가 서울의 옛 자리로 임명되어야 한다고 당신이 요청한 일에 대해 알아보았습니다. 스코필드 의사는 본인의 요청에 따라, 약간 주저하기는 하였지만, 복음전도 사역에 임명되었습니다. 우리는 그를 신뢰하고, 그가 메시지를 잘 전할 능력을 지니고 있으며 참된 메시지를 지니고 있다고 믿습니다.

다른 한편으로 그가 돌아올 필요성이 있는지를 알아보려 한다면, 전공 사역을 계속하게 하는 편이 그 자신을 위해서는 좋았을 것이란 사실을 우리는 인정합니다. 그러나 그럭저럭하는 동안 결론이 났습니다.

당신을 위해 농학자를 구하는 일을 우리가 아직 성공하지 못해 미안합니다. 우리가 얼마 전 한 사람을 만났는데, 충분한 농업 지식을 가진 것 같기는 하지만, 교수로 임명해야 할 사람인지는 여하간 의문입니다. 이런 점에서 내가 잘못 판단하고 있는지도 모르겠습니다. 다른 과목의 교수들과 어깨를 나란히 할 교수라면 모름지기 폭넓은 교양을 지닌 사람이어야 합니다. 채워야 할 그 자리에 그 사람이 꼭 필요한 사람일까요? 그렇지 않을 수도 있겠지만, 우리는 더 빠른 결정을 위해 그런 것을 알아야 합니다.

[캐나다장로회 교단] 총회가 끝나서 당신은 곧 총회의 보고서를 보게 될 것입니다. 우리 적자가 큰 부담이 되고 있기는 해도 우리의 정규 지출이 정규 수입을 초과하고 있다는 사실보다는 나를 더 괴롭히지 않습니다. 적자를 없애도 다른 적자가 곧바로 이어진다면, 적자 청산이 별로 도움을 주지 못합니다. 우리 수입을 두 배로 늘리지 않는 한은 아무것도 우리 상황을 타개해주지 못합니다.

어떤 사람은 적자도 재산의 하나라고 말하는데, 다른 곳에서 적자를 지는 것이라면 더 흔쾌히 동의하겠습니다. 그런 말이 너무 가까이 다가와서 우리 철학이 다소 흔들리고 있습니다.

이 글을 급히 씁니다. 우리는 비가 너무 과하지 않게 충분히 내리는 가운데 즐거운 추수철을 맞고 있습니다. 좋은 결과가 약속되어 있습니다. 우리가 실망하지 않게 되기를 바랍니다.

에비슨 부인께 모든 행복이 넘치기를 빕니다.

안녕히 계십시오.

RPM [R. P. 맥케이]

출처: PCC & UCC

July 11, 1922.

Dr. O. R. Avison,
SEOUL, Korea, Japan.

Dear Dr. Avison:

Just a word or two in acknowledgement of yours which I think has been answered already through Mr. Owens, if not directly to yourself.

I referred to your request that Dr. Schofield be appointed to his former position in Seoul. Dr. Schofield has been appointed to evangelistic work according to his own request, although there has been some slight hesitation. We have much confidence in him, and have faith in his ability to present a good message, and he has the real message.

On the other hand, we recognize that for his own sake, should he find it necessary to return, it would be better that his professional work should be continued. That, however, in the meantime, is disposed of.

I am sorry that we have not yet succeeded in getting an Agriculturist for you. There was a man before us some time ago who, I think, knew agriculture sufficiently well, but whether or not he was such as should be appointed as a professor was questioned. Perhaps I am mistaken in that respect. A professor to stand alongside of professors in other subjects needs to be a man of wide culture. Is that too exacting of the man for the position that needs to be filled? Perhaps if that does not enter into it, we ought to know in order to take more speedy action.

The Assembly has passed and you have seen its reports. Our deficit is a great burden, but it does not disturb me so much as the fact that our normal expenditures exceed our normal revenue. Lifting a deficit does not help much if it is to be succeeded immediately by other deficits. Nothing but a doubling of our revenue will meet our situation.

Some say that a deficit is an asset which I am more ready to agree to when the deficit is resting upon some other. Our philosophy is somewhat disturbed when it comes so near home.

I write this word hurriedly. We are having a delightful harvest season with sufficient rain but not too much. The promise is good. May we be protected from disappointment!

—2—

With all good wishes to Mrs. Avison, I am

Yours sincerely,

RPM/MMP.

## 28. 노스가 에비슨에게

1922년 7월 13일

O. R. 에비슨,

세브란스병원,

서울, 한국.

나의 친애하는 에비슨 박사님:

당신의 개인 보고서와 현지 이사회의 연례회의 회의록과 더불어 당신의 훌륭한 보고서가 우리 앞에 있습니다. 그러나 그 문서들을 받은 사실을 당신에게 직접 알린 적이 없어서 염려됩니다. 지금 내가 그 일을 함으로써 기관을 맡아 운영하는 분들이 학교와 여러 사역 분야의 상황을 철저하게 설명해준 것에 대해 감사를 표하게 해주시기 바랍니다. 그러나 그 보고서 안에 여러 협력 선교부들의 회의에서 토론의 주제가 되어왔던 사항들이 있는데, 지금은 다룰 필요가 없습니다.

두 기관의 성공을 진심으로 바라며,

안녕히 계십시오.

FMN[F. M. 노스]

출처: UMAC

803-1

TRANSFERRED

July thirteen
1 9 2 2

Dr. O. R. Avison,
Severance Hospital,
Seoul, Korea.

My dear Doctor Avison:

We have had your admirable Report before us, including your personal statement and the Minute of the Annual Meeting of the field Board of Managers but I fear that I have not acknowledged their receipt direct to you. Let me do so now and express my appreciation of the thoroughness with which those in charge of the institution have stated the condition of the schools and of the various Departments of work. There are items in the Report which have been subjects of discussion in the meeting of the Cooperative Boards - which, however, need not be taken up at the present time.

With best wishes for the success of both institutions, I am

Yours cordially,

FMN
JL

## 29. 서덜랜드가 에비슨에게

1922년 8월 22일

에비슨,

서울 (조선)

COOGSMANUK COYPPJIUVN JYDANJOFJP MOCURKIYRJ WYUZLXUNOV ANIXTVOZAS DOORSTILES

서덜랜드

GFS[G. F. 서덜랜드]

번역: 새 건물들의 건축 자재 목록에서 필요한 비품들이 불충분합니다. 마스터키, 시스템의 두께와 크기, 도어 스타일들을 포함하여 얻을 수 있는 모든 정보를 제공하십시오.

출처: UMAC

Form 1220

Charge to the account of BD. OF FORN. MISSIONS M.E.CHURCH $

| CLASS OF SERVICE DESIRED | |
|---|---|
| Full Rate | X |
| Half Rate Deferred | |
| Cable Letter | |
| Week End Letter | |

Patrons should mark an X opposite the class of service desired; OTHERWISE THE CABLEGRAM WILL BE TRANSMITTED AT FULL RATES.

# WESTERN UNION CABLEGRAM

NEWCOMB CARLTON, PRESIDENT GEORGE W. E. ATKINS, FIRST VICE-PRESIDENT

Receiver's No. / Check / Time Filed

Send the following Cablegram, subject to the terms on back hereof, which are hereby agreed to

Aug. 22, 1922.

TRANSFERRED

AVISON
SEOUL (CHOSEN)

COOGSMAMUK COYPPJIUVN JYDABJONJP MOCURKLXRJ WYUZLXUNOV
ANIXTVOZAS DOORSTILES

SUTHERLAND

BFS
FS

TRANSLATION: Building material lists now buildings inadequate to requirements supply all possible information including master key, system thickness and sizes door stiles

Chg. Sutherland Treas. Chosen

File

CHARGE
Board of Foreign Missions
the Methodist Episcopal Church
150 FIFTH AVE

## 30. 에비슨이 맥케이에게

1922년 9월 2일

R. P. 맥케이 박사,

선교부 총무,

캐나다장로회,

토론토, 캐나다.

친애하는 맥케이 박사님,

당신의 7월 11일자 편지가 늦지 않게 왔습니다. [캐나다장로회 한국] 선교회가 스코필드를 세브란스에 다시 배정하기로 결정했다는 소식을 암스트롱 씨가 전해주었던 것이 맞습니다. 그가 언제 출항할지에 관해서는 우리가 분명한 말을 듣지 못하였습니다. 그러므로 어떤 확실한 소식을 들려주면 감사하겠습니다.

연희전문학교로 갈 농학자에 관해서는 우리가 경험하고 있는 바로, 여러 선교부에서 보내는 지급금으로 세 과를 운영하기가 어렵다는 점에서 우리는 지금의 경상예산을 위해 여러 선교부로부터 더 많은 돈을 얻을 수 있게 되거나 학생들로부터 얻는 수업료 수입이 훨씬 더 많아질 때까지는 농과를 복설하지 말아야 한다고 느끼고 있습니다. 우리는 이 문제를 암스트롱 씨와 충분히 의논하면서 당신의 선교부로부터 교수 인력 1명을 대신하여 받고 있는 2천 불이 지금은 사람 1명보다 실제로 더 큰 유익을 주고 있다고 그에게 말하였습니다. 그는 천 불을 보내는 것보다 이렇게 기부하는 것이 당신의 선교부에는 더 쉬울 것이라는 의견을 가지고 있다고 진술하였습니다. 만일 당신의 선교부가 동의하면, 내가 당신에게 다시 말할 때까지 그런 방식을 유지해달라고 제안합니다. 신문은 총회가 적자를 해소하기 위해 3만 5천 불을 모으는 특별 모금 운동을 올해 겨울에 전개할 것이라는 소식을 보도하고 있습니다. 우리는 당신들이 재정 문제에 대한 염려에서 벗어나게 될 것이라고 진심으로 믿습니다.

암스트롱 씨에게 진심으로 안부 인사를 드립니다.

안녕히 계십시오.

O. R. 에비슨

세브란스의 경상예산에 스코필드 의사가 교수로 더 쉽게 즉시 올 수 있게 하는 데에 필요한 예산 1,250불가량을 미리 책정하여 곧 통과시킬 예정인데, 이곳에 있는 당신의 선교회가 그 항목들을 위한 지급금을 당분간 삭감하겠다는 제안을 함으로써 재정적인 결핍을 초래하게 되어 크게 유감입니다. ORA

출처: PCC & UCC

OFFICE OF THE PRESIDENT

O. R. AVISON, M. D.

# Chosen Christian College

Seoul, Chosen

CO-OPERATING BOARDS
PRESBYTERIAN CHURCH IN THE U. S. A.
METHODIST EPISCOPAL CHURCH
METHODIST EPISCOPAL CHURCH, SOUTH
PRESBYTERIAN CHURCH IN CANADA

September 2nd, 1922.

Dr. R. P. Mackay,
Secretary, Board of Foreign Missions,
Presbyterian Church in Canada,
Toronto, Canada.

Dear Dr. Mackay,

Your letter of July 11 came duly to hand. Mr. Armstrong has no doubt informed you of the action of the Council assigning Dr. Schofield to Severance again. We have no definite word as to when he will sail, and would appreciate some definite information on that score.

Regarding an agriculturist for the Chosen Christian College, in view of the difficulty we are experiencing in carrying on the three departments on the appropriations which the various Boards are making, we feel that we should not reopen the Agricultural Department until we can get more money from the various Boards for the present current budget purposes, or the revenue from the student body becomes much larger. We discussed this matter fully with Mr. Armstrong, and we told him that the $2,000 we were receiving from your Board in lieu of a teacher was really of more advantage to us at the present moment than a man would be. He stated his opinion that it would be easier for your Board to make this contribution than to send out a man. If your Board is agreeable, I would suggest that the matter remain that way until you hear from me again. The newspaper reports of the General Assembly say that a special compaign to raise $350,000 will be undertaken this winter to clear off the deficits, and we sincerely trust that your financial anxieties will be relieved.

With kind regards to Mr. Armstrong,

Very sincerely,

O. R. Avison

I greatly regret the financial necessity which causes your Council here to suggest the cutting off for the present of the [illegible], amounting to some $1250.00 from the Current Budget of Severance to make it easier for Dr Schofield to come at once [illegible] the necessity will soon pass away.
ORA

## 31. 노스가 에비슨에게

1922년 9월 5일

O. R. 에비슨 박사,

서울, 한국.

나의 친애하는 에비슨 박사님,

한국의 미션계 대학들과 중학교들이 처한 상태를 설명한 당신의 소중한 보고서를 주의해서 읽었습니다. 그리고 현재의 교육 상황을 명료히 잘 이해할 수 있게 분석한 당신께 가장 먼저 감사하기 위해 편지를 쓰고 있습니다. 당신의 보고서가 주의 깊게 읽힌다면, 이곳에 있는 두 종류의 집단, 곧 총독부가 미션계 학교들과 대학들의 가치를 인정하여 그 학교들이 바라는 기회를 허용해줄 것이란 신념을 참을성 있게 견지한 사람들과 성경을 가르치게 하신 [주님의] 명령을 엄격하게 해석하는 또 다른 사람들에게 가장 잘 설명해줄 것이라고 확신합니다. 그래서 나는 일본 당국으로서는 틀림없이 외국풍의 종교적 관념이라고 여길 것에 총독부가 흥미를 느껴서 일본 교육제도의 모델과 프로그램에서 돌아서도록 설득될지도 모른다는 희망을 품습니다. 당신이 준비하느라 틀림없이 많은 시간을 들였을 그 보고서로 인해 당신께 진심으로 감사하는 이유가 이것입니다. 이것은 우리 선교부의 해외 선교지 교육·문헌과에서 가장 소중한 참고문헌이 될 것입니다.

행운을 빌며,

안녕히 계십시오.

FMN[F. M. 노스]

출처: UMAC

TRANSFERRED

803-1

September
Fifth
1 9 2 2

Dr.O.R.Avison,
Seoul, Korea.

My dear Dr.Avison:-

I have read with care your valuable statement concerning the status of Mission colleges and Middle Schools in Korea, and write at my earliest opportunity to thank you for the clear and comprehensive analysis of the present educational situation. I am sure that if carefully read your statement will be most illuminating to both groups here, those who have cherished the convictions that by patience the Government will come to a recognition of the value of the Mission Schools and colleges and will yield to them the opportunity which they desire, and the other, which interprets strictly the commission for Bible teaching and I assume entertains the hope that the Government may be persuaded to turn aside from the models and the program of the Japan educational system, in the interest of what the authorities of Japan must regard as a foreign and sectarian ideal. This is to thank you heartily for the paper which has doubtless cost you no little time for its preparation. It will be a most valuable reference paper in our Board's Department of Education and literature in the Foreign Field.

With best wishes,

Yours cordially,

FMN
RA

## 32. 연희전문학교 이사회 교장 보고서

연희전문학교

이사회에 대한 교장의 보고서, 1922년 9월 21일

이번 회의는 우리 대학의 역사상 신기원을 이루고 있습니다. 그 이유는 북장로회 선교회에서 공식적으로 지명받은 사람들이 처음으로 우리와 함께 있기 때문입니다. 그들을 선출해주도록 여러분께 권고합니다. 우리는 또한 남감리회 선교회가 기부금을 연 3천 불로 올리고 두 번째 선교사 교수를 임명함으로써 전부협찬(全部協贊)의 단계에 이른 것으로 인해 기뻐합니다. 그들은 지금 우리 이사회에 4명의 이사를 둘 자격을 갖고 있습니다.

본교와 협력하는 선교회 네 곳 가운데 세 곳이 지금 이 단계에 있고, 네 번째 선교회는 지금 이사회에 2명의 이사를 둘 자격을 갖게 하는 일부협찬(一部協贊)의 요건을 채우는 것에 상응하는 기부를 하고 있습니다.

우리 이사회는 한국인 이사들을 보강하는 문제를 검토해왔습니다. 이사회에서 이제까지 선출직 이사들을 선출해왔는데, 현재 한국인 5명과 일본인 2명이 있습니다. 나는 우리가 한국인의 수를 6명으로 늘리고 다음과 같은 단체의 인사들을 이 자리에 모실 것을 제안합니다.

| 동문회 | 1명 |
|---|---|
| 조선예수교장로회 총회 | 2명 |
| 미[북]감리회 조선연회 | 1명 |
| 남감리회 조선연회 | 1명 |
| 우리 학교 이사회 | 1명 |

일본인 고문들은 우리가 당분간은 일본인 선출직 이사들을 뽑는 방법을 바꾸지 말아야 한다고 판단하고 있습니다.

여러분은 시설들의 건축 과정을 직접 볼 것입니다. 한 층만 남은 언더우드관 타워의 공사가 완료될 것이고, 그 건물 지붕의 대들보가 사실상 모두 설치되어 기와를 덮을 준비를 마쳤습니다. 아마도 이번 건축 시즌을 마칠 때쯤에는 건축업자가 공사를 거의 끝낼 것이고, 1923년 4월에는 그 건물에서 수업할 수 있게 될 것입니다. 이학관은 이미 지붕을 올렸고, 또한 이번 시즌 안에 건축업자가 공사를 끝낼 것입니다. 하도급 업자들의 일부는 북감리회 선교부로부터 돈을 받을 때를 맞추어 일을 끝내려고 지연시킬지도 모릅니다. 이학관 건축기금의 잔금이 1923년 6월 전까지 현지에 도착하지 않을 수도 있기 때문입니다.

이 두 건물에 설치하기 위해 미국에서 실어 올 장비들을 주문할 때 빚어진 오해가 운송을 지연시켜 배관과 난방 장비의 설치가 내년 4월까지 끝나지 않을 수 있습니다.

기숙사는 봄학기 개강 때 입사할 수 있을 만큼 공사가 완전히 끝나지 않아 농업관이 예전처럼 숙소로 사용되었습니다. 그러나 여름 동안 하기 교원강습회에 참석한 사람들이 기숙사에서 지냈고, 이번 학기에는 학생들이 그곳을 차지하고 있습니다. 나는 이 건물을 남감리회 선교회에서 기증한 것으로 여기도록 권고하고, 그 선교회에 그 건물의 이름을 짓고 조만간 거기에 설치할 기념현판에 새길 문구를 제공해달라고 요청해야 할 것이라고 권고합니다.

스팀슨관의 현판을 위해 제안받은 문구는 여러분께 영어와 한자로 제출될 것입니다. 그것을 승인받으면 그 일의 집행을 위해 미국에 알릴 것입니다. 매사추세츠 주 피츠필드의 제일감리교회(First Methodist Episcopal Church)와 언더우드(J. T. Underwood) 씨께 그들이 기부한 건물들의 현판 문구를 제시해달라고 요청해 놓고 있습니다.

다섯 번째 외국인 사택이 거의 완공되었고, 일주일 이내나 그즈음에는 베커 학감이 입주할 것입니다. 일본인 교수 다카하시 씨의 사택은 공사가 잘 진행되고 있습니다. 부지 안에서 거주해야만 하는 낮은 직위의 교원들이나 사무직원들을 위한 여섯 채의 멋진 집이 모범촌에서 지어지고 있습니다. 이 집들은 10월 1일쯤에는 입주할 준비가 끝날 것입니다. 종업원들의 추가 숙소들을 짓는 건축업자의 계약도 낙찰되었습니다. 더 많은 도로, 하수시설, 급수시설 등을 위한 공사가 여름 동안 진행되고 있습니다.

지금 진행 중인 공사가 끝나면 이제 곧 받을 기금이 사실상 다 고갈될 것입니다. 외국인 교수의 소형 사택 한 채를 짓기 위해 러셀 세이지 부인의 유산(Mrs. Russel Sage Legacy)에서 주는 5천 원에서 7천 원의 나머지 금액이 올 것입니다. 가능하면 다음 건축 시즌에는 우리가 중앙난방시설, 조명시설, 전력시설 공사를 해야 합니다. 이 공사들은 본관 건물들을 겨울 동안 사용할 수 있게 하기 위해 필요합니다. 언더우드관과 이학관을 위한 기금에는 이런 시설을 하는 비용이 포함되어있지만, 나머지 건물들의 경우에는 일반 기금을 써야 하는데, 그 돈을 마련할 길을 아직 찾지 못하고 있습니다. 이 시설을 하는 데에 처음에 들어갈 비용은 2만 5천 불로 추정되고 있습니다.

향후의 용처를 위해 유일하게 약정받은 돈은 캐나다장로회 선교회가 주는 2만 5천 불인데, 언제 그 돈을 받을지를 알 수 없습니다. 3만 불은 북감리회 선교부가 채플 건물을 위해 책정한 것입니다. 앤드류 씨와 루카스 씨와 캐나다장로회 측에서 보낼 교수를 위한 사택들도 더 필요합니다. 현재와 미래의 한국인 교수들을 위한 사택들도 필요합니다. 모범촌, 운동장, 체육관을 조성하고 더 많은 기숙사와 식당 한 채를 위해 더 많은 기금을 투입해야 합니다. 땅값이 아직 비교적 쌀 때 땅을 더 사기 위한 기금이 긴급히 필요합니다. 캠퍼스 부지, 도로, 급수시설, 하수시설 등의 개발을 위해 더 많은 돈을 사용해야 합니다. 우리는 이사회가 자본금과 경상예산을 위해 더 많은 돈을 얻을 수단을 강구하기를 희망합니다.

히치 씨를 본 대학의 교수로 임명하고 그에게 과와 업무를 배정하는 일을 교수회에 위임하도록 권고합니다.

봄학기에 가장 많은 학생이 등록하여 130명이 학비를 냈습니다. 이번 학기에도 130명이 출석하고 있습니다. 마운트 허먼스 남학교(Mr. Herman's Boys' School)와 오하이오 웨슬리안 대학(Ohio Wesleyan University)을 졸업하고 오하이오 주립대학(Ohio State University)에서 수학석사 학위를 받은 이춘호 씨가 우리 교수 인력에 추가되었습니다. 그는 9월 1일부터 수물과에 합류하였습니다. 한국어를 잘하는 히치(J. W. Hitch) 씨도 남감리회 선교회에 의해 본 대학에 배정되어, 그들이 전부협찬의 지위에 올랐습니다. 교수진은 지금 외국인 교수 8명, 일본인 교수 1명, 한국인 교수 3명과 조교수 4명으로 구성되어 있습니다. 그 외에 7명의 조수들과 시간강사들이 있습니다.

본 대학은 현재 문과, 상과, 수물과의 세 과를 운영하고 있습니다. 설립인가서는 신과, 농과, 응용화학과의 세 과를 더 운영하도록 허가되어 있습니다. (교수회는) 세 과를 계속 운영해서 성공시키거나 학비 또는 다른 현지 재원에서 얻은 수입으로 대학이 더 폭넓은 프로그램을 운영할 수 있게 될 때까지는 현재의 세 과만 운영하는 정책을 써야 한다고 판단하고 있습니다. 우리는 그동안 교수진을 더 잘 구축하고 단체정신을 계발하며 우리의 입지를 널리 강화하도록 열심히 봉사할 수 있습니다.

캐나다장로회 선교부에서 농업 교수를 물색하고 있습니다. 방금 만든 정책을 따르게 되면 앞으로 몇 년 동안은 농업 교수가 올 필요가 없어집니다. 그러나 상과의 인력을 강화할 필요가 있습니다. 그래서 캐나다장로회 선교부에 상업과목을 가르칠 자격이 있는 좋은 사람을 찾아달라고 강력히 권고하여 이 과를 다른 두 과의 수준으로 올리려고 합니다.

그동안 캐나다장로회 선교부에서 교수 한 명을 대신하여 보내는 돈이 우리 경상예산에서 큰 적자가 나지 않게 우리를 구해주고 있습니다. 만일 경상수입을 다른 방법으로 늘릴 수 있을 때까지 그 선교부가 상주(常住)하는 선교사의 임명을 늦추도록 신경을 써준다면, 교수진에 캐나다 측을 대표할 교수가 없어서 유감이기는 하지만, 많은 혼란을 피하게 될 것입니다.

(이상의 편지를 쓰는 동안 전보가 왔는데, 캐나다장로회 선교부가 농업 교수를 보낼 준비가 되었다고 말하고 우리에게 그의 임명을 승인하는지를 물었습니다. 이 일로 우리는 의문을 품게 됩니다.) 그들이 사람을 찾는 데에 꽤 오랜 시간이 걸렸습니다. 그가* 도착하면, 그 후부터 언어를 익히고 한국과 일본의 농업에 대한 내부지식을 얻으며, 이 분야에서 한국에 필요한 것을 알고 미국식 방법으로 지금의 한국식 방법을 가장 잘 보완하는 방법을 아는 데에 꽤 긴 시간이 걸릴 것입니다. 그가 그런 방법을 알아 이 힘든 분야를 세울 자격을 가졌다는 확신을 주면 사람들이 그를 거절하기를 망설일 것입니다.

더 나아가 그러는 동안 그는 이미 운영되고 있는 과들에서 교수 인력을 보충하기 위해 쓰임을 받을 수 있습니다. 우리가 망설이는 유일한 이유는 캐나다장로회 선교부가 교수 한 명의 봉사를 제공하는 대신 지급하는 연 4천 원이 우리에게 어떤 큰 적자를 내지 않고 사역을 수행하도록 도움을 준다는 것입니다.

그러므로 나는 우리가 전보로 다음과 같이 답변하자고 제안합니다.

> 우리가 보낸 편지를 당신이 받기 전까지는 농학자를 붙들어두시오.

우리 재원이 적은 것에 대해 말하는 동안, 이학관을 짓고 있는 피츠필드 교회에서 보낸 편지에서 인용한 글을 읽는 순간, 여러분도 느끼겠지만, 우울함을 뚫고 원기를 북돋우는 한줄기 광선이 빛을 발하였습니다. (그 과의 운영비를 후원하겠다고 약속한 것과 그 돈을 보내어 검열을 앞두고 있다고 한 것을 읽어보십시오. 또한 [그 교회의 목사] 케네디

* 이 부분의 원문은 "after the arrives"인데, 여기에서 'the'는 'he'의 오타인 것으로 생각된다.

(Kennedy) 씨가 가장 최근에 보낸 편지도 읽어보십시오.) 그 교회에 감사의 말씀을 드릴 것을 이사회에 제안합니다.

안녕히 계십시오.

(서명함) O. R. 에비슨

교장

출처: PHS

1426-2

CHOSEN CHRISTIAN COLLEGE

REPORT OF PRESIDENT TO FIELD BOARD OF MANAGERS, September 21, 1922.

This meeting marks an epoch in the history of our College because we have with us for the first time the official nominees of the Northern Presbyterian Mission. I recommendto you their election. We are pleased also because the Southern M. E. Mission has taken up full cooperation by increasing it s contribution to $3000.00 per year and appointing a second missionary professor. They are now entitled to have four members on this Board.

Three out of the four cooperating Missions are now on this basis and the fourth is now contributing the equivalent of the requirement for partial cooperation which entitles them to two members on the Board.

We have had under consideration the problem of strengthening the Korean element on this Board. Hitherto the Board has itself selected the coopted members of whom there are at present 5 Koreans and 2 Japanese. I suggest that we increase the number of Koreans to six and that nominees for these positions be invited from the following bodies:

| | |
|---|---|
| Alumni Association | 1 |
| General Assembly Presbyterian Church | 2 |
| Conf. M. E. Church N. | 1 |
| " " " S. | 1 |
| This Board | 1 |

It is the judgment of our Japanese advisers that we should for the present not change the method of selecting Japanese coopted members.

You will have seen for yourselves the progress that is being made in the construction of the plant. There remains but one storey of the tower of Underwood Hall to be completed, the roof timbers of the structure being practically all in place for tiling. The contractor will probably finish most of his work by the close of the present season, and the building may be ready for classes in April 1923. Science Hall is already roofed in and the contractor should finish his work this season on this building also. Some of the subcontracts may be held up to synchronize with the receipt of funds from the Northern Methodist Board as the balance of the grant for Science Hall may not reach the field before June 1923.

There has been a delay through misunderstanding of an order in getting the equipment for those two buildings shipped from the United States so that the installation of the plumbing and heating equipment may not be done until later that next April.

The dormitory was not quite completed for occupation at the opening of the spring term, so that the Agricultural building was used for housing the students as before. During the summer, however, those who attended the summerconference for teachers occupied the Dormitory and the students have taken possession this term. I recommend that this building be considered as the contribution of the Southern Methodist Mission, and that that Mission should be requested to name the building and to suggest a wording for the memorial tablet which will be provided for it in due course.

A suggested wording for the tablet for Stimson Hall will be submitted to you, in English and Chinese characters, which if approved will be sent to America for exedution. The First Methodist Episcopal Church of Pittsfield, Mass., and Mr. J. T. Underwood are being asked to suggest a wording for the tablets for their respective buildings.

The fifth foreign residence is almost completed, and will be occupied by the Dean, Dr. Becker, within a week or so. The residence for the Japanese professor, Mr. Takahashi, is well advanced. Six attractive houses, which are intended for the junior teachers or for members of the office staff who should reside on the grounds, have been built in the Model Village. These should be ready for occupancy about the first of October. A contract for additional servants' quarters has also been let. More roads, drains, waterworks, etc., have been constructed during the summer.

The completion of the work now under way will exhaust practically all of the funds that are in immediate prospect. There will be from ¥5000 to ¥7000 left from the Mrs. Russell Sage Legacy towards the building of a small foreign residence. We must undertake next season, if at all possible, theerection of the central heating, lighting and power plant, which is required in order to make the main group of buildings usable during the winter. The funds for Underwood Hall and Science Hall provide for their proportion of the cost on constructing this plant but the remainder will have to come from general funds which are not yet all in sight. The first unit of this plant is estimated to cost $25,000.00.

The only funds pledged for future use are $25,000 by the Canadian Mission, the time of payment of which is indefinite; and the $30,000 earmarked by the Northern Methodist Board for the chapel building. Residences are still required for Mr. Andrew, Mr. Lucas, the Canadian teaching representative, and the second Southern Methodist teacher. Houses are also needed for the Korean professors of the present and future. More funds should be invested in the developmentof the Model Village, the athletic field and gymnasium, and the erection of more dormitories a d the dining hall. Funds are urgently xxxxxx wanted to purchase additional land while land values -- which have gone up greatly since the College site was acquired -- are yet comparitively low. Considerable money must still be spent on the development of the site, its roads, waterworks, drains etc. We hope the Board will devise some means of securing more money for Capital Funds and more for the Current Budget.

*I recommend that Mr. Hitch be appointed to the Faculty of the College and his department and assignment of work be referred to the Faculty.

Our largest registration of students was during the spring term when 130 paid fees. This term also, 130 are in attendance. Our teaching force has been added to in the person of Mr. Ye Choon Ho, a graduate of Mr. Herman's Boys' School and Ohio Weslegan University and M.A. of Ohio State University in Math., who has joined the Mathematics and Physics Departments from September first. Also Rev. J. W. Hitch who has a fine knowledge of the Korean language, has been assigned to the College by the Southern Methodist Mission raising them to the status of full cooperation. The teaching staff now consists of eight foreign professors, one Japanese professor, three Korean professors and four associate professors. In addition there are 7 junior assistants and lecturers. *

The College at present is operating three departments, Literary, Commercial, and Applied Mathematics and Physics. Its charter permits it tp conduct three more -- Bible, Agriculture and Applied Chemistry. It is the judgment (of the Faculty) that it should be the policy to carry on only the present three departments successfully or until revenue from tuition or other local sources enables the College to carry on a wider program. We can well employ ourselves in the interval in further building up our faculty, developing esprit de corps, and consolidating our position generally.

The Canadian Board has been on the lookout for an agricultural teacher. If the policy just outlined should be followed, an agricultural teacher would not be required for several years to come. The Commercial Department, however, needs reinforcing, and I would strongly recommend to the Canadian Board that it find a man qualified to teach Commercial subjects and so bring this department up to the level of the other two.

- 3 -

In the meantime the money which the Canadian Board is paying in lieu of a teacher is saving us from a large deficit in current budget, and if that Board cares to defer the appointment of a resident teacher until the current budget revenues can be otherwised increased, much embarrassment will be avoided, although we regret the absence from the Staff of a Canadian representative.

(Since writing the above a cable has come saying the Canadian Board has an agriculturist ready to send and asking whether we approve his appointment. This brings the question before us definitely.) It has taken so long for them to find a man and after the arrives it will take so long for him to get the language and gain an inside knowledge of Korean and Japanese agriculture, Korea's need in this line and how best to supplement present Korean methods by American methods that one hesitates to turn the man down if we are sure that he has the qualifications for building up this difficult department.

Furthermore he can be used in the intervening period for supplementing the teaching forde in the already running deaprtments. Our only reason for hesitating is the help of the ¥4000 per year being paid by the Canadian Board in lieu of a teacher's services is giving us in carrying on the work without any great deficit.

I therefore suggest that we cable in reply:-

"Hold agriculturist until you receive our letter."

In speaking of the smallness of our resources, one cheering beam shines through the gloom as you will perceive when I read a quotation from the correspondence from the Pittsfield Church which is building Science Hall (Read promise to support the cost of that Department and pass it around for inspection. Also the latest letter from Mr. Kennedy) I suggest that the Board sendto that Church a word of appreciation.

Respectfully submitted.

(Signed) O. R. Avison

President.

## 33. 연희전문학교 교장, 학감, 자산위원회의 협력이사회 제출 보고서 발췌문

현지 이사회에 제출한

**교장, 학감, 자산위원회 보고서들의 간단한 발췌문, 1922년 9월 21일**

연희전문학교

### I. 교장 보고서

[연희전문에] 협력하는 네 선교회 가운데 세 곳이 전부협찬의 단계에 있는데, 남감리회 선교회는 기부금을 연 $3,000로 올리고 3명의 선교사 교수를 임명하였으며, 네 번째 선교회는 일부협찬을 위해 필요한 것을 기부하고 있습니다.

교장은 이사회가 뽑은 현재의 선출직 이사 한국인 5명과 일본인 2명 대신 그들의 수를 한국인 6명으로 늘리고 이 이사 자리를 위해 다음의 단체들에서 지명받은 사람을 초빙할 것을 제안하고 있습니다.

| 대학 동문회 | 1명 |
|---|---|
| 조선예수교장로회 총회 | 2명 |
| 미[북]감리회 조선연회 | 1명 |
| 남감리회 조선연회 | 1명 |
| 이사회 | 1명 |

일본인 자문들의 판단은 일본인 선출직 이사의 선출방식을 지금은 바꾸지 말라는 것입니다.

시설들의 건축은 다음과 같이 진행되고 있습니다.

1. 언더우드관 - 거의 끝나서 1923년 4월에 수업할 준비를 마쳤습니다.
2. 이학관 - 거의 끝나서 역시 이번 학기를 위한 준비를 마쳤습니다.
3. 기숙사 - 봄학기에는 입주할 준비를 하지 못하였지만, 하기 강습회 때 교사들을 수용하였고, 이번 학기에 학생들을 수용하고 있습니다. 권고안: 이 건물을 남감리회 선교회에서 기부한 것으로 여기고, 그들은 이 건물을 명명하고 기념현판의 글귀를 작성

해야 할 것입니다.

4. 다섯 번째 외국인 사택 - 일주일 이내나 그즈음에 학감(A. L. Becker)이 입주하도록 준비되어 있습니다.
5. 일본인 교수의 사택 - 건축이 잘 진행되고 있습니다.
6. 낮은 직위의 교원들이나 사무직원들을 위한 사택 6채 - 모범촌에 지어서 1922년 10월 1일 입주할 준비를 마쳤습니다.
7. 추가로 짓는 종업원 숙소 - 계약이 낙찰되어 계약하였습니다.

지금 진행 중인 공사가 끝나면 곧 받게 될 모든 기금이 거의 바닥날 것이고, 조그만 외국인 사택 1채를 지을 5천 원에서 7천 원(세이지 유산에서 남은 것) 정도만 남을 것입니다. 향후의 용처를 위해 약정받은 유일한 기금은 캐나다장로회 선교회에서 준 2만 5천 불(지급 시기는 불명확함)과 북감리회 선교부에서 준 3만 불(채플 건물을 위해 지정됨)입니다.

<u>필요한 건물들과 기금:</u>

1. 중앙 난방시설(겨울철에 건물들을 사용할 수 있게 하기 위해 이 시설이 필수적입니다). 언더우드관과 이학관의 건축기금에는 그런 시설을 위한 비용이 들어있습니다.
2. 앤드류 씨, 루카스 씨, 캐나다장로회를 대표하는 교수, 그리고 남감리회를 대표하는 두 번째 교수를 위한 사택들.
3. 현재와 미래의 한국인 교수들을 위한 사택들.
4. 모범촌의 계발.
5. 운동장과 강당.
6. 더 많은 기숙사들.
7. 식당 건물.

땅값이 아직 비교적 쌀 때 땅을 추가로 살 기금이 필요합니다. (대학부지를 마련한 후에 [이 일대의] 땅값이 크게 올랐습니다)

부지, 도로, 급수시설, 하수시설 등등의 개발을 위해 여전히 많은 돈을 써야 합니다.

대학 등록생과 교직원

봄학기 기간의 등록생 - 130명이 학비 납부.

가을학기 기간의 등록생 - 약 130명이 출석.

교직원의 현황은 다음과 같습니다.

외국인 교수 - 8명.

(히치⟨J. W. Hitch⟩ 목사가 남감리회 선교회에 의해 본 대학에 배정되었습니다.)

일본인 교수 - 1명.

한국인 교수 - 2명.

(마운트 허먼 보이스 스쿨⟨Mt. Herman Boy's School⟩과 오하이오 웨슬리안대학교⟨Ohio Wesleyan University⟩를 졸업하고 오하이오 주립대학교⟨Ohio State University⟩에서 수학 전공으로 석사학위를 받은 이춘호 씨가 수물과에 합류하였습니다.)

조교수들.

조수들과 시간강사들.

대학의 과들

현재 세 과—문과, 상과, 수물과—가 운영되고 있습니다. 설립인가서는 대학이 신과, 농과, 응용화학과의 세 과를 더 운영하도록 허가되어 있지만, 교수회는 대학이 다른 과들을 적절하게 운영할 수 있도록 본교를 후원하는 선교회들이 경상예산을 위한 충당금을 충분히 올려줄 때까지 현재의 세 과만 운영하는 정책을 써야 할 것이라고 판단하고 있습니다. 상과의 인력 보강이 필요한 까닭에 농과의 개설을 연기하고 상과를 위해 더 많은 노력을 기울이는 것이 최선이라고 생각되었습니다. 캐나다장로회 선교부가 교수 한 명을 보내는 대신 지급하는 돈이 경상예산으로 들어가서 대학을 많은 적자로부터 구해주고 있습니다.

## Ⅱ. 학감 보고서

학생 수에 대한 보고는 다음과 같습니다.

| 과 | 가을학기(명) | 지난 학기(명) |
|---|---|---|
| 문과 | 63 | 65 |
| 상과 | 43 | 45 |
| 수물과 | 21 | 21 |
| 계 | 127 | 131 |

가을학기 교원 보고:

| 수물과 | 과장: A. L. 베커 | 교원: 6명 (외국인 3명) |
|---|---|---|
| 문과 | 과장: B. W. 빌링스 | 교원: 10명 (외국인 5명) |
| 상과 | 과장: 백상규 | 교원: 9명 (외국인 3명) |

### Ⅲ. 자산위원회 보고

현재의 건축공사 실행 과정 - 교장의 보고서를 보십시오.

현재 진행 중인 다른 공사:

우물 두 곳이 함몰되었습니다. 하나는 전력실에서 사용하는 곳이고, 다른 하나는 지금 물을 펌프로 수조에 퍼 올려서 사용하고 있습니다. 모범촌에 지을 더 많은 집을 위해 물을 충분히 얻도록 현재의 공급능력을 높이고 있습니다. 도로: 지난번에 보고한 후로는 언더우드관 주변 도로의 위치를 일부 바꾼 것 외에 새로운 도로공사가 진행되고 있지 않습니다. 언더우드관과 이학관을 위한 가구들을 대학부지 안에서 제작하려 합니다. (이 일을 하려면 톱질을 하고 어쩌면 대패질도 하며, 목재를 말리고, 목재를 사기 위해 어떤 간단한 전력시설을 할 필요가 있습니다.) 이 계획은 한국인과 중국인 장롱 제작 업자를 쓰면서 학생들에게 돈을 벌 어떤 기회를 주기 위한 것입니다.

계획된 공사:

모범촌의 기혼학생들의 집 5채. (건축을 승인받았지만, 시작하지 않았습니다.)

운동장의 낮은 곳을 평평하게 고르는 일은 결과가 빨리 나기를 기다리고 있습니다.

동쪽 측면에서 흐르는 시내의 물길이 바뀌어 캠퍼스 북쪽에서 흘러드는 빗물에 대한 대비책을 세우고 약 2천 원의 견적을 냈으며, 그 일을 위한 지급금을 받았습니다.

언너우드관의 나락을 나음과 같이 사용할 예정입니다. 서쪽 설반은 도서관을 지을 때까지 도서관과 열람실로 쓰고, 동쪽 절반은 상과의 타자기 실습실로 쓸 예정입니다.

출처: PHS

FILING DEPT.
NOV 9 1922
608
SECRETARIES

To the Members of the Cooperating Committee from G. T. Scott.

BRIEF EXTRACTS FROM THE REPORTS OF THE
PRESIDENT, DEAN AND PROPERTY COMMITTEE
to the
FIEDL BOARD OF MANAGERS, SEPTEMBER 21, 1922

CHOSEN CHRISTIAN COLLEGE

## I. PRESIDENT'S REPORT.

Three of the four Cooperating Missions are on the basis of full cooperation, the Southern Methodist Episcopal Mission having increased its contribution to $3,000. per year and appointed a second missionary professor; the fourth Mission is contributing the requirement for partial cooperation.

The President suggests that instead of the present five Korean coopted members and two Japanese, selected by the Field Board, the number be increased to six Koreans and the nominees for these positions be invited from the following bodies:-

Alumni Association of the College ------1
General Assembly, Presbyterian Church---2
Conference, M. E. Church, North---------1
Conference, M. E. Church, South---------1
Field Board of Managers-----------------1

It is the judgment of Japanese advisers that no change in the method of selecting Japanese coopted members should be made at present.

The Progress on the Construction of the Plant is as follows:-

1. Underwood Hall -- almost completed, ready for classes in April, '23
2. Science Hall -- almost completed, ready this season also.
3. Dormitory -- not ready for occupancy at opening of spring term, but housed teachers at the summer conference, and is housing students during this term. Recommended:- that this building be considered as the contribution of the Southern Methodist Mission, which Mission should name the building and word the memorial tablet (to be provided)
4. Fifth Foreign Residence -- ready for occupancy by Dean ( A. L. Becker) within a week or so.
5. Residence for Japanese Professor -- well advanced.
6. Six Houses for Junior Teachers or Members of the Office Staff -- built in the Model Village and ready for occupancy, October 1, 1922.
7. Additional Servants' Quarters -- Contract has been let.

The completion of the work now under way will exhaust almost all of the funds that are in immediate prospect, except Y 5,000 to Y 7,000 (left by the Sage Legacy) to build a small foreign residence. The only funds pledged for future use are:- $25,000. by the Canadian Mission (time of payment indefinite and $30,000. by the Methodist Board, North (earmarked for the Chapel)

Buildings and Funds Needed:

1. Central Heating Plant (to make buildings usable for the winter, this is essential). Funds for Underwood Hall and Science Hall provide for their proportion of the cost of such a plant.
2. Residences for Mr. Andrew, Mr. Lucas, the Canadian representative, and the second Southern Methodist Professor.
3. Houses for Korean Professors of the present and future.
4. Development of Model Village.
5. Athletic Field and Gymnasium.
6. More Dormitories.
7. Dining Hall.

Funds are needed to purchase additional land while values (which have gone up greatly since the College site was acquired) are yet comparatively low.

Considerable money must still be spent on the development of the site, roads, waterworks, drains, etc.

Registration and Staff at the College.

Registration during spring term --- 130 paid fees.

Registration during this fall term --- about 130 in attendance.

Teaching staff at present is as follows:-

Foreign Professors - 8. (Rev. J. W. Hitch having been assigned to the College by the Southern Methodist Mission.)

Japanese Professor - 1.

Korean Professors - 2. (Mr. Ye Choon Ho, a graduate of Mt. Herman Boys' School and Ohio Wesleyan University and M.A. of Ohio State University in Mathematics, having joined the Mathematics and Physics Department.)

Associate Professors

Junior Assistants and Lecturers.

Departments of the College.

There are three departments - Literature, Commercial and Applied Mathematics - in operation at present. Although the Charter permits the College to conduct three more departments - Bible, Agriculture and Applied Chemistry - the judgment of the faculty is that it should be the policy of the College to carry on the present three departments only, until the supporting Missions raise the appropriations to current budget sufficiently to enable the other departments to be carried on adequately. As the Commercial Department needs reinforcing, it was thought best to postpone the opening of an Agricultural Department, and to concentrate more effort on the Commercial Department. The money which the Canadian Board is paying in lieu of a teacher is going into the current budget and saving the College from a large deficit.

II DEAN'S REPORT.

The Report of the number of students is as follows:-

| Department | Total for Fall Term | Total for Last Term |
|---|---|---|
| Literature | 63 | 65 |
| Commercial | 43 | 45 |
| Mathematics and Physics | 21 | 21 |
| Total | 127 | 131 |

## II. DEAN'S REPORTS (Cont'd)

Report for Fall Term Teachers:

| | |
|---|---|
| Department of Mathematics and Physics --- | Director, A. L. Becker<br>Teachers, six (3 foreign) |
| Department of Literature ---------------- | Director, B. W. Billings<br>Teachers, ten (5 foreign) |
| Commercial Department ------------------- | Director, S. K. Pack<br>Teachers, nine (3 foreign) |

## III. REPORT OF PROPERTY COMMITTEE.

Progress on present building operations - see President's Report.
Other work at present under way:-

Two wells have been sunk, one for use in the power house, the other to pump water into the cistern now in use and reinforce the supply now available so that it will be sufficient for the added houses in the Model Village. Roads:- except in the re-location of some of the road around Underwood Hall, no new road work has been undertaken since last report. Furniture for Underwood and Science Halls is to be manufactured on the site of the College. (This necessitates the installation of some simple power plant to run a saw and possibly a planer; a drykiln; the purchase of lumber) The plan is to use Korean and Chinese cabinet makers, and to give some opportunity to the students to work on the job.

Projected work:

Five units of Married Student's Homes for the Model Village (authorized, but not started)

The leveling off of the lower Athletic Field awaits the end of the early harvest.

Provision for the storm water from the upper Campus by the diversion of the stream on the East side has been planned and estimates for about Y 2,000. have been received.

Underwood Hall Attic to be used as follows:- West half for Library and Reading Room until the Library is built, East half for the typewriter and practice offices of the Commercial Department.

## 34. 세브란스연합의학전문학교 이사회 교장 보고서

세브란스연합의학전문학교

이사회에 대한 교장의 보고서

1922년 9월 21일

다음의 보고를 하게 되어 매우 만족스럽고 하나님께 감사합니다.

전문학교(새 교육령에 따른 전문학교 또는 컬리지)로 인가받기 위한 신청서를 지난 이사회 회의 직후에 작성하였는데, 아직 우리에게 인가가 나지는 않았지만, 우리는 지금 그것이 총독부의 업무처리 방식에 따라 으레 거쳐야 하는 과정의 최종 단계에 이른 것으로 알고 있고, 며칠 내에 그것을 받게 될 것으로 예상하고 있습니다.

우리 졸업생들이 총독부의 시험을 치지 않고 의료행위 면허증을 받게 해달라고 우리가 제출한 신청서는 아직 검토 중에 있습니다. 우리는 이 일이 승낙받을 것이라는 격려를 많이 받고 있기는 하지만 확실하게 보고할 수는 없습니다.

테일러(J. K. Rex Taylor) 의사가 약물학과 약리학 과목을 맡으러 와서 교수진이 강화되었습니다. 여러분께 그분을 소개하게 되어 매우 기쁩니다. 그를 우리 의학교의 약리학과 약물학 교수(직위 O)로 임명해주도록 여러분께 요청합니다. 그는 약학과의 모든 업무를 감독할 것입니다.

리딩햄(R, S. Leadingham) 의사가 남장로회 선교회에 의해 우리 의료기관에 재배정되었습니다. 그러므로 그를 본인이 맡아왔고 여전히 전문적인 실력을 갖추고 있는 병리학과 병리학 임상강의 교수(직위 O)로 임명해주도록 추천합니다. 그는 내년 어느 때가 되어서야 한국에 돌아올 수 있습니다.

캐나다장로회 선교회의 스코필드(F. W. Schofield) 의사가 그의[캐나다장로회] 선교회에 의해 세브란스로 다시 임명되었으므로 여러분께 그를 다시 세균학과 위생학 교수(직위 A)로 임명해주도록 추천합니다. 우리는 그가 현지로 빨리 돌아오기를 기대하고 있습니다.

교수회는 다음과 같이 안식년을 갖도록 권고하였습니다.

스타이츠(F. K. Stites), 1923년 6월부터 1925년 8월까지

오웬스(H. T. Owens), 1923년 7월부터 1924년 8월까지

스코필드 의사가 돌아오면 곧바로 브러프(Bruff) 의사가 내과 교수(직위 ○)가 되어 스타이츠 의사와 함께 일할 것입니다. 그러면 교수회는 스타이츠 의사가 안식년으로 떠나기 전에 그의 봉사를 몇 가지 방면에서 활용할 수 있을 것입니다. 스타이츠 의사가 떠난 후에는 브러프 의사가 그 과를 운영할 수 있습니다.

맥라렌(C. I. McLaren) 의사가 호주장로회 선교회에 의해 세브란스에 전임 사역으로 배정되었습니다. 그는 내년 봄 서울에 와서 살게 될 것입니다. 이사회가 그를 신경정신과 의사(직위 A)로 임명해주도록 추천합니다.

노튼(A. H. Norton) 의사가 내년 2월 뉴욕에서 학업을 끝낼 것이므로 1923년 4월의 학교 개강에 맞추어 돌아올 수 있습니다. 여러분께 그를 안과의 교수(직위 ○)로 임명해주도록 요청합니다.

홍석후 의사가 9월 30일경에 뉴욕 의학대학원에서 이비인후과 과정을 마치고, 그 후에 한국으로 돌아올 것입니다. 그래서 우리는 10월 말이나 11월 초에 그가 도착할 것으로 예상할 수 있습니다. 그를 이과(耳科) 교수(직위 ○)로 임명해주도록 추천합니다.

그와 노튼 의사는, 각자 자기 분야를 우선 책임져야 하지만, 필요하거나 바람직한 분야에서 협력하여 일할 수 있습니다.

더글라스 에비슨(D. B. Avison) 의사가 북장로회 선교회의 6월 회의 때 세브란스로 배정되어 지금 소아과에서 일하고 있습니다. 그를 소아과 의사(직위 ○)로 임명해주도록 추천합니다.

화학, 물리학, 생물학은 지금 밀러 교수와 베커 교수가 연희전문학교 실험실들에서 가르치고 있고, 1학년생들이 매주 월요일과 화요일을 그곳에서 보내고 있습니다. 그들[밀러와 베커]을 이 과목들의 시간강사로 보고하고, 당국에 우리 대학의 정규 교원으로 그들의 이름을 적어서 보내기를 건의합니다.

산부인과 조교수 신필호 의사가 시카고의 유명한 더들리(K. C. Dudley) 부인과(婦人科) 의사 밑에서 2주간의 특별과정을 밟기 위해 북경으로 파송되었습니다. 우리 교직원이 전공 분야에서 자기를 개발할 기회가 생길 때 학교 기금을 사용하는 것을 이사회가 승인해 줄 것이라고 확신합니다.

우리 조수들 가운데 몇 사람이 바뀌었습니다. 1919년 졸업한 이용설(Y. S. Lee) 의사가 북경협화의학원 부속병원(록펠러)의 외과에서 2년을 보낸 후, 8월 1일 우리 교수진에 전공 분야 조수로 돌아와서, 러들로 의사 밑에서 고[명우] 의사와 함께 일하고 있습니다.

1914년 졸업한 윤진국(C. K. Yun) 의사가 중국의 미션계 병원들과 의학교에서 다양한 경력을 쌓은 후 8월에 우리에게 와서 세균학 강의를 돕고 있습니다. 1919년과 1921년 졸업한 김기반(K. P. Kim) 의사와 유영호(Y. H. Yu) 의사는 북경협화의학원 부속병원에서 1년간 보냈고, 지금은 내과와 해부학 강의를 돕고 있습니다.

반버스커크(J. D. VanBuskirk) 의사가 9월 6일 안식년을 마치고 돌아왔고, 그가 맡은 생리학과 생화학 과목들이 이미 새로운 활력을 보여주고 있습니다. 그가 학감의 책임을 벗은 것은 그의 교육사역의 질을 높일 수 있게 해주고 그의 과가 모호한 병증을 더 확실히 진단할 수 있게 해줄 것입니다.

사이토 씨를 체육과목 전임강사로 확보하였습니다.

유석우 씨를 대학교 서기로 임명하였습니다.

장집 씨가 종교와 사회[봉사] 사역의 감독 자리에 임명되었고, 교원회(a committee of teachers)[우애회?]의 회장이 그 사역을 관장하고 있습니다. 이미 개선되고 있는 증거들이 나타나고 있는데, 우리는 결과가 뚜렷이 드러나기를 희망합니다.

앞서 열린 이사회 회의 때 나는 반버스커크 의사가 없던 기간에 오긍선을 학감 대리로 임명하였다고 보고하였습니다. 오 의사의 사역이 매우 만족스러워서 반버스커크 의사와 전체 교수회의 진심어린 동의를 받아 그에게 학감직을 완전히 맡도록 요청하였습니다. 그는 많이 망설인 후 마침내 그렇게 하기로 동의하였습니다. 여러분도 모두 오 의사를 이 직위에 임명하는 것에 대해 나와 함께 기뻐할 것이라고 확신합니다. 우리는 책임과 권한을 우리의 한국인 동료들에게 이관하는 과정을 시작하고 있습니다. 이 일은 우리가 처음 시작할 때부터 목표로 삼았던 것입니다. 홍[석후] 의사에게 정교수직을 부여한 것은 같은 방향에서 한 걸음 더 나아간 것입니다. 우리 교수진에 속한 다른 이들도 조만간 비슷하게 승진하리라는 확신을 우리에게 주는 방향으로 발전하고 있다고 말할 수 있어서 기쁩니다.

간호업무 분야에서 외국인 교직원이 아직 4명밖에 없습니다. 6월에 인력의 변동이 있었는데, 그때 폭스(Fox) 양이 영(L. Young) 목사와 결혼하였고, 그래서 영(M. Young) 양이 그녀의 자리를 맡았습니다. 우리에게 5명의 유능한 한국인 졸업간호사들이 있는데, 그들은 신실한 조력자들이고 그들 가운데 몇 명은 정당한 방식에 따라 교원이 되고 마침내 업무 감독이 되었습니다.

최근에 조선예수교장로회 총회에서 세브란스의 사역을 그들에게 설명하기 위해 발언을 했는데, 그때 다음과 같이 진술하였습니다.

| 병원 | |
|---|---|
| 병상 | 90개 |
| 더 필요한 병상 | 250개 |
| 지난해 환자 | 2,766명 |
| 개원 일수 | 29,388일 |
| 무료환자 | 총 환자수의 1/3 |
| 외국인 환자 | 117명 |
| 수술 | 3,503회 |
| 수입 | -- |

| 약국 | |
|---|---|
| 약국 진료 환자 | 67,484명 |
| 무료환자 | 사실상 총 환자의 1/3 |
| 약국 수입 | -- |

| 종사자 | | |
|---|---|---|
| 의사, 간호사, 교원 이상 | | 150명 |
| 봉급 평균 | | 월 25~180원 |
| 의사, 교원 | 남자 선교사 | 17명 |
| | 일본인 | 6명 |
| | 한국인 | 18명 |
| | 총 | 41명 |
| 봉급 총액 (선교사 봉급 제외) | | 월 5,000원 이상 |

| 수입과 지출(¥) | |
|---|---|
| 지난해 전체 지출(선교사 봉급 포함) | 235,938 |
| 병원 사역 수입 | 100,000 |
| 미국과 캐나다로부터의 수입 | 135,938 |

| 의사와 간호사 | | |
|---|---|---|
| 졸업한 의시 | | 113명 |
| 간호사 | 교직원 | 42명 |
| | 외국인 | 4명 |
| | 한국인 | 5명 |
| | 학생 | 28명 |
| | 총 | 37명 |

본 의료기관은 계속 발전하고 있습니다. 올 회계년도의 5개월 동안 약국은 지난해의 같은 기간보다 진료는 7,115건이 늘었고, 그 가운데 5,621건이 무료로 이루어졌습니다. 약국 수입은 1,620.90원의 증가를 보여주고 있습니다. 병원에서 유료환자는 22명이 늘었고, 무료환자는 53명이 늘었는데, 수입은 지난해의 그것보다 2,930.78원이 늘었습니다. 이 두 부서만 합치면 수입이 4,551.68원으로 늘었습니다.

우리의 최종 연례보고서를 분석하면 병원 외에 수입을 내는 모든 부서가 자급하고 있는 것을 보여주고 있습니다. 외국인 교수들의 봉급을 넣어서 계산하더라도 그렇습니다. 병원을 감독하는 맨스필드 의사의 지도 아래 병원의 치료비 수입이 늘고 있습니다. 그러므로 모든 부서에서, 외국인 교수들의 봉급을 넣고 산정하더라도, 병원의 수입과 지출이 올해 말에 또는 적어도 내년 안에는 균형을 이룰 것이 아주 확실해 보입니다.

지난 4월 26명의 신입생을 의학교에 받아들여서 지금 등록생의 수는 다음과 같습니다.

| | 1학년(명) | 2학년(명) | 3학년(명) | 4학년(명) |
|---|---|---|---|---|
| 봄학기 | 16 | 15 | 11 | 6 |
| | 25 | 15 | 11 | 6 |

그리하여 현재 의학생은 총 57명이 됩니다.

우리는 올해, 지금까지 학교가 지내온 중에 최고의 교수진과 시설을 갖추고 있습니다. 12명의 외국인 교수가 근무하고 있는 것과 더불어 교수회에 5명의 한국인 교수가 있고 여러 전임강사와 시간강사가 있습니다.

간호부양성소는 다음과 같이 명부에 기재되어 있습니다.

| | 간호학생 | 견습생 | 졸업간호사 |
|---|---|---|---|
| 가을학기 | 22명 | 9명 | 6명 |

간호부양성소의 교수진도 보강되었습니다.

3월 1일 6명의 학생이 의학교를 졸업하였습니다.

여름 동안 땅을 교환하기 위한 협상이 끝났고, 우리는 [총독부에] 수용당한 전면의 노변 땅 대신 운동장 근처의 땅을 여섯 차례에 걸쳐 받았습니다. 우리는 지금 약 8½에이커 또는 그보다 약간 더 많은 땅을 우리 부지로 보유하고 있습니다.

올여름 운동장의 북쪽 끝에 환자 3명을 수용하는 결핵병사를 지으면서 결핵으로 고통받는 자들을 구할 첫 번째 수단이 마련되었습니다.

뉴욕의 협력이사회는 우리가 새로 구한 땅을 우리와 협력하는 어느 선교회에도 사택용으로 팔지 않고 대학의 자산으로 붙들고 있기를 바라고 있습니다. 그러므로 우리는 자신들을 대표하는 교수들의 사택을 짓고자 하는 그 선교회들에 건축용 대지를 무료로 제공하고 있습니다. 그러면 교직원의 집은 대학의 자산이 되고 그 비용은 선교회들이 본 기관의 자본금으로 기부하는 셈이 될 것입니다.

이사회는 다음과 같이 구성되어 있습니다.

| 선교사 | 16명 |
|---|---|
| 한국인 | 7명 |
| 일본인 | 2명 |
| 당연이사 선교사 | 1명 |
| 계 | 26명 |

이사회 정관은 일본국민이 반드시 선교사들의 최소 1/3 이상은 될 것을 요구하고 있습니다. 우리는 [이사회에는] 선교사 이사가 17명이고, 동양인 이사가 9명으로 1/3 대신 1/2 이상을 이루고 있습니다.

선출 방법은 다음과 같습니다.

우리와 협력하는 선교회들이 현재 원하는 이사들을 지명하면 이사회가 그들을 선출합니다. 그런 다음 이사회는 일본국민을 선출합니다.

선교사 이사들은 실로 자신들의 선교회를 대표하지만, 일본국민 이사들은 아무도 대표하지 않습니다. 그러므로 나는 이사회가 선출하도록 정한 수 안에서 본 이사회의 이사 지원자를 지명해주기를 기성 집단들에게 요청하는 식으로 진행 방식을 바꾸자고 제안합니다. 내가 제안하려 하는 한국인 집단들은 다음과 같습니다.

| 조선예수교장로회 총회 | 2명 |
|---|---|
| 미감리회 조선연회 | 1명 |
| 남감리회 조선연회 | 1명 |
| 세브란스의전 동문회 | 2명 |
| 세브란스의전 이사회 | 1명 |

일본인 이사들은 아직은 이사회가 그들을 선택하여 선출해주기를 바라고 있습니다.

나는 이사회가 병원과 약국 진료실의 과밀 상태에 관심을 가져주기를 원합니다. 그래서 여러분께 오전 시간 동안 이곳[병원과 약국]에 가보기를 요청합니다.

용적률을 최대한으로 높여서 땅의 공간을 활용하려는 우리의 최근 계획을 여러분께 제출합니다. 그 계획이 여러분의 승인을 받는다면 두 가지 점에서 우리가 그 일을 당장 시작하여 실행에 옮기자고 제안합니다.

첫째. 테일러 씨가 와서 약학과의 조직과 확장이 가능해졌습니다. 우리는 약학과를 전국의 선교거점 밖 시골 병원들과 우리 졸업생들에게 크게 유용한 역할을 하는 동시에 이윤을 창출하는 사업으로 만들기를 기대하고 있습니다.

테일러 씨가 여러 업무 분야를 더 잘 연계하기 위해 방들의 기능을 이미 재배열하였습니다. 우리는 현재의 판매점 앞쪽에 1층짜리 건물을 지어 도 · 소매용 약국으로 사용하기를 원하고 있습니다. 우리는 시내의 중앙 기차역 앞과 상업중심지의 핵심부에 위치한 훌륭한 사업터를 보유하고 있습니다. 그 위에 주중에 매일 350명의 환자들이 우리 병원에 오고 있고, 시내의 교통에서 으뜸가는 간선이 달리고 있습니다. 이 지점이 진고개나 종로 밖의 가장 좋은 소매점 입지들 가운데 하나인데, 그 가운데 후자는 일본인 고객들이 잘 찾지 않는 곳입니다.

그 건물은 약 5천 원이면 지을 수 있고, 거기에 1천 원으로 추정되는 가구와 장비의 초기 비용을 더해야 하므로, 총 6천 원이 든다고 집계할 수 있습니다.

오웬스 씨가 그 사업에 자금을 댈 것을 다음과 같이 제안하고 있습니다. 우리는 여러분께 이 제안을 승인하고 건축을 즉시 진행할 권한을 우리에게 줄 것을 요청합니다.

> 연구 활동을 위한 정기예금에서 3천5백 원을 빌리고 수익에서 8% 이자와 함께 갚는다. 부족한 돈은 소득 증가가 반영된 경상예산 상의 자금에서 지급한다. 필요한 경우에는 우리가 은행에서 10% 이자로 단기 융자를 받을 수 있다.

둘째. 우리는 그림에 (A)로 표시된 병동의 조성을 위한 굴착공사를 당장 시작하고, 교수들과 학생들 모두에게 하루에 한두 시간을 내어 직접 일하거나 그 시간 동안 외부 노동자를 대신 고용할 돈을 지불하도록 권장하기를 원합니다. 이같이 협력하여 노력하는 방법을 통해 다음 세 가지 일을 성취하기를 희망합니다. (a) 학교에 대한 호감을 크게 높이는 집단정신이 교수들과 학생들의 사이에서 더 크게 고양되고, (b) 우리가 그런 용도의 돈을 기부받을 때까지 마냥 기다리고 있을 수 없음을 보여줌으로써 이 건물을 얼마나 크게 필요로 하고 있는지를 보여주게 되고, (c) 기금을 기부할 역량이 있는 사람들이 그처럼 [새 병동이] 크게 필요한 것을 보고 그렇게 하도록 그들을 자극한다.

1달러어치의 노동을 4달러의 기부금 납부로 추정하는 것이 합리적일 것이라고 생각합니다. 이 건물의 지하 1층과 2층까지 137½×40피트로 지으면 2만 5천 불에서 3만 불의 비용이 들게 되어 병원과 약국이 받는 압박을 크게 줄여줄 것입니다.

의학교의 전부나 일부를 연희전문학교의 교지로 옮길 가능성의 문제가 여러 번 화제에 올랐는데, 교수회의 판단을 얻은 다음에 그 문제를 이사회에 올려 병원 구내에서 건축계획을 진행하기 전에 결정할 수 있게 하는 것이 좋다고 생각되었습니다. 교수회는 학교를 이 부지에서 내보내는 것에 대해 매우 분명하게 반대하는 의견을 갖고 있습니다.

이 문제는 두 가지로 논의되었습니다.

(1) 약국 진료실과 응급병원을 제외하고 의료기관 전체를 옮기기.

(2) 처음 두 학년의 교육사역만 옮기기.

이 가운데 첫 번째 안은 임상 수업이 나뉘어 교수들과 학생 모두에게 매우 불편하게 되기 때문에 거부되었습니다.

두 번째 안은 물리학, 생물학, 세균학과 병리학 실험실들이 임상 사례들과 애매한 질병들의 진단법을 적절히 학습하기 위해 1학년생과 2학년생에게 점점 더 필요해지고 있기 때문에 거부되었습니다.

우리가 확장계획을 실행할지에 대해 생각을 정할 수 있게 본 이사회가 이 문제를 판단해주면 기쁘겠습니다.

이사회는 물론 부지의 사업용 가치가 높아진 것과 우리에게 지불하도록 청구되는 세금이 더 늘어날 가능성이 있는지를 검토할 것입니다.

이사회가 건물들의 추가 건축과 그에 따른 운영비의 증가가 긴급히 필요한 것을 검토해야 하고 이 일들을 위해 기금을 확보하는 방안을 고안해야 합니다.

이사회가 연례회의의 시기를 바꿀 가능성을 논의할 수도 있을 것입니다. 봄에 연례회의를 여는 것이 우리의 관습이었습니다. 그러나 선교회들은 대부분 그들을 대표하여 이사가 될 사람을 6월이나 9월 초에 지명합니다. 이런 일은 이 지명자들이 여러 달 동안 인준받지 못한 상태에 있는 것을 뜻합니다. 새 이사들의 선임은 당국에 보고해야 할 내용에 포함됩니다. 그러므로 가을 공의회가 열리는 시기에 연례회의를 여는 편이 좋을 것입니다. 가을에 회계년도 전체의 사업과 재정에 대한 보고서를 제출하고, 차후 연도의 예산이 충분한 시간에 걸쳐 통과될 수 있게 하며, 선교회들이 곧바로 그들을 대표하게 하는 것이 유익할 것입니다. 정관은 연례회의를 어느 특정 시기에 열 것을 규정하고 있지 않습니다.

여러분의 결정을 바라며 다음과 같이 교수에 대한 권고안을 제출합니다. 맨스필드가 그의 아이를 미국에 있는 정형외과로 데려가라는 의사의 권고를 받았는데, 반드시 필요한 치료비를 선교사들에게 청구하는 것을 여러분이 승인해주기를 바랍니다.

북장로회 선교회의 연례회의는 본 이사회에 선교사들에게 일정량의 청구비를 제안할 것을 요청하였습니다. 이런 것은 선교사가 선교부의 보장으로 무료 진료나 다른 대우를 받을 권한을 위반한 것이 아닙니다.

북장로회 선교부와 그곳 선교사들 사이에서 후자들은 무료로 진료와 약을 받을 것을 보장받고 있지만, 이것은 이제까지 그들이 병원에서 무료로 치료받거나 그들 선교지회의 의사가 아닌 전공의에게 치료받는 것을 보장하는 것으로 해석되지 않았습니다. 그 선교부의 가장 최근 규칙은 선교사들의 모든 의료 청구비를 그곳이 직접 지불하도록 정하고 있습니다. 북장로회 선교사들에 관한 한 이 규칙은 문제를 단순하게 만들 것입니다. 이는 우리가 그들의 현지 회계와 선교회 지정 위원회나 위원회들을 통해 그 선교부를 직접 상대하여 처리할 수 있기 때문입니다.

다른 선교회들이 다른 규칙을 가지고 있어서, 이런 것이 모두에게 들어맞는 청구방식을 도출하는 일의 주된 난관이 되고 있습니다.

그 외에도 우리와 협력하여 본 의료기관을 후원하지 않는 선교회들이 있습니다. 그들에게는 협력하는 선교회들에 속한 이들에게보다 더 높은 치료비를 부과하는 것이 아주 적절할 듯합니다. 정규 청구비의 할인은 허용할 수 있을지라도 말입니다.

지난 회계년도의 처음 5달 동안의 통계는 다음과 같습니다.

| 병원 | | |
|---|---|---|
| 기간 | 건수 | 수입(¥) |
| 1921~1922년 [처음 5개월] | 840 | 12,244.95 |
| 1922~1923년 [처음 5개월] | 915 | 15,175.73 |
| 5개월간 증가분 | 75 | 2,930.78 |

| 약국 | | |
|---|---|---|
| 기간 | 건수 | 수입(¥) |
| [지난해 처음 5개월] | 27,494 | 12,034.95 |
| 올해 같은 기간 | 34,609 | 13,655.85 |
| 올해 같은 기간 증가분 | 6,115 | 1,620.90 |

삼가 제출합니다.

O. R. 에비슨,

교장.

출처: PHS

FILING DEPT.
1192-2
APR 11 1923
SECRETARIES

SEVERANCE UNION MEDICAL COLLEGE

Report of the President to the Field Board of Managers

September 21, 1922

It is with much satisfaction and gratitude to God that I offer the following report.

Application for a permit as a Chun Moon Hakkyo (Special School or College under the New Ordinance) was made immediately after the last Board Meeting, and although the permit has not been sent us, we understand that it is now in the final stages of the routine called for by Governmental methods, and we expect to receive it within a few days.

Our application for grant to our graduates of licenses to practice without Government examination is still under consideration; we cannot report definitely, though we have been given considerable encouragement that it will be agreed to.

The Faculty has been strengthened by the coming of Mr. [illegible] Rex Taylor to the Department of Materia Medica and Pharmacy, and I have much pleasure in presenting him to you, and asking you to give him the rank of Professor of Pharmacy and Materia Medica (grade ) in the Medical College. He will also direct the work of the whole pharmaceutical department.

Dr. [illegible] Leadingham has been reassigned to this Institution by the Southern Presbyterian Mission and I recommend that he be appointed to the position of Professor of Pathology and Clinical Pathology (grade ) for which work he has been, and still is, specially preparing himself. He cannot return to Korea until some time in the coming year.

Dr. [illegible] Schofield of the Canadian Mission has been reappointed by his Mission to Severance and I recommend that he be again appointed by you to the professorship of Bacteriology and Hygiene (grade A) We look for his early return to the field.

The Faculty has recommended the following furloughs:-

Dr. [illegible] Stites from June 1923 to August 1924
Mr. [illegible] Owens from July 1923 to August 1924

I recommend that as soon as Dr. Schofield returns, Dr. Bruff be made professor of Internal Medicine (grade ) in association with Dr. Stites. The Faculty can then utilize his services in several ways before Dr. Stites goes on furlough, and after Dr. Stites' departure, Dr. Bruff can carry his department.

Dr. [illegible] McLaren has been fully assigned to Severance by the Australian Mission, and he will come to Seoul to reside next spring. I recommend that the Board elect him to the Professorship of Neurology and Psychiatry (grade A)

Dr. A.H.Norton will finish his studies in New York next February, so that he can get back in time for the opening of the School in April 1923. I ask you to appoint him as Professor of the Department of Opthalmology (grade )

Dr. [illegible] Hong will complete his course in the Eye,Ear,Nose & Throat work in the New York Post-graduate Medical School about September 30th, and will then return to Korea, so that we may expect him to arrive about the end of October or early in November. I recommend that he be appointed Professor of Otology (grade )

He and Dr. Norton, while each primarily responsible for his own department can cooperate in both as may be necessary or desirable.

Dr. D. B. Avison was assigned to Severance by the Northern Presbyterian Mission at its June Meeting, and is now on duty in the Department of Pediatrics. I recommend his appointment as Professor of Pediatrics. (grade )

Chemistry, Physics and Biology are now taught at the Chosen Christian College laboratories by Professors Miller and Becker, the first year students spending Monday and Tuesday of each week there. I recommend that they be reported as Lecturers in these Departments and their names sent to the authorities as regular teachers in this College.

Dr. F. H. Shin, Asst. Professor of Gynecology and Obstetrics was sent to Peking for a two week' special course under the famous Gynecologist, Dr. E. C. Dudley of Chicago. I feel sure that the Board approves the use of funds for such development of our staff in their specialities as opportunities arise.

Several changes have taken place in our staff of assistants. Dr. Y. S. Lee of the 1919 class, after spending two years in the Surgical Department of the Peking Union Medical College Hospital (Rockefeller) came to our staff on August 1, as special assistant and is collaborating with Dr. Koh under Dr. Ludlow.

Dr. C. K. Yun of the 1914 class, after a varied career in Mission Hospitals and in medical work in China, came to us in August and is assisting in Bacteriology.

Drs. K. P. Kim and Y. H. Yu of the 1919 and 1921 classes spent a year each at the Peking Union Medical College Hospital, and are now assisting in the Department of Internal Medicine and Anatomy.

Dr. J. D. VanBuskirk returned from furlough on September 6th, and his departments, Physiology and Biochemistry are already showing signs of new vigor. His release from the responsibilities of the Deanship will enable him to advance the quality of the teaching work and give him time to make his departments serve in the more certain diagnosis of obscure cases.

Mr. Saito has been secured as Instructor in drill.

Mr. Yu Suk Woo has been appointed College Secretary.

Mr. Chang Chip has been appointed to the post of Superintendent of Religious and Social work, and chairman of a committee of teachers having that work in hand. Already evidences of improvements are being seen, and we hope results will be very marked.

At the previous meeting of the Board I reported the appointment of Dr. K. S. Oh as Acting Dean, during Dr. VanBuskirk's absence. Dr. Oh's work was so satisfactory that, with the cordial assent of Dr. VanBuskirk and the entire Faculty, I asked him to assume the full responsibilities of the Deanship which, after considerable hesitation he finally consented to do. I am sure that you will all rejoice with me that in this appointment of Dr. Oh to this position, we are beginning the process of turning responsibility and authority over to our Korean colleagues, which we have been aiming at from the beginning. The bestowal of a full professorship on Dr. Hong is a further step in the same direction and I am glad to be able to say that others on our staff are developing in such a way as to make us confident that they will in due time be ready for similar promotion.

In the nursing department our foreign staff is still only four strong. A change in personnel took place in June, when Miss Fox was married to Rev. L. Young, and Miss M. Young came to take her place. We have five capable graduated Korean nurses who are faithful assistants and some of them are in a fair way to become teachers and finally superintendents.

I recently addressed the General Assembly of the Presbyterian Church in Korea in order to put before them the work of Severance, at which time I gave the following statements

No. of beds in the Hospital 90, needs to be increased to 250
" " patients last year 2,766
" " hospital days 29,388
" " free cases - practically one third of the total
" " foreign cases in Hospital 117
" " Operations 3,503
Receipts from Hospital:

No. Cases treated in Dispensary Clinics 67,484
" free cases - practically one third of the total
Receipts from Dispensary

No. employees (over and above doctors, nurses and teachers) 150
Average salaries of employees ¥25 to ¥180 per month
No. Doctors and teachers
Male missionaries 17
Japanese 6
Korean 18 Total 41
Total Salaries (not including missionaries) over ¥5,000 per month.

Total Expenditures for last year (including missionaries' salaries) ¥235,938
Receipts from work done in the Institution 100,000
Received from the U. S. A. and Canada 135,938

No. doctors graduated 113
" nurses 42
" " on the staff:
Foreign 4
Korean graduates 5
" pupils 28
37

The Institution continues to march forward! For the five months of the present fiscal year the Dispensary shows an increase of 7,115 treatments over the corresponding period last year, of which 5,621 are in the free class. The Dispensary receipts show an increase of ¥1,620.90. In the Hospital the pay patients increased by 22 and free by 53, while the receipts have exceeded those of the last year by ¥2,930.78. The combined increases in these two departments alone amount to ¥4,551.68.

An analysis of our last annual statement shows that all of our earning departments but the Hospital are self-supporting, even when foreign salaries are include , and under Dr. Mansfield's leadership as Hospital Superintendent, the fees in the Hospital are increasing and it is quite likely that receipts and expenditures in the Hospital Department, including foreign salaries, will balance at the close of this year, or within another year at least.

An entrance class of 26 was received in the Medical School last April and the registration is now as follows:

| | First Year | Second Year | Third Year | Fourth Yr. |
|---|---|---|---|---|
| Spring Term | 16 | 15 | 11 | 6 |
| Fall " | 25 | 15 | 11 | 6 |

making a total at present of 57 medical students.

We have this year the best teaching faculty and equipment that the school has ever had, with twelve foreign teachers on duty, and five Korean teachers on the Faculty, and numerous instructors and lecturers.

The Nurses' Training School has the following enrollment:-

| | Pupil Nurses | Probationers | Graduate Nurses |
|---|---|---|---|
| Fall Term | 22 | 9 | 6 |

The Faculty of the Nurses' Training School has also been strengthened.

In March last six students graduated from the Medical School.

During the summer negotiations for the exchange of land were brought to a finish and we received six times the area in the rear of the play-ground in exchange for the street frontage which was expropriated. We now have about 8½ acres or a little more in our compound.

The first measures for the relief of those suffering from tuberculosis were made this summer when a T. B. Hut to accommodate three patients was erected at the upper end of the playground.

The Cooperating Board in New York desires us not to sell any of our newly acquired land to cooperating missions for residence sites, but to hold it all as the property of the College. We therefore offer free building sites to those missions who wish to erect residences for their representatives. The houses of the staff will then be the property of the college and the Missions will be credited with their cost as contributions to the Capital Funds of the Institution.

The Board of Managers consists of 16 missionaries
7 Koreans
2 Japanese
1 Ex. Officio missionary

Total 26

The Charter requires that Japanese subjects must number at least one third of the number of missionaries. We have 17 missionaries and 9 oriental members, or more than one half instead of one third.

The method of election is as follows:

The Cooperating missions now nominate their desired members and the Board elects them.

The Board then coopts its Japanese subjects.

While the missionary members truly represent their missions the Japanese subjects do not represent any one. I therefore propose to change the mode of procedure by asking certain established bodies to nominate candidates for this Board out of which the Board shall elect a given number. For the Korean bodies I would suggest the following:

| | |
|---|---|
| The Presbyterian General Assembly | 2 |
| The M. E. Conference, North | 1 |
| The M. E. Conference, South | 1 |
| The Alumni Association | 2 |
| Board of Managers | 1 |

The Japanese members desire that as yet the Board of Managers shall both choose and elect them.

I wish to draw the Board's attention to the overcrowded condition of both the Hospital and the Dispensary Clinics, and will ask you to visit these during the forenoon.

I lay before you our latest plan for the utilization of the ground space so as to give us the maximum of accommodation. If it is approved by you we propose to begin at once at two distinct points to put our plan into operation.

1st. The coming of Mr. Taylor has made possible the organization and expansion of the Pharmaceutical Department and we expect to make it of greater value to the outstation hospitals and to our own graduates and at the same time make it a revenue-producing business.

Mr. Taylor has already rearranged the rooms so as to better correlate the different parts, and we wish to erect a one storey building in front of the present sales' room for use as a wholesale and retail drug store. We have an excellent business location in front of the main railway station of the city, in the heart of the commercial center. In addition to the 350 patients who come to the institution every week-day, there is the regular traffic of the principal transportation artery of the city, and this site is one of the finest retail stands outside of Chingkokai or Chongno, the latter of which is not patronized much by Japanese.

The building can be erected for about ¥5,000 to which must be added the initial cost of furniture and equipment, estimated at ¥1,000, making a total cost of ¥6,000.

Mr. Owens proposes to finance the venture as follows, and we ask you to approve this and authorize us to proceed with the building at once:-

"To borrow from a Research Fixed Deposit the sum of ¥3,500 to be repaid out of profits and interest @ 8%. The balance to be paid out of current budget funds out of increased earnings. We can secure a short term loan from the bank at 10% if necessary."

2nd. We wish to begin at once the excavation for the erection of the Hospital wing, marked on the Diagram as (A), by encouraging teachers and students alike to give from one to two hours a day to either doing the work themselves or paying for outside workmen to take their places. By this method of co-operative effort I hope to accomplish three things:- (a) to arouse a greater development in both staff and students of the esprit de corps which does so much to make a school effective; (b) to give an exhibition of our own appreciation of the great need of this building by showing that we are unable to wait for the donation of money for the purpose, and (c) to stimulate those able to contribute funds to do so in face of such a great need.

I feel it would be reasonable to expect donations of $4.00 for every $1.00 worth of work thus contributed. The erection of even the sub-basement and basement of this building which is 137½ feet by 40 feet would greatly relieve the pressure in both Hospital and Dispensary at a cost of perhaps $25,000 to $30,000.

The question of a possible removal of all or parts of the Medical College out to the Chosen Christian College site having been several times broached, it was thought well to get the judgment of the Faculty and then lay the matter before the Board so that we could have a decision before proceeding with the building plans on this compound. The opinion of the Faculty was very definite against moving the institution away from this site.

The question was discussed in two parts:-
(1) The removal of the whole institution except the Dispensary Clinics and an emergency hospital.
(2) The removal of the first two years' work only.

The first of these was rejected because it would divide the clinical work and be very inconvenient for both teachers and students.

The second was rejected because the 1st and 2nd year laboratories for Physiology, Biochemistry, Bacteriology and Pathology are becoming more and more necessary to the proper study of clinical cases and the diagnosis of obscure diseases.

We shall be glad to have the judgment of this Board so that our minds may be settled as we go on with our plans for enlargement.

The Board will, of course, take into consideration the increasing value of this property for business purposes and the probable increasing scale of taxes we shall be called on to pay.

The urgent need for additional buildings and with them the increased cost of operation should be considered by the Board and some plan for securing these funds devised.

The Board might discuss the desirability of changing the time of annual meeting. It has been our custom to hold the annual meeting in the spring. Most of the Missions, however, nominate their representatives either in June or early September, which has meant that those nominations have not been ratified for many months. The election of new members involves reporting to the authorities, and it might be well to hold the annual meeting in fall, at Federal Council time. There would be the advantage that in the fall the report for a full fiscal year, both of work and of finances, could be presented; that the budget for the next year could be passed on in ample time; and that the representation of the Missions would take immediate effect. The charter does not require the annual meeting to be held at any particular season.

The following Faculty recommendation will be presented to you for action: That Dr. Mansfield be advised to take his child to an orthopedic Hospital in the United States, and you will be asked to approve the necessary charges to missionaries.

The Annual Meeting of the Northern Presbyterian Mission has requested this Board to propose a scale of charges for missionaries which will be applicable to all the Missions and that will not contravene the rights of missionaries for free treatment or otherwise in accordance with the guarantees of their Board.

As between the Northern Presbyterian Board and its missionaries, the latter are guarantee free medical treatment and free medicines, but this has not so far been interpreted to mean free hospital care or any guarantee of the care of specialists other than the service of their own station physicians. The latest rules of the Board provide for direct payment by it for all medical bills of its missionaries and this will simplify the matter so far as the Northern Presbyterian missionaries are concerned as we can deal directly with the Board thru its Field Treasurer and such Committee or Committees as the Mission prescribes.

Other Missions have different rules and our main difficulty is to formulate one mode of charging that will fit all.

Then there are the Missions that do not cooperate with us in the support of the Institution. It would seem quite proper to make a higher rate for them than for those within the Cooperating Missions though a discount off regular charges might be allowed.

The statistics for the first 5 months of the last fiscal year are:-

| | | | |
|---|---|---|---|
| Dispensary | 27494 | cases treated | ¥12034.95 |
| This year, same months | 34609 | " " | ¥13655.85 |
| Increase for 5 months | 6115 | " " | ¥ 1620.90 |

---

Hospital 1921 and 1922:-

| | | | |
|---|---|---|---|
| | 840 | cases treated | ¥12244.95 |
| Hospital 1922 and 1923 | 915 | " " | ¥15175.73 |
| Increase for 5 months | 75 | " " | ¥ 2930.78 |

---

Respectfully submitted,

O. R. Avison,

President.

## 35. 에비슨이 맥케이에게

1922년 9월 29일

R. P. 맥케이 박사,

선교부 총무,

캐나다장로회,

컨퍼더레이션 라이프 빌딩,

토론토, 캐나다.

친애하는 맥케이 박사님:

스코트 씨가 보낸 전보를 받았는데, 박사님이 농학자를 임명할 준비가 되었음을 알리고 우리에게 그 임명을 승인하겠느냐고 묻는다는 내용이었습니다. 그 전보를 받은 지 며칠 내로 우리 대학이사회가 모였기 때문에, 내가 그 전보를 지니고 있다가 그들의 판단을 구할 수 있었습니다. 이 회의가 9월 21일 열렸으므로 이사들이 어떻게 생각하고 있는지를 지금 보고할 수 있습니다. 그렇지만 우리가 전보를 통해 답장을 보낸 사실을 먼저 확실히 알려드리겠습니다. 그것은 다음과 같습니다.

> 농학자의 임명을 미루고 그 문제에 관해 에비슨(O. R. Avison) 교장이 보낼 편지를 기다리시오.

이사들은 모두 농과를 다시 개설하기를 원하고 있고, 농과가 우리의 기독교 전파 사역에서 가장 필요한 큰일들의 하나를 반드시 채워주리라고 생각하고 있습니다. 우리는 당신에게 그를 임명하고 다음 내용을 양해시켜서 내보내라고 전보를 치는 것이 현명할지를 의논하였습니다. 그것은 우리가 2, 3년 후에나 농과를 개설할 수 있을 것이므로, 그가 그 동안 언어를 배우고 이 나라의 농업 실태를 연구하여 어떠한 분야를 개발하면 가장 좋을지를 결정하도록 하라는 것입니다. 이 같은 제약조건들 아래에서는 그가 나오고 싶어 하지 않을 것이고, 나오더라도 그의 학과를 짧은 기간 안에 개설할 수 없다는 사실을 깨달으라고 그에게 요청하는 것이 공정하지 않을 것이라는 주장이 제기되었습니다.

참으로 난감한 점은 경상지출 예산의 문제입니다. 우리 학교는 당신들이 우리에게 한 명의 대표를 보내는 대신에 주는 4천 원의 도움으로 큰 적자를 보지 않고 헤쳐나갈 수 있습니다. 당신의 선교회를 대표할 사람 한 명을 교수로 임명하는 것은 당신들이 현재 보내는 4천 원의 지급이 중단되는 것과 학교가 농과를 개설하지도 못한 채 연 4천 원의 적자가 기존의 적자에 즉시 추가되는 것을 뜻합니다. 적자를 어떻게 해서든지 메꾸고 농과를 운영할 돈을 거기에 더 추가해서 확보하지 않으면, 그 농학자가 기꺼이 용납할 수 있는 기간보다 더 오랫동안 그의 학과의 개설을 방해받을 수도 있습니다.

그가 언어를 익힐 필요가 있고 이 나라의 농업에 무엇이 필요하고 한국인 농부들이 그 필요를 이미 얼마나 채우고 있는지를 긴밀히 연구하는 것이 절대적으로 필요한 사실을 생각하면, 2, 3년 동안 과의 개설이 지연되는 것은 장차 매우 중요한 학과의 수장이 될 그 사람에게 당연히 아주 이로운 일이 될 수 있을 것입니다. 그가 즉시 나오게 된다면 우리는 예산에서 당신들의 4천 원을 잃게 되더라도 매우 기뻐할 것입니다. 다만 그가 이런 점에서 인내할 수 있어야 하고, 그의 사역의 출발점으로서 기꺼이 산과 계곡과 평지가 있는 200에이커의 대학부지를 개발하기 위해 연구하고, 우리가 조림을 촉진하고 목초지와 과수원 등을 만드는 방향으로 이를 개발하도록 도와야 하며, 또한 이미 운영 중인 과들의 어떤 과목—어쩌면 생물학과 어떤 화학 분야 과목 등—을 가르쳐서 우리를 도와야 할 것입니다. 앞서 가리킨 방면에서 시간을 들여 수고하고자 한다면 가르치는 일에 많은 시간을 낼 수 없는 것이 분명하지만 말입니다. 우리에게는 논과 밭과 온갖 토양에 사방이 트인 평지가 있는데, 그 땅들은 현재 지역 농민들에게 임대하고 있습니다. 우리는 그 땅을 이 준비 기간에 실험하는 용도로 쓸 수 있습니다. 실험하는 일에 관해 말하자면, 이 초창기에는 토양과 기후뿐만 아니라 한국적 여건에서 미국식 방법을 사용하는 문제와 소출 증대를 위해 미국산 씨앗들이 지닐 가치 등등을 살피며 여러 실험적인 사역을 하느라 많은 시간이 소요될 수 있습니다. 또한, 이미 운영 중인 문과와 상과 그리고 다른 과의 학생들에게 농업의 특정 측면을 가르치는 일에도 시간을 충분히 쓸 수 있습니다. 그리고 이런 일은 그의 언어학습을 돕고 농업 학습에 대한 지역사회의 관심을 높여 농과의 개설을 향한 요구가 더 커질 길을 준비하게 될 것입니다.

학비를 모두 낼 능력이 없는 학생들의 자조를 위해 매우 유용하고 흥미로운 실험을 하여 그들에게 각자 일할 땅을 따로 마련해주고 최고의 경작방법을 가르쳐 스스로 이윤을 얻게 할 수 있습니다. 만일 그렇게 하여 자조의 문제를 일부 해결하도록 도울 수 있다면 그는 독특한 봉사를 하게 될 것입니다.

농업을 통한 한국의 식량 공급 문제를 진지하게 연구하는 것이 그의 첫 번째 임기에서 많은 시간을 점유할 것이고, 대학에서의 연구가 시골 지역 주민들에게 최고의 이익을 안겨주도록 봉사할 길을 찾는 것은 분명히 기독교 운동에 기여할 것입니다.

과를 실제로 출범시키기 위한 준비 작업으로서 내가 이미 언급한 바와 같이 그가 처음 3년 동안 할 수 있는 일보다 훨씬 더 많은 일을 하도록 열거하는 것은 필요하지 않을 것입니다.

이제 중요한 문제는 바로 이 사람이 상황을 파악하고 잘 판단하여 현재의 제약조건들과 인내를 요하는 초창기의 부족한 여건에서 내가 설명했던 임무를 성공적으로 완수하는 데에 필요한 진취적인 자질을 보유하고 있는가 하는 것입니다.

우리가 당신에게 그런 사람을 거절하라고 말하기를 주저하는 것은 그런 사람이 드물기 때문입니다.

그런데 이런 큰 발전을 이루기에는 현재의 재정 여건이 심각한 장애가 되고 있습니다. 우리에게 닥친 몇 가지 사실들을 간단히 설명하겠습니다.

건물들에 관한 한은 우리에게 행운이 있습니다. 어떤 실험을 하도록 공간을 제공할 최초의 임시 교육관이 있고, 그 일을 하기에 적합한 약간의 장비가 있기 때문입니다. 이런 방면에는 경비가 그리 많이 들지 않을 것입니다.

그러나 경상지출 예산의 문제에서 우리는 다음의 사실들을 직면해야 합니다.

1. 현재 수입에서 연 4천 원을 잃게 되는 것으로, 그것을 어떤 다른 재원이나 재원들에서 보충해야 합니다.
2. 우리가 좋은 자격을 지닌 한국인과 일본인 교원들을 더 많이 고용할 수 있도록 현재 운영하는 세 과에 각각 예산을 더 추가할 것이 필요하며 언더우드관과 이학관을 내년에 개관하기 위해 더 많은 자금 공급이 필요하다는 사실입니다. 5천 원이나 6천 원이 아마도 필요한 최소 금액일 것입니다. 이것은 우리의 현재 수입을 이를테면 5천 원보다 더 늘려야 하는 것을 뜻할 것입니다.
3. 농과를 당장 개설하지는 않더라도, 그 과를 이끌 사람이 오면, 그가 위에서 제안한 분야들 가운데 어떤 일을 할 수 있기 위해, 얼마만큼의 [조력자] 봉급을 그 과에서 마

련할 필요가 생길 것입니다. 이 금액은 아마도 첫해와 둘째 해 말에 2천 불 이상은 될 것입니다. 이는 숙련되고 교육받은 한국인 조수 1명과 최소한 2명의 농장 일꾼과 조달해야 할 어떤 비품이 그에게 필요할 것이기 때문입니다.

4. 그 과가 개설되면 다음의 예산이 필요할 것입니다.

| 인원 | 인력 | 봉급($) |
|---|---|---|
| 2명 | 한국인 교원 (숙련된 농업가)* | 1,200~2,400 |
| 1명 | 일본인 교원 (숙련된 농업가) | 1,200 |
| 2~3명 | 조수 | 1,380 (각 25, 40, 50) |
| 몇 명(4명가량) | 농장 일꾼 | 720 (각 15) |

* (우리에게 미국의 대학들에서 농업을 전공하고 졸업한 한국인 청년 2명이 있는데, 농과가 개설되면 우리에게 올 준비가 되어 있지만, 우리가 그곳의 재정을 채울 돈을 얻기까지는 그 과를 다시 개설할 수 없습니다.)

봉급만 합산해도 연 5천7백 불이 들고, 머지않아 그 과에 연 1만 불이 들어갈 것입니다. 이사회는 그 문제를 아주 길게 의논한 후, 마침내 다음의 결의안을, 매우 내키지 않지만 통렬한 책임감을 갖고, 통과시켰습니다.

> 교장은 [이사회의] 지시를 받아 캐나다장로회 선교부에 서신을 보내 그들이 장래의 농과를 위해 사람을 구하려고 애써준 것에 감사하고, 그렇지만 현재의 여건을 고려하면 농과의 사역을 위한 재정 조달이 불확실하므로 본국의 협력이사회에서 어떻게 해서라도 그 과의 재정을 조달할 방법을 마련해주지 않는 한 현재로서는 그 과의 개설을 연기하는 것이 타당하다고 생각한다는 점을 설명하고, 그러나 협력이사회가 이렇게 해줄 수 없다면, 교장은 캐나다장로회 선교부에 그 사역자의 봉급을 계속 제공하여 일반 예산에서 집행하게 해주거나 이미 운영 중인 상과에서 백[상규] 씨를 조력하면서 가르칠 유자격자를 구해달라고 하는 이사회의 간절한 요망을 알리도록 한다.

당신들과 당신의 협력이사회 동료들이 우리의 현재 사역을 위한 예산을 궁지로 모는 결정을 내리지 않으면서도 그가 파송되게 해줄 수 있다면 우리는 매우 기뻐할 것입니다. 그가 만일 여기에서 제시한 수준에 미달된다는 이유에서나 재정 형편상 파송하기 어려우리란 이유에서 파송되지 않는다면, 상과를 위해 좋은 사람을 보내 상과를 강화하는 문제를 생각해보아야 합니다. 그 과의 과장은 미국에서 공부한 한국인이고 서울에서 사는 저명한 은행가의 아들입니다. 그는 일주일에 11시간을 직접 가르치면서 봉급을 대학에 기부하고 있습니다. 이 사실은 한국인 한 명이 연 1천5백 불을 예산에 기부하는 것을 뜻합니다. 미국인 교수가 와서 가르칠 수 있을 만큼 언어를 충분히 익히면, 강의를 하면서 그 과를 운영하는 일에도 그와 협력할 것입니다. 그 한국인은 그렇게 할 동료사역자를 얻기를 매우 간절히 바라고 있지만, 그 자리에는 물론 훌륭한 자격을 지닌 상학자(商學者)이면서도 그 한국인과 협력할 수 있는 사람이 와야 할 것입니다.

이미 말했듯이 우리는 지금 문과, 상과, 수물과의 세 과를 운영하고 있습니다. 문과에서는 5명의 선교사 교수가 일하고 있고, 수물과에는 3명의 선교사 교수가 있습니다. 상과에는 전임으로 일하는 외국인이 없습니다. 그 과는 두 번째로 인기가 많고, 우리는 본국 선교부들과 연락하면서 이 과에 교수 1명이 필요하다는 사실을 일 년여 동안 강조해왔습니다.

우리는 당신이 농학자를 오랫동안 찾았는데, 지금 그 사람을 받아들이기를 거절해야 한다고 생각하지 않습니다. 그렇다고 해서 본인이 하고자 하는 사역을 적당한 시일 내로 맡기겠다는 약속을 그에게 해줄 수 없는데도 오라고 흡족한 마음으로 요청할 수는 없습니다. 그것은 개인의 결정에 달린 문제입니다. 선교부들이 재정을 마련하는 동안 그가 그 시간을 유익하게 활용할 수 있을 것이라고 생각한다면, 준비 기간을 갖는 혜택을 받지 말아야 할 이유가 없을 것 같습니다. 우리는 대부분 시간을 허비하면 안 된다고 생각합니다. 다른 한편으로, 만일 그가 가능한 한 빨리 뛰어들기를 원한다면, 우리는 미루라고 조언할 것입니다. 그리고 이미 설명한 재정적인 문제가 있습니다.

몇 가지 점을 분명하게 정리하겠습니다.

1. 우리는 그 사람을 찾아준 당신의 노력에 사의를 표합니다.
2. 우리는 될 수 있으면 빨리 그 과를 설치하기를 강력히 요망하고 있습니다.
3. 이 사람이 그 분야에서 요구되는 자질을 지녔는지를 판단한 필요가 있습니다.
4. 그 과를 개설하기 전에 그를 현장에 데려오는 것이 매우 바람직합니다.
5. 우리는 지금 재정적인 제약과 필요한 것들의 압박 아래 있습니다.
6. 그 과를 개설하려면 농학자를 이곳에 두기 위한 현재의 예상 비용과 그 과의 예상 예산이 필요합니다.

7. 그 농학자를 보내지 않는다면 상과에서 일할 사람을 보내는 것이 가장 바람직합니다.

따뜻한 안부 인사를 드립니다.

안녕히 계십시오.

(서명됨) O. R. 에비슨

출처: PCC & UCC

C O P Y

29th September, 1922.

Rev. R. P. Mackay, D. D.,
Secretary, Board of Foreign Missions,
Presbyterian Church in Canada,
Confederation Life Building,
Toronto, Canada.

Dear Dr. Mackay:

I received a cablegram from Mr. Scott stating that you had an agriculturist ready to appoint, and asking whether we would approve the appointment. As our Field Board of Managers was to meet within a few days after the receipt of the cable, I held the cable until I could get their judgment. This meeting was held September 21st, and I can now report the feeling of the members but will first confirm our cable reply, which was as follows:-

"Delay appointment of agriculturist, awaiting letter on the subject from O. R. Avison."

Everybody on the Board wants to reopen our agricultural department, feeling that it should meet one of the greatest needs ofmour Christian propaganda. We discussed whether it would be wise to cable you to appoint the man and let him come out on the understanding that it would be two or three years before we could undertake to open his department, letting him in the meantime study the language and the farming life of the country and determine on what lines it would be best to pproceed. It was argued that he would probably not want to come out under such restrictions, and that it would be unfair to ask him to come out and find that he could not open his department within a shorter period of time.

The sticking point is the matter of current expense budget. The Institution is able to navigate without much deficit with the help of the ¥4,000 which you are giving us in lieu of a representative. The appointment of a representative of your mission to the Faculty would presumably mean the withdrawal of your present grant of ¥4,000, so that even without opening the agricultural department the institution would immediately add ¥4,000 per year to its existing deficit, and without the making up of that in some way and then the addition of a sum to finance the agricultural department, the agriculturist might be hindered from opening his special department for a longer period than would be pleasing to him.

Of course a delay of two or three years would be all to the advantage of the man destined to be the head of a department so important, considering his need to get the language and the absolute necessity of a close study of agricultural needs in the country and the extent to which the Korean farmers are already meeting those needs.

Rev. R. P. Mackay.

I think we would all be glad to have him come out at once even at the loss from the budget of your ¥4,000 if he is a man who can be patient in this regard and be willing to study as a beginning towards his work the development of a site of 200 acres of hills, valleys and fields, help us develop it along the lines of cultivation afforestation and laying out of pasture land, orchards &c., and also as he can help us in the teaching of ~~the~~ some of the already going departments - probably Biology and some lines of Chemistry &c.- although I am sure he would not have much spare time for his teaching if he cared to spend time and effort along the lines indicated above. We have rice fields and dry fields, fields with all kinds of soil and all kinds of exposures, which are at present rented to local farmers, which he could use for experimentation work during this intervening period. Speaking of experimentation, these beginning years could be well spent in doing much experimentation work touching not only soils and climate, but the use of American methods under Korean conditions and the value of American seeds in increased production &c ., &c.. Also time could be well spent in teaching certain phases of agriculture to students in the literary, commercial and other departments which are already in operation and this would both help his language study and be a big move towards gaining the interest of the community in agricultural studies and preparing the way for a greater demand for the opening of an agricultural department.

Then a very useful and interesting experiment in self-help for the syudents who are unable to meet all their expenses would be to set aside fields for them individually and instruct them in the best methods of cultivating them so as to make a profit for them-selves. If he could thus help to solve the problem of self-help he would be rendering a unique service.

The careful study of Korea's food supply as obtained from agriculture would occupy much time during his first period of service and the finding of a way of making the College work serve the best interests of the rural districts would be a distinctive boon to the Christian movement.

It is not necessary to enumerate further as I have already mentioned much more than he could do during his first three years as a preparation for the beginning of a real department.

Now, an important question is as to whether this particular man has the particular qualities for appreciating the situation and the good judgment and initiative required for the successful compassing of such a task as I have laid out , with the present restrictions and need for patiense in the beginning.

We would hesitate to advise you to turn down <u>such</u> a man, for they are scarce.

And yet the present financial condition is a serious obstacle to even this much progress. I will briefly state some of the facts that face us:

Rev. R. P. Mackay.

In so far as buildings are concerned we are fortunate, as there is the original temporary recitation building which would provide room for any experimental work and there is a limited amount of equipment suitable for it. It would not call for very much expnse in this direction.

In the matter of current expense budget, however, we would have to face:

1. The loss of ¥4,000 per year from our present income, which would have to be made up from some other source or sources.

2. The fact that the present three running departments call for a further addition to their budget in order to enable us to engage more and better qualified Korean and Japanese teachers and tp provide the added cost of opening Underwood Hall and Science Hall next year. ¥5,000 or ¥6,000 would be the minimum probably needed. This would mean an addition to our present revenue of say $5,000.

3. Even though the agricultural department were not immediately opened the coming of the Department Head would necessitate provision of some amount for salaries in the department, to enable him to do anything along the lines suggested above. Probably this would not be lessthan $2,000 for the first and at the latest the second year, as he would need a trained and educated Korean assisitane (Korean graduate in American Agricultural college) and at least two farm workers and something for supplies.

4. A budget for the department when opened would call for

| | |
|---|---|
| 2 Korean teachers (trained agriculturists) salaries at $1200 - | $ 2,400 |
| (We have two Korean young men, graduates in agriculture of American colleges, ready to come to us if an agricultural department is opened, but we cannot reopen it until we have the money to finance it) | |
| 1 Japanese teacher (trained agriculturist) | 1,200 |
| 2 or 3 assistants at say $25, $40 & $50 each | 1,380 |
| Several Farm workers, say 4 at $15 each | 720 |

Making the total for salaries alone $5,700 per year, and it would not be long before the deaprtment would cost $10,000 per year

The Board of Managers discussed the matter at considerable length and finally passed the following resolution with much reluctance but with a keen sense of the responsibility involved:-

Rev. R. P. Mackay.

"That the President be instructed to correspond with the Canadian Presbyterian Board thanking them for their effort to secure a man for the prospective agricultural department, but stating that in view of the present circumstances the uncertainty of financing the work of the department has made it advisable to defer the opening of the department for the present unless the Cooperating Board at home can in some way arrange for the financing of such a department; but that if this is impossible the President express the earnest desire of the Board of Managers that the Canadian Board continue to provide the amount of the worker's salary for use in the general budget, or to secure a man qualified to be associated with Mr. Pack in the Commercial Department already in operation."

We will all rejoice is you and your fellow-members of the Cooperating Board can see your way to sending him without such an action swamping our budget for the present work.

If he is not sent, either because he does not measure up to the standard herein set forth, or because it will be impossible for financial reasons, the question of strengthening the Commercial Department by sending a good man for it should be considered. The Head of that Department is a Korean, educated in America, son of a prominent banker in Seoul, who teaches eleven hours a week personally and then donates his salary to the College. This means a Korean contribution to the budget of $1,500 per year. The American Professor would be associated with him in the management of the department as well as teaching when he had enoughtlanguage to make it possible. The Korean is very anxious to get such a fellow-worker but of course the position calls for a man able to cooperate with the Korean even though he should be a well qualified Commercialist.

As stated already we have three departments in operation now, the Literary, Commercial and Mathematics and Physics. In the Literary department, five missionary teachers are at work, and in the Mathematics department there are three missionary teachers. The Commercial Depertment has no foreigner giving full time to it. It is our second most popular department, and we have for a year or so been stressing the need of a teacher for this department in our corresponsdence with the home boards.

We do not feel after the long search you have had for an agriculturist that we should refuse him now that you have found him, and yet we cannot with any satisfaction to ourselves ask him to come unless we can promise within a reasonable time to give him the work he expects to do. It is a question of personality. If he feels that he can put in the time profotably while the boards are building up finances, there would seem no reason why he should not have the benfit of the period of preparation that would be given him. Most of us feel that the time would not be wasted. If, on the other hand, he wants to plunge in as soon as possible, we would advise delay. Then there is the financial question already set forth.

Rev. R. P. Mackay.

I hope I have made clear several things:-

1. Our appreciation of yournef fort to find the man.

2. Our strong desire to have the department set going as soon as possible.

3. The need of judging the qualifications of this man along the lines indicated.

4. The great desirability of having the man on the field well in advance of the time for opening the department.

5. Our present financial limitations and pressing needs.

6. The probable present cost of placing an agriculturist here and the probable budget the department will call for when opened.

7. The great desirability of a man for the Commercial Depart-ment if the agriculturist is not sent.

With kindest regards,

I am,

Yours most perplexedly,

## 36. 노스가 에비슨에게

1922년 10월 3일

프랭크 메이슨 노스 목사,
선교부 총무,
150번지 5번가,
뉴욕 시, 뉴욕 주.

친애하는 노스 씨:

당신이 보낸 9월 5일자의 친절한 편지가 늦지 않게 도착하였습니다.

여기에 현지 이사회의 최근 회의 회의록 사본과 교장 보고서와 회계 보고서의 사본들을 동봉하고, 더불어 협력이사회의 총무와 회계에게 보냈던 보완설명서의 사본들을 동봉합니다. 그리고 맥케이(R. P. Mackay) 박사께 보냈던 농업 상황에 관한 편지를 동봉하니 총무님이 깊이 생각해보시기를 바랍니다.

동봉된 문서들에서 대학의 현재 발전과정과 문제점들이 아주 충분히 다루어지고 있기 때문에 이 편지에서는 그것들에 대해 더 말할 필요가 없습니다.

안녕히 계십시오.

O. R. 에비슨

출처: UMAC

Chosen Christian College

Seoul, Chosen

OFFICE OF THE PRESIDENT

O. R. AVISON, M. D.

CO-OPERATING BOARDS
PRESBYTERIAN CHURCH IN THE U. S. A.
METHODIST EPISCOPAL CHURCH
METHODIST EPISCOPAL CHURCH, SOUTH
PRESBYTERIAN CHURCH IN CANADA

TRANSFERRED

3rd. October 1922.

Rev. Frank Mason North,
Secretary, Board of Foreign Missions,
150 Fifth Avenue,
New York, N. Y.

Dear Mr. North:

Your kind letter of September 5th came duly to hand.

With this I enclose a copy of the Minutes of the recent meeting of the field board of managers and copies of the President's and Treasurer's reports, together with copies of covering letters sent to the Secretary and Treasurer of the Cooperating Board, and a letter on the agricultural situation sent to Dr. R. P. Mackay, to which your thoughtful attention is invited.

As these enclosures cover very fully the present progress and problems of the college I need not enlarge upon them further in this letter.

With kind regards, believe me,

Very sincerely,

O.R.Avison

attached.

detached + filed with Min. of Field Bd. of Managers 9-21-22

COR. SECY.-NORTH
(DATE) 10/27/22
TO — REFERRED — DATE
ABM 10/27
BY — ANSWERED — DATE
ABM 10/30
BY — PASSED TO FILE — DATE
T
DATE
DEC

## 37. 에비슨이 존 T. 언더우드에게

1922년 10월 18일

존 T. 언더우드 씨,
30 베시 스트리트,
뉴욕 시, 뉴욕 주,
U. S. A.

친애하는 언더우드 씨

당신이 히야미스 포트(Hyamis port)*에서 쓴 8월 11일자 편지를 두 주 전, 혹은 그 전에 받았습니다. 우리가 보냈던 전보는 우리의 짐작과 달리 명확하게 전달되지 않았던 것이 분명합니다. 그 기술자가 실제로 가진 정보보다 더 많은 것을 알고 있을 것이라고 여긴 루카스의 믿음이 우리를 잘못 인도하였던 것 같습니다. 그래도 내 편지로 인해 서덜랜드 씨가 난방용 온수를 나르는 라디에이터들과 파이프를, 어쩌면 전기 설비들까지도 주문할 수 있게 되었다고 여깁니다. 특별히 밀러 씨와 루카스 씨가 그 일을 위해 수고해왔으므로 그 일은 곧바로 진행될 것입니다. 여름방학 달들에는 밀러 씨와 루카스 씨가 그 일을 교대로 감독하는 동안 원활하게 협력하는 것이 지장을 받았지만, 모두 다시 이전처럼 마음껏 활약을 펼치고 있습니다.

우리가 보낸 사진에서 당신이 보게 될 것처럼 건축공사는 빠르게 진행되고 있습니다. 언더우드관의 지붕에 지금 기와를 얹고 있고 [중앙] 타워는 며칠 내로 완공될 것입니다. 이학관은 지붕에 기와를 다 얹었고, 그래서 두 건물의 내벽에 회반죽을 바르려고 준비하고 있습니다.

그러나 건축공사의 매우 빠른 진행이 우리를 재정적으로 당황하게 만들고 있습니다. 말하자면 꽤 뜻밖의 설명을 해야 합니다. 일은 이렇게 되었습니다. 우리 건물과 전체 자산에 대한 계획은 당신이 언더우드관을 위해 약정하고, 피츠필드 교회가 이학관을 위해 약정한 것에 근거할 뿐만 아니라 남감리교인들이 1921년에 2만 3천 불을, 1922년에 1만 7천

* 매사추세츠 케이프코드(Cape Cod) 히야니스 포트(Hyannis Port)의 오타일 것으로 생각된다.

불을 제공하겠다고 약정하고, 캐나다장로교인들이 1921년에 1만 5천 불을, 1922년까지 2만 5천 불을 제공하겠다고 약정한 것에 근거하고 있습니다. 당신은 이런 약정금들에 근거하여, 언더우드관의 건축을 위해 당신이 미리 보낸 돈으로 [다른] 공사 대금을 치르는 것을, 그들이 보낸 돈으로 당신의 선금을 갚는다는 양해 아래, 우리에게 허락하였습니다.

캐나다인들은 1만 5천 불만 보냈고, 남감리교인들은 2만 3천 불만 보냈습니다. 그래서 우리는 그들의 약정금에서 4만 2천 불을 받지 못한 상태에 있습니다. 물론 그 때문에 제때에 들어오는 돈으로 대금들을 치르는 것에 애로를 겪고 있습니다.

다음은 처음부터 수령했거나 약정받은 자본금의 수입 명세와 현재의 진행 상황 및 새 건물들을 사용할 수 있게 하려고 앞으로 곧 해야 할 공사의 내용을 짧게 정리한 지출 명세입니다.

| 수입(¥) | |
|---|---|
| 언더우드 씨의 첫 기부금 | 109,864.35 |
| 장로회 선교부 | 4,500.00 |
| 이자 | 6,447.52 |
| 농업관 | 9.493.07 |
| 스팀슨관 | 50,055.44 |
| 감리회 선교부 | 42,899.65 |
| 이자 | 1,251.74 |
| 계 | 224,571.77 |
| **지출(¥)** | |
| 땅과 나무 | 82,807.12 |
| 부지 개발 | 18,897.10 |
| 잡다한 건물들 등등 | 18,300.31 |
| 스팀슨관 | 63,111.50 |
| 채플과 강당 | 726.53 |
| 로즈와 밀러 사택 | 27,640.78 |
| 설비 | 22,050.83 |
| 합계 | 233,534.17 |
| 초과 지출 | 8,962.40 |

새 기금

| 수입(¥) | |
|---|---|
| 언더우드관 | 220,000.00 |
| 이학관 | 100,000.00 |
| 캐나다장로회 약정금 | 80,000.00 |
| 남감리회 약정금 | 80,000.00 |
| 모범촌을 위한 기부금 | 1,000.00 |
| 러셀 세이지 유산 기부금 | 37,864.08 |
| 계 | 518,864.08 |
| 지출(¥) | |
| 언더우드관 | 220,000.00 |
| 이학관 | 100,000.00 |
| 기숙사 | 40,000.00 |
| 모범촌 | 20,000.00 |
| 교수[한국인, 일본인] 사택들 | 6,000.00 |
| 종업원 숙소들 | 13,000.00 |
| 난방과 조명 시설 | 4,418.84 |
| 외국인 사택 3채 | 45,000.00 |
| 대지 | 665.00 |
| 초과 지출 | 8,962.40 |
| 합계 | 458,046.24 |
| 일반 개발비 | 60,817.84 |

반드시 가지고 있어야 할 60,817.84원에서 14,902.02원을 경상예산에 빌려주었으므로 협력이사회가 갚아야 합니다.

경상예산에 14,902원을 빌려주고 캐나다장로회 선교부로부터 5만 원을, 남감리회 선교부로부터 3만 4천 원을 받지 못함으로써 우리는 일시적으로 자본금에서 98,902.62원을 잃게 되었습니다. 그 금액으로 우리가 모든 계약금을 치러야 하고, 중앙난방, 조명과 전력시설, 한국인 교수 사택들, 모범촌 학생 주택들, 외국인 교수 한 명을 위한 또 다른 사택, 급수시설 등등을 포함하여 매우 필요한 다른 공사에—전액이 아닌 일부 금액으로—60,817.84원의 잔금을 치러야 합니다.

이렇게 하면 이 문제가 적법하게 해결될 것이 아주 분명합니다.

1. 여러 선교부가 힘을 모아 경상예산의 적자를 채우기. 14,908.62원의 적자는 대학이

생긴 초창기에 발생한 것입니다.

2. 우리가 시작한 건축 프로그램을 위해 위에서 언급된 두 선교부가 약정한 금액을 채우기

만일 이 가운데 어느 것도 실행될 수 없다고 한다면, 남은 해결책은 무엇입니까? 당신은 약정된 그 돈들에 근거하여 매우 친절하게 우리가 언더우드관 건축기금을 다른 기금들로 충당해야 할 곳에 쓰면서 건축 프로그램을 진행하는 것을 용인하였습니다. 그런데 지금 우리는 그 돈을 받지 못하여 당신의 기금을 갚지 못하고 있습니다. 그래서 뉴욕에서 산 물품 대금을 갚기 위해 그곳에서 가지고 있는 그 기금을 우리에게 보내주고 혹시 아직 사지 않았을 경우에 그 구매를 미루지 않는다면, 건축업자가 지급 기한이 차서 청구한 돈을 줄 수 없어 언더우드관과 이학관의 공사를 지연시켜야 합니다.

내가 그 두 선교부에 약정금을 채워달라고 촉구해온 것을 확실히 아실 것입니다. 비록 두 선교부가 사업 부진으로 심각하게 고통받고 있다는 것을 알고 있기는 하지만, 협력이사회가 조금만 압박해주면 결과를 낼 것이라고 생각합니다. 그들은 사업 부진 때문에 기부자들로부터 특별 기금을 받아서 약정금을 지급하는 일을 실현하지 못하였습니다. 그래서 부당한 압박을 하게 될까 망설이게 됩니다. 그들이 그런 압박을 받게 되면 우리가 느끼고 있는 것처럼 심한 당혹감을 느낄 것이 틀림없습니다.

그러나 학생들의 수가 빠르게 늘어나서 그 건물들을 빨리 완공할 필요가 있습니다. 난방시설의 첫 세트를 공급받지 못하면, 겨울철에 그 건물들만 아니라 기숙사까지도 사용할 수 없습니다.

우리가 위에서 언급한 부채 외에 어떤 상황에 더 직면해있는지를 당신이 알도록 즉각적인 공급이 필요한 비품들의 목록을 여기에 첨부하겠습니다.

이 모든 것들이 현지 이사회를 불안하게 만들고 있어서, 그들이 내게 두 선교부를 만나 문제들을 해결하고 본 기관에 우호적인 인물들을 더 많이 접촉하여 절박하게 필요한 것들을 공급받을 수 있게 미국에 가라고 압박하기 시작하였습니다.

본국에 가라고 나를 재촉하는 그 사람들에게 나는 그저 두 대학에 무엇이 필요한지를 당신과 세브란스 씨께 알리는 일만 하기 위해서는 본국에 갈 마음이 없으므로 선교회들과 선교부들이 내게 어디든 모든 곳으로 자유롭게 기부금을 찾아다니게 해주지 않으면 아무 소용이 없을 것으로 안다고 대답하였습니다. 웰치 감독은 이렇게 하는 것이 바람직

한 사실을 그의 선교부와 선교회가 확실히 이해할 것이라고 말하고, 미션계 학교들이 발선할 수 있으려면 모든 선교부기 반드시 그렇게 해야 할 것이라고 말합니다.

1922년 12월 8일

당신은 이 편지 첫머리의 날짜를 본 다음 이 부분의 날짜를 보고 틀림없이 놀랄 것입니다. 이런 시간의 차이는 용납되지 않아야 하므로, 그 이유를 설명하는 것은 내게 즐겁지 않은 일입니다. 사실을 말하자면, 나는 새로운 두 건물과 관련된 여러 항목의 세세한 주문 절차가 끝나기를 기다려왔습니다. 이 일들은 내가 기대했던 것보다 더 오래 걸렸고, 나는 날마다 마치지 못할 일에 매달렸습니다. 그런데 루카스 씨와 밀러 씨가 내게 모든 세부사항을 그 기술자에게 편지로 알렸다고 말하고 있습니다. 그래서 나는 이 일을 끝내고 여기에서 벗어나기 위해 서두르고 있습니다. 지금은 기다리지 않고 그렇게 했으면 좋았을 것이라고 이해하고 있습니다.

그러는 동안 두 학교(연희전문과 세브란스의전)의 교수들이 이사회들에 내가 미국과 캐나다를 다시 방문하는 것을 허락해달라고 요구하였습니다. 새로운 우인들을 만들기 위해 노력하고 또한 뉴욕의 협력이사회에 그런 조치를 승인해달라고 요구하기 위해서였습니다. 나는 아직 이 문제를 검토하기 위해 이사회들을 한데 모이도록 소집하지 않았지만, 그렇게 곧 할 작정입니다.* 이 문제에 대한 그들의 생각을 늦지 않게 알아야 하기 때문입니다.

개인적으로 나는 그 여행을 좋아하지 않지만, 그렇게 해야 한다고 판단하고 있습니다. 혹시라도 내가 어디에서든지 사람들을 찾을 수 있게 되어 모든 교파의 남자들이나 여자들의 관심을 이 사업으로 끌어들이려고 노력하는 것을 허용받을 수 있지 않을까 해서 말입니다.

연희전문학교에서 조치들을 취하여, 내가 모금 업무에 전념할 시간과 에너지를 확보하도록 나를 거의 모든 또는 일체의 행정사역에서 놓아주기 위한 조직화 작업을 하고 있고, 세브란스연합의학전문학교에서도 비슷한 조치가 취해지고 있습니다. 이 주제에 관해 다음에 열릴 회의에 제출될 연희전문학교 이사회의 한 위원회가 작성한 보고서의 사본을

---

* 양교 이사회들의 공동회의는 1922년 12월 18일 오전에 열렸고, 오후에 학교별 이사회가 열렸다.

동봉합니다.

이렇게 하면 협력이사회가 구하려고 계획해온 것과 같은 특별 총무를 미국에 둘 필요를 내가 어느 정도 없앨 것입니다. 이런 의견은 당신이 보고서에서 보게 될 것처럼 한국과 본국 사이에서 내 시간을 나누겠다는 생각에서 나왔습니다.

당신은 이사회의 새 규칙에 따라 내가 70살이 되면 선교사역의 일선에서 물러나야 한다는 것을 알고 있습니다. 그때가 1930년 6월 30일인데, 지금부터 7년 반이 남았습니다. 이곳 사람들은 내가 세세한 행정업무를 다른 사람에게 맡기고 그 기간을 대학을 잘 세우는 일에 바쳐야 한다는 생각을 하고 있습니다. 그들은 대학의 미래에 대한 나의 구상, 나의 조직화 경험, 30년간의 한국 생활, 한국인들 사이에서와 미국에서의 다소 폭넓은 교제 범위로 인해 내가 새 인물보다는 이 사역을 더 잘할 수 있을 것이고, 나의 마지막 7년을 이런 건설적인 노력에 투입하는 편이 더 나을 것이라고 생각하고 있습니다. 이 일은 또한 내 뒤를 이어서 행정업무를 맡을 올바른 사람을 키울 수 있게 할 것입니다. 그동안 나는 계속 같이 지내면서 위기가 발생할 때 그들에게 조언할 것입니다.

물론 우리 북장로회 선교부가 이런 양상의 사역에 자금을 대주지는 않으리란 점을 잘 알고 있습니다. 그러나 모든 관련 선교부는 어찌하든 공평하게 부담을 져야 하고, 그렇게 하지 않아서 그렇게 사용할 어떤 특별 기부금을 확보하지 못하게 된다면, 내가 노력해서 얻을 기금으로 부담해야 합니다.

모금 업무를 위한 시간을 내게 더 많이 주기 위해 나를 행정업무에서 풀어주려 하는 이 계획을 당신이 어떻게 판단하는지를 물어보기 위해 당신에게 미리 이 계획에 대해 편지를 쓰고 있습니다. 물론 나는 나를 만나면 부담을 느낄 협력이사회 안에 좋은 우인들이 있는지를 찾기 위해서만 미국에 가기를 원하지는 않습니다.

누군가 이 사역에 더 큰 노력을 기울여야 할 것이 분명하고, 이곳의 우인들은 내가 그 일을 할 사람이라고 생각하고 있지만, 내가 매우 많은 행정업무를 보고 있는 동안에는 필요한 일을 할 수 없는 것도 분명합니다. 이런 움직임은 틀림없이 스코트 씨가 보낸 편지로 인해 촉진되었을 것입니다. 얼마 전에 우리에게 쓴 편지에서 그는 미국에서 모금 업무를 하는 총무직을 위해 지명할 만한 사람이 우리에게 있는지를 물었습니다. 내 동료들은 내가 한국인의 협력을 증진하는 데에 많은 시간을 쓰기를 원하고 있는데, 그 일이 성공할 가망이 있어 지금 나의 관심을 받고 있고, 그래서 그들은 내가 한국과 미국, 두 곳과의 관계를 계속 유지하도록 제안하고 있습니다.

미국과 캐나다를 위한 의학자문위원회(Medical Advisory Board for the United States of America and Canada)가 최근에 조직되었다는 소식을 듣게 되어 매우 기쁩니다. 그로써 내가 1911년부터 주창했던 운동이 절정에 도달하였습니다. 그들은 틀림없이 우리 의료선교 사역을 더 나은 토대 위에 올리고 본국 의료인들의 관심을 매우 유익한 방식으로 그 사역을 향하게 이끌 것입니다. 그 위원회는 40명의 위원으로 구성될 것인데, 이미 볼티모어의 피니(Finney) 의사, 볼티모어의 웰치(Weltch) 의사, 메이요(Chas. Mayo) 같은 인사들과 그들과 비슷한 명성을 지닌 다른 사람들이 그 일을 위해 기꺼이 봉사하겠다는 뜻을 밝힌 것을 주목하고 있습니다. 또한 미국의학협회(Americal Medical Association)가 5천 명에서 6천 명의 의사들과 함께 의료선교를 위한 회의와 전시회를 열었다는 것을 알게 되어 기쁩니다. 그래서 내가 본국을 방문한 기간에 작게나마 이 운동을 도왔다는 생각에 매우 기쁩니다. 또한, 다음 6월 샌프란시스코에서 열리는 의학협회의 회의에서 세브란스연합의학전문학교를 특별한 방식으로 크게 다루는 기회를 얻게 되어 매우 즐겁습니다. 나는 지금 그 회의를 위한 자료—우리 전체 시설의 모형, 사진, 통계 등—를 준비하고 있는데, 최근에 파데 영화사(Pathe Movies)*의 직원 한 명이 와서 본 기관의 사역 장면을 찍었고, 연희전문도 찍었습니다. 그래서 그 필름들이 미국 전역의 영화관들에서 상영될 것입니다.

내가 머지않아 미국에 가면 그곳에서 직접 만나 호감을 얻고 확신을 주는 방식으로 우리 사역을 제시하기 위해 그 회의에 참석하기를 희망합니다. 이는 우리가 그 첫 번째 기회에서 성공해야 하고 그렇지 않으면 그 의료인들의 관심을 잃게 되기 때문입니다.

이사회 회의가 이달 18일 열리게 되었습니다. 이 회의가 끝난 후에 당신에게 그들의 결정이나 제안에 관해 편지를 쓰겠습니다.

당신이 모든 이와 함께 즐거운 크리스마스를 보낼 것이라고 믿으며, 따뜻한 안부 인사를 드립니다.

안녕히 계십시오.

(서명됨) O. R. 에비슨

출처: PHS

* Pathé 형제가 1896년 창립하여 세계 최대의 필름 제작사로 발전한 Pathé Frères를 가리키는 것으로 생각된다.

O. R. Avison





18th October, 1922.

Mr. John T. Underwood,
30 Vesey Street,
New York, N. Y.,
U. S. A.

Dear Mr. Underwood

Yours of August 11th written from Hyamis Port was received a couple of weeks or more ago. The cablegram which we sent apparently did not prove so plain as we had supposed it would. I think we were misled by Mr. Lucas' belief that the engineers had more data than they seem to have had. I take it, however, that my letter enabled Mr. Sutherland to order the radiators and the pipe for carrying hot water for heating purposes and possibly also the electric fixtures. The hardware list, especially the locks, should have been better worked out. Mr. E. H. Miller and Mr. Lucas have been working on it and it will go forward at once. The summer vacation months, when Mr. Miller and Mr. Lucas alternated in overseeing the work interfered with good cooperative effort but all have got into full swing again ere this.

The building work has gone on rapidly as you will see from the photos we are sending. Underwood Hall main roof is now being tiled and the tower is within a few feet of being completed. Science building roof is all tiled and they are preparing to plaster the inside walls.

The very rapidity of construction, however, is proving an embarrassment to us financially - which is rather a surprising statement to make. But it is this way; our building and general property program was based not only upon the pledges of yourself for the Underwood Hall and the Pittsfield Church for the Science Hall but also upon the Southern Methodists to provide $23,000 in 1921 and $17,000 in 1922 and of the Canadian Presbyterians to provide $15,000 in 1921 and $25,000 not later than 1922, on which account you permitted us to use your advance payments on Underwood Hall in doing work to be covered by those payments on the understanding that your advances would be paid out of those funds as they came in.

The Canadians have paid in only $15,000 and the Southern Methodists only $23,000 leaving us short $42,000 on their pledges, which of course makes it difficult for us to meet payments as they come due.

The following is a resume of the Capital Funds received or pledged since the beginning and also of the expenditures with a brief statement of present status and work to be done in the immediate future to enable the new buildings to be used:-

Mr. John . . Underwood.

| Receipts | | |
|---|---|---|
| Initial Gift from Mr. Underwood | | ¥ 109,864.35 |
| From Presbyterian Board | | 4,500.00 |
| Interest | | 6,447.52 |
| Agricultural Building | | 9,493.07 |
| Stimson Building | | 50,055.44 |
| Methodist Episcopal Board | | 42,899.65 |
| Interest | | 1,251.74 |
| | | ¥ 224,571.77 |
| **Expenditures** | | |
| Land & Trees | ¥ 82,807.12 | |
| Site Development | 18,897.10 | |
| Miscellaneous Buildings &c. | 18,300.31 | |
| Stimson Hall | 63,111.50 | |
| Chapel & Auditorium | 726.53 | |
| Rhodes & Miller Residences | 27,640.78 | |
| Equipment | 22,050.83 | ¥233,534.17 |
| Overspent - - - - - - | | ¥ 8,962.40 |

New Fund

| Receipts | | |
|---|---|---|
| Underwood Hall | | ¥ 220,000.00 |
| Science Hall | | 100,000.00 |
| Canadian Pledge | | 80,000.00 |
| Methodist Episcopal South Pledge | | 80,000.00 |
| Donation to Model Village | | 1,000.00 |
| Russell Sage Legacy | | 37,864.08 |
| | | ¥ 518,864.08 |
| **Expenditures** | | |
| Underwood Hall | ¥220,000.00 | |
| Science Hall | 100,000.00 | |
| Dormitory | 40,000.00 | |
| Model Village | 20,000.00 | |
| Professors' Houses | 6,000.00 | |
| Servants' Quarters | 13,000.00 | |
| Heating & Lighting Plant | 4,418.84 | |
| 3 Foreign Residences | 45,000.00 | |
| Land | 665.00 | |
| Over-expenditure | 8,982.40 | 458,046.24 |
| To devote to General Development | | ¥60,817.84 |

Of the ¥60,817.84 which should be on hand ¥14,902.02 has been loaned to current budget and should be repaid by the Cooperating Board.

Mr. J. T. Underwood.

The loan of ¥14,902 to the current budget and the failure to receive ¥50,000.00 from the Canadian Board and ¥34,000.00 from the Southern Methodist Board deprives us temporarily of the sum of ¥98,902.62 of Capital Funds, which would have left us with all our contracts covered and a surplus of ¥60,817.84 with which to do other very much needed work, including Central Heat, Light and Power plant, Korean Professors' Residences, Model Village houses for students, another residence for a foreign professor, water supply etc. - not all but some. The funds on hand to-day (December 11) are sufficient to meet only this month's bills.

It is quite evident that the legitimate way to meet this would be:

1. For the combined Boards to liquidate the current budget deficit, of ¥14,902.62 incurred during the early days of the College's existence.
2. For the two Boards referred to above to meet their pledges on the strength of which we launched our building program.

If none of these can be done, what remains to be done? On the strength of the pledges made, you very kindly allowed us to proceed on the building program, using your Underwood Hall funds for the purposes that those other funds were to be applied to, and now, not having received payment, we cannot repay your funds and so Underwood Hall and Science Hall must be held up for we cannot meet the contractor's claims as they come due unless the funds held in New York to pay for goods bought there are forwarded to us, leaving purchases there to be delayed, if they have not already been made.

You may be sure that I have been urging those two Boards to meet their pledges and I think a little pressure from the Cooperating Board may bring results although I know both Boards have been suffering severely from the business depression, which has prevented realisation of the money pledged to them by contributors to their special funds, so that one hesitates to make undue pressure, when they no doubt feel the embarrasment as keenly as we do.

However, the rapid increase in the number of students calls for the immediate completion of the two buildings and neither they nor the dormitory can be used in the winter unless the first unit of the heating plant is provided.

I will attach to this a list of things calling for immediate provision so that you may see what we are facing in addition to the indebtedness mentioned above.

All these things are causing the Field Board of Managers to get uneasy and they are beginning to put pressure on me to go to America to straighten out matters with the two Boards and to try to enlist additional friends for the Institution, so that its pressing needs may be supplied.

Mr. John T. Underwood.

I have replied to these who urge my going home that I see no use of that unless I am given a free hand by the Missions and Boards to look for donations anywhere and everywhere as I have no mind to go home simply to lay before yourself and Mr. Severance the needs of the two Colleges. Bishop Welch says he feels sure that his Board and Mission will see the desirability of doing this and it is evident that all the Boards must do so if the Institutions are to be enabled to progress.

December 8, 1922.

You will surely be surprised to note the date of the first part of this letter and then that of this part. The explanation is not one to my liking as this gap should not have been permitted. The fact is that I have been waiting for the completion of the details of the orders for various items in connection with the two new buildings, and these took longer than I expected and I kept holding from day to day which I should not have done. However Mr. Lucas and Mr. Miller tell me they have mailed all the details to the Engineer, and so I hasten to complete this and get it off. I see now I might better have done so without waiting.

In the meantime the Staffs of both Institutions (Chosen Christian College and Severance Union Medical College) have requested the Field Boards of Managers to authorize me to revisit the United States of America and Canada to try to make new friends for the Colleges and also to ask the Cooperating Board in New York to approve such a step. I have not yet called the Boards together to consider this question, but expect to do so soon as I must know before long their mind in the matter.

Personally I do not prefer the trip, but my judgment favors it, if I can be allowed to endeavor to interest men or women in all the denominations wherever I can find them in these enterprises.

Steps have been taken in the Chosen Christian College, organization to set me free from most or all of the administrative work that I may have time and energy for the promotional work and similar steps are being taken in the Severance Union Medical College. I enclose a copy of the report of a Committee of the Chosen Christian College Board which will be presented at the coming meeting on this subject.

This will enable me to in some measure do away with the necessity for a special Secretary in Ameruca such as the Cooperating Board has been planning to secure as the idea is that I shall divide my time between Korea and the home and as you will note in the report.

You know the new rules of the Board will call for my withdrawal from Active Mission work when I am 70 which will be June 30, 1930, seven and one half years from now, and the feeling here is that I should devote these years to getting the Colleges well established, leaving the details of administration to others. They think my conception of the future of the Colleges, my experience in organization, my 30 years of life in Korea and my somewhat extended acquaintance with Koreans and in America will enable me to do this work of building up better than a new man could do, and perhaps it will be better for my last years to be given to this constructive effort. This will also make possible the development of the right men to succeed me in the work of administration while I am still living to advise them when crises occur.

Of course, I realise that our Presbyterian Board will not likely finance this phase of the work, but it must be done in some way that will fall equitably on all the Boards involved or be a charge upon the funds secured through my efforts, unless some special contribution to be thus used is obtained.

I am writing to you in advance about this plan for releasing me from administration work so as to give me more time for promotional work in order to get your judgment on it as, of course, I would not want to arrive in America only to find the good friends in the Cooperating Board sorry to see me.

It is evident that someone will have to put greater effort into this work, and the friends here think I am the one to do it, but it is just evident that I cannot do what is required while I am doing so much administravie work. Doubtless this movement has been advanced by a letter from Mr. Scott which came to us sometime ago asking if we had any one to nominate for the position of promotional Secretary in America. My colleagues want me to give a good deal of time to advancing Korean cooperation which is now receiving my attention with promise of some ~~success~~ success and so propose that I keep up my connection with both Korea and America.

I am very glad to learn of the recent organization of a Medical Advisory Board for the United States of America and Canada which is the culmination of a movement I have advocated since 1911. It will doubtless put our medical mission work on a better basis and bring it to the attention of the medical profession at home in a way that will be very beneficial. The Board is to consist of up to 40 members, and I note that already such men as Dr. Finney of Baltimore, Dr. Welch of Baltimore, Dr. Chas. Mayo and others of like standing have expressed their willingness to serve on it. Also I am pleased to know that the American Medical Association with an attendance of 5000 to 6000 doctors has opened its meetings to Medical Mission and to their Exhibits, and I am very happy to believe that in some little way I helped this movement along during my visits at home. It is also a great pleasure to have the opportunity of featuring the Severance Union Medical College in a special way at the coming meeting of the Medical Association in San Francisco next June. I am now preparing material for that meeting - a model of our entire plant, photos, statistics &c.,and recently an agent of the Pathe Movies came and took pictures of this Institution at work, and also of the Chosen Christian College, so they will appear in movie theaters throughout America.

If I go to the United States of America in the near future, I hope to attend that meeting in order to personally put our work before it in a way that will be attractive and convincing as we must make it a go on the first occasion or else lose the awakening interest of the profession. December 11, 1922.

A Meeting of the Field Board has been called for the 18th of this month, after which I will write you their decisions or suggestions.

I trust you have all had a good Christmas, and with kindest regards,

Very sincerely,

(Sgd) O. R. Avison

## 38. 암스트롱이 에비슨에게

1922년 10월 27일

O. R. 에비슨 박사,

서울,

한국,

일본.

나의 친애하는 에비슨 박사님:

당신이 맥케이 박사에게 농학자에 관해 쓴 9월 29일자 편지가 오늘 도착하였습니다. 그래서 11월 2일 도착하는 러시아의 황후(Empress of Russia) 호 편으로 받으시도록 답장을 보냈습니다.

그곳의 상황은 내가 지난해 여름에 그곳을 방문해서 알고 있으므로 당신이 어떤 형편에 있는지를 아주 잘 이해할 수 있습니다. 당신은 한편으로는 그 농학자를 얻기를 원하지만, 다른 한편으로는 우리가 매년 보내는 2천 불도 필요합니다.

우리는 이미 당사자인 농학자 미크(Meek) 씨에게 지금은 농과를 시작하기가 아주 힘들 것 같다고 설명하였습니다. 그리고 그에게 혹시 당신의 편지를 받아서 그 상황을 알게 되었다면, 당신이 얼마간 성경을 배운 다음 우리가 인도에서 대규모 기독교 농장 사역을 하고 있는 괄리오르* 선교회(Gwalior Mission)로 가지 않겠느냐고 물었습니다.

그는 그 편지에 답변하지 않았고, 나는 신문에서 그가 며칠 전에 결혼했다는 것을 알게 되었습니다. 거기에 미크와 그의 부인이 신혼여행 후에 워커턴(Walkerton)**에서 살 것이라는 광고가 있었습니다. 그것이 그가 해외 선교지에 갈 생각을 포기하고 있음을 뜻하는 것은 아닌지 모르겠습니다.

웨스트민스터홀(Westminster Hall)의 전임 교장 맥케이(John MacKay)의 강력한 추천을 받은 맥켄지(Fredrick McKenzie) 씨라는 지원자가 있습니다. 그는 브리티시컬럼비아대학교(University of British Columbia)의 농학부를 졸업하였습니다. 현재 미주리대학교(University

---

* 괄리오르는 인도 중북부의 마디아프라데시(Madhya Bharat) 주의 주요 도시이다.

** 캐나다 온타리오 주의 한 타운으로 토론토 시에서 서북 방향에 있다.

of Missouri)를 다니고 있고, 내년 봄에 석사학위를 받을 전망입니다. 그의 전공분야는 "가축 전반의 축산업 개선"입니다.

우리는 그에게 편지를 써서 관심만 보였습니다. 그가 내년에 가기를 원하는지 모르겠지만, 우리는 그를 어느 곳에 임명하게 될 것으로는 기대하고 있지 않습니다. 그에게서 편지를 받은 적은 없고, 우리는 맥케이 교장과 학생자원운동으로부터 그에 대한 정보를 얻었습니다.

내가 그를 언급한 것은 당신이 1, 2년 안에 농과를 시작할 기회를 만날 수도 있기 때문입니다. 만일 그렇게 되어 당신이 그와 접촉하기를 원한다면, 미주리 주 컬럼비아의 YMCA로 연락할 수 있습니다.

한편, 우리는 당신이 편지에 자세한 내용을 담아 그처럼 많은 정보를 준 일로 인해 감사합니다. 그 편지의 사본이 스코트 씨께 보내졌을 것으로 짐작합니다.

우리가 상과에서 일할 사람을 보내면서 [그 학교에] 필요할 성싶은 연 2천 불을 보내기를 중단하기를 당신이 원하는 것을 나는 이해하지 못하겠습니다. 우리는 우리의 제한된 예산 안에서 무엇이든 그 대학을 위해 최선의 일을 하기를 원합니다. 현재 그 예산으로는 잭 씨 대신 한 명을 보내거나 아니면 그를 대신하여 연 2천 불을 보내는 일 이상을 할 수 없습니다.

오웬스 씨가 보낸 편지에 대해 답장을 쓰고 있는데, 세브란스에 관한 일로서 맨스필드 의사와 스코필드 의사에 대해 내가 언급한 것이 있으므로 그 편지를 당신에게 보여주라고 그에게 요청하려 합니다.

에비슨 부인과 당신께 다정한 안부 인사와 최고의 행운을 빕니다.

안녕히 계십시오.

AEA [A. E. 암스트롱]

출처: PCC & UCC

Oct. 27, 1922.

Dr. O. R. Avison,
Seoul,
Korea,
Japan.

My dear Dr. Avison:

Your letter of 29th September to Dr. MacKay regarding Agriculturist arrived to-day, and I reply to catch Empress of Russia mail on the 2nd November.

I knew the situation through my visit last summer, and can quite understand therefore how you are situated. On the one hand, you would like to have the Agriculturist, but on the other hand, you need our $2,000 annually.

We had already stated to Mr. Meek, the Agriculturist in question, that it was quite unlikely that you would be able to commence an Agricultural Department at present, and we asked him that, if on receipt of your letter that proved to be the situation, he would consider taking some Biblical training and going to our Gwalior Mission in India where we have large Christian Farm Settlement work.

He has not answered that letter, and I see by the Press that he got married a few days ago, and it is announced that he and Mrs. Meek will live at Walkerton after their wedding trip. Just whether or not that means that he is giving up the thought of the Foreign Field I do not know.

Mr. Fredrick McKenzie, highly commended by Principal John MacKay, formerly of Westminster Hall, is a Volunteer. He is a graduate of the Agricultural Faculty of the University of British Columbia. He is at present attending the University of Missouri with a view to the M. A. degree next spring. His specialty is "Animal-husbandry—General Live Stock Improvement."

We are writing him simply to show an interest in him, but we have no prospect of appointing him anywhere, should he wish to go next year. We have had no correspondence from him, our information being from Principal MacKay and from the Student Volunteer Movement.

I mention him because you may possibly see the opportunity of starting an Agricultural Department in a year or two, and if so, you may want to get in touch with him in which case you can address him at the Y.M.C.A., Columbia, Missouri.

In the meantime, we thank you for your full letter giving so much information. I suppose a copy of it has been sent to Scott.

I do not understand that you want us to send a commercial man, and withdraw our $2,000 a year as would be necessary. We want to do whatever is best in the interests of the College and within the limitations of our Budget which cannot at present be more than a man to take Mr. Jack's place or in lieu thereof a grant of $2,000 per year.

I am answering a letter from Mr. Owens, and as it is concerning Severance I shall ask him to show it to you because of my comment on Dr. Mansfield and Dr. Schofield.

With kind regards and best wishes to Mrs. Avison and yourself, I am

Very sincerely yours,

AEA/P.

## 39. 세브란스의전의 서울 선교지회 제출 보고서

세브란스연합의학전문학교

서울 선교지회에 제출한 보고서, 1922년 12월 12일

선교지회의 여러분이 아시듯이, 우리는 교육법이 개정된 것에 따라 새 교육법 아래에서 전문학교 인가를 신청하였습니다. 공식적인 표기법으로는 우리가 더 이상 사립 세브란스 연합의학전문학교가 아니므로 "사립"이란 단어가 빠졌습니다. 그러나 새 인가를 받더라도 우리의 졸업시험을 인정받는 문제는 해결되지 않습니다. 우리는 최근에 총독부에 우리의 졸업시험을 인정해달라는 신청서를 냈습니다. 만일 승인이 난다면, 그 일은 우리 졸업생들이 학위를 받음으로써 의료행위의 면허를 받는 것을 뜻하게 될 것입니다.

오 의사가 학감으로 임명되었습니다.* 반버스커크 의사가 없는 동안 일을 맡은 것이 그가 이 직책에 적합함을 입증하였기 때문입니다. 그는 일을 매우 잘하고 있고, 특별히 학교의 지위를 조정하기 위해 총독부와의 협상하는 일에서 그러합니다.

반버스커크 의사가 9월 초에 돌아와서 업무를 다시 맡았습니다. 몇 가지 매우 귀한 장비를 가져와서 실험실을 재정비하였고, 그래서 지금 방들이 매우 매력적이고 편리하게 되었습니다.

맨스필드 의사가 그의 아픈 아이를 미국으로 데려가라는 조언을 받고 10월에 떠났습니다. 그가 이번 달에 돌아올 것이라는 말이 방금 전해왔습니다.

자금이 절박하게 필요해져서 교수회가 에비슨 박사에게 이 일에 대한 [후원자들의] 관심을 더 많이 일으킬 목적으로 미국으로 가는 것에 대해 동의를 받아오라고 권고하였습니다. 이 일과 관련하여 현지 이사회 회의가 이달 18일 열려서 의학교와 연희전문학교의 향후 관계를 검토할 것입니다.

---

* 에비슨 교장은 9월 21일 열린 세브란스의전 이사회 회의 때 제출한 보고서에서 당시 학감인 반버스커크의 동의를 받았다고 하면서 학감대리인 오긍선을 정식 학감으로 임명해주도록 이사회에 요청하였다. 학감의 임명은 이사회의 소관 사항이었다. 그런데 9월 21일 이사회 회의록에는 그를 임명한 사실이 기재되어 있지 않다. 그렇지만 에비슨은 이 12월 12일자 보고서에서 그가 이미 학감으로 임명되었다고 진술하고 있다. 그 다음번 이사회 회의는 12월 18일 열렸으므로 오긍선은 9월 21일 이사회 때 에비슨의 요청에 따라 임명되었던 것으로 보인다.

홍[석후] 의사가 미국에 가서 1년간 자리를 비웠다가 11월 초에 돌아왔는데, 뉴욕 의학대학원과 병원(New York Post Graduate Medical School and Hospital)에서 과정을 이수하였습니다. 그곳에서의 그의 학업에 대한 보고들은 매우 고무적입니다. 그는 눈의 굴절 과목에서 가장 우수하다는 말을 들었습니다. 그는 정교수가 되기로 약속을 받았고, 노튼 의사가 돌아간 후에 이비인후과를 맡을 것입니다. 그의 미국 여행 경비는 2,818.86불이고, 미국 체류 기간의 가족 부양비로 1,080불이 추가되어, 총 3,898.86불이 들었는데, 그 가운데 2천 불을 세브란스 씨의 특별 기부금으로 받았고, 나머지 1,898.86불은 본 기관의 예산에서 부담하였습니다. 그러나 우리는 이 투자가 좋은 결과를 낼 것이라고 생각합니다.

테일러(J. K. E. Taylor) 씨가 7월에 도착하여 약국과 판매 · 제작부를 이끄는 책임을 맡았습니다. 그의 지도 아래 이 부서들의 방들이 개조되었고, 그리하여 이 부서들의 능률이 높아졌습니다. 학교가 개강하자 그는 약물학과 약리학의 강의를 인계받아 여러 해 동안 비어있던 자리를 메꿨습니다.

더글라스 에비슨(D. B. Avison) 의사가 9월에 소아과를 맡았고, 그래서 소아과가 번창하기 시작하였습니다.

지난 4월 학년 초부터 우리 학생들이 물리학, 화학, 생물학을 월요일과 화요일에 연희전문학교에서 배우고 있습니다. 총독부의 개정된 교육과정에서는 생물학과 물리학이 더 이상 그 과정의 필수과목이 아닙니다. 그래서 우리는 새 학년에 우리 학생들을 연희전문에 그만 보낼 계획입니다. 생물학은 생리학 강의 과정에서, 물리학은 그 과목이 필수 요소인 여러 과에서, 화학은 우리 실험실들에서 가르치도록 조정할 것입니다.

봄학기와 가을학기의 학생 등록상황은 다음과 같습니다.

| | 1학년(명) | 2학년(명) | 3학년(명) | 4학년(명) | 합계(명) |
|---|---|---|---|---|---|
| 봄학기 | 25 | 16 | 11 | 6 | 58 |
| 가을학기 | 23 | 14 | 11 | 6 | 54 |

이미 졸업한 8명 가운데 의사면허를 받기 위해 총독부 시험에 응시한 6명이 모두 합격하였습니다. 이번 가을에 그 시험을 치른 우리 졸업생은 모두 17명이고, 그 가운데 12명이 합격하였으며, 지난 몇 년간의 기록 면에서 큰 향상을 보였습니다. 현재 우리에게 54명의

학생이 있고 수업이 순조롭게 진행되고 있습니다.

간호부양성소의 학생 등록상황은 다음의 통계가 보여주듯이 크게 회복되었습니다.

| | 1학년(명) | 2학년(명) | 3학년(명) | 4학년(수습생)(명) | 합계(명) |
|---|---|---|---|---|---|
| 봄학기 | 5 | 3 | 7 | 11 | 26 |
| 가을학기 | 7 | 8 | 6 | 11 | 32 |

우리는 폭스(Fox) 양의 결혼으로 캐나다장로회 선교회를 대표하는 사람을 잃었는데, 그녀를 뒤이어 영(Young) 양이 우리와 함께 있다가 떠났습니다. 페인(Payne) 양이 최근에 질병으로 근무를 중단하라는 지시를 받았지만, 여자선교회가 그녀를 대신하도록 간호사 2명을 빌려주면서 페인 양이 회복할 때까지 사역을 돕게 하여 우리가 기뻐하고 있습니다.

병원. 이 부서에서 능률을 높이기 위해 많은 것이 바뀌었습니다. 병상의 수를 어느 정도 줄이고 치료실들을 더 늘렸습니다. 우리의 요금 계획을 상향 개정하여 몇 개월 사이에 수입이 크게 올랐습니다. 그러나 3등실 환자들의 경우에는 요금이 너무 많이 올라 환자의 수가 줄어든 결과 수입이 크게 줄었습니다. 그래도 역원회*가 지난달 요금을 내리면서 3등실이 다시 회복되고 있습니다.

병원에 최근 몇 가지 새로운 장비들을 들였는데, 특별히 산과 병실에 그렇게 하였습니다.

7월 1일경에 졸업생 3명이 북경협화의학원에서 인턴 업무를 마치고 돌아왔습니다. 이용설이 그곳에서 2년 반 동안 종사하였고, 지금은 외과의 두 번째 조수로 있습니다. 김기반(Kim Ki Pan) 의사는 1년을 종사하였고, 지금은 내과의 교수진에 있습니다. 유영호(Ryu Yong Ho) 의사는 1년간의 인턴 업무 후에 병원과 해부학 교실에서 맨스필드 의사의 조수로 일하고 있습니다.

병원의 일정 기간 환자의 수와 수입액은 다음과 같습니다.

* 에비슨 자료집 (V)(서한집 3권)에서 50번째 문서로 소개된, 오웬스가 스코트에게 보낸 1920년 4월 8일자 편지에서 에비슨이 역원회를 조직한 사실이 언급되어 있다. 역원회는 여러 직종의 단체들에서 선출된 대표 6명과 임명된 대표 6명으로 구성되어, 직무의 등급 분류, 월급·임금 등과 진료비를 정하는 문제들을 다루었다. 이때 이 역원회의 조직은 민주적이고 독립적인 시대정신을 반영한 것으로 이해되었다.

|  | 유료환자(명) | 무료환자(명) | 합계(명) | 수입액(¥) |
|---|---|---|---|---|
| 1921년 4월~1921년 11월 | 962 | 301 | 1,263 | 19,635.05 |
| 1922년 4월~1922년 11월 | 1,029 | 432 | 1,461 | 24,403.13 |

그러나 이 수입액에 서울 선교지회 회원들에게 청구된 얼마간의 금액이 포함되었는데, 그 금액은 앞으로 열릴 집행위원회의 회의에서 조정될 것입니다. 그들이 절감방안을 보여주지 않을까 기대합니다.

자산. 건물의 수용 능력을 늘릴 필요가 절박해져서 지난 몇 개월간 이곳에서 한국의 미션계 학교 역사상 전례 없는 일이 시행되었습니다. 현재의 병원 건물에 인접한 땅의 한 구역에 새 병동을 짓기 위해 땅을 파기로 결정한 것입니다. 그 땅을 측량하고 나누어 6개 팀에게 맡겼습니다. 그 팀들이 9월 28일 공사를 시작하였고, 그 후부터 겨울이 닥칠 때까지 거의 매일 굴착공사를 하였습니다. 간호사들까지 한 부분을 맡았는데, 그들이 맡은 곳이 가장 많이 진척되었습니다. 우리는 교수들로부터 일꾼들까지 의료기관 전체 인원의 육체노동이 집단정신—계발할 필요가 있는 것으로서—을 고양할 것이라고 믿습니다. 병동을 세우기 위해 한국인들의 재원에서 기금을 확보하는 계획도 세우고 있는데, 140'[피트] 길이와 40' 넓이에 지하 2층을 포함하여 5층 높이로 구상하고 있습니다. 약국이 있는 층과 새 병원의 지하 2층이 통로로 연결될 것입니다.

올여름 동안 전면의 수용 예정지를 교환하여 울타리가 바뀌었습니다. 우리는 61.6평을 내주고 370평을 받았습니다. 북쪽 경계선에 있는 땅의 주인들이 여러 군데에서 우리 땅을 잠식하여, 우리가 최근에 총독부 조사관에게 부탁하여 경계를 표시하게 하였고, 이런 침범자들을 내쫓는 법적인 조치를 취하고 있습니다. 우리 경계선에서 침범받을 가능성이 있는 모든 지점이 경계석으로 표시될 것입니다.

여름 동안 결핵 환자들을 위한 작은 건물이 운동장의 한쪽 끝에 세워졌습니다, 올가을 정문 쪽에 가게를 짓기 위한 계약이 낙찰되었는데, 우리 판매부와 연결될 것입니다. 벽들을 세우고 있지만, 현재 진행되는 것을 보고 판단한다면 내년 봄까지는 가게가 완공될 성싶지 않습니다. 이 가게를 소매점으로 만들 계획이고 아마도 안경을 판매하는 가게도 두게 될 것입니다.

여름 동안 종업원들의 새 숙소 2채가 오웬스의 집 뒤쪽에 세워졌습니다. 그 땅은 부츠 의사를 위해 일하는 종업원들의 두 번째 숙소로 마련되었습니다.

우리는 부지 전면의 매우 값비싼 노변 땅을 소유하고 있고, 철도역에서 바로 맞은 편에 있는 전면의 땅은 몇 년 동안 사용할 계획이 없기 때문에, 전면의 90'×40' 또는 50'의 땅을 5년간 내어놓는 것을 허가해주도록 현지 이사회에 요청하고 있습니다. 이 일을 승낙받으면 본 의료기관에 필요한 수입을 많이 얻게 될 것입니다. 그 수익금은 우리 한국인 교직원을 위한 집들을 짓는 데에 사용될 것입니다.

자산위원회가 구성되어 매주 회의를 열고 배관공, 전기기사, 페인트공, 목수, 석수, 그리고 그밖에 관련된 일꾼들의 공사상황을 밀접하게 감독해왔습니다.

종교와 사회부. 지난봄 이후 남감리회 소속의 청년 목사 장집(Chang Chip) 씨가 종교와 사회 사역을 담당해왔습니다. 그가 많은 열정을 가지고 그 일에 종사하고 있으므로 우리는 이 방면의 우리 사역이 향후 몇 년간 큰 발전을 보여주리라고 믿고 있습니다. 종교와 사회 사역 위원회가 조직되어 이 특별한 분야를 감독해왔는데, 그들이 세운 계획이 종업원들과 학생들과 그들의 가족의 사회생활을 위해 중요한 역할을 할 것입니다.

종교와 사회부에 고용된 사람은 지금 3명입니다. 그들의 수장은 앞서 언급한 젊은 목사이고, 다음으로 고 씨가 있는데, 그의 임무는 분류하는 역할입니다. 이는 무료진료를 신청한 모든 사람이 그의 심사를 받게 되는 것을 뜻합니다. 세 번째 사람은 전도부인 채 씨입니다. 본 의료기관에서 일하는 모든 집단이 매일 편리한 시간에 기도회를 갖고 있습니다. 진료 시작 전에 예배를 약국에서 드립니다. 환자들을 개인적으로 만나는 사역도 하고 있습니다. 병실에서도 예배를 드리는데, 일요일이면 특별히 일정을 조정하여 외부의 기독교 사역자들이 와서 예배를 드리게 하고 있습니다. 장 씨는 또한 학생들에 대한 채플 인도자 일정표도 짜고 있습니다. 그 외에도 종업원들의 집에서 기도회가 열리고, 음악회, 강연회 등이 계획되고 있습니다. 또한, 탁구와 룩[체스 게임기] 등등의 게임기구도 사서 구내에 오락실을 열기를 희망하고 있습니다.

도서실. 여름 동안 도서실에서 듀이 십진분류법에 따라 색인 목록을 다시 만들었지만, 중앙 열람실이 부족하여 우리 학교에서 갖춰야 할 도서실의 효용이 매우 크게 떨어지고 있습니다. 우리는 우수한 책들을 세트로 꾸준히 많이 모아왔고 지금까지 부서들이 대부분 아주 잘 모아놓고 있지만, 그것들을 편리하게 사용할 공간이 없습니다.

치과. 치과가 장비를 개선하였고, 치과 의자를 새로 더 들여왔습니다.

약국. 약국 사역에서 한 가지 두드러지는 것은 무료로 진료받는 환자들의 수입니다. 그 수는 전체 진료환자 수의 거의 43%에 달합니다. 다음의 명세서는 11월 30일까지 진료환자의 수를 보여주고 지난해 같은 기간과 비교해볼 수 있게 합니다.

| | 유료환자(명) | 무료환자(명) | 합계(명) | 수입액(¥) |
|---|---|---|---|---|
| 1921년 4월~1921년 11월 | 29,035 | 15,740 | 43,775 | 19,100.55 |
| 1922년 4월~1922년 11월 | 30,656 | 22,904 | 53,559 | 21,516.60 |

회계년도가 시작하여 8달밖에 지나지 않았지만, 그동안의 유료진료 환자 수는 30,655명으로 지난해 12개월 전체에 32,231명이었던 것에 대비됩니다. 한편 8개월 동안의 무료진료 환자의 수는 22,904명으로 지난해 전체에 23,693명이었던 것에 대비됩니다. 그러나 수입액은 증가세를 보여주기는 했어도 같은 비율을 유지하지 못하여 경제 상황이 더 심각해진 것을 보여주고 있습니다.

과거의 우리 약국 사역에서 크게 부족한 것 하나는 우리가 그곳의 업무를 진지하게 떠맡을 부서장을 두지 못한 것입니다. 최근에 홉커크(Hopkirk) 의사가 부서장으로 임명되었으므로 모든 진료실 사역이 그의 감독을 받을 것입니다. 우리는 약국 사역이 그의 지도 아래 직원회의를 더 자주 가지면서 더 좋은 터전 위에 올라서기를 희망합니다.

간호부양성소. 러들로 부인이 간호부양성소에서 영양학 강의를 인계받았습니다. 그리고 규정식을 준비하는 부엌이 설치되어 매우 매력적인 방이 되었습니다. 이곳에서 매일 오전 아기들을 위한 우유가 준비되고 살균되며, 영양학 강의가 이루어졌습니다.

영어교육과. 영어 강의에 할애된 시수가 학년 초보다 늘어났습니다. 송[E. Y. Song] 씨가 그 사역의 일부를 맡았고 테일러 부인과 러들로 부인이 훌륭하게 봉사하면서 그들에게 일주일에 5시간을 가르치고 있습니다. 스타이츠 의사가 4학년생에게 통역을 세우지 않고 영어로 강의하고 있다고 보고한 사실을 알게 된 것은 고무적인 일입니다.

가을에 열린 현지 이사회 회의에서 본 의료기관이 선교사들과 그 밖의 사람들에게 무엇을 청구해야 하는지를 검토하기 위해 한 위원회를 만들었습니다. 그 위원회가 수고하여 여러 선교회에 [청구비를] 결정하는 근거를 다음과 같이 제시하기로 결론을 내리고, 특별히 집행위원회와 함께, 협상을 진행해왔습니다.

> 본교와 협력하는 선교회들의 서울 주재 선교사들은 선교사 의료비에서 개인당 15원을 내고, 아이들도 성인과 똑같은 기준으로 계산한다. 이 15원으로 진료실 진찰, 왕진, 그리고 수술을 포함한 병원의 모든 필수적인 돌봄을 제공할 것이다. 치과 치료에 대해서는 지금 한 것처럼 별도로 부과할 것이다.
>
> 서울지회 밖에 있는 이들에게는 1인당 2원을 계산하도록 제안되었다. 여기에 앞서 말한 봉사가 포함될 것이다.
>
> 병원은 정확한 기록을 보관할 것이고, 이 계산은 경험을 쌓는 동안 필요를 깨닫게 될 때 늘리거나 줄여서 할 것이다.

이 치료비들은 현재 시점에서 견적을 낼 수 있을 만큼 의료봉사를 받은 것의 비용에 근접하게 매겨집니다. 이는 어느 선교사든지 세브란스의 편의시설을 필요한 만큼 사용한 것에 대해 청구서를 교부받지 않고[선교회별로 계산하므로] 그 같이 사용하기를 부담 없이 여겨야 한다는 생각에서 나온 것입니다.

남감리회 선교회의 의료위원회는 선교회의 결정을 앞두고 이런 제안을 호의적으로 보고하였습니다. 우리 집행위원회는 다음 주에 여는 그들의 회의 때 이 제안을 채택할 것입니다.

출처: PHS

SEVERANCE UNION MEDICAL COLLEGE

Report to Seoul Station, December 12, 1922

FILING DEPT.
APR 11 1923
1197-2

As the Station knows, following the change in the Educational laws we made application for recognition as a Chun Moon Hakkyo under the new law, and this Fall the official permit was issued. According to the official phraseology we are no longer the Private Severance Union Medical College, the "Private" being dropped. This new permit, however, does not settle the question of the recognition of our examinations and we have recently sent in an application to the Government for the recognition of our examinations which, if granted, will mean that our graduates will receive licenses on their diplomas.

Dr. Oh has been appointed Dean, as his work during Dr. VanBuskirk's absence has proved his fitness for this position. He is doing good work, especially in connection with the Government regarding the status of the school.

Dr. VanBuskirk returned early in September and took up his work again Some valuable equipment followed him and he has re-arranged his laboratory so that he now has a very attractive and convenient suite of rooms.

Dr. Mansfield was advised to take his sick child to the United States and left in October. Word has just come that he will be back this month.

The pressing need for money caused the Faculty to recommend that Dr. Avison secure consent to go to America to create a further interest in the work. A Meeting of the Field Board of Managers will be held on the 18th instant in this connection and to consider the future relation of the Medical School to the Chosen Christian College.

Dr. Hong returned early in November after a year's absence in the United States where he took a course in the New York Post Graduate Medical School and Hospital and the reports of his work there are very encouraging. He was said to be the best man in his class in refraction. He has been promoted to be full professor and after Dr. Norton's return will be in charge of the Ear Nose & Throat Department. His trip to the United States cost us $2818.86 plus $1080 for the maintenance of his family while he was in the United States, making a total cost of $3898.86, of which $2000 was received as a special donation from Mr. Severance and Mrs. Prentiss, leaving $1898.86 as a charge against the budget of the Institution. We feel, however, that the investment will yield good results.

Mr. J. T. R. Taylor arrived in July and took up his duties as Head of the Pharmacy, Sales and Manufacturing Departments. Under his direction the rooms in these departments have been transformed, thus increasing the efficiency in these departments. At the opening of the school he took over the teaching of Materia Medical and Pharmacy, filling a gap which has existed for years.

Dr. D. B. Avison assumed his duties in September in the Department of Paediatrics, and a flourishing child clinic is being held.

Since the beginning of the school year last April our students have been taking Physics, Chemistry and Biology at the Chosen Christian College on Mondays and Tuesdays. The revised curriculum of the Government no longer requires Biology and Physics in the course, so we are planning for the new school year to discontinue sending our men to the Chosen Christian College. We will make arrangements for Biology to be taught in the

Physiology course, Physics in the various departments in which it is a factor and for the teaching of Chemistry in our own laboratories.

For the Spring and Fall terms the registration has been as follows:

| | 1 st Year | 2nd Year | 3rd Year | 4th Year | Total |
|---|---|---|---|---|---|
| Spring Term | 25 | 16 | 11 | 6 | 58 |
| Fall Term | 23 | 14 | 11 | 6 | 54 |

Of the eight men who graduated six, all who tried, passed the Government examination for licenses. Altogether seventeen of our graduates took the examination this Fall, twelve of whom succeeded, which is a considerable improvement on the record of the past few years. At the present time we have 54 students and the work is proceeding smoothly.

The registrationin the Nurses Training School has picked up considerably as the following statistics show:

| | 1st Year | 2nd Year | 3rd Year | 4th Year (Probationers) | Total |
|---|---|---|---|---|---|
| Spring Term | 5 | 3 | 7 | 11 | 26 |
| Fall Term | 7 | 8 | 6 | 11 | 32 |

We lost the representative of the Canadian Mission, Miss Fox, through marriage, but her successor, Miss Young, was with us before the loss occurred. Miss Payne has recently been ordered off duty on account of illness but we are glad the Womans' Society is loaning two nurses in her place to assist in the work until Miss Payne recovers.

HOSPITAL A number of alterations have been made in this department with a view to increased efficiency, the number of beds having been cut down somewhat and more rooms given to service. Our schedule of rates was revised upwards and for several months earnings went up considerably. In the case of the 3rd class patients, however, the raise proved too great and the reduction in the numbers resulted in the earnings dropping considerably. However the Workers' Council last month reduced the rates and the 3rd class wards are picking up again.

The Hospital has recently received some new equipment, especially for the Obstetrical Ward.

About the first of July three graduates returned from interneships in the Peking Union Medical College. Dr. Yi Yong Sul served two and one half years there and is now second assistant in the surgical staff. Dr. Kim Ki Pan served one year and is now on the medical staff. Dr. Ryu Yong Ho after a year's interneship is assistant to Dr. Mansfield in the Hospital and in the Department of Anatomy.

The number of patients and receipts in the Hospital for the period are as follows:

| | Pay # | Free # | Total # | Receipts ¥ |
|---|---|---|---|---|
| April 1921-November 1922 | 962 | 301 | 1263 | 19,635.05 |
| April 1922-November 1922 | 1029 | 432 | 1461 | 24,403.13 |

These receipts, however, include certain charges to the members of the Station which will be adjusted at the coming meeting of the Executive Committee. It is expected that they will likely show a shrinkage.

PROPERTY The need for more accomodation has become so pressing that something unique in Mission school history in Korea has been enacted here during the past few months. It was decided to excavate for a new wing to the Hospital, to be built on a section of ground adjoining the present building, and the ground was measured out and divided into six teams. On September 28 the teams began work, and almost every day thereafter the excavation work proceeded until the winter set in. Even the nurses were assigned a section and their section is the most advanced. This exercising of the muscle of the whole institutional force from professors down to coolies ~~into the institutional welfare~~ will mean, we believe, an increased esprit de corps -- something which needs developing. Plans are also under way to secure funds from Korean sources towards putting up the wing, which is planned to be 140' long and 40' wide and five stories high, including a sub-basement. A passage-way will connect the dispensary floor and the new Hospital sub-basement.

During this summer the exchange of land for the expropriated frontage was made and the boundary fences changed. We received 370 tsubo in exchange for 61.6 tsubo. A number of owners on the northern boundary line are nibbling bits off our property and we recently had a Government surveyor put in stakes and are taking legal steps to have these trespassers evicted. Our boundaries at all possible points of encroachment will be marked with stone posts.

During the summer a small building for tubercular patients was erected at one end of the playground. This Fall a contract was let for a store on the main frontage, connecting with our Sales Department. The walls are up, but it is not likely, judging from present progress, that the store will be ready until the spring. It is planned to make this the retail department, and it will probably house the Optical Sales Room as well.

During the summer two new servants's quarters were built back of Owens' house. The ground has been prepared for a second servants' quarters for Dr. Boots.

We have now a very valuable street frontage and inasmuch as our plans for development do not contemplate the use of the frontage directly opposite the new railway station for several years to come, permission is being asked of the Field Board of Managers to release a frontage of 90' by 40' or 50', for a period of five years. Should this be agreed to it will bring in much needed revenue for the institution. The proceeds will be used to build houses for the Koreanmembers of our staff.

A Property Committee has been formed and has been holding weekly meetings and exercising a closer supervision over the work of the plumber, electrician, painter, carpenter mason and other related employees.

RELIGIOUS AND SOCIAL DEPARTMENT Since last spring, Mr. Chang Chip a Southern Methodist young pastor has been in charge of the Religious and Social Work. He has taken hold of his work with considerable enthusiasm and we believe that this feature of our work will show remarkable development in the years to come. A Committee on Religious and Social Work has been organised to have the supervision of this special department and its plans provide social features for the employees and students and their families.

The force employed in the Religious and Social Department consists now of three. The head is the young pastor referred to; then Mr. Koh, whose duty it is to act as a differentiator, which means that all who apply for free treatment are investigated by him. The Bible woman, Chaisi, completes the trio. Every group of workers in the institution has prayers at a convenient time each day. A service is held in the Dispensary before theclinics open. Personal work is done among the patients. Services are held in the Hospital wards, and on Sundays special arrangements are made for outside Christian workers to come in and hold services. Mr. Chang also makes out the schedule for the chapel leaders of the student body. In addition there are prayer meetings in the homes of the employees, and concerts, lectures, etc., are being planned. It is also hoped to buy games of ping pong, rook etc., and to open a game room on the property.

LIBRARY During the summer the library was recatalogued on the Dewey Decimal System, but the lack of a central reading room detracts very greatly from the use our library might be to the institution. We have been gradually accumulating a fine set of books and are fairly well up-to-date in most departments, but we are without rooms to make their use convenient.

DENTAL DEPARTMENT The Dental Department has improved its equipment, having added another chair.

DISPENSARY One feature of the Dispensary work has been the number of free patients who have received treatment, the number being nearly 43% of the total treatments. The following is a statement showing the number of treatments to November 30, as compared with the corresponding period last year:

| | Pay # | Free # | Total # | Receipts ¥ |
|---|---|---|---|---|
| April 1921-November 1921 | 28035 | 15740 | 43775 | 19100.55 |
| April 1922-November 1922 | 30655 | 22904 | 53559 | 21516.60 |

Although only eight months of the fiscal year have passed, the pay treatments number 30,655 against 32,231 for the whole 12 months of the previous year, while the free treatments for the eight months are 22,904 against 22,693 for the whole of the previous year. The receipts, however, while they show an increase, do not maintain the same proportion showing that the economic situation is more severe.

One great lack in our Dispensary work in the past has been that we have not had a Chief of Staff who undertook the duties of the office seriously. Recently Dr. Hopkirk has been appointed Chief of Staff and the work of all the clinics will be under his supervision. We are hoping that under his direction, with more frequent staff conferences, the work of the Dispensary will be put on a better footing.

THE NURSES' TRAINING SCHOOL Mrs. Ludlow has taken over the teaching of Dietetics in the Nurses' Training School and the Diet Kitchen has been equipped and made into a very attractive room. Here every morning the milk for the babies is prepared and sterilized and the teaching of dietetics is done.

ENGLISH DEPARTMENT The number of hours given to the teaching of English has been increased from the beginning of the school year. Mr.Song has been assigned a part of the work and Mrs. Taylor and Mrs. Ludlow have given splendid services, having the responsibility between them for 5 hours a week. It is encouraging to learn that Dr. Stites reports that he lectures in English to the fourth year men without an interpreter.

At the Fall Meeting of the Field Board of Managers a Committee was appointed to consider what should be the institution's charges to missionaries and others, and the Committee has been at work and negotiations havebeen under way, with the Executive Committee especially, with the result that we are proposing the following basis of action to the various Missions:

> Members of the Cooperating Missions in Seoul be assessed on the missionary medical fund the sum of Y15.00 per individual, children being reckoned on the same basis as adults. For this Y15.00, office consultations, outcalls and all necessary Hospital care, including operations, will be given. A separate charge will be made, as now, for dental treatment.
>
> For those outside of Seoul station it is proposed to make a per capita assessment of Y2.00, which will include the aforementioned services.
>
> The Hospital will keep accurate records and this assessment will be increased or decreased as experience finds necessary.

These rates are as near the cost of the services rendered as can be estimated at the present time. The idea is that any missionary should feel free to use the facilities of Severance as much as necessary without having a bill rendered to him for same.

The Medical Committee of the Southern Methodist Mission has reported this proposition favorably for Mission action, and it will be taken up by our own Executive Committee at its meeting next week.

## 40. 서덜랜드가 에비슨에게

(1922년 12월 21일)

To 에비슨
서울 (한국)

SGOEXREHIB IBILJWAULJ IXEKWGUOLS OAMOS.

약품을 더 이상 주문하지 마시오. 병원의 적자 명세서를 당장 보내시오.

— G. F. 서덜랜드

출처: UMAC

Form 1255

Charge to the account of ______ $ ______

| CLASS OF SERVICE DESIRED | |
|---|---|
| Full Rate | |
| Half Rate Deferred | |
| Cable Letter | |
| Week End Letter | |

Patrons should mark an X opposite the class of service desired; OTHERWISE THE CABLEGRAM WILL BE TRANSMITTED AT FULL RATES.

# WESTERN UNION CABLEGRAM

NEWCOMB CARLTON, PRESIDENT GEORGE W. E. ATKINS, FIRST VICE-PRESIDENT

Number 1

Number of Words

Time Filed

Send the following Cablegram, subject to the terms on back hereof, which are hereby agreed to

TRANSFERRED

(December 21,1922) 19

To AVSON O. R. Avison

Seoul (Korea)

SGOEIREHIB IBILJWAULJ IXEKWGUOLS OAVOS.

Do not order any more drugs. Send at once statement of hospital deficit.-G.F.Sutherland.

O.K.

(GFS-LG)

## 41. 에비슨이 서덜랜드에게

1922년 12월 22일

G. F. 서덜랜드 씨,
150번지 5번가,
뉴욕 시, 뉴욕 주,
미국.

친애하는 서덜랜드 씨:

우리는 오늘 세브란스 씨와 프렌티스 부인의 약정금에 근거하여 당신 앞으로 3천 불짜리 환어음을 [일본] 제일은행(Dai Ichi Ginko)을 통해 발행하였습니다.

여러 달 동안 오웬스 씨가 당신과 통신하면서 세브란스 씨와 프렌티스 부인의 약정금을 현지에서 받아 쓸 수 있는 방법을 강구해왔지만, 지금까지 아무 방법도 찾지 못하였습니다. 오웬스 씨가 그 문제를 며칠 전 열린 현지 이사회의 임시회 때 보고하여, 그들이 다음과 같이 결정하였습니다.

> 우리는 현지 회계가 경상예산을 위한 세브란스 씨와 프렌티스 부인의 약정금을 최대한도까지 협력이사회 회계로부터 받을 수 있게 하는 방법을 마련하도록 협력이사회에 요청한다.

그들은 또한 오웬스 씨가 이번 달의 모든 급료 지급에 필요한 금액을 당신에게 요구하는 것을 승인하였습니다.

세브란스 씨와 프렌티스 부인이 대학의 재정을 지원해주기 시작한 후부터 현지 회계는 언제든지 돈이 급히 필요하면 겐소 씨를 통해 그분들의 약정 한도 안에서 끌어왔습니다. 그것이 오웬스 씨가 회계년도의 연초마다 당신에게 어음을 우리에게 보내거나 아니면 자금이 필요할 때 우리가 어음을 팔거나 당신에게 발행할 수 있게 허가해달라고 제안했던 이유였습니다. 그러나 이 문제의 현재 양상을 당신이 충분히 이해하지 못하고 있는 것 같습니다. 그래서 당신은 <u>우리가 미국에서</u> 구입한 물건의 대금을 치르기 위해 세브란스 씨와 프렌티스 부인으로부터 5천 불을 받는 일에 힘을 기울이고 있는 것이 분명합니다. 그러나 이 구입은 그 기금으로 우리에게 필요한 것들의 일부를 산 것에 불과할 따름입니다.

우리가 올해 겐소 씨를 통해 지금까지 8천 원을 끌어 썼는데, 데이(Day) 씨가 당신을 통해 그 돈을 정산하고 있는 것으로 나는 알고 있습니다. 이제 당신이 우리의 좋은 친구들[협력이사회]과 함께 업무조정 방안을 마련함에 따라, 자연스럽게 북장로회 선교부가 겐소 씨에게 자금을 우리에게 더 조달하지 말라고 지시하게 되었습니다. 그 결과 앞서 언급한 바, 우리는 그 어음을 만들 수밖에 없게 되었습니다.

우리는 약정금의 절반—경상예산을 위한 5천 불과 연구사역을 위한 750불이 될 것입니다—을 1923~1924년 회계년도에 사용할 수 있도록 다음 회계년도가 시작하는 4월 중에 세브란스 씨와 프렌티스 부인으로부터 받아내고, 그런 다음 6개월 후에 나머지 절반을 인출하도록 조정해줄 것을 제안합니다. 당신이 이 돈을 받으면, 필요한 만큼만 그것을 팔겠다는 양해 아래, 그 필요를 채울 어음을 현지에 보낼 수 있을 것입니다.

물론 당신은 이 금액 외에도 5천 불의 운전자금을 확보할 수 있게 된 것에 대해 축하를 받아야 합니다. 이 덕분에 당신은 데이 씨가 기금을 다루던 때보다 확실히 훨씬 더 만족스럽게 되었습니다.

당신이 우리에게 편지를 보내주지 않으면, 그동안 우리가 세브란스 약정금의 사용 계획에 따라 1월에 다시 어음을 발행하지 않을 수 없게 될 가능성이 아주 높습니다.

안녕히 계십시오.

O. R. 에비슨

H. T. 오웬스

출처: UMAC

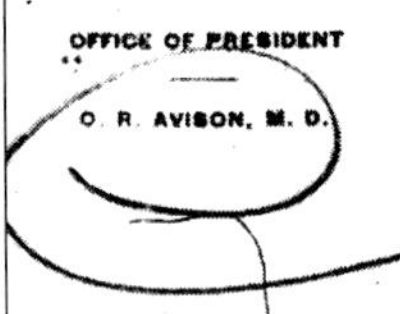


SEVERANCE UNION MEDICAL COLLEGE
NURSES' TRAINING SCHOOL
SEVERANCE HOSPITAL

SEOUL, KOREA.

CO-OPERATING MISSIONS
PRESBYTERIAN CHURCH IN THE U. S. A.
METHODIST EPISCOPAL CHURCH
PRESBYTERIAN CHURCH IN THE U. S.
METHODIST EPISCOPAL CHURCH, SOUTH
PRESBYTERIAN CHURCH IN CANADA
PRESBYTERIAN CHURCH OF AUSTRALIA

22nd December, 1922.

TRANSFERRED

Mr. G. F. Sutherland,
150 Fifth Avenue,
New York, N. Y.,
U. S. A.

Dear Mr. Sutherland:

We are drawing on you to-day through the Dai Ichi Ginko for $3,000 on the pledge of Mr. Severance and Mrs. Prentiss.

For many months Mr. Owens has been corresponding with you endeavoring to arrange some way in which the money pledged by Mr. Severance and Mrs. Prentiss can be made available for use on the field, but so far no method has been arranged. Mr. Owens reported the matter to the Field Board of Managers at a special meeting a few days ago and they took the following action:

"That we ask the Cooperating Board to provide a way by which the Field Treasurer can draw upon the Cooperating Board Treasurer up to the limit of the current budget pledge of Mr. Severance and Mrs. Prentiss."

They also authorized Mr. Owens to draw on you for the amount needed to meet the payroll this month.

Ever since Mr. Severance and Mrs. Prentiss have been financing the College, the Field Treasurer has been able, within the limits of their pledge, to draw through Mr. Genso whenever the need for money became urgent. It was for that reason that Mr. Owens suggested that at the beginning of each fiscal year you should send us drafts, or authority to draw so that when the funds were needed, we could sell a draft or draw on you. It seems, however, that this aspect of the matter has not been fully understood by you and you have apparently centered your efforts upon securing from Mr. Severance and Mrs. Prentiss the sum of $5,000 to meet purchases made by us in America. These purchases, however, represent only a part of our needs for the fund.

So far this year we have drawn through Mr. Genso ¥8,000 which I understand Mr. Day is adjusting through you. Now that you have secured a working arrangement with our good friends, naturally the Presbyterian Board has instructed Mr. Genso not to finance us further with the result that we are forced to make the draft as stated above.

We would suggest that sometime about the beginning of next fiscal year, in April, you arrange to draw on Mr. Severance and Mrs. Prentiss for half of the pledge to be used in the fiscal year 1923-1924 which would be $5,000 for current budget and $750 for Research work, then six months later draw the remaining half. When you have received these monies you could send drafts covering them to the field with the understanding that they will be sold only as needed.

- 2 -

Mr. G. F. Sutherland:

Of course you are to be congratulated upon being able to secure $5,000 working capital over and above this amount, which puts you in a very much more satisfactory position apparently than Mr. Day was in when he handled the funds.

It is quite probable that we shall have to draw again in January unless a letter comes from you in the meantime with a program for the use of the Severance Pledge.

Very sincerely,

O.R.Avison

## 42. 에비슨이 맥케이에게

1922년 12월 23일

R. P. 맥케이 목사,
컨페더레이션 라이프 빌딩,
토론토,
캐나다.

친애하는 나의 맥케이 박사님:

이 편지와 함께 두 대학의 현지 이사회 회의록들과 회의용 보충 문서들을 보냅니다.

당신이 보게 될 것처럼, 중요한 결정은, 두 대학의 이사회에서 내가 모든 시간을 모금 업무에 바치도록 나를 풀어주고 행정업무를 연희전문학교의 베커(A. L. Becker) 박사와 세브란스연합의학전문학교의 반버스커크(J. D. VanBuskirk) 의사에게 맡기기로 하였습니다.

또 다른 중요한 점은 세브란스연합의학전문학교를 궁극적으로 연희전문학교 의과로 만들어야 한다는 이사회 이사들의 생각을 확인한 것이었습니다. 두 학교를 위한 모금 사역이 점점 더 많이 필요해질 것인데, 두 개의 학교보다는 하나의 학교가 호소력을 더 높일 수 있을 것으로 생각되고 있습니다. 만일 두 학교가 따로 지낸다면 모금하는 사람이 제각기 필요하겠지만, 만일 그들이 합친다면, 한 사람이 두 곳의 모금 사역을 할 수 있습니다. 그 위에 미국에서 독립적인 의대들이 점점 적어지고 있고, 당신도 알듯이, 의학교육은 종합대학의 적합한 영역 안에 있어야 할 것으로 여겨지고 있습니다. 현재는 통합을 위한 어떤 결정도 내리고 있지 않다는 점을 당신은 아실 것입니다.

당신이 채택된 보고서에서 보게 될 것처럼, 내가 앞으로 할 것으로 예상하는 그 사역은 범위가 매우 넓습니다. 그것을 쉽게 이해하기 위해 표로 설명하겠습니다.

| 한국에서의 관계 | 1. 선교회들과의 관계 |
|---|---|
| | 2. 한국교회와의 관계 |
| | 3. 한국인 후원자들과의 관계 |
| | 4. 총독부와의 관계 |
| 미국과 캐나다에서의 관계 | 1. 협력이사회와의 관계 |
| | 2. 선교부들과의 관계 |
| | 3. 본국 교회와의 관계 |
| | 4. 본국 후원자와의 관계 |

현지 이사회가 바라는 것은 협력이사회에서 나의 방문을 승인하면 가능한 한 빨리 미국에 가서 충분하게 오래 머물면서 우리가 세운 목표를 이루거나 최소한 [학교운영을] 계속할 수 있는 정도가 되게 하는 것입니다. 물론 내가 출발하기 전에 과연 협력이사회의 환영을 받게 될지를 알았으면 합니다. 미국에 가기에 앞서 내가 이곳에서 한국인과 협력관계를 구축하기 위해 노력하는 것이 바람직하다는 것을 매우 강하게 느끼고 있습니다. 그 이유는 학교들의 재정문제에 대한 한국인의 관심이 미국과 캐나다의 기부자들에게 얼마나 많은 영향을 미치는지를 내가 잘 알고 있기 때문입니다. 어쨌든 시간적 여유를 확보하여 곰곰이 생각도 하고 사람들을 만나 기부할 만한 사람들에게 개인적인 관심도 더 많이 보여주면서, 다음 두세 달 동안 어떤 운동을 벌여, 한국인의 협력을 얼마간 증진하기를 희망합니다.

당신이 위의 표에서 이미 보았듯이, 여기에서 나는 선교회들, 교회들, 개인들, 그리고 총독부와 관계를 맺고 있습니다. 다른 인물들 사이에서는 우리 졸업생들을 데리고 동문회를 조직하여* 그들이 좋은 활동을 펼치도록 독려하려 합니다.

미국에 가게 되면 어디에서나 두 대학의 우인을 만들기 위해 사람들을 찾아다닐 수 있도록 일정하게 활동의 자유를 가져야 할 것입니다. 그러므로 이곳의 선교회들과 그 문제를 상의하고 있습니다. 최근에 미국으로 떠난 웰치 감독이 그의 선교회에 어떤 말을 남겼는데, 내게 그들의 선교사들이 누리는 자유와 똑같은 정도로 사람들에게 접근할 자유를 주도록 재정위원회가 북감리회 선교부에 요청하기를 바란다는 말이었습니다. 그가 그렇

* 1923년 3월 24일 연희전문학교 제5회 졸업식이 거행된 후 동문 30여 명이 동문회의 조직을 결의하고 임시의장 김원벽과 규칙 제정 위원을 선출하였으며, 1924년 3월 15일 제1회 정기총회를 학교에서 개최하였다. 『연세대학교백년사 4』, 연세대학교출판부, 1985, 347쪽.

게 했던 것은 그들이 [북감리회 선교부에] 지급을 요청한 금액들 가운데 두 대학에 줄 돈이 많고 이런 요청은 틀림없이 이루어질 것이기 때문이었습니다. 웰치 감독은 내게 이 일을 감수하도록 강력하게 촉구하고 있습니다. 남감리회의 보아즈(Boaz) 감독은 이사회의 최근 회의에서 그들이 연희전문학교에 주기로 약정한 돈 가운데 1만 7천 불이 남아있고 세브란스연합의학전문학교에도 특별히 주어야 할 돈이 분명히 많으므로, 자기가 곧 본국에 가서 백주년운동의 마지막 약정금 수금을 도울 생각이라고 하였습니다. 내가 그들의 교회에서 적어도 그들이 약정했던 것만큼은 확보할 기회를 가질 수 있게 할 것이며, 1924년 1월부터 새로운 자금을 확보할 길이 열릴 것이라고 말하였습니다. 나는 이미 다른 선교회들과도 면담하고 있습니다.

안녕히 계십시오.

O. R. 에비슨

출처: PCC & UCC

OFFICE OF PRESIDENT

O. R. AVISON, M. D.

SEVERANCE UNION MEDICAL COLLEGE
NURSES' TRAINING SCHOOL
SEVERANCE HOSPITAL
SEOUL, KOREA.

CO-OPERATING MISSIONS
PRESBYTERIAN CHURCH IN THE U. S. A.
METHODIST EPISCOPAL CHURCH
PRESBYTERIAN CHURCH IN THE U. S.
METHODIST EPISCOPAL CHURCH, SOUTH
PRESBYTERIAN CHURCH IN CANADA
PRESBYTERIAN CHURCH OF AUSTRALIA

JAN 17 1923

23rd December, 1922.

Rev. R. P. Mackay,
Confederation Life Building,
Toronto,
Canada.

My dear Dr. Mackay:

I am sending you herewith the minutes and supporting documents of the meeting of the Field Boards of Managers of the two colleges.

Certain important decisions were arrived at, as you will note. The Boards have decided to set me free to devote my whole time to promotional work, putting the administrative duties into the hands of Dr. A. L. Becker at the Chosen Christian College and into the hands of Dr. J. D. VanBuskirk at the Severance Union Medical College.

Another important factor was the ascertaining of the sentiment of the members of the Boards that ultimately the Severance Union Medical College should become the Medical Department of the Chosen Christian College. It will be increasingly necessary for promotional work to be done for both Colleges and it is felt that a better appeal can be made for one institution than for two. If the Institutions remain separate a promotional man will be needed for each, but if they are merged, the promotional work for both can be done by one man. Furthermore, independent medical colleges in the United States are growing fewer and fewer and medical education, as you know, is considered to be in the proper sphere of a university. You will note that no action was taken to bring about any merger at the present time.

As you will see from the reports that were adopted, the work I am expected to do will be quite wide in scope. I will put it into the form of a diagram for ease of apprehension:-

| | |
|---|---|
| Relations in Korea | ( 1. With Missions<br>( 2. " The Korean Church<br>( 3. " The Korean Constituency<br>( 4. " The Government |
| Relations in the U. S. A. & Canada | ( 1. With The Cooperating Board<br>( 2. " The Mission Boards<br>( 3. " The Home Church<br>( 4. " The Home Constituency |

The desire of the Field Board of Managers is that I go to America as soon as possible after the Cooperating Board approve of such a visit and that I stay there long enough to accomplish our ends or at least get enough to go on with. Of course I will want to know before I start that I will be welcomed by the Cooperating Board. I feel very strongly the desirability of working here at the problem of Korean cooperation before I go to America as I realise how much would be the influence on American and Canadian givers of goodly measure of Korean interest in the financial problems of the institutions. At any rate I hope to get some movements under way and some advance in Korean cooperation accomplished during the next two or three months, by having leisure to devote to thinking, to meeting people and showing more personal interest in possible givers.

As you have already read above, my relations here are to be with Mission, Churches, individuals and government. Amongst other individuals I am to work with our own graduates to organize them into an alumni association and to provoke them to good works.

In going to America I know I must have a certain amount of freedom to make friends for the Colleges wherever I can find them and I have therefore been taking it up with the Missions here. Bishop Welch, who recently left for the United States, left word with his Mission that he desires the Finance Committee to ask the Methodist Episcopal Board to give me the same free access to their people that one of their own missionaries would have as they have considerable sums for both Colleges in their askings and there is no doubt this will be done. Bishop Welch strongly urged that I undertake this work. Bishop Boaz, of the Southern Methodist Episcopal Church, said in the recent meeting of the Board of Managers that as they were in debt to the Chosen Christian College $17,000 on their pledge and also to the Severance Union Medical College also a considerable sum he had no doubt especially as he was going home soon to aid in the collecting of the last of the Centenary pledges, that I would be given an opportunity in their church to secure at least what they had pledged and that from January 1924 the way would be open to secure new money. I have yet to interview other Missions.

Very sincerely,

O R Avison

## 43. 에비슨이 노스에게

1922년 12월 23일

프랭크 메이슨 노스 박사,
150번지 5번가,
뉴욕 시, 뉴욕 주,
미국.

나의 친애하는 노스 박사님:*

이 편지와 함께 두 대학의 현지 이사회 회의록과 회의를 위한 보충 문서들을 보냅니다.

당신이 보게 될 것처럼, 중요한 결정은, 두 대학의 이사회에서 내가 모든 시간을 모금 업무에 바치도록 나를 풀어주고 행정업무를 연희전문학교의 베커(A. L. Becker) 박사와 세브란스연합의학전문학교의 반버스커크(J. D. VanBuskirk) 의사에게 맡기기로 하였습니다.

또 다른 중요한 점은 세브란스연합의학전문학교를 궁극적으로 연희전문학교 의과로 만들어야 한다는 이사회 이사들의 생각을 확인한 것이었습니다. 두 학교를 위한 모금 사역이 점점 더 많이 필요해질 것인데, 두 개의 학교보다는 하나의 학교가 호소력을 더 높일 수 있을 것으로 생각되고 있습니다. 만일 두 학교가 따로 지낸다면 모금하는 사람이 제각기 필요하겠지만, 만일 그들이 합친다면, 한 사람이 두 곳의 모금 사역을 할 수 있습니다. 그 위에 미국에서 독립적인 의대들이 점점 적어지고 있고, 당신도 알듯이, 의학교육은 종합대학의 적합한 영역 안에 있어야 할 것으로 여겨지고 있습니다. 현재는 통합을 위한 어떤 결정도 내리고 있지 않다는 점을 당신은 아실 것입니다.

당신이 채택된 보고서에서 보게 될 것처럼, 내가 앞으로 할 것으로 예상하는 그 사역은 범위가 매우 넓습니다. 그것을 쉽게 이해하기 위해 표로 설명하겠습니다.

---

* 이 편지는 바로 앞에서 소개된 에비슨이 맥케이에게 보낸 편지와 내용이 똑같다.

| | |
|---|---|
| 한국에서의 관계 | 1. 선교회들과의 관계 |
| | 2. 한국교회와의 관계 |
| | 3. 한국인 후원자들과의 관계 |
| | 4. 총독부와의 관계 |
| 미국과 캐나다에서의 관계 | 1. 협력이사회와의 관계 |
| | 2. 선교부들과의 관계 |
| | 3. 본국 교회와의 관계 |
| | 4. 본국 후원자와의 관계 |

현지 이사회가 바라는 것은 협력이사회에서 나의 방문을 승인하면 가능한 한 빨리 미국에 가서 충분하게 오래 머물면서 우리가 세운 목표를 이루거나 최소한 [학교운영을] 계속할 수 있는 정도가 되게 하는 것입니다. 물론 내가 출발하기 전에 과연 협력이사회의 환영을 받게 될지를 알았으면 합니다. 미국에 가기에 앞서 내가 이곳에서 한국인과 협력관계를 구축하기 위해 노력하는 것이 바람직하다는 것을 매우 강하게 느끼고 있습니다. 그 이유는 학교들의 재정문제에 대한 한국인의 관심이 미국과 캐나다의 기부자들에게 얼마나 많은 영향을 미치는지를 내가 잘 알고 있기 때문입니다. 어쨌든 시간적 여유를 확보하여 곰곰이 생각도 하고 사람들을 만나 기부할 만한 사람들에게 개인적인 관심도 더 많이 보여주면서, 다음 두세 달 동안 어떤 운동을 벌여, 한국인의 협력을 얼마간 증진하기를 희망합니다.

당신이 위의 표에서 이미 보았듯이, 여기에서 나는 선교회들, 교회들, 개인들, 그리고 총독부와 관계를 맺고 있습니다. 다른 인물들 사이에서는 우리 졸업생들을 데리고 동문회를 조직하여 그들이 좋은 활동을 펼치도록 독려하려 합니다.

미국에 가게 되면 어디에서나 두 대학의 우인을 만들기 위해 사람들을 찾아다닐 수 있도록 일정하게 활동의 자유를 가져야 할 것입니다. 그러므로 이곳의 선교회들과 그 문제를 상의하고 있습니다. 최근에 미국으로 떠난 웰치 감독이 그의 선교회에 어떤 말을 남겼는데, 내게 그들의 선교사들이 누리는 자유와 똑같은 정도로 사람들에게 접근할 자유를 주도록 재정위원회가 북감리회 선교부에 요청하기를 바란다는 말이었습니다. 그가 그렇게 했던 것은 그들이 [북감리회 선교부에] 지급을 요청한 금액들 가운데 두 대학에 줄 돈이 많고 이런 요청은 틀림없이 이루어질 것이기 때문이었습니다. 웰치 감독은 내게 이 일을 감수하도록 강력하게 촉구하고 있습니다. 남감리회의 보아즈(Boaz) 감독은 이사회의 최근 회의에서 그들이 연희전문학교에 주기로 약정한 돈 가운데 1만 7천 불이 남아있고 세브란스연합의학전문학교에도 특별히 주어야 할 돈이 분명히 많으므로, 자기가 곧 본국에 가서 백주년운동의 마지막 약정금 수금을 도울 생각이라고 하였습니다. 내가 그들의 교회에서 적어도 그들이 약정했던 것만큼은 확보할 기회를 가질 수 있게 할 것이며, 1924년 1월부터 새로운 자금을 확보할 길이 열릴 것이라고 말하였습니다. 나는 이미 다른 선교회들과도 면담하고 있습니다.

안녕히 계십시오.

O. R. 에비슨

출처: UMAC

OFFICE OF PRESIDENT
O. R. AVISON, M.D.

SEVERANCE UNION MEDICAL COLLEGE
NURSES' TRAINING SCHOOL
SEVERANCE HOSPITAL

SEOUL, KOREA.

COOPERATING MISSIONS
PRESBYTERIAN CHURCH IN THE U. S. A.
METHODIST EPISCOPAL CHURCH
PRESBYTERIAN CHURCH IN THE U. S.
METHODIST EPISCOPAL CHURCH, SOUTH
PRESBYTERIAN CHURCH IN CANADA
PRESBYTERIAN CHURCH OF AUSTRALIA

TRANSFERRED

23rd December, 1922.

Dr. Frank Mason North,
150 Fifth Avenue,
New York, N. Y.,
U. S. A.

My dear Dr. North:

I am sending you herewith the minutes and supporting documents of the meeting of the Field Boards of Managers of the two colleges.

Certain important decisions were arrived at, as you will note. The Boards have decided to set me free to devote my whole time to promotional work, putting the administrative duties into the hands of Dr. A. L. Becker at the Chosen Christian College and into the hands of Dr. J. D. VanBuskirk at the Severance Union Medical College.

Another important factor was the ascertaining of the sentiment of the members of the Boards that ultimately the Severance Union Medical College should become the Medical Department of the Chosen Christian College. It will be increasingly necessary for promotional work to be done for both Colleges and it is felt that a better appeal can be made for one institution than for two. If the Institutions remain separate a promotional man will be needed for each, but if they are merged, the promotional work for both can be done by one man. Furthermore, independent medical colleges in the United States are growing fewer and fewer and medical education, as you know, is considered to be in the proper sphere of a university. You will note that no action was taken to bring about any merger at the present time.

As you will see from the reports that were adopted, the work I am expected to do will be quite wide in scope. I will put it into the form of a diagram for ease of apprehension:-

| | |
|---|---|
| Relations in Korea | ( 1. With Missions<br>( 2. " The Korean Church<br>( 3. " The Korean Constituency<br>( 4. " The Government |
| Relations in the U. S. A. & Canada | ( 1. With The Cooperating Board<br>( 2. " The Mission Boards<br>( 3. " The Home Church<br>( 4. " The Home Constituency |

The desire of the Field Board of Managers is that I go to America as soon as possible after the Cooperating Board approve of such a visit and that I stay there long enough to accomplish our ends or at least get enough to go on with. Of course I will want to know before I start that I will be welcomed by the Cooperating Board. I feel very strongly the desirability of working here at the problem of Korean cooperation before I go to America as I realize how much would be the influence on American and Canadian givers of goodly measure of Korean interest in the financial problems of the institutions. At any rate I hope to get some movements under way and some advance in Korean cooperation accomplished during the next two or three months, by having leisure to devote to thinking, to meeting people and showing more personal interest in possible givers.

As you have already read above, my relations here are to be with Mission, Churches, individuals and government. Amongst other individuals I am to work with our own graduates to organize them into an alumni association and to provoke them to good works.

In going to America I know I must have a certain amount of freedom to make friends for the Colleges wherever I can find them and I have therefore been taking it up with the Missions here. Bishop Welch, who recently left for the United States, left word with his Mission that he desires the Finance Committee to ask the Methodist Episcopal Board to give me the same free access to their people that one of their own missionaries would have as they have considerable sums for both Colleges in their askings and there is no doubt this will be done. Bishop Welch strongly urged that I undertake this work. Bishop Boaz, of the Southern Methodist Episcopal Church, said in the recent meeting of the Board of Managers that as they were in debt to the Chosen Christian College $17,000 on their pledge and also to the Severance Union Medical College also a considerable sum he had no doubt especially as he was going home soon to aid in the collecting of the last of the Centenary pledges, that I would be given an opportunity in their church to secure at least what they had pledged and that from January 1924 the way would be open to secure new money. I have yet to interview other Missions.

Very sincerely,

O. R. Avison

1/17/23
Raw 1/17
Ram 3/29/23
4/3/23
DEC [illegible]

## 44. 에비슨이 맥켄지에게

1922년 12월 29일

Fred. F. 맥켄지 씨,
Y. M. C. A.,
컬럼비아,
미주리 주,
미국.

친애하는 맥켄지 씨:*

당신의 11월 13일자 편지를 받고 크게 흥미를 느끼며 읽었습니다. 당신이 해외선교 사역에 강한 관심을 가지고 당신의 지식을 다른 나라에서 선교사역을 하는 일에 사용할 계획을 세우고 있는 것을 보고 기뻤습니다.

당신에게 지금의 학교에서 학업을 끝내자마자 일할 자리가 있을 것이란 사실을 자신 있게 말씀드릴 수 있었으면 좋겠습니다. 특별히 당신이 석사학위를 받을 것이므로 사역을 위해 훨씬 더 잘 준비되어 있을 것이란 사실에 비추어 볼 때 그러하지만, 내가 전에 당신에게 보낸 편지에서 썼듯이, 우리 대학의 농과는 효과적으로 사역을 수행할 준비가 제대로 되어있지 못해 얼마 전에 폐과되었습니다. 우리는 현재 그것을 복설할 방도를 찾지 못하고 있습니다. 그것을 운영하려면 많은 돈이 들기 때문이고, 우리가 바라는 만큼의 교육적인 수준에 이를 정도로 그것을 운영하려면 반드시 몇 명의 교수를 구해야 하기 때문입니다.

당신이 아닌 다른 누구를 우리 학교로 오게 할 수 있을지 모르겠습니다. 지금 우리는 1명의 일반 농학자를 한국에 두고 있는데, 우리 학교에 임용되지는 않았지만, 만일 우리가 과를 개설할 때가 되면 그렇게 될 가능성이 있습니다. 우리에게는 또한 컬럼비아의 오하이오주립대에서 농업을 전공한 한국인이 있는데, 그는 현재 인근 도시 또는 그 근처에

* Frederick F. McKenzie는 본 서한집의 30번 문서인 암스트롱이 에비슨에게 보낸 1922년 10월 27일자 편지에서 연희전문의 농과 교수로 오도록 추천받은 인물이었는데, 그 당시에 캐나다 브리티시컬럼비아대학을 졸업하고 미주리대에서 석사과정을 이수하고 있었다.

서 사설 낙농장을 운영하고 있습니다. 그의 아버지는 부유한 사람이며, 그를 이 방면으로 이끌었습니다. 그 청년은 대학에서 사역하기 전에 얼마간 직접 경험을 쌓아야 한다는 생각을 하고 있는데, 이는 실로 매우 좋은 견해입니다. 우리는 조만간 그를 우리 교수진에 합류시키기를 희망하지만, 우리가 그 사역을 제대로 시작할 준비만 되어있다면 이 일 때문에 당신에게 오라고 요청하지 못할 것은 아닙니다. 내가 말한 그런 사람뿐만 아니라 그 과를 이끌 외국인 책임자도 우리에게 필요할 것이기 때문입니다.

그러므로 캐나다장로회 선교부가 당신을 이 학교로 임명해주기를 우리가 몹시 원하는 것을 당신은 이해할 것입니다. 우리가 바로 지금은 그들에게 그렇게 해달라고 요청할 입장에 있지 못하고, 당신 자신이 더 준비하여 나중에 오기를 바라면서 기다리고 싶어 하지 않는 한은 당신에게 기다려달라고 요청할 입장에도 있지 못합니다. 지금 나는 내년 봄에 미국을 다시 방문할 예정에 있습니다. 우리가 미국에서 시간이 나는 대로 이곳저곳을 다닐 작정이기 때문에, 당신을 만나게 되기를 기대합니다.

만일 내가 미국에서 당신을 만나 그 문제에 관해 이야기할 수 있을 때까지 당신이 다른 곳으로 가는 결정을 보류할 수 있다면, 정말 기쁘겠습니다.

대학은 잘 되고 있고 우리는 며칠 내에 총독부로부터 새롭게 인가를 받을 것으로 기대하고 있습니다. 그러면 학교의 지위가 적어도 2년 안에는 높아질 것입니다.

지금 한국인들 사이에서 교육을 받겠다는 움직임이 매우 활발하게 펼쳐지고 있습니다. 우리는 물론 그들에게 예술 방면의 문화교육만 아니라 과학과 산업 교육도 제공하기를 원합니다. 그래서 우리는 기금과 교사들을 얻을 수 있다면 곧바로 농과를 개설하기를 강력히 바라고 있습니다.

당신의 부모님께 편지를 쓰게 되면, 에비슨 부인과 내가 전심으로 드리는 안부 인사를 그분들께 전해주기를 바라며, 당신이 편지에서 언급했던 다른 사람들, 곧 맥길리브레이(MacGillivray) 가족, 매켄지 가족, 제프(Jeff) 가족과 마쉬(Marsh) 부부에게도 안부 인사를 전하기를 잊지 마시기 바랍니다.

당신께 마음을 다해 안부 인사를 드리며,

안녕히 계십시오.

(서명됨) O. R. 에비슨

출처: PHS

COPY



29th December, 1922.

Mr. Fred F. McKenzie,
Y. M. C. A.,
Columbia,
Missouri,
U. S. A.

Dear Mr. McKenzie:

I have received your letter of November 13th and have read it with much interest. I am glad to note that your interest in the foreign work is still strong, and that you are still planning to use your knowledge in furthering the work of missions in foreign countries.

I wish I could say without any question to you that there would be a place open for you as soon as you finish your work in your present school, especially in view of the fact that you are taking your Master's degree and so will be all the better prepared for work, but as I wrote you before, the agricultural department of our college was closed some time ago because we were not well enough prepared to carry on the work in an efficient way. We see no way of re-opening it at the present time, as it will take a good deal of money to run it and several teachers must be secured if we are to carry it on in a way that will really be educative in the sense that we desire.

I do not know of any one that I would rather have come out to our institution than yourself, but we have in Korea at this time one general agricultural man, not attached to our institution, but who might become so as times goes on if we open our department. We have also a Korean who graduated in agriculture (animal husbandry) at the Ohio State University at Columbus and who is at present opening a private dairy in a neighboring city or near a neighboring city. His father is a well-to-do man and is setting him up in this way. The young man feels that he ought to get some experience of his own before he enters into collegiate work which I think is a very good idea indeed. We hope in due time to have him join our staff, but this would not prevent us from asking you to come if we were ready to go right on with the work, because we would need not only such a man as I am speaking of, but a foreign head for the department.

You will see therefore that much as we would like to have you assigned by the Canadian Board to this Institution, we are not in a position at the present moment to ask them to do so and neither are we in a position to ask you to wait unless you yourself desire to make further preparation and wait in the hope of coming out at a later date. I am expecting now to visit America again this coming spring and will look forward to seeing you as we are expecting to

- 2 -

Mr. F. F. McKenzie.

travel from one part of the United States to another at different intervals.

If you can withold any decision to go elsewhere until I can see you in America and talk the matter over, I shall be all the better pleased.

The College is going on well and we are expecting to receive a new permit from the Government in a few days which will raise the standing of the school by at least two years.

There is a great deal of lively activity going on among the Koreans now in an effort to get education, and we would like of course not only to give them a cultural education in the line of art, but to give them science and industry as well, so that we have a strong desire to open the agricultural department as soon as we can possibly secure the funds and the teachers.

When writing to your parents kindly give them the best greetings of Mrs. Avison and myself and not forgetting the others whom you mentioned in your letter, namely the MacGillivrays, the McKechnies, the Jeffs and Mr. & Mrs. Marsh.

With kindest regards to yourself, I am,

Yours very sincerely,

(Sgd) O.R. Avison

## 45. 스코트가 협력이사회 집행위원들에게

1922년 12월 29일

조선 기독교 교육을 위한 협력이사회의

집행위원들께

**에비슨 박사의 미국 내 모금운동 계획에 대하여***

친애하는 우인들,

소식을 알리기 위해 한국 서울에서 온 암호 전보를 북장로회 선교부에서 수령한 일을 보고하고자 합니다. 그것은 다음과 같이 해독됩니다.

> 연희전문학교의 현지 이사회, 세브란스연합의학전문학교의 현지 이사회는 O. R. 에비슨을 한국에서만 아니라 미국에서도 모금 사역을 하도록 업무에서 배제하였다. 협력이사회의 승인을 받자마자 미국으로 가라는 지시를 내렸다. 여러분이 승인하거나 불승인하는 것을 전보로 알려달라. 그 일의 경비는 캠페인 모금액을 분배할 때 갚는다. 에비슨

북장로회 선교부는 소속 선교사의 안식년을 그의 [조선] 선교회가 먼저 승인해야 하기 때문에 에비슨이 제안한, 캠페인을 위한 안식년에 관해 북장로회 조선 선교회가 어떤 권고안을 냈는지를 문의하기 위해 현지에 전보를 칠 예정입니다. 에비슨 박사는 1921년 2월 한국으로 돌아간 지 2년이 채 지나지 않았습니다. 우리는 이 캠페인 계획이나 에비슨 박사의 귀국에 관해 현지로부터 아무 통신문도 받지 않았습니다.

조선 기독교 교육을 위한 협력이사회의 총무로서 나는 협력이사회 집행위원회의 위원들이 현지 이사회의 이 제안에 어떤 태도를 취할 것인지를 알고 싶습니다. 또한, 우리 협력 선교부들의 후원자 사이에서 에비슨 박사가 활동할 여지가 어떻게 열릴지도 알고 싶습니다. 에비슨 박사가 벌일 캠페인의 성과는 자매 선교부들의 협력 여하에 크게 좌우될 것입니다. 바로 지금의 상황에서는 북장로회 선교부가 이번 겨울과 봄에 벌이려 하는 캠

* 이 문서는 협력이사회의 문서이지만, 에비슨의 전보를 소개하고 있어서 이 자료집에 포함되었다.

페인 수입으로 에비슨 박사의 자산 요구에 응하기가 많이 힘들다는 것을 그 선교부가 알게 될 것입니다.

가장 다정한 안부 인사를 드립니다.

안녕히 계십시오.

조지 T. 스코트

총무

출처: PHS

Copy for Mr. Scott

December 29, 1922.

TO THE EXECUTIVE COMMITTEE OF THE
COOPERATING BOARD FOR CHRISTIAN EDUCATION IN CHOSEN

RE: PROPOSED CAMPAIGN IN U. S. BY DR. O. R. AVISON.

Dear Friends,

I wish to report as a matter of information the receipt by the Presbyterian Board of Foreign Missions a code cablegram from Seoul, Korea, which in translation reads as follows:-

CHOSEN CHRISTIAN COLLEGE FIELD BOARD OF MANAGERS, SEVERANCE UNION MEDICAL COLLEGE FIELD BOARD OF MANAGERS HAVE SET ASIDE O. R. AVISON TO PROMOTE WORK KOREA ALSO IN AMERICA. HAVE GIVEN DIRECTIONS TO GO TO AMERICA AS SOON AS COOPERATING BOARD APPROVES. WIRE IF YOU APPROVE OR DISAPPROVE. EXPENSE INVOLVED REIMBURSED RESULTING CAMPAIGN CONTRIBUTIONS. AVISON

Inasmuch as the furlough of a Presbyterian Missionary is first subject to the approval of his Mission, the Presbyterian Board is cabling to the field to inquire what recommendation the Presbyterian Mission in Korea makes in regard to Dr. Avison's proposed furlough for campaign purposes. Dr. Avison returned to Korea in February 1921, something less than two years ago. We have received no correspondence from the field regarding this proposed campaign or Dr. Avison's return.

As Secretary of the Cooperating Board for Christian Education in Chosen, I wish to know what attitude the members of the Executive Committee of the Cooperating Board have toward this proposal of the Boards on the field. Also what opening would there be in the constituencies of our Cooperating Mission Boards for Dr. Avison's efforts. The fruitfulness of Dr. Avison's campaign would largely depend upon the co-operation which he received from the constituent Mission Boards. Just at present the Presbyterian Board would find it rather difficult to fit Dr. Avison's property requests into the campaign which the Presbyterian Board is conducting this winter and spring.

With kindest regards, I am

Very sincerely yours

George T. Scott.
Secretary.

GTS-JWJ

## 46. 브라운이 에비슨에게

1923년 1월 4일

올리버 R. 에비슨 박사,

서울, 조선, (한국).

친애하는 에비슨 박사:

우리는 당신의 미국 방문계획에 관한 12월 23일 전보를 늦지 않게 받았습니다. 그것은 1월 2일 열린 선교부 회의에 제출되었고, 그때 다음의 결정이 내려졌습니다.

> 연희전문학교와 세브란스연합의학전문학교의 현지 이사회들이 O. R. 에비슨 박사의 모금 업무를 위한 미국 귀국 승인을 12월 23일자 전보로 요청한 것에 대한 답변으로, 본 선교부는 그 요청을 반드시 미뤄야 한다는 취지로 전보를 보내기로 표결하였다. 그 이유는 선교부가 [조선] 선교회나 그들의 실행위원회로부터 결정한 바를 듣지 못하였기 때문이고, 해당 요청에 관한 총회의 새 규칙에 저촉되기 때문이다.

연합 교육기관의 교장 및 다른 교직원들이 자기 교파 선교회가 아닌 그 연합기관과 관련된 문제들에 연루되었을 때 특정의 교파 선교회에 어느 선까지 복종해야 하는가에 관해 의문이 제기될 수 있습니다. 거기에는 의견의 차이를 보이는 불분명한 지대가 있습니다. 당신이 알듯이 여러 선교지에 이런 연합기관이 아주 많이 있고, 안식년, 봉급, 자녀수당 등의 문제들에 관한 선교부의 정책은 [현지] 선교회의 회원 매뉴얼이 정한 규칙에 따라야 하는 것으로 여겨 왔습니다. 몇 년 전 당신의 미국 귀국을 위한 연희전문학교 현지 이사회의 요청을 선교부가 [조선] 선교회의 결정 없이 승인했을 때, 그 선교회가 크게 분노하여 선교부의 결정을 비판할 거리 가운데 하나로 삼아 총회 안의 조선위원회에 제소했던 것을 당신은 기억할 것입니다. 그 당시에 선교부는 선교회가 그 대학과 협력하고 있지 않았다는 사실 때문에 그때의 결정이 정당하다고 생각하였고, 선교회는 여하튼 그 제소가 인정되지 않자 그 대학에 영향을 줄 문제를 판결할 권리를 자진해서 포기하였습니다. 그러나 지금은 그 선교회가 대학과 완전히 협력하고 있어서 상황이 달라졌습니다. 만일 당신의 미국 귀국문제를 그 선교회와 협의해야 하는지에 대해 어떤 의문이 있다면, 우리가 보기에는 선교회에 의사를 표시할 기회를 일단 주는 것이 현명할 것 같습니다. 그 이유는 우리가 전에 겪었던 어려움을 지속시킬 수 있을 법한 빌미를 피할 것을 특별히 바라고 있기 때문입니다. 우리는 지금의 관계를 더 행복하게 이끄는 길을 순탄하게 가도록 우리 권한을 행사하는 일에 당신이 동의할 것이라고 확신합니다. 그러므로 선교부는 당신의 귀국과 관련하여 반드시 선교회가 결정하도록 하는 것이 현명하리라고 생각됩니다. 그리고 이런 입장에서 선교부는 다른 나라들에서 있었던 비슷한 사례들에 관례적으로 대처해온 일을 그냥 답습하는 것이 현명하리라고 생각됩니다. 만일 중국에 있는 어떤 종합대학의 교장이나 교직원인 우리 선교사가 미국으로 귀국하기를 현지의 대학이사회가 바란다면 우리 [중국] 선교회에서 그 문제가 결정되기를 기대할 것입니다.

본국 쪽에 매우 심각한 또 다른 어려움이 있습니다. 총회와 총회 실행위원회가 세운 특별 자금 청구에 관한 새 규칙이 장로회 매거진(*The Presbyterian Magazine*) 1월호의 37쪽에 기술된 것을 틀림없이 보았을 것입니다. 국내[미국 내] 선교부의 총무인 쉘(Schell) 박사는 새 규칙에 의거하여 특별 청구에 부응할 한정된 자금이 각 총회 부서에 배당되었고, 우리에게 배당된 그 금액은 당연히 우리의 모든 선교회와 기관에 배분되어야 할 것이라고 합니다. 또한, 자기가 총회 위원회와 협상을 끝낸 다음 선교부가 앞서 말한 자금을 나누어 조선에 얼마를 배당할지를 알려주게 될 때까지는 당신이 모금을 위해 미국으로 장기간 값비싼 여행을 하는 것이 현명하지 않을 것이라고 말합니다. 장로교의 재원에서 우리의 몫으로 부담해야 하는 그 대학의 경비는 조선에 보내는 전체 자금의 일부로 고려되어야 할 것이라고 그는 말합니다.* 그리고 이런 점을 고려하면 당신의 귀국에 대한 선교회의 동의가 당연히 더 중요해집니다. 물론 만일 당신이 장로교인들 사이에서 어떤 권유를 하거나 모금 활동을 할 생각이 없고 언더우드 씨와 세브란스 씨, 그리고 다른 교파 선교부들의 후원자들에게만 그렇게 하려 한다고 할지라도, 이런 생각은 소용이 없을 것이므로, 선교부는 당신의 귀국을 격려하기에 앞서 당신의 계획들과 새 규칙이 그 계획들에 미칠 영향에 관해 더 많이 알려줄 필요가 있다고 느낍니다. 선교부는 또한 당신이 지난 몇 년 안에 미국에 몇 번이나 왔었고, 가장 마지막으로 조선을 향해 출항한 지(1921년 2월 17일)

* 원문의 'he days'를 'he says'의 오타로 여겨 '말합니다'로 번역하였다.

2년이 지나지 않았던 사실을 주목하고 있습니다.

당신이 선교부의 난처한 처지를 이해하고, 이렇게 하는 것을 당신에 대한 공감이 결여된 것으로 여기지 않으리라고 우리는 확신합니다.

에비슨 부인께 따뜻한 안부 인사를 드립니다.

안녕히 계십시오.

추신. 이 편지에 협력이사회의 총무인 스코트 박사의 서명을 받기 위해 갔는데, 그가 다른 관련 선교부들의 총무들과 상의했다고 내게 말하면서 [북감리회 선교부 총무] 노스 박사와 [남감리회 선교부 총무] 롤링스 박사의 답장을 내게 넘겨주었습니다. 이 답장들은 이 두 선교부가 어떤 다른 목적들을 위해 벌이는 캠페인에 참여할 것이기 때문에 당신이 자기 교파에서 많은 일을 하기를 기대하여 본국에 오도록 당신에게 권장할 방도를 찾기가 어렵다는 것을 명확히 밝혔습니다.

A. J. B[브라운].

출처: PHS

Arthur J Brown

Copy for Mr. Scott

FILING DEPT.
1426
JAN 20 1923
SECRETARIES

AJB:H January 4, 1923.

Dr. Oliver R. Avison,
Seoul, Chosen, (Korea).

Dear Dr. Avison:

We received in due time your cable of December 23, regarding your proposed visit to America. It was presented to the Board at its meeting January 2 when the following action was taken:

> "In reply to the cabled request, December 23, of the Field Boards of Managers of the Chosen Christian College and the Severance Union Medical College that O.R. Avison, M.D., be authorized to return to America for promotional work, the Board voted that a cable be sent to the effect that action must be deferred as the Board has no action from the Mission or its Executive Committee and as the new rules of the General Assembly regarding appeals is involved."

There may be a question as to the extent to which the President and other members of the faculty of a union institution should be amenable to the particular denominational mission to which they belong in matters which relate to the union institution rather than to the denominational mission. There is a twilight zone there with room for a difference of opinion. There is, as you know, a rather large number of these union institutions in various fields and the policy of the Board has been to regard questions of furloughs, salaries, children's allowances, etc. as coming under the rules of the Manual regarding members of Missions. You will recall that when the Board approved the request of the Field Board of Managers of the Chosen Christian College for your return to America some years ago without action by the Mission, the Mission was deeply offended and made the Board's action one of the grounds of criticism and complaint to the General Assembly's Chosen Commission. The Board felt that its action at that time was justified by the fact that the Mission then was not cooperating with the College and was not recognizing it in any way so that the Mission had voluntarily abdicated its right to pass upon a question affecting the College. Now, however, the situation is different as the Mission is in full cooperation with the College. If there is any doubt as to whether the Mission should be consulted about your return to America it seems to us that it would be wise to give the Mission the benefit of the doubt as we are particularly desirous to avoid even the appearance of anything that might perpetuate the former difficulties. We are sure that you agree with us in doing anything in our power to smooth the way to the happier relationships which now exist. It seems wise to the Board therefore that there should be an action of the Mission regarding your return, and in this position the Board is simply doing what it has been accustomed to do in similar cases in other countries. If one of our missionaries who is a president or a member of the faculty of a university in China is desired by the field board of managers to return to America our Mission is expected to act on the matter.

There is another and very serious difficulty at the home end. In the new regulations that have been established by the General Assembly and its Executive Commission regarding special appeals for money you have doubtless noted what is stated on page 37 of the January number of The Presbyterian Magazine. Dr. Schell, the Board's Home Department Secretary, says that under the new regulations a limited sum for special appeals is assigned to each Board; that of course the amount assigned to us must be distributed among all of our Missions and institutions, and that it would be unwise for you to make the long and expensive trip to America to raise money until he has completed his negotiations with the General Assembly's Committee and the Board has made the distribution referred to and indicated the amount which can be assigned to Chosen. In so far as the Presbyterian sources are concerned he days that our share of the college expenses would have to be considered a part of the total for Chosen, and this consideration of course makes the consent of the Mission to your return all the more important. Of course if you do not have any canvass or campaign among Presbyterians in mind but expect to limit yourself to Mr. Underwood and Mr. Severance and the constituents of the other denominational Boards, this consideration would not apply, but the Board feels that it needs more information regarding your plans and the effect upon them of the new regulations before encouraging you to return. The Board, too, called attention to the fact that you have been in America several times within the last few years, and that you sailed for Chosen last time less than two years ago (February 17, 1921).

You will, we are sure, appreciate the Board's perplexity and not feel that it indicates any want of sympathy.

With warm regards to Mrs. Avison, I remain as ever

Affectionately yours,

P.S. As this letter comes for signature Dr. Scott, as Secretary of the Cooperating Board of Trustees, tells me that he has conferred with the Secretaries of the other Boards in interest and hands me the replies of Dr. North and Dr. Rawlings. These replies make it clear that both of these Boards are so involved in collecting campaign pledges for other objects that the way is not clear to encourage you to come home with the expectation of doing much in their respective denominations.

A.J.B.

## 47. 에비슨이 존 T. 언더우드에게

1923년 1월 8일

존 T. 언더우드 씨,
30번지 베시 스트리트,
뉴욕 시.

친애하는 언더우드 씨:

크리스마스와 새해 첫날이 다 지나갔고, 우리는 다시 오솔길에 올랐습니다. 지난 7월 우리를 떠나 미국 펜실베이니아의 머서스버그(Mercersburg)에 있는 학교를 다니고 있는 우리 막내 아들[에드워드]의 자리가 빈 것을 예민하게 느끼기는 했지만 그 계절은 행복하였습니다. 우리는 아들 더글라스가 그의 아내, 어린 딸과 함께 우리와 같이 있는 것에 위로를 받게 되어 기뻤습니다. 우리는 그들과 매우 즐겁게 지내고 있습니다.

우리는 전에 아주 여러 번 그랬듯이 크리스마스 저녁 만찬을 위해 원한경의 집에 가서, [그곳에서 열린] 서른 번의 만찬에 열여덟 번째로 참석하는 즐거움을 누렸습니다. 그 모임은 언더우드[원두우] 박사의 죽음 이후에 가장 즐거운 것이었습니다. 식사 후에 그 자리에서 원한경이 인사말을 하였고, 조금 후 응접실에서 벙커 씨가 답례의 말을 하였기 때문이었던 것 같습니다. 두 사람은 언더우드 박사와 그의 부인과 지냈던 옛 시절의 일들을 상세하게 이야기하였고, 그러다 그들이 실로 우리와 함께 있는 것처럼 느끼게 되고, [언더우드가 사망한] 1916년 이래로 그 집에서 항상 느꼈던 슬픔이 승화되어 다시 하나가 된 감정이 그 자리를 차지한 것처럼 느끼기에 이르렀습니다. 그때 내가 말했듯이, 그동안에는 서울에서 느끼기가 불가능했던 자유로움을 느꼈습니다.

이제 당신의 9월 25일자 편지에 대해 말씀드리자면, 당신은 그 편지에서 소래의 별장을 조금 고치는 것에 대해 아주 좋게 이야기하였지만, 그곳에서 진행하는 공사를 위해 연희전문학교 건축기금이 모두 필요한 것을 파악한 사실을 말씀드려도 될지 모르겠습니다. 그래서 소래의 수리공사 비용을 채우기 위해, 공사의 진행에 맞추어 돈을 마련해놓기 위해, 당신에게 미리 어음을 발행하는 것이 필요해졌습니다. 그 공사는 약속받은 것만큼 진행되지 않았고 250불을 조금 넘게 지출하고 나서 가장 일러도 다음 봄까지는 더 할 수 있는 일이 없는 것을 지금 알게 되었습니다. 그래서 그 잔액을 별도의 계정에 두었는데, 거기에서는 쓸 필요가 있을 때까지 8%의 이자가 생길 것입니다. 나의 요청에 그처럼 신속하게 응답해준 당신께 매우 크게 감사하면서 그 공사가 약속받았던 대로 끝나지 않은 것에는 다만 죄송할 따름입니다.

며칠 전 당신의 편지를 받았는데, 거기에서 당신은 언더우드관의 진행 상황과 예상 건축비의 총액에 관한 설명을 제대로 듣지 못했지만, 건축이 마지막 단계에 들어섰음을 보여주는 사진들은 받았다는 사실을 말하였습니다. 그 건물이 그런 단계에 들어선 것은 사실입니다. 그래서 우리가 매우 기쁘지만, 미국에 주문한 장비, 곧 조명시설, 난방시설, 철물의 확실한 견적을 얻지 못하여 이전 편지에서 알려드린 것보다 더 최종 가격에 근접한 견적을 내지 못하고 있습니다. 무언가 잘못된 것이 있어서 이런 실패가 초래되었을 것이지만, 잘못의 책임은 반드시 이쪽에 있는 우리가 져야 합니다. 지금은 그 잘못이 실로 어디에서 나왔는지를 설명하려 하지 않겠습니다. 그런 명세서들의 발송이 거의 변명의 여지가 없이 지연되고 있는 것은 분명합니다. 당신께 이미 발송하여 지금 배달되고 있는 편지들이 최근까지의 모든 정보를 제공할 것입니다.

당신은 이 편지를 받기 전에 현지 이사회가 최근에 나에 대해 어떤 결정을 내렸는지를 알고 있을 것입니다. 내가 당신에게 보낸 10월 18일자 편지와 스코트 씨께 보낸 12월 23일자로 편지—내가 그것을 당신에게 사본으로 보냈습니다—를 통해 미리 알게 되었을 것입니다. 그 소식이 당신에게 어떤 충격을 주었을지 궁금하였습니다. 개인적으로 나는 몇 년 동안 대학 하나만을 운영하는 데도 한 사람의 전임 사역이 요구될 것이고, 그렇지 않으면 제대로 운영되지 않을 것이므로, 언젠가는 어떤 일이 반드시 단행되어야 하리라는 점을 실감해왔습니다. 그에 반해 두 곳을 운영하면서 두 곳을 개발하는 사역을 더 맡는 것은 하나 아니면 두 학교가 반드시 한 가지 이상의 점들에서 고통받게 된다는 것을 뜻하는 것이었습니다.

지금은 내가 아직 늙었다고 느끼지 않지만, 나이가 자꾸 많아져서 내게 7년 반만 남았는데, 선교회가 내게 특별한 호의를 베풀지 않으면 70살에 현역 사역에서 물러나게 될 것입니다. 동료사역자들 사이에서 내가 지금부터 물질적으로 그 대학들을 세우고, 그곳들을 위해 유능한 교수진을 확보하고, 미국의 기부자들뿐만 아니라 한국인들과 한국인 기부자들을 그곳들에 더 확고히 붙들어두는 일들에 나의 모든 시간을 바치면 대학들을 가장 잘

섬길 수 있다는 생각이 커지고 있습니다.

비록 이렇게 하는 것이 지금까지 내 마음에 흥미가 없었던 종류의 삶을 사는 것을 의미하고, 고향에서 안정된 생활을 하는 것이 하고 싶은 일을 하는 것보다 의미가 적을 것이지만, 이런 정책을 채택할 시간이 왔다는 생각에서 나는 이사회들과 일치된 판단을 하고 있습니다. 그러나 두 대학은 후원자들을 두어야 할 것이고, 누군가는 후원자들을 찾아야 합니다. 그런데 이제까지 그 일을 맡을 다른 사람을 찾지 못하였습니다.

이사회들은 내게 미국과 캐나다를 가능한 한 빨리 방문하라고 요청하였습니다. 나는 당신의 협력이사회에서 승인을 받은 후에 그렇게 할 작정입니다. 승인이 나지 않는다면 물론 그렇게 하고 싶지 않습니다.

그러나 한국을 떠나기 전에 한국인의 협력을 얻는 일을 잘 출범시키기를 매우 원하고 있고, 지금 이 일에 내 힘을 쏟고 있습니다. 미국에서 이룰 내 목표는 두 학교를 향한 관심을 가능한 한 많이 얻어 가능한 한 많은 사람에게서 기금을 얻어내는 것입니다. 당신과 세브란스 씨가 두 대학을 책임지는 것을 어느 정도 기대한다고 했던 어떤 신사의 제안을 당신들 두 분이 어떻게 물리쳤는지를 잊지 않고 있습니다. 당신들이 그런 제안을 물리친 것을 비난하는 사람은 아무도 없었습니다. 당신들 두 분이 아니라 두 분의 후원을 도울 다른 사람들을 찾는 것이 나의 바람입니다. 우리는 분명히 두 분을 도울 모든 일을 항상 환영할 것이고, 그분은 당신이 돈을 주어야 한다고 생각하지만, 우리는 모든 일에서 당신과 그분[세브란스]을 의존해야 한다는 말을 하면 안 되는 것입니다. 곧 다시 편지를 써서 더 자세한 계획을 알려드리겠지만, 내가 전에 보낸 모든 편지에서 이런 일이 필요하다고 말했던 것 같습니다.

누군가 이 모금 업무의 수행을 위해 특별히 기부하기를 원치 않는 이상은 이 일을 위한 비용이 학교 수입에서 조달될 것으로 예상되고 있습니다. 누군가 그렇게 해주면 물론 매우 만족스러울 것이고, [미국] 기부자들에게도 그들의 기부금이 손대지 않은 채 현지에 이를 것이란 확신을 줄 수 있을 것입니다.

허스트 박사와 가족이 내일(1월 9일) 건강문제로 안식년을 갖기 위해 한국을 떠납니다. 그는 몇 년 동안 건강이 악화되어왔는데, 지금은 악성 위장장애를 앓고 있는 것이 맞습니다. 이곳에서 교수진이 업무를 보면서 건강을 지키게 하는 것이 얼마나 어려운 일인지 모릅니다.

모든 가족께 가장 다정한 안부 인사를 드립니다.

안녕히 계십시오.

(서명됨) ORA[에비슨]

출처: PHS

C O P Y

January 8, 1923.

Mr. John T. Underwood,
30 Vesey Street,
New York City.

Dear Mr. Underwood:

Christmas and New Year's Day have both gone by and we are on the level trail again. The season was a happy one to us although we felt keenly the absence of our youngest boy who left us last July and is at school in America, at Mercersburg, Pa. We are glad we have the consolation of having with us our son Douglas with his wife and little daughter whom we enjoy very much.

As we have done so many times before we were at the Underwood home for the Christmas night dinner, the thirtieth given and the eighteenth which we had the pleasure of attending. It proved to be the most enjoyable one since Dr. Underwood's death, due I think to an after dinner speech made at the table by Horace and a reply given by Mr. Bunker in the parlor a little later. Both spoke in detail of the old days with Dr. and Mrs. Underwood until we got to feel as though they were indeed with us and the feeling of sadness which I have always felt in the home since 1916 seemed to be lifted and a spirit of reunion seemed to take its place. As I said at the time I felt a freeness of Seoul that had been impossible in those intervening years.

Referring now to your letter of September 25th, in which you spoke so nicely about the changes we were making in the Sorai cottage, I may say that I found the C.C.C. building funds all needed for the work going on there and in order to meet the cost of the Sorai work it became necessary to draw on you in advance so as to have the money of hand as the work progressed. Now I find that the work did not proceed as had been promised and after an expenditure of a little over $250 nothing more can be done until next Spring at the earliest so I have placed the balance in a seprate account where it will draw 8% interest until it is needed. I thank you very much for answering my call so promptly being only sorry that the work was not finished as had been promised.

I received a letter from you a few days ago saying you had not received regular information as to the progress of Underwood Hall and as to the probable total cost of erecting it, but that you had received photos which indicated that it was getting into the last stages. It is true that the building itself has reached that state for which we are very glad but the failure to get definite estimates on the equipment being ordered from America, viz., lighting, heating and hardware, has prevented us making any closer estimates on the final cost than we indicated in former letters. Whatever fault there may have been in the matter of this failure must be laid on us at this end. I will not try to make any statement now as to where the fault really belongs. Certain it is that there was an almost inexcusable delay in getting those specifications forward. I think that letters already on route to you will give all the information there is up to this date.

You will have learned ere this of the recent actions of the Field Boards with reference to myself for which you will have been prepared by my letter of October 18 to yourself and that of December 23 to Mr. Scott of which I sent you a copy. I have been wondering just how it will strike you. Personally I have realized for several years that some day something of the kind must be done as the administration of even one college will call for the whole time of one man or be but poorly done, while the administration of two plus the development work for both, could only mean that one or both institutions must suffer at one or more points.

Now I do not yet feel old, but my years are counting up in numbers and only 7½ years remain between me and seventy when I shall be expected to withdraw from active service on the field unless the mission shows me unusualy favor and there has been growing up amongst my fellow-workers the feeling that the Colleges can be best served by me if I give my whole time from now on to building them up in a material way, in securing for them efficient teaching staffs and in getting them more firmly fixed in the interest of the Korean people and of Koreans givers, as well as in America.

My judgment coincides with that of the Boards in thinking the time has come for adopting this policy although it means for me a kind of life that has up to this time not appealed to me and may mean less of the settled home life than I would like. But the colleges will have to have supporters and some one must find them and so far no one else has been discovered to undertake that work.

The Boards have asked me to visit America and Canada as soon as possible and I expect to do so after I receive the approval of your Cooperating Board without which of course I would not want to do so.

But before leaving Korea I want very much to make a good beginning to the winning of Korean cooperation and to this I am now bending my energies. In America my object will be to interest as many as possible in the two institutions and secure funds from as great a number of people as possible. I do not forget how both you and Mr. Severance refuted the suggestion of a certain gentleman that you and he were in a way expected to take responsibility for the two colleges. No one blamed you for repudiating such a suggestion and it is my hope to find others than you two to assist in the support of both. To be sure we shall always welcome all the assistance you and he feel you should give but that is not to say that we should lie back on you and him for everything. I think I said all in my former letter about this that is necessary though I shall soon write again giving more definite plans.

- 3 -

Mr. J. T. Underwood,

It is expected to finance this promotional work out of receipts unless some one wishes to contribute to this specially - which would of course be very satisfactory, making it possible to assure contributors that their gifts would reach the field intact.

Dr. Hirst and family leave Korea on health furlough tomorrow (January 9th). He has been in failing health for several years and a question of malignant stomach trouble is now pertinent. How difficult it is out here to keep a strong healthy faculty on the job!

We hope to get into a part of the Underwood Hall next April and also into the Science Building.

With kindest regards to all the family, believe me,

Yours very sincerely,

(Sgd) O.R.A.

## 48. 협력이사회 집행위원회 회의록

### 조선 기독교 교육을 위한 협력이사회 집행위원회 회의록, 1923년 1월 17일 30번가 처치 스트리트, 뉴욕시

조선 기독교 교육을 위한 협력이사회 집행위원회가 1923년 1월 17일 수요일 오후 1시에 뉴욕시 처치 스트리트 30번가의 철도클럽(Railroad Club)에서 협력이사회 이사장 존 T. 언더우드(John T. Underwood)로부터 점심에 초대받아 모였다.

참석자: 존 T. 언더우드 씨, 존 L. 세브란스(John L. Severance) 씨, 조지 F. 서덜랜드(George F. Sutherland) 씨, 조지 T. 스코트(George T. Scott) 씨.

[뉴욕]시를 떠나 있는 노스(Frank Mason North) 박사를 위해 불출석 사유서가 제출되었고, 브라운(Arthur J. Brown) 박사가 참석하지 못하였다.

1922년 12월 7일의 회의록이 제출된 후 우편으로 모두 회람되었으므로 낭독된 것으로 받아들여지고 승인되었다.

1. 회계가 이전 회의에서 지시를 받은 대로 연희전문학교의 자본금과 현재의 재정적 필요, 두 가지를 위해 협력을 증진하는 것과 관련하여 후원자위원회에 문의하였다고 보고하고, 지금까지 아무 대답도 듣지 못하였다고 말하였다. 그러나 북감리회 선교부가 이 요구에 대해 아무 언급도 없이 경비와 비품 등을 위해 특별히 1천 달러($1,000.00)를 기부하였다.

1922년 12월 18일 열린 세브란스연합의학전문학교와 연희전문학교 현지 이사회들의 회의록들과 두 이사회의 공동회의 회의록이 제출되어 협력이사회에 관심을 가지도록 촉구한 사안들이 검토되었고 아래와 같은 결정이 내려졌다.

2. 현지 이사회들이 제안했던 대로, 에비슨 교장이 일반적인 업무와 모금 사업에 더 많이 헌신할 수 있도록 그의 행정 책임을 조력하게 하는 일이 충심으로 승인받았다. 본 [협력]이사회는 관심을 가지고 각 학교의 부교장들이나 다른 임원들이 내부의 행정기능을 과연 어느 정도까지 수행하도록 계획되었는지에 관해 설명을 듣기를 기다릴 것이다.

3. 에비슨의 미국 방문 계획이 신중하게 검토되었다. 본 이사회는 두 학교의 재정적 필요에는 공감하지만, 불리한 여건이 많으므로, 지금은 검토 중인 특별 모금 업무를 하기에 시기적으로 부적당할 것이라고 믿는다. 그에 따라 본 이사회는 에비슨 박사에게 다음 8월까지는 미국에 오라고 권유하기가 어렵다고 믿고 이런 취지에서 곧바로 현지에 전보를 치고, 동시에 설명하는 편지도 뒤이어 발송할 것임을 설명하도록 표결하였다. 에비슨 박사가 다음 가을에 돌아오는 것이 바람직한지의 문제는 차후에 결정할 것이다.

4. 두 학교의 통합 문제가 짧게 검토되었다. 본 협력이사회는 두 학교의 시설과 장비 또는 교육과정이 불필요하게 중복되지 않아야 한다고 믿고, 의예과와 어떤 기초적인 의학 수업은 연희전문학교의 실험실들에서 할 수도 있다고 믿는다. 둘째로 본 협력이사회는 연희전문학교와의 협력 가능성에 비추어 세브란스의전의 정확한 교실의 수요가 정해질 때까지는 세브란스의전에서 새 실험실들과 교실들을 짓지 말아야 한다고 믿는다. 본 이사회는 [양교의] 관계와 통합 문제에 관한 상세한 계획안이 현지에서 오기를 기다릴 것이다.

5. 세브란스병원 부지 전면의 노변 땅을 임대하는 것이 논의되었는데, 그 일의 적합성이 극히 의심스럽다고 생각되었다. 본 이사회는 그 땅의 자산을 사역의 직접적인 목적을 이루기 위해 사용해야 한다고 믿는다. 그런 임대로 인해 지금 제안된 일을 하는 과정에서 흔히 생겨나는 많은 당혹스런 일과 오해가 약간이라도 유발될까 우려한다.

6. 회계가 현지로부터 비승인 어음을 수령하였고 그 금액이 회계에게 있는 것을 넘어섰다고 보고하였다. 본 이사회는 그런 행동뿐만 아니라 현지에서 계속해서 예상 적자를 보전하기 위한 세브란스 씨의 약정금을 명백하게 오해하는 것도 전혀 이해할 수 없다. 본 이사회는 회계에게 이 문제들에 대한 현지 이사회의 입장과 요망을 다시 명확하게 밝힐

것을 지시하였다.

7. 세브란스병원의 확장이 보고되었다. 사진들은 교직원들과 학생들이 새 병동을 위해 굴착공사를 하는 것을 보여주고 있다. 본 이사회는 현지 한국인의 재원들과 이사들로부터 재정협력을 얻기 위해 열정적인 계획을 세운 것을 알고 기뻐한다. 그 일이 성공하면 현지에서 얻은 기부금들을 가지고 새 병원의 병동 하나를 세우려는 노력이 힘을 얻을 것이다. 세브란스 씨가 자기와 프렌티스 부인이 이 병원 확장을 돕기를 희망한다고 진술하였다. 총무가 의학교는 빼고, 병원시설의 확장을 위한 비용, 견적들, 긴급한 순서대로 만든 우선순위 목록이 들어있는 가장 최근 계획을 현지로부터 얻으라는 지시를 받았다.

8. 연희전문학교 건물들의 가장 최근 사진들이 많은 관심 속에서 면밀히 고찰되었다.

9. 연희전문학교에서 3년 이상 누적된 적자 일만 오천 원(¥15,000)을 나누어 경상예산을 위한 [각 선교부의] 연례 지급금 오천 달러($5,000)에 더하기로 한 현지 이사회의 결정에 관한 보고서가 작성되었다.

언더우드 씨의 [점심] 초대에 감사를 표하며 본 이사회가 휴회하였다.

조지 T. 스코트

총무

출처: PCC & UCC

KINDLY NOTIFY THE SECRETARY OF ANY CORRECTIONS OR ADDITIONS.

Ack Feb. 28

COOPERATING BOARD FOR CHRISTIAN EDUCATION IN CHOSEN

Minutes of Meeting of Executive Committee, January 17th, 1923
30 Church Street, New York City

The Executive Committee of the Cooperating Board for Christian Education in Chosen met at 1 P.M. Wednesday, January 17th, 1923, at the Railroad Club, 30 Church Street, New York City, as the guest at luncheon of the Chairman, Mr. John T. Underwood.

PRESENT: Mr. John T. Underwood, Mr. John L. Severance, Mr. George F. Sutherland and Mr. George T. Scott.

EXCUSES FOR ABSENCE were presented on behalf of Dr. Frank Mason North, who was out of the city, and Dr. Arthur J. Brown, who was unable to attend.

THE MINUTES OF THE MEETING, DECEMBER 7, 1922, were presented and, having been circulated in full by mail, were accepted as read and were approved.

1. The Treasurer reported that, as instructed at the previous meeting, he had inquired of the constituent Boards regarding further cooperation in both the capital and current financial needs of Chosen Christian College, and stated that up to the present no replies had been received. However, without reference to this request, the Methodist Board has made a special contribution of one thousand dollars ($1000.00) for supplies, equipment, etc.

THE MINUTES OF THE FIELD BOARDS OF MANAGERS of the Severance Union Medical College and of the Chosen Christian College, and of a Joint Conference of the two Boards on December 18th, 1922, were presented and consideration was given to matters calling for attention by the Cooperating Board with action taken as indicated below:-

2. Assistance to President Avison's Administrative Responsibilities, as proposed by the Field Boards, in order that he might more largely devote himself to the general and promotional interests, was cordially approved in general. The Board will await with interest a statement as to just how far it is proposed that internal administrative functions be performed by the Vice-Presidents or other officers of each institution.

3. Dr. Avison's Proposed Visit in America was carefully considered. The Board is sympathetic with the financial needs of the two institutions, but, because of many adverse circumstances, it believes that the present would be an inopportune time for the special promotional work under consideration. Consequently, it was Voted that the Board does not believe it advisable for Dr. Avison to come to America before next autumn, and that a cablegram to this effect be sent at once to the field stating also that explanatory letters will follow. The question of the advisability of Dr. Avison's return next Fall will be decided at a later date.

4. The Question of the Affiliation of the Two Institutions was briefly considered. The Board believes that there should be no unnecessary duplication of plant, equipment or courses in the two institutions, and that probably Pre-Medical and some of the earlier Medical work may be conducted in the laboratories of the Chosen Christian College. Secondly, the Board believes that new laboratories and class-rooms should not be erected at the Severance Institution until the exact needs for class-rooms at Severance is determined in the light of probable cooperation with the Chosen Christian College. The Board will await detailed proposals from the field on the matter of relationship and affiliation.

5. The Lease of Part of the Severance Street Frontage was discussed and its advisability considered as extremely doubtful. The Board believes that the property of the institution should be used for the direct purposes of its work. It fears that such a lease would lead to some of the many embarrassments and misunderstandings which usually arise from such a course as now suggested.

6. The Treasurer reported the receipt of unauthorized Drafts from the field and for amounts beyond what he had in hand. The Board was utterly unable to understand either such action or the field's continued apparent misinterpretation of Mr. Severance's pledge toward possible deficit. The Board instructed the Treasurer to express again clearly to the field the Board's position and desire in these matters

7. The Enlargement of the Severance Hospital was reported, with photographs showing the staff and students at work on the excavation for a new wing. The Board was gratified to know of the energetic plans for securing financial cooperation from local Korean sources and trusts that success will attend the effort to erect one wing of the new hospital from contributions on the field. Mr. Severance stated the hope of himself and Mrs. Prentiss to assist in the hospital enlargement. The Secretary was instructed to secure from the field the latest plans with cost. estimates, preferentially arranged in order of urgency, for the enlargement of the hospital plant, not including the Medical School.

8. The latest Photographs of Chosen Christian College buildings were studied with great interest.

9. Report was made of the Field Board action distributing the fifteen thousand Yen (Yen 15,000.) accumulated Deficit of the Chosen Christian College over a period of three years and adding it at five thousand dollars ($5,000.) per year to the current Budget.

With expressions of appreciation to the host, Mr. Underwood, the Board ADJOURNED.

George T. Scott.

Secretary.

## 49. 서덜랜드가 에비슨에게 (전보)

(150번지 5번가, 뉴욕시)

(1923년 1월 18일)

에비슨

서울 (한국).

IOPKPHUYXG IANACOAMOS

에비슨, 기금이 고갈되었습니다. 어음을 발행하지 마십시오.

—서덜랜드

(GFS) [G. F. 서덜랜드]

출처: UMAC

Form 1226

Charge to the account of ______________ $

| CLASS OF SERVICE DESIRED | |
|---|---|
| Full Rate | |
| Half Rate Deferred | |
| Cable Letter | |
| Week End Letter | |

Patrons should mark an X opposite the class of service desired; OTHERWISE THE CABLEGRAM WILL BE TRANSMITTED AT FULL RATES

# WESTERN UNION CABLEGRAM

NEWCOMB CARLTON, PRESIDENT GEORGE W. E. ATKINS, FIRST VICE-PRESIDENT

| Number | |
|---|---|
| Number of Words | |
| Time Filed | |

Send the following Cablegram, subject to the terms on back hereof, which are hereby agreed to

DEFERRED

(150 Fifth Avenue, NewYork City)
(January 18,1923)

Chosen

AVSON
SEOUL (Korea).

IOPEPHUYXG IANACOAMOS

Avisonk Funds exhausted. Do not draw.-Sutherland.

(GFS-LG)

## 50. 에비슨이 서덜랜드에게 (1)

1923년 1월 19일

Geo. F. 서덜랜드 씨,

회계, 조선 기독교 교육을 위한 협력이사회,

뉴욕 시, 뉴욕 주.

친애하는 나의 서덜랜드 씨:

방금 전보를 받고 암호를 해독하였는데, 어음을 발행하지 말라는 것이었습니다. 만일 이 전보가 나의 12월 22일자 편지에 대한 답장이라면, 실제 사정과 거의 맞지 않는 것 같습니다. 왜냐하면 내 편지는 "우리가 세브란스 씨와 프렌티스 부인의 약정금에 대해 3천 불짜리 환어음을 오늘 제일은행을 통해 당신에게 발행하려 합니다"라고 분명하게 말했기 때문입니다.

그 환어음은 보내졌고, 나는 당신이 어찌하든지 그것을 잘 처리할 수 있기를 바라지만, 더 상세한 말씀이 있기를 기다리겠습니다.

안녕히 계십시오.

O. R. 에비슨

출처: UMAC

OFFICE OF PRESIDENT

O. R. AVISON, M. D.

SEVERANCE UNION MEDICAL COLLEGE
NURSES' TRAINING SCHOOL
SEVERANCE HOSPITAL

SEOUL, KOREA

CO-OPERATING MISSIONS
PRESBYTERIAN CHURCH IN THE U. S. A.
METHODIST EPISCOPAL CHURCH
PRESBYTERIAN CHURCH IN THE U. S.
METHODIST EPISCOPAL CHURCH, SOUTH
PRESBYTERIAN CHURCH IN CANADA
PRESBYTERIAN CHURCH OF AUSTRALIA

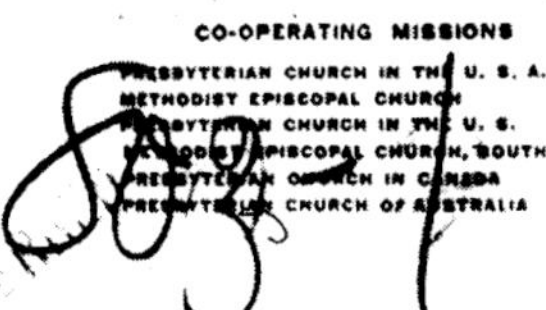

January 19, 1923.

Mr. Geo. F. Sutherland,
Treasurer, Cooperating Board for Christian Education in Chosen,
New York, N.Y.

My dear Mr. Sutherland:

A cablegram has just arrived reading decoded: Funds are exhausted; do not draw. If this cable is in response to my letter of December 22nd, it seems hardly to fit the situation, for my letter distinctly said "We are drawing on you to-day through the Dai Ichi Ginko for $3,000 on the pledge of Mr. Severance and Mrs. Prentiss."

The draft has gone, and I hope you have been able in some way to take care of it, but will await further word.

Very sincerely,

O. R. Avison

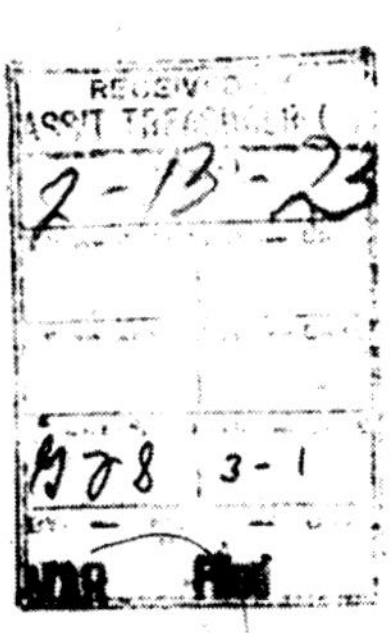

## 51. 에비슨이 서덜랜드에게 (2)

1923년 1월 19일

Geo. F. 서덜랜드 씨,
150번지 5번가,
뉴욕 시, 뉴욕 주,
미국.

친애하는 서덜랜드 씨:*

12월 21일자 편지에서 당신은 대학의 적자가 어떻게 해서 쌓였는지를 보여주는 명세서를 보내라고 요청하셨습니다. 이 사실은 협력이사회의 임원들이 적자를 위해 선교부들로부터 기부금을 구해보고 싶은 의향을 품고 있음을 가리킵니다. 현지 이사회가 12월에 연회의에서 1924년 4월 1일 시작하는 회계년도부터 우리 예산에 5천 원을 더하여 적자를 줄이도록 노력하자는 결정을 내렸습니다. 이런 접근이 일시적으로는 문제를 없애주겠지만, 나는 선교회들이 지금까지 적자를 없애기 위해 어떤 결정들을 내렸든지 간에 이런 방법으로는 해결할 가능성이 크다고 보지 않습니다. 내가 보는 유일한 희망은 에비슨 박사의 모금 노력이 성공하여 돈을 얻는 것입니다. 그렇지 않다면 선교부들이 단연코 그것을 떠맡아야 합니다.

첨부한 명세서는 적자가 얼마나 많아졌는지를 보여줍니다. 당신은 1918~19년 회계년도 항목에서 선교회들이 누적 적자를 줄이기 위해 8,169.47원을 기부했으나 여전히 1,047.65원을 남겨 이월했던 것을 알 것입니다. 그때부터 실제 적자는 10,402.62원이었습니다. 이 적자에 4,500원이 더해졌는데, 그 이유는 이 금액이 연초에 자본금 항목으로 보내졌으나, 경상예산을 위해 잘못 사용되었기 때문이었습니다. 그래서 현지 이사회는 이 금액을 경상예산의 적자에 추가하고, 자본금으로 되돌렸습니다. 달리 말하여, 그 돈을 바르게 사용했더라면 1917~18년 회계년도의 연말 적자가 11,646.93원보다 4,500원이 더 적었으리라는 것입니다. 올해 3월 31일에는 적자가 없을 것이라고 약속할 수 있을 것 같습니다.

---

* 이 문서는 발신자 표시가 없지만 첫 장의 맨 윗부분을 보면 에비슨의 이름이 적혀 있다.

독립 만세시위가 있던 1919~20년 동안에는 학생들로부터 받은 수입이 매우 적었고, 대학 운영비를 사실상 모두 선교비로 부담했던 것을 당신은 알 것입니다. 1922년 3월 31일 회계년도 연말에는 학비가 크게 증가한 것도 알 것입니다.

선교회들로부터 받은 수입은 1915~17년에 매년 약 4천7백 원이었는데, 지금은 2만 4천 원으로 늘었고, 학비의 비율이 꾸준히 늘었습니다. 예를 들면, 올해 학비가 연 36원 또는 학기 당 12원이지만, 4월 1일 시작할 때는 연 50원이 될 것이고, 그 수입은 꾸준히 늘어날 것입니다.

누적 적자는 주로 세 가지 원인에서 비롯되었는데, 그것은 첫째, 초기 단계에서 협력한 선교회들의 불충분한 재정 후원, 둘째, 독립 만세시위로 인한 사역 방해, 셋째, 불충분한 학비 입니다.

안녕히 계십시오.

출처: PHS

19th January, 1923.

re deficit

Mr. G. F. Sutherland,
150 Fifth Avenue,
New York, N. Y.,
U. S. A.

Dear Mr. Sutherland:

In your letter of December 21, you request a statement showing how the deficit of the college has accumulated. This indicates a desire on the part of the officers of the Cooperating Board to try and secure contributions from the Boards for this deficit. In the December meeting of the Field Board of Managers an action was taken to try and decrease the deficit by adding ¥5,000 to our budgets from the fiscal year beginning April 1, 1924. While this aspect temporarily gets rid of the matter I confess I do not see much probability from any actions so far taken by the Missions of wiping the deficit out by this method. The only hope I see is that Dr. Avison's promotional efforts might succeed in getting money or else that the Boards should definitely assume it.

The attached statement shows how the deficit has arisen. You will note that in the fiscal year 1918-19 the Missionscontributed ¥8,169.47 to reduce the accumulated deficit leaving still ¥1,047.65 to be carried forward. Since that time the actual deficit has been ¥10,402.62. A sum of ¥4,500 was added to this deficit because it was found that this amount had been sent out in the early years for capital funds but it had been mistakenly used for current budget. The Field Board of Managers, therefore, returned this amount to the capital fund by adding it to the current budget deficit; in other words the deficit of ¥11,646.93 at the end of the fiscal year 1917-18 would have been ¥4,500 greater if the money had been rightly used. I think I can promise that there will be no deficit on March 31 of this year.

You will note that the receipts from students during the Independence demonstration years, 1919-20, were very small and the whole burden practically of carrying the college fell upon missionary funds. You will note the big increase in fees in the year ending March 31, 1922.

The receipts from Missions which represented about ¥4,700 per annum in 1915-17 have now increased to ¥24,000, and the rates of tuition are constantly rising, for instance, this present year the fee is ¥36.00 per year or ¥12.00 per term, but beginning April 1 the fee will be ¥50.00 per annum and the revenue will steadily rise.

Mr. G. F. Sutherland.

The accumulated deficit may be charged to three main causes: first, the insufficient financial support in the early stages by the Cooperating Missions, second, the interruption of work due to the Independence demonstrations, and third, the inadequate fees.

Very sincerely,

## 52. 스코트가 에비슨에게

1923년 1월 19일

O. R. 에비슨 박사, 교장
H. T. 오웬스 씨, 서기
현지 이사회
연희전문학교
세브란스연합의학전문학교
서울, 조선 (한국)

나의 친애하는 에비슨 박사님과 오웬스 씨,

1월 17일에 열린 협력이사회 집행위원회의 회의록 사본 두 개를 동봉하니 찾아보시기 바랍니다. 별도의 봉투에 담은 사본 35부가 오웬스 씨에게 전달될 것입니다. 지금 나는 그 회의록을 부연 설명하는 편지를 쓰고 있습니다.

당신의 12월 22일자 편지가 두 현지 이사회[연전 · 세전]의 회의록과 12월 18일 그들의 공동회의 회의록 및 설명서들과 함께 1월 17일 우리에게 도착하였습니다. 세브란스 씨와 나는 그날 오전 신중하게 이 회의록들과 설명서들을 살펴보고 관련된 여러 사안에 관해, 주로 병원에 필요한 것들에 관해 의논하였습니다. 세브란스 씨와의 이 면담 후에 협력이사회 집행위원회의 회의가 열렸습니다. 우리는 노스 박사가 [뉴욕]시에 안 계셔서 참석하지 못하고 브라운 박사가 기력이 딸려 시내로 나오기가 어렵게 되어 유감스럽게 여겼습니다.

협력이사회 회의록에서 의제로 떠오른 사안들에 대해 말씀드리겠습니다.

1. 나는 연희전문학교의 비품과 장비를 위해 북감리회 선교부가 기부한 일천 달러($1,000.00)에 대해 서덜랜드 씨가 현지에 알렸을 것으로 짐작하였습니다. 더 큰 문제를 말씀드리면, 지금은 선교부들이 모두 매우 힘들게 압박을 받고 있고 경제 상황이 전혀 안정된 듯싶지 않기 때문에 그들로부터 호의적인 반응을 얻기가 매우 힘듭니다.

2. 무거운 행정책무를 지고 있는 에비슨 박사를 돕기 위해 내부 운영의 직접적인 책임

을 주로 부교장과 그 밖의 행정직 임원들에게 맡기도록 조정한 것이 협력이사회에서 온정적으로 인정받았습니다. 우리는 에비슨 박사가 여전히 교장의 최종 책임을 보유할 것이고 그 계획이 앞으로 그의 시간을 많이 빼앗아갈 세세한 일들로부터 그를 놓아줄 것으로 이해하고 있습니다. 이 문제에 대해 협력이사회에 충분한 설명을 해주면 좋겠습니다. 아마도 4월이나 5월에 열리는 [협력이사회의] 연례회의에 대비하여 그것이 우리에게 도착하게 할 수 있을 것입니다.

3. 에비슨 박사의 미국 방문계획에 대해 매우 신중한 검토가 이루어졌습니다. 몇 주 전, 이를 요청하는 전보가 도착하였을 때 곧바로 에비슨 박사가 소속한 선교부에 어떻게 대처할지를 문의하였고, 북장로회 선교부는 특별 안식년의 문제는 대체로 [현지] 선교회의 결정을 따른다고 판정하였습니다. 그리하여 그 선교부*의 총무인 브라운 박사가 조선 선교회에 전보로 물었으나 아직 답장을 받지 못하였습니다. 그러나 이 일은 협력이사회의 생각에 영향을 주지 않았습니다. 그 이유는 만일 북장로회의 조선 선교회가 에비슨 박사의 미국 귀국을 바란다면 안식년을 줄 것으로 믿는다고 내가 협력이사회에 조언했기 때문입니다. 그 문제는 모든 각도에서 검토되었고 이 시점에서의 귀국에 찬성하는 가능한 모든 주장이 제기되어 논의되었습니다. 모금 사역이 필요하고 에비슨 박사가 단연코 그런 임무를 맡을 최적의 인물인 것은 분명하지만, 그럼에도 불구하고 협력이사회는 그에게 가을 전에 미국에 오라고 권장할만하지는 않은 것으로 믿는다고 표결하였습니다. 에비슨 박사의 요청대로, 전보를 보내어 어떤 오해가 생기지 않게 하라는 협력이사회의 지시에 따라 다음의 메시지를 간결한 영어로 급히 보냈습니다. 협력이사회는 그 전보에 이사장과 총무가 서명하도록 지시하였습니다.

에비슨 서울 (한국)
가을 전 귀국은 권할 수 없음
협력이사회.

에비슨 박사를 캠페인 사역을 위해 다음 가을에 귀국하도록 초청하자는 제안이 있었을

* 원문의 'the Mission'은 'the Board'(Board of foreign Missions)의 오기인 것 같다.

때, 이렇게 하는 것이 지혜로운 일인지 의심스럽다고 생각되어, 이 문제의 결정을 다음 회의로 넘기라는 지시가 내려졌습니다. 그런 결정을 내리도록 거론된 두 가지 요인은 에비슨 박사가 전에 미국에 온 지 2년이 지나지 않았다는 것과 협력이사회가 한국에서 그 지역 후원자들을 아주 철저히 육성하는 것이 바람직하다고 믿고 있다는 것입니다. 그렇게 믿는 것은 이런 일이 갈수록 더 생산적이고 확실한 후원을 받는 재원이 되어야 하기 때문만 아니라 당신의 편지들에서 시사된 것처럼 현지에서 받는 후원이 본국 기지에 가장 강력하게 영향을 줄 가능성이 있는 선전물이기 때문입니다(예: 광저우 기독교대학).

에비슨 박사가 다음 가을에 귀국하게 해달라는 요청을 뒷받침하기 위해서는, 그 일이 지금 학교를 위해 절대로 필요한 이유들을 간략하게 목록으로 제시하는 것이 좋을 것입니다. 우리는 당신이 보낸 "연희전문학교에 즉시 필요한 자산들, 1922년 12월"이란 목록을 가지고 있지만, 강당과 채플을 위해 필요한 이십만 불($200,000)의 요청은 "즉시" 필요하다는 인상을 협력이사회에 주고 있지 않습니다. 많은 작은 항목들은 [설립] 초기에 확실히 필요한 것입니다. 그러나 그 항목들 가운데 많은 것은 여러 선교부가 자본계정으로 당신에게 주어야 할 돈으로 지급하거나 그들의 선교사들에게 필요한 외국인 사택을 제공함으로써 공급해줄 수 있지 않겠습니까? 어느 선교사가 선교부에서 정식으로 배정되어 와서 계속 집 없이 있겠습니까?

4. 두 학교를 합치는 문제에서 협력이사회는 아주 열린 마음을 가지고 있는데, 특별히 장비와 교육의 중복을 피하게 할 정도로 협력하는 일에 그러합니다. 연희전문학교에서 개설할 과정들이 과연 얼마만큼이나 의학교 사역의 기초를 세우고 그 사역을 덜어줄 것이라고 예상하십니까? 협력이사회는 세브란스 의학교를 그곳과 합하거나 그곳의 한 과로 두는 기독교 종합대학을 세우는 것에 관해 별다른 동요 없이 의논하기까지 하였습니다. 그러나 어떤 결정도 내리지 않았습니다. 참석하지 않은 이사들은 틀림없이 각 학교가 특유의 본 모습을 계속 지니기를 바라고 있었을 것입니다.

5. 세브란스병원의 전면에 있는 노변 땅의 일부를 임대하는 일은 협력이사회에서 반대하였습니다. 협력이사회는 세금 및 사회적 견해와 관련해서 임대 조건이 어떠한지 파악하기를 원하였습니다. 그 땅에 대해 소유권을 지닌 협력이사회의 동의는 당연히 필요할 것입니다.

6. 현지에서 계속 협력이사회의 승인을 받지 않고 처리하는 방식에 협력이사회는 크게 불안함을 느꼈습니다. 협력이사회 회의 도중에, 그것을 갚을 돈이 수중에 전혀 없는 상황에서, 협력이사회에 청구하는 3천 달러짜리 환어음이 왔다는 전화가 왔습니다. 그 어음을 갚기 위해 북감리회 선교부와 협의하여 봉급으로 나갈 돈을 빌려와서 다음날 북감리회 선교부에 변상해야 할 수도 있었기에, 꽤 많은 금액을 미리 갚기 위해 언더우드 씨, 세브란스 씨와 상의하였습니다. 협력이사회가 바라는 바를 현지에 분명하게 전하라는 지시를 회계가 받았기 때문에, 나는 그 문제를 거론하지 않겠습니다. 내가 협력이사회에 해줄 수 있는 유일한 설명은 현지에서 보낸 어떤 중요한 편지 또는 편지들이 도착하지 못했던 것이 틀림없다는 것이었습니다. 두 학교의 복지를 위해, 만일 다른 이유가 있지 않다면, 협력이사회에 대한 당신의 재정 관계를 협력이사회가 승인하는 선 안으로 제한해주기 바랍니다. 협력이사회는 자신들이 이행할 수 있고, 협력이사회가 관계된 일에서는 현지 회계가 반드시 따라서 행동해야 하는, 가장 자유로운 협의 절차를 개발하도록 노력할 것입니다. 이전의 편지들에서 밝혀졌듯이, 처음에는 이런 일이 쉽지 않겠지만, 옳은 일이므로 곧 최선의 결과를 낼 것입니다. 이사장[존 T. 언더우드]이 직접 이 일에 관해 현지에 편지를 쓸 가능성이 있습니다. 그는 확실히 그렇게 하기를 원합니다. 홈베이스는 기부금의 제공자이고 현지는 그들의 수령인이란 점을 유의합시다. 그리고 기부 방식과 수단을 대부분 기부자가 결정하리라고 기대하는 것이 정당하다는 점을 유의합시다.

7. 이 회의록의 세브란스병원에 관한 기록에서 보이듯이, 당신은 가장 최근에 작성된 격리병사, 간호사 숙소 등을 포함한 병원시설의 확장계획서를 한 부 아니면 더 많이 보내주시겠습니까? 그러나 의학교의 확장계획은 빼기 바랍니다. 세브란스 씨와 프렌티스 부인은 당분간 학교의 개발보다 병원시설에 기부하는 일에 관심을 제한할 것 같습니다. 세브란스 씨는 의학교 건물들에서 하는 실험실과 교실 수업의 많은 부분이 연희전문학교로 이관되어 그 대학과의 협력의 종류와 분량이 결정될 때까지 의학교 시설을 크게 확장할 필요가 없게 된 것을 희망적으로 보고 있습니다. 만일 현지의 기부금들을 가지고 병원의 병동 하나를 짓는다면, 세브란스 씨가 기뻐할 것이고, 그러면 그와 프렌티스 부인이 기꺼이 두 번째 병동을 지을 자금을 기부할 것입니다. 그러나 병원의 마지막 병동보다도 격리병실들과 기숙사 숙소와 같이 더 긴급하게 필요한 것들이 있을 것이란 점을 그는 깨닫고

있습니다. 에비슨 박사는 이 문제들에 관해 총무에게만 아니라 세브란스 씨에게도 반드시 편지를 쓰고 신중하게 작성된 설계도면들을 비용 견적과 함께 보내야 합니다. 세브란스 씨가 가진 가장 최근의 도면은 병원의 새 병동에 "6천"의 비용이 들 것이라고 보여줍니다. 그는 이것이 원 단위일 것이라고 믿고 있습니다. 나는 그것이 틀림없이 달러일 것이라고 말하였습니다. 그 이유는 각 병동이 현재 7만 5천 불에서 10만 불로 추정되었기 때문입니다. 나는 한국에서 건축비가 빠르게 상승하고 있다고 설명하였습니다.

8. 눈이 덮인 연희전문학교의 사진들은 매우 효과적이었고, 그 회의에 맞춰 적시에 왔습니다. 맥밀런(McMillan) 양도 그 회의에 새 병동을 위한 굴착공사의 사진들을 보내주었습니다. 나는 이런 것들을 처음 보았습니다.

현지와 협력이사회 사이에서 재정문제가 소통이 안 된 것만 빼고, 그 회의는 매우 즐거웠고, 내 생각에, 이사장[존 T. 언더우드]과 재정 · 자산위원회 위원장[존 L. 세브란스]의 진심어린 협력 정신은 전망을 매우 밝게 보여주었습니다. 두 학교에 대한 그들의 관심은 어느 때보다 강하고, 그들은 현지에서 꾸준한 발전하는 모습을 보며 크게 고무된 것처럼 보입니다.

## 잡다한 문제들

여자대학. 나는 오웬스 씨가 12월 22일자 편지에서 이 중요한 문제를 설명해준 것에 대해 크게 감사하고 있습니다. 우리는 그 일에 관해 계속 연락하기를 원하고 있습니다.

회계가 12월 18일 제출한 보고서에 있는 대로, 현재의 적자를 분담시키는 것은 관대하게 가장 많은 기부를 해온 선교회들을 궁지에 몰아넣는 일이라고 생각됩니다. 학생들과의 직접적인 관련성이 더 많은 쪽은, 많은 돈이 학생을 위해 사용되지 않는 자본금 기부금보다 현재의 적자가 아닙니까? 적자는 현재 헌신의 정도나 학생들과의 관련성에 비례하여 분담되어야 합니다. 최근에 중국에서 비슷한 의문이 제기되어 선교부들이 그 일의 주된 요인을 완전히 제거하였습니다. 그 이유는 그것이 가장 관대한 선교부를 마비시킬 것이 매우 명백하기 때문입니다,

우리는 오웬스 씨의 12월 22일자 편지에 들어있던 여러 가지 서류들, 명세서들, 보고서

들에 답장을 보내지 못하고 있습니다. 에비슨 박사의 12월 23일자 편지는 그가 세세한 행정업무에서 놓이는 것과, 위에서 다룬 대로, 미국에 올 계획이 있는 것을 전적으로 다루고 있습니다.

세브란스의전의 서울지회에 대한 12월 12일자 보고서는 건축공사의 진행 상황을 극히 흥미롭게 설명해주고 있습니다.

새 병동을 위한 굴착공사와 몇 가지 부수적인 일들에 관해 오웬스 씨가 트럴(Trull) 씨께 쓴 것을 우리에게 보낸 것과 더글라스 에비슨 의사가 우리에게 쓴 것이 도착하여 내가 매우 흥미롭게 여러 가지 설명을 읽고 있습니다.

이중 주택. 이것의 비용을 언더우드 씨와 세브란스 씨가 전적으로 부담합니까? 내가 오웬스 씨께 11월 14일자 편지로 여쭈었으니 틀림없이 답장이 곧 올 것입니다.

종교의 자유와 새 설립인가가 두 대학과 미션계 중등학교들의 관계를 좌우하므로 협력이사회는 다음 연례회의 때 더 많은 설명을, 특별히 이 방면에서 어떤 새로운 일이 진행되고 있는지에 대해 설명을 듣기를 원합니다.

내 앞에 놓인 연희전문학교의 이 아름다운 설경 사진들에 대한 이야기로 글을 마칩니다. 그 사진들은 내게 3년 전 이달의 어느 날을 기억하게 합니다. 그때 에비슨 박사와 내가 바로 이 부지에서 깊은 눈을 헤치며 나갔고, 나는 스팀슨관 건축공사의 비계 사이에서 그의 사진을 찍었습니다. 나는 이것들을 북장로회 선교부의 사진과에 맡겼습니다.

당신들의 각 사람에게 그리고 두 학교의 사역을 위해 최고의 행운을 빕니다.

안녕히 계십시오.

조지 T. 스코트

조선 기독교 교육을 위한

협력이사회 총무

출처: PHS

re minutes

January 19, 1923.

Dr. O. R. Avison, President
Mr. H. T. Owens, Secretary
Field Board of Managers
Chosen Christian College
Severance Union Medical College
Seoul, Chosen (Korea)

My dear Dr. Avison and Mr. Owens,

Enclosed please find two copies of Minutes of the meeting of January 17th of the Executive Committee of the Cooperating Board. Under separate cover thirty-five copies are going forward to Mr. Owens. I write now in amplification of the Minutes of the meeting.

Your letters of December 22nd with the Minutes of the two Field Boards of Managers and of their Joint Conference on December 18th, along with covering documents reached us on January 17th. Mr. Severance and I that morning went carefully over these Minutes and your covering letters and discussed a number of related matters, chiefly the needs of the Hospital. This interview with Mr. Severance was followed by a meeting of the Executive Committee of the Cooperating Board. We regretted that Dr. North's absence from the city prevented his being present and that Dr. Brown's limited strength made it inexpedient for him to make the trip downtown.

I will refer to the items as they occur in the Cooperating Board Minutes.

1. I presume that Mr. Sutherland has reported out to the field this one thousand dollars ($1000.00) contribution of the Methodist Board for supplies and equipment at Chosen Christian College. On the larger question, it is extremely difficult now to get favorable response from Mission Boards as they are all so hard pressed and the economic situation seems anything but stable.

2. The arrangement for assistance to Dr. Avison in his heavy administrative duties by placing personal responsibility for internal management largely upon the Vice-Presidents and other Administrative Officers was warmly endorsed by the Board. Our understanding is that Dr. Avison will still retain the ultimate responsibility of President and that the plan is to relieve him of much of the time-consuming detail which he has heretofore performed. The Board will be pleased to have a full statement of this matter, which perhaps could reach us for the Annual Meeting in April or May.

3. Very careful consideration was given to the proposed visit by Dr. Avison in America. When the cablegram requesting this arrived, some weeks ago, inquiry was at once made as to the attitude of Dr. Avison's Mission Board, and the Presbyterian Board decided that the matter of a special furlough was largely contingent upon the action of the Mission. The Secretary for the Mission, Dr. Brown,

therefore sent a cablegram of inquiry to the Chosen Mission to which as yet no reply has been received. However, this did not effect the problem in the mind of the Cooperating Board for I advised the Cooperating Board that if it desired the return of Dr. Avison to America, I believed that the Presbyterian Mission in Chosen would grant the furlough. The question was considered from every angle and all possible arguments favoring the return at this time were presented and discussed. While it is evident that promotional work is needed and that Dr. Avison is easily the best person for such a task, the Board nevertheless voted that it did not believe it advisable for him to come to America before Fall. As requested by Dr. Avison, a cablegram was ordered sent and the following message was dispatched in plain English as directed by the Board so that there might not be any misunderstanding. The Board directed that the cablegram be signed by both the Chairman and the Secretary.

AVISON SEOUL (KOREA)

INADVISABLE RETURN BEFORE AUTUMN WRITING

COOPERATING BOARD.

When it was proposed that Dr. Avison be invited to return for campaign work next Fall, the wisdom of this was also considered doubtful and this matter was directed to be brought up at a later meeting for decision. Two factors which might be mentioned as entering into the decision were that it is less than two years since Dr. Avison was in America before, and that the Board believes it advisable to cultivate pretty thoroughly the local constituency in Korea, not only because these should be increasingly become productive and assured sources of support, but also because, as intimated in your letters, support by the field is the strongest possible kind of propaganda material at the home base (e.g. Canton Christian College.)

In supporting the request for Dr. Avison to return next Fall, it would be well to list briefly the reasons on the needs which are now indispensable for the institutions. We have your list of "Chosen Christian College immediate property needs, December, 1922.", but the request of two hundred thousand dollars ($200,000.) called for for Gymnasium and Chapel do not impress the Board as "immediate" Many of the smaller items are obviously necessary at an early date, but could not many of them be supplied by the various Boards paying in what is due you from them on capital account, or by supplying the foreign residence needed for their own missionaries? What missionaries in the accepted quotas of the Boards are still without residences?

4. On the matter of affiliation of the two institutions, the Board is quite open-minded, especially to the extent that cooperation may eliminate duplication in equipment and in teaching. Just how far is it expected that Chosen Christian College courses will underbuild and relieve the work at the Medical School? The Board even discussed without undue perturbation a Christian University with the Severance School of Medicine affiliated with it or a department of it. However, no action whatever was taken, and some absent members would, without doubt, wish to continue the individual integrity of each institution.

5. The leasing of part of the street frontage at the Severance Institution is deprecated by the Board. The Board would like to know the terms of lease in its

relation to taxes and the public attitude. Naturally the consent of the Board holding title to the land would be necessary.

6. The Board is greatly disturbed over the way in which the field continues to draw against the Board without authorization. During the meeting, a telephone call came that a three thousand dollar draft on the Board had been presented, with no funds in hand to meet it. Arrangement was made with the Methodist Board to meet the draft and with Mr. Underwood and Mr. Severance to make considerable payments in advance on account of certain salaries that the Methodist Board might be reimbursed the next day. As the Treasurer was instructed to make clear to the field the Board's wishes, I will not discuss the matter. The only explanation which I could offer the Board was that some important letter or letters from the field must have failed to arrive. For the welfare of the institutions, if for no other reason, please confine your financial relations to the Board within the extent of Board authorization. The Board will seek to develop the most liberal arrangements that it can and the field Treasurer must act accordingly as far as the Cooperating Board is concerned. As intimated in previous letters, this may not be easy at first but it is right and will soon work out for the best. It is possible that the Chairman himself may write about this to the field. He certainly wanted to! Let us keep in mind that the home base is the donor of contributions and that the field is their recipient, and that the donor might validly expect to determine largely the ways and means of giving.

7. As indicated in this Minute on Severance Hospital, will you please send one or more copies of the latest plans for enlargement of the hospital plant, including isolation wards, nurses homes, etc. but excluding the enlargement of the Medical School. Mr. Severance and Mrs. Prentiss seem, for the time being, to confine their interest in giving to the hospital plant rather than to the development of the School proper. Mr. Severance is hopeful that much of the laboratory and class-room work in the Medical School buildings may be taken over by the Chosen Christian College and that no considerable extension of plant of the Medical School should be made until the kind and amount of cooperation with the College is determined. If contributions on the field erect one wing of the hospital, Mr. Severance would be delighted and I believe that he and Mrs. Prentiss would then gladly contribute the second wing. He realizes, however, that there may be needs like isolation wards and nurses homes that will be more urgent than the last wing of the hospital. Dr. Avison should write to Mr. Severance as well as to the Secretary on these matters, sending careful diagrams of plans with estimates of cost. Mr. Severance's latest diagram indicated that a new wing to the hospital would cost "Sixty-thousand" . He believed that this was Yen. I stated that I was sure it must be dollars, for each wing was now estimated at $75,000.to $100,000. I explained the rapid rise of cost of construction in Korea.

8. The photographs of Chosen Christian College in the snow are very effective and came just in time for the meeting. Miss McMillan also sent to the meeting the photographs of the excavation work for the new hospital wing. It was the first time I had seen these.

Except in the lack of liaison in finances between the field and the Board, the meeting was a very happy one and, to my mind, very hopeful in the cordial spirit of cooperation of the Chairman and the Chairman of the Finance and Property Committee. Their interest in the institutions is stronger than ever and they seem to be greatly encouraged by the steady progress on the field.

MISCELLANEOUS MATTERS

Woman's College. I am grateful for Mr. Owens' statement of December 22nd regarding this important question, on which we wish to be kept in touch.

The Prorating of the Current Deficit, as given in the report of the Treasurer December 18th, seems to penalize Missions which have been generous in capital contributions. Is not a current deficit more directly related to the student body than it is to capital contributions many of which have not been used for student purposes. I believe the deficit should be prorated either on the basis of relative current commitments or on the basis of relative student bodies. A similar question recently arose in China, and the Boards eliminated the capital factor entirely as it so obviously penalized the most generous Board.

We are indebted for various important papers, statements and reports accompanying Mr. Owens' letter of December 22nd. Dr. Avison's letter of December 23rd has to do entirely with his release from administrative detail and his proposed return to America which have been covered above.

The Severance College report to Seoul Station on December 12th is an extremely interesting account of constructive progressive work.

I have read with great interest the various statements that have reached us about the excavating for the new wing, one written by Mr. Owens to Mr. Trull, one by Dr. Douglass Avison, and a few incidental references.

Double Residence. Has payment for this been entirely cared for by Mr. Underwood and Mr. Severance? I inquired in my letter of November 14th to Mr. Owens and reply will doubtless be reaching me soon.

On Religious Liberty and new Charter conditions along with the relations of the institutions to Mission Middle Schools, the Board would like to hear further at its Annual Meeting, especially if there have been any new developments along these lines.

I close with these beautiful snow photographs of Chosen Christian College before me. They remind me of the day three years ago this month when Dr. Avison and I waded through deep snow over this same ground and I took his picture amid the scaffolding of Stimson Hall. I am handing these to the Photograph Department of the Presbyterian Board.

With best wishes to each of you personally and for the work of both institutions, I am

Sincerely yours

George T. Scott.
Secretary Cooperating Board for
Christian Education in Chosen.

GTS-JWJ

## 53. 서덜랜드가 에비슨에게 (전보)

(150번지 5번가, 뉴욕)

(1923년 1월 26일)

AVSON (에비슨)

서울 (한국)

AWKORWOKUZ PLATEBRONZ ITLEJUXCOD OVUJGOAMOS.

에비슨:

철판을 브론즈 재질로 바꾸는 것을 승인하겠습니까. $900을 절약할 것입니다.

서덜랜드.

출처: UMAC

Form 1226

Charge to the account of ________________ $________

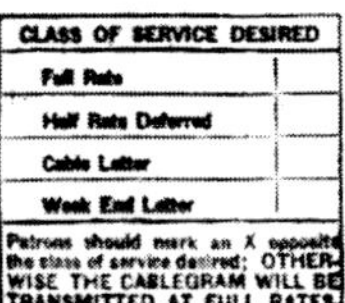
CLASS OF SERVICE DESIRED
Full Rate
Half Rate Deferred
Cable Letter
Week End Letter
Patrons should mark an X opposite the class of service desired; OTHERWISE THE CABLEGRAM WILL BE TRANSMITTED AT FULL RATES.

# WESTERN UNION CABLEGRAM

NEWCOMB CARLTON, PRESIDENT GEORGE W. E. ATKINS, FIRST VICE-PRESIDENT

Number 803
Number of Words
Time Filed

Send the following Cablegram, subject to the terms on back hereof, which are hereby agreed to

(150 Fifth Avenue, New York)
(January 26th, 1923)

AVSON (Avison)
Seoul (Korea)

AWKORWOKUZ PLATEBRONZ ITLEJUXCOD OVUJGOAMOS.

Avison:
Will you approve substituting plate bronze hardware. Would save $900.
Sutherland.

TRANSFERRED

file

## 54. 에비슨이 존 T. 언더우드에게

1923년 2월 21일

존 T. 언더우드 씨,
30번지 베시 스트리트,
뉴욕 시, 뉴욕 주,
미국.

친애하는 언더우드 씨:

협력이사회의 회의를 어지럽혔던 세브란스연합의학전문학교의 어떤 재정문제와 관련해서 당신이 보냈던 1월 17일자 편지의 마지막 절반 부분에 답장하면서 방금 그 문제에 관해 서덜랜드 씨에게 썼던 내 편지의 사본을 동봉합니다. 그것을 보면 당신이 그 문제와 그런 어려움이 야기된 사정을 명료하게 이해하게 될 것입니다.

서덜랜드 씨가 두 학교의 기금을 완전히 분리해서 관리하는 것이 매우 중요한 일이라 생각합니다. 분명히 그는 세브란스연합의학전문학교에서 구매한 것들을 연희전문학교의 자본금으로, 그 돈이 계속 있기만 하다면, 지불해왔습니다. 이에 반해 우리는 [북감리회 소속인] 그가 세브란스의전의 청구서를 북감리회 선교부의 기금으로 지불하여, 북장로회 선교부 회계가 많은 해 동안 북장로회 선교부의 기금으로 지불해왔던 것처럼 지불하였을 것이라고 추측하였습니다. 그럴 경우는 우리가 이곳의 [북장로회 조선] 선교회 회계로부터 모든 청구서를 받아서 지불하였고, 뉴욕의 선교부는, 그들의 모든 선교사에게 하듯이, 우리 학교에 이런 편의를 봐준 대가를 갚도록 적은 금액[수수료]을 청구하였습니다. 여러 해 동안 이렇게 하여 북장로회 선교부 회계는 서덜랜드 씨가 지불을 요청받은 것보다 더 많은 액수의 청구서 대금을 지불하면서도 항상 흔쾌히 돈을 냈습니다. 왜 우리에게 이 편의를 계속 봐주면 안 되는지 그 이유를 모르겠습니다. 이 학교는 이곳을 이끄는 우리의 이익을 위해 운영되고 있지 않습니다. 이 일은 선교사업이고, 선교부들의 자녀입니다. 그래서 나는 선교부들이 왜 우리가 미국과 유럽에서 받은 청구서에 대한 대금 결제를 수월하게 하려는 것을 —특히나 우리가 그런 청구서들을 받으면 그런 서비스에 부과된 수수료를 거부하지 않고 항상 빨리 갚아왔던 때에— 굳이 반대해야 했는지를 이해하지 못하고 있습니다. 우리가 선교부들의 도움이 필요한 때에 그들이 우리에게 등을 돌리게 만드는 것은 확실히 우리 마음을 편치 않게 만듭니다. 우리의 자산이 하찮은 것이 아니므로 확실히 그들은 손해를 보면 안 됩니다. 최초의 지출비인 이른바 20만 불이 50만 불에서 1백만 불까지 값이 나가는 시설을 만들어냈습니다. 우리가 사역을 위해 가장 좋은 시기와 장소에서 물품을 구매할 수 있도록 두 선교부는 모두 그들의 신용을 대가 없이 활용하게 해줄 수 있습니다.

세브란스 씨가 약정했던 것에 따라 서덜랜드에게 발행한 3천 불짜리 환어음으로 인해 그런 문제가 야기된 된 것은 유감이지만, 그 돈이 필요해서 오웬스 씨가 이를 송금받기를 기대했었는데, 문제가 다급해졌습니다. 그런 일이 일어나서 죄송합니다. 이후에 우리가 그런 형편에 있게 되면 다른 방법을 써서라도 다시는 그런 일이 일어나지 않게 하겠습니다. 우리 재무가 북장로회 선교부의 관리를 받고 있었을 때는 우리가 그 돈을 간편하게 이곳에서 [북장로회 조선 선교회 회계] 겐소 씨를 통해 얻었고, 그는 그 돈을 그의 선교부 회계를 통해 수월하게 수금하였습니다.

앞서 말했듯이, 올해 우리가 겪는 곤경은 선교부로부터 받는 신용 한도가 줄어든 데서 기인합니다.

이 모든 문제에서 항상 우리에게 큰 친절을 베푸셨던 세브란스 씨께 편지를 쓰겠습니다. 그가 우리 상황을 밝히 이해하고 우리를 너그럽게 판단해주시리라고 생각합니다.

가장 다정한 안부 인사를 드립니다.

안녕히 계십시오*

출처: PHS

* 발신자의 서명은 없지만, 내용상으로 이 편지는 당연히 에비슨의 것이다.

21st February, 1922.

Mr. John T. Underwood,
30 Vesey Street,
New York, N. Y.,
U. S. A.

Dear Mr. Underwood:

Replying to the last half of your letter of January 17th concerning a certain Severance Union Medical College finances which disturbed the meeting of the Cooperating Board I am enclosing a copy of a letter just written to Mr Sutherland on that subject which I think will give you a clear idea of the matter and the circumstances under which the difficulties arose.

I think it is very important that Mr. Sutherland keep the funds of the two institutions quite separate. Apparently he has paid for Severance Union Medical College purchases with Chosen Christian College Capital Funds as long as those lasted whereas we had supposed he would meet the Severance Union Medical College accounts from the Methodist Board funds just as had been done for so many years from Presbyterian Board funds by the Treasurer of the Presbyterian Board, during which time we met in full every bill presented to us through the Mission Treasurer here, the Board in New York charging a small percentage to cover the cost of this accomodation which it extended to our institution as it does to everyone of its missionaries. During these years the Presbyterian Board Treasurer paid many larger accounts than Mr. Sutherland has been called on to meet and always paid them cheerfully. I do not know why such accomodation should not be still extended to us. The Institution is not being carried on for the benefit of us who are handling it. It is a missionary enterprise the child of the Boards, and I fail to see why the Boards should object to making it easy for us to pay our bills in America and Europe - especially when we have always repaid promptly when the charges came to us and have not objected to the commission charged for the service. It certainly does not feel good to us to have the Boards turn their backs on us when we need their help. Certainly they cannot lose as our assets are not inconsiderable, the original expenditure of say $200,000 having produced a plant worth $500,000 to $1,000,000. Either of the Boards can afford to use its credit (without cost to itself) to enable us to make our purchases when and where we can do the best for the work.

The matter of the draft made on Mr. Sutherland for $2,000 on account of a pledge made by Mr. Severance is regrettable but the money was needed and Mr. Owens had been expecting it to be sent out and the matter had become urgent. I am sorry it happened and it will not be allowed to occur again as we will do some other way if we get into such a place in the future. When our finances were being cared for by the Presbyterian Board we simply obtained the money here from Mr. Genso who collected it in due course through his Board Treasurer.

As I said before, our difficulties this year have been due to the withdrawal of our line of credit with the Board of Missions.

- 2 -

Mr. J. T. Underwood:

I am writing to Mr. Severance who has always been very kind in all these matters and I think he will see our situation clearly and judge us generously.

With kindest regards, believe me,

Very sincerely,

## 55. 에비슨이 서덜랜드에게

1923년 2월 21일

G. F. 서덜랜드 씨,
150번지 5번가,
뉴욕 시, 뉴욕 주,
미국.

친애하는 서덜랜드 씨:

오웬스 씨가 방금 당신이 자신에게 보낸 1923년 1월 18일자 편지를 나에게 보여주었습니다. 우리는 확실히 혼란한 상황에 말려들었지만, 이쪽에서 한 일들을 조사해보면 우리가 거기에서 곧 빠져나오고 이런 경험을 통해 이후에는 비슷한 곤경을 피할 수 있을 것이란 사실이 밝혀질 것입니다.

아마도, 거의 모든 혼란은 전에 물품을 구매하던 방식을 지금의 방법으로 바꾼 것 때문에 일어났을 것입니다. 북감리회 선교부는 이런 문제들을 어떻게 다루는지 모르지만, 북장로회 선교부는 선교사들과 기관들이 주문한 것에 따라 송장이 오면 구매대금을 대신 치러주고, 그런 다음 현지의 선교회 회계에게 청구서를 보내면, 그 회계가 선교사들이나 기관들로부터 그 대금을 받아냅니다. 모든 과정에 몇 달이 걸리고, 선교부는 지불한 금액에 일정 비율의 금액을 부과하여 그 돈을 벌충합니다. 세브란스 의료기관이 북장로회 선교회의 기관(현재는 교파연합기관)이었을 때는 미국과 유럽에서 구매한 모든 것이 이런 식으로 처리되었고, 연합기관이 된 후에도 동일한 결제 시스템이 계속되어, 올해 우리가 겪은 것과 같은 어려움을 조금도 겪지 않았습니다. 때가 되면 청구서들이 우리에게 와서, 우리가 이곳의 회계를 통해 지불하였으므로, 나는 우리가 항상 우리의 의무를 이행하였다고 말할 수 있습니다. 세브란스 씨의 적자 보전금조차도 언제든지 돈이 필요할 때면, 보장된 금액 안에서, 이곳의 선교회 회계를 통해 끌어쓰는 것이 우리의 관행이었습니다. 그 일은 북장로회 선교부의 회계에 의해 유효성을 인정받았고, 정식 절차를 따라 세브란스 씨로부터 돈을 받아냈습니다.

이번 회계년도에 어떤 변화가 생겨 두 학교의 재정 업무가 모두 협력이사회 회계의 손에 맡겨졌습니다. 우리는 옛날 방식으로 처리하는 것에 익숙하여, [협력이사회 회계인 서덜랜드가 북감리회 선교부의 회계이므로] 감리회 선교부가 장로회 선교부를 대신하는 것만 빼고는, 그냥 모든 일이 전과 같은 방식으로 진행될 것이라 상상했다가, 아픈 깨달음을 얻었습니다. 우리가 만일 구매대금을 당신을 통해서 결제하려 한다면, 당신이 각 대학을 위해 아주 많은 금액을 손에 들고 있을 필요가 분명히 있습니다. 그 이유는 당신의 선교기금으로 우리 청구서들을 지불한 다음 이곳에 있는 당신의 [북감리회 조선] 선교회 회계를 통해 우리에게서 그 돈을 받아내는 것을 당신이 승인하지 않을 것 같기 때문입니다. 당신이 쉽게 이해하게 될 것처럼, 여건이 이처럼 매우 달라졌는데도, 우리는 현재의 혼란을 피하는 것이 중요하다는 점을 적시에 파악하지 못하였습니다. 그러므로 나는 우리가 그런 구매대금을 어떻게 모아놓을 수 있을지 조금도 이해하지 못하고 있습니다.

당신은 이전의 방법이 정해진 이자율을 붙여 신용 한도를 주는 것과 똑같다는 사실을 알고 있고, 현재의 제약으로 우리가 은행의 신용을 갑자기 잃고 재조정할 시간을 얻지 못한 어떤 사업장과 같은 형편에 처하게 된 것을 이해하고 있습니다. 그러나 우리가 파산하지 않았으므로 당신 쪽에서 조금만 참고 기다려주면 우리가 당신에게 다음 3, 4개월 동안 분할 송금하여 상황을 해결하게 할 수 있을 것입니다. 그러는 동안 우리는 당신이 이 신용으로 결제한 대금의 총액에 얼마의 이자율을 우리에게 부과하든지 간에 당신의 선교부에 기꺼이 값을 치를 것입니다.

당신 쪽에서 반드시 조심해야 할 일 한 가지는, 내가 이해하고 있는 바와 같이, 세브란스연합의학전문학교의 계산서에는 연희전문학교의 그것과 혼동할 것이 없다는 점입니다. 당신의 편지를 보면서, 나는 당신이 세브란스연합의학전문학교의 구매대금을 당신이 보관하는 연희전문학교의 자본금으로 결제해왔다고 판단합니다. 이런 일은 연희전문의 건축계획을 확실히 곤경에 빠뜨릴 것입니다. 세브란스의전의 구매대금을 치르기 위해 어떤 방법을 쓰든지 간에 연희전문의 기금을 이런 용도에 사용하면 안 됩니다. 이는 두 기관의 교장[에비슨]과 회계[오웬스]가 같은 인물이고 두 학교가 함께 협력이사회에 연결된 것만 빼고는 공통된 것이 없기 때문입니다. 협력이사회의 정관은 그 산하에 한국의 다른 연합 교육기관을 두는 것도 규정하고 있습니다. 그러므로 그들의 재정문제가 세브란스의전이나 연희전문의 그것과 뒤섞이는 것은 결코 허용되어서는 안 됩니다.

대금을 결제하는 방법이 바뀐 점에 비추어 보면, 올해 우리가 영국과 미국에서 구매한 것이 몇 가지 이유에서 평소보다 많았던 것이 특별히 운이 없었다고 해도 틀린 말은 아닌 듯합니다. 또한, 여러 이유에서 [세브란스의] 판매업무가 꽤 부진했는데, [세브란스에서 의료물품을 사가는] 다른 병원들이 본국에서 물품을 사거나 자기들에게 기부해주게 하였습니다. 엄중한 재정 상황으로 그들의 수입이 줄었고, 그에 따라 그들의 구매능력 등도 줄었습니다. 그러나 이런 상황을 본국에 있는 당신이 모르고 있는 것은 아닐 것입니다. 다행히도 우리가 그런 것들에서 회복되는 데는 몇 개월밖에 걸리지 않을 것입니다.

우리는 또다시 올해 확장된 진료실들을 운영할 수 있도록 방들을 재배치하고 부서들을 재조정하면서 특별하게 연이어 큰 지출이 이루어졌습니다. 그러는 동안 모든 일을 점검하느라 평소보다 훨씬 많은 돈을 쓸 필요가 생긴 것을 발견하였습니다. 4월 1일부터 시작하는 다음 회계년도를 위한 예산을 방금 개정하면서 가혹하게 삭감하였고, 현재 상황을 고려하여 사실상 아무 확장도 허용하지 않았습니다.

선교부들의 한 곳이 우리에게 예전처럼 편의를 제공해주지 못하도록 결정되었다면, 이제 우리는 세브란스의전이 어떻게 유럽과 미국에서 물품을 구매하게 할 것인가 하는 문제를 직시해야 합니다. 당신은 우리가 보증한 구매에 대해 청구서가 오면 감리회 선교부가 대금을 치르고, 이런 편의를 제공한 것에 대해 그 선교부에 아무 손실이 없게 거기에 적절한 수수료를 더하여, 당신의 현지 회계를 통해 우리에게서 수금하는 문제를 고려해주시겠습니까? 아니면 북감리회와 북장로회 선교부들이 함께 그런 편의를 제공하도록 당신이 조정해주시겠습니까? 지난 일을 당신이 잠깐만 돌아보면, 그런 것이 우리에게 얼마나 유용한지를 알게 될 것입니다. 그리고 때때로 발생하는 다급한 지불 요청에 가능한 한 빨리 응할 수 있도록 당신이 많은 현금을 보관하고 있게 하는 것이 우리에게 얼마나 어려운 일인지를 알게 될 것입니다. 이렇게 하도록 요구하는 것은 합리적이지 않은 것 같습니다. 특별히 지난 30년에 걸쳐 장로회 선교부가 편의를 제공한 것에 비해 너무나 적은 대가를 부과했던 때 외에는 아무 손실도 입지 않고 그 방법을 이어왔는데도 말입니다. 그들은 우리에게 결제만 할 때는 0.5% 또는 1%를 부과하고 구매를 대행하고 결제할 때는 1%를 부과했던 것 같습니다. 얼마가 부과되었든지 그 금액은 당좌예금계좌에서 대금을 인출하다가 발생한 은행이자의 손실을 충분히 벌충할 수 있어야 합니다. 전에 했던 것처럼 이렇게 할 수 있다면 일이 꼬이지 않게 되고 연희전문의 자본금과 섞이는 일도 일어나지 않을 것입니다. 만일 이렇게 할 수 없다면, 당신이 이런 구매 문제를 처리할 실제적인 방법을 우리에게 알려주시겠습니까? 당신은 어떤 방법으로 당신의 선교사들과 기관들의 구매 문제를 처리하십니까?

그러기까지에는 우리가 당신에게 세브란스의전의 구매행위를 위해 더 많이 결제해달라고 요청하기를 자제해야 하고, 어쩌면 우리에게는 더 비싸고 불편할지라도 당신과 우리 모두를 덜 곤란하게 할 어떤 다른 매개를 이용해야 할 것이 분명합니다. [세브란스의전 회계] 오웬스 씨는 물론 가능한 한 현재의 빚을 빨리 청산해야 할 것입니다.

적자를 메꾸기 위한 세브란스 씨의 약정금에 대해 발행한 3천 불의 환어음에 관해서는, 그 일로 당황함과 불유쾌함이 야기된 것을 보았듯이, 이런 방법이 사용되어 죄송하고, 앞으로는 우리가 이렇게 하지 않을 것입니다. 오웬스 씨와 루카스 씨의 봉급 지급을 막은 것에 대해서는 그렇게 하지 말아야 한다고 생각합니다. 그들이 그런 상황에서도 살아갈 수 있게 할 은행 계정이 없는 까닭에 무엇이든 다른 일을 해야 할 것이기 때문입니다. 이것은 하지 말아야 할 불공정한 일이라고 생각됩니다. 만일 그렇게 되면, 우리가 이곳에서 돈을 빌려서 그것으로 그들이 살아가게 해야 합니다. 그들의 봉급이 그들의 생활비이고, 이런 궁핍에 대처할 수단이 그들에게 없기 때문입니다.

이런 경험을 통해 선교부들에 어떤 손실도 입히지 않고 편리하고 유용하게 활용될 어떤 실제적인 방법이 개발될 것이라고 믿습니다. 이 기관들은 선교부들을 위해 일하고 있습니다—이곳들은 선교부들의 자녀이고, 이곳들을 운영하는 우리는 선교부들의 일꾼에 불과합니다. 그래서 아주 당연히 우리는 사역할 수 있게 해주고 쉽게 하게 해줄 선교부들의 도움을 바랍니다. 우리가 요구하는 모든 것은 구매대금을 신속하게 최대한 적은 비용으로 결제할 수 있게 하는 절차를 선교부들이 계속 유지하는 것입니다.

이런 말이 당신의 호의적인 이해와 진심어린 협력을 얻을 것이라고 믿습니다.

안녕히 계십시오.

O. R. 에비슨

출처: UMAC

OFFICE OF PRESIDENT
O. R. AVISON, M. D.

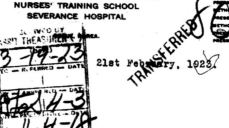

SEVERANCE UNION MEDICAL COLLEGE
NURSES' TRAINING SCHOOL
SEVERANCE HOSPITAL
SEOUL, KOREA.

CO-OPERATING MISSIONS
PRESBYTERIAN CHURCH IN THE U. S. A.
METHODIST EPISCOPAL CHURCH
PRESBYTERIAN CHURCH IN THE U. S.
METHODIST EPISCOPAL CHURCH, SOUTH
PRESBYTERIAN CHURCH IN CANADA
PRESBYTERIAN CHURCH OF AUSTRALIA

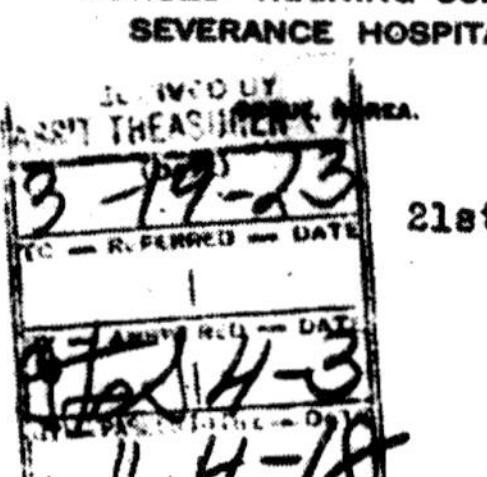

TRANSFERRED

21st February, 1923.

Mr. G. F. Sutherland,
150 Fifth Avenue,
New York, N. Y.,
U. S. A.

Dear Mr. Sutherland:

Mr. Owens has just shown me your letter to him of January 18, 1923. We certainly have got into a tangle but an examination of things at this end makes it clear that we shall soon be out of it and that with this experience I think we shall be able to avoid similar difficulties hereafter.

The change from the former methods of handling our purchases to the present method is probably responsible for most of the trouble. I do not know how the Methodist Board handles these matters but the Presbyterian Board pays for purchases made by its missionaries and its institutions on presentation of invoices accompanied by orders from the buyers and then forwards the charges to the Mission Treasurer on the field, who collects them from the missionaries or institutions, the whole process covering several months and the Board recouping itself by a special percentage charge on the sum paid. When the Severance Institution was an agency of the Northern Presbyterian Mission (now union) all its purchases in America and Europe were handled in this way and even after it became a Union Institution the same system was continued and we never had any of the difficulties that have faced us this year; the bills came to us in due time and were paid by us through the Treasurer here and I can say we always met our obligations. Even with Mr. Severance's deficit money, it had been our custom to draw through the Mission Treasurer here whenever funds were needed, up to the amount of the guarantee, which were honored by the Presbyterian Board Treasurer and collected by him from Mr. Severance in the regular course.

This year a change was made and all the financial affairs of both institutions were put into the hands of the Treasurer of the Cooperating Board. We were so accustomed to the old way of handling that we just supposed things would go on in the same way as beforeexcept that the Methodist Board would be substituted for the Presbyterian Board, but we have had a severe awakening. Apparently it will now be necessary for each of the Colleges to keep a fairly large sum in your hands if we are to have our payments met by you as you seem not to have authority to pay our bills from your Mission funds and then collect from us through your Mission Treasurer here. As you will readily understand this is a very different condition and we did not grasp its significance in time to avoid the present snarl, and I see no way by which we can accumulate such funds.

Mr. G. F. Sutherland.

You see the former method was just the same as a line of credit at a given rate of interest and the present condition puts us into the condition a business house would be in were its bank credit taken from it suddenly and no time given for readjustments. However, we are not bankrupt and a little patience on your part will enable us to straighten things out by remitting to you in instalments during the next three or four months and in the meantime we will be glad to pay to your Board whatever rate of interest it is costing you to give us this amount of credit.

One thing that you must be careful for at your end, as I see it, is that there be no confusion of the accounts of the Severance Union Medical College with those of the Chosen Christian College. I judge from your letter that you have been paying for Severance Union Medical College purchases out of Chosen Christian College Capital funds in your hands. This will certainly embarrass the building projects of the Chosen Christian College and whatever may have to be done on account of Severance Union Medical College purchases, the Chosen Christian College funds should not be used for this purpose as the two institutions have nothing in common except that they have the same men for President and Treasurer and are both connected with the same Cooperating Board in America. But the Constitution of the Cooperating Board provides for other Union educational institutions in Korea coming under its wing and certainly their financial affairs could not be permitted to be mixed up with those of the Severance Union Medical College or the Chosen Christian College.

I think it is only right for us to say that this year for several reasons our purchases in England and America have been heavier than usual which is specially unfortunate in view of the changed method of handling the payments. Also Sales have been rather slow for various reasons, other Hospitals have purchased from the home end or have had supplies donated to them, financial stringency has lessened their receipts and consequently their ability to purchase, etc., etc. But these are conditions not unknown to you at home and fortunately it will take only a few months for us to recover from them.

Again this year we found it necessary to spend much more money than usual in readjusting rooms and rearranging departments so as to enable us to handle the enlarged clinics and taking everything into consideration we have had an unusually heavy series of expenditures. We have just been revising our budget for the next fiscal year beginning April 1st and have cut it down rather unmercifully, allowing for practically no expansion in view of the present situation.

Now we must face the question of how to make paymentsfor Severance Union Medical College purchases in Europe and America if it is determined that we cannot be accommodated by one of the Boards as was formerly the case. Will you consider the question of the Methodist Board making payment of our certified purchases as the bills go in and collecting from us through your Field Treasurer those sums plus a proper commission to ensure there will be no loss to the Board for this accommodation ? Or can you arrange for such accommodation to be shared by the Methodist and Presbyterian Boards ? A moment's reflection will show you how helpful that would be to us and how difficult it would be for us to keep a considerable

- 3 -

Mr. G. F. Sutherland.

amount of current funds in your hands to enable you to meet such calls as fast as they are sometimes made. To me this does not seem to be an unreasonable request, especially when the method has been followed by the Presbyterian Board throughout the past thirty years without any loss to that Board unless they may have charged too little for the accommodation. For making payments I think they have charged us ½ or 1% and for making purchases and paying together 1%. Whatever the charge is it should be enough to cover the loss in bank interest on checking accounts. If this can be done as it was before there will be no tangle and no confusion with the Capital Funds of the Chosen Christian College. If this cannot be done, will you kindly advise us as to a practicable method of handling these purchases ? By what method do you handle purchases for your missionaries and their institutions ?

In the meantime it is evident that we must refrain from asking you to make further payments on account of our Severance Union Medical College purchases and use some other medium which will probably be more expensive and inconvenient to us but less embarrassing to both you and us. Mr. Owens will, of course, liquidate the present indebtedness as speedily as possible.

As for the draft for $2,000 on account of Mr. Severance's pledge for the deficit, I am sorry this method was used as it appears to have caused embarrassment and displeasure and we will avoid this in the future. As to holding up the salaries of Mr. Owens and Mr. Lucas I feel that should not be, as they have not bank accounts which will enable them to carry on under such conditions and whatever else may be done I feel that this is an injustice which should not be practised. If that is done then we must borrow money here with which to see them through as their salaries are their living and they have done nothing to merit this privation.

I trust that out of this experience there will develop some practicable method that will be convenient and helpful without causing any loss to the Mission Boards. These Institutions are doing work for the Mission Boards - they are the own children of the Boards and we who are carrying them on are but agents for the Boards and we just naturally look for the help of the Boards towards making the work possible and easy. All we are asking is that the Boards continue to enable us to pay for our purchases promptly and with as little cost as possible.

Trusting this will secure your sympathetic understanding and your cordial cooperation, I am,

Very sincerely yours,

O. R. Avison

## 56. 에비슨이 세브란스에게

1923년 2월 22일

존 L. 세브란스 씨,
480번지 더 아케이드,
클리블랜드, 오하이오,
미국.

친애하는 세브란스 씨:

서덜랜드 씨에 대한 3천 불의 환어음이 그에게 도착하여 협력이사회의 회의를 혼란에 빠뜨렸다고 하는 꽤 비극적인 일 처리 방식에 대한 전언을 방금 들었습니다. 그 일을 매우 크게 유감으로 여기면서 반드시 그 일을 알리고 사과하며, 그 어음을 어떻게 발행하게 되었는지를 설명 드려야 한다고 생각합니다. 우리는 절차에 맞게 하였다고 생각하였고 어떤 말썽을 일으킬 의도가 없었다는 것을 당신이 이해해주리라고 믿습니다.

북장로회 선교부는 그들의 선교사들 가운데 어느 누가 미국이나 유럽에서 물품들을 구매하면 뉴욕에 있는 선교부의 회계가 그 모든 송장에 대해 구매자로부터 송장을 제출받고 위임을 받아 대금을 지불하는 규칙을 가지고 있습니다. 선교부 회계는 그런 다음 이곳의 선교회 회계에게 월별 청구비 목록을 보내면서 제공한 서비스에 따라 0.5%에서 1%의 수수료를 그 송장에 더하여 청구합니다. 그러면 선교회 회계는 개별 선교사들의 봉급에서 공제하거나 필요한 경우에는 수표를 받음으로써 그 돈을 받아냅니다. 이것은 사업처들처럼 선교부를 신뢰하고 선교부는 그들의 선교사들을 신뢰하기에 매우 편리합니다. 그래서 물품을 보내는 데에 지연되는 것이 없습니다.

올해까지 세브란스 의료기관을 위한 모든 구매대금이 이런 방식으로 지불되었고, 모든 청구서는 이쪽에서 신속하게 처리되었습니다. 그들이 스코트 씨와 서덜랜드 씨를 위해 지혜로울 성싶은 이유에서 이런 방식을 바꾸기로 결정하였습니다. 그래서 협력이사회 회계를 두 대학의 모든 —미국 쪽과 관련된— 재정문제를 다루는 담당자로 만들었습니다. 자연스럽게 우리는 여러 해 동안 북장로회 선교부를 통해 누렸던 것과 똑같은 편의를 서덜랜드 씨가 감리회 선교부를 통해 우리에게 제공할 것이라고 가정하였습니다. 그러나 그 결과는 우리가 잘못 생각했음을 보여주었습니다. 세브란스 의료기관을 위한 물품의 송장들이 서덜랜드 씨에게 갔을 때, 그에게는 당연히 그 값을 치를 세브란스 기금이 없어서 연희전문학교의 자본금으로 치렀는데, 그가 이 기금을 가지고 있는 동안까지 또는 연희전문학교를 위해 미국에서 구매하는 일에 필요한 듯한 금액을 초과하여 이 기금들이 고갈되고 있다고 느낄 때까지 그렇게 하였습니다.

세브란스병원을 위한 물품 주문이 매우 빈번히 이루어지거나 어쨌든 때때로 아주 바짝 당겨서 이루어지면 그는 곧 돈이 바닥나서 기금이 고갈되었으니 구매를 멈추라고 우리에게 전보를 보냈지만, 그런 때는 이미 보낸 주문을 막을 수 없었습니다. 그는 5천 불까지 적자를 냈고, 당신이 친절하게 그 돈을 그에게 채워주었지만, 우리는 봉급을 줄 돈과 이곳에 얻은 다른 빚으로 버티고 있었고, 우리가 그것을 받지 못하게 되자 오웬스 씨가 궁색해져서 거기에 대해 3천 불의 어음을 발행하였습니다.

우리는 그 구매대금의 결제가 이런 식으로 이루어졌을 것으로 추측하였고, 모든 일이 평소처럼 지나갔지만, 우리는 은행에서 신용을 누리다가 갑자기 신용을 잃게 된 것을 알게 된 어떤 사업가가 된 듯한 상황에 빠졌습니다. 평소의 절차대로 이행해오던 의무를 갑자기 몇 개월 이상 이행할 수 없게 되어, 서덜랜드 씨에게 1만 4천 불 이상을 갚지 못하였습니다. 그래서 그는 연희전문학교의 건축기금에 속한 돈으로 그 돈을 갚았습니다. 오웬스 씨는 전체 금액을 다음 3, 4달 동안 나누어서 그에게 보낼 작정입니다. 그러는 동안 우리는 물론 절대적으로 필요한 것 외에는 미국에 주문하기를 삼갈 것입니다.

우리가 결코 예상치 못했던 일이기는 하지만, 당신이 이 일에 휩쓸리게 되어 매우 죄송합니다. 서덜랜드 씨가 그 상황에서 다소 힘들었으리라고 생각하지만, 우리에게도 확실히 기분 좋은 일은 아니었습니다. 우리는 이 기관들과 협력하는 여러 선교부를 위해 이곳들의 사역을 수행하고 있고, 그러므로 그들이 우리의 재정 업무를 방해하기보다는 도와주어야 한다고 생각합니다. 이 편지에 방금 이 문제에 관해 서덜랜드 씨에게 쓴 편지의 사본을 동봉합니다.

우리는 당신의 약정금 1만 불이 우리 예산과 1923년 4월 1일 시작하는 다음 회계년도를 위해 책정되는 예산을 어떻게 떠받치고 있는지를 아주 잘 이해하고 있습니다. 그러므로 우리가 자체적으로 책정한 예산을 벗어나지 않는 한은 그 약정금을 떠올리지 않고 요청하지도 않을 것입니다. 오웬스 씨에게 부탁하여 그것의 사본 하나를 당신에게 보내게 하겠습니다.

당신은 총독부가 마침내 우리의 [졸업]시험을 인정하기로 결정하여 올해부터 우리 졸업생들이 의사 면허를 받기 위해 총독부의 시험을 치르지 않을 것이란 사실을 알면 기뻐할 것입니다. 스코트 씨에게 이 일을 알렸던 편지 하나를 동봉하겠습니다. 이 일은 총독부가 우리 의학교를 승인하는 도장을 찍은 일의 절정에 이른 것입니다. 우리 한국인들이 크게 기뻐하며 지금 모금 운동을 벌일 계획을 세우고 있습니다.

우리가 사역할 수 있도록 당신이 해온 모든 일에 다시 한번 감사드립니다.

안녕히 계십시오.

출처: UMAC

Mr Sutherland

22nd February, 1923.

Mr. John L. Severance
480 The Arcade.
Cleveland, Ohio.
U. S. A.

Dear Mr. Severance:

I have just received word of the rather tragic manner in which the draft for $3,000 on Mr. Sutherland reached him and disturbed the conference of the Cooperating Board. I regret it very much and must proffer and apology and an explanation of how the draft came to be made, trusting that you will see that we thought we were quite in order and not going to cause any one any trouble.

The Presbyterian Board has a rule under which all Invoices for goods purchased in America or Europe by any of its missionaries are paid by the Board Treasurer in New York on presentation of Invoice and authorisation of the purchaser. The Board Treasurer then forwards a monthly charge sheet to the Mission Treasurer here adding to such Invoice ½% to 1% Commission according to the service rendered. The Mission Treasurer then collects from the individual missionaries by deducting from their salaries or taking their checks when necessary. This is a great convenience as business houses trust the Board and the Board trusts its missionaries and there is no delay in sending the goods.

Up to this year all purchases for the Severance Institution were paid for in this way and all bills were promptly met at this end. For reasons which seemed wise to Mr. Scott and Mr. Sutherland they decided to change this and make the Treasurer of the Cooperating Board the agent for handling all the finances of the two Colleges so far as the America end was concerned and naturally we supposed that Mr. Sutherland would extend to us through the Methodist Board the same facilities we had for so many years enjoyed through the Presbyterian Board, but results show we were mistaken. When Invoices for goods for the Severance Institution went to Mr. Sutherland he of course had no Severance Institution funds in hand out of which to make payment and he paid them out of the capital funds of the Chosen Christian College as long as those funds held out or until he felt they were being depleted beyond what he would probably need for making purchases in America for the Chosen Christian College.

As orders for goods for Severance go fairly frequently or at least are sometimes quite close together he soon ran short and cabled us to stop buying as funds were exhausted, but that could not check orders already sent. He had used up the $5,000 deficit money which you had kindly placed in his hands but we were depending on that for paying salaries and other liabilities here and when we did not receive it Mr. Owens got into a tight place and drew on that amount for $3,000.

Had payment for the purchases been handled in the way we had supposed, all would have gone as usual but we were caught just as would have been any business man who, having enjoyed a credit at the bank, found that

- 2 -

Mr. J. L. Severance.

credit suddenly withdrawn. We could not suddenly meet the obligations which in the usual course would have run along over several months and so we owe Mr. Sutherland something over $14,000 and which he has paid with money that belongs to the Chosen Christian College building funds. Mr. Owens expects to transmit the total amount to him in instalments during the next three or four months and in the meantime we will of course refrain from ordering from America except as may be absolutely necessary.

I am very sorry that you became involved in this as we certainly did not expect that. I judge that Mr. Sutherland has been somewhat distressed over the situation and certainly it has not been comfortable for us. We feel that we are carrying on the work of these institutions for the various Boards which cooperate in them and that they should facilitate our financial dealings rather than impede them. I am enclosing with this a copy of a letter just written to Mr. Sutherland on this matter.

We quite understand the relation which your pledge of $10,000 bears to our budget and in the budget for the next financial year, beginning April 1, 1923, that pledge does not appear and will not be called on unless we are unable to keep to the budget we have set for ourselves. I will ask Mr. Owens to send you a copy of it.

You will be glad to know that the Government has at last decided to recognize our examinations so that from this year our graduates will not have to take a government examination for licence to practise. I will enclose a letter to Mr. Scott telling of this. This is the climax of the Government's stamp of approval of our Medical College and our Koreans are much pleased and plan to set out now on a campaign for funds.

With renewed thanks for all you have done to make our work possible, believe me,

Yours very sincerely,

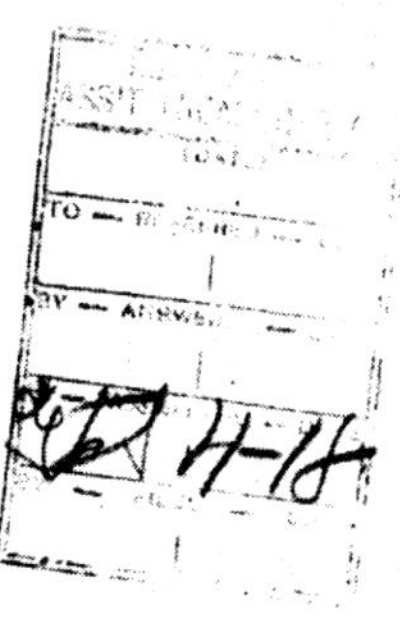

## 57. 스코트가 협력이사회 이사들에게

1923년 2월 27일

조선 기독교 교육을 위한
협력이사회 제위,

신사 여러분:

### 세브란스연합의학전문학교에 관하여

서울에 있는 에비슨 교장이 보낸 세브란스연합의학전문학교의 [졸업]시험이 총독부의 인정을 받았다는 내용의 암호 전보를 오늘 받았음을 여러분께 알려드리게 되어 매우 기쁩니다. 암호문자 두 개는 해독이 조금 애매하기는 하지만, 그 해독문은 분명히 다음과 같습니다.

> 의학교 시험을 인정받는 것이 공식적으로 통지되었다. 졸업생들은 더 이상 총독부 시험을 치를 필요가 없다. 모든 관계 집단에 알려달라.
>
> 에비슨.

당신은 세브란스연합의학전문학교가 새 교육령에 입각하여 전문학교 인가를 신청했던 사실을 기억할 것입니다. 에비슨 박사가 1922년 3월 이사회에 전문학교로의 의학교 인가 신청서를 제출했는데, 다음과 같이 보고한 것입니다. "본교의 졸업생들은 완전한 법적 지위를 가지고 이 나라에서 모든 기회를 얻으며, 이와 더불어 인가학교가 다른 학교들보다 더 수준 높은 교육을 제공한다는 기존 인식이 주는 이점을 누린다. 우리에게는 졸업생들이 면허를 받기 위해 총독부의 의학시험을 치르지 않도록 위생국의 인가를 받으리라고 믿을 충분한 이유가 있다."

우리는 그와 같이 새 교육령 아래에서 등록한 사립학교가 종교의식을 행사하는 일에서 바라는 바대로 교육과정 안에서나 밖에서나 완전한 자유를 누리는 것으로 이해하고 있습니다.

오랫동안 바랐던 총독부의 완전한 인가를 받고, 완전한 종교의 자유를 얻는, 이러한 결과를 얻은 것을 기뻐하며, 가장 다정한 안부 인사를 드립니다.

안녕히 계십시오.

조지 T. 스코트

조선 기독교 교육을 위한

협력이사회 총무

출처: PCC & UCC

CABLE ADDRESS: "INCULCATE NEW YORK" TELEPHONE WATKINS 6.0.

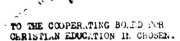

# The Board of Foreign Missions
of the
Presbyterian Church in the U.S.A.
156 Fifth Avenue
New York

February 27, 1923.

TO THE COOPERATING BOARD FOR
CHRISTIAN EDUCATION IN CHOSEN.

Gentlemen:

RE: SEVERANCE UNION MEDICAL SCHOOL

We are highly gratified to report to you the receipt today of a code cablegram from President Avison from Seoul, to the effect that the examinations of the Severance Union Medical School are recognized by the Government. Although two of the code words are a little confused in transmission, the translation is apparently as follows:-

"OFFICIALLY INFORMED RECOGNITION MEDICAL SCHOOL EXAMINATIONS.
GRADUATES NO MORE REQUIRED TAKE GOVERNMENT EXAMINATIONS.
NOTIFY ALL PARTIES CONCERNED.
AVISON.

You will recall that Severance Union Medical College applied for registration as a Special School (Semmon Gakko) under the New Educational Ordinance, and Dr. Avison in presenting to the Board of Managers in March 1922, the proposal for such registration of the Medical School as a Semmon Gakko, stated, "Its Graduates - Have full legal standing and have all the opportunities of the country together with the advantage which a ready-made conception that registered schools give a higher grade of education than others give. We have good reason to believe its graduates will receive recognition from the Sanitary Bureau so that they would not have to take the Government Medical Examination for license."

We understand that a private institution thus registered under the New Educational Ordinance is entirely free to have such religious exercises as it may desire either within or outside of its curriculum.

Rejoicing that this long desired result of full Government recognition, with complete religious liberty, has eventuated, and with kindest regards, I am

Very sincerely yours

George T. Scott
Secretary, Cooperating Board
for Christian Education in Chosen.

## 58. 하긴이 에비슨에게

베이징대학(Peking University)[연경대학]*,

베이징(北京),

중국

교장실

1923년 3월 2일

O. R. 에비슨 씨,

세브란스연합의학전문학교,

간호부양성소,

세브란스병원,

서울, 한국.

친애하는 에비슨 씨:

우리 교장이 미국으로 갈 때 우리가 밟는 절차에 관한 당신의 2월 21일자 편지에 답하여, 그는 그가 속한 선교회와 협의하지 않는다는 말씀을 드립니다. 그 문제는 전적으로 대학을 운영하는 이사들과 위원들의 손에 달려 있습니다.

안녕히 계십시오.

(서명됨) H. L. 하긴

서기.

출처: UMAC

---

* Peking University(燕京大學, Yenching University)는 1919년 기존의 세 기독교 대학을 통합하여 설립되었고, 이듬해에 한 대학을 더 통합하였으며, 1928년 영어 이름을 'Peking'에서 'Yenching'으로 고쳤다. 머피(H. K. Murphy, 연희전문의 캠퍼스와 본관 건물들의 설계자)의 설계로 1926년 캠퍼스를 완성하였으며, 1928년 하버드-엔칭연구소를 설립하였고, 1949년 베이징대학에 흡수되었다.

C O P Y

Peking University
Peking,
CHINA

Office of the President

March 2, 1923.

Mr. O. R. Avison,
Severance Union Medical College,
Nurses' Training School,
Severance Hospital,
Seoul, Korea.

Dear Mr. Avison:

In reply to your letter of February 21st regarding our procedure when our President goes to America, I may say that his mission is not consulted, the matter being entirely in the hands of the administrative boards and committees of the University.

Very sincerely yours,

(Signed)H. L. Hagin
Secretary.

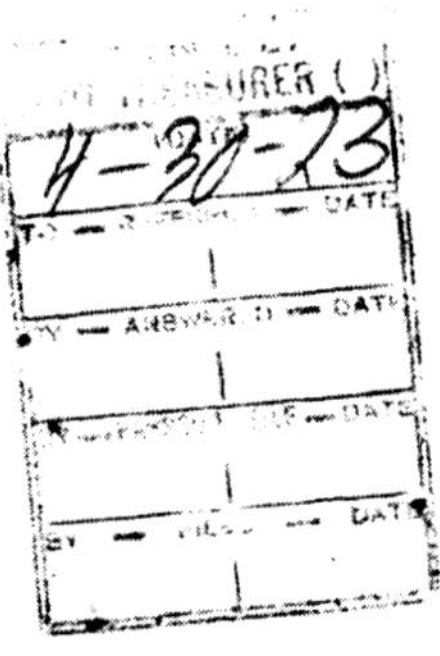

## 59. 에비슨이 서덜랜드에게

1923년 3월 7일

Geo. F. 서덜랜드 씨,
150번지 5번가,
뉴욕 시, 뉴욕 주,
미국.

친애하는 서덜랜드 씨:

중앙난방 시설과 조명시설의 계획과 구입 문제를 다룬 루카스(Lucas) 씨의 편지를 동봉해서 보냅니다. 당신이 이 편지를 그 기술자들, 곧 클라크(Clark) 씨, 맥멀런(McMullen) 씨, 레일리(Reilly) 씨에게 보내 조언을 듣고 도움을 받으리라고 짐작합니다.

재정 조달 문제에 대해서는 당신이 어떻게 처리할지를 모르겠습니다. 대학이사회가 나에게 올봄에 미국에 가라고 제안할 때 바랐던 것은 캐나다장로회와 남감리회의 선교부들을 도와 그들이 4만 2천 불에 달하는 약정금의 잔액을 모금하고 수금할 수 있게 하고, 거기에 더하여 새로운 기부자들의 관심을 끌어내서 새로운 우인들과 기금들을 확보할 수 있게 하는 것이었습니다. 그 4만 2천 불은 이미 착수한 건축계획의 이행을 넉넉히 지원하고도 잔금을 남겨 언더우드관과 아펜젤러관[이학관]의 건축비 약정금으로 다 갚지 못한 난방시설과 조명시설의 일부 비용을 해결할 수 있게 할 것입니다. 그러면 우리가 올봄에 반드시 수행할 필요가 있는 일을 계속 진행할 수 있게 될 것입니다. 그래서 다음 겨울이 오기 전에 그것을 넉넉히 끝낼 방안을 찾기를 희망했던 것이 아니었습니까? 사실이 그렇듯이, 우리는 그런 돈을 제공하겠다는 제안을 받고 있지 않지만, 당신과 스코트 씨는 새로운 방안을 찾아낼 것이라고 믿습니다. 그 이유는 만일 이 시설이 겨울 전에 [협력이사회의] 업무처리 순서에 들어가지 못한다면 우리가 기숙사와 방금 말한 두 건물을 사용하지 못하게 되기 때문이고, 그렇게 되면 우리의 현재 학생등록부에 기록될 학생 수를 제한하게 되고, 단 하나의 건물만 사용하면서 세 개의 훌륭한 건물들을 방치하게 될 것이기 때문입니다.

이렇게 되는 것이 신망을 잃고 기회를 허비한 우리에게 무엇을 뜻하는지를 당신은 상상해볼 수 있습니다. 우리는 건물들을 그저 비어있는 채로 차갑게 방치하기 위해 18만 불을 쓰게 될 것입니다. 완공에 실패하여 그 건물들과 장비들을 사용해 좋은 출발을 이루고 경상비를 충분히 공급함으로써 필요한 교수진을 투입하여 이미 있는 과들에서 가르칠 뿐만 아니라 일류 대학이란 명성까지 얻을 수 있게 되지 못한 것이 동양인들의 심리에 끼칠 영향을 모국에 있는 당신이 실감할 수 있을지 모르겠습니다. 그러나 우리는 자금이 허락하는 정도까지는 앞으로 빠르게 움직일 수 있습니다. 내가 믿는바, 우리를 인도하여 이 기관을 세우게 하신 하나님께서 이곳을 발전시키고 유지할 수단을 제공하실 것이라고 아주 확신합니다.

언더우드 씨가 매우 관대하여 그 덕분에 우리가, 그동안 해온 것과 같이, 공사를 빠르게 진행할 수 있었습니다. 자본계정을 위한 그의 기부금은 17만 5천 불 안팎에 달합니다. 그러나 그가 매우 후하게 기부해온 건물들의 완공은 유감스럽게도 다른 이들이 약정금을 빠르게 채울 수 있으리라고 생각했던 것과 달리 그렇게 하지 못하여 지연되고 있습니다. 그러므로 우리가 반드시 새로운 기부자들을 찾아야 할 것이 분명합니다. 그렇게 하는 동안 언더우드 씨가, 다른 곳들에서 약정금이 들어오는 대로 그의 돈을 빠르게 벌충받을 것이란 양해 아래, 공사를 계속 진행할 수 있게 하려고, 그의 건물을 완공하기 위한 비용보다 더 많은 기금을 기꺼이 줄지도 모릅니다. 그렇지만 그가 전에 매우 관대하였으므로, 만일 당신이 그에게 그 문제를 가져가되, 청구하는 것이 아니라 이 건물들을 완공하고 난방시설을 함으로써 대학의 출발을 도울 기회를 드리면, 기꺼이 그렇게 할지도 모릅니다.

루카스 씨가 그의 편지에서 제시한 대로 보일러들을 선택하는 것에 관해서는, 우리가 반드시 기술자들의 판단을 의지해야 하겠지만, 가장 적은 석탄을 사용하여 정해진 결과를 얻게 할 유형을 선택하는 것이 중요하다는 점을 강하게 느끼고 있습니다.

경상비에 관해 말하자면, 우리는 바로 지금 다음과 같은 자격을 지닌 한국인 교수 두 명*을 임용할 기회를 얻고 있습니다.

a. 전직 학무대신의 아들, 경성법학전문학교 졸업, 영국 옥스퍼드대학교 3년 수학, 프랑스 파리대학교 2년 수학, 스위스 쮜리히대학교 Ph.D., 독일 제나대학교 박사후 과정 1년

---

* a는 이관용을 가리킨다. b는 노정일을 가리키는 것처럼 보이는데, 연희전문 학력이 맞지 않는 것 같다. 두 사람은 1923년 연희전문에 부임하였다.

수학. (그가 한국 귀족과 좋은 관계를 가질 기회를 우리에게 얼마나 제공할지, 그리고 우리 대학에 얼마나 높은 명성을 안겨줄지!)

b. 송도고등보통학교 졸업, 연희전문학교 2년 수학, 오하이오주 델라웨어의 웨슬리언대학교(웰치 감독이 전에 이 학교의 교장이었음) 졸업, 뉴욕시 컬럼비아대학교 석사.

그러나 우리는 그들에게 봉급을 줄 방도가 없습니다. 그 금액은 매년 1천2백 불이 될 것입니다. 우리는 지금 운영하는 세 과의 교수진에 교수 자격을 완비한 한국인을 3명밖에 두고 있지 않습니다. 이런 사람들을 구할 수 있을 때 이들을 쓸 수 있는 자리에 있는 것이 우리에게 얼마나 크게 필요한지를 당신은 이해할 수 있을 것입니다. 그러므로 당신이 그곳에서 우리의 경상비를 늘릴 어떤 방도를 마련해주기를 바랍니다. 우리는 4월 1일 시작하는 이번 학년에 최소한 연 5천 불을 더 받아야 합니다.

안녕히 계십시오.

O. R. 에비슨

출처: UMAC

OFFICE OF THE PRESIDENT

O. R. AVISON, M. D.

# Chosen Christian College

Seoul, Chosen

803-1

CO-OPERATING BOARDS
PRESBYTERIAN CHURCH IN THE U.S.A.
METHODIST EPISCOPAL CHURCH
METHODIST EPISCOPAL CHURCH, SOUTH
PRESBYTERIAN CHURCH IN CANADA

TRANSFERRED

7th March, 1923.

Mr. G. F. Sutherland,
150 Fifth Avenue,
New York, N. Y.,
U. S. A.

Dear Mr. Sutherland:

I am enclosing a letter from Mr. Lucas dealing with plans and purchases for the Central Heating and Lighting Plant which I presume you will submit to the engineers, Messrs. Clark, McMullen and Reilly for their advice and assistance.

As to financing I do not know how you will handle that. It was the hope of the Board of Managers when they suggested that I go to America this Spring that I might help the Canadian Presbyterian and Southern Methodist Boards to raise and collect the balance of their pledges, amounting to $42,000.00 and in addition perhaps interest new givers and secure new friends and new funds. The $42,000 would more than cover the building plans already undertaken, leaving a margin to apply to that part of the heating and lighting plant not covered by the pledges for Underwood and Appenzeller Halls so that we could have gone on with the absolutely essential item this spring and have hoped to find enough to complete it before next winter. As it is we have no suggestion to offer but trust you and Mr. Scott will be able to find a way out, because if this plant cannot be put in running order before winter we shall be unable to use the dormitory and the two buildings just mentioned and that will mean limiting the number of students to our present registration and going on with only one building in use with three fine ones lying idle.

You can imagine what this will mean to us in loss of prestige and waste of opportunity. We shall have spent $180,000 only to leave the buildings empty and cold. I do not know that you at home can realize the effect on the Oriental mind of failing to complete and put in use the buildings and equipment so well started and to provide sufficient current funds to enable us to put in the teaching staff necessary not only to teach the departments established but also to give the College a first class reputation. However, we can move forward only as fast as funds will permit and I have full confidence that God, under whose guidance we have, I believe, established the institution, will provide the means for its development and maintenance.

Mr. Underwood has been very generous in making it possible for us to go on as fast as we have done. His contributions on capital account have amounted to $175,000, more or less, but the completion of the buildings for which he has contributed so generously are held up by the regrettable inability of others to redeem their pledges as quickly as they had thought they could, so it is evident we must find new contributors. Whether in the mean-time Mr. Underwood

Dr. G. F. Sutherland.

will be willing to advance more than the cost of completing his building in order to enable the work in progress to go on, with the understanding that he will be recouped by the money pledged by others as fast as it comes in, I do not know, but, as he has been so generous in the past, he may be willing to do so if you put the matter before him not as a claim on him but as an opportunity to help the College get on its feet by the completion of these buildings and the installation of the heating plant.

As to the choice of boilers as set forth in Mr. Lucas' letter we must depend on the judgment of the engineers but we feel strongly the importance of selecting the type that will use the least coal for a given result, if there are no overbalancing disadvantages.

Speaking of current funds we have right now an opportunity to engage two Korean professors with the following quailifications:

a. Son of the former Minister of Education, graduate of the Japanese law College in Seoul, three years in Oxford University in England, two years in University of Paris, France, Ph.D. of University of Zurich, Switzerland, one year of Post Graduate work in University of Jena, Germany. (What a fine connection he would give us with Korean aristocracy, and what a name he would bring to our College !)

b. Graduate of Songdo Higher Common School, two years work in the Chosen Christian College, graduate of Wesleyan University of Delaware, Ohio (Bishop Welch was formerly President of this) and M.A. of Columbia University, New York City.

but we have no way of paying their salaries, which would amount to $1200 a year each. As we have only three Koreans on the staff of the three Departments now running qualified to be full professors you can see how greatly we need to be in a position to use these men as they become available. I hope, therefore, you will amongst you devise some way of increasing our current funds. We should have $5,000 per year additional as a minimum this coming year beginning April 1st.

Very sincerely,

O. R. Avison

## 60. 에비슨이 브라운에게

1923년 3월 8일

A. J. 브라운 박사, 명예신학박사,
해외선교부,
156번지, 5번가,
뉴욕 시, 뉴욕 주,
미국.

친애하는 브라운 박사님:

현지 [연전과 세전의] 이사회에서 내게 두 대학의 이익을 위해 미국에 가라고 요구했던 문제를 다룬 당신의 1923년 1월 4일자 편지가 늦지 않게 도착하였습니다. 스코트 씨가 다음의 전보를 보냈습니다.

> 가을까지는 [미국에] 오는 것을 권장할 수 없음.

이 전보는 이미 수신되어 협력이사회의 결정을 알려준 점에서 주목을 받았습니다. 하지만 북장로회 선교부의 결정을 알려준 당신의 편지에서 우리가 선교부가 아니라 협력이사회에 보냈던 요구 사항을 선교부가 받아서 결정한 것을 발견하고 놀랐습니다. 그 관계에 관해 우리가 이해하고 있는 바로는, 그리고 당신이 보낸 1917년 12월 6일자 편지(421호)와 1918년 6월 4일자 편지(458호)의 기술에 따르면, 그들[협력이사회]은 본국의 몇 개 협력 선교부들을 대표하는 기관입니다. 그 편지들에는 다음과 같이 쓰여 있습니다.

> 421호 편지:
>
> 163호 편지에 관해, 에비슨 박사의 미국 귀국이 선교회의 사업이나 어느 교파의 업무를 위한 것이 아니고 서울에 있는 연희전문학교를 위한 것이기 때문에, 본[북장로회] 선교부는 한국에서 교육사업을 하는 선교부들의 공동위원회[협력이사회]가 이곳에서 그 문제를 판정하는 일을 맡기에 적합한 집단이라고 여긴다. 그리고 그 위원회는 에비슨 박사가 반드시 와

야 할 필요가 있다고 생각한다.

> 458호 편지:
>
> 에비슨 박사의 귀국과 관련하여, 그가 어느 교파의 심부름을 하러 오는 것이 아니라 현지 이사회에 속하고 북미에서 우리만 아니라 다른 4개 교파 선교부들을 함께 대표하는 조선 기독교 교육을 위한 협력이사회에 속한 연합대학의 교장으로서 오는 것이므로, 그가 대학의 사업을 위해 오는 것은 불가피하다고 생각한다. 본[북장로회] 선교부는 그들의 요청을 다만 묵인하였다. 만일 그 대학의 교장이 장로교인 사실을 들어 그 선교부가 형식적인 이점을 주장하면서 그 일을 허가하기를 거절한다면, 이는 교계 예양[교파연합 활동의 약속]을 위반하고 심지어는 기독교인의 예의까지 저버리는 행위가 될 것이다.

우리가 보기에 이 진술들은 대학이사회들의 지배를 받는 연합기관의 경우에 그 교장이 소속 선교회 및 본국 선교부와 갖는 올바른 관계를 매우 정확하게 정의하고 있는 듯합니다. 458호 편지에서 당신이 적절한 문장들을 더한 것을 보았지만, 우리의 판단에 그것은 중요하지 않습니다. 그 이유는 아래에서 볼 수 있듯이 어느 집단도 예외 없이 모두를 대표하고 있기 때문입니다. 모두 함께 연대하여 대표하고 있는 그 대학이사회의 결정에 거부권을 가지고 있다고 정당하게 주장할 수 있는 집단은 그들 가운데 아무도 없습니다.

재판권의 문제로 본다면 이를 매우 단순하게 이해할 수 있습니다. 몇몇 선교회들의 연합대학은 대학이사회에 의해 조직되어 그 휘하에 있습니다. 대학이사회는 선교회들의 대표들로 구성되어 있고, 대표들의 수는 모든 선교회가 합의한 비율에 따라 정해집니다. 그래서 이사회가 결정을 내릴 때, 그것은 모든 선교회를 위해 그렇게 하는 것이고, 각 선교회는 그 결정 안에서 충분한 몫을 가집니다. 교장은 이사회에 의해 선출되고 그가 속한 선교회에서 그 일을 하는 것을 허가받습니다. 그는 지금 이사회의 지시 아래 있고, 그의 시간은 소속 선교회의 대표들이 이사회에서 지닐 수 있는 거부권의 한계 이상으로 소속 선교회의 지배를 받지 않습니다.

만일 교장이 이사회의 지시를 수행하기 위해 반드시 소속 선교회의 동의를 받아야 한다면, 그는 그 선교회의 지시 아래 있는 것이고 이사회 아래 있는 것이 아니며, 대학은 거기에 동등하게 관여하는 몇 개 선교회들 가운데 한 선교회의 지배 아래 있게 되는 것입니다. 그런 일이 어떻게 있을 수 있습니까? 1917년과 1918년에는 북장로회 조선 선교회가

[연희전문 운영에] 협력하지 않았고, 북장로회 본국 선교부가 협력하였습니다. 그래서 그 선교부는 "만일 대학의 교장이 장로교인이란 사실로 인해 거부하거나 허가하는 일에서 그들이 형식적인 이점을 주장한다면 그것은 교계 예양을 위반하고 심지어는 기독교인의 예의까지 저버리는 행위가 될 것이다"라고 말하게 되었습니다. 그렇다고 한다면, 전술한 이유들로 인해, 교장의 본국 선교부가 교장의 거취를 지시하는 것은 적합하지 않을 것입니다. 지금 협력 중인 이사회의 일원으로서 그의 선교회가 갖는 몫의 비율을 넘어서는 선교회의 재판권 아래에서 그의 거취가 좌우되어야 한다면, 그런 것이 지금 어떻게 옳다고 간주될 수 있습니까?

당신이 1917년과 1918년의 편지들에서 표명한 것처럼, 당신이 내렸던 결론, 곧 한국에서는 교장이 현지 이사회의 지시 아래 있고, 그의 선교회 아래 있지 않으며, 협력이사회에서 그 선교부를 대표하는 사람이 협력이사회의 결정에 영향을 미칠 수 있는 경우가 아니라면, 미국에서 심지어 그의 본국 선교부라고 하더라도 정당하게 그의 활동에 대해 재판권을 주장할 수 없다고 한 것이 정당하다는 것을 우리는 의심하지 않습니다.

이 사실을 명확하게 밝히도록 다음과 같이 가정해봅시다. 곧 교장이 그의 대학이사회로부터 어느 때에 어느 장소로 가라는 지시를 받으면 반드시 그의 선교회에 그렇게 해도 되는지를 물어서 허락을 받아야 하는데, 그의 선교회는 허락하지 않습니다. 그렇게 되면 교장은 이쪽 아니면 저쪽에 순종하기를 거부해야 합니다. 만일 그가 소속 선교회에 순종하면 다른 선교회들과 대학 당국의 불만을 살 것입니다. 그렇게 되면 일개 선교회가 4개, 심지어는 6개 선교회에 의해 운영되는 기관의 업무를 지배하는 셈이 되기 때문입니다. 만일 그가 소속 선교회에 순종하기를 거절한다면 그 집단과 매우 불행한 관계에 들어가게 되고, 그러면 그 집단은 본국 선교부에 제소할 것입니다. 본국 선교부는 난감한 딜레마에 빠질 것입니다—만일 선교부가 교장을 지지하면 선교부와 선교회 사이에 갈등이 발생할 것이고, 반대로 선교부가 선교회를 지지하면 선교회가 대학 이사회의 결정에 대해 거부권을 갖는다는 가정을 확인해주는 셈이 될 것이고, 다른 선교부들 및 선교회들과 껄끄러운 관계에 들어가게 될 것입니다.

그러므로 나는 당신의 1월 4일자 편지를 받고 많은 혼란을 느꼈습니다. 그 편지에서 교장이 선교회의 허가를 먼저 받아야 그의 대학이사회의 지시를 수행할 수 있다는 설을 기정사실로 여기는 모습을 보이는 것이 많은 갈등을 일으키는 시발점이 되기 때문입니다.

나의 선교회가 이번에 허가하지 않을 것이라는 가정에 근거하여 이런 주장을 하는 것은 아닙니다. 그들이 그러리라고 생각할 이유가 없기 때문입니다. 그러나 그 선교회가 어떤 태도를 취하더라도 상황은 똑같고, 교장이 다른 어떤 선교회의 회원일지라도 상황은 똑같이 적용될 것입니다.

본국 선교부가 이런 경우에 가질 재판권에 대해 다시 말하자면, 나는 이미 인용한 당신의 편지에서 당신이 밝힌 견해가 옳았다는 것을 확신하고, 교장의 거취가 선교부에서 주는 기금에 종속될 일이 아니라면 선교부가 그의 거취를 좌우할 권한을 주장할 수 없다는 생각을 선교부가 하였을 것이라고 확신합니다. 우리 앞에 놓인 그 문제에는 선교회나 선교회의 기금이 얽히지 않았고 안식년의 문제와도 상관없다는 것에 유의해야 합니다. 교장이 안식년을 갖게 해달라고 요청한 것이 아니라 그의 이사회가 그에게 대학에 이로울 어떤 일을 해달라고 부탁한 것이었습니다.

(덧붙여 말하자면, 내가 1909년부터 안식년을 가진 적이 없었고, 그 후부터는 미국에 갈 때마다 오직 업무수행을 위해서만 갔으므로, 최근 몇 년 동안 짧은 시간의 간격을 두고 몇 번이나 본국에 왔다고 하는 것은 사실로서 거론될 이유가 없다는 점을 여기에서 말씀드립니다.)

당신은 전에 선교회가 협력하지 않았던 때의 자세를 취하여 또다시 결렬로 끝나게 될까 우려하는 모습을 보여주고 있습니다. 대학과 우리 선교회 사이에서 어떠한 힘든 일이 발생하지 않게 하기를 나보다 더 간절히 바랄 사람이 없다는 사실을 당신이 확신해도 될 것입니다. 그러나 나는 또한 다른 선교회들도 우리와 협력하고 있다는 사실을 명심하고 있고, 우리가 비슷한 상황에서 모든 선교회에 적용하고 싶지 않은 원칙은 어느 한 선교회에 대해서도 허용하지 않아야 한다는 사실을 명심하고 있습니다. 지금 교장이 북장로회 선교회의 회원인 것은 어쩌다 보니 그렇게 된 일입니다. 물론 어느 때에 그런 상황이 생길 수도 있을 텐데, 다른 선교회의 회원이 교장이었다면 상황이 어떠했을까요? 만일 연희전문학교 교장이 그의 선교회에 이번 미국 여행을 허가해주기를 신청하여 선교회가 그 일을 허가하기를 거부한다면 북장로회 선교부는 어떻게 할 것입니까? 교장의 거취 문제에 대한 선교부의 위압적인 행위가 (당신의 1917년 12월의 421호 편지에 있는 진술대로 그것이 불가피하였을까요?) 현지 대학 이사회와 뉴욕 협력이사회의 일상적인 통솔행위에서 야기되는 것보다 당신의 선교회에 더 격한 감정을 일으킬 것 같지 않습니까?

이제 당신이 내게 보낸 1923년 1월 4일자 편지의 2페이지 첫 번째 문단에서 이 시기에 미국에 가는 것이 적절한지의 여부를 다룬 것에 관해 말하겠습니다. 현지 이사회가 내게 뉴욕 협력이사회의 허가를 받고 나서 될 수 있으면 빨리 가라고 지시한 것에 당신이 주의를 기울여주기 바랍니다. 이사회는 자발적으로 교장의 미국 방문 문제를 미국 협력이사회의 판단에 맡겼습니다. 협력이사회가 현지 이사회보다 그 문제에 대해 더 현명한 견해를 낼 입장에 있고, 또한 교장의 본국 선교부를 포함하여 관련 선교부들 전체를 대표하고 있다고 현지 이사회가 믿었기 때문입니다.

그런데 미국에 돌아갈 예정인 남·북감리회의 감독들은 모두 내게 지금 가라고 촉구하면서 내가 그들의 후원자들을 만나서 그들이 이미 대학에 주기로 약정한 기금을 금년 안에 얻도록 그들을 돕고 그렇게 우인들을 사귀면서 1924년 1월 1일부터 새 기금을 얻도록 더 노력하는 것을 도와주겠다고 말합니다. 그리고 캐나다장로회 선교회는 결의안을 통과시켜 그들이 기꺼이 본국 선교부와 나 사이의 여건을 조율하여 그들의 후원자들에게서 기금을 모으게 해주겠다는 뜻을 표명하였습니다.

연희전문학교에 필요한 것들이 극히 절박하지만, 이 편지에서는 그런 것들을 열거하지 않겠습니다. 이 편지는 내가 미국에 일찍 가게 해달라고 탄원하는 것이 아닙니다. 다만 대학 이사회의 지시를 교장이 수행하는 것에 대해 교장의 소속 선교회가 갖는 재판권의 한계 문제를 논리적으로 결론지으려고 노력하는 것일 뿐입니다.

당신이 다행히 회복하고 있는 것을 우리가 알게 되어 매우 기쁩니다.

안녕히 계십시오.

O. R. 에비슨

추신. 다른 연합대학들의 업무처리 방식을 알기 위해 중국에 있는 몇 군데에 질의서를 보냈습니다. 아직은 시간이 많이 지나지 않아 한 곳으로부터만 답변을 받았는데, 여기에서 그것을 인용해보겠습니다. 당신이 보는 바와 같이 그 답변은 우리의 입장을 지지하고 있습니다.

---

베이징대학(Peking University, 연경대학)

베이징, 중국

1923년 3월 2일

친애하는 에비슨 씨:

우리 교장이 미국으로 갈 때 우리가 밟는 절차에 관한 당신의 2월 21일자 편지에 답하여, 그는 그가 속한 선교회와 협의하지 않는다는 말씀을 드립니다. 그 문제는 전적으로 대학을 운영하는 이사들과 위원회들의 손에 달려 있습니다.

안녕히 계십시오.

(서명됨) H. L. 하긴

서기

출처: UMAC

Mr Sutherland

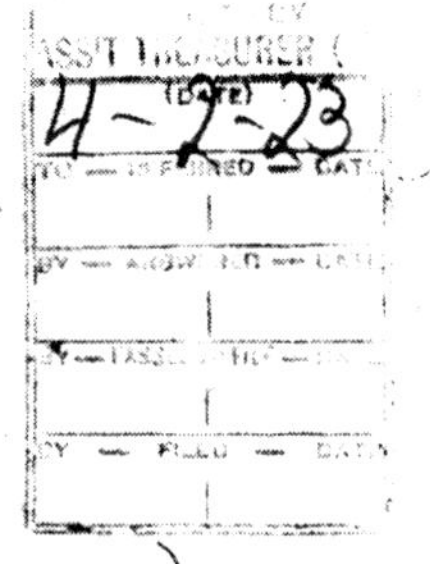

8th March, 1923.

Dr. A. J. Brown, D. D.,
Board of Foreign Missions,
156 Fifth Avenue,
New York, N. Y.,
U. S. A.

Dear Dr. Brown:

Your letter of January 4th, 1923 dealing with the request of the two College Field Boards that I visit America in the interests of the College was duly received. Mr. Scott's cable:

"Inadvisable return before autumn"

had been already received and noted as the action of theCooperating Board but when your letter came with the action of the Northern Presbyterian Board we were surprised to find that Board acting on a request sent not to it but to theCooperating Board which, in accordance with our understanding of relationships and the statements of your letters of December 6, 1917 (No.421) and June 4, 1918 (No. 458) is the body in America which represents the several cooperating Home Boards. The statements of those letters are as follows:

Letter 421:

"Regarding No.163, as Dr. Avison's return to America was not on account of Mission business or for a denominational purpose, but of the Chosen Christian College in Seoul, the Board felt that the proper body at this end of the line to pass upon the matter was the Joint Committee of the Boards on Education in Korea and that Committee deemed it necessary that Dr. Avison should come."

Letter 458:

"As for the return of Dr. Avison, he did not come on a denominational errand, but as President of a Union College whose Board of Managers on the Field and whose Cooperating Committee on Christian Education in Chosen in North America, representing four other denominational Boards beside our own, deemed it imperative for him to come on the business of the College. The Board simply acquiesced in their request, and it would have been a breach of comity and even of Christian courtesy if it had taken technical advantage of the fact that the President of the College is a Presbyterian to refuse such permission."

These statements seem to us to define very accurately the right relationship of the President's Mission and the President's Home Board to the President in the case of Union Institutions which have been placed under the control of Boards of Managers. I note that in Letter No.458 you add a qualifying paragraph but in our judgment that has no weight because as shown below whatever bodies are represented, no single one of them can rightfully claim to have veto power over the decisions of

Dr. A. J. Brown.

the Board which conjointly represents all.

The question of jurisdiction seems to us to be very plain. A Union College of several Missions is organised and placed under a Board of Managers. The Board of Managers is composed of representatives of the Missions, their numbers being in such proportions as have been agreed to by all the Missions, so that when the Board acts it does so for all the Missions and each Mission has its full share in the decision. The President is chosen by this Board and receives the permission of his Mission to act. He now is under the direction of the Board of Managers and his time is no longer under the control of his Mission except up to the limit of the voting power of his Mission's representatives on the Board.

If the President must gain the consent of his Mission to carrying out the directions of his Board he is under the direction of his Mission and not under his Board and the College is under the control of one Mission out of several which are equally concerned in it. How can such a thing be ? In 1917 and 1918 the Northern Presbyterian Mission was not cooperating but the Northern Presbyterian Board was and that Board took the ground that "it would have been a breach of comity and even of Christian courtesy if it had taken technical advantage of the fact that the President of the College is a Presbyterian to refuse such permission." If then it would not have been proper for the President's Home Board to assume directionsof the President's movements for the reasons stated, how can it now be deemed right for his movements to be under the jurisdiction of his Mission, whichnis now cooperating, beyond the proportion of its membership on the Board of Managers ?

There is no doubt in our minds of the rightness of your conclusions as expressed in your letters of 1917 and 1918, i.e., in Korea the President is under the direction of the Field Board of Managers and not of his Mission and in America even his own Home Board cannot rightfully claim jurisdiction over his movements except in so far as that Board's representation on the Cooperating Board can influence the decision of the latter.

To get this clearly before us let us suppose that the President, having received instructions from his College Board to go to a certain place at a certain time, should ask his Mission for permission to do so and his Mission should refuse, the President must then refuse to obey either one or the other. If he obeys his Mission then the other Missions and the College authorities have just cause for a grievance, as one Mission would then control the affairs of an institution conducted by four or even six Missions. If he declines to obey his Mission he gets into a very unhappy relation to that body, which will then appeal to its Home Board. The Home Board will be confronted with a perplexing dilemma - if it supports the President there will be trouble between it and its Mission, while if it supports its Mission it will be equivalent to confirming its Mission's assumption of veto power over the decisions of the College Board and will get into an unenviable relation to the other Boards and Missions.

I am therefore much disturbed by your letter of January 4th which appears to take it for granted that the President's Mission's permission must be received before the President can carry out the instructions of

Dr. A. J. Brown.

his College Board because it opens up the way to much trouble. This argument is not based on the assumption that my Mission will at this time refuse permission for I have no reason for thinking it will do so, but the case is just the same whichever attitude the Mission might take and would be just as applicable were the President a member of some other Mission.

Referring again to the jurisdiction of the Home Board in such a case I feel certain you expressed the right view in your letters already quoted and that the Board would feel that it could not claim authority over the President's movements unless these were dependent upon funds to be supplied by it. It is to be noted that in the question before us there is no question of Board or Mission funds involved nor is there a question of furlough. The President has not asked for a furlough; his Board of Managers has asked him to undertake a certain work in the interest of the College. (Incidentally I may mention here that I have not had a furlough since 1909, each visit to America since that time having been undertaken for work alone, so that there would seem to be no reason for the reference to the fact that I have been home several times at short intervals within recent years.)

You express a fear lest the Mission may take the position it did before when it was not cooperating and so a breach which is closing may be reopened. You may be sure that no one is more anxious than I to act so as to prevent any difficulty whatever between the Colleges and our Mission, but I have also to bear in mind that other Missions are cooperating with us and we must be sure we do not admit any principle in dealing with one Mission that we would not want to apply to all under similar circumstances. It just happens that now a member of the Northern Presbyterian Mission is President. What would be the situation if a member of another Mission were President, as of course might be the case at any time ? What would the Northern Presbyterian Board do if the President of the Chosen Christian College applied to his Mission for permission for this trip to America and the Mission refused to grant it? Would not an over-ruling action of the Mission Board (which would be inevitable according to your statement in yourletter No.421 of December 1917) be likely to arouse more feeling in the Mission than would happen from a general ruling that the Field Board of Managers and the Cooperating Board in New York control the movements of the President and not his Mission ?

Referring now to paragraph 1, page 2 of your letter to me of January 4, 1923 concerning the opportuneness or otherwise of a visit to America at the present time, I would draw your attention to the Field Board's instructions that I go as soon as possible after receiving the permission of the Cooperating Board in New York. The Board of Managers voluntarily referred the question of the President's visit to America to the judgment of the Cooperating Board in America, because it believes that body is in a position to form a wiser opinion on that matter than is the Field Board because it also represents all the Home Boards involved, including the President's Board.

However the Bishops of the Northern and Southern Methodist Churches, being themselves about to return to America, both urged me to go now, saying they would help me to get into their constituencies that I might assist them this year in securing funds already pledged to the Colleges and

- 4 -

A. J. Brown.

so make friends for a further effort for new funds after January 1, 1924, and the Canadian Presbyterian Mission passed a resolution expressing their willingness to have me raise funds in their constituency under conditions to be arranged between their Home Board and myself.

The needs of the Chosen Christian College are exceedingly urgent, but I will not enumerate them in this letter, which is not a plea for my early return to America but simply an effort to bring to a logical conclusion the question of the amount of jurisdiction of the President's Mission over his actions as directed by the College Boards.

We are much pleased to know of your fortunate recovery.

I am,

Yours very sincerely,

O R Avison

P.S. To get information of the mode of procedure in other Union Colleges I sent an enquiry to several in China. There has been time for only one answer to come yet and I quote it here. As you see it supports our position:

Peking University,
Peking, China.

March 2, 1923.

Dear Mr. Avison:

In reply to your letter of February 21st regarding our procedure when our President goes to America, I may say that his mission is not consulted, the matter being entirely in the hands of the administrative boards and committees of the University.

Very sincerely yours,

(Signed) H. L. Hagin,
Secretary.

## 61. 에비슨이 서덜랜드에게

1923년 3월 10일

Geo. F. 서덜랜드 씨,
150번지 5번가,
뉴욕 시, 뉴욕 주,
미국.

친애하는 서덜랜드 씨:

에비슨 교장이 미국에 가는 것이 지혜롭다고 협력이사회가 판단하면 최대한 빨리 그렇게 하라고 지시한 두 대학 현지 이사회의 결정에 대해 교장이 과연 현지 이사회의 지시를 실행하려면 그에 앞서 자신이 속한 선교회의 허가를 반드시 먼저 받아야 하는지에 대해 의문이 제기되고 있습니다. 그 문제에 관해 북장로회 선교부 총무 브라운 박사께 보낸 편지의 사본을 여기에 동봉합니다. 교장은 그 선교회의 회원입니다.

당신이 이 편지를 노스 박사께 보내어 그가 읽게 해주면 대단히 감사하겠습니다.

안녕히 계십시오.

O. R. 에비슨

출처: UMAC

OFFICE OF PRESIDENT

O. R. AVISON, M. D.

SEVERANCE UNION MEDICAL COLLEGE
NURSES' TRAINING SCHOOL
SEVERANCE HOSPITAL

SEOUL, KOREA.

CO-OPERATING MISSIONS
PRESBYTERIAN CHURCH IN THE U. S. A.
METHODIST EPISCOPAL CHURCH
PRESBYTERIAN CHURCH IN THE U. S.
METHODIST EPISCOPAL CHURCH, SOUTH
PRESBYTERIAN CHURCH IN CANADA
PRESBYTERIAN CHURCH OF AUSTRALIA

10th March, 1923.

TRANSFERRED

Mr. Geo. F. Sutherland,
150 Fifth Avenue,
New York, N. Y.,
U. S. A.

Dear Mr. Sutherland:

The action of the Field Boards of Managers of the two Colleges instructing Dr. Avison to go to America as soon as the Cooperating Board in New York considers it wise for him to do so has brought up the question of whether the President must first secure the permission of his Mission before he can carry out the instructions of the Field Boards. I am enclosing with this a copy of a letter on the subject sent to Dr. A. J. Brown, Secretary of the Board of Foreign Mission of the Presbyterian Church in the U. S. A. of which Mission the President is a member.

I shall be much obliged if you would pass this letter on to Dr. North for his perusal.

Very sincerely,

O. R. Avison

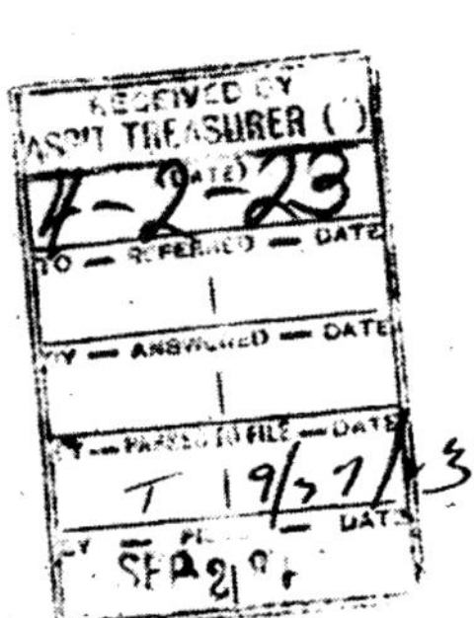

## 62. 보웬이 에비슨에게

난징대학(University of Nanking)[금릉대학]*

교장실

난징(南京), 중국

1923년 3월 13일

O. R. 에비슨 박사,

세브란스연합의학전문학교,

서울, 한국.

친애하는 나의 에비슨 박사님:

당신의 2월 21일자 편지에 대답합니다.

본교의 교장은 보통 정규적인 안식년 외에는 본국에 가지 않습니다. 보통 우리를 대표하여 모금하도록 본국으로 파송되는 이는 부교장인 윌리암스 박사 한 사람뿐입니다. 그 사람 아니면 내가 정규 안식년이 아닌 시기에 본국으로 가라고 요청을 받는 단 하나의 특별한 이유가 바로 그런 일입니다. 이 일이 필요하면 본 대학교의 이사회(Board of Managers)** 가 모여 현안을 다루면서 그가 가야 할 필요가 있다고 우리가 생각하는 이유들을 제시하고, 그런 다음 재단이사회(Trustees)에 같은 내용으로 권고하는 결정을 하면, 그들이 최종적으로 그 일을 허가하거나 아니면 다르게 하라는 결정을 내립니다.

선교회의 허가를 받는 것은 필요하지 않지만, 이사회의 허가는 물론 필요합니다. 그 이유는 만일 그가 안식년이 아닌 시기에 간다면 그 경비를 대학에서 부담할 것이고 선교회는 재정적으로 연루되지 않아 큰 관심을 두지 않을 것이기 때문입니다. 그의 본국 여행비를 그의 선교회에서 지급하게 할 필요가 있다면, 그때는 물론 그의 선교회의 허가를 받아야 할 것입니다. 내 경우에는 내 봉급을 대학에서 지급하고 어느 한 선교회도 지급하지

---

* University of Nanking(金陵大學, Jinling University)은 1888년 교파연합으로 설립된 후 여러 기독교 대학들을 합병하고 금릉으로 개칭하였으며, 1952년 남경대학에 합병되었다.

** 이 대학과 베이징 연경대는 각각의 대학 이사회를 연희전문, 세브란스의전과 마찬가지로 'Board of Managers'라고 불렀고, 미국에 각각의 재단이사회를 두고 'Board of Trustees'라 불렀는데, 연희전문과 세브란스의전은 공동으로 미국에 'Cooperating Board'(협력이사회)를 두었다.

않습니다. 그러므로 내가 속한 특정 선교회에 나의 본국 여행을 알리는 일에는 아무 어려움이 없을 것입니다.

그의 본국 여행 비용을 선교회가 지급해주기를 대학이 바라는 경우가 아니라면, 교장은 대학을 통솔하는 이사회의 지시 아래 있어야 한다는 신념을 오히려 견지*하겠습니다.

내가 몇 년 전에 당신의 대학을 방문하였던 일과 당신이 그곳에서 하고 있던 엄청난 사역에서 받았던 인상을 매우 즐거운 마음으로 기억합니다.

윌리암스 박사가 지금 본국에서 대학을 위해 돈을 모으려고 애쓰면서 꽤 어려운 시간을 보내고 있다는 말을 해야 할지도 모르겠지만, 궁극적으로는 이겨낼 것입니다.

가장 다정한 안부 인사를 드리고, 최고의 행운을 빕니다.

안녕히 계십시오.

(서명됨) A. I. 보웬[교장]

출처: UMAC

---

* 본 자료집 57번 문서인 에비슨의 개인 연례보고서에 인용된 글을 보면, 'hole'은 'hold'의 오타이다.

C O P Y

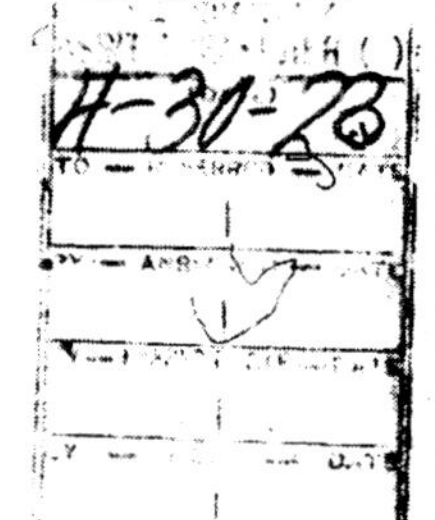

UNIVERSITY OF NANKING

Office of the President

Nanking, China

March 13, 1923.

Dr. O. R. Avison,
Severance Union Medical College,
Seoul, Korea.

My dear Dr. Avison:

I am answering your letter of February 21.

Usually the president of the institution does not go home except on regular furlough. Dr. Williams the Vice-President is the only one who is udually sent home to raise money for us, as that is the only special reason that arises calling for either him or myself to go home at times other than at regular furlough times. When this is necessary the Board of Managers of the University meets and takes up the question and gives the reasons why we think it necessary for him to go, and then act recommending the same to the Trustees, they taking final action permitting it or otherwise.

It is not necessary to get the permission of the Mission, but rather that of the Board of Managers, since, if he goes other than at furlough time the University would have to stand his expenses and it is not a very great concern of the mission since they would not be financially involved. Were it necessary to have his mission pay his travel home, then of course permission would have to be secured from his mission. In my own case my salary is paid by the University and not by any one mission, so there will be no difficulty of referring my home going to my particular mission.

I would rather hole to the belief that the President should be under the direction of the Board of control of the College, except in such cases where the College wished the mission to pay his homegoing.

I remember with great pleasure indeed my visit to your Medical College some years ago and my impression of the tremendous work you were doing there.

I might say that Dr. Williams is now home trying to raise money for the University and is having a rather difficult time, but I think will win out ultimately.

With very kindest regards, and best wishes,

Cordially yours,

(Signed) A. I. Bowen.

## 63. 발미가 에비슨에게

<u>사본</u>

산둥기독교대학(SHANTUNG CHRISTIAN UNIVERSITY)[제로대학]*

지난(濟南), 중국.

지난, 1923년 3월 14일

O. R. 에비슨 박사,

세브란스연합의학전문학교,

서울, 한국.

친애하는 나의 에비슨 박사님:

본국에 가서 해야 하는 업무 문제를 추진하는 절차에 대한 당신의 2월 21일자 편지를 받고 흥미롭게 읽었습니다. 본 대학은 지금까지 해온 관행대로 여러 선교회와 학교 사이의 연결고리를 가급적 긴밀하게 유지하려고 노력해왔고, 대학 교직원으로 있는 선교회 회원들의 움직임에 영향을 주는 모든 문제를 그의 소속 선교회에 형식상으로 보고하여 보통은 그들의 승인을 받고 있습니다. 이런 일은 아마도 다소 형식적인 행위일 것입니다. 그러므로 언젠가는 그런 방법을 따를 수 없는 상황에 봉착할 수도 있을 것을 아주 잘 예상할 수 있습니다. 그럴 경우, 우리 이사회가 내린 결정에 선교회들이 도전하리라고는 생각지 않습니다. 그런 때는 교장이나 다른 행정직 임원이 중요한 사업 문제를 처리하기 위해 대학의 경비로 본국에 파송합니다. 그러나 그런 상황이 일어나는 것을 좋아하면 안 됩니다. 그런 경우 이해관계의 충돌로 비칠 가능성을 피함으로써 얻게 될 모든 것을 우리가 얻으리라고 생각합니다. 그러므로 만일 대학 교직원들과 우리 현지 이사회의 의견으로 내게 몇 개월간 본국에 가라고 조언할 상황이 발생한다면, 그 경비는 선교회의 일반 예산에서 마련하면 안 되고, 나는 반드시 나의 선교회 회원들과 즉시 소통하면서 상황을 충분히 설명해야 합니다. 그렇게 하면 그들이 대학이사회의 권고사항에 찬성할 준비가 되어있을

---

* Shantung Christian Univsersity(齊魯大學, Cheeloo University)는 1909년 여러 기존 대학을 합병하여 수립되었고, 1952년 해체되어 단과대학들이 여러 대학에 흡수되었다.

것이라고 확신합니다. 다른 교파연합 대학들은 이런 절차를 얼마나 따르는지 알지 못하고, [엔칭대 교장] 스튜어트(Leighton Stuart) 박사가 대학과 무관한 선교회의 회원인 베이징 대학[엔칭대]의 경우에는 그런 관행을 따르지 않을 것이라고 짐작하지만, 당신은 물론 그들과 소통하면서 이런 것을 알아낼 것입니다.

우리는 지난달 박의회(C.M.M.A.)* 대회에서 당신을 보지 못하여 매우 유감이었습니다. 그래도 반버스커크가 그곳에 와서 서울의 발전상황을 아주 잘 설명해주어서 기뻤습니다. 연희전문학교가 계속 번창하기를 희망합니다.

따뜻한 안부 인사를 드립니다.

안녕히 계십시오.

(서명됨) 헤럴드 발미[교장]

출처: UMAC

* 박의회(The China Medical Missionary Association, CMMA)는 1886년 개신교 의료선교사들이 설립하였고, 1932년 중화의학회에 합병되었다.

C O P Y

SHANTUNG CHRISTIAN UNIVERSITY

Tsinan, China.



Tsinan, 14th March, 1923.

Dr. O. R. Avison,
Severance Union Medical College,
Seoul, Korea.

My dear Dr. Avison:

It was interesting to receive your letter of February 21 with regard to procedure in the matter of such business as would necessitate a visit to the home countries. The practice which we have hitherto followed in this University is to endeavour to keep the links between the various Missions and the institution as close as possible, so that all matters affecting the movements of a member of the Mission who is holding a position on the staff of the University are reported pro forma to the Mission to which he belongs, and their approval is usually secured. This is possibly a somewhat formal action, and I can quote conceive that circumstances might at some time or other arrive when it would be impossible to follow such a method. In that case I do not think the Missions would be likely to challenge any action which our Field Board took, and which led to the President pr any other administrative officer being sent home at University expense for the transacting of some important matter of business. We should, however, prefer not to have such a condition arise. It seems to me we have everything to gain by avoiding what might appear to be a clash of interests in such a case. If therefore circumstances arose which in the opinion of the University staff and of our Field Board made it advisable for me to go home for a few months, the expense of which would not have to be made out of ordinary Mission appropriations, I should immediately communicate with the members of my own Mission, explaining fully the circumstances, and I have every confidence that they would be prepared to endorse the recommendations of the University Field Board. I do not know how far this procedure is followed by other union Universities, I rather imagine that in a case like Peking University, where Dr. Leighton Stuart is a member of a Mission far removed from the University itself, such a practice may not be followed, but this you will of course ascertain by communication with them.

We were very sorry not to see you at the C.M.M.A.Conference last month, but delighted to have VanBuskirk there, and to hear from him of a very good account of the developments at Seoul. I hope the Chosen Christian College is continuing to flourish.

With warm regards,
Yours sincerely,

(Signed) Harold Balme

HB/FHM.

## 64. 헨리가 에비슨에게

<u>사본</u>

광저우기독교대학(CANTON CHRISTIAN COLLEGE)[영남대학]*

광저우(廣東), 중국.

1923년 3월 27일

O. R. 에비슨 박사,

세브란스연합의학전문학교,

서울, 한국.

친애하는 귀하께:

당신이 우리 대학이사회(Board of Directors)**의 서기에게 보낸 2월 21일자 편지를 얼마 전에 받았습니다. 이곳에서 우리가 진행하는 업무 절차가 당신에게 별로 도움을 주지 못할 것 같아서 염려됩니다. 그 이유는 우리가 극동에 있는 대부분의 다른 기관들이 갖는 것과 같은 의미의 연합기관이 아니기 때문입니다.

그러나 우리 학교에 기부한 여러 선교회의 사람들 가운데 한 명이 교장으로 선출되어야 하고, 현지를 드나드는 그의 움직임이 재단이사회의 뜻에 따라야 한다는 사실을 이해한 것 위에서만 그가 이 직책에 임명될 수 있으며, 기부금을 낸 그의 선교회의 거부권 행사에 순복해야 하는 것이 아닌 것은 아주 분명합니다.

이곳에 있는 우리에게는 이 일에 관해 다른 견해가 있을 수 없을 것 같습니다. 그렇지 않다면 교장과 학교 사역의 능률이 전체적으로 매우 크게 제약을 받을 수 있기 때문입니다.

안녕히 계십시오.

---

* Lingnan University 또는 Canton Christian College는 1889년 교파연합으로 광저우에 설립된 후, 몇 차례 캠퍼스를 옮기고 영남대학(嶺南大學, Lingnan University)으로 명칭을 바꾸었다가 1952년 중산대학으로 흡수되었다.

** 대학 이사회의 영어 명칭은 대학들이 처한 상황에 따라 달랐다. 연희전문과 달리 미국 협력이사회의 후원을 받지 않은 평양의 숭실전문은 그들의 이사회를 'Board of Directors'라고 표기하였다.

(서명됨) 제임스 M. 헨리

JAMES M. HENRY

부교장

출처: UMAC

C O P Y

CANTON CHRISTIAN COLLEGE

Canton, China.

Mar.27, 1923.

Dr. O. R. Avison,
Severance Union Medical College,
Seoul, Korea.

Dear Sir:-

Your letter of Febr 21 addressed to the Secretary of our Board of Directors has been waiting some time for acknowledgement. I am afraid that our procedure here will be of little help to you, as we are not a union institution in the same sense as most of the others in the Far East.

It is quite certain, however, that if one of the men contributed to our institution by other missions should be chosen as the President, that he could only be appointed to this office on the understanding that his movements to and from the field should be in accordance with the will of the Trustees and not subject to any veto by his contributing mission.

It would seem to us here that there could be no other view to take of this, as otherwise the efficiency of the president and of the work of the institution as a whole might be very greatly restricted.

Very sincerely yours,

(Signed) James M. Henry

JAMES M. HENRY
Vice-President.

JMH/S

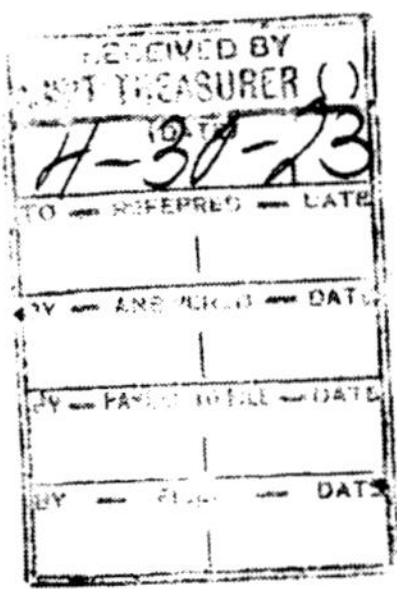

## 65. 세브란스의전 연례보고서

세브란스연합의학전문학교, 서울, 한국

연례보고서, 1922년 4월 ~ 1923년 3월

이 보고서에서 가장 중요한 사안은 우리 학교가 최고의 사역을 펼치지 못하게 방해했던 총독부의 어떤 장애물을 제거하려 했던 장기간의 노력이 절정에 이르러 총독부의 장애물 제거가 공인된 것입니다.

의학교가 새 법에 따라 운영하도록 인가를 받았고, 그래서 더 이상 "사립" 세브란스연합의학전문학교가 아니게 된 사실을 기쁜 마음으로 보고할 수 있게 되었습니다. 졸업생들은 더 이상 관립 의학교의 그들과 비교당하여 차별받지 않게 되었습니다. 이는 "본과" 과정의 졸업생들은 그들의 학위에 근거하여 의료행위를 하는 면허를 받을 것이란 결정이 내려졌기 때문입니다. 이제까지 우리의 모든 졸업생은 면허를 받기 위해 시험을 쳐야 하였고, 여러 명이 총독부의 합격선을 넘지 못하였습니다. 이런 장애물이 지금 제거되었습니다. 올해 4명이 본과를 졸업하였고 1명이 별과를 졸업하였습니다.

본과생은, 추가될 수도 있는데, 인가된 중등학교를 졸업했거나 중등학교를 퇴학하고 공식적인 검정고시를 치른 이들입니다. 별과생은 비인가 미션계 중등학교—이 범주의 모든 중등학교를 북장로회 선교회가 운영하고 있습니다—를 졸업했거나 국가 고시를 치지 않은 이들입니다. 한 해 동안 총독부가 사립학교에 인가를 더 쉽게 내주고 그 학교들이 별과생 대신 본과생을 졸업시키는 동시에 교육과정 안에서 성경을 가르치는 것을 허가한다는 계획을 공고하였습니다. 이 일들은 그 학교들이 강력히 주장해왔던 것입니다.

에비슨 박사가 총독부의 태도에 대한 우리의 사의를 표하기 위해 조선호텔에서 아리요시[有吉忠一, 정무총감] 각하와 다른 저명한 관리들 몇 명에게 점심을 대접하였습니다. 며칠 후에는 경성호텔에서 더 많은 사람이 널리 참석한 가운데 차를 대접하였습니다. 그 자리에 총독부 대표, 교육계 대표, 교회 지도자들, 그리고 유명 인사들이 참석하였습니다.

설립 인가를 받았을 때부터* 우리 이사회의 이사였던 와타나베[渡邊暢] 판사가 은퇴할

* 와타나베는 1915년 4월 12일 대학 개교식이 거행된 후 1915년 4월 21일 열린 제2회 회의 때부터 이사로서 이사회에 참석하였다.

나이가 되어 일본에서 살기 위해 떠났습니다. 그는 여러 면에서 본 기관의 좋은 친구이자 상담자였습니다.

한 해 동안 의학교의 등록상황은 다음과 같습니다.

| 학기 | 1학년(명) | 2학년(명) | 3학년(명) | 4학년(명) | 합계(명) |
|---|---|---|---|---|---|
| 봄 | 25 | 16 | 11 | 6 | 58 |
| 가을 | 23 | 14 | 11 | 6 | 54 |
| 겨울 | 23 | 14 | 10 | 3 | 53 |

화학, 물리학과 생물학. 한 해 동안 연희전문학교에서 가르쳤고, 학생들이 일주일에 이틀씩 나가서 배웠습니다.

일본어와 수신. 이 과목들은 연희전문학교의 다카하시 교수가 가르쳤습니다.

영어. 오웬스 씨가 가르쳤고, 송(E. Y. Song) 씨가 도왔습니다. 그리고 크게 감사하게도 러들로 부인, 피셔 부인, 부츠 부인이 도움을 주었습니다. 러들로 의사와 스타이츠 의사는 4학년생에게 영어로 강의를 하였다고 보고하고 있습니다.

해부학. 맨스필드(T. D. Mansfield)가 담당하고 있는데, 한 해 동안 유[영호] 의사의 도움을 받았습니다. 맨스필드가 쓴 방법이 관립의학교에서 크게 관심을 끌어, 그들이 비슷한 방법을 도입하였고, 강사를 보내 그 과정을 배우게 하였습니다.

조직학과 병리학. 도쿠미쓰 의사가 특별 강사로서 맡았고, 신[필호] 의사와 브러프 의사가 실험실 연구를 감독하였습니다.

세균학과 위생학. 브러프(W. C. Bruff) 의사가 유능하게 가르쳤고, 우리 졸업생들의 한 명인 윤진국(C. K. Yun)이 도왔습니다.

생리학과 생화학. 반버스커크 의사가 안식년에서 돌아와서 이 과목들의 강의를 맡고 있고, 졸업생인 안[안사영?] 의사의 조력을 받고 있습니다. 반버스커크 의사는 그의 실험실에 새 장비를 구해서 설치하였습니다. 그는 또한 상하이에서 열린 중국 박의회 모임에 참석하여 논문을 읽었는데, 어떤 중요한 위원회에서 활동하고 있습니다.

약물학과 약리학. 이 과목들은 테일러(J. K. Rex Taylor) 씨가 가을학기가 시작할 때부터 가르치고 있습니다. 그 사역을 위해 새 실험실을 설치하여 유능한 사람 밑에서 다시 한번 철저하게 강의하고 있습니다.

내과, 진단법과 치료법. 이 과목들은 스타이츠 의사가 가르치고 이수원(S. Y. Rhee) 의사가 조력하고 있습니다. 이 과의 심호섭(H. S. Shim) 의사는 도쿄 제국대학에서 졸업 후 연구를 하는 일에 한 해를 보냈습니다. 임상강의는 최동(Paul Choi) 의사가 이끌었는데, 봄 학기가 끝나자 우리를 떠나 개업하였으며, 김(H. C. Kim)[김홍진?] 의사와 김기반(Kim Kui Pan) 의사가 그 사역을 이끌고 있습니다.

수술과 정형외과. 러들로 의사가 평소대로 유능하게 이 과를 이끌면서, 고명우(M. U. Koh) 의사와 이용설(Y. S. Lee) 의사의 유능한 조력을 받았습니다. 후자는 우리 학교를 졸업하고 3년가량 북경협화의학원에서 보냈습니다. 그는 수술을 매우 잘합니다. 강(H. C. Kang) 의사는 1911년 졸업한 후부터 우리와 함께 있었고, 한 해 동안 신실하게 봉사하였습니다. 불행히도 3월에 독감으로 사망하여 즐거운 추억만 남겼습니다.

산과와 부인과. 허스트 의사와 신[필호] 의사가 이 과를 이끌었지만, 허스트 의사의 건강 때문에 주요 업무가 신 의사에게 맡겨졌습니다. 신 의사가 북경협화의학원에서 그의 전공 분야의 특별과정을 이수하였습니다.

소아과. 더글라스 에비슨(D. B. Avison) 의사가 9월에 업무를 맡아 진료실을 번창하게 세우고, 영양실조로 고통받는 많은 아기의 생명을 구하고 있습니다. 그는 정 의사의 조력을 받고 있고, 러들로 부인이 특별 규정식을 준비하는 일을 감독하고 있습니다. 이 과에 관심을 가진 어느 미국 교회가 저울을 선물하였습니다.

신경과와 정신과. 맥라렌 의사가 서울에서 두 학기를 보냈습니다. 4월 1일부터 아주 살기 위해 이곳에 와서 이 과를 적극적으로 맡고 있다는 말을 하게 되어 기쁩니다.

피부과와 비뇨기과. 오[긍선] 의사가 이 과를 이끌고 박주풍(C. P. Pak) 의사가 조력하고 있습니다. 이 과는 환자 수와 수입의 관점에서 매우 중요한 과입니다.

이비인후과. 홍[석후] 의사가 11월 미국에서 대학원 과정을 끝내고 돌아왔을 때까지는 명목상으로 이 과가 허스트 의사의 감독 아래 운영되었습니다. 그는 세브란스 씨와 노스다코다 주의 마이놋(Minot) 장로교회 주일학교의 재정지원으로 과정을 이수할 수 있었습니다. 이 과는 노튼 의사가 도착한 후에 나뉘었습니다. 홍 의사와 노튼 의사는 함께 좋은 기기 한 세트와 기구들을 구입하여 진료실을 잘 꾸몄습니다. 강해룡(H. R. Kang) 의사는 홍 의사가 없는 동안 그 사역을 아주 능률적으로 수행하였습니다. 와니(Wani) 의사와 미즈노(Midzno) 의사가 이 과정들을 위해 강의하였습니다. 그들은 군대 병원에 임시로 불려

갔지만, 다시 귀환할 것입니다.

방사선학과 전기치료. 홉커크 의사가 이 과들을 맡았고, 고희팔(H. P. Koh) 의사가 조력하였습니다. 그는 또한 외국인 환자들을 대상으로 이비인후과 사역도 맡았고, 허스트 의사가 떠난 후에는 부인학까지 더 맡았습니다.

치과. 부츠 의사가 언어공부에 시간을 많이 투입하여 좋은 결과를 냈고, 그의 진료실의 수술 업무를 이끌었으며, 맥안리스 의사에게 많은 외국인 환자를 돌보는 일을 맡겼습니다. 맥안리스 의사는 한 해 가운데 2달을 평양에서 보냈고, 부츠 의사는 광산들의 한 곳을 방문하여 진료하였습니다. 이 나라에서 유일하게 기독교인으로서 치과의사의 면허를 받은 임[택룡] 의사를 얻어서, 그의 관리 아래 한국인 진료사역이 꾸준히 성장하고 있습니다.

반버스커크 의사가 없는 동안 학감으로 활동한 오[긍선] 의사가 학감으로 임명되었고, 반버스커크 의사가 다른 임무들을 맡도록 자유롭게 되었습니다. 오 의사는 학교 사역과 총독부와의 협상을 뛰어난 능력으로 성공적으로 수행하였고, 그 위에 그의 진료실을 이끌었습니다. 김 씨는 대학 서기가 되었습니다.

3월에 5명이 졸업하였는데, 4명은 본과생이고 1명은 별과생입니다. 졸업생들 가운데 한 명은 우리 학감의 아들[오한영]인데, 그 후에 그의 아버지의 모교에서 더 공부하여 우리 교수진에서 한 자리를 맡을 것을 예상하고 미국에 갔습니다. 졸업생은 모두 118명이고, 그들은 다음과 같은 직업을 가지고 있습니다.

<table>
<tr><th colspan="3">세브란스의전 졸업생의 직업 현황(명)</th></tr>
<tr><td colspan="2">세브란스 의료기관 근무</td><td rowspan="4">18</td></tr>
<tr><td>교수</td><td>3</td></tr>
<tr><td>임상의</td><td>10</td></tr>
<tr><td>인턴</td><td>5</td></tr>
<tr><td colspan="2">한국 내 미션계 병원들 근무</td><td>3</td></tr>
<tr><td colspan="2">개업</td><td>68</td></tr>
<tr><td colspan="2">총독부 근무</td><td>5</td></tr>
<tr><td colspan="2">중국 내 의료활동</td><td>2</td></tr>
<tr><td colspan="2">졸업 후 공부</td><td>7</td></tr>
<tr><td colspan="2">의료활동 중단과 활동 미상</td><td>7</td></tr>
<tr><td colspan="2">사망</td><td>8</td></tr>
<tr><td colspan="2">계</td><td>118</td></tr>
</table>

| 세브란스의전 졸업생의 종교 현황(명) | |
|---|---|
| 장로교인 | 80 |
| 감리교인 | 36 |
| 제7일 안식교인 | 1 |
| 미상 | 1 |
| 계 | 118 |

간호부양성소의 한 해 동안 학생등록 현황은 다음과 같습니다.

| 간호부양성소 학생등록 현황(명) | | | |
|---|---|---|---|
| | 봄학기 | 가을학기 | 겨울학기 |
| 학생 | 19 | 23 | 17 |
| 견습생 | 13 | 12 | 6 |
| 계 | 32 | 35 | 23 |

한 해 동안 5명의 한국인 졸업간호사들이 고용되었습니다. 폭스 양이 결혼한 후, 영(Young) 양, 로렌스 양, 페인 양, 쉴즈 양이 외국인 교수진을 이루었습니다. 그러나 페인 양은 많은 기간을 건강 악화로 일하지 못하였고, 짧게 안식년을 가질 것입니다. 간호사들이 아주 심한 긴장 속에 있습니다. 감리교회의 여자선교회가 친절하게 우리에게 간호사 2명을 보내 3달 동안 반나절씩 일하게 해주었습니다. 그리고 우리는 약 6주간 매우 유능한 화란 간호사 반인겐(VanIngen) 양의 도움을 받았습니다. 그녀는 앞으로 자바에서 일하려고 그곳으로 가는 길에 미국과 동양에서 진찰 사역을 하였습니다.

남장로회 선교회가 우리에게 간호사 1명을 보낼 수 없게 되어 그에 상응하는 재정을 공급하였고, 남감리회 선교회도 1월부터 간호사 1명 대신 돈을 보내고 있습니다. 그러나 우리는 이 선교회들이 우리에게 간호사들을 속히 보낼 수 있기를 희망합니다. 총독부는 아직 간호부양성소에 새 법에 따른 허가를 내주지 않았지만, 우리는 내년 안에는 그것을 받기를 희망하고 있습니다.

병원. 지난해 동안 병원의 여러 활동 분야에서 뚜렷한 향상을 보였습니다. 그 가운데 으뜸은 종업원들, 특별히 잡역부들이 제공했던 서비스입니다. 이런 결과는 여러 이유에서 비롯되었는데, 그 가운데 8시간 근무제가 수립된 것을 주목할 수 있을 것입니다. 우리 잡역부들 가운데 일부는 남는 시간 동안 공부하면서, 의학 과정을 밟기를 내다보고 있습니다. 그들은 우리가 이런 일을 하는 사람들에 대해 이렇게 하기를 바라는 유형의 청년으로서, 총명하고, 얼마간 교육을 받았으며, 무엇보다 가장 좋은 것으로서 분명한 목적의식이 있습니다. 8시간의 근무는 또한 우리가 정해진 시간에 근무를 교대시킬 수 있게 하고 있습니다. 근무교대 시간마다 그 전에 간호원장의 사무실에 모여 예배를 드립니다. 여기에서 점호도 하는데, 그렇게 하여 지각과 무단결근이 거의 완전히 사라졌습니다. 우리는 잡역부들에게 일정한 간호교육 과정을 약간 제공할 계획을 세우고 있습니다. 간호 봉사도 향상되고 있습니다. 그것은 봉사실들의 배치를 약간 바꾼 데서 기인하는데, 그로 인해 간호업무가 전보다 훨씬 덜 힘들어졌습니다.

현재 가장 크게 개선되고 있는 것은 병원 뒷문과 지하의 보일러실을 개조하는 일입니다. 지하의 창문들이 현재 크기보다 두 배가량 확대될 것입니다. 모든 일이 끝나면, 지하가 밝고 공기가 잘 통하게 될 것이며, "지하실" 같은 모습이 많이 없어지고 1층 같이 될 것입니다.

우리는 전체 병상 수용 능력의 $\frac{1}{3}$ 이상을 무료 병상 또는 준 무료 병상으로 유지하고 있습니다. 유료환자들에게는 현재 시점 전에 책정된 것보다 적정 치료비에 더 근접하다고 생각하는 비용을 내도록 요청하고 있습니다. 일반적으로 우리는 그들이 이런 증가분에 맞춰 치료비를 낼 수 있고 기꺼이 낸다는 것을 알게 되었습니다. 이렇게 바뀌어 내지 못하는 일이 생길 경우에 우리는 만족할 만큼 양보하기를 결코 거부하지 않습니다. 그 결과의 하나로 병원 수입이 매우 흡족하게 늘어났습니다. 이 문제에서 우리의 목표는 선교사 봉급들을 빼고도 자급하는 것입니다—이는 논리적이고 전적으로 실현 가능한 이상이라고 우리는 믿습니다.

기록을 보존하는 일에서 또 다른 개선이 이루어지고 있습니다. 우리는 색인을 정리하고 거기에 참조 표시를 하여, 그 안에 있는 유용한 자료를 우리 학생들과 의사들이 쉽게 참고자료를 찾고 검색할 수 있게 하였습니다.

우리는 외국인 간호사 직원의 충원이 아주 절박하게 필요합니다. 연초에는 우리에게 4명의 간호사가 있었고, 아주 전망이 좋아 보였습니다. 페인 양이 병에 걸려 모든 직무를 내려놓아야 하였고, 쉴즈 양은 반복되는 발병과 그로 인한 건강 쇠약 속에서도 한 해의 사역을 마쳤지만, 그녀 역시 안식년을 갖기 위해 우리를 떠나야 합니다. 로렌스 양과 영양만 남아있습니다. 우리에게 9명의 간호사가 있으면, 여러 부서를 감독하게 할 수 있었습니다. 단 2명만 이 업무 현장을 모두 돌보고 있으므로, 많은 부서가 극히 부적절하게 감독되고 있는 것이 분명합니다. 이런 곳들 가운데 다음의 부서들, 곧 관리, 약국, 간호부양성소가 있는데, 사회봉사과와 같은 곳은 완전히 내버려 둘 수밖에 없습니다. 우리는 외국인 간호사 교직원이 학생 간호사들의 사역을 적절히 감독하도록 충분하기만 하다면 학교에서 간호사들에게 뛰어난 교육과정을 제공할 수 있는 자리에 있습니다. 선교회들을 향해 이 같은 각별한 필요를 긍정적으로 고려해주기를 요청합니다.

환자. 약국과 병원 수입이 전년도보다 11,942.81원이 늘었고, 외래환자와 입원환자의 수가 아래의 표에서 보게 될 것처럼 더 많아졌습니다.

| | 약국 | | 병원 | |
|---|---|---|---|---|
| | 진료(명) | 수입(원) | 환자(명) | 수입(원) |
| 1914 | 29,113 | 1,579.91 | 1,084 | 5,423.94 |
| 1915 | 27,635 | 2,362.82 | 1,387 | 7,288.02 |
| 1916 | 34,926 | 3,235.02 | 1,454 | 6,426.88 |
| 1917 | 34,810 | 5,389.16 | 1,634 | 7,912.54 |
| 1918 | 39,536 | 9,447.79 | 1,851 | 10,412.18 |
| 1919 | 41,055 | 12,159.02 | 1,626 | 11,532.53 |
| 1920 | 52,124 | 18,610.15 | 2,338 | 18,373.05 |
| 1921 | 54,311 | 38,225.98 | 1,819 | 28,346.80 |
| 1922 | 65,994 | 43,384.63 | 1,814 | 29,064.47 |
| 1923 | 73,234 | 46,327.00 | 2,086 | 38,021.41 |

유료환자는 44,272명이고 무료환자는 28,962명입니다. 1인실 환자의 수는 22,259명이고 다시 내원한 환자는 50,975명입니다.

선교사 의사 3명이 추가되고 새 진료실 3곳이 개설됨에 따라 약국과 병실들이 더 효율적이 되었고, 더 전문적인 서비스를 제공할 기회도 커졌습니다.

판매부와 안경부. 판매업무를 하는 이 부서들은 지난해보다는 조금 더 발전했지만, 불행히도 이윤을 내지는 못하였습니다. 테일러 씨가 재고품을 조사하면서 백신과 혈청도 다른 약들과 함께 품실이 떨어진 것을 발견하고 많은 양을 장부에서 삭제해야 하였습니다. 오늘날 유행하는 안경 모양이 바뀜에 따라 노튼 의사의 조언대로 안경 장부에서 2천 원을 삭제하였습니다. 두 부서에서 한 해 동안 새 상품을 많이 구입하여 재고가 더 충분해졌고, 테일러 씨와 노튼 의사의 도착으로 기술 감독이 개선되었습니다. 렌즈 연마 분야를 위해 어떤 장비가 추가로 구입되었고, 멋진 매장이 약국의 주요 대기실에 설치되었습니다. 지난 가을 이 도시[서울]의 대로 쪽에 소매점을 짓기 시작하였는데, 현재 매우 비좁아진 판매부의 공간을 넓힐 것이고, 그와 동시에 우리가 대체로 선교사들 위주로 해왔던 소매사업을 발전시킬 기회를 얻게 될 것입니다. 새 가게는 1층 높이이고, 바깥 전면은 60피트이며, 대략 2천 불(?)의 비용이 들 것입니다.

우리는 미국의 대규모 제약회사인 엘리 릴리 앤 컴퍼니(Eli Lilly & Co.)의 한국 대리점을 맡으라는 제안을 받았고, S. S. 화이트 치과회사(S. S. White Dental Co.)의 제안도 받았습니다.* 우리는 판매부를 세브란스 의료용품 도매회사(Severance Wholesal Medical Supply Company)로 조직하여 중개상의 역할을 하기로 결정하였습니다.

기부. 붕대, 드레싱, 침대보, 환자복, 수건, 수술 가운 등등의 큰 선적물 두 개를 브룩클린의 나소와 유티카(Brooklyn Nassau and Utica) 노회로부터 받았습니다. 그와 동시에 캐나다장로회 여자선교협회가 간호사들에게 보낸 기부품들도 받았습니다. 체이스병원의 성인과 아이 크기 인형 두 개를 기부받았지만, 운송이 지연되어 올해 안에 도착하지 않아 조사하고 있습니다. 인디애나폴리스 구역의 엡윗청년회에서 간호부양성소에 축음기와 레코드들도 기부해주었습니다.

2,730원어치의 기기를 구입하여 프렌티스 부인과 세브란스 씨가 계산해주었습니다. 병상의 공급을 위해 받은 금액은 지난해보다 줄었습니다.

부지 확장. 운동장 뒤편의 땅을 수용이 예정된 남쪽 전면의 땅과 바꾸기 위한 협상이 타결된 결과 우리 운동장이 넓어지고 운동장 뒤편으로 다른 주택부지가 확보되었습니다.

---

* Eli Lilly & Co.는 1876년 창설되고 인디애나폴리스에 본사를 둔 대기업이었다. S. S. White Dental Co.는 Samuel Stockton White에 의해 1800년대 중반에 시작된 세계적인 대기업이었다.

전에 도로였던 작은 필지 몇 개를 시 당국으로부터 샀습니다. 몇 군데에서 땅 주인들이 우리 경계를 침범한 것이 발견되어 우리가 법정에 소송을 네 차례 제기할 필요가 있음을 알게 되었는데, 그 가운데 세 번은 우리가 승소하였습니다. 네 번째는, 말하기 이상하게도, 시의 조사관이 말뚝을 세웠는데도 불구하고 우리가 패소하였습니다. 그 조사관은 그가 조사했던 것을 입증하지 못하였습니다. 경계석을 마련하였으므로 침범받을 가능성이 있는 모든 지점에 설치하여 더 이상 침범받지 않게 할 것입니다. 종업원들을 위한 주택 2채를 포함하여 일련의 주택들을 지었고, 결핵 환자들을 위한 병사도 지었습니다. 상품들을 받고 포장하는 창고를 판매부 옆에 지었고, 간호학교 기숙사 옆에 김치와 다른 음식을 저장할 창고도 지었습니다. 여전히 우리는 응급 상황에 대처하기 위해 가까이 둘 필요가 있는 한국인 의사들이 살 사택 몇 채를 지을 기금이 너무 절실하게 필요합니다. 그뿐 아니라 다른 종업원들의 거주여건을 개선하기 위해서도 필요합니다. 공동 목욕탕과 세탁실이 잡역부들과 종업원들에게 큰 도움을 줄 것입니다. 새 병동 부지에서 파낸 것들이 일 년 전에 구한 땅으로 향하는 길을 채우는 데에 사용되고 있습니다. 이 땅은 아직 정주할 집을 얻지 못한 우리 의사들에게 필요한 집들을 추가로 짓는 데에 사용될 것입니다. 그들은 맥안리스 의사, 더글라스 에비슨 의사, 리딩햄 의사입니다. 남감리회 선교회는 이곳에 있는 의사들을 위해 집을 지을 계획을 세우고 있는데, 북감리회 선교회도 틀림없이 그렇게 하기를 원할 것입니다.

본 의료기관의 자산위원회가 지금 건축 중인 기차역과 마주하고 있는 우리 전면의 땅의 일부를, 우리에게 그곳을 개발할 기금이 없으므로, 몇 년 기한으로 임대하여 수입을 창출해야 한다고 권고하였지만, 뉴욕에 있는 협력이사회가 이 계획에 반대한다고 통지해왔습니다.

종교사역. 장집(Chang Chip) 목사가 한 해 동안 본 의료기관의 종교와 사회 사역을 이끌었습니다. 그가 맡은 일에는 학생 채플 예배 인도자들의 일정 짜기, 간호사들의 매일 예배, 종업원들의 모임들, 약국과 병실에서의 전도와 개인 면담, 학생들의 신앙관리가 포함되어 있습니다. 그는 전도사 1명과 전도부인 1명의 조력을 받고 있습니다. 이들의 사역은 한 위원회가 감독하고 있습니다. 친목회, 크리스마스 행사 등도 열리고 있습니다.

일반적인 문제들. 연희전문학교 부지로 시설을 옮기는 문제가 논의되었지만, 신중히 숙고한 후에 교수회는 현재 부지에 남는 것이 사역에 가장 이로울 것이라는 결론에 이르렀습니다. 우리 대학을 연희전문과 하나의 이사회 아래 합치는 정책이 양쪽 교수들 사이에서 논의되어 찬성을 얻었습니다. 가장 많은 지지를 받은 계획은 때가 무르익었을 때 세브란스연합의학전문학교를 연희전문학교의 의과로 만드는 것입니다. 이 일은 두 대학이 현재 받아둔 설립인가들 안에서 직업학교의 등급으로 실현될 수 있습니다. 그렇지 않고 혹시라도 어느 때에 연희전문이 사립 종합대학이 될 수 있다면 더 큰 계획을 세워 의학교를 품을 수도 있습니다.

12월에 열린 이사회 회의에서 교장이 그의 시간을 대부분 모금 업무에 바치게 하고 행정업무를 부교장에게 맡기자는 결정이 내려졌습니다. 이 일은 1월부터 실행됩니다.

치과를 다른 과들과 다르게 여기고 치과의사들을 현지에 두고 특별히 선교사들을 돌보게 하기 위해 요금을 부과하는 관행이 이상한 상황을 많이 야기하였습니다. 치과 업무는 지금 다른 과들과 같은 의료의 한 부분으로 인식되고 있으므로 차별을 없애는 조치를 취해야 합니다. 현실적으로 이 일은 맥안리스 의사가 협력 선교부들의 하나에서 쿼터로 온 사람이 받는 후원을 받아야 한다는 것을 의미합니다. 그렇게 하면 그는 선교사들에게 재료값만 받고 서비스를 제공할 수 있고, 선교사가 아닌 사람들에게는 평소처럼 계속 영업용의 치료비를 부과할 수 있습니다.

한국인의 협력 기반을 더 많이 확보하기 위해, 앞으로는 현지 이사회가 이사들을 자신들이 모두 선출하는 대신, 다음의 집단들을 초청하여 그들이 지명하게 하였습니다.

| 조선예수교장로회 총회 | 2명 |
|---|---|
| 미[북]감리회 조선연회 | 1명 |
| 남감리회 조선연회 | 2명* |
| 동문회 | 2명 |
| 이사회 | 1명 |

우리와 협력하는 선교회들의 회원들에게 개별적으로 청구서를 제시하지 않으면서 의료서비스를 제공하는 문제는 서울 거주자들에게는 무조건 1인당 15원에 제공하고, 서울 밖

* '2명'은 '1명'의 오타인 것으로 보인다. 다른 곳들에서는 '1명'으로 표기되어 있다.

의 거주자들에게는 1인당 2원에 제공하며, 향후의 의료비는 들어간 비용에 따라 결정하는 것으로 해결되었습니다. 이 의료비는 상담, 왕진, 약 처방, 병원 치료와 수술을 포괄하고 있습니다. 네 선교회—북장로회와 남장로회, 두 감리회 선교회들—가 그 제안을 받아들였습니다.

재정 결과. 모든 재원에서 온 총수입은 350,690.03원이고, 지출은 384,022.59원입니다. 그러므로 적자의 총액은 33,332.55원입니다. 이것을 채우기 위해 13,717.60원을 비축된 기금에서 가져왔는데, 19,414.96원을 세브란스 씨에게 승인받은 적자 보증금에서 부담하였습니다. 판매부와 안경부의 수입과 지출을 빼면, 수입과 지출이 총 268,607.55원인데, 그 가운데 78,500원이 선교사가 봉사한 값입니다. 약국과 병원, 치과 치료, 안경 판매, 학비, 병원 밖 판매에서 온 수입은 총 138,390.31원입니다. 한편 54,676.03원이 선교부들과 기부자들에게서 왔습니다.

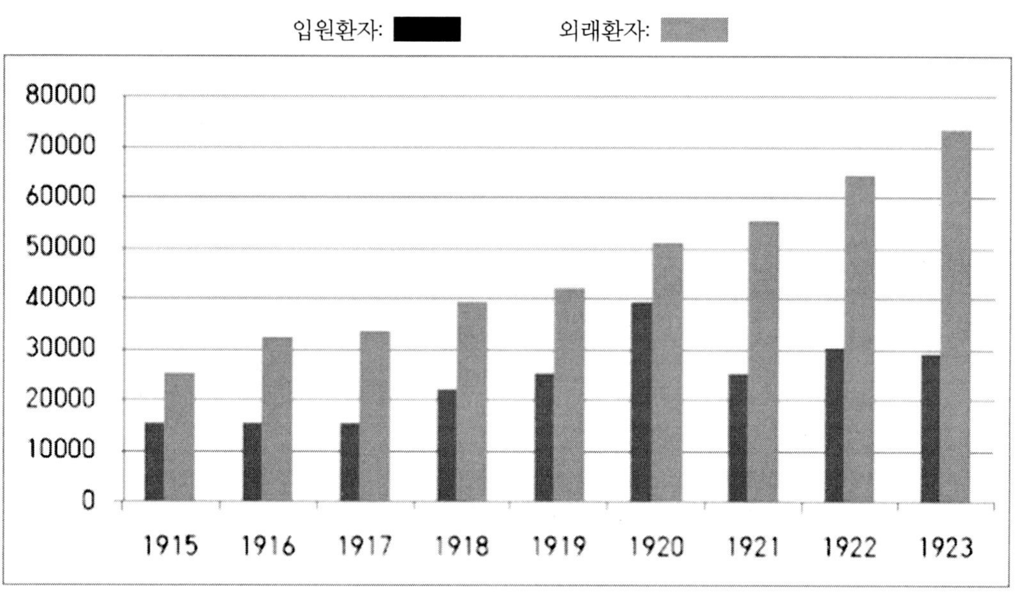

세브란스연합의학전문학교

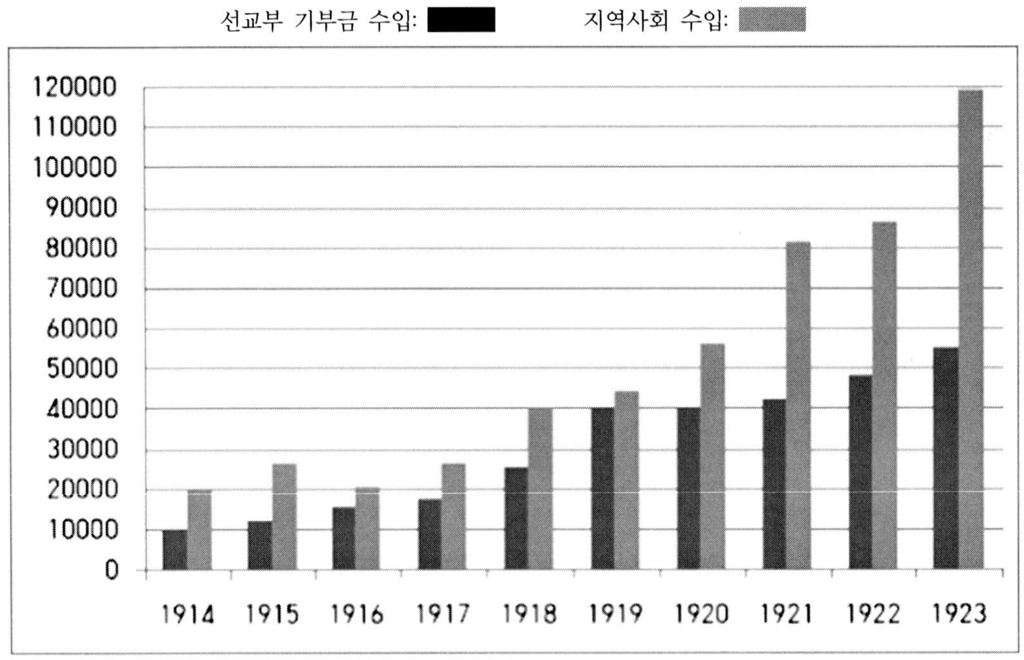


선교부 기부금에 선교사 봉급은 포함되지 않음

출처: UMAC

3-15-23

803A



# SEVERANCE UNION MEDICAL COLLEGE, SEOUL, KOREA

## ANNUAL REPORT, APRIL 1922 - MARCH 1923

The most important item of this report is the ratifying removal of governmental handicaps culmination of efforts made for a number of years to secure the removal of certain governmental handicaps which hindered the best work of our school.

It is a pleasure to be able to report that the Medical College has secured a permit to operate under the new law, and is no longer the "Private" Severance Union Medical College. Nor are its graduates any longer to be discriminated against as compared with those of the Government Medical College, for a ruling has been made that graduates in the "regular" course shall receive licenses to practice on their diplomas. Hitherto all of our graduates have had to take examinations for license and a number have failed to pass the government standard. This handicap is now removed. Four of this year's class graduated as regulars and one as a special.

Regular students, it may be added, are those who have graduated from a recognized middle school or who have taken the official examination for middle school leaving. Special students are those who have graduated from mission academies which have not secured recognition, in which category are all of the academies operated by the Presbyterian Missions, or who have not taken the state examination. During the year the Government has announced a plan which will make it easier for private schools to secure recognition and so graduate regulars instead of specials, while at the same time permitting them to teach Bible in the curriculum, the point for which they have been contending.

To show our appreciation of the Government's attitude, Dr. Avison gave a luncheon to His Excellency, Mr. Aryoshi, and some other prominent officials, at the Chosen Hotel. Some days later a more generally attended tea was given at the Keijo Hotel, at which representatives of the government, of education, church leaders and prominent men were present

Judge Watanabe, who has been a member of our Board since the granting of the charter, having reached the age limit, was retired, and has gone to reside in Japan. He was a good friend and counsellor of the institution in every way.

The registration in the Medical College during the year was as follows:

| Term | 1st Year | 2nd Year | 3rd Year | 4th Year | Total |
|---|---|---|---|---|---|
| Spring | 25 | 16 | 11 | 6 | 58 |
| Fall | 23 | 14 | 11 | 6 | 54 |
| Winter | 23 | 14 | 10 | 5 | 55 |

CHEMISTRY, PHYSICS & BIOLOGY WERE TAUGHT DURING THE YEAR AT THE Chosen Christian College, the students going out two days a week.

JAPANESE & ETHICS: These were taught by Prof. Takahashi of the Chosen Christian College.

ENGLISH was taught by Mr. Owens, assisted by Mr. E. Y. Song, and Mrs. Ludlow, Mrs. Fisher and Mrs. Boots gave much appreciated help. Drs. Ludlow and Stites report that the 4th year men took their lectures in English.

3/15/23

- 2 -

ANATOMY is under the care of Dr. T. D. Mansfield, who was assisted during the year by Dr. Yu. The method followed by Dr. Mansfield has appealed so much to the Government Medical College that they are introducing a similar method and sent their instructor over to study the course.

HISTOLOGY & PATHOLOGY were carried by Dr. Tokumitsu as special lecturer and Drs. Shin and Bruff supervised the laboratory work.

Bacteriology and Hygiene were efficiently taught by Dr. W. C. Bruff assisted by one of our graduates, Dr. C. K. Yun.

PHYSIOLOGY & BIOCHEMISTRY. Dr. VanBuskirk resume teaching in these subjects on his return from furlough, being assisted by a graduate Dr. Ahn. Dr. VanBuskirk secured some new equipment for his laboratory which has been installed. He also attended the meeting of the China MedicalMissionary Association in Shanghai where he read a paper and is on an important committee.

MATERIA MEDICA & PHARMACY. These subjects were taught by Mr. J. E. Ram Taylor beginning with the Fall Term. A new laboratory was fitted out for the work which is being once more thoroughly taught under a competent man.

INTERNAL MEDICINE, DIAGNOSIS & THERAPEUTICS. These subjects were taught by Dr. Stites, assisted by Dr. S. V. Rhee. Dr. H. S. Shim of this Department spent the year taking post graduate study in the Imperial University at Tokyo. The clinical work was handled by Drs. Paul Choi who left us at the end of the spring term to go into private practice, and by Dr. H. C. Kim and Dr. Kim Kui Pan.

SURGERY & ORTHOPEDICS. Dr. Ludlow headed up this department with his usual efficiency, ably assisted by Dr. M. U. Koh and Dr. Y. S. Lee. The latter graduated from our school, and spent about three years with the Peking Union Medical College. He is noted a very able surgeon. Dr. H. C. Kang, who has been with us since his graduation in 1911 gave faithful service during the year. Unfortunately hendied from influenza in March, leaving behind a fragrant memory.

OBSTETRICS & GYNECOLOGY. Drs. Hirst and Shin handled this department, but owing to Dr. Hirst's health the main burden fell upon Dr. Shin. Dr. Shin took one of the special courses at the Peking Union Medical College in his speciality.

PEDIATRICS. Dr. D. B. Avison took up his duties in September, and is building up a thriving clinic which has saved the lives of many babies suffering from malnutrition. He has been assisted by Dr. Chung and Mrs. Ludlow has supervised the preparation of the special diet prescribed. This department received the gift of a scale from an interested church in America.

NEUROLOGY & PSYCHIATRY. Dr. McLaren spent two lecture periods in Seoul, and we are happy to say that since the first of April he has come here to reside permanently and take active charge of this department.

DERMATOLOGY & GENITO-URINARY. Dr. Oh carried this department assisted by Dr. C. P. Pak. It is a very important department from the standpoint of number of patients and revenue.

3/15/23

- 3 -

EYE, EAR, NOSE & THROAT. This department was carried under the nominal supervision of Dr. Hirst until Dr. Hong returned in November from his post-graduate course in America, which he was enabled to take through the financial provision made by Mr. Severance and the Sunday School of the Presbyterian Church of Minot, N.D. This department has been divided since Dr. Norton's arrival. Both Dr. Hong and Dr. Norton purchased a good outfit of apparatus and instruments for these clinics. Dr. H. R. Kang carried on the work most efficiently while Dr. Hong was absent. Drs. Wani and Midsuno gave lectures in these courses. It will be recalled that they were loaned by the Military Hospital.

ROENTGENOLOGY & ELECTROTHERAPY. Dr. Hopkirk was in charge of these departments, assisted by Dr. H. P. Koh. He also took over the work of the Eye, Ear, Nose & Throat department so far as foreign patients were concerned and when Dr. Hirst left added the gynecology cases to his responsibilities.

DENTISTRY. Dr. Boots devoted much of his time to language study with good results, and handled the operating work in his clinic, leaving to Dr. McAnlis the care of the bulk of the foreign patients. Dr. McAnlis spent two months of the year at Pyengyang, and Dr. Boots visited one of the mines for professional work. The services of Dr. Yim, the only Christian licensed dentist in the country, were secured and under him the work of the Korean clinic is steadily advancing.

Dr. Oh who had been acting Dean during Dr. VanBuskirk's absence was appointed to the Deanship, leaving Dr. VanBuskirk free for other duties. Dr. Oh carried on the work of the school and the negotiations with the government with marked ability and success, in addition to handling his clinic. Mr. Kim was engaged as College Secretary.

In March a class of five men was graduated, four being regulars and one special. One of the graduates is a son of our Dean, and he has since gone to the United Statesmfor further training in his father's alma mater with a view to taking a position on our faculty. The total number of graduates is 118, and they are occupied as follows:

| | | |
|---|---|---|
| In Severance Institution | | |
| Faculty | 3 | |
| Clinicians | 10 | |
| Internes | 5 | 18 |
| In Mission Hospitals in Korea | | 3 |
| In private practice | | 68 |
| In Government employ | | 5 |
| Practising in China | | 2 |
| Postgraduate study | | 7 |
| Ceased practice and unknown | | 7 |
| Died | | 8 |
| | | 118 |

| | |
|---|---|
| Presbyterians | 80 |
| Methodists | 36 |
| 7th Day Adventists | 1 |
| Unspecified | 1 |
| | 118 |

9/15/22



NURSES TRAINING SCHOOL. The registration for the year has been as follows:

| | Spring Term | Fall Term | Winter Term |
|---|---|---|---|
| Pupils | 19 | 23 | 17 |
| Probationers | 13 | 12 | 6 |
| Total | 32 | 35 | 23 |

During the year 5 graduate Korean nurses were employed. Miss Young, Miss Lawrence, Miss Payne and Miss Shields constituted the foreign staff after Miss Fox's marriage. Miss Payne, however, has been incapacitated for a large part of the year, and will shortly go on furlough. The strain of the nurses has been quite severe. The Woman's Missionary Society of the Methodist Church kindly loaned us the services of two nurses for half time for about three months, and we had for about six weeks the help of a very capable Dutch nurse, Miss VanIngen, who has taken observation work in America and the Orient while en route to her future career in Java.

The Southern Presbyterian Mission, being unable to give us a nurse, supplied the financial equivalent, and the Southern Methodist Mission has since January also supplied money in lieu of a nurse. We hope, however, that these Missions will soon be in a position to give us nurses. The government has not yet issued a permit for the Nurses Training School under the new law, but we hope to receive it within the coming year.

HOSPITAL. There has been distinct improvement in several lines of hospital activity during the past year. Chief among these are, first, the service rendered by the employees, especially those of the orderly class. This has resulted from a number of causes, among which we may note the establishment of an eight hour day. Some of our orderlies are studying during their spare time, looking forward to a course in medicine. They are the type of young men we want in this position, intelligent, having had some education, and best of all with a definite purpose in view. The eight hour day also enables us to change shifts at a set time, before which each shift gathers in the head nurse's office for worship. Here too the roll is called, and thus tardiness and unexcused absences have been almost entirely eliminated. We are planning to give a few definite courses of instruction in nursing to our orderlies. The nursing service has also improved, partly due to some changes in the arrangement of service rooms which has made the nurse's task considerably less arduous than before.

One of the big improvements now under way is the remodeling of the rear entrance of the hospital and furnace room in the basement. The windows of this floor will be enlarged to about double their present size. When all is finished, the basement will be light and airy and will have lost a large part of its "cellar" characteristics becoming instead our first floor.

3/15/23



We have maintained more than one third of our total bed capacity as free or almost free beds. Pay patients have been asked to pay what we believe to be more nearly a normal rate than has been scheduled previous to this time. In general we have found them able and willing to pay on this advanced scale. In case of hardship due to these charges, we never refuse to make a satisfactory concession. As a result the income of the hospital has increased very satisfactorily. Our aim in this matter is self support aside from missionary salaries - a logical and entirely possible ideal, we believe.

Another improvement is in the keeping of our records. We arrange, index and cross-index them in such a way that the valuable material contained in them is easily available for reference and research on the part of our students and doctors.

We are desparately in need of additions to our foreign nursing staff. At the beginning of the year we had four nurses and the outlook was most promising. When Miss Bayne was taken sick and had to be relieved of all duty, Miss Shields, in spite of repeated illness and resultant weakness, has completed the year, but she too leaves us for her furlough. Only Miss Lawrence and Miss Young are left. We could use nine foreign nurses as superintendents of our various departments. Having but two to cover this whole field, it is evident that many departments get most inadequate supervision. Among these are the following: Housekeeping, dispensary, nursing school, while work like that of a Social Service department must go absolutely untouched. We are in a position to give an excellent nursing course in our school for nurses provided only that our staff of foreign nurses is sufficient to supervise properly the work of the student nurses. We bespeak the sympathetic consideration of the Missions for this special need.

PATIENTS. The revenue from Dispenary and Hospital increased by ¥11,942.81 over the previous year, and the number of out-patients and in-patients were greater as will be seen by the tables below:

| | Dispensary | | Hospital | |
|---|---|---|---|---|
| | Treatments | Receipts | Patients | Receipts |
| 1914 | 29113 | 1579.91 | 1084 | 5423.94 |
| 1915 | 27635 | 2362.82 | 1387 | 7288.02 |
| 1916 | 34926 | 3235.02 | 1454 | 6426.88 |
| 1917 | 34810 | 5389.16 | 1634 | 7912.54 |
| 1918 | 39536 | 9447.79 | 1851 | 10412.18 |
| 1919 | 41055 | 12159.02 | 1626 | 11532.53 |
| 1920 | 52124 | 18610.15 | 2338 | 18373.05 |
| 1921 | 54311 | 38225.98 | 1819 | 28346.80 |
| 1922 | 65994 | 43384.63 | 1814 | 29064.47 |
| 1923 | 73234 | 46327.00 | 2086 | 38021.41 |

There were 44272 pay treatments and 28962 free. The number of individual patients are 22259 and return visits 50975.

The addition of three missionary doctors and the opening of three new clinics means added efficiency in the Dispensary and wards, and the opportunity to render a more specialised service.

3/15/23

SALES & OPTICAL DEPARTMENTS. These Departments in sales are a little in advance of the previous year, but unfortunately show no profits. On going over the stock Mr. Taylor found deteriorated vaccines and sera as well as other drugs and a considerable amount had to be written off the stock books. Owing to change in the style of spectacles worn nowadays, we have, on Dr. Norton's advice, written off ¥2,000 on the optical stock. Heavy purchases of new goods were made in both departments during the year, so that the stock is now more complete and the technical supervision inproved by the arrival of both Mr. Taylor and Dr. Norton. For the lens grinding department some additional apparatus has been purchased, and an attractive sales room fitted up in the main reception room of the Dispensary. The erection of a retail store was begun last fall, fronting on the main street of the city, which will increase the space in the Sales Department, now so crowded, as well as give us a chance to develop our retail business which has been mostly confined to missionaries. The new store is one storey in height, with a frontage of out 60 feet, and is costing around ¥2,000?

We have been offered the agency for Korea for Eli Lilly & Co. a large American drug house, also of the S. S. White Dental Co. We have decided to organise our selling department as the Severance Wholesale Medical Supply Company, so as to qualify as jobbers.

DONATIONS. Two big shipments of bandages, dressings, bed linen, patients' bed clothing, towels, surgeon's gowns, etc. were received from the Brooklyn Nassau and Utica Presbyteries, as well as some gifts for the nurses from the Canadian Presbyterian Women's Societies. Two Chase Hospital dolls, adult and child size, were donated, but were delayed in transit and did not arrive during the year under review. A phonograph and records was also donated to the nursing school by the Epworth League, Indianapolis District.

Equipment to the value of ¥2730 was purchased and covered by Mrs. Prentiss and Mr. Severance. There was a falling off on the amount received for the support of beds compared with last year.

EXTENSION OF SITE The negotiations for the exchange of land in the rear of the playground for the expropriated part of our Southern frontage were brought to finality with the result that our playground is enlarged and another house site has been secured in the rear of the playground. A few small parcels of land, formerly roadways, were purchased from the city authorities. It was found that at several points owners had encroached upon our boundaries, and we found it necessary to take four actions to court, three of which were decided in our favor. The fourth, strange to say, although the stakes had been put in by the official surveyor of the city, was decided against us, the said surveyor not being able to substantiate his survey. Boundary stones have been prepared and will be placed at all possible points of infringement in an endeavor to prevent further encroachments. A group containing two residences for servants was constructed, also a ward for tubercular patients. A shed for the receiving and packing of goods was built adjoining the Sales Department, also a store house beside the nurses dormitory for storing pickle and other food. We are still in dire needs of funds to build some houses for our Korean doctors who need to be on hand to respond to emergencies, as well as to improve the housing of other employees. A community bath house and laundry would be a boon to the orderlies and servants. The excavated material from the site of the new hospital wing has been used to make a railway fill leading to the property acquired a year ago. This property should soon be utilized for the additional houses that are needed by our doctors who are not yet housed permanently. They are Dr. McAnlis, Dr. D. B. Avison, Dr. R. S. Leadingham. The Southern Methodist Mission plans to build residences for its doctors here, and no doubt the Methodist Episcopal Mission will want to do likewise.

The Property Committee of the institution recommended that a part of our frontage, facing the new railway station now being built, should be leased for a term of years, and so produce revenue while we are without funds to develop it; but the Cooperating Board in New York advised against this plan.

RELIGIOUS WORK. The Rev. Chang Chip has headed up the religious and social work of the institution during the year. His responsibilities include the making of the schedule of leaders for the students' chapel service, the daily chapel for the nurses and also group meetings for the employees, preaching and personal work in the Dispensary and wards, and religious oversight of the students. He has been assisted by an evangelist and a Bible woman. The work of this group is supervised by a Committee. Socials, Christmas exercises, etc. were also held.

GENERAL QUESTIONS. The question of the removal of the plant to the site of the Chosen Christian College has been mooted, but after mature deliberation the Faculty has come to the conclusion that it will be in the best interests of the work to remain on our present site. The policy of merging our College with the Chosen Christian College, under one Board of Managers, has been discussed by both Faculties and met with favor. The plan most favored is, when the time is ripe, to make the Severance Union Medical College the Medical Department of the Chosen Christian College. This could be done under the present charters of both Colleges under the classification of professional schools, or if and when the Chosen Christian College can become a private university to embrace the medical college in the larger scheme.

At the December meeting of the field board it was decided to have the President devote the major part of his time to promotional work, and to assign administrative duties to the Vice-President. This change went into effect from January.

The practice of considering the dental department as different from others and of charging fees to keep a dentist on the field for work amongst the missionaries specially, gives rise to many an anomalous situation. Dentistry is now realized to be as much a part of medical care as any other and steps should be taken to clear away the discrimination. In practical form this means that Dr. McAnlis should be supported as part of the quota of one of the cooperating boards, in which event he could give service at the cost of materials only to the missionary body, still charging those outside of the missionary body the usual commercial rates.

In order to make the basis of Korean cooperation more secure, the Field Board has invited the following bodies to nominate members in future, instead of having the Board itself coopt all.

| | |
|---|---|
| Presbyterian General Assembly | 2 |
| Conference, Methodist Episcopal Church | 1 |
| Conference, Methodist Episcopal Church, South | 1 |
| Alumni Association | 2 |
| Board of Managers | 1 |

3/15/23



The problem of giving service to the members of the cooperating missions without rendering a bill to the individual has been solved by the offer of a flat per capita rate of ¥15.oo for those residing in Seoul and ¥2.oo per capita for those outside of Seoul, future rates to be determined on the basis of cost. This rate includes colsultations, visits, prescribed medicines and hospital care and operations. Four Missions have accepted the offer - the Presbyterian North and South and the two Methodist Missions.

FINANCIAL RESULTS. The gross receipts from all sources were ¥350,690.03 and expenditures ¥384,022.59. The deficit therefore totalled ¥33,332.55. To meet this ¥13.717.60 was drawn from the reserve fund, and ¥19,414.96 is being charged to the deficit guarantee fund authorized by Mr. Severance. Eliminating the receipts and expenditures in the Sales and Optical Departments, the receipts and expenditures total Y268,607.55 of which Y78,500 is the value of Missionary service. The revenue from dispensary and hospital and dental fees, optcial sales, tuition fees, and Sales outside the institution, totals Y138,890.31, while Y54,676.03 came from Mission Boards and donors.

* * * * * *

3/15/23

SEVERANCE UNION MEDICAL COLLEGE

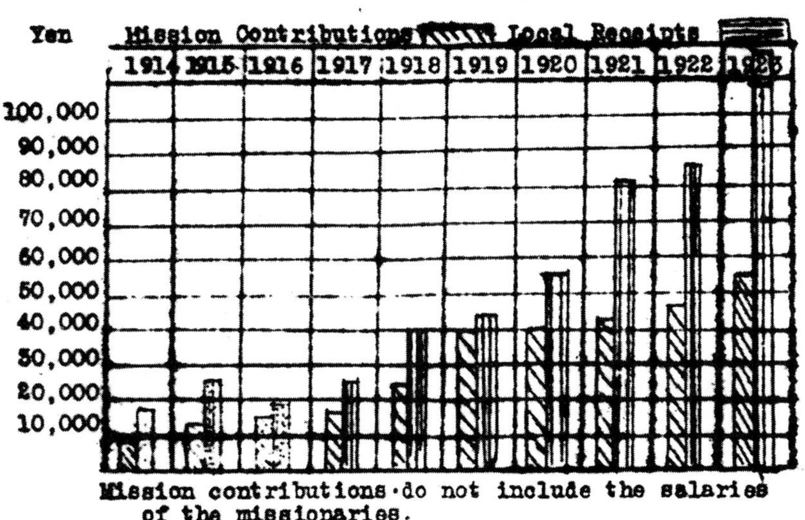


Mission contributions do not include the salaries of the missionaries.

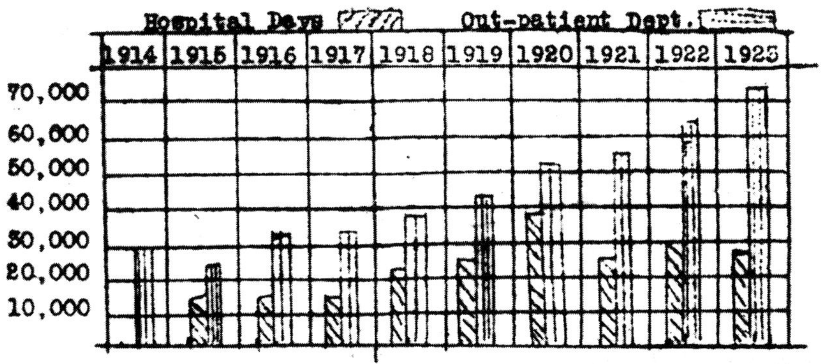

## 66. 에비슨이 스코트에게

1923년 3월 30일

조지 T. 스코트 목사,
총무, 조선 기독교 교육을 위한 협력이사회,
156번지 5번가,
뉴욕 시, 뉴욕 주
미국.

친애하는 스코트 씨:

협력이사회의 회의에 대해 알려준 당신의 1월 19일자 편지에서 언급된 문제들이 이미 썼던 편지들에서 대부분 해결되었다고 생각합니다. 그러므로 이 편지에서는 다루지 않았거나 충분히 대답하지 않은 사안들에 대해 말씀드리겠습니다.

대학에 대한 교장의 관계(당신의 편지 2번 항목)는 두 이사회가 채택한 결의안에 아주 잘 진술되어 있는 것 같습니다. 그것은 다음과 같습니다.

(1) 교장이 연희전문학교의 사역에서 매우 많은 세부적인 행정업무를 책임지고 있지만, 모금 사역에 시간을 쓰기를 바라는 요구에 적절히 부응할 수 없음을 알게 된 것을 고려하여, 이사회는 행정사역 부분을 부교장에게 맡기는 것이 적합하다고 보고 교장을 그 일에서 놓아준다. 그리고 교장은 정관과 학칙에서 제시된 대로 대학과 이사회의 일반적인 관계를 유지하면서, 당분간은 그의 시간을 전반적인 모금 사역에 바칠 것으로 기대한다. 이 일은 본국에서 함께 협력하는 선교부들, 교회들과 후원자들과 관계를 맺고, 현지에서 총독부만 아니라 선교회들과 한국의 교회들과 후원자들과 관계를 맺는 것을 포함한다.

(2) 부교장에게 맡길 "다른 직무들"은 당분간 교장이 한국과 미국에서 펼치는 연희전문의 이익을 증진할 모금 사역에 협력하는 것을 포함한다. 그리고 교장이 한국에 있는 동안에도 교수회, 학생들, 예산에 부속된 모든 문제와 그 밖에 건물들과 땅들을 전반적으로 감독하는 일에서 교장을 대리하고, 집행위원회와 자산위원회의 위원이 된다.

(3) 당분간은 부교장과 학감을 한 사람이 겸하지만, 우리는 가까운 장래에 한국인 학감이 임명될 것을 기대한다. 과장들과 부교장이 그런 임명에 대해 협의할 것으로 알고 있다.

(4) 각 과의 과장은 가급적 빨리 학감과 부교장의 감독 아래 과장이 각 과의 교수들을 선정하고(교수 직위를 제외한 모든 실질적인 임명권은 부교장의 손에 둔다) 교육을 감독하며 교재를 선정하고 주문하는 일을 책임진다.

(5) 연희전문의 회계에게 사업 매니저의 역할도 해주기를 요청하고, 그 일에 비품과 장비를 주문하는 것을 포함한다. 그는 승인받은 예산의 한도 안에서 지출을 관리할 책임을 진다. (변경은 예산위원회만 이사회나 집행위원회의 승인을 받아서 할 수 있다.)

(6) 예산위원회는 부교장, 학감, 회계, 운영 중인 과들의 과장들로 구성되고, 회계는 서기로 활동한다.

(7) 연례 예산 안에서 하는 모든 지출은 반드시 해당하는 과의 과장과 부교장의 증명을 받아야 한다.

(8) 모든 자본금의 지출은 반드시 교장이나 부교장의 승인을 받아야 하고, 다음 항목을 위해 지출될 것으로 이해된다.

(a) 건물들과 가구들에 대한 지출은 먼저 건축 감독과 건축위원회 위원장의 증명을 받아야 한다. 위의 둘 중 한 사람이 일시적으로 부재할 때는 그 직책에 있는 한 사람의 서명으로 충분하다.

(b) 땅을 사는 일은 자산위원회 위원장에게 증명을 받아야 한다.

(c) 항구적으로 사용할 설비에 대한 지출은 해당 과장의 증명을 받아야 한다.

(이상은 연희전문학교를 위해 작성되었지만, 세브란스 이사회가 그 원칙을 채택하면서 상황에 따라 필요하면 세부적인 점들을 변경하게 하였습니다.)

내가 이해하는 바로, 나는 이사회에서 교장으로서 내 권한을 포기함이 없이 세부적인 행정사역을 부교장에게 맡기도록 한시적으로 승인받았습니다. 그러할지라도 그들의 훌륭한 판단과 능력을 교장이 신뢰하지 못함으로 인해 부교장의 사역을 방해하는 일은 발생하지 않을 것입니다. 그런 것은 그가 실질적인 책임과 권한을 넘기지 못하게 막을 것입니다. 재정문제에 대한 교장의 관계는 변하지 않습니다.

이사회들은 또한 언제든지 그렇게 하는 것이 대학에 이익이 된다고 여기면 이전의 지위를 회복시킬 권한을 가지고 있습니다. 그런 조정이 지혜로웠는지를 입증하는 일은 부교장에게 달려 있을 것입니다.

아시는 바와 같이, 연희전문학교의 부교장 대리인 베커 박사는 지금 교수회의 회장으로 활동하고 있고, 모든 세부적인 내부 관리업무를 결정하고 있습니다. 나는 이사회의 회장,* 이사회 집행위원회의 위원장이고, 이전처럼 자산위원회와 건축위원회의 위원입니다. 세브란스연합의학전문학교에서는 반버스커크 의사가 교수회의 회장과 행정위원회 위원장으로 활동하고 있고, 매일 오전 내 책상에서 여러 과장과 회의를 열어 제기되는 모든 현안을 해결하면서 그의 자리를 지키고 있습니다. 그 현안들이 중요한 자산 문제와 재정적으로 새로 책임질 일에 속하거나 이사회의 결의로 내가 살피도록 특별히 보류한 것들이 아니면 그렇게 하고 있습니다. 교원들이나 다른 사안들에 관한 중요한 현안들도 최종 결정이 나기 전에 내게 조회합니다. 행정위원회(Committee on Administration)가 구성되었는데, 내가 그들의 한 위원입니다. 자산과 건축위원회의 모든 결정이 즉시 내게 보고되고, 나는 어떤 결정에 관해 질문하고 내 판단을 표명할 기회를 가집니다. 그러므로 이런 방면에서 내 판단에 반하여 중요한 일이 실행되지는 않을 것입니다. 많은 책임을 내려놓게 되었어도, 나는 많은 위안을 받고 있습니다. 여기에 더하여 사람들이 필요할 때면 실질적인 책임을 지며 모든 사역을 수행하는 것을 통해 발전해가고 있습니다. 그러는 한편으로 모금과 개발업무는 더 진척되어가고 있습니다.

교장이 이사회의 지시를 받아 한국을 떠나는 문제에서 그의 소속 선교회와 어떤 관계를 가질까 하는 의문은 이미 해결되었습니다. 거기에서 설명되었듯이, 그의 선교회에서 허락받을지 아니면 다른 해결책을 찾을지의 문제는 아니라고 생각합니다. 이 주제에 관해 편지를 쓴 후에 난징과 산둥의 종합대학들에서 보낸 편지들을 받았습니다. 그 사본들을 베이징에서 온 것과 더불어 이 편지에 동봉합니다. 당신이 보게 될 것처럼 내가 지지하고 있는 원칙은 난징과 베이징에서도 지지를 받고 있습니다. 산둥에서는 그 원칙을 수용하면서도 요령 있게 선교회의 주저 없는 묵인을 기대하며 형식상 보고할 수도 있다고 생각하고 있습니다. 그와 동시에 언젠가는 갈등을 빚을 여지가 있다는 것도 인지하고 있습니다. 만일 (이사회가 바라는 것에 반대한다고 가정할 때) 이사회가 선교회의 판단을 따르지 않을 경우에 선교회가 괴롭힐 권한을 갖는 것으로 해석되지 않는다면, 선교회에 보고하여 그들의 판단을 표명할 기회를 주는 것에 나는 전적으로 동의합니다.

언제 가면 좋을까에 관해서는, 우리가 그 문제를 협력이사회의 판단에 맡깁니다. 그런

---

* 연희전문에서는 이사장을 '회장'이라 칭하였다.

데 이는 사실상으로 선교부들의 일치된 판단과 같습니다.

나는 지금, 당신이 요청한 대로 두 대학에 필요한 것들에 관해 신중하게 숙고하면서 보고서를 작성하고 있습니다.

세브란스연합의학전문학교의 발전을 가로막는 가장 큰 장애물들의 하나가 총독부의 완전한 인가를 받음으로써 제거되었다고 말할 수 있게 되어 기쁩니다. 우리는 그 소식을 전보로 보내고 편지로 썼습니다. 그 외에 당신에게 "서울 프레스"에서 그 일을 보도한 것을 당신에게 보냈습니다. 우리 전보를 해독하면 다음과 같습니다.

> 의학교 시험을 인정받는 것을 공식적으로 통지받았습니다. 졸업생들은 더 이상 총독부의 시험을 치를 필요가 없습니다. 모든 관계 단체에 알리기 바랍니다. 에비슨

우리가 두 번째로 바라는 것은 한국인들의 기부금이 답지하고 한국인들이 의료기관에 사의를 표명하는 것을 보는 일인데, 이런 일이 시작되었습니다. 연희전문에서 상과의 과장[백상규]은 장로교인이고 미국 로드아일랜드 주에 있는 브라운대학교의 졸업생인데, 자기 봉급 전액을 대학의 경상예산에 기부하고 있습니다. 두 번째 한국인, 곧 연희전문의 음악교수[김영환]는 대학의 그랜드피아노를 사기 위해 방금 그의 15개월분 봉급 전액(2,250원)을 기부하였습니다. 이것은 이미 비치되었고, 3개월분 봉급이 거기에 지급되었습니다. 우리는 이런 방면으로 꾸준히 노력하면서 가까운 장래에 좋은 결과를 보게 되기를 희망하고 있습니다. 또한 세브란스의전의 제1회 졸업생 한 명(백정의 아들)[박서양]이 보낸 편지가 방금 왔는데, 병원건축비를 위한 기부금으로 100원을 동봉하여 보냈습니다.

세브란스 씨와 프렌티스 부인이, 만일 한국인들이 첫 번째 병동을 짓는다면, 기꺼이 또 다른 큰 건물이나 몇 개의 작은 건물들을 짓겠다는 뜻을 표명했다고 당신이 말한 것에 주목합니다. 내가 이곳에서 낙관주의자로 여겨지고 있지만, 그래도 나의 낙관주의를 믿을만한 근거 위에 세우기를 원합니다. 그러므로 이 일이 우리 한국인 후원자들에게는 과도하게 큰 프로젝트이기 때문에, 그들이 좋은 정신을 보여줄 것과 자신들의 역량대로 할 것을 믿을 충분한 이유가 있고, 또한 한국인들이 스스로 할 수 있는 일을 하면서 참으로 노력하는 것을 세브란스 씨와 프렌티스 부인이 보면 우리를 기쁘게 도울 것이라고 확신하기는 하지만, 그래도 불안감을 감출 수가 없습니다.

이 모든 일이 내가 미국에 가기 전에 이곳에서 더 오래 일하고 싶어지게 만들 뿐만 아니라, 협력이사회로부터 이런 권고를 받은 것을 기뻐하게 만들기까지 합니다. 다만 빨리 해결해야 할 일들을 앞둔 두 대학의 절박한 필요를 당신들이 그곳에서 채울 수 있다는 사실이 전제되어야 합니다. 이 일들을 위해 자금이 오는 것을 볼 수만 있다면, 그냥 이곳에 머물러 있고 싶어질 것입니다. 그러나 실제로 그렇게 되었듯이, 약정된 자금의 지원이 보류되면 건물들을 짓고 설비를 갖추며 기본적인 공사를 하는 시기를 20만 달러어치의 다른 건물들을 유용하게 활용하지도 못한 채 그냥 보내버리게 됩니다. 만일 잠재적인 기부자들을 만나게 될 장소에 갈 수가 없다면, 내 처지에서 무슨 일을 할 수 있겠습니까?

당신은 2년 전에 내가 본국에서 있었다는 사실이 지금은 가지 말아야 한다는 결정을 내리게 하는 데에 큰 영향을 미쳤다고 말합니다. 당신은 전에 내가 뉴욕을 떠날 때 내게 대학을 앞으로 밀고 나가는 일은 현장에 있는 사람이 하는 것이므로 연희전문학교를 위해 밀어붙이는 길에서 내가 떠나면 모든 일이 중단될 것이라고 말했던 것을 기억하십니까? 당신은 또한 2년 전에 돈을 낼 기부자들을 찾는 일에 자기 시간을 다 바칠 수 있을 협력이사회의 총무를 찾으려고 애쓰지 않았습니까? 그렇다면 대학이 그런 필요에 봉착하게 되었을 때 내가 그 현안을 처리하기 위해 2년 동안만 미국에 가서 자리를 비우려 하는 사실을 어떻게 생각하십니까? 내가 마치 즐거운 여행을 하려고 미국에 가기를 바라고 있는 듯이 당신이 생각하고 있다는 인상을 내가 받기를 당신이 원치 않으리라고 확신하지만, 당신의 말은 분명하게 그런 것을 함축하고 있습니다. 그러나 내게 단 하나의 소망이 있는데, 그것은, 내 임무가 그러는 한은, 대학이 이룰 필요가 있는 일을 할 수 있게 해줄 곳이라면 내가 어디든 가려 하고 갈 것이라는 사실을 당신이(당신들 모두가) 알고 있다고 확신합니다. 그러나 나는 당신이 그런 말을 한 적이 없기를, 그리고 브라운 박사도 그러하였기를 바라지 않을 수 없습니다. 물론 나는 안식년을 갖는 것을 바라지 않습니다. 내가 "특별 안식년의 문제는 주로 선교회에서 결정한 것에 따른다"(당신의 편지 3항을 보십시오)고 한 북장로회 선교부의 결정에 반하여 다투고 있는 이유가 그것입니다. 우리 선교부의 선교사가 교장으로 있는 중국의 대학들에 관해 의문이 있습니다. 선교부는 우리 선교사들의 한 명이 교장으로 있는 중국의 교파연합 대학들에서 교장이 대학 이사회의 지시를 수행하기 전에 그의 소속 선교회에서 찬성을 받기를 기대한다고 브라운 박사가 진술했기 때문입니다. 윌리암스 박사가 난징대학의 부교장인데, 그곳의 교장은 윌리암스 박사의 선교회와 협의하지 않는다고 말하고 있습니다. 또한, 내가 가장 최근에 미국을 떠났을 때 윌리암스 박사가 미국에 있었고, 더 많은 돈을 얻기 위해 다시 [미국으로] 돌아가 있는 것으로 알고 있습니다. 당신이 그 다음 문장에서 "이 일은 그 문제에 대한 협력이사회의 생각에 영향을 미치지 않았다"고 기술했던 것으로 인해 기쁩니다. 그러나 그 문제는 그렇게 하는 편이 좋아서 그렇게 결정되었는데, 내가 [미국에] 가려고 계획한 시기가 부적당하여 그렇게 되었습니다.

두 학교의 통합 문제(항목 4)에 관해 말하자면, 가까운 장래에 실행할 일은 아닌 것으로 알고 있기는 하지만, 이사회가 모든 면에서 그 일을 논의할 준비가 되어있어서 기쁩니다. 우리는 새로운 걸음을 내딛기 전에 연희전문학교를 더 나은 입지에 세워야 합니다. 무엇보다 우리는 현재 벌이고 있는 건물들의 공사와 더불어 그 일에 필요한 난방시설, 급수시설, 캠퍼스 땅 고르기, 운동장, 기숙사와 식당, 사택 등과 같은 모든 부속설비의 공사를 끝내고 우리가 낮은 수준에서 가르치고 있는 과들을 어쨌든 더 높은 수준으로 올릴 수 있도록 완전한 자격을 갖춘 한국인과 일본인 교원들을 충분히 고용할 수 있을 때까지 경상예산을 증액할 필요가 있습니다. 그때까지는 세브란스의전의 이사회가 그 학교를 연희전문과 통합하는 것을 바람직하게 여기지 않을 것입니다. 당신은 내가 조금 더 많이 쓰려고 하는 부분을 읽으면 더 잘 이해할 것입니다.

[세브란스의전] 전면의 땅을 일부 임대하는 일에 관해서는, 당신이 항목 5에서 제기한 주장이 옳다는 것을 인정합니다.

재정에 관한 항목 6에 대해서는 우리가 이미 설명했는데, 이 부분은 당신의 걱정을 덜어줄 것이라고 믿습니다. 지금 나는 세브란스병원의 발전계획을 준비하고 있는데, 견적을 더 신중하게 뽑아서 함께 곧 보낼 것입니다. 세브란스 씨가 병원의 첫 번째 병동을 지은 후에는 두 번째 병동을 지을 필요가 아주 절박하지 않으리라고 생각한 것이 옳습니다. 그 이유는 세브란스 씨가 말한 것처럼 한 곳을 확장하면 그에 상응하여 다른 곳을 확장할 필요가 생기게 되기 때문입니다.

경상예산의 적자를 비례하여 부담하는 것에 관해서는, 당신이 옳으므로 이곳에서 우리가 당신의 계획을 아주 만족스럽게 받아들일 것입니다. 당신이 부디 할 수 있는 대로 속히 실행해주기 바랍니다.

이중주택의 문제는 오웬스 씨가 보낸 최근 보고서에서 설명되었습니다. 보고된 대로 서덜랜드 씨가 기금문제를 해결하기 위해 언더우드 씨와 세브란스 씨를 과연 만났는지는 그가 알 것입니다. 요청했던 모든 것이 그들의 약정금으로 해결되었습니다.

당신은 종교의 자유와 새로운 설립인가의 조건과 미션계 중등학교와 대학의 관계에 관해 물었습니다. 새로운 일은 발생하지 않았지만, 전에 여러 가지 방식으로 말했던 것을 다시 말하겠습니다. 당신의 질문이 가리키는 것처럼. 당신은 그 문제를 명확하게 이해하지 못하고 있습니다. 당신이 이를 잘 파악하지 못했더라도 이상한 일이 아닙니다. 바로 이곳에서 살면서도 그 법을 바르게 이해하지 못하고 있는 사람이 많기 때문입니다. 일본 학교법의 기본 원칙을 파악한 사람들에게는 그 법이 어려운 것은 아닌데도 말입니다. 우리는 학교를 두 계열 나눌 수 있습니다.

1. 관립학교
2. 사립학교 (미션계 학교를 포함)

사립학교들은 두 계열로 나뉠 수 있습니다.

(a) 관립학교와 동등하게 총독부의 인가를 받은 학교
(b) 그렇게 인가받지 않은 학교

이상에 근거하여 우리는 다음과 같이 새롭게 분류할 수 있습니다.

A. 총독부가 동급으로 인가한 관립학교와 사립학교
B. 비인가 사립학교

종교의 자유에 관해 말하자면, A 클래스에 있는 모든 학교는 종교교육을 무엇이든 모두 없애거나 총독부가 정규학습 교육과정으로 정한 시간—물론 종교를 포함하지 않습니다—외의 편리한 시간에 그런 것을 합니다. 이 계열에서 미션계 학교들은 성경과 종교를 정규 교육과정 시간에 사용하는 것과 같은 교실에서 또는 편의에 따라 별도의 건물에서 가르치면서 이 사역을 위해 정규 교원을 활용합니다. 그들은 교육법을 따르지 않는 미션계 학교들이 가르치는 정도로 성경을 가르치고 있고, 사실상으로 거의 모든 학생이 수업에 참석하고 있습니다. 이런 식으로 하는 것은 총독부로부터 적합하고 학교법에 부합한 것으로 인정받고 있습니다.

순응하는 미션계 학교들의 이점에 관해 말하자면, 졸업생은 정규 관립학교에 다니는 학생이 받는 모든 혜택을 받고, 그다음 상급학교에 입학할 자격을 주는 정규 학위를 받으며, 사업하는 회사에 입사할 때 그 회사에서 확실한 교육 수준이 보증된 것으로 인정받습니다.

불리한 점은 성경교육을 반드시 과외 과목으로 하고 자발적으로 참석하게 하는 것입니다. 순응하는 학교들은 이런 것을 매우 크게 심각한 것으로 받아들이지 않습니다. 그 이유는 그렇게 가르치는 것이 [각종학교의] 교육과정 안에서 가르칠 때보다 여하튼 [기독교] 품성 형성에 더 적은 영향을 끼치는 것 같지 않기 때문입니다. 두 경우에 모두 삶과 교사의 품성에 영향을 끼쳐서 교육의 효과를 결정합니다.

이제 대학과 우리 미션계 중등학교의 관계에 대해 설명하겠습니다.

1. 관립 고등보통학교의 졸업생들, 고등보통학교로 인가받은 사립학교(미션계 학교들을 포함하여)의 졸업생들, 그리고 어디에서 교육을 받았든지 간에 정규 고등보통학교가 아닌 학교에서 교육받은 자들에게 자격을 부여하기 위해 총독부가 실시하는 특별 연례 검정고시를 통과한 약간의 사람들이 우리 대학에 본과생으로 입학할 수 있습니다.
2. 비인가 사립학교(고등보통학교로 인가받지 않은 미션계 학교—때로는 불응하는 학교로 불립니다)의 졸업생은 우리 학교에 별과생으로 입학할 수 있습니다.

두 계열, 곧 본과와 별과는 같은 과정을 이수하고 같은 시험을 치며 졸업하지만, 재학 기간에 존중을 받지 못하는 점에서 다르고, 단어 하나가 다른 학위증서를 받는데, 한 경우에는 "연희전문학교 본과를 졸업하였다"라고 하는 문구가 들어가고, 다른 경우에는 "본과"가 "별과"로 바뀝니다.

이런 것이 지금 대학들에는 문제가 되지 않지만, 학생들에게는 차별하는 것으로 보입니다. 그들은 정규학교로의 입학을 허가받을 수 있게 되면, 비인가 학교에 들어가기를 거절합니다. 사실 그들이 받는 차별은 우리 눈에 보이는 것보다 더 큽니다. 그래도 자격이 없음은 대학이 아니라 예비학교에서 결정됩니다. 연희전문학교의 "별과" 졸업생은 평양 숭실대학(Pyengyang College)[비인가 학교]의 모든 졸업생과 같은 범주에 있습니다. 그래서 그들은 우리 대학을 졸업한 후에 잘살고 있고, 어쨌든 총독부가 높은 등급으로 인가한 대학을 졸업한 듯이 실로 잘살고 있습니다. 그와 동시에 연희전문학교는 "본과생들"을 졸업시킬 수 있으므로 이중 기능을 수행합니다. 세브란스연합의학전문학교도 본과생과 별과생을 입학시킬 수 있습니다. 그곳의 졸업식이 이번 주에 거행되었는데, 그곳에서 4명이 본과를, 1명이 별과를 졸업하였습니다.

이제 "별과생"을 "본과생"으로 전환하기 위해 실시하는 이 총독부의 특별 시험에 관해 설명하겠습니다. 이것은 인가받은 고등보통학교를 졸업할 기회를 얻지 못한 사람들에게 정규 노선으로 진입할 기회를 주기 위해 매년 봄에 실시하는데, 비인가 학교와 다른 학교들 사이를 잇는 매우 편리한 연결고리입니다. 이것은 고등보통학교의 5년 학업을 이수한 것으로 추정하지만, 더 포괄적이어서 한 번의 시험으로 5년 전체를 포괄하기 때문에 더 어렵습니다. 우리 세브란스연합의학전문학교의 졸업반(별과생들) 4명이 올해 시험을 보았고, 그 가운데 3명이 통과하였습니다. 그리하여 졸업시험을 바로 앞두고 본과생이 되었습니다.

현재 한국인들이 중학교 등급으로 여기는 우리 미션계 학교들을 인가받은 고등보통학교(중학교와 같은 등급)로 만들어달라는 요구를 이전보다 더 크게 하고 있습니다. 우리[미션계] 학교들의 학생들이 우리 학교들에 계속 입학할 수 있게 해줄 단 하나의 요인은 관립학교들과 인가학교들이 입학 지원생을 다 받아들이지 못하여 입학하지 못한 나머지 학생들이 학업을 잇기 위해 우리 학교들에 온다는 사실일 것입니다. 그러나 그들은 어떻게 해서라도 "정규" 학교들 가운데 하나에 입학할 수 있게 되면 곧바로 떠납니다.

캐나다장로회 선교회와 선교부가 그들의 선교 관할구역에 이런 등급의 학교를 하나 세우기로 결정하고 그 학교를 인가받게 할 길을 찾고 있습니다. 북감리교인들과 남감리교인들은 그런 학교를 3개 두고 있습니다. 우리가 다음 [북장로회 조선] 선교회 회의 때(6월) 그 문제에 관해 상당히 흥미로운 토론을 하게 되기를 기대합니다. 학무과는 우리 경신학교가, 인가를 신청할 의향이 있다면, 인가를 받을 수 있는 수준에 이미 이르렀다는 사실을 알렸습니다. 한국교회가 그 문제를 제기할 것으로 보이는데, 그 결과가 어떠할지는 거의 의심할 여지가 없는 듯합니다. 장로교 목사들의 다수가 인가받기를 지지하고 있는 것을 어떤 비공식적인 설문지가 입증하고 있기 때문입니다. 이런 것이 우리 선교회에 영향을 미쳐서 어떤 결과를 낼지는 앞으로 밝혀지겠지만, [북장로회] 서울 선교지회의 회원들은 이론적이고 실제적인 견지에서 그 문제를 매우 철저히 검토하고 몇 년 동안 북감리회와 남감리회 학교들이 실험한 결과를 지켜본 후에, 어쩌면 단 한 표의 차이로, 순응하는 편을 찬성하고 있다고 말할 수 있을 것입니다.

이제 이 편지를 맺으려 합니다. 예기치 않게 길게 썼지만, 곧이어 대학들이 당면한 재정적인 필요에 관해 편지를 쓸 것입니다.

안녕히 계십시오.

O. R. 에비슨

출처: PHS

O. R. Avison

# Chosen Christian College

OFFICE OF THE PRESIDENT

O. R. AVISON, M. D. APR 26 1923

Seoul, Chosen

FILING DEPT. APR 21 1924 CO-OPERATING BOARDS PRESBYTERIAN CHURCH IN THE U.S.A. METHODIST EPISCOPAL CHURCH METHODIST EPISCOPAL CHURCH, SOUTH PRESBYTERIAN CHURCH IN CANADA SECRETARIES

30th March, 1923.

See P. 3

Rev. George T. Scott,
Secretary, Cooperating Board for Christian Education in Chosen,
156 Fifth Avenue,
New York, N. Y.,
U. S. A.

Dear Mr. Scott:

I think most of the matters contained in your favor of January 19th, reporting the meeting of the Cooperating Board, have been cleared in letters already written. This letter will therefore refer to those items not touched on or not fully answered.

The relation of the President to the College (your item No.2) is I think stated fairly in the resolution adopted by the two Boards, which is as follows:

(1) That in view of the fact that the President finds himself unable, while responsible for so many administrative details of the C.C.C. work, to adequately meet the demands upon his time for the promotion work, he be set free from such part of the administration work as the Board of Managers may see fit to assign to the Vice-President, and that the President while retaining his general relationship to the College and Board as set forth in the Charter and Regulations, be expected for the present to devote his time to the general promotional work; including relations at the Home and with the Cooperating Boards, churches and constituency and at the Field with Missions, the Korean churches and constituency as well as with the Government.

(2) That the "other duties" to be assigned to the Vice-President shall for the present include cooperation with the President in promotin the interests of the C.C.C. both in Korea and in America and substituting g for the President even while he is in Korea in all matters pertaining to the Faculty, students and budget besides the general oversight of buildings and grounds and that he be a member of the Executive and Property Committees.

(3) That for the present the Vice-President and the Dean be one officer, but that we look forward to the appointment of a Korean Dean in the near future; it being understood that the Heads of Departments and the Vice-President shall be consulted in such an appointment.

(4) That as soon as possible each Department Head shall be made responsible under theoversight of the Dean and Vice-President for the selection of departmental teachers (actual appointment of all except those of Professional rank to be in the hands of the Vice-President) supervision of teaching and for the selection and ordering of text-books.

(5) That the Treasurer of the C.C.C. be asked to act as Business Manager also, which will include the ordering of supplies and equipment and that he be responsible for keeping expenditures within the limits of the approved budget ( changes in which can be made only by the Budget Committee with the approval of the Board of Managers or its Exedutive Committee.

(6) That the Budget Committee consist of the Vice-President, Dean, Treasurer and the Heads of Departments in operation, the Treasurer to act as its secretary.
(7) That all expenditures under the Annual Budget must be certified bythe Head of the Department involved and by the Vice-President.
(8) All expenditures ofmCapital Funds must be approved by the President or Vice-President, it being understood that expenditures for:
   (a) Buildings and furniture are to be first certified by the Superintendent of Construction and the Chairman of the Building Committee. In the temporary absence of either of the above the signature of the one on the job will suffice.
   (b) Land purchases are to be certified by the Chairman of the Property Committee.
   (c) Permanent equipment to be certified by the Head (or Director) of the Department involved.

(The above was made for the Chosen Christian College, but the Severance Board adopted the principle, making such changes in the details as conditions required)

As I understand it, I have beem temporarily authorized by the Boards to entrust to the Vice-Presidents the administrative work in detail without relinquishing my rights as President. Nevertheless it is to be expected that the Vice-Presidents will not be hampered in their work by lack of confidence of the President in their good judgment and ability which will prevent him from transferring real responsibility and authority. The President's relation to the finances is not changed.

The Boards also have authority to restore the former status whenever they deem it in the interests of the Colleges to do so. It will be up to the Vice-Presidents to demonstrate the wisdom of the arrangement.

As it is working out, Dr. Becker, Acting Vice-President of the Chosen Christian College now acts as Chairman of the Faculty and all details of internal management go to him for decision. I am Chairman of the Board, Chairman of the Executive Committee of the Board, and a member, as before of the Property and Building Committee. At the Severance Union Medical College Dr. VanBuskirk acts as Chairman of the Faculty and Chairman of the Committee on Administration and he takes his place at my desk every morning for conferences with department heads settling all questions that come up unless they pertain to important Property matters and new financial undertakings or are matters specially reserved for my attention by the resolution of the Board. Important questions concerning teachers or other matters are also taken up with me before they are finally acted on. A Committee on Administration has been appointed, of which I am a member. All actions of the Property and Building Committee are reported to me immediately and I have an opportunity to question any action and express my judgment on it and nothing of importance in this line will be done against my judgment. Plenty of responsibility is left for me to carry but much relief has come to me in addition men are being developed through actual responsibility to carry all the work when it may become necessary, while promotional and developmental work are making more headway.

The question of the President's relation to his Mission in the matter of his going away from Korea under the direction of his Board of Managers has already been covered. As therein stated I do not think the question of whether his Mission will give him permission or otherwise enters into the matter. Since writing on this subject I have received letters from Nanking and Shantung Universities, copies of which together with the one from Peking, I enclose with this. As you will observe the principle I am upholding is upheld by Nanking and Peking, while Shantung admits the principle but thinks it tactful to report pro forma expecting the unhesitating acquiescence of the Mission, realizing at the same time that there is a chance of getting into trouble some day. I quite agree with the idea of reporting to the Mission which would have an opportunity of expressing its judgment, if that were not to be interpreted as giving the Mission the right to be annoyed if its judgment (supposing it to be contrary to the wish of the Board) were not followed.

As for when may be the opportune time for going, we have left that to the judgment of the Cooperating Board which is equivalent practically to the united judgment of the Mission Boards.

I am now preparing a carefully considered statement of the needs of both Colleges as you have requested.

I am happy to be able to say that one of the greatest obstacles to the Severance Union Medical College's progress has been removed by the attainment of full recognition by the Governor-General, word of which we cabled and wrote besides sending you the published accounts of it in the "Seoul Press". Our cable read, decoded, as follows:

> "Official notification recognition medical school examinations. Graduates no more required take government examinations. Notify all parties concerned. Avison."

Our second great desire is to see Korean contributions coming in, showing the appreciation of these institutions by the Koreans and in this a beginning has been made. The Head of the Department of Commerce in the Chosen Christian College, a member of the Presbyterian Church and a graduate of Brown University in Rhode Is., U. S. A., donates his entire salary to the Current Budget of the College and a second Korean Professor of Music in the Chosen Christian College has just contributed his entire salary for a period of 15 months (¥2250.00) to purchase a Grand Piano for the College. This has already been installed and three month's salary paid on it. We are working steadily along this line and hope for a good showing in the near future. Also a letter has just come from one of the first graduates of the Severance Union Medical College (the butcher's son) enclosing ¥100.00 as a contribution towards the hospital building fund.

I note that you say that Mr. Severance and Mrs. Prentiss have expressed their willingness to erect another large building or several smaller ones if the Koreans will put up the first hospital wing. I am regarded here as an optimist, nevertheless I like to found my optimism on a dependable basis so I am compelled to express my fear that this is an overlarge project for our Korean constituency although I have reason to believe that they will show a good spirit and do according to their ability, and I am confident also that Mr. Severance and Mrs. Prentiss will gladly come to our assistance when they see a real effort being made by the Koreans to do what they can.

All these things have made me feel not only willing to work longer here before going to America but even pleased that this recommendation was made by the Cooperating Board, provided only that the urgent need that certain things be done quickly at both Colleges can be met by you who are there. Could I see funds coming in for these things I would prefer to

Rev. G. T. Scott.

stay here, but when pledged finances are held back, as they have been, and the time for erecting and equipping buildings and doing fundamental work without which two hundred thousand dollars worth of other buildings are being held out of use, is passing by, what can one in my position do if he cannot get into a place where he has access to men who are potential contributors ?

You say that the fact that I was at home two years ago had much to do with the decision made that I should not go now. Do you remember telling me once when I was leaving New York that everything in the way of push for the Chosen Christian College would stop when I left because the man on the ground was the one to push his college forward ? Have you not also been trying for two years to find a Secretary for the Cooperating Board who could spend all his time finding contributors for its funds ? What then has the fact of my absence from America but two years to do with the question when the College is in such need ? I am sure you do not want me to get the impression that you think I am looking for a pleasure trip to America and yet your statement carries that implication.on the face of it. I am sure, however, that you (all of you) know that I have only one desire and that is to go and to be wherever I can do what the Colleges need to have done so long as it is my duty to do it. I cannot help wishing, however, that you had not said it and that Dr. Brown also had omitted it. I am not looking for a furlough, of course, and that is why I have contended against the action of the Presbyterian Board in deciding "that the matter of a special furlough was largely contingent upon the action of the Mission" (see your letter section 3) I am wondering in which of the Colleges in China a missionary of our Board is President, as Dr. Brown stated that in Union Colleges in China where one of our missionaries is President the Board expects him to get the favorable action of his Mission before carrying out the direction of his College Board. I know Dr. Williams is Vice-President of Nanking and that the President there says Dr. Williams' Mission is not consulted. I also know that Dr. Williams was in America when I left there last and that he is back there again in an effort to get more money. I am glad that in the succeeding sentences you stated that "this did not affect the problem in the mind of the Cooperating Board", but that rather the question was decided on its merits, that is on the inopportuneness of the proposed time for my going.

As to the matter of affiliation of the two institutions (section 4) I am glad that the Board is ready to discuss it in all its bearings though I realize that nothing should be actually done in the immediate future. We need to get the Chosen Christian College on a better footing before taking new steps. Above all, we need to complete the present commitments for buildings with all the accessories that are required to work them, such as heating plant, water supply, campus grading, athletic grounds, dormitories and dining hall, residences &c. and to increase our current budget until we can employ enough Korean and Japanese teachers with full quailifications to enable us to carry on the higher plane at least the departments we have been teaching on the lower plane. Until then the Severance Board of Managers will probably not feel it desirable to affiliate with the Chosen Christian College. You will understand this better when you read what I shall write a bit further down.

Rev. G. T. Scott.

Re leasing some of our frontage we recognize the justice of your claim as set forth in Section 5.

Referring to Section 6 on Finances we have already written explanations which I trust will have relieved your anxiety on this point. I am now preparing the plans of the Severance development scheme and they will go forward soon with more carefully prepared estimates. Mr. Severance is right in thinking the second wing of the hospital will not be the most urgent need after the erection of the first wing, because enlargement at one point creates the need for corresponding enlargements elsewhere just as Mr. Severance has mentioned.

Re prorating of Current Budget Deficits, I think you are right and your plan will be quite satisfactory to us here. Kindly put it into operation as quickly as you can.

The Double residence has been covered by recent reports sent by Mr. Owens. Mr. Sutherland will know whether he has called on Mr. Underwood and Mr. Severance for the funds as reported. The total asked for was covered by the amount of their pledges.

You ask about religious liberty and new Charter conditions and the relation of the Colleges to Mission Middle Schools. Nothing new has occurred, but I will resay what I said before though perhaps in different form. As your question indicated, you do not have the matter clearly in your minds. If you do not have accurate ideas on the subject it will not be strange because many living right here fail to get a right understanding of the regulations, though they are not difficult to those who have grasped the underlying principle of Japanese School law. We may divide schools into two classes:

1. Government Schools

2. Private Schools (including Mission Schools)
   Private schools may be divided into two classes:
   (a) Those which are recognized by the Government as equal to Government schools.
   (b) Those not so recognized.

Based on the above we can make a new classification as follows:

A. Government schools and Private schools recognized by the Government as of equal grade.

B. Unrecognized private schools.

As for Religious Liberty, all schools in Class A either omit all religious teaching whatsoever, or do it at convenient times outside of the hours prescribed by government for its regular curriculum of studies, which of course does not include religion. The Mission schools in this class teach the Bible and religion in the same class rooms as are used for the regular curriculum or in a special building as may be convenient and use their regular teachers for this work. They teach just as much Bible as do the nonconforming Mission schools and the classes are attended by practically all the students. This practice is recognized by the Government as proper and in accordance with the school regulations.

As for the advantages of Mission schools conforming - a graduate has all the advantages that would come from attending a regular Government school, a standardized diploma which entitles him to admission to the next higher school and that is recognized by business firms as guaranteeing a definite grade of education.

The disadvantage is that Bible teaching must be given as an extra curricula subject and be voluntary. The seriousness of this is not admitted to be very great by those schools which have conformed as the influence on character of the teaching thus given does not seem to be in any way less than when given within the curriculum. In either case it is the influence of the life and character of the teachers that determines the effectiveness of the teaching.

Now as to the relation of the Colleges to our Mission Middle Schools:

1. Graduates of Government Higher Common Schools or of Private Schools (including Mission Schools) which have been recognized as Higher Common Schools and any, no matter where educated, who have passed the Special Annual Examination given by the Government to enable those who have been educated outside regular Higher Common Schools to qualify, can enter our Colleges as regular studants.

2. Graduates of unrecognized private schools (including Mission Schools which have not been recognized as Higher Common Schools - sometimes called nonconforming schools -) can enter our Colleges as special students.

Both classes, regular and special, take the same courses and the same examinations and both graduate, differing in no respect during their years of study but receiving diplomas which differ in one word, the insertion of the words "have graduated from the regular course of the Chosen Christian College" in one case and the substitution of "special" for "regular" in the other.

Now this makes no difference to the Colleges, but it seems to make a difference to the students, who are refusing to enter an unrecognized school if they can gain admission to a regular school. In fact the difference to them is greater than it looks to us. But the disability does not lie in the Colleges, but in the preparatory schools. A "Special" graduate of the Chosen Christian College is in the same category as is any graduate of the Pyengyang Sollege so he is as well off to have graduated from our College and indeed better off as he has at least graduated from a College recognized by the Government as of high grade, while at the same time the Chosen Christian College can graduate "regulars" and so perform a double function. The Severanse Union Medical College can admit regular and special students as well. Its commencement was held this week at which four graduated as regulars and one as a special.

Rev. G. T. Scott.

Now as to this special government examination for converting "Specials" into "Regulars". It is held every Spring to give those who have not had the opportunity of graduating from a recognized Higher Common School a chance to get into the regular line and is a very convenient link between the unrecognized schools and the others. It presumably covers the work of the five years of a Higher Common School but is more difficult because it is more comprehensive, covering the whole five years in one examination. Four members of our Severance Union Medical College graduating class (specials) tried the examination this year and three of them passed, thus becoming regulars just in time for their graduating examinations.

There is now a greater demand than ever on the part of Koreans that our Mission Schools of so called Middle School grade be converted into recognized Higher Common Schools (same grade) and the only thing that will enable our schools to continue to have students will be the fact that there are not enough government and recognized schools to accommodate all that want to attend school and those who are left over will enter our schools so as to keep in line, only to leave them as soon as they can by any means gain admission to one of the "regular" schools.

The Canadian Presbyterian Mission and Board have decided to establish in their territory one school of this grade and seek recognition for it. The Northern and Southern Methodists have three such schools. I look for a rather interesting discussion of the matter at our next Mission meeting (in June). The Educational Department has made it known that our John D. Wells' School is already of such a grade that it can be recognized if we wish to make application. The Korean church will probably take the question up and there seems little doubt as to the result, as an informal questionaire has shown that a large proportion of the Presbyterian pastors favor the securing of recognition. What effect this will have on our Mission remains to be seen, but I may say that the members of Seoul Station are in favor of conforming, with a possible single vote contrary, after very thorough consideration of the question both from the theoretical and practical standpoints, and after several years of watching the outcome of the experiment in the Northern and Southern Methodist Schools.

I will now close this letter which has grown to an unexpected length but will soon follow it with another on the immediate financial needs of the Colleges.

Very sincerely,

O. R. Avison

## 67. 에비슨의 개인 연례보고서

올리버 R. 에비슨 박사의 개인보고서

1922년 4월 1일부터 1923년 3월 31일까지

한 해 동안 나는 두 대학에서 일하면서 두 곳을 관장하는 영예를 누렸습니다. 처음 9개월 동안은 행정문제, 경영문제, 모금문제를 돌보았고, 마지막 3개월 동안은 두 대학이사회의 결정에 따라 주로 모금 업무에 전념하였는데, 교장이 한국과 미국에서 모금 사역을 하도록 그를 업무에서 자유롭게 해주기 위해 부교장이 행정 직무와 집행위원회 직무의 많은 부분을 인계받았습니다. 이 결정은 그 학교들에 필요한 것에 대해 내가 가진 의견과 일치하고 있습니다. 두 대학과 나의 현재 관계를 명확히 이해시키기 위해 두 이사회가 각각 통과시킨 결의안들을 여기에서 인용하겠습니다.*

(1) 교장이 연희전문학교의 사역에서 매우 많은 세부적인 행정업무를 책임지고 있지만, 모금 사역에 시간을 쓰기를 바라는 요구에 적절히 부응할 수 없음을 알게 된 것을 고려하여, 이사회는 행정사역 부분을 부교장에게 맡기는 것이 적합하다고 보고 교장을 그 일에서 놓아준다. 그리고 교장은 정관과 학칙에서 제시된 대로 대학과 이사회의 일반적인 관계를 유지하면서, 당분간은 그의 시간을 전반적인 모금 사역에 바칠 것으로 기대한다. 이 일은 본국에서 함께 협력하는 선교부들, 교회들과 후원자들과 관계를 맺고, 현지에서 총독부만 아니라 선교회들과 한국의 교회들과 후원자들과 관계를 맺는 것을 포함한다.

(2) 부교장에게 맡길 "다른 직무들"은 당분간 교장이 한국과 미국에서 펼치는 연희전문의 이익을 증진할 모금 사역에 협력하는 것을 포함한다. 그리고 교장이 한국에 있는 동안에도 교수회, 학생들, 예산에 부속된 모든 문제와 그밖에 건물들과 땅들을 전반적으로 감독하는 일에서 교장을 대리하고, 집행위원회와 자산위원회의 위원이 된다.

(3) 당분간은 부교장과 학감을 한 사람이 겸하지만, 우리는 가까운 장래에 한국인 학감이 임명될 것을 기대한다. 과장들과 부교장이 그런 임명에 대해 협의할 것으로 알고 있다.

(4) 각 과의 과장은 가급적 빨리 학감과 부교장의 감독 아래 과장이 각 과의 교수들을 선정

* 아래의 인용문은 에비슨이 스코트에게 보낸 1923년 3월 30일자 편지(본 자료집 66번)에 똑같이 들어 있다.

하고(교수 직위를 제외한 모든 실질적인 임명권은 부교장의 손에 둔다) 교육을 감독하며 교재를 신징하고 주문하는 일을 책임진다.

(5) 연희전문의 회계에게 사업 매니저의 역할도 해주기를 요청하고, 그 일에 비품과 장비를 주문하는 것을 포함한다. 그는 승인받은 예산의 한도 안에서 지출을 관리할 책임을 진다. (변경은 예산위원회만 이사회나 집행위원회의 승인을 받아서 할 수 있다.)

(6) 예산위원회는 부교장, 학감, 회계, 운영 중인 과들의 과장들로 구성되고, 회계는 서기로 활동한다.

(7) 연례 예산 안에서 하는 모든 지출은 반드시 해당하는 과의 과장과 부교장의 증명을 받아야 한다.

(8) 모든 자본금의 지출은 반드시 교장이나 부교장의 승인을 받아야 하고, 다음 항목을 위해 지출될 것으로 이해된다.

(a) 건물들과 가구들에 대한 지출은 먼저 건축 감독과 건축위원회 위원장의 증명을 받아야 한다. 위의 둘 중 한 사람이 일시적으로 부재할 때는 그 직책에 있는 한 사람의 서명으로 충분하다.

(b) 땅을 사는 일은 자산위원회 위원장에게 증명을 받아야 한다.

(c) 항구적으로 사용할 설비에 대한 지출은 해당 과장의 증명을 받아야 한다.

(이상은 연희전문학교를 위해 작성되었지만, 세브란스 이사회도 그 원칙을 채택하면서 상황에 따라 필요하면 세부적인 점들을 변경하게 하였습니다.)

많은 사람이 내게 내가 아직 교장인지 물어보고 있어서 그 결의안이 무슨 뜻인지를 명확히 밝힐 필요가 있음을 알게 되었습니다. 이 질문은 뉴욕에 있는 협력이사회가 내게 하였습니다. 나는 그 협력이사회에 대한 내 대답을 인용하겠습니다.*

내가 이해하는 바로, 나는 이사회에서 교장으로서 내 권한을 포기함이 없이 세부적인 행정사역을 부교장에게 맡기도록 한시적으로 승인받았습니다. 그러할지라도 그들의 훌륭한 판단과 능력을 교장이 신뢰하지 못함으로 인해 부교장의 사역을 방해하는 일은 발생하지 않을 것입니다. 그런 것은 그가 실질적인 책임과 권한을 넘기지 못하게 막을 것입니다. 재정문제에 대한 교장의 관계는 변하지 않습니다.

---

* 아래의 인용문도 에비슨이 스코트에게 보낸 1923년 3월 30일자 편지(본 자료집 66번)에 들어 있다.

이사회들은 또한 언제든지 그렇게 하는 것이 대학에 이익이 된다고 여기면 이전의 지위를 회복시킬 권한을 가지고 있습니다. 그런 조정이 지혜로웠는지를 입증하는 일은 부교장에게 달려 있을 것입니다.

아시는 바와 같이, 연희전문학교의 부교장 대리인 베커 박사는 지금 교수회의 회장으로 활동하고 있고, 모든 세부적인 내부 관리업무를 결정하고 있습니다. 나는 이사회의 이사장, 이사회 집행위원회의 위원장이고, 이전처럼 자산위원회와 건축위원회의 위원입니다. 세브란스연합의학전문학교에서는 반버스커크 의사가 교수회의 회장과 행정위원회 위원장으로 활동하고 있고, 매일 오전 내 책상에서 여러 과장과 회의를 열어 제기되는 모든 현안을 해결하면서 그의 자리를 지키고 있습니다. 그 현안들이 중요한 자산 문제와 재정적으로 새로 책임질 일에 속하거나 이사회의 결의로 내가 살피도록 특별히 보류한 것들이 아니면 그렇게 하고 있습니다. 교원들이나 다른 사안들에 관한 중요한 현안들도 최종 결정이 나기 전에 내게 조회합니다. 행정위원회가 구성되었는데, 내가 그들의 한 위원입니다. 자산과 건축위원회의 모든 결정이 즉시 내게 보고되고, 나는 어떤 결정에 관해 질문하고 내 판단을 표명할 기회를 가집니다. 그러므로 이런 방면에서 내 판단에 반하여 중요한 일이 실행되지는 않을 것입니다. 많은 책임을 내려놓게 되었어도, 나는 많은 위안을 받고 있습니다. 여기에 더하여 사람들이 필요할 때면 실질적인 책임을 지며 모든 사역을 수행하는 것을 통해 발전해 가고 있습니다. 그러는 한편으로 모금과 개발업무는 더 진척되고 있습니다.

나와 한국인 후원자들의 관계가 매우 중요해질 것이기 때문에, 본교에서 아주 여러 해 동안 근무해온 송(E. Y. Song) 씨가 나와 협력하여 이 방면의 사역에 그의 시간을 거의 모두 투입하도록 사무직에서 전임되었습니다.

협력이사회는 교장으로서 나의 책임과 특권이 방해받지 않고 있다고 이해하여 그 조정을 충심으로 승인하였습니다.

두 대학 이사회는 지난 회의들에서 내게 협력이사회의 승인을 받으면 곧바로 미국에 가라고 지시하였습니다. 그 [협력]이사회는 지금은 적절한 때가 아니라고 생각하여 다음 가을까지 기다리라고 제안하였습니다. 그들이 내게 떠날 날짜를 곧 제안해줄 것으로 기대하고 있습니다.

진행 방식의 문제가 떠올랐는데, 어느 인물에게 다음 내용을 물어보지 않고 일반 원칙으로 결정된 것을 보고 싶습니다. 곧 어느 연합기관의 교장이 대학 이사회에서 미국에 가라는 지시를 받은 후에 그의 소속 선교회로부터 미국에 가는 일을 허가받는 것이 필요한가 그렇지 않은가 하는 것입니다.

어느 선교회가 그의 회원에게 한국 출국을 허가하거나 거절할 권한을 가진 것은 의심이 여지가 없습니다. 그들은 또한 그들의 어느 회원에 대해 그가 연합대학의 교장직을 수락하는 것을 허가하거나 거절할 수 있지만, 그들이 후자[연합대학 교장직]에 대한 허가권을 가진다면 그는 어느 만큼이나 대학 이사회의 지시 아래 있게 되는 것입니까? 그가 그 이사회의 지시 아래 놓이는 정도는 선교회가 그의 행동에 대한 결정권을 포기하는 정도를 재는 척도가 될 것이 분명해 보입니다.

각 선교회가 대학을 운영하는 이사회에 [기부금에] 비례하여 대표를 보내고 있으므로 학교를 운영하는 일에서 그 이사들의 영향력과 표를 통해 그들 몫의 권한을 모두 행사하고 있는 것이 분명한 듯합니다. 또한, 교장이 이사회 전체의 손아래에 있는 것도 분명한 듯합니다. 이사회 안에서 그의 선교회의 편에 있는 것도 물론입니다.

만일 위의 전제가 옳다면, 교장이 반드시 이사회의 지시를 따라야 하는 것이 분명할 것입니다. 그의 선교회가 교장직 수락을 허가하였으므로 그의 움직임을 좌우할 권한을 포기하지 않았다고 주장한다면 그리고 그 주장을 내세워 그에게 미국에 가라고 한(또는 이사회가 대학에 유익하다고 믿는 다른 일을 하게 시킨) 이사회의 지시를 따르는 것을 허가하기를 거절한다면, 4개 선교회 가운데 하나, 심지어는 6개 선교회 가운데 하나가 대학 이사회의 결정에 대해 거부권을 갖게 되는 것이고, 그리하여 연합 운영을 무위로 돌리고 효력을 없애 연합기관을 만들 수 없는 조건을 조성하는 것입니다.

이런 사실을 절감하여 나는 중국에 있는 4개 연합대학에 편지를 써서 그들에게 그런 경우에 일을 진행하는 방법에 대해 질문하였고, 다음과 같은 답변을 받았습니다.

> **베이징대학교, 하긴(H. L. Hagin).*** 우리 교장이 미국으로 갈 때 우리가 밟는 절차에 관한 당신의 2월 21일자 편지에 답하여, 그는 그가 속한 선교회와 협의하지 않는다는 말씀을 드립니다. 그 문제는 전적으로 대학을 운영하는 이사들과 위원회들의 손에 달려 있습니다.

> **난징대학교, 보웬(A. I. Bowen).**** 본교의 교장은 보통 정규적인 안식년 외에는 본국에 가지

* 하긴의 편지는 1923년 3월 2일자로 에비슨에게 발송되었고, 본 자료집 58번에 수록되어 있다.
** 보웬의 편지는 1923년 3월 13일자로 에비슨에게 발송되었고, 본 자료집 62번에 수록되어 있다.

않습니다. 보통 우리를 대표하여 모금하도록 본국으로 파송되는 이는 부교장인 윌리암스 박사 한 사람뿐입니다. 그 사람 아니면 내가 정규 안식년이 아닌 시기에 본국으로 가라고 요청을 받는 단 하나의 특별한 이유가 바로 그런 일입니다. 이 일이 필요하면 본 대학교의 이사회가 모여 현안을 다루면서 그가 가야 할 필요가 있다고 우리가 생각하는 이유들을 제시하고, 그런 다음 재단이사회에 같은 내용으로 권고하는 결정을 하면, 그들이 최종적으로 그 일을 허가하거나 아니면 다르게 하라는 결정을 내립니다.

선교회의 허가를 받는 것은 필요하지 않지만, 이사회의 허가는 물론 필요합니다. 그 이유는 만일 그가 안식년이 아닌 시기에 간다면 그 경비를 대학에서 부담할 것이고 선교회는 재정적으로 연루되지 않아 큰 관심을 두지 않을 것이기 때문입니다. 그의 본국 여행비를 그의 선교회에서 지급하게 할 필요가 있다면, 그때는 물론 그의 선교회의 허가를 받아야 할 것입니다. 내 경우에는 내 봉급을 대학에서 지급하고 어느 한 선교회도 지급하지 않습니다. 그러므로 내가 속한 특정 선교회에 나의 본국 여행을 알리는 일에는 아무 어려움이 없을 것입니다.

그의 본국 여행 비용을 선교회가 지급해주기를 대학이 바라는 경우가 아니라면, 교장은 대학을 통솔하는 이사회의 지시 아래 있어야 한다는 신념을 오히려 견지하겠습니다.

**산둥기독교대학교, 발미(Herald Balme).*** 본국에 가서 해야 하는 업무 문제를 추진하는 절차에 대한 당신의 2월 21일자 편지를 받고 흥미롭게 읽었습니다. 본 대학은 지금까지 해온 관행대로 여러 선교회와 학교 사이의 연결고리를 가급적 긴밀하게 유지하려고 노력해왔고, 대학 교직원으로 있는 선교회 회원들의 움직임에 영향을 주는 모든 문제를 그의 소속 선교회에 형식상으로 보고하여 보통은 그들의 승인을 받고 있습니다. 이런 일은 아마도 다소 형식적인 행위일 것입니다. 그러므로 언젠가는 그런 방법을 따를 수 없는 상황에 봉착할 수도 있을 것을 아주 잘 예상할 수 있습니다. 그럴 경우, 우리 이사회가 내린 결정에 선교회들이 도전하리라고는 생각지 않습니다. 그런 때는 교장이나 다른 행정직 임원이 중요한 사업 문제를 처리하기 위해 대학의 경비로 본국에 파송합니다. 그러나 우리는 그런 상황이 일어나는 것을 좋아하면 안 됩니다. 그런 경우 이해관계의 충돌로 비칠 가능성을 피함으로써 얻게 될 모든 것을 우리가 얻으리라고 생각합니다. 그러므로 만일 대학 교직원들과 우리 현지 이사회의 의견으로 내게 몇 개월간 본국에 가라고 조언할 상황이 발생한다면, 그 경비는 선교회의 일반 예산에서 마련하면 안 되고, 나는 반드시 나의 선교회 회원들과 즉시 소통하면서

* 발미의 편지는 1923년 3월 14일자로 에비슨에게 발송되었고, 본 자료집 63번에 수록되어 있다.

상황을 충분히 설명해야 합니다. 그렇게 하면 그들이 대학 이사회의 권고사항에 찬성할 준비가 되어있을 것이라고 확신합니다. 다른 교파연합 대학들은 이런 절차를 얼마나 따르는지 알지 못하고, [엔칭대 교장] 스튜어트(Leighton Stuart) 박사가 대학과 무관한 선교회의 회원인 베이징대학[엔칭대]의 경우에는 그런 관행을 따르지 않을 것이라고 짐작하지만, 당신은 물론 그들과 소통하면서 이런 것을 알아낼 것입니다.

**광저우기독교대학, 헨리(James M. Henry).*** 당신이 우리 대학 이사회의 서기에게 보낸 2월 21일자 편지를 얼마 전에 받았습니다. 이곳에서 우리가 진행하는 업무 절차가 당신에게 별로 도움을 주지 못할 것 같아서 염려됩니다. 그 이유는 우리가 극동에 있는 대부분의 다른 기관들이 갖는 것과 같은 의미의 연합기관이 아니기 때문입니다.

그러나 우리 학교에 기부한 여러 선교회의 사람들 가운데 한 명이 교장으로 선출되어야 하고, 현지를 드나드는 그의 움직임이 재단이사회의 뜻에 따라야 한다는 사실을 이해한 것 위에서만 그가 이 직책에 임명될 수 있으며, 기부금을 낸 그의 선교회의 거부권 행사에 순복해야 하는 것이 아닌 것은 아주 분명합니다.

이곳에 있는 우리에게는 이 일에 관해 다른 견해가 있을 수 없을 것 같습니다. 그렇지 않다면 교장과 학교 사역의 능률이 전체적으로 매우 크게 제약을 받을 수 있기 때문입니다

더 나아가 내가 스코트 씨에게 쓴 편지를 인용하겠습니다.**

언제 가면 좋을까에 관해서는, 우리가 그 문제를 협력이사회의 판단에 맡깁니다. 그런데 이는 사실상으로 선교부들의 일치된 판단과 같습니다.

세브란스연합의학전문학교의 발전을 가로막는 가장 큰 장애물들의 하나가 총독부의 완전한 인가를 받음으로써 제거되었다고 말할 수 있게 되어 기쁩니다. 우리는 그 소식을 전보로 보내고 편지로 썼습니다. 그 외에 당신에게 "서울 프레스"에서 그 일을 보도한 것을 당신에게 보냈습니다.

우리 전보를 해독하면 다음과 같습니다.

---

* 헨리의 편지는 1923년 3월 27일자로 에비슨에게 발송되었고, 본 자료집 64번에 수록되어 있다.
** 이하 인용문은 에비슨이 스코트에게 보낸 1923년 3월 30일자 편지(본 자료집 66번)에 들어있다.

의학교 시험을 인정받는 것을 공식적으로 통지받았습니다. 졸업생들은 더 이상 총독부의 시험을 치를 필요가 없습니다. 모든 관계 단체에 알려주기 바랍니다. 에비슨

우리가 두 번째로 바라는 것은 한국인들의 기부금이 답지하고 한국인들이 의료기관에 사의를 표명하는 것을 보는 일인데, 이런 일이 시작되었습니다. 연희전문에서 상과의 과장[백상규]은 장로교인이고 미국 로드아일랜드 주에 있는 브라운대학교의 졸업생인데, 자기 봉급 전액을 대학의 경상예산에 기부하고 있습니다. 두 번째 한국인, 곧 연희전문의 음악교수[김영환]는 대학의 그랜드피아노를 사기 위해 방금 그의 15개월분 봉급 전액(2,250원)을 기부하였습니다. 이것은 이미 비치되었고, 3개월분 봉급이 거기에 지급되었습니다. 우리는 이런 방면으로 꾸준히 노력하면서 가까운 장래에 좋은 결과를 보게 되기를 희망하고 있습니다. 또한 세브란스의전의 제1회 졸업생 한 명(백정의 아들)[박서양]이 보낸 편지가 방금 왔는데, 병원건축비를 위한 기부금으로 100원을 동봉하여 보냈습니다.

세브란스 씨와 프렌티스 부인이, 만일 한국인들이 첫 번째 병동을 짓는다면, 기꺼이 또 다른 큰 건물이나 몇 개의 작은 건물들을 짓겠다는 뜻을 표명했다고 당신이 말한 것을 주목합니다. 내가 이곳에서 낙관주의자로 여겨지고 있지만. 그래도 나의 낙관주의를 믿을만한 근거 위에 세우기를 원합니다. 그러므로 이 일이 우리 한국인 후원자들에게는 과도하게 큰 프로젝트이기 때문에, 비록 그들이 좋은 정신을 보여줄 것과 자신들의 역량대로 할 것을 믿을 충분한 이유가 있고, 또한 한국인들이 스스로 할 수 있는 일을 하면서 참으로 노력하는 것을 세브란스 씨와 프렌티스 부인이 보면 우리를 기쁘게 도울 것이라고 확신하지만, 그래도 불안감을 감출 수가 없습니다.

이 모든 일이 내가 미국에 가기 전에 이곳에서 더 오래 일하고 싶어지게 만들 뿐만 아니라, 협력이사회로부터 이런 권고를 받은 것을 기뻐하게 만들기까지 합니다. 다만 빨리 해결해야 할 일들을 앞둔 두 대학의 절박한 필요를 당신들이 그곳에서 채울 수 있다는 사실이 전제되어야 합니다. 이 일들을 위해 자금이 오는 것을 볼 수만 있다면, 그냥 이곳에 머물러 있고 싶어질 것입니다. 그러나 실제로 그렇게 되었듯이, 약정된 자금의 지원이 보류되면, 건물들을 짓고 설비를 갖추며 기본적인 공사를 하는 시기를, 20만 달러어치의 다른 건물들을 유용하게 활용하지도 못한 채, 그냥 보내버리게 됩니다. 만일 잠재적인 기부자들을 만나게 될 장소에 갈 수가 없다면, 내 처지에서 무슨 일을 할 수 있겠습니까?

두 대학을 통합하는 문제가 1922년 12월 18일 모인 두 대학이사회의 공동회의에서 논의되었고, 이 문제에 관해 다음의 기록이 작성되었습니다.

> 장래의 정책으로서 연희전문학교에 의과를 더하는 것에 찬성하는 발언을 했던 이사들이 공통된 의견으로 현재는 그 문제를 추진하는 것이 적합하지 않다고 생각하였다.

협력이사회의 1922년 5월 9일 회의록에서 다음과 같이 볼 수 있듯이, 처음에는 그들이 이 문제를 별로 호의적으로 보지 않았습니다.

> 연희전문학교와 세브란스연합의학전문학교의 밀접한 협력이 이사들의 제안대로 검토되었다. 본 [협력]이사회는 그 일이 두 대학의 능률을 높일 것이라고 진심으로 생각하지만, 어떤 협력도 각 학교의 개성과 본 모습을 흐리게 하거나 손상하면 안 될 것이다.

그러나 1923년 1월 17일 [협력이사회] 집행위원회의 회의록에서는 다음과 같은 진술을 찾아볼 수 있습니다.

> 두 학교의 통합 문제가 짧게 검토되었다. 본 협력이사회는 두 학교의 시설과 장비 또는 교육과정이 불필요하게 중복되지 않아야 한다고 믿고, 의예과와 어떤 기초적인 의학 수업은 연희전문학교의 실험실들에서 할 수도 있다고 믿는다. 둘째로 본 협력이사회는 연희전문학교와의 협력 가능성에 비추어 세브란스의전의 정확한 교실의 수요가 정해질 때까지는 세브란스의전에서 새 실험실들과 교실들을 짓지 말아야 한다고 믿는다. 본 이사회는 [양교의] 관계와 통합 문제에 관한 상세한 계획안이 현지에서 오기를 기다릴 것이다.*

이것은 승인을 받는 쪽으로 더 진전된 것을 가리키고 있고, 그 문제를 보완 설명한 스코트 씨의 편지는 두 학교를 발전시키는 모든 문제를 기꺼이 대면하려 하는 모습을 보여주고 있습니다. 그는 다음과 같이 말합니다.

> 두 학교를 합치는 문제에서 협력이사회는 아주 열린 마음을 가지고 있는데, 특별히 장비

* 이 인용문은 협력이사회 집행위원회의 1923년 1월 17일 회의 회의록(본 자료집 48번)에 들어있다.

와 교육의 중복을 피하게 할 정도로 협력하는 일에 그러합니다. 연희전문학교에서 개설할 과정들이 바로 얼마만큼이나 의학교 사역의 기초를 세우고 그 사역을 덜어줄 것이라고 예상하십니까? 협력이사회는 세브란스 의학교를 그곳과 합하거나 그곳의 한 과로 두는 기독교 종합대학을 세우는 것에 관해 별다른 동요 없이 의논하기까지 하였습니다. 그러나 어떤 결정도 내리지 않았습니다. 참석하지 않은 이사들은 틀림없이 각 학교가 특유의 본 모습을 계속 지니기를 바라고 있었을 것입니다.*

한 해 동안 일반적이고 특수한 교육문제에 관해 협상을 하는 데에 많은 시간이 걸렸습니다. 일 년 전 우리는 새 교육령이 공포된 것에 고무되었습니다. 그것은 한국에 있는 학교들의 수준을 일본과 똑같은 등급으로 높여서 두 인종 간의 교육적 차별을 없앤다는 것이었습니다. 그 교육령은 또한 일본에서 실시하는 규정에 맞춰 각종학교나 컬리지[전문학교] 등급의 학교들이 받는 종교상의 제한을 없앰으로써 세브란스의전과 연희전문이 종교적 기반에 관한 토론의 장에서 벗어나게 하였습니다. 이로 인해 우리는 기뻐하였지만, 고등보통학교로, 다르게는 중학교로 알려진(미국과 캐나다의 고등학교와 비교되는 등급의) 학교들은 종교적으로 구제받지 못한 채 남아있습니다. 그리하여 한 해 동안 이런 점을 구제받기 위해 노력해야 하였는데, 우리는 모두 결과를 얻는 데에 몇 년이 걸릴 일을 한 해 동안의 노력으로 성공한 것을 기뻐하고 있습니다. 틀림없이 모두에게 알려졌을 것처럼, 그 과정은 정규 노선 밖에서 정규학교가 총독의 승인을 받을 만큼 명백히 높게 우수한 수준을 보이는 학교들은 정규학교 졸업생과 같은 조건으로 상위의 정규학교에 입학할 특권을 가질 수도 있다고 한 총독의 선언에 의해 매우 간단히 논리적으로 진행되었습니다. 총독의 이런[지정학교 인정] 결정은 우리를 그의 집에 초대하여 모임을 가지는 가장 인자한 방법으로 쿤스 씨와 나에게 전달되었습니다. 거기에서 그는 새 교육령의 영어 번역문을 우리 손에 넘겨주고 그 조항들을 설명하였습니다.

총독의 결정은 학교의 수준을 높여서 이 기회가 주는 혜택을 잡으라고 하는, 선교회들을 향한 도전입니다. 이렇게 하지 못하면, 그는 틀림없이 이 일을 우리가 일류 학교를 세울 진정한 의도는 전혀 없이 공연히 막대한 소란만 일으키려 했다는 증거로 여기게 될 것입니다. 비록 어느 선교회도 갑자기 그들의 모든 학교를 그런 기준 위에 세울 수는 없겠

* 이 인용문은 스코트가 에비슨에게 쓴 1923년 1월 19일자 편지(본 자료집 52번)에 들어있다.

지만, 그래도 이제는 각 선교회가 이런 수준의 학교를 적어도 하나는 두지 않으면 적법하게 변명할 수 없게 됩니다. 이런 능급에서 교육할 수 있는 학교를 하나 두고, 그 밖의 학교들에서 처음 두세 학년 동안 남학생과 여학생을 유능하게 준비시켜서 등급이 높은 학교의 3학년이나 4학년에 전학할 수 있게 하고, 그리하여 본과생으로 졸업하게 하려고 전심으로 노력하면, 아주 흔히 발생하고 있고 기독교인들과 비기독교인들의 마음에 큰 고통을 주며 우리 종교 사역에 큰 손해를 끼치고 있는 동맹휴학이나 소요가 일어날 구실이 없어질 것입니다.

새로운 질서가 또한 우리 학교들이 승인받는 것을 대비하고 있습니다. 만일 졸업생들이 판임관[はんにん] 급에 오를만하고 공직에 임명될 자격을 갖춤으로써 그 학교들의 수준과 학적 성취가 총독을 만족시키리라고 입증된다면 승인을 받을 것입니다. 우리 고등보통학교들도 이런 기준에 오르도록 노력하여 우리 졸업생들이 사립이든 관립이든 비슷한 학교들이 갖는 모든 특권을 얻게 해야 합니다.

지난해 초에 나는 우리가 아직은 세브란스연합의학전문학교 학위를 인가받아 의료행위를 할 면허를 받기 위해 총독부와 협상하는 중에 있다고 보고하였습니다. 그 한 해 동안 이 인가가 나서, 우리가 이 일을 기뻐하고 있습니다. 세브란스의전과 연희전문 두 학교가 새로운 교육령 아래에서 새 전문학교가 되었습니다. 즉 두 학교가 일본에서 종합대학에 조금 못 미치는 것으로 알려진 높은 등급에 있게 된 것입니다. 다만 수물과는 아직 유자격 교원의 수가 많지 않아 옛날 등급을 받고 있습니다.

새 전문학교의 등급을 받은 대학이 지난 며칠 안에 또 다른 것을 용인받아 별과(정규 고등보통학교 출신이 아닌 학생들) 졸업생에게 판임관 급의 공직에 임명될 자격이 주어졌습니다. 그리하여 별과생들이 겪는 무자격 조건들의 하나가 없어졌습니다.

<u>일반 종교사역</u>: 지난해 동안 남대문교회 사역에서 큰 수적 증가가 있었습니다. 목사가 없는 상황에서도 경신학교를 졸업한 김창덕 조사(Chosa, Helper)의 유능한 지도 아래, 1922년 12월까지 예배 참석자와 관심을 보인 사람이 꾸준히 늘었습니다. 그때 유명한 전도자[부흥사] 김익두가 목사로 부임하였고, 온 교회가 크게 자극을 받았습니다. 그는 교회를 모든 방면에서 철저하게 재조직하였고, 나에게 전에 몇 가지 이유에서 그만두었던 오전 주일학교를 다시 맡아야 한다고 주장하였으며, 전반적으로 교회 임원들의 열정을 북돋아

주었습니다. 비록 그가 이 교회에서는 평균적으로 한 달에 겨우 한 주일밖에 보내지 않고 있지만(나머지 시간을 전국에서 복음전도[부흥회]를 하는 일에 쓰고 있습니다), 꾸준히 성장하고 있고, 우리는 지금 주일학교를 확장하기 위해 여분의 공간을 찾고 있습니다. 한 의자에 7명이 앉는 장의자 10개가 최근에 새로 들어왔지만, 우리는 지금 20개를 더 놓을 수 있도록 공간을 바꾸는 문제를 의론하고 있습니다. 이처럼 조용하면서도 꾸준하게 관심이 높아지는 것을 보는 것과 우리 자신이 압박을 받아 공간을 찾기 시작했다는 사실을 깨닫게 된 것은 확실히 즐거운 경험입니다. 김 목사는 재치가 많은 것을 보여주고 있고, 우리 외국인들에게 어떠한 인종차별도 하지 않고 치유 등의 기적을 바라게 하는 기색도 없이 훌륭한 설교를 하고 있습니다.

출처: PHS

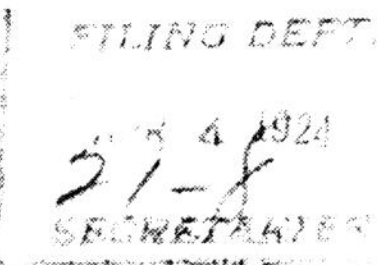


Personal Report of Dr. Oliver R. Avison

April 1, 1922 to March 31, 1923

During the year I carried on the work of the two Colleges over which I have the honor to preside, during the first nine months looking after administrative, executive and promotional matters and during the last three giving myself mainly to promotional efforts in accordance with the decision of the two Boards of Managers that the Vice-Presidents take over to a large extent the administrative duties and executive duties in order to set the President free for promotional work in both Korea and America. This decision was in accord with my own views of the needs of the Institutions. In order to give a clear understanding of my present relations to the two Colleges I will here quote the resolutions as passed by the respective Boards:

(1) That in view of the fact that the President finds himself unable, while responsible for so many administrative details of the C.C.C. work, to adequately meet the demands upon his time for the promotion work, he be set free from such part of the administration work as the Board of Managers may see fit to assign to the Vice-President, and that the President while retaining his general relationship to the College and Board as set forth in the Charter and Regulations, be expected for the present to devote his time to the general promotional work; including relations at the home and with the Cooperating Board, churches and constituency and at the Field with Mission, the Korean churches and constituency as well as with the Government.

(2) That the "other duties" to be assigned to the Vice-President shall for the present include cooperation with the President in promoting the interests of the C.C.C. both in Korea and in America and substituting for the President even while he is in Korea in all matters pertaining to the Faculty, students and budget besides the general oversight of buildings and grounds and that he be a member of the Executive and Property Committees.

(3) That for the present the Vice-President and Dean be one officer, but that we look forward to the appointment of a Korea Dean in the near future; it being understood that the Heads of Departments and the Vice-President shall be consulted in such an appointment.

(4) That as soon as possible each Department Head shall be made repponsible under the oversight of the Dean and Vice-President for the selection of departmental teachers (actual appointment of all except those of Professional rank to be in the hands of the Vice-President) supervision and teaching and for the selection and ordering of text-books.

(5) That the Treasurer of the C.C.C. be asked to act as Business Manager also, which will include the ordering of supplies and equipment and that he be responsible for keeping expenditures within the limits of the approved budget (changes in which can be made only by the Budget Committee with the approval of the Board of Managers or its executive Committee)

(6) That the Budget Committee consist of the Vice-President, Dean Treasurer and the Heads of Departments in operation, the Treasurer to act as its secretary.

(7) That all expenditures under the Annual Budget must be certified by the Head of the Department involved and by the Vice-President.

(8) All expenditures of Capital Funds must be approved by the President or Vice-President, it being understood that expenditures for:
(a) Buildings and furniture are to be first certified by the Superintendent of Construction and the Chairman of the Building Committee. In the temporary absence of either of the above the signature of the one of the job will suffice.
(b) Land purchases are to be certified by the Chairman of the Property Committee.
(c) Permanent equipment to be certified by the Head (or Director) of the Department involved.

(The above was made for the Chosen Christian College, but the Severance Board adopted the principle, making such changes in the details as conditions required)

Many have asked me whether I am still President and I find it necessary to make the meaning of the resolution clear. This question having come to me from the Cooperating Board in New York, I will quote my answer to that Board:

"As I understand it, I have been temporarily authorized by the Boards to entrust to the Vice-Presidents the administrative work in detail without relinquishing my rights as President. Nevertheless it is to be expected that the Vice-Presidents will not be hampered in their work by lack of confidence of the President in their good judgment and ability which will prevent him from transferring real responsibility and authority. The President's relation to the finances is not changed.

The Boards also have the authority to restore the former status whenever they deem it in the interests of the Colleges to do so. It will be up to the Vice-Presidents to demonstrate the wisdom of the arrangement.

As it is working out, Dr. Becker, Acting-Vice-President of the Chosen Christian College now acts as Chairman of the Faculty and all details of internal management go to him for decision. I am Chairman of the Board, Chairman of the Executive Committee of the Board and a member, as before, of the Property and Building Committees. At the Severance Union Medical College Dr. VanBuskirk acts as Chairman of the Faculty and Chairman of the Committee on Administration and he takes his place at my desk every morning for conference with department heads settling all questions that come up unless they pertain to important property matters and new financial undertakings or are matters specially reserved for my attention by the resolution of the Board. Important questions concerning teachers or other matters are also taken up with me before they are finally acted on. A Committee on Administration has been appointed of which I am a member. All actions of the Property and Building Committee are reported to me immediately and I have an opportunity to question any action and express my judgment on it and nothing of importance in this line will be done against my judgment. Plenty of responsibility is left for me to carry but much relief has come to me in addition men are being developed through actual responsibilty to carry all the work when it may become necessary, while promotional and developmental work are making more headway."

As my relations with the Korean constituency will be very important Mr. E. Y. Song, who has been connected with the institution so many years has been transferred from office work to give most of his time to cooperating with me in this branch of the work.

The Cooperating Board, on the understanding that my responsibilities and privileges as President, have not been interfered with, has cordially approved the arrangement.

The two College Boards at their last meetings directed me to visit America as soon as the Cooperating Board should approve. That Board felt the present time to be inopportune and suggested waiting until the Fall. I expect soon to receive their suggestion as to a date for going.

A question of mode of procedure has arisen which I would like to see decided as a general principle and without reference to any personality, viz., the necessity or otherwise for the President of a Union Institution to obtain the permission of his Mission to visit America before he can do so after receiving instruction from the College Board to go.

There is no doubt that a Mission has authority to give or to refuse permission to its members to go away from Korea. It can also give or refuse permission to one of its members to accept the Presidency of a Union College, but when it has given its permission to the latter to what extent has it placed him under the direction of the College Board? It appears evident that the degree to which he has been placed under the direction of that Board measures the degree to which the Mission has relinquished its authority over his actions.

As each Mission is proportionately represented on the Governing Board of the College and it seems apparent that through the influence and votes of its members it exercises its full share of authority in the management of the Institution, it seems also clear that the President is the servant of the whole Board and not only of his Mission's part of the Board.

If the above premises are correct, it seems evident that the President is bound to follow the direction of his Board. Should his Mission claim that in giving permission for him to accept the Presidency it did not relinquish its authority over his movement and by virtue of that claim refuse to give him permission to follow his Board's instructions to go to America (or do any other act believed by the Board to be in the interests of the College), it would seem evident that one Mission out of four or even one out of six had the power to veto the decisions of the College Board, and so render united management null and void, a condition which would make Union Institutions impossible.

Realizing this, I wrote to four Union Colleges in China, asking them as to their method of procedure in such cases, and received the following replies:

> "Peking University, H.L.Hagin. In reply to your letter of February 21st regarding our procedure when our President goes to America, I may say that his mission is not consulted, the matter being entirely in the hands of the administrative boards and committees of the University."

> "University of Nanking, A.I.Bowen. Usually the president of the institution does not go home except on regular furlough. Dr. Williams the Vice-President is the only one who is usually sent home to raise money for us, as that is the only special reason that arises calling for either him or myself to go home at times other than at regular furlough times. When this is necessary the Board of Managers of the University meets and takes up the

question and gives the reasons why we think it necessary for him to go, and then act recommending the same to the Trustees, they taking final action permitting it or otherwise.

"It is not necessary to get the permission of the Mission, but rather that of the Board of Managers, since, if he goes other than at furlough time the University would have to stand his expenses and it is not a very great concern of the mission since they would not be financially involved. Were it necessary to have his mission pay his travel home, then of course permission would have to be secured from his mission. In my own case my salary is paid by the University and not by any one mission, so there will be no diffiaulty of referring my home going to my particular mission.

"I would rather hold to the belief that the President should be under the direction of the Board of control of the College, except in such cases where the College wished the mission to pay his home-going."

"Shantung Christian University, Harold Balme. It was interesting to receive your letter of February 21 with regard to procedure in the matter of such business as would necessitate a visit to the home countries. The practice which we have hitherto followed in this University is to endeavor to keep the links between the various Missions and the institution as close as possible, so that all matters affecting the movements of a member of the Mission who is holding a position on the staff of the University are reported pro forma to the Mission to which he belongs, and their approval is usually secured. This is possibly a somewhat formal action, and I can quote conceive that circumstances might at some time or other arrive when it would be impossible to follow such a method. In that case I do not think the Missions would be likely to challenge any action which our Field Board took, and which led to the President or any other administrative officer being sent home at University expense for the transacting of some important matter of business. We should however prefer not to have such a condition arise. It seems to me we have everything to gain by avoiding what might appear to be a clash of interests in such a case. If therefore circumstances arose which in the opinion of the University staff and of our Field Board made it advisable for me to go home for a few months, the expense of which would not have to be made out of ordinary Mission appropriations, I should immediately communicate with the members of my own Mission, explaining fully the circumstances, and I have every confidence that they would be prepared to endorse the recommendations of the University Field Board. I do not know how far this procedure is followed by other union Universities, I rather imagine that in a case like Peking University, where Dr. Leighton Stuart is a member of a Mission far removed from the University itself, such a practice may not be followed, but this you will of course ascertain by communication with them."

"Canton Christian College, James M. Henry. Your letter of February 21 addressed to the Secretary of our Board of Directors has been waiting some time for acknowledgement. I am afraid that our procedure here will be of little help to you, as we are not a union institution in the same sense as most of the others in the Far East.

It is quite certain however that if one of the men contributed to our institution by other missions should be chosen as President, that he could only be appointed to this office on the understanding that his movements to and from the field should be in accordance with the will of the Trustees and not subject to any veto by his contributing mission.

It would seem to us here that there could be no other view to take of this as othersie the efficiency of the president and of the work of the institution as a whole might be greatly restricted."

I quote further from my letter to Mr. Scott:

"As for when may be the opportune time for going, we have left that to the judgment of the Cooperating Board which is equivalent practically to the united judgment of the Mission Boards.

I am happy to be able to say that one of the greatest obstacles to the Severance Union Medical College's progress has been removed by the attainment of full recognition by the Governor-General, word of which we cabled and wrote besides sending you the published accounts of it in the "Seoul Press". Our cable read, decoded, as follows:

> "Official notification recognition medical school examinations. Graduates no more required to take government examinations. Notify all parties concerned. Avison"

Our second great desire is to see Korean contributions coming in, showing the appreciation of these institutions by the Koreans and in this a beginning has been made. The Head of the Department of Commerce in the Chosen Christian College, a member of the Presbyterian Church and a graduate of Brown University in Rhode Is. U. S. A. donates his entire salary to Current Budget of the College and a second Korean, Professor of Music in the Chosen Christian College has just contributed his entire salary for a period of 15 months (¥2250.00) to purchase a grand piano for the College. This has already been installed and three month's salary paid on it. We are working steadily along this line and hope for a good showing in the near future. Also a letter has just come from one of the first graduates of the Severance Union Medical College (the butcher'snson) enclosing Y100.00 as a contribution towards the hospital building fund.

I note that you say that Mr. Severance and Mrs. Prentiss have expressed their willingness to erect another large building or several smaller ones if the Koreans will put up the first hospital wing. I am regarded here as an optimist, nevertheless I like to found my optimism on a dependable basis so I am compelled to express my fear that this is an overlarge project for our Korean constituency although I have reason to believe that they will show a good spirit and do according to their ability and I am confident also that Mr. Severance and Mrs. Prentiss will gladly come to our assistance when they see a real effort being made by the Koreans to do what they can.

All these things have made me feel not only willing to work longer here before going to America but even pleased that this recommend ation was made by the Cooperating Board, provided only that the urgent need that certain things be done quickly at both College can be met by you who are there. Could I see funds coming in for these things I would prefer to stay here, but when pledged finances are held back, as they have been, and the time for erecting and equipping buildings and doing fundamental work without which two hundred thousand dollars worth of other buildings are being held out of use, is passing by what can one in my position do if he cannot get into a place where he has access to men who are potential contributors ?"

The question of affiliation of the two institutions having been discussed by a joint meeting of the two Boards on December 18, 1922, the following minute was made concerning this:

"The concensus of opinion of the members who spoke favored, as a future policy, the adding of a medical department to the Chosen Christian College, but considered the present time as not opportune to push the matter."

At first the Cooperating Board did not look on this with much favor as shown by the following minute of its meeting of May 9, 1922:

"Closer Cooperation between the Chosen Christian College and the Severance Union Medical College, as suggested by the Managers, was considered. While the Board would cordially consider questions that would increase the efficiency of the two Colleges, it unanimously agreed that any such cooperation should not obscure or impair the individual identity and integrity of each Institution."

but in the minutes of the meeting ofnthe Executive Committee on January 17, 1923, we find the following statement:

"The Question of the Affiliation of the Two Institutions was briefly considered. The Board believes that there should be no unnecessary duplication of plant, equipment or courses in the two institutions, and that probably Pre-Medical and some of the earlier Medical work may be conducted in the laboratories of the Chosen Christian College. Secondly the Board believes that new laboratories and class-rooms should not be erected at the Severance Institution until the exact needs for class-rooms at Severance is determined in the light of probable cooperation with the Chosen Christian College. The Board will await detailed proposals from the field on the matter of relationship and affiliation."

which indicates an advance towards approval and Mr. Scott's covering letter on the subject shows a willingness to look the whole subject of the development of the two institutions in the face. He says:

"On the matter of the affiliation of the two institutions, the Board is quite open-minded, especially to the extent that cooperation may eliminate duplication in equipment and in teaching. Just how far it is expected that Chosen Christian College courses will underbuild and relieve the work at the Medical School ? The Board even discussed without undue perturbation a Christian University with the Severance School of Medicine affiliated with it or a department of it. However no action whatever was taken, and some absent members would, without doubt, wish to continue the individual integrity of each institution."

Much time was occupied during the year on general and special educational negotiations. A year ago we were encouraged by the promulgation of the new educational ordinance, which raised the standards of schools of Korea to the same grade as those of Japan, thus removing educational discrimination between the two races. The ordinance also removed religious restriction from special schools or schools of college grade in line with the regulations in force in Japan, thus relieving the Severance Union Medical College and the Chosen Christian College from the sphere of discussion on religious grounds. For this we were grateful, but the Higher Common Schools, otherwise known as Middle Schools (of grade comparable to High Schools in the U.S.A. and Canada) were left unrelieved religiously. The effort of the year, therefore had to be devoted to securing relief at this point and we all rejoice in the success within the year of efforts which it was feared would take several years to bring results. As is known by all probably the procedure was brought about very simply and logically by a declaration of H. E. the Governor-General that schools outside of the regular line whose standards of excellence were manifestly as high as those of regular schools might be approved by the Governor-General as schools whose graduates might have the privilege of admission to regular schools of next higher grade on the same terms as graduates of regular schools. This decision on the part of His Excellency was conveyed to Mr. Koons and myself in a most gracious manner by inviting us to his residence for a conference at which he placed an English translation of the new order in our hands and explained the provisions.

The decision of the Governor General is a challenge to the Missions to bring their schools up to grade and take advantage of this opportunity. Failure to do this will undoubtedly be regarded as evidence of our having made a great deal of fuss without having had any real intention to establish first class schools. There can be no legitimate excuse now for each Mission not having at least one school of this grade even though perhaps none of the Missions can suddenly establish all their schools on such a basis. But with one school able to give this grade of education and other schools devoting their efforts to efficient preparation of boys and girls in the first two or three years who can transfer to the third or fourth years of the high grade schools and so graduate as regulars there should be no excuse for strikes and disturbances such as have been so common, so painful and so disastrous to our religious work in their effect on the minds of both Christian and non-Christians.

The new order makes provision also for our schools to be approved if their standards and attainments satisfy the Governor General as schools whose graduates may be given Hanning rank and be eligible for appointment to positions in the civil service. Our Higher Common Schools should endeavor to reach this standard also so that our graduates may be entitled to all the privileges of similar schools either private or government.

At the beginning of last year I reported that we were still negotiating with the Government for the recognition of the Severance Union Medical College diplomas so that our graduates would not have to undergo further examination for licence to practice their profession. During the year this recognition was granted and we rejoice in this. Both the Severance Union Medical College and the Chosen Christian College are now Semmon Gakko under the new ordinance, i.e. they are of the highest grade known to Japan short of the University except that the department of Applied Physics and Mathematics is still of the old grade until its staff of qualified teachers is increased in number.

Within the last few days another concession has been made to Colleges of the new Semmon Gakko grade be recognizing graduates of the special class (those not matriculated from regular Higher Common Schools) as eligible to appointment to Civil Service positions of Hannim rank, thus doing away with one of the disabilities of special students.

General Religious Work: During the past year there has been great increase in the work of the South Gate Church. Under the able leadership of Chosa (Helper) Kim Chang Tok, a graduate of the John D. Wells School even in the absence of a pastor, attendance and interest had been steadily increasing till December 1922 when Rev. Kim Ik Doo, the celebrated evangelist was installed as Pastor, at which time the whole church was greatly stimulated. He thoroughly reorganized every department of the Church, insisting that I again undertake the Superintendency of the morning Sunday School, which I had dropped for certain reasons, and generally stirring up the enthusiasm of the Church officers. Although he spends on the average scarcely a week each month in this church (being the rest of the time on evangelistic missions in the country) there is a steady growth and we are now looking for extra space into which the Sunday School can overflow. Ten new benches seating 7 each, have been put in recently but we are now talking of making changes that will accomodate about 20 more. It is certainly a joyful experience to see this quiet and steady revival of interest and to find ourselves beginning to be pushed for room. Pastor Kim is showing much tact and is working us foreighers without any racial discrimination and is preaching good sermons without any flavor of appeal to the miraculous in healing etc

## 68. 에비슨 부인의 개인 연례보고서

### 에비슨 부인의 1923년 보고서

지난 한 해 동안 얼마나 많고 적은 일을 했는지를 어떻게 말하기 시작할까요? 지난 일을 돌아보면 건강했을 때만 아니라 아팠을 때까지 모든 일에 대해 그리고 조금이라도 섬김의 즐거움을 누렸던 것을 생각하며 진심으로 찬양하고 감사합니다.

우리 [남대문]교회와 그들의 활동을 생각할 때면 열정과 열심에 찬 김 조사[전도사]가 생각납니다. 그와 함께 일하는 것은 즐겁습니다. 그는 사람들에게 가서 시골 사역이든지, 주일학교 사역이든지, 청년면려회나, 유치원이나, 가난한 사람 심방이나, 여자 사경회나, 무엇이든지 이런저런 사역을 확장하고 발전시킬 계획들에 대해 말하는 것을 즐기는 것 같습니다. 우리는 지금 13군데 시골 마을에서 사경회를 열고 있는데, 평균 100명의 여성이 참석하여 매주 성경을 공부합니다. 이 사경회는 놀라울 정도로 사람들의 헌신과 성경 지식이 꾸준히 성장하게 하고 있고, 주일이면 항상 그들이 사는 곳, 주일학교 교실, 정규 예배에 가보고 싶은 마음을 갖게 하고 있습니다. 우리는 지금같이 많은 참석자를 얻어본 적이 없습니다. 그들이 출입문까지 건물에 가득 차서 우리는 이미 있는 것 외에 10개의 새 장의자를 방금 더 들여왔습니다. 좌석마다 7명에서 8명이 앉습니다. 오전 주일학교에는 29개의 분반이 있는데, 주일학교에 대해서는 부장으로 있는 [에비슨] 박사님이 여러분께 설명할 것입니다. 그리고 오후 주일학교에 대해서는 부장으로 있는 우리 아들이 여러분께 설명할 것입니다.

우리 구역에서 2월에 연례 사경회를 가졌는데, 65명의 여성이 참석하였습니다. 우리는 겐소 부인, 하트니스 양, 코엔 부인의 도움을 받았습니다. 내가 아파서 갈 수 없었기 때문에, 그들이 날마다 미리 짜놓은 주제들을 따라 가르치면서 많이 도와주었습니다. 그 여성들은 매우 열정적으로 이 사경회를 이끌었습니다. 지난해에 사경회에서 우리 여자선교회가 생겨났고, 이 선교회는 올해 부츠 부인의 도움을 조금 받으면서 또 다른 전도부인을 두고 있으며, 그들은 이에 대해 크게 감사하고 있습니다. 두 번째 전도부인을 들인 이유는 새신자가 아주 많아 전도부인 한 명으로는 그들을 심방하고 그들에게 필요한 교육을 하면서 본인의 정규사역을 하게 할 수 없기 때문입니다. 이 선교회는 가난한 사람들을 위해

70벌의 옷을 만들어 크리스마스 때 그들에게 주었습니다.

우리에게 청년면려회가 있는데, 일요일 저녁마다 예배 후에 모이고, 수요일 저녁기도회 후에도 모입니다. 유치원에는 지금 40명의 아이가 있습니다. 우리에게 2명의 교사가 있는데, 오후에 3시까지 초등학교 사역을 하고 있습니다. 김익두가 우리 목사인데, 회중이 그를 몹시 좋아합니다. 그는 어디든 자기를 부르는 마을에 복음을 전하러 나가기 때문에 우리와 함께 있는 시간이 많지 않습니다. 그가 이곳에 있을 때는 그의 열정과 그의 꾸준한 영향력 그리고 김 조사의 지속적인 사역으로 조화가 훌륭하게 이루어지고 있습니다.

행화정[굴레방] 마을이 여전히 우리가 찾아가는 지도에 올라 있습니다.* 아주 작은 방과 비오거나 추운 날 사용할 수 있는 현관 외에는 모일 건물이 우리에게 없습니다. 어떤 때에는 나무 밑에서 모입니다. 그래도 우리는 지금 전보다 더 희망에 차 있습니다. 작은 교회와 학교를 지을만한 땅을 우리가 얻을 가능성이 있기 때문입니다. 이 희망이 이루어지면 건물을 짓는 일에 힘을 보태기 위해 친절한 우인들이 준 약간의 돈을 은행에 넣어두고 있는데, 충분하지는 않지만, 그 땅을 얻으면 더 많은 돈이 들어올 것이라고 믿습니다. 이 마을과 인근의 다른 두 마을을 향한 우리의 비젼은 교회와 주일학교 예배를 드리고 또한 같은 장소에서 기독교 사립 초등학교를 운영하기에 넉넉한 작은 건물을 갖는 것입니다.

병원과 약국과 간호사 숙소에서는 매일 그들끼리 약간의 시간을 정하고 따로 모여서 간단한 예배를 드립니다. 나의 전도부인은 늘 그렇듯이 아주 훌륭합니다. 그녀는 매일 병실과 약국에서 환자들을 만나고 힘이 닿는 대로 그들의 집을 심방합니다. 아픈 어머니가 있어서 그분을 돌볼 필요도 있습니다. 그래서 그렇지 않았을 경우보다는 많이 나가서 사역할 수 없지만, 매우 신실하고 훌륭하게 사역합니다. 어제 교회에서 머리에 흰 수건을 두른 많은 여성을 보면서 내 곁에 앉은 새 전도부인에게 누가 평양에서 온 여성이고 머리에 흰 수건을 쓰고 있는지, 평양에서 이곳에 얼마나 많이 왔는지를 물었습니다. 그녀는 약 30명이 왔다고 말하였습니다. 자녀들은 세지 않았는데, 그녀는 그들이 지금 여기에서 살고 있다고 말하였습니다. 이 새 전도부인은 평양의 성경학원을 졸업하였습니다.

우리는 올해 예배당들을 짓고 기독교인 친구들을 모을 계획을 추진하려고 애쓰고 있습

---

* 이 글은 1926년 행화정(杏花亭)교회가 설립되기 전의 상황을 보여주고 있다.

니다. 병원이나 약국에서 기독교를 믿기로 결신한 모든 사람을, 이후에 감리교인, 구세군 교인, 또는 장로교이 되는 것을 불문하고, 얻기 위해서입니다. 그래서 교회의 전도부인에게 권하여 참된 신자가 되게 그녀를 가르치고 돕게 하고 있습니다. 우리는 항상 그들이 사는 곳을 찾고 있고, 그들이 사는 집에서 가장 가까운 교회에 가도록 권하고 있습니다. 우리가 많은 이름과 주소를 여러 교파의 여러 사역자에게 나누어 알려주고 있지만, 어떤 결과를 얻었는지는 듣지 못하였습니다. 이 계획이 올봄에 겨우 시작되었기 때문입니다.

다음은 남대문교회의 통계 수치들입니다.

| | 여자(명) | 남자(명) | 합계(명) |
|---|---|---|---|
| 세례교인 | 95(기혼) | 55 | 183 |
| | 20(미혼) | 13 | |
| 학습교인 | 25 | 10 | 35 |
| 새 신 자 | 20 | 15 | 35 |
| 등록신청 | 70 | 50 | 120 |
| 계 | | | 373 |

우리는 올해 새로 태어난 손자 3명과 손녀 1명을 둔 행복한 조부모입니다. 우리는 지금 3명의 손녀와 4명의 손자를 두고 있습니다. 우리 아들 마틴은 6월에 결혼합니다.

출처: PHS

Mrs O R Avison

mem

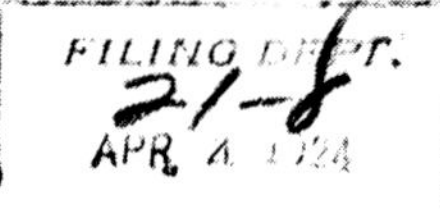


Mrs. Avison Report for 1923.

How shall I begin to tell of how much or how little has been done during the year that is gone? As I look back it is with a heart full of praise and thanksgiving for everything, sickness as well as health, and of joy for any little service done.

As I think of our church and its activities I think of Kim Chosa with his enthusiasm and zeal. It is a joy to work with him. He seems to enjoy coming up to talk over plans for enlargement and progress in this or the other line of work, whether it is village work, Sunday School, Christian Endeavor or Kindergarten or visiting some needy one or Women's Bible classes. We have 13 village classes now with an average attendance of 100 women studying Bible every week. This helps wonderfully in giving them a steady growth in a knowledge of the Bible and stimulates their desire to always be in their places on the Lord's day, in their S.S. classes and at theiregular service. We have never before had so large a congregation as now, The building is full to the doors We have just had ten new seats added to what we had already. Each seat hold 7 or 8 people. There are 29 classes in the morning S.S. Doctor will have told you of this S.S. as he is Superintendant and our son will tell you of the afternoon S.S. of which he is Superintendant.

We had our annual local Bible class in February with 65 women attending. We are indebted to Mrs. Genso, Miss Hartness and Mrs Coen who helped so much by teaching daily the subjects planned for. I was ill and unable to go. The women were very enthusiastic over this class. Last year out of this class was born our Women's Missionary Society and this Society this year are putting on another Bible woman with some help, which they gratefully adknowledge, from Mrs. Boots, The reason for the second Bible Woman is that there are so many new believers that the one woman cannot call on them and give them the instruction needed and do her own regular work. This society made 70 suits for the poor and gave them out at Christmas time.

We have a C.E. Society which meets every Sunday evening after service and also after the Wednesday evening prayer meeting. The Kindergarten now numbers 40 children. We have two teachers afternoons until 3 p.m. are spent in Primary School work. Kim Ik Doo is our pastor and the congregation like him very much. He has not been with us much as he goes out on Evangelistic town where ever called and is here between these times but his enthusiasm when he is here and the steadying influence and continous work of Kim Chosa make a fine combination.

The village of Haing-wha-jung is still on the map. We are without any building to meet in except a very little room and porch which can be used on rainy or cold days. At other times they meet out under a tree. We however are more hopeful now than ever as there is the possibility of some land being given us on which to build a little church and school. If this hope is fulfilled we have a little money in the bank given by kind friends to help pout up the building. It is not sufficient but we have faith to believe that more will come if we get the land. Our vision for this village, and two others near it, is of a

2

little building large enough for church and S.S. services and for a christian primary day school in the same building.

In the Hospital and Dispensary and Nurses' Home there are some times daily set apart for devotional exercises for different department. My Bible woman is just as fine as ever. She meets the patients daily in the Wards and Dispensary and visits in the homes as she can. She has a sick mother who needs attention also and so she cannot go out as much as she otherwise might but she is very faithful and does good work. Seeing a number of white coverings on the heads of women in church yesterday I asked the new Bible woman sitting next to me, who is a Pyengyang woman and had her white head covering on, howmany were attending here from Pyengyang, and she said about 30 grown ups. Not counting children, she says they live here now. This new Bible woman is a graduate of t the Pyengyang Bible Institute.

We are trying a plan this year to build church homes and christian friends for all who make decision in either the Hosp. Or Disp., and whether Methodist Salvation Army or Presbyterity so that the Bible woman of the church to which she is recommended may teach her and help her become a true believer. We always find out where they live and suggest that they go to the nearest church to their home. We have not heard any results yet, tho we have given out a good many names and adresses to differentworkers of different denominations, as this plan was only started this spring.

The following figures give the statistics for our church;-

| | | | | |
|---|---|---|---|---|
| Baptized members, | women 95 | | men 55 | |
| | girls 20 | | 13 | |
| | Total | 183 | | |
| Catechumens... | women 25 | | men 10 | .....Total 35 |
| Recent Comers.. | " 20 | | " 15 | ..... " 35 |
| Applicantants for | " 70 | | " 50 | ..... " 120 |
| | Total... | | | 373 |

We are the happy grandparents of three new grandsons and one granddaughter this year. We now have three grand daughters and four grandsons. Our son Martin was to be married in June.

## 69. 서덜랜드가 에비슨에게

1923년 4월 3일

O. R. 에비슨 박사,
세브란스병원,
서울, 한국.

나의 친애하는 에비슨 박사님:

당신이 [세브란스 의전의] 재정 상황과 몇 개월 전에 혼란을 초래한 여건들을 길게 설명한 2월 21일자의 훌륭한 편지와, 언더우드 씨와 세브란스 씨에게 보낸 2월 21일자 편지들의 사본들을 받았습니다.

북감리회 선교부는 현지 선교회가 물품을 구매하는 일에 대해서는 사실상 북장로회 선교부와 동일한 관행을 따르고 있습니다. 우리는 미국에서 계약된 모든 종류의 청구서 대금을 치르고 그 금액을 매월 현지로 보내는 돈에서 공제합니다. 그러나 구매대금들의 총액은 매월 우리 선교지 연회[본토인 감리교회등의 총회]들의 하나에 보내는 전체 송금액 안에서 당연히 비중이 크지 않으므로 우리가 초과 인출 문제에 직면하는 일이 매우 드뭅니다.

내가 협력이사회 회계로 선출되었을 때, 이 직책이 어찌해서든지 감리회 선교부의 재정과 얽히게 되리라고 생각한 이는 아무도 없었습니다. 그리고 사실 그러면 안 되는 것입니다. 나는 회계로서 조선 선교사역에 관해서는 은행 계좌를 별도로 두고 있습니다. 예를 들면, 내게 송금된 [연희전문] 이학관의 건축기금은 협력이사회의 내 은행 계좌에 넣고 있습니다. 만일 내가 나중에 오웬스 씨에게 송금하려 한다면, 북감리회 선교부의 환어음을 사서 지불합니다. 따라서 협력이사회의 재정 업무는 선교부의 재정과 완전히 분리되어 있습니다.

당신의 기관과 같은 곳에 자본금이 필요한 것은 틀림없는 사실이므로 그것을 제공할 어떤 방도가 반드시 강구되어야 합니다. 만일 우리가 이곳에서 6개월분의 적자 명세서를 빨리 받았더라면 세브란스 씨가 선불한 5천 불로 충분히 채웠을 것입니다. 만일 우리가 적자 명세서를 빨리 받을 수 있게 조정해서 그 선불금 5천 불이 충분하지 않다는 사실을 알게 되면, 다른 방법을 찾아야 할 것입니다.

연희전문학교의 청구서들에 관한 한, 그 위원회[협력이사회의 집행위원회로 추정]의 언더우드 씨와 또다른 위원들이 적자를 메꾸기 위해 자본금을 임시로 사용할 수 있다고 양해하였습니다. 여하튼 올해에는 남감리회 기금이 와서 이런 필요를 채워주기를 계속 기대하였지만, 지금까지 아무 기금도 얻지 못하였습니다.

말썽을 일으킨 그 청구서들이 제출되었을 때 나는 당연히 내게 있는 어떤 기금으로 지불하였습니다.

나를 괴롭혔고, 이곳에 있는 협력이사회의 일부 이사들도 괴롭혔을 것으로 생각되는 일들 가운데 하나는 오웬스 씨가 봉급 등을 지급하기 위해 돈이 필요하므로 세브란스 씨가 보증한 약정금을 미리 보내라고 재촉한 것이었습니다. 그래서 나는 자연스럽게 당신들이 혹시 이곳[미국]에서 계약한 청구서들의 대금을 갚을 돈을 현지에서 구하기 어려운 처지에 있지 않은가 하는 느낌을 받았고, 세브란스 의학교의 경비를 사용 가능한 기금보다 훨씬 초과하여 쓰고 있는 것 같다는 생각이 들었습니다.

최근에 보낸 편지에서 내가 오웬스 씨에게 말했듯이, 힘든 점들의 하나는 당신들이 지금 하고 있는 의료 · 광학 물품의 비축과 소매사업인 것 같습니다. 그것을 해결한 한 가지 방안은 내가 보기에 당신이 경상지출 계정에서 가게를 분리하고 그 사업에 조달할 자본을 공급하는 일일 것 같습니다. 이윤이 나면 병원의 전체 기금에 이를 더할 것으로 보이기 때문입니다. 확실히 우리는 적자 명세서를 활용하는 방법을 찾아야 합니다. 그것은 당신들의 물품을 6개월마다 수고롭게 조사해볼 필요가 없게 할 것입니다. 오웬스 씨가 보낸 처음 10개월분의 적자 명세서를 며칠 전에 받았는데, 지난해에 남은 잔액 3,613.49원을 물품 대금으로 돌려준 후에 적자가 30,899.79원이 된 것을 보여주고 있습니다. 물론 그 물품 명세서와 관련하여 돌려줄 돈이 더 많이 있는데, 이를 세브란스 씨에게 설명하겠습니다. 최소한 1만 5천 원의 적자가 있는 것은 아주 분명하므로 그 적자를 위해 세브란스 씨에게 7천5백 불을 요청할까 합니다. 이렇게 하면 당신들이 세브란스의학교와 병원을 위해 초과 인출한 돈을 3천 불이 약간 넘게 줄일 것입니다. 그러면 우리가 세브란스 씨가 보낸 돈으로 적자를 메꾼 후, 약 8천 불에 달하는 세브란스 청구서들을 여전히 가지고 있게 됩니다. 그 대금은 우리가 갚아왔지만, 그것을 위해서는 세브란스 씨가 바로 이런 데에 쓰라고 미리 보내준 5천 불 외에 아무 기금도 받지 않았습니다. 그래서 다른 기금에서 3천 불이 약간 넘게 초과 인출하였습니다.

만일 현지에서 오웬스 씨가 우리에게 지금과 같은 정도로 계속 송금해준다면, 이 문제는 곧 해소될 것입니다.

당신들이 내년 예산을 삭감했듯이 예산을 삭감하고, 특별히 소매사업을 분리하며, 어떻게 해서든 자본금을 확대하고, 6개월분의 적자 명세서를 신속히 받을 수 있다면, 우리가 어려움을 더 겪지 않을 것 같습니다.

당신이 오해한 것과 그로 인해 이곳과 한국에서 어려움을 겪게 된 것이 당신 못지않게 유감스러운 것은 말할 필요도 없습니다. 북장로회 선교부가 자신들이 맡았던 업무를 공동위원회[협력이사회]의 회계로 넘기고 싶어 했던 이유들 가운데 하나는 연합기관의 재정을 북장로회 선교부가 책임지면 안 된다고 느꼈기 때문이 아닌가 하는 생각이 듭니다. 세브란스가 어떤 교파의 기관이라면 문제가 없겠지만, 한 선교부가 다른 곳들보다 더 많이 재정을 조달해야 할 이유는 없습니다.

당신이 쓴 편지에서 당신이 요청하는 모든 것이 곧 선교부의 신용이라고 말한 것을 잘 알고 있습니다. 우리의 경우에는 지금 은행에 빌린 것이 아주 많아서 연합기관들에 돈을 선불해서 보내면 긴장만 더 높아집니다. 우리는 우리 교파에 속한 학교들을 위해서는 그렇게 선불하지 않습니다. 내가 알고 있는 한에서는 해외 선교지에 있는 다른 초교파 대학들에 선불하는 일이 없습니다.

내가 잘 이해하지 못하는 한 문제가 마음속에서 계속 떠오릅니다. 오웬스 씨와 통신하면서 한두 번 얼핏 말한 적이 있었어도 구체적으로 말하지는 않았을 것인데, 나는 내 방법과 특별히 다른 점이 없다는 이유만으로 그의 방법에 동의해왔습니다. 그것은 바로 다음과 같습니다.

현재 널리 쓰이는 방법은 이곳에서 돈을 보내라고 요청하거나, 당신들에게 돈이 필요해지면 당좌로 쓰게 하는 것인 듯합니다. 그것으로 세브란스 의학교 교수들의 봉급을 지급하고, 그와 동시에 미국에서 청구서들이 계약되면 내가 그 대금을 지불하고 오웬스 씨에게 그 청구서의 명세서를 보내면, 그가 북장로회 선교부의 데이 씨 앞으로 신용장을 보냄으로써 이 청구서의 대금을 송금합니다. 나는 데이 씨가 내게 지불한 금액을 한국으로 매월 보내는 송금액에서 공제하고 있을 것이라고 짐작합니다. 그렇게 하는 것이 오웬스 씨에게는 선교지의 봉급 지급과 다른 경비들을 위해 선교지로 보내는 장로교의 돈을 쓰는 간단한 방법이 되고, 내게는 적자를 메꾸도록 세브란스 씨가 보낸 돈을 미국과 유럽에서 계약한 청구서들을 갚는 데에 쓰는 간단한 방법이 될 것이라고 항상 생각하였습니다. 만일 여기에서 계약한 청구서들의 대금 금액이 세브란스 씨가 보낸 돈보다 많으면 오웬스 씨가 물론 내게 변상할 것입니다. 그러나 여기에서 지불한 청구서들의 대금이 세브란스 씨의 돈보다 더 적으면 그 잔액을 내가 오웬스 씨에게 보낼 것입니다.

그런 과정이 자금이 덜 들고 더 직접적인 방법이 될 것처럼 보이지만, 지금 다른 방법을 많이 쓰고 있고 오웬스 씨에게 편리할 것 같기 때문에 그것을 강권하지는 않겠습니다. 아마도 선교지의 입장에서는 내가 모르는 완벽하게 더 좋은 이유들이 있겠지만, 이런 의문들이 해소될 수 있다면 개인적으로 내게 도움이 될 것입니다.

최선을 다해 협력할 것을 당신께 확신시켜드리고, 걱정하는 모든 문제를 우리가 만족하게 풀어갈 수 있을 것을 여전히 믿고 있습니다.

안녕히 계십시오.

GFS [G. F. 서덜랜드]

출처: UMAC

803-1

TRANSFERRED

April 3, 1923.

Dr. O. R. Avison,
Severance Hospital,
Seoul, Korea.

My dear Dr. Avison:-

I have your good letter of February 21st explaining at length the financial situation and the conditions which have arisen bringing about the tangle of a few months ago, and also the copies of your letters to Mr. Underwood and Mr. Severance, dated February 21st.

The Methodist Board follows practically the same custom as the Presbyterian Board in making purchases for its Missions on the field. We pay bills of all kinds contracted in the United States and deduct the amount of these payments from our monthly remittance to the field. The total of these purchases however is naturally a small percentage of the total remittance for the month to any one of our Conferences on the field so that we very rarely, if ever, face the question of an overdraft.

When I was elected Treasurer of the Cooperating Committee no one understood that it would in any way involve the finances of the Methodist Board, and in fact it should not. I have a separate bank account as Treasurer of Chosen. The Methodist funds for Science Building, for example, are remitted to me and deposited in my Cooperating Committee bank account. If later I wish to remit to Mr. Owens I buy a bill of exchange of the Methodist Board and pay for it, thus keeping the Cooperating Committee's financial affairs entirely separate from the Board's finances.

It is undoubtedly true than an institution like you have needs capital funds and some way must be worked out by which they can be provided. Our assumption here was that $5000.00 advanced by Mr. Severance would be sufficient capital if we received a six months deficit statement promptly. If when matters are arranged so that we can have a deficit statement promptly we find that the $5000.00 advanced is not sufficient capital we will have to discover some other method.

So far as the Chosen Christian College bills are concerned, it was understood by Mr. Underwood and other members of the Committee that capital funds could be temporarily used to make up the deficit. It has been the expectation all the time

-2-

that the Southern Methodist fund would supply this need at least for this year, but up to the present time no funds have been available.

When the bills that caused the trouble were presented I naturally paid them from any funds that I had in hand.

One of the things that troubled me, and I think some members of the Committee here, was the fact that Mr. Owens had urged the necessity of funds on account of Mr. Severance's guarantee in order to pay salaries, etc., and I naturally felt if you were running so close as that on the field that there was not much possibility of your finding money to pay the bills which were being contracted here and which seemed to run the expenses for Severance Medical College much beyond funds that were available.

As I said to Mr. Owens in a recent letter, it seems to me that one of the difficulties is your stock of medical and optical goods and the retail business which you are doing. One element in the solution, it appears to me, would be to separate the stores from your current expense account and provide capital to finance that business and as it shows a profit turn the profit into the general funds of the Hospital. Certainly we must find a plan by which a deficit statement can be worked out which will not necessitate a physical inventory of your stock every six months. The deficit statement which has been sent for the first ten months, which I received some days ago from Mr. Owens, shows a deficit of ¥30,888.79 after crediting the balance of ¥3,613.49 on hand last year. Of course there is a further credit in connection with the inventory which I will explain to Mr. Severance. It is perfectly clear that there is a deficit of at least ¥15,000.00 and I think I will ask Mr. Severance for $7,500.00 on account of the deficit. This will reduce your overdraft on account of Severance Medical College and Hospital to a little over $3000.00. I mean by that that when we credit Mr. Severance's payment on the deficit we will still have about $8000.00 of Severance bills which we have paid and for which we have received no funds, except the $5000.00 advance from Mr. Severance to be used for this very purpose, so that the overdraft on other funds is a little more than $3000.00.

If Mr. Owens continues to remit to us from the field at the rate he is now doing this will soon be overcome.

With the budget cut as you have cut it for the next year it would seem to me that we would have no further difficulties, especially if we can separate the retail business and in some way enlarge the capital and get a six months deficit statement promptly.

I, of course, regret as much as you do the misunderstanding and the resultant difficulties both here and in Korea. I have rather assumed that one of the reasons why the Presbyterian Board favored the change of business from their office to the joint committee's treasurership was that they felt that the Presbyterian Board should not carry the responsibility of financing a union institution. It was all right when Severance wasa denominational institution but there is no reason why one Board should finance it more than another.

I realise that you say in your letter that all you were asking is the credit of the Board. In our case we are very large borrowers now at the bank and to advance money to union institutions would simply add to the strain. We do not make such advances for our own denominational schools; so far as I know they are not made to other interdenominational colleges on the foreign field.

There is one question that continually comes up in my mind which I do not seem to understand. I have hinted at it once or twice but possibly have not been specific enough in my correspondence with Mr. Owens, and have agreed to his method simply because it made no particular difference with me. This is the point:

The present method in vogue seems to call for money to be sent from here, or to be on call if you need it, with which to pay salaries of the staff of Severance institution, at the same time when bills are contracted in the States and I pay them and send a statement of the bills to Mr. Owens he remits for these bills by a certificate of credit drawn on Mr. Day of the Presbyterian Board. I assume that Mr. Day deducts the amounts which he pays me from his monthly remittances to Korea. It has always seemed to me that it would be simpler for Mr. Owens to use Presbyterian money that goes to the field for the payment of field salaries and other field expenses and for me to use the money which comes from Mr. Severance on account of the deficit for the payment of bills contracted in the United States and Europe. If the bills contracted here amount to more than Mr. Severance's payment Mr. Owens would of course reimburse me. If, however, the bills paid here amount to less than Mr. Severance's payments I would send the balance to Mr. Owens.

It would seem to me that such a process would require less capital and be more direct but I have not urged it because the other method is in vogue and seems to suit Mr. Owens' convenience. There are probably perfectly good reasons from the field standpoint which I do not understand but it would help me personally if they could be cleared up.

Assuring you of the very best cooperation and still believing that we can work this out satisfactorily to all concerned, I am

Sincerely yours,

GFS
FS

## 70. 에비슨이 스코트에게

1923년 4월 6일

조지 T. 스코트 목사,
협력이사회 총무,
156번지, 5번가,
뉴욕 시, 뉴욕 주,
미국.

나의 친애하는 스코트 씨:

나의 3월 30일자 편지를 뒷받침하기 위해, 방금 받은 광저우기독교대학(Canton Christian College, 영남대학) 부교장의 답장 사본을 여기에 동봉해서 보냅니다. 그의 견해는 이미 보낸 편지들에서 설명한 것들과 같습니다.

이 편지와 함께 3월 26일 스팀슨관 회의실에서 거행된 연희전문학교 졸업식 사진도 동봉합니다. 이 사진에는 졸업생들이 중앙 의자에 앉아 있는 것을 볼 수 있습니다. 그들은 20명이고 그들의 대표가 학교 임원들을 향해 졸업생 답사를 낭독하고 있습니다. 강단 위에는 왼쪽부터 오른쪽으로 피셔(J. E. Fisher, 문과 과장 대리), 도지사를 대신하여 온 사람, 게일(J. S. Gale) 박사, 에비슨 박사, 베커 박사, 백상규 교수(상과 과장), 그리고 한국인 감리교 목사가 있습니다. 피셔 뒤에 있는 사람은 누군지 모르겠는데, 또 다른 정부 관리인 것 같습니다.

당신은 그랜드피아노 곁에 있는 김영환 교수를 볼 것입니다. 이 일과 관련하여 흥미로운 이야기가 있습니다. 김영환 교수는 본교 음악교수이고 제국대학 음대[동경음악학교]를 졸업하였습니다. 그는 개인적인 수입이 있어서 대학에서 받는 그의 봉급을 기부하여 피아노값[2,250원]을 치르고 있습니다.

다정한 안부 인사를 드립니다.

안녕히 계십시오.

O. R. 에비슨

동봉 문서.

서덜랜드 씨에게 보낸 사본.

출처: UMAC

803-1

# Chosen Christian College

OFFICE OF THE PRESIDENT

O. R. AVISON, M. D.

Seoul, Chosen

CO-OPERATING BOARDS
PRESBYTERIAN CHURCH IN THE U.S.A.
METHODIST EPISCOPAL CHURCH
METHODIST EPISCOPAL CHURCH, SOUTH
PRESBYTERIAN CHURCH IN CANADA

TRANSFERRED

6th April, 1923.

Rev. George T. Scott,
Secretary, Cooperating Board,
156 Fifth Avenue,
New York, N. Y.,
U. S. A.

My dear Mr. Scott:

In further reference to my letter of March 30, I am enclosing herewith a copy of a reply just received from the Vice-President of the Canton Christian College, whose views are the same as those expressed in the letters already forwarded.

Withnthis I am also enclosing a photograph of the graduation exercises of the Chosen Christian College held in the Assembly Room of Stimson Hall on March 26th. This photograph shows the members of the graduating class seated on the chairs in the center. They number 20 and their class representative is reading the response of the class to the officers of the school. On the platform from left to right are Mr. J. E. Fisher, Acting Head of the Literary Department, the representative of the Provincial Governor, Dr. J. S. Gale, Dr. Avison, Dr. Becker, Professor Pack, Head of the Commercial Department and a Korean Methodist pastor. The man behind Mr. Fisher I do not know, but I think he is another government representative.

You will note Professor Kim at the grand piano. There is an interesting story in this connection. Professor Kim is the teacher of music in the school and a graduate of the Imperial University in Music. He has some private means and is donating the salary he receives from the College to the payment of the piano.

With kindest regards, I am,

Yours very sincerely,

O. R. Avison

Encls.

✓Copy to Mr.Sutherland.

## 71. 에비슨이 존 T. 언더우드에게

1923년 4월 10일

친애하는 언더우드 씨,

당신이 서덜랜드 씨에게 보낸 2월 _자[판독 곤란] 편지의 사본을 당신의 요청으로 그가 내게 보내주어서 별 유감없이 흥미롭게 읽었습니다. 우리가 물론 예상치 않았던 이학관과 다른 것들을 위한 추가 건축비를 어쩌면 지불할지도 모르겠다고 생각하고 있는 것을 당신이 _하였기 때문에 염려가 됩니다.

기금으로 추진되고 있는 이학관의 건축공사를 위해 언더우드관의 건축비를 우리가 쓰도록 당신이 관대하게 동의해준 사실을 잘 알고 있습니다. 당신이 양해하고 배려해준 것에 따라 1921년과 1922년에 그들이 갚을 예정이었고, 우리가 그 선교회들로부터 돈을 받으면 언더우드관 기금을 다시 채우려 하였습니다. 그 약속은 두 선교회가 각각 4만 불을 또는 합쳐서 8만 불을 낸다는 것이었는데, 그 가운데 남감리회와 캐나다장로회 선교회들은 각각 1만 7천 불가량과 2만 5천 불가량을 내지 않았습니다. 이 선교부들이 그 약속들을 지키지 못한 것 때문에 우리가 매우 곤란한 상황에 빠졌습니다. 그래서 그들이 건축비의 공급을 맡은 건물을 완공하는 일에 그 돈들을 쓰느라 언더우드관의 건축비를 갚는 데에 필요한 돈이 없어서 제 때에 다시 채우지 못하였고, 위에서 언급한 약속들을 힘입어 시작한 다른 건축계획을 위해서도 돈을 지불하지 못하였습니다.

우리는 그 선교회들과 선교부들이 약속한 돈을 빨리 상환하도록 그들을 노여움을 살 정도로 압박하였습니다. 그러나 지금까지 그들은 그렇게 할 수 없다고 말하고 있습니다. 이 모든 것이 내가 당신에게 보낸 1922년 4월 13일자, 1922년 10월 18일자, 1923년 1월 13일자 편지에 들어 있습니다. 어떤 세부적인 내용들은 당신이 기억하지 못하고 있을 수 있습니다.

남감리회 선교부가 보내야 할 1만 7천 불은 이제 어느 때라도 우리에게 보내올 수 있을 것 같습니다. 그 선교부의 수입에 대해 우리가 받은 소식들은 매우 고무적입니다. 캐나다에서 온 캐나다장로회의 자금 사정에 관한 소식은 그다지 즐겁지 않습니다. 이번 봄에 내가 캐나다에 갈 수만 있다면 이 일을 돕고 싶지만, 현재는 그렇게 할 방도가 없고, 그에 따라 어려움을 겪고 있습니다.

언더우드관과 이학관에 들어갈 예상 비용에 관해 말하자면, 내가 당신에게 보낸 1922년 4월 13일자 편지에서는 104,548불이라고 말하고, 1923년 1월 13일자 편지에서는 105,600불 가량이란 추정치를 제시하였던 것을 알게 되었습니다.

이학관의 건축비에 관해서는, 애초의 추정금액이 4만 불이었고, 그 가운데 피츠필드 교회가 5만 불을 모금해주고 "어떤 우인"이 10만 불을 제공하기로 하였지만, 가격이 올라서 내가 1920년 가을 피츠필드를 방문했을 때 그들에게 일부 물자들의 가격이 올랐고 중앙난방시설과 급수시설을 위해 분담할 비용을 포함해야 하므로 소요비용은 5만 불이 아닌 5만 불이라고* 그들에게 알리기까지 하였습니다. 이런 것 때문에 그들의 기부금이 4만 불로 증액될 것이라고 설명하였고, 이 금액을 부담해달라고 요청하였습니다. 그들은 내가 설교했던 일요일 오후에 열린 그 교회의 당회 회의에서 그렇게 하기로 동의하였습니다.

이 회의는 정기적으로 열리는 회의였고, 케네디 씨가 사회를 보았는데, 거기에서 두 가지가 결정되었습니다. (1) 추가로 1만 불을 주기로 약정한다. (2) 그들이 다 내고 난 후에는 수물과의 유지를 위해 연희전문에 그들의 선교헌금 수입을 기부한다. (이 금액은 대충 어림잡아 연 6천 불 안팎이었습니다.)

그 후에는 서신 왕래 중에 케네디 씨가 그의 1922년 7월 3일자 편지에서 건물과 장비의 전체 비용으로 4만 불을 우연히 언급할 때까지는 건축비 문제가 등장하지 않았습니다. 그래서 나는 즉시 그에게 편지를 써서, 그가 언급한 것이 그 교회의 전체 기부금을 뜻하고 "어떤 우인"이 기부할 1만 불은 포함하지 않았는지를 묻고, 앞서 언급한 그의 당회의 결정을 주목하도록 요청하였습니다. 1922년 11월 9일 이에 관해 그는 다음과 같이 답변하였습니다.

> 당신[에비슨]이 보낸 9월 26일자 편지를 보고 있는데, 이학관의 건축비가 4만 불을 넘을 것이라는 사실을 나[케네디]에게 처음으로 알려주었습니다. 오늘 뉴욕에서 온 영수증이 피츠필드 교회로부터 대략 2만 8천 불을 이미 받은 사실을 증명하고 있습니다. 우리 쪽에 관해서는, 지금 이것이 당신의 어음에 대해 총 3만 8천 불을 결제하게 하고 있습니다.
>
> 물론 처음에는 이 건물에 2만 5천 불의 비용이 들 것으로 짐작하였습니다. 나는 우리 교

* 같은 금액이 반복되고 있는데, 앞에 있는 '5만 불'이 '4만 불'의 오타일 가능성이 있다.

회에 그 문제를 알리면서 지금처럼 긴급한 상황에 대처하도록 자발적으로 그 액수를 4만 불로 올렸습니다. 웰치 감독이 봄에 우리에게 왔을 때 우리는 우리 달력에 4만 불을 기재하여 공표하였지만, 그 자신은 교회 회중을 향해 그 건물에 대략 3만 5천 불이 들 것이라고 설명하였습니다.

이런 상황에서 적어도 4만 불을 1923년 5월 1일까지 확보하여 사용하게 하면서, 나는 내 마음대로 다른 조건들을 검토할 생각을 하였고, 또 다른 교회의 제안을 받아들였습니다. 피츠필드 교회가 진심으로 이 사업을 지원하고 있는 것으로 알고 있습니다. 그리고 그 대학이 우리 [북감리회] 선교부와 미리 협의할 수 있는 한은 그 문제가 관철되는 것을 보기 위해 당신이 그들에게 기대어도 된다는 것을 의심하지 않습니다.

지난번에 내가 뉴욕에 있는 선교부 사무실을 방문하였다가, 그들이 우리의 돈 2만 5천 달러를 그 건물에 배정하고 있었는데 선교부는 그보다 더 많은 돈을 당신[에비슨]의 재량에 맡길 의무를 지고 있는 사실을 그들이 모르고 있었다고 말하였습니다. [우리가] 이 건물을 백주년 기념사업의 일환으로서 우리 선교부와 협의하여 맡게 되었던 것을 당신은 물론 알고 있을 것입니다.

그들과 어떤 협상을 더 해야 할지 모르겠지만, 당신이 이 지점에서 곧바로 협의했으면 좋지 않았을까 생각합니다.

내가 피츠필드 교회의 목사가 아니기는 하지만[그 교회에서 사임함], 그래도 이 계획을 물질적으로 돕는 위치에 있으므로 당신은 협력을 지속하기 위해 나를 의지해도 될 것입니다.

당신의 편지를 더 읽어내려가다가 내 집에서 모였던 일을 언급한 것을 보았는데, 피츠필드 교회의 당회원들은, 만일 충분한 시간이 주어지고 우리 선교부가 그 일을 할 수 있게 해준다면, 당신이 말한 그 금액을 들여서라도 이 문제가 완결되는 것을 볼 준비가 아주 잘 되어있다고 말하겠습니다.

그 글에 나는 다음과 같이 답변하였습니다.

당신의 11월 9일자 편지를 며칠 전에 받았는데, 당신이 대학 문제에 계속 관심을 보여주셔서 매우 깊이 감사합니다. 당신이 이 대학의 사역에 매우 강한 관심을 가졌기 때문에 피츠필드와 계속 연계되어 있기를 바랐는데, 그곳을 떠났다는 사실을 알게 되어 유감입니다. 그러나 당신의 말대로 당신은 어떤 영향력을 행사하여 그 문제가 성공적으로 관철되게 도울 것입니다. 이런 점에서 당신이 할 수 있는 모든 일에 크게 감사드립니다.

당신 편지의 마지막 문단에 특별히 흥미를 느끼고 있습니다. 그것은 어느 일요일 오후에 당신의 집에서 가진 모임에서 일어났던 일을 당신이 기억하고 있는 것을 가리킵니다. 그때 나는 당신의 4분기 당회 앞에서 어떤 우인이 준 1만 불에 더하여 총 5만 불이나 4만 불을 직접 당신의 교회에서 얻게 된다는 사실을 상기시켰습니다.

웰치 감독이 왜 그 대학 건물의 건축비가 3만 5천 불뿐이라고 말해야 했는지를 잘 모르겠습니다. 우리가 그 금액에 관해 몇 년 동안 이야기한 적이 없었기 때문입니다. 지금 내가 이해한 바와 같이 우리는 피츠필드 교회로부터 4만 불을 얻고 이 친구—이 편지에서 그분의 이름을 자유롭게 말해도 된다고 생각되지 않습니다—로부터 추가로 1만 불을 얻어, 총 5만 불을 얻기를 기대하고 있습니다.

우리의 부교장 대리이자 학감이며 북감리회 선교회 회원인 베커 박사를 통해 이곳에 있는 선교회와 그 문제를 다루고 있습니다. 그는 틀림없이 그 문제를 1월 10일 모이는 선교회의 재정위원회에 가져갈 것이므로, 그들이 이를 적절한 방법으로 뉴욕에 있는 선교부에 제기할 것을 의심하지 않습니다.

우리는 1920년 가을부터 총 5만 불을 아펜젤러관을 위해 얻을 수 있을 것으로 알고 있었습니다. 만일 이렇게 되지 않는다면, 우리는 물론 이 건물을 완공할 수 없을 것입니다. 내가 아는 한, 이를 근거로 계속 진행해야 할 충분한 이유가 있음을 알고 있습니다. 내가 그 교회에 약정서를 요청하지 않았던 것만 빼고는 말입니다. 그러나 교회 당회가 결정했던 사실에 관한 기록을 회의록을 보면 찾을 것이라고 짐작합니다.

케네디 씨가 나에게 보낸 11월 9일자 편지에서 드러나듯이, 그는 그 결정을 기억하고 있습니다.

지켜지지 못한 합의 아래, 위에서 말했던 것처럼 사용되었던 당신의 기금을 보내는 일이 지연되었던 사실을 다시 언급하자면, 이 문제와 관계된 두 선교부가 돈을 보낼 수 있을 때까지 당신이 전에 베풀었던 관대함을 더 추가하여 융자 형식으로 미리 보내주지 않는다면 일이 어떻게 진행될지 모릅니다. 나는 오직 당신이 이 대학에 큰 관심을 가지는 것을 알고 있고, 급히 도움을 받을 다른 재원을 찾지 못하고 있기 때문에, 매우 내키지 않는 심정으로 이런 제안을 합니다. 그러나 이렇게 하는 동안에 협력이사회와 그 두 선교부가 어떤 합의를 보아야 합니다. 곧 그들이 자신들의 의무를 인정해야 하고, 이것을 일시적인 융자로만 여겨야 하며, 차후의 건축비 기부금으로 여기면 안 된다는 사실을 합의해야 할 것입니다.

또한, 이것은 아펜젤러관의 건축기금을 위한 융자가 아니고 오직 두 선교부가 일시적으로 약정금을 낼 수 없는 것에 대처하기 위한 것일 뿐이라는 점을 더 말씀드립니다.

만일 피츠필드 교회가 그 건축비를 요청받을 때마다 빠르게 제공할 수 없다면 아마도 북감리회 선교부가 본래 기부하기로 했던 5만 2천 불의 자본금 가운데 더 보내야 할 나머지 돈으로 융통해줄 수도 있을 것이라고 생각합니다. 그들[북감리회 선교부]은 이제까지 2만 2천 불만 지급해주었습니다.

이 편지의 사본 하나를 스코트 씨에게, 또 하나를 서덜랜드 씨에게 보내려 합니다.

기부하기로 했던 기금에 관해 아직 밝히 이해되지 않았던 것이 있었다면 이 편지가 밝히 설명해줄 수 있을 것이라고 믿습니다. 그리고 당신이 내가 보낸 1922년 4월 13일자, 1922년 10월 18일자, 그리고 1923년 1월 13일자 편지들을 다시 읽으면 우리가 다양한 인물들, 교회들, 선교부들이 맡은 바대로 지급해줄 것이라고 완전한 믿었던 그 액수를 초과하여 건축계획을 추진하지 않았다는 것을 알 수 있을 것입니다.

당신의 뚜렷하고 계속된 관심에 아주 진심으로 감사합니다.

안녕히 계십시오.

(서명됨) O. R. 에비슨

출처: PHS

April 10th, 1923.

Dear Mr. Underwood,

I have read with interest not unmingled with concern the copy of your letter of February 2?, 1923 to Mr. Sutherland which he sent to me at your request. I feel concern because you suggest that perhaps we think you are to pay for additional cost of Science Hall and other things which, of course, we do not expect.

We are fully aware that you generously consented to let us use certain Underwood Hall funds not for the Science building so much as for work to be done by funds promised by the Northern Methodist and Canadian Presbyterian Boards, which were to be paid in by them within the years 1921 and 1922 according to your understanding and were and repaid by us into the Underwood Hall funds on receipt of them from these Missions. These promises were for $40,000.00 from each of the two Missions or $80,000.00 in all, of which sums $17,000 and $25,000 are still unpaid by the Northern and Canadian Missions respectively. The failure of these Boards to keep these promises has placed us in the very awkward predicament of not having the money needed to repay the amounts of Underwood Hall funds in time to use them in the completion of the building for which they were given, and also to pay for certain other building projects launched on the strength of the promises referred to above.

We have pushed these Missions and Boards almost to the point of irritating them in order to secure an early redemption of their promises, but so far they report inability to do so. All this is contained in my letters to you of April 13, 1922, Oct. 13, 1922 and January 13, 1923, some of the details of which may not have remained in your memory.

I feel that the $17,000 to come from the Northern Methodist Board is likely to come to us at almost any time now, as the reports of receipts by that Board which are reaching us are quite encouraging. As for the Canadian money, I cannot say as the reports from Canada are less cheering. I had hoped to help in this had I gone to Canada this spring, but I have no present way of doing so, and am correspondingly troubled.

As for the estimates on Underwood Hall and Science Hall, I find that in my letter to you of April 13, 1922 I mentioned $104,348.0? and in that of January 13, 1923 I figured it at about $105,000.00.

As for the cost of Science Hall, the original [illegible] was $40,000.00 of which the Pittsfield Church undertook to [illegible],000 and "a friend" offered $10,000.00, but prices went up to such an extent that when I visited Pittsfield in the fall of 1920 I informed them that it would cost $50,000 instead of $50,000, because of rising prices on certain things and the inclusion of a share of the Central Heating Plant, waterworks system, etc. I pointed out to them that this would bring their contribution up to $40,000.00 and asked them to undertake this amount. They agreed to this in a meeting of their Official Board on the afternoon of the Sunday on which I addressed the Church.

This was a regularly called meeting of the Board presided over by Mr. Kennedy at which two decisions were made,- (1) To pledge the additional sum of $10,000.00; (2) To contribute, after the completion of their payments, the proceeds of their missionary offerings to the Chosen Christian College for the maintenance of the Science Departments. (This amount was loosely spoken of as $0,000 per year more or less.)

In future correspondence the cost of the building did not appear until a letter from Mr. Kennedy dated July 3, 1922 incidentally mentioned $40,000.00 as the total cost of the building and equipment, and I wrote him at once to ask if by that he meant the Church's total contribution, not including the $10,000.00 to be contributed by "a friend" and drawing his attention to the action of his official board as mentioned above. On November 9, 1922, he replied to this as follows,-

"Your letter of September 26th is before me, and it brings the first intimation to me that the expense of the Science Building would pass forty thousand dollars. Acknowledgements from New York which have come to date, show that approximately twenty-eight thousand dollars have already been paid in by the Pittsfield Church; this makes a total of thirty-eight thousand dollars available subject to your draft now, so far as we are concerned.

"In the beginning of course, this building was represented to cost twenty-five thousand dollars. In presenting the matter to our church I voluntarily advanced the figure to forty thousand dollars to cover such an emergency as the present. When Bishop Welch was with us in the Spring we published the forty thousand dollar figure in our calendar, but he himself stated to the congregation that the building would cost approximately thirty-five thousand dollars.

"Under these circumstances, having made sure of at least 40,000 dollars for use by the first of May 1923, I felt myself at liberty to take other conditions into consideration and accepted another church. I know that the Pittsfield Church is backing this enterprise in earnest. And I have no doubt that you can depend on them to see the matter through so far as the arrangements of the College with our Board of Foreign Missions makes possible.

"On my last visit to the Board Rooms in New York, I was told that they were allotting twenty-five thousand dollars of our money to the building and that they did not understand the Board to be responsible for placing more of it at your disposal. You will of course understand that this building was undertaken by arrangement with our Board as part of the Centenary program.

"What further negotiations will have to be taken up with them I do not know, but I suspect you had better move for an adjustment at this point at once.

"While I am not Pastor of the Church at Pittsfield, I am however in a position to materially aid this project and you may count on me to continue to cooperate with you.

"Upon further glancing at your letter with reference to the meeting at my home, I will say that the Officials of the Pittsfield Church are quite prepared to see this matter through even to the figure you name, if sufficient time is granted and our Foreign Board makes it possible."

to which I replied as follows,-

"Your letter of November 9th reached me a few days ago and I thank you very much for your continued interest in the College matter. I feel sorry to know that you have left Pittsfield as I hoped you would continue your connection there because of your very intense interest in this College work. However as you say you will have some influence in helping to get the matter carried through to a successful issue, I shall greatly appreciate anything you can do in this regard.

"I am especially interested in the last paragraph of your letter which indicates that you remember what took place at the meeting in your home that Sunday afternoon when I laid the question of a total of $50,000 or $40,000 directly from your Church in addition to the $10,000 given by a friend, before your Quarterly Board.

"I do not quite know why Bishop Welch should have said that the College Building would cost only $35,000, as we had not talked of that sum for several years. As I understand it now, we are to expect from the Pittsfield Church a sum of $40,000 and from this friend, whose name I do not feel at liberty to mention in this letter, a further sum of $10,000, making a total of $50,000 in all.

"I am taking the matter up with the Mission here through Dr. Becker, our Acting Vice-President and Dean who is a member of the Methodist Episcopal Mission. He will no doubt bring it before the Finance Committee of the Mission which is to meet about January 10th, and I have no doubt that they will lay the matter before the Board in New York in an appropriate manner."

We have, ever since the Fall of 1920, been going on the understanding that a total of $50,000.oo would be available for Appenzeller Hall, and if this should prove to be otherwise we shall be, of course, unable to complete the building. So far as I know I had full reason to go on this basis except that I did not ask for a written statement from the Church. I presume, however, that the record of the Church board's action will be found in the minutes of that meeting.

As shown by Mr. Kennedy's letter to me of November 9, he remembers the action.

Referring again to the delay in releasing your funds which were used as related above under an understanding which failed to be kept, I do not know how to proceed unless you will add to your former generosity by advancing additional funds as a loan until the two Boards involved can make their payments. I suggest this with much reluctance, and only because of my knowledge of your great interest in the College, and because I see no other immediate source of help. In doing this, however, some understanding should be come to between the Cooperating Board and the two Mission Boards which will recognize their obligation, and the fact that this is to be regarded only as a temporary loan and not as a further contribution to the building funds.

I would add also that this is not a loan towards the Appenzeller Hall building fund, but only to cover the temporary inability of the other two Boards to meet their pledges.

I think perhaps, if the Pittsfield Church is unable to cover the cost of its building as rapidly as called for, the M.E. Board may be able to accommodate them out of the balance of their original contribution of $52,000.oo of Capital funds, of which they have as yet paid over only $22,000.oo.

I am sending a copy of this letter to Mr. Scott, and one to Mr. Sutherland.

I trust this letter may make clear anything as yet not clear in regard to the funds, contributed, and that you will be able by a rereading of my letters of April 13, 1922, October 18, 1922, and January 13, 1923 to see that we have not undertaken building projects beyond the amounts which we fully believed would be provided according to undertakings made by various individuals, churches and Boards.

Thanking you most cordially for your marked and continued interest,

Yours very sincerely,

(Sgd) J R Avison

## 72. 세브란스의전의 서울 선교지회 제출 보고서

세브란스연합의학전문학교

서울 선교지회에 제출한 보고서, 1923년 4월 10일

[본교는] 1922년 10월 13일 새로 설립 허가를 받은 데 이어, 지난 4개월 사이에 총독부의 가장 중요한 결정이 내려져서 우리 졸업생이 관립의학교 졸업생과 비교당하며 이제까지 고생했던 차별이 철폐됨에 따라 이제 본과 졸업생은 졸업증서를 받으면 의료행위를 하는 면허를 받을 수 있게 되었습니다. 이것은 지난 13년간 기울여온 노력의 결정체입니다. 총독부의 이런 결정에 감사하여 3월 1일 아리요시[有吉忠一, 정무총감] 각하께 경의를 표하는 만찬을 대접하였고, [1923년] 3월 12일 경성호텔에서 많은 관리와 저명한 한국인들과 선교집단 대표들에게 리셉션을 열었습니다.

올해 졸업한 학생은 5명인데, 그들 가운데 4명이 본과를, 1명이 별과를 졸업하였습니다. 그 4명 가운데 3명은 올봄에 검정고시를 쳐서 합격하였습니다. 총독부 검정고시에서 탈락한 6번째 학생은 학기말 시험을 치지 않고 일본에 갔는데, 중학교 공부를 끝내면 돌아와서 학업을 마치고 졸업할 것입니다. 졸업식은 3월 21일 거행되었고, 많은 사람이 참석하였습니다.

진급시험에서는 1학년에서 6명이 실패했는데, 2명이 포기하였고, 4명이 1학년을 다시 다니게 되었습니다.

<u>간호부양성소</u>: 새 교육법 아래에서 간호부양성소의 지위는, 인가를 받을 것으로 예상하기는 하지만, 아직 결정되지 않았습니다. 이런 이유에서 간호사 졸업식이 올해 안의 어느 때로 연기되었습니다. 올해 안에 학교의 지위 문제가 결정되기를 희망합니다.

<u>신입생</u>: 20명을 선발하는 의학교의 신입생이 되기 위해 35명이 지원하였습니다. 입학시험에서 본과에는 24명이 지원하여 18명이 합격하였고, 별과에는 41명이 지원했다가 34명이 응시하였으나, 3명만 합격하였습니다. 특별한 혼란이 연이어 발생하였는데, 우리가 합격시킨 학생들의 일부가 관립학교 시험에도 응시하여 붙었습니다. 이 일로 인해 우리에게

필요한 20명의 수를 채우기 위해 추가로 5명을 뽑았습니다. 1학년생의 다수가 배재학교 출신이고, 3명이 휘문 출신이며, 숭실과 경신에서도 왔습니다. 의학교의 학생등록 상황은 다음과 같습니다.

| 4학년 | 7명 |
|---|---|
| 4학년 | 13명 |
| 2학년 | 17명 |
| 1학년 | 20명 |
| 계 | 58명 |

간호부양성소의 학생등록 상황은 다음과 같습니다.

| 3학년 | 11명 |
|---|---|
| 2학년 | 6명 |
| 1학년 | 6명 |
| 견습생 | 11명 |
| 계 | 34명 |

인력: 현지 이사회의 결정에 따라 부교장 반버스커크 의사가 1월에 행정업무의 책임을 맡았습니다. 허스트 의사가 많이 아파서 1월에 미국으로 갈 수밖에 없었는데, 수술을 받을 가능성이 있습니다. 새로 임명된 북감리회 선교회의 노튼(A. H. Norton) 의사가 3월에 현지에 도착하여, 그가 맡을 안과를 조직하고 있고, 안경 제조 분야도 조직하고 있습니다. 호주장로회를 대표하는 맥라렌(C. I. McLaren) 의사가 이번 달에 전임사역으로 일하게 되었다고 보고하였는데, 정신과를 맡을 것입니다. 스타이츠 의사가 안식년을 맞아 4월 14일 토요일에 떠났습니다.

페인 양이 건강 악화로 떠나 있는 동안 감리회 여자선교회가 우리와 협력관계가 아닌데도 관대하게 우리에게 도움을 주어 보딩(Bording) 양과 코스트럽(Kostrup) 양을 몇 달 동안 보내주었습니다. 그들은 가장 효과적인 도움을 주었습니다.

판매부: 새로운 가게를 짓는 계획이 진행되고 있는데, 지금 지붕을 얹고 있습니다. 우리

는 한 달이나 6주 안에 사업 준비를 마칠 것으로 예상하고 있습니다. 이 가게가 지어지면 너무 혼잡하던 것이 해결되어 우리가 여러 해 동안 해온 소매사업을 더 넉넉한 공간에서 하게 될 것입니다. 큰길 가에 진열장을 설치하기 때문에 우리의 약품과 안경 판매가 반드시 늘어날 것입니다.

지난 몇 달 동안 우리는 두 미국회사와 성공적으로 타협하여 대리점을 맡기로 하였습니다. 한 곳은 대규모 제약회사이고, 다른 곳은 가장 큰 치과 용품 공급회사입니다. 우리는 구매부를 세브란스 의료용품 도매회사(Severance Wholesale Medical Supply Company)로 재조직할 계획을 세우고 있습니다. 그렇게 하면 우리가 중개상의 가격으로 살 수 있으므로, 우리에게 필요한 것과 우리와 더 싼 가격에 거래하기 원하는 여러 병원과 졸업생들에게 필요한 것을 공급할 수 있게 되고, 우리도 더 큰 이윤을 얻을 수 있게 될 것입니다.

<u>예산</u>: 1923~1924년 회계년도를 위한 예산에는 선교사 봉급 169,069원이 빠지고 선교사 봉급 265,069원이 들어있습니다. 이와 관련하여 한 가지 흥미로운 일은 남감리회 여선교회와 [태화여자관 복지사업을 위해] 협력을 재개한 것입니다. 또한, 처음으로 예산을 짤 때, 연구부 사역을 위해 3천 원을 받는 것 외에는 세브란스 씨와 프렌티스 부인에게서 받은 돈을 넣지 않은 것입니다. 자체 수입과 선교기관의 현재 지급금 안에서 본 기관을 운영하기 위해 강력한 노력을 기울일 것입니다. 그러나 세브란스 씨와 프렌티스 부인이 예전처럼 우리를 지원해주지 않는다면 우리가 지출비를 감당할 수 없을 것이 분명합니다.

최근에 국제연맹 사무국의 의료분과 부의장인 화이트(Norman White) 박사가 총독의 손님으로서 한국을 방문하였습니다. 에비슨 박사가 화이트 박사를 위한 점심 식사에 초청을 받았는데, 식후에 화이트 박사가 우리 시설을 보고 싶다는 뜻을 피력하였습니다. 그는 이곳을 돌아본 후에 이와 같은 곳을—아주 작은 공간에 아주 많은 장비를 갖추고 그 모든 것을 쓸모 있게 사용하는 것을—그가 본 적이 없다고 말하였습니다. 그처럼 높은 분이 와서 이런 증언을 해준 것에 대해 크게 감사하고 있습니다.

<u>통계</u>: 올해의 회계장부 작성을 다 끝내지는 않았지만, 어떤 수치들은 얻을 수 있는데, 그 수치들은 약국과 병원에서 진료받은 환자의 수와 수입이 지난해보다 크게 늘어난 것을 보여주고 있습니다.

약국에서는 유료환자가 44,272명, 무료환자가 28,962명으로, 총 73,234명이었습니다. 지난해의 총 65,994명과 비교하면 7,240명 또는 11%가 더 늘었습니다. 수입은 38,946.82원으로 지난해의 36,552.25원과 비교하면 2,394.57원이 늘었습니다. 병원 입원환자의 수는 유료가 1,541명, 무료가 626명, 총 2,167명으로, 지난해의 1,814명과 비교하면 353명이 늘었습니다. 병원 수입은 기쁘게도 36,243.58원으로 증가하여, 28,132.75원과 비교하면, 8,110.83원이 늘었습니다. 특별히 병원의 지출도 그에 따라 늘어났지만, 그 수치는 아지 얻지 못하고 있습니다. 치과, 안과, 판매부도 수입이 늘어난 것을 보여주고 있습니다.

종교와 사회 사역: 이 과의 과장이 어떤 환자가 병실에서 개종하고 시골에 있는 집으로 돌아간 후에 아주 열심히 전도한 사례를 보고하였습니다. 그는 기독교적인 분위기 때문에 우리 병원이 다른 여느 병원과 다르다는 사실을 환자들이 금방 깨닫는다고 말합니다. 약국과 병실들에서 전도사역을 하는 것에 더하여 여러 교직원 집단이 근무일마다 6곳에서 경건회를 열고 있습니다. 간호사들의 사경회가 매주 한 번씩 열립니다. 간호사들은 지난해보다 교회에 더 자유롭게 참석할 수 있어서 더 만족하고 있습니다.

출처: PHS

SEVERANCE UNION MEDICAL COLLEGE

Report to Seoul Station, April 10, 1923

Following the securing of the new charter, dated October 12, 1923 the most important event in the past four months has been the action of the Government removing the discrimination which our graduates have hitherto labored under in comparison with graduates of the Government Medical School, and now graduates of the regular course can secure licences to practice on their diplomas. This marks the culmination of efforts which have been under way for the last thirteen years. In appreciation of this action of the Government a dinner party was held in honor of His Excellency Mr. Aryoshi on March 1st, and a reception was given at the Keijo Hotel on March 12th to a larger group of officials and prominent Koreans together with representatives of the missionary body.

The graduation class this year numbered five, four of whom graduated in the regular course and one in the special. Three of the four took the Kum Chung examination this Spring and passed. The sixth man, who failed in the Government Kum Chung examination, did not try the finals and has gone to Japan to finish his Middle School work when he will return and complete his graduation work. The graduation ceremony was held on March 21st and was largely attended.

In the promotion examinations there were six failures in the first year class, two men were dropped and four required to take the first year over again

Nurses Training School: As yet the status of the Nurses Training School under the new law has not been determined, though it is expected that it will secure recognition. For this reason the graduation exercises for nurses have been postponed until later in the year when it is hoped that the question of status will have been decided.

New Entrance Class: For the 20 places in the new entrance class of the medical school there were 65 applicants. In the entrance examinations out of 24 applicants for the regular course 16 passed and out of 41 applicants for the special course, 34 tried the examination and only 3 passed. An unusual complication subsequently arose, for some of the men whom we had accepted also tried the Government school examination and were successful there. This necessitated our choosing five new men to make up the required 20. The majority of the first year men came from Paichai school, three came from Huimoon, while Soonsil and John D. Wells are also represented. The enrollment in the medical school is as follows:

| | | |
|---|---|---|
| 4th Year Class | - | 7 |
| 3rd " " | - | 13 |
| 2nd " " | - | 17 |
| 1st " " | - | 20 |
| Total | - | 58 |

The enrollment in the Nurses Training School is as follows:

| | | |
|---|---|---|
| 3rd Year Class | - | 11 |
| 2nd " " | - | 6 |
| 1st " " | - | 6 |
| Probationers | - | 11 |
| | | 34 |

Personnel: Following the decisions of the Field Board of Managers, the Vice-President, Dr. VanBuskirk, assumed the administrative responsibilities in January.

Owing to serious ill health Dr. Hirst was compelled to go to the United States for a possible operation, leaving in January. Dr. A. H. Norton the new appointee of the Northern Methodist Mission, arrived on the field in March and is organising the Eye Department, of which he will take charge, as well as of the Optical manufacturing branch. Dr. C. I. McLaren, the representative of the Australian Mission, has reported for full-time duty this month and will be in charge of the Department of Psychiatry. Dr. Stites leaves on furlough on Saturday, April 14.

During the absence of Miss Payne on ill health the Woman's Missionary Society of the Methodist Church, although not in cooperation, generously came to our help and loaned the services of Miss Bording and Miss Kostrup for several months. They gave most efficient help.

Sales Department: Progress is being made in the construction of the new store which has the roof on now, and we expect will be ready for business in a month or six weeks. This store will relieve the overcrowding and give more space to the retail business which we have been doing for a number of years and, because of display windows on the main street, should increase our drug and optical sales.

During the past few months we have been successful in arranging for two American agencies, one a large manufacturing house, and the other the largest dental supply house. We are planning to reorganise our purchasing department as the Severance Wholesale Medical Supply Company, which will enable us to get jobber's prices and so permit us to supply our own needs and those of the Hospitals and graduates who deal with us at less cost and possibly with greater profit to ourselves.

Budget The Budget for the fiscal year 1923-1924, exclusive of missionary salaries is ¥169,069.00, and with missionary salaries ¥265,069.00. One feature of interest in this connection is the resumption of cooperation by the Woman's Council of the Southern Methodist Church. For the first time also the budget has been made without the insertion of any sum from Mr. Severance or Mrs. Prentiss, outside of the grant of ¥3,000.00 for Research Work. A strong effort will be made to run the Institution within its own earnings and the present Mission grants. If however we should not be able to meet our expenses, Mr. Severance and Mrs. Prentiss will stand by us as informer years.

Recently Dr. Norman White, Vice-Chairman of the Medical Section of the League of Nations Secretariat, visited Korea and was the guest of the Governor-General. Dr. Avison was invited to a luncheon given in honor of Dr. White by the Governor-General, after which Dr. White expressed a desire to see our plant. After looking it over he said that he had never seen another one like it -- never had he seen so much equipment in so small a space and all of it of such a usable character. Coming from such a high quarter, this testimony is greatly appreciated.

Statistics: While the books are not yet closed for the year, certain figures are available which show that both in the Dispensary and the Hospital the number of patients treated and the income have been larger than the previous year.

In the Dispensary there were 44,272 pay treatments and 28,962 free treatments, a total of 73,234, compared with a total of 65,994 for the previous year, representing an increase or 7,240 or about 11 per cent. The earnings were ¥38,946.82 compared with ¥36,552.25 for the year before or an increase of ¥2,394.57. The number of in-patients in the Hospital is 1,541 pay cases and 626 free, a total of 2,167, compared with 1814 a year ago, an increase of 353. The Hospital earnings show a gratifying increase being ¥36,243.58 compared with ¥28,132.75, a difference of ¥8,110.83. The expenditures, especially in the Hospital have increased correspondingly, but the figures are not yet available. The Dental, Optical and Sales Departments show increased earnings also.

Religious and Social Work: The Director of this Department reports the case of a patient being converted in the wards and of his having gone to his home in the country and doing evangelistic work with great ardor. He says that the patients soon realise that our Hospital is different from any other because of its Christian atmosphere. Six devotional meetings for various groups of thestaff are held each working day, in addition to the preaching work done in the dispensary and wards. A Bible class for nurses is held once a week; the nurses are able to attend church more freely than last year and are in consequence more contented.

## 73. 에비슨이 스코트에게

1923년 4월 18일

조지 T. 스코트 목사,

조선 기독교 교육을 위한 협력이사회 총무,

뉴욕 시, 뉴욕 주.

친애하는 스코트 씨:

이달 16일 내가 다음과 같이 전보를 쳤습니다. 반복합니다.

ipehwulbur afmeruhuor aneztpaexj regyvipayn clobboanuf

계속해나갈 수 있게 반드시 기금을 확보하십시오. 남감리회 선교부에 당장 돈을 보내라고 요청해주십시오. 남아있는 돈이 거의 없습니다. 매월 필요한 금액은 5천 불입니다. 돈을 받지 못하면 빌릴 수밖에 없습니다.

전보가 현재 상태를 아주 간략하게 설명하고 있습니다. 지금 가지고 있는 돈은 다음 주나 열흘 안에 고갈될 것입니다. 들어오거나 받을 기한이 찬 유일한 기금은 남감리회 선교부로부터 받을 1만 7천 불과 이학관을 위한 1만 불입니다. 후자의 일부는 난방 설비, 철물 등의 대금을 지불하기 위해 필요합니다. 그것들은 최근에 뉴욕에서 구입하여 지금 운송 중에 있습니다.

만일 우리가 돈을 빌려야 한다면, 과도하게 많은 이자율을 부담해야 하고 자산을 저당잡혀 법원 수수료를 내면서 비슷한 형태의 갈등을 겪을 수 있습니다.

지금부터 7월 1일까지 우리는 언더우드관을 위해 주 도급자에게 2만 8천 원을, 이학관을 위해 13,500원을, 총 41,500원을 지급해야 합니다. 하도급자에게 돈을 주어야 하고, 주 도급자에게도 추가로 돈을 주어야 합니다.

언더우드관의 난방 설비가 지금 서울 세관에 와있는데, 우리는 그것을 무관세로 들여오기 위해 노력하고 있습니다. 이학관 장비의 선적비 청구서가 이틀 전에 도착하였고, 그것과 함께 어떤 증여 물품의 공증 확인서가 왔습니다. 언더우드관의 장비를 위한 비슷한 종류의 보증서가 아쉽게도 아직 도착하지 않았지만, 어떤 우편으로든 반드시 도착해야 합니다.

남감리회 선교부가 송금할 수 있게 되기를 희망하고, 서덜랜드 씨에게 가용 자금이 있다면 또한 보내주기를 희망합니다. 그러면 우리가 빌린 돈에 의지할 필요가 없게 될 것입니다.

한 해가 수입과 지출의 균형을 이루면서 마감되었습니다. 그래서 경상 계정에 관해 적자를 보고하지 않을 것입니다. 이달 20일 연례 재무재표의 감사를 받을 것인데, 그 후에 그 보고서의 사본을 보내려 합니다.

안녕히 계십시오.

O. R. 에비슨

사본을 서덜랜드 씨에게 보내십시오.

출처: UMAC

803-1

# Chosen Christian College

Seoul, Chosen

OFFICE OF THE PRESIDENT

O. R. AVISON, M. D.

CO-OPERATING BOARDS
PRESBYTERIAN CHURCH IN THE U. S. A.
METHODIST EPISCOPAL CHURCH
METHODIST EPISCOPAL CHURCH, SOUTH
PRESBYTERIAN CHURCH IN CANADA

TRANSFERRED

April 18, 1923.

Rev. George T. Scott,
Secretary, Cooperating Board for Christian Education in Chosen,
New York, N.Y.

Dear Mr. Scott:

On the 16th instant I cabled as follows: Inculcate

ipehwulbur afmeruhuor aaestpaexj regyvipaym elobboemuf

"Must have funds to go on with: please request Methodist Episcopal Church, South, Board of Missions to make a remittance at once; funds very low. The amount required is $5,000 monthly. Unless funds are provided it will be necessary to borrow."

The cable puts the situation in a nutshell. The funds now on hand will be exhausted within the next week or ten days. The only funds coming out or due are the $17,000 from the Southern Methodist Board and $10,000 for Science Hall. Part of the latter will be necessary to pay for the heating equipment, hardware, etc., which was recently purchased in New York and is now in transit.

If we have to borrow it will mean exorbitant interest rates, and possibly a mortgaging of the property with court fees and kindred troubles.

Between now and the first of July we need to pay the main contractor Y28,000 for Underwood Hall and Y13,500 for Science Hall, or a total of Y41,500. There are subcontractors who have to be paid, and there will also be extras to the main contractor.

The heating equipment for Underwood Hall is now in Seoul Customs, and we are endeavoring to get it in free of duty. The bill of lading for Science Hall equipment arrived a couple of days ago, together with a certified affidavit that it is a gift. A similar certificate for Underwood Hall equipment has unfortunately not yet arrived, but should arrive any mail.

I hope it will be possible for the Southern Methodist Board to make its remittances, and that Mr. Sutherland will also send any available funds he may have, so that we need not have recourse to borrowing.

The year closed with a balanced income and expenditure, so there will be no deficit to report on current account. I expect that the annual statement will be audited on the 20th instant, after which we shall send copy of the report.

Very sincerely,

O. R. Avison

M E Bagg   55 Bartlett Ave.

Copy to Mr. Sutherland.

## 74. 서덜랜드가 에비슨에게

(150번지 5번가, 뉴욕 시)

(1923년 4월 25일)

에비슨,

서울 (한국)

AWEIKKRYFW

협력이사회는 임대 결정을 승인하지 않음.

출처: UMAC

Form 1250

| CLASS OF SERVICE DESIRED | |
|---|---|
| Full Rate | |
| Half Rate Deferred | |
| Cable Letter | |
| Week End Letter | |

Patrons should mark an X opposite the class of service desired; OTHERWISE THE CABLEGRAM WILL BE TRANSMITTED AT FULL RATES.

# WESTERN UNION CABLEGRAM

NEWCOMB CARLTON, PRESIDENT GEORGE W. E. ATKINS, FIRST VICE-PRESIDENT

Number

Number of Words

803-1

Send the following Cablegram, subject to the terms on back hereof, which are hereby agreed to

(150 Fifth Avenue, New York City)
(April 25,1923)

AVSON
SEOUL (Korea)

AWEIKKRYFW

Board does not approve action of leasing.

MHR

File

## 75. 서덜랜드가 에비슨에게

(150번지 5번가, 뉴욕 시)

(1923년 4월 30일)

에비슨,

서울 (한국)

AFMERSODAZ

남감리회는 현재 돈을 보낼 수 없음. (서덜랜드)

(GFS-LG)

출처: UMAC

Form 1250

| CLASS OF SERVICE DESIRED | |
|---|---|
| Full Rate | |
| Half Rate Deferred | |
| Cable Letter | |
| Week End Letter | |

Patrons should mark an X opposite the class of service desired; OTHERWISE THE CABLEGRAM WILL BE TRANSMITTED AT FULL RATES.

# WESTERN UNION CABLEGRAM

NEWCOMB CARLTON, PRESIDENT GEORGE W. E. ATKINS, FIRST VICE-PRESIDENT

Number

Number of Words

Time Filed

803-1

TRANSMITTED

Send the following Cablegram, subject to the terms on back hereof, which are hereby agreed to

(150 Fifth Avenue, NewYork City)

(April 30,1923).

AVSON
SEOUL (Korea)

AFMERSODAZ

Methodist Episcopal Church South cannot pay at present. (Sutherland)

(GFS-LG)

file

## 76. 서덜랜드가 에비슨에게

(150번지 5번가, 뉴욕 시)

(1923년 5월 12일)

에비슨,

서울 (한국)

IBIBDPAEXJ

$5,000을 인출하시오.

(서덜랜드)

(GFS-LG)

출처: UMAC

TRANSFERRED

| CLASS OF SERVICE DESIRED | |
|---|---|
| Full Rate | |
| Half Rate Deferred | |
| Cable Letter | |
| Week End Letter | |

Patrons should mark an X opposite the class of service desired; OTHERWISE THE CABLEGRAM WILL BE TRANSMITTED AT FULL RATES

# WESTERN UNION CABLEGRAM

NEWCOMB CARLTON, PRESIDENT GEORGE W. E. ATKINS, FIRST VICE-PRESIDENT

Form 1250

Number

Number of Words 803-1

Time Filed

Send the following Cablegram, subject to the terms on back hereof, which are hereby agreed to

(150 Fifth Avenue, New York)
(May 12,1923)

AVSON
SEOUL (Korea)

IBIBDPAEXJ

Draw $5000.

(Sutherland)

(GFS-LG)

## 77. 서덜랜드가 에비슨에게

(150번지 5번가, 뉴욕 시)

(1923년 5월 18일)

에비슨,

서울 (한국)

ANCEMULHYD CEDYNEYKYP IPOUKCOIVT IPANJIVHIB

지금부터 10월 1일까지 각 건물에 필요한 금액을 전보로 알려주기 바람.
난방 설비를 구입하기 위한 기금은 구하지 못함.

(서덜랜드)

GFS-LG

출처: UMAC

| CLASS OF SERVICE DESIRED | |
|---|---|
| Full Rate | |
| Half Rate Deferred | |
| Cable Letter | |
| Week End Letter | |

Patrons should mark an X opposite the class of service desired; OTHERWISE THE CABLEGRAM WILL BE TRANSMITTED AT FULL RATES.

Form 1250

# WESTERN UNION CABLEGRAM

NEWCOMB CARLTON, PRESIDENT GEORGE W. E. ATKINS, FIRST VICE-PRESIDENT

Number

Number of Words

Time Filed

883-1

Send the following Cablegram, subject to the terms on back hereof, which are hereby agreed to

TRANSFERRED

(150 Fifth Avenue, New York)
(May 18,1923)

AVSON
SEOUL (Korea)

ANCEMULHYD CEDYNEYKYP IBOUKCOIVT IPANJIVHIB

Cable amount required between now and October 1st for each building. No funds available for heating plant.

(Sutherland)

GFS/LG

## 78. 서덜랜드가 에비슨에게 (전보)

(150번지 5번가, 뉴욕 시)

(1923년 5월 23일)

에비슨

서울 (한국)

OFUJKBLERN

배틀스(D. M. Battles)[간호사] 양이 갈 수 없습니다.

(서덜랜드)

GFS/LG

출처: UMAC

| CLASS OF SERVICE DESIRED | |
|---|---|
| Full Rate | |
| Half Rate Deferred | |
| Cable Letter | |
| Week End Letter | |

Patrons should mark an X opposite the class of service desired: OTHERWISE THE CABLEGRAM WILL BE TRANSMITTED AT FULL RATES.

# WESTERN UNION CABLEGRAM

NEWCOMB CARLTON, PRESIDENT GEORGE W. E. ATKINS, FIRST VICE-PRESIDENT

Form 1250

Number 803-1

Number of Words

Time Filed

Send the following Cablegram, subject to the terms on back hereof, which are hereby agreed to

TRANSFERRED

(156 Fifth Avenue, NewYork City)
(May 23,1923)

O.R.Avison

AVSON
SEOUL (Korea)

OFUJKBLERN

Miss D.M.Battles not available.

(Sutherland)

GFS/LG

File

## 79. 에비슨이 스코트에게

선천, 1923년 6월 29일

Geo. T. 스코트 목사,

총무, 조선 기독교 교육을 위한 협력이사회,

뉴욕 시,* 뉴욕.

친애하는 스코트 씨:

미국의 재정 상황에 관한 당신의 편지를 받고 나서 연희전문학교와 세브란스연합의학전문학교의 교수들이 한 데 모여 현지의 두 이사회에 어떤 방도를 건의할지를 숙고하였습니다. 이 일을 위해 저녁 시간 내내 당신이 제기했던 모든 점을 신중하게 고찰하였는데, 이 학교들에 어떤 즉각적인 도움이 절박하게 필요하므로, 설혹 바람직하거나 심지어는 필수적인 듯이 보이지만 실제로는 훨씬 덜 긴급할지라도, 만장일치로 그 문제를 현지의 두 이사회에 촉구하기로 하였습니다.

두 학교 현지 이사회의 모임은 웰치 감독이 도착할 때까지 미루어졌습니다. 그가 미국에서 두루 관찰하고 협력이사회의 연례회의에 참석하면서 그곳 상황에 대해 어떤 인상을 받았는지를 듣기 위해서였습니다. 당신은 개인적으로 내가 단지 환영을 받을지 그렇지 않을지를 알아보기 위해서만 미국에 가기를 바라지는 않았다는 것을 알게 될 것입니다. 두 대학의 이사회는 6월 19일 모여 오후 시간을 모두 써서 당신이 편지에서 한 말과 웰치 감독을 만났던 부교장 반버스커크 의사와 교장이 그 회의 때 전해준 웰치 감독의 말을 신중하게 검토한 후, 다시 만장일치로 교장이 가을에 미국에 가야 한다고 표결하였습니다. 그리고 교장이 이사회들에서 바라는 것을 수행할 수 있게 선교사역의 다른 책무에서 벗어나는 것을 양해해주도록 북장로회 선교회에 요청서를 보냈습니다.

교장은 자기가 아직 대학들과는 무관한 선교사역을 할 책임도 지고 있음을 잘 알고 있으므로 현지 이사회의 요망을 선교회에 알려서 그가 [미국에 가서] 일시적으로 그 책임을 벗는 것을 양해해달라고 요청해야 하고, 그러나 만일 이번에 그가 가는 것을 허락하기 어

* 원문의 'New York' 바로 곁에 있는 물음표(?)는 쉼표(,)의 오타로 보인다.

려운 긴급한 이유가 선교회에 있다면 선교회가 현지 이사회들과 상의하여 서로 만족한 만하게 조정해야 할 것이라고 진술하였습니다.

여기에 동봉한 북장로회 [조선] 선교회 총무의 진술에 따르면, 선교회는 이틀 전, 지금 선천에서 개회 중인 연례회의에서 두 대학이사회의 요청을 승낙하였습니다. 그러므로 당신은 친절하게 북장로회 선교부의 결정을 얻어서 전보로 오웬스 씨나 나에게 찬성 결정에는 "Yes"로, 반대에는 "No"로 알려주시겠습니까? 이렇게 하는 것이 선교 암호를 쓰는 것보다 더 나을 것입니다. 이는 우리가 도시를 떠나 암호책을 소지하고 있지 않을 것이기 때문입니다. 클라크 박사가 선교회의 결정을 전보로 알려서 답장을 요청할 것으로 알고 있습니다. 그래서 당신이 만일 그것이 이르기 전에 이미 선교부의 결정을 얻었다면 다시 전보를 칠 필요가 없을 것입니다.

연희전문 이사회의 북장로회 대표 4명 가운데 3명이, 세브란스 이사회의 대표 6명 가운데 3명이 현지 이사회들의 회의에 참석하여 찬성하는 쪽에 투표하였습니다. 참석하지 않은 사람들은 그 결정에 동의하였습니다. 이곳 사람들은 상대적으로 적은 금액을 얻게 되더라도 노력할 가치가 있을 것이라고 생각하고 있습니다. 두 선교회가 약정금의 지급 약속을 이행하지 못하여 처하게 된 막다른 상황에서 연희전문이 벗어날 수 있게 충분한 자금을 얻을 수 있기만 하다면, 난방시설에 관한 토론을 종식시킬 수만 있다면, 건물들을 사용 가능한 상태로 만들 수만 있다면, 경상예산의 해묵은 적자를 해결할 수만 있다면, 올해에 거의 확실한 적자의 발생을 막을 돈을 얻을 수만 있다면, 수물과의 조직을 완료하여 더 높은 수준에서 총독부의 인가를 받게 할 돈을 충분히 얻을 수만 있다면, 건물을 사람들의 통행이 가능한 상태로 만들기가 불가능해지고 우리에게 오는 환자들의 생명을 안전하게 지킬 수 있도록 청결하게 하기가 불가능해질 정도로 해마다 심해진 병원과 의학교의 공간 부족의 압박에서 세브란스의전이 충분히 벗어나게 할 수만 있다면 말입니다.

이사회의 이사들은 [연희전문 설립에 반대한 북장로회 조선 선교회가 선교부를 교단 총회에제소한 결과] 북장로회 선교부가 교단 총회로부터 제재를 받아 여러 가지 어려움에 직면한 것을 주목하고 있습니다. 그러나 이 어려움이 내년에 지금보다 더 적어질 것이라고 보지 않습니다. 그러므로 그들은 내가 경기규칙을 어기지 않고 활동할 수 있게 됨으로써 어떤 길을 찾기 바랄 따름입니다.

이 편지가 충분한 설명이 될 것으로 믿으며 당신들 모두를, 어쩌면 10월에, 만나기를 기대합니다.

안녕히 계십시오.

O. R. 에비슨

출처: PHS

O. R. Avison

Mr Wheeler

SCOTT REC'D
ACCOUNTING DEPARTMENT
JUL 25 1923
Ans'd

SEVERANCE UNION MEDICAL COLLEGE
NURSES' TRAINING SCHOOL
SEVERANCE HOSPITAL

SEOUL, KOREA.

Wheeler

1426
FILING DEPT.
APR 21 1924
SECRETARIES

Syenchun, June 29, 1923.

re Dr Avison's return

Rev. Geo. T. Scott,
Secretary, Cooperating Board for Christian Education in Chosen,
New York? N.Y.

Dear Mr. Scott:

Following your letterconcerning financial conditions in the U S A, the faculties of the Chosen Christian College and Severance Union Medical College met together to consider as to what course they would recommend to the Field Boards. A whole evening wa spent at this, and all that you had presented was studied carefully, but the urgent needs of the institutions for some immediate help even though it might be much less than what appeared to be desirable and even necessary, caused them to unanimously urge the Field Boards to press the matter.

The meeting of the Field Boards was deferred until the arrival of Bishop Welch that we might get his impression of the situation as he got it from his observations in America and from his attendance at the Annual Meeting of the Cooperating Board. You will realize that I personally had no wish to appear in America only to find that I was not welcome. The Boards met on June 19th, and after spending the whole afternoon in a careful consideration of the statements of your letter and those of Bishop Welch conveyed to the meeting by the Vice President, Dr. VanBuskirk and the President, who had had a conference with the Bishop, again unanimously voted that the President should go to America in the Fall and sent a request to the Northern Presbyterian Mission to excuse him from other Mission duties that he might be free to carry out the wishes of the Boards.

The President stated that he realized that he still had some Missionresponsibilities outside of his connection with the Colleges and that he felt that the Mission should be informed of the wishes of the Field Boards and with the request that he be temporarily excused from those responsibilities, but that if there seemed to be an urgent reason making it difficult for the Mission to let him go at this time the Mission would confer with the Field Boards so that a satisfactory mutual adjustment might be made.

The Northern Presbyterian Mission two days ago at its Annual Meeting now in session at Syenchununanimously granted the request of the Field Boards as per the statement of the Secretary of the Mission enclosed in this. < Will you now, therefore, kindly secure the decision of the Northern Presbyterian Board of Foreign Missions and transmit it toMr. Owens or myself by cable, using the word "Yes" to indicate a favorable decision or the word "No" if unfavorable.? This will be better than using the Mission code as we may be away from the city and out of reach of the code book. I understand that Dr. Clark is cabling the action of the Mission, asking for a replym so that if you have already secured the action of the Board before this reaches you it will not be necessary to cable again.

Cbl by Brown

2.

Three out of four of the Northern Presbyterian representatives on the C C C Boardand three out of six on the S U M C Board took part in the deliberations of the Field Boards and voted in the affirmative. Those who were not present concurred in the decision. The feeling here is that it will be worth the effort though even only a comparatively small amounts can be secured, if we can but get enough for the C C C to get us out of the impasse resulting from the failure of two of the Missions to meet their pledges, get the heating plant discussion settled and the buildings put into usable condition, cover the old deficit on current budget, provide for this year's almost certain deficit, and get sufficient to complete the organization of the department of Applied Physics and Mathematics so that it may secure its permit from the government on the higher basis; and for the S U M C enought o relieve the oppressive shortness of space in both Hospital and Medical College which hasfrom year to year grown worse until it is no l nger possible to keep the building in even passable shape or clean enough to safeguard the lives of the sick who come to us.

The board members noted the difficulties that confront the Northern Presbyterian Board under the restrictions laid upon it by the General Assembly but do not see that these difficulties will be less next year than they are this, and they can but hope that a way will be found by which I can work without violating the rules of the game.

Trusting that this will be satisfactory, and looking forward to meeting you all, possibly in October, I am,

Yours very sincerely,

O. R. Avison

## 80. 에비슨이 스코트에게

1923년 8월 29일

조지 T. 스코트 목사,
156번지 5번가,
뉴욕 시, 뉴욕.

친애하는 스코트 씨:

오래전부터 당신에게 이런 우정의 편지를 쓸 생각을 하였지만, 혼란했던 연례회의, 그 직후의 소래 해변 직행, 우리가 기대하는 미국 여행 준비, 한국인들이 세브란스(병원)에 기부한 1만 2천 원에 대해 협상하기 위한 서울로의 소환, 소래에 있는 건물의 보수를 우리가 가기 전에 끝났을 것으로 예상했으나 건축업자가 인부도 건축 자재도 거의 없이 방금 전에 시작했던 다방면의 건물 보수공사 소동, 그리고 소래의 많은 매력적인 일 등등이 나로 그저 편지들을 쌓아놓고만 있게 만들었습니다.

그러나 그것들을 모아놓고 있다가 그 속에서 당신이 6월 6일자로 오웬스 씨에게 협력이사회 회의에 관해 설명하고 당신이 그곳을 떠난 사실을 알린 것을 발견하였습니다. 내가 젊었을 때 감상에 젖게 만들곤 했던 한 노래가 생각납니다. 그 노래 "그대를 떠나서 내가 어떻게 견딜 수 있나요?"를 "우리가 그대를 떠나보내고 어떻게 견딜 수 있나요?"를 약간 바꿀 수 있을 듯합니다. 내 글 첫 문장에서 이것은 우정의 편지라고 말하였는데, 우리를 떠나 다른 일을 맡은 당신을 원망할 정도의 우정을 보여주기 위해 그렇게 쓴 것입니다. 그러나 당신에게는 승진이 틀림없는 까닭에, 우리에게는 기독교의 용서하는 정신을 당신에게 보여주고 당신이 새로 맡은 일에서 크게 성공하기를 바라는 일이 부과되어, 우리가 그렇게 하고 있습니다. 우리는 아직 윌러(Wheeler)* 씨로부터 어떤 말을 듣지 못하였지만, 그는 우리에게 속히 편지를 쓸 이유를 틀림없이 가지고 있을 것입니다. 우리가 언제라도 도망칠 수 있기 때문입니다. 그를 이름만 알고 그를 만난 기억은 없습니다. 그래도 나

* W. Reginald Wheeler(1889~1963) 목사는 1923년부터 1932년까지 북장로회 선교부에서 총무로 활동하였다. 이 편지의 수신자인 선교부의 또 다른 총무 G. T. Scott(1881~1978)는 1923년 당시에 협력이사회의 총무직을 사임하였고, 윌러가 스코트를 승계하여 임시로 총무직을 수행하였으며, 그 후 1924년 4월 Ernest F. Hall로 교체되었다.

는 지금 편지를 쓰기 시작하여 곧바로 그에게 환영의 편지를 발송하려 합니다. 그가 선교 사역을 다양한 방면에서 경험했으므로 지금 맡은 막중한 임무를 감당할 준비가 되어있을 것이 틀림없습니다.

앞서 내가 말한 한국인의 기부가 실현된 것을 당신이 알게 되면 기뻐할 것입니다. 올해는 우리에게 여러 가지로 주목할 만한 해입니다. 다음의 일들은 내가 직접 관련된 것으로 손꼽을 만한 일들입니다.

- □ 세브란스의 졸업증서 소지자가 총독부의 고시를 치르지 않고 의료행위 면허를 받기에 충분한 자격이 있는 것으로 여겨 총독부가 그 졸업증서를 인가한 것.
- □ 총독이 쿤스 씨와 나를 다과회에 초대한 자리에서 학교가 성경 교육 등을 하는지를 따지지 않고 적절한 수준에 있음을 승인하기로 [지정학교 제도를 시행하기로] 결정하고 이를 공고한 것. 그때 그가 많은 총독부 사람이 참석한 가운데 우리 각자에게 영문으로 된 칙령(일본어 원문의 번역본)을 건네주었고, 그것을 며칠 내로 공포하게 하였습니다. (선교회는 이것의 중요성을 알아차리지 못하고 있습니다.)
- □ 총독부가 한국 전역에서 선정하여 한국을 위해 교육 분야에서 봉사한 것을 특별히 인정한 26인의 명단에 내 이름이 포함된 것. (이 명단에 연희전문학교의 학감인 베커 박사도 포함되었습니다.)*
- □ 총독이 그의 관저에서 이 26인과 모든 도지사에게 베푼 다과회에서 내게 [서울]시내에서 연희전문까지 새로 좋은 도로를 건설하겠다고 광고한 일.
- □ 도지사가 새로 조직하여 직접 관할하는 [경기]도 교육협회를 위한 자문단의 한 명으로 나를 임명한 일. (나는 이 사실을 서울 프레스 지에서 보았습니다. 그것이 조직될 때 내가 이곳을 떠나 소래에 있었기 때문입니다.) 외국인이 그런 자리를 들어간 것은 처음 있는 일입니다. 윤치호도 또 다른 자문위원인 것을 보았습니다.
- □ 한국인들이 세브란스에 건물을 짓도록 1만 2천 원을 기부한 일.
- □ 총독부가 선교 기관들—예를 들면 병원들—과 경쟁하는 정책을 중단하고 그 대신 협력하는 정책으로 바꾸기로 결정한 사실을 정무총감 아리요시 씨가 내게 알리고, 그런 다음 총독에게 알린 일.

---

* 1923년 5월 19일 총독부가 양정고 교장 엄주익과 휘문고 교장 임경재를 비롯한 26명의 '교육공적자'에게 표창하였는데, 이때 세브란스의전을 대표하여 에비슨 교장이, 연희전문을 대표하여 베커 학감이 표창을 받았다, 『동아일보』 1923년 5월 2 · 18 · 20일자 2면 기사 참고.

지금 이 일들을 쓰는 것이 내가 자만에 빠지고 우쭐해진 기미를 드러내는 것처럼 보이지만, 나는 이런 태도를 싫어합니다. 그래도 다만 나는 이 나라에서 [선교사들 가운데] 화해하는 쪽이 총독부를 설득하여 우호적인 태도를 끌어내고 선교사의 요구 사항들이 이처럼 용인받는 결과를 낳고 있다는 증거를 보여주고, 그리고 우리가 그 모습 그대로 보아왔던 대의에 대적하는 존재가 아니라는 증거를 보여주기 위해 그렇게 하고 있습니다. 아마도 우리의 정책을 실현하기 위해 어떤 선교사들 쪽에서 확고한 입장을 견지하는 것도 필요할 일일 것입니다. 그래서 우리는 서로 상대편을 보충해주는 사람으로 여겨야 하지만, 이곳에서 우리를 향한 마음 자세가 아직 나아지지 않은 것이 염려됩니다. 우리 쪽에서 그들에게 그렇게 하고 있는지도 모르겠지만 말입니다.

어쨌든 지난 연례회의는 우리가 몇 년 전에 가졌던 회의의 모습으로 완전히 돌아갔습니다. 오랜 고참들이 그 자리로 돌아와서 2, 3년 동안 선교지를 떠나 있었던 것을 완전히 만회하였고, 그 결과 늘 그랬듯이 강력한 교파주의의 옛 깃발이 나부꼈습니다. 그리고 서울 선교지회를 복음전도의 중심지에서 물러나게 하고, 이미 꽤 많은 다수가 여자연합대학을 장로교 대학으로 만드는 방향으로 찬성했던 것을 뒤집는 표결이 이루어졌습니다. 그러나 나는 그만 말해야 하겠습니다. 자세한 내용은 당신이 브라운 박사와 통신하여 파악하기 바랍니다.

내가 말했듯이, 이 편지는 우정의 편지로 시작하였고, 당신을 우리의 어떤 언쟁에 끌어들일 마음은 없었습니다. 내가 원하는 것은 우리의 두 어린 대학을 향한 당신의 모든 관심과 내가 뉴욕에 갔을 때나 선교지에 있을 때 개인적으로 내게 보여준 모든 친절함에 감사하고, 당신이 새 사역지에서 큰 즐거움을 누리기를 바라는 것입니다. 나의 부인이 나와 함께 당신과 스코트 부인과 당신 가족에게 가장 다정한 안부 인사를 드립니다.

안녕히 계십시오.

O. R. 에비슨

소래에서 초안을 썼음/HTO[H. T. 오웬스] HTO [대신 서명함]

출처: PHS

O. R. Avison

OFFICE OF PRESIDENT
O. R. AVISON, M. D.

SCOTT REC'D
OCT 1 1923
Ans'd

SEVERANCE UNION MEDICAL COLLEGE
NURSES' TRAINING SCHOOL
SEVERANCE HOSPITAL

SEOUL, KOREA.

250

August 29, 1923.

Brown
Wheeler

Rev. George T. Scott,
156 Fifth Avenue,
New York, N.Y.

Dear Mr. Scott:

I had intended to write you this friendly letter long ere this, but a disturbing annual meeting, our coming to Sorai Beach right after it, preparations for our expected trip to America, a summons to Seoul to negotiate a gift of ¥12,000 by Koreans to the Severance institution, the distraction of extensive house repairs at Sorai, supposed to have been completed before we came but only just been begun by a contractor with few workmen and little building material, and the many attractions of Sorai made me let letters accumulate.

However, I have kpt the pile before me and I find it contains your letter of June 6th to Mr. Owens reporting the meeting of the Cooperating Board and announcing your separation from the Board. I am reminded of a song which used to stir the emotions when I was still young, "How can I bear to leave thee?" which might be slightly changed to "How can we bear to have thee leave us?" I said in my first sentence this is a friendly letter and it is so to the extent of showing enough friendship to chide you for leaving us and giving yourself to others instead. However, as it is doubtless a promotion for you it is up to us to show a Christian and for-giving spirit and wish you great success in your new undertaking, and so we do. We have not heard from Mr. Wheeler yet, but doubtless he will have reason to write us soon as we are likely to make breaks from time to time. I know him by name but do not remember having met him. However, now that I have begun letterwriting I shall send him right away a welcoming letter. His experience in various lines of mission work has no doubt prepared him for the serious task he has now undertaken.

You will be glad to know that the Korean contribution I mentioned above has materialized. This has been a notable year for us in many ways, the following being outstanding events in so far as I was personally related to them:

The recognition by the Government of the Severance Diplomas as sufficient to entitle their holders to receive licence to practice medicine without government examination.

The decision of the Government to approve schools of proper standard without reference to Bible teaching, etc., announcement of which was made by the Governor General by inviting Mr. Koons and myself to tea when in the presence of many members of the Government he handed to each of us a copy in English (translation of the Japanese original) of the decree which he had arranged to publish within a few days. (The Missions have failed to recognize the significance of this gracious act.)

Rev Geo T Scott 2.

The inclusion of my name in the list of 26 selected from all parts of Korea for special recognition by the Government General for services rendered to Korea in the field of education. (This list included also Dr. Becker, Dean of the Chosen Christian College.)

The announcement to me by the Governor General at the tea party given at his residence to these twenty-six and all the Provincial Governors that the Government would construct a new and good road from the city to the Chosen Christian College.

My appointment as one of the Councillors of the newly formed Provincial Educational Association under the Presidency of the Provincial Governor. (I read this in the Seoul Press for I was up here at Sorai when it was organized). It is the first time a foreigner has been put in such a position. I read also that Yun Chi Ho was another Councillor.

The contribution of Y12,000 by Koreans towards a building for Severance.

The announcement to me by Mr. Ariyoshi, Civil Governor, and next to the Governor General, that the Government had decided to discontinue its policy of competing with missionary institutions, as hospitals for instance, and the substitutionof a policy of co-operation instead.

Now for me to write of these things looks like conceit on my part and savors of a boasting mind, which is distasteful to me, but I do so merely as evidence that the party of conciliation in this country won the Government over to the friendly attitude which has resulted in these concessions to missionary requests and that we have not been the enemies to the cause that we have been looked upon as being. Perhaps it also required a firm stand on the part of some of the missionaries in order to make our policy effective and so we ought to regard one another as complementary to each other, but I fear thatattitude of mind towards us has not developed yet here, whether we on our side have it towards them or not.

At any rate the last annual meeting was a complete reversion to the type of meetings we had a few years ago. The old veteran was back in his place thoroughly recuperated by his two or three years of absence from the field, and the old flag of intense denominationalism was ~~xxxxx~~ waved with the usual result and a vote taken which directed Seoul Station to withdraw from the Evangelistic Center and overthrew the goodly majority already given for a Union College for Women in favor of a Presbyterian College. But I must stop and allow you to get the details from correspondence with Dr. Brown.

This letter, as I said, was begun as a friendly letter without the intention of embroiling you in any of our squabbles. What I want to do is to thank you for all your interest in our two fledgling colleges, and the many kindnesses shown to me personally both while I was in New York and while I was on the field and to wish you great joy in your new field of work. Mrs. Avison joins me in kindest regards to yourself, to Mrs. Scott and to your family.

Very sincerely,

O. R. Avison 서명

"Drafted at Sorai" 서명

## 81. 세브란스의전 이사회 교장 보고서

세브란스연합의학전문학교

현지 이사회에 대한 교장 보고서

1923년 9월 14일

이 보고서에서 가장 중요한 사항은 우리 학교의 최고 사역을 방해했던 총독부의 어떤 장애물을 없애려고 여러 해 동안 노력해온 것이 기쁘게도 그 목표에 이른 것입니다.

새 법 아래에서 의학교를 운영할 허가를 받아 세브란스연합의학전문학교에 더 이상 "사립"을 붙이지 않는다는 것을 보고할 수 있게 되어 기쁩니다. 졸업생들도 더 이상 관립 의학교 졸업생들과 비교당하여 차별을 받지 않게 되었습니다. 이는 "정규" 과정[본과]의 졸업생들에게 졸업증서에 근거하여 의료행위 면허를 주는 규정이 만들어졌기 때문입니다. 이제까지는 우리의 모든 졸업생이 면허를 따기 위해 시험을 쳐야 해서 여러 명이 통과하지 못하였습니다. 지금은 본과생들에게 이런 불리한 조건이 제거되었습니다. 올해 졸업생들 가운데 4명이 본과생이고, 1명이 별과생입니다.

"본과" 학생들은 인가받은 중등학교를 졸업했거나 공식적인 고시를 치러서 중학교 과정을 넘어선 자들이란 사실을 더 말씀드립니다. 별과 학생들은 인가를 받지 않은 사립 중등학교[아카데미]를 졸업한 자들입니다. 이 범주에 장로회 선교회들이 운영하는 이른바 중학교를 졸업한 모든 학생이나 국가 고시를 치르지 않은 학생들이 들어갑니다. 총독부가 한 해 동안 사립학교들이 더 쉽게 인가를 받게 하여[지정학교 제도를 가리킴] 학생들이 별과가 아닌 본과를 졸업하게 하고 그와 동시에, 우리가 다투어왔던 사안인, 교육과정 안에 성경교육 과목을 넣는 것을 허락하겠다는 계획을 공포하였습니다.

총독부의 태도에 대한 우리의 사의를 보여주기 위해 에비슨 박사가 조선호텔에서 아리요시[정무총감] 각하와 일부 고위 관리들에게 점심을 대접하였습니다. 며칠 후 경성호텔에서 더 많은 사람이 참석한 가운데 차를 대접하였습니다. 총독부를 대표해서 온 사람들, 교육계 및 종교계 지도자들, 그리고 저명인사들이 그 자리에 참석하였습니다.

와타나베 판사는 설립인가를 받았을 때부터 우리 이사회의 이사였는데, 정년에 이르러 은퇴하였고, 일본에서 살기 위해 갔습니다. 그가 모든 면에서 학교의 좋은 친구이자 상담

자였으므로 우리는 우리 이사회에서 그를 잃게 되어 유감입니다.

오[긍선] 의사는 반버스커크 의사가 안식년으로 떠나 있는 동안 학감대리로 일하였는데, 나중에 학감으로 임명되어, 반버스커크 의사가 부담 없이 다른 직무를 맡게 하였습니다. 오 의사는 학교 사역을 하면서 총독부와 협상하는 일에서 나를 도와 뛰어난 능력과 성공을 보여주었고, 그 외에도 진료실을 이끌었습니다.

남장로회 선교회는 우리에게 간호사 한 명을 보낼 수 없어서 그의 상응하는 자금을 보냈고, 남감리회 선교회도 1월부터 간호사 한 명 대신 돈을 보내고 있습니다. 그러나 우리는 이 선교회들이 속히 우리에게 간호사를 보낼 수 있게 되기를 바랍니다. 총독부는 아직 새 법에 따라 간호부양성소에 허가를 내주지 않고 있지만, 우리는 올해 안에 받기를 희망하고 있습니다.

붕대, 드레싱, 침대 린넨, 환자복, 수건, 수술 가운 등등이 든 큰 화물 2개를 브룩클린 나소(Brooklyn Nassau) 노회들에서 보내와 받았고, 캐나다장로회 여선교회가 간호사들에게 보낸 어떤 선물들도 받았습니다. 성인과 아이 크기의 [실습용] 체이스 병원인형(Chase Hospital Dolls) 2개를 기증받았다가 운송이 얼마간 지연된 후에 받았습니다. 또한, 간호부양성소가 축음기와 레코드를 인디애나폴리스 구역의 엡윗청년회로부터 기증받았습니다. 로렌스 양의 아버지가 여름 동안 그녀를 찾아와서 병원에 환등기와 슬라이드들을 주었습니다.

<u>부지 확장</u>. 운동장 뒤편의 땅을 수용 예정인 우리의 남쪽 전면의 땅과 바꾸기 위한 협상이 마지막 단계에 이르러 우리 운동장을 확장하고 또 다른 주택부지를 확보하는 결과를 얻었습니다. 전에 도로였던 작은 필지 몇 곳을 시 당국으로부터 샀습니다.

이사회의 12월 회의에서 교장이 그의 시간의 주요 부분을 모금 업무에 바치게 하고 행정업무를 부교장에게 맡기기로 결정되었습니다. 이러한 변경은 1월부터 시행되지만, 부교장이 최근에 아파서 교장에게 적어도 이번 가을까지는 행정 사역을 다시 맡도록 부탁하게 되었습니다.

치과를 다른 과들과 다르게 여기고 특별히 선교사들 사이에서 사역하는 치과를 선교지에 두기 위해 치료비를 부과하는 관행이 이상한 상황을 많이 일으키고 있습니다. 치과는 지금 다른 예방 사역이나 치료 사역처럼 의료치료의 일부인 것으로 널리 인식되고 있습니다. 그러므로 그 구별을 없애는 조치를 취해야 합니다. 사실상으로 이것은 맥안리스 의사를 협력 선교부들 가운데 한 곳의 할당 인원에 포함하여 보내야 한다는 것을 뜻합니다. 그렇게 하면 그는 선교집단 밖의 사람들에게는 계속해서 평소처럼 치료비를 이윤을 붙여 부과하면서 선교사들에게는 재료비만 받고 치료해줄 수 있습니다.

한국인의 협력 기반을 더 많이 확보하기 위해 앞으로는 현지 이사회에서 모두를 선출하는 대신 다음의 집단들에서 이사들을 지명해주도록 이사회가 그들에게 요청하였습니다.

| 조선예수교장로회 총회 | 2명 |
|---|---|
| 미[북]감리회 조선연회 | 1명 |
| 남감리회 조선연회 | 1명 |
| 동문회 | 2명 |
| 이사회 | 1명 |

이런 요청의 결과가 오늘 그 선출로 나타났습니다.

교장의 미국 방문을 재고해야 한다는 협력이사회의 요구를 검토하기 위해 1923년 6월 19일 열린 대학이사회의 임시회에서 이사회는 다시 만장일치로 그 방문이 이루어져야 한다고 표결하였습니다. 이 일이 교장의 소속 선교회에 보고되어, 현지 이사회가 요청한 대로 그의 선교지 이탈이 만장일치로 동의를 받았습니다. 이 소식을 뉴욕 북장로회 선교부에 전보로 알렸는데, 이는 협력이사회가 해당 선교부의 동의를 조건으로 그것을 승인했기 때문입니다. 얼마 후 북장로회 선교부로부터 전보가 왔고, 그 후에 그것을 확인하는 편지가 왔습니다. 그 부분을 읽으면 다음과 같습니다.

<u>에비슨(O. R. 에비슨) 박사의 귀국 계획</u>

우리는 당신들[선교회]의 실행위원회가 보낸 7월 6일자 전보를 송달 기한 안에 받았습니다. 그 전보에서 윌리암 베어드(William Baird) 씨, 리차드 베어드(R. H. Baird) 씨, 그리고 퍼디(Purdy) 씨를 임명한 사실을 언급한 첫 부분은 그들에게 즉시 전달하였습니다. 두 번째 부분은 선교회가 에비슨 박사의 미국행을 허가하였고 그 경비는 선교회 밖에서 마련할 것이란 사실을 진술하였습니다. 여기에 선교부가 전에 내렸던 결정을 재고하는 것이 포함되어

있기 때문에, 우리는 협력이사회 회의의 개회를 어제까지 보류하였습니다. 이번에 협력이사회는 다음과 같은 결정을 내렸습니다.

연희전문학교와 세브란스연합의학전문학교의 재정적 이해관계에서 에비슨(O. R. Avison) 의사의 미국 귀국활동 계획에 관해 조선 선교회의 실행위원회가 보낸 전보에 답하여 본[북장로회] 선교부는 실행 총무인 스코트(George T. Scott)가 현지 이사회에 보낸 4월 19일자 편지에서 진술했던 어려운 점들이 이후에 상황 전개로 악화되어 지금은 에비슨 박사의 귀국을 권할 수 없으므로 그가 귀국을 내년으로 연기하는 것이 좋겠다고 표결하였다. 전보 발송이 승인되었다.

스코트의 4월 19일자 편지에서 그 문제가 언급된 부분은 다음과 같이 검토되었습니다.

회의록에서 가리키는 대로 에비슨 박사의 [미국] 귀국 계획이 신중하고 충분하게 논의되었습니다. 나는 에비슨 박사가 하기 원하는 그런 모금운동의 실행을 매우 어렵게 만드는 현재의 일부 제약조건들에 관해 현지[서울]에 편지를 쓰도록 지시를 받았습니다. 협력이사회의 이사들 가운데, 모두는 아니지만, 일부는 지금 자신들이 속한 교회의 임원들로부터 일 년 안에 기부를 요청할 수 있는 금액의 총액을 매우 확실하게 제한받고 있습니다. 따라서 일개 기관을 위해 기부를 호소하도록 승인받을 수 있는 금액이 극히 적고, 지금 미국에서 선교기관들을 위해 모금하고 있는 재정 프로모터들을 굉장히 낙심시키고 있습니다. 난징대학교의 윌리암스 씨는 이런 곤란한 여건 속에서 일 년 이상 기금을 모으려고 노력해왔다가 심하게 실망하고 있습니다. 당신은 물론 기부금의 한도만 아니라 기부를 요청할 금액의 한도도 기부금을 받을 때 고려할 새 요인이 되는 것을 알고 있을 것입니다. 여기에서 전자는 교파들 안에서 오랫동안 존재해온 것입니다. 예를 들면, 우리 북장로회 선교부와 그곳 임원들은 매우 제한된 금액의 자산만을 위해 기부를 호소하거나 승인하거나 권장하는 것을 허가받고 있습니다. 이번 주에 북장로회에서 많은 적자(60만 불과 70만 불)를 보고함에 따라 자산 지원 항목에 책정된 많은 금액이 적자 지원으로 옮겨져야 하게 되었습니다. 때마침 북감리회 선교부는 이번 회계년도에서 처음 다섯 달의 수입이 27%나 줄어들고 캐나다장로회 선교부는 선교지에 보내는 충당금을 불가피하게 삭감하게 된 것으로 보고되고 있습니다. 협력이사회 이사들은 그에 따라 에비슨 박사가 이번에 오는 것이 현명한지를 극히 의심스럽게 여기고 있습니다. 그가 그런 제약요인들의 방해를 무릅쓰며 모금을 해야 할 것이기 때문만 아니라 새로 사야 할 것들을 위해 기부금을 호소하는 일도 선교부들로부터 별로 지지를 받지 못하고 어쩌면 교회들로부터도 달갑지 않은 반응을 받을 수 있기 때문입니다. 많은 협력이사회 이사들이 올해는 특별한 재정 모금을 시작하지 말아야 한다고 믿고 있지만, 어떤 이사들은 그 문제가 확실히 끝난 일은 아니었는지, 그리고 현지 이사회에 그 권고를 재고하게 하지 않았는지, 그리고 혹시 현지 이사회가 그런 어려운 점들과 협력이사회의 전반적인 태도를 고려하고도 에비슨 박사의 미국 귀국을 다시 요청하고 동의를 받았던 것인지를 묻고 있습니다.

그 편지에서 말한 어려운 점들이 "이후에 상황이 전개되는 동안 심해졌다"고 말한 것은 그 사정을 실로 매우 부드럽게 설명한 것입니다. 재정 상황은 협력이사회의 전체 역사에서 이전 어느 때보다도 더 불길합니다. 막대한 적자를 해소할 자금 확보에 할 수 있는 모든 노력을 집중하고 금년의 많은 예산을 감당하지 않으면, 가장 강력한 삭감을 단행해야 할 것이 고통스럽게도 분명합니다. 미국에서 돈을 모으기 위해 애쓰고 있는 다른 교육기관들의 대표들이 크게 실망하고 있습니다. 선교부의 본국 지원과(Home Base Department)는 총회의 압박으로 가동하고 있는 제약조건들 아래에서 지금은 에비슨 박사에게 그가 필요로 하는 것을 제공할 수 없을 것이라고 느끼고 있습니다. 그리고 다른 선교부들의 상황도 우리보다 더 나쁘지는 않을지라도 우리처럼 나쁜 것은 확실합니다. 어떤 선교부들은 이미 사역을 줄였습니다. 이런 상황에서 본 선교부는 에비슨 박사가 내년까지 방문을 연기하는 편이 지혜로울 것이라고 믿습니다. 그때는 재정적으로 하늘이 갤 것이라고 우리가 희망하고 있습니다. 실행위원회가 전보로 답장할 것을 요청하였기 때문에, 선교부는 회의 직후에 다음과 같은 글을 급히 발송하였습니다.

OANUFGUVIR YPAJOOACIP IKKALEJSIR LYEPGUVLER EXEXZYNMAM

O. R. 에비슨, 선교부가 조언합니다. 당신은 현지를 떠나는 것을 내년까지 미루십시오. 조지 T. 스코트가 H. T. 오웬스에게 (보낸) 1923년 4월 19일자 편지로 상황을 설명하였습니다. 우리가 지난번에 썼던 것보다 상황이 더 나쁩니다.

거의 같은 때에 내쉬빌에서 남장로회 실행위원회가 스와인하트 씨에게 전보를 보냈는데, 그가 그의 선교회에서 본국에 가서 재정 모금 운동을 하라는 지시를 받았다가 비슷한 이유에서 가지 말라는 지시를 받았습니다. 그래서 교장이 이번에 가는 것은 지혜롭지 않을 것이란 결정이 내려졌습니다. 그러므로 나는 대학과 병원 사역 분야에서 한국교회와 한국인을 널리 이롭게 하는 방향에서 더 많은 열정을 바쳐 일할 계획을 세우고 있습니다.

7월 초, 내가 소래 해변이 도착한 직후에 서울에 당장 올라오라고 하는 전보를 받았습니다. 병원에 한국인이 기부한 사업을 출범시키는 협상을 관철하기 위해서였습니다. 나는 곧바로 서울에 가서 오 의사의 큰 도움을 받으며 감염병을 치료하는 건물을 짓기 위해 사용할 1만 2천 원의 기부금을 확보하였습니다. 이 돈은 그런 건물을 [직접] 짓기를 기대한 일군의 한국인들이 모은 것이었지만, 현실 여건이 그런 계획을 실현하기 어렵게 만들어, 그들은 그것을 우리에게 제공하여 우리가 지으려고 계획하고 있는 감염병동의 건축에 사용하게 하기로 결심하였습니다.* 우리가 그 한국인들과 합의한 내용은 다음과 같습니다.

서울 남대문통 5정목 115번지에 소재한 세브란스연합의학전문학교 구내에 감염병동을 건축하는 일에 협력하는 문제에 관해 여기에서 다음과 같이 합의합니다.

첫째: 세브란스의학전문학교의 재단법인을 갑이라 부르고, 서울 사립 피병원 설립기성회를 을이라 부른다.

둘째: 갑은 부지를 제공하고 을은 감염병 치료용 건물을 건축할 목적으로 모은 대로 1만 2천 원을 현금으로 제공하며, 이로써 협력 사역을 수행한다.

셋째: 이 건물은 '경성부민병실'이라 부른다.

넷째: 이 병실의 행정과 운영은 세브란스병원 재단법인에 위탁한다.

다섯째: 을을 위해 전술한 병실을 확장할 때가 오면 갑과 을이 함께 그 일을 수행한다.

여섯째: 감염병이 경성시에서 유행하면 전술한 병실을 경성부민에게 개방하고 환자가 원할 때는 한의들의 한약 사용을 허용한다. 그러나 환자가 그런 의사의 치료와 한약 사용을 원할 때는 본인의 책임으로 그런 도움을 받는다.

일곱째: 이 합의문의 사본 두 부를 발행하여, 이 합의 당사자들이 하나씩 보관한다.

세브란스연합의학전문학교 재단법인을 대표하여

(서명) O. R. 에비슨

교장, 이사장

서울 피병원 설립기성회를 대표하여

(서명) 박영효 기성회장

---

* 이 일에 관해서는 「京城府民病室 避病院 建設運動의 收穫으로」, 『동아일보』, 1923년 8월 2일, 3면 참고. 이 기사는 피병원 기성회가 피병원 건설지로 물색한 지역마다 주민들의 반대를 받게 되자 세브란스병원 부지에 '경성부민병실'을 짓도록 모금한 일만 이천 원을 기탁하였다고 설명하고 있다.

유병용　　김일선
박해묵　　채기두
이봉채

조선, 경성, 1923년 7월 25일.

은행에 있는 그 돈은 새 건물을 지을 준비가 되자마자 양도될 것인데, 우리는 우리 이사회에서 이미 승인받은 발전계획에 따라 그 일을 거의 즉시 착수하기를 희망하고 있습니다. 우리는 이 금액 외에 더 많은 기부가 이루어져 어쩌면 1만 6천 원이나 2만 원까지도 모으기를 바라고 있습니다. 그러면 우리가 바라는 건물을 짓기 위해 좋은 출발을 할 수 있습니다. 이 건물을 지을 만큼 자금이 허락된 후에는, 그다음 차례로 그 건물을 지을 수 있게 되기까지, 현재의 격리병사를 즉시 다른 용도로, 어쩌면 병원 부엌으로 사용할 수 있습니다. 그 기관의 발전계획을 수행하는 일의 첫 번째 단계가 올여름에 시작되어 현재의 병원 뒤편에서 이루어진 변화를 보도록 이사들을 초청하였는데, 지하를 개방하여 더 위생적으로 사용하기 좋게 만들었고, 가스관과 급수관, 전기선과 그 밖의 것들을 바꾸면서 아주 고정된 자리로 옮겼습니다.

나의 미국방문 계획에 대해 말하자면, 지금은 협력이사회에서 차후에 해줄 조언을 기다리려 하는데, 본국 선교부들의 지원을 받지 못한다면, 재정을 위한 심부름을 하러 본국에 가려고 시도하는 것이 지혜롭지 않다는 것을 깨닫고 있습니다.

출처: PHS

Rec. Mackn
Oct 24th, 1923
See Avison - 9/27/23



**SEVERANCE UNION MEDICAL COLLEGE**

**Report of President to Field Board of Managers**

**14th September, 1923**

The most important item of this report is the gratifying culmination of efforts made for a number of years to secure the removal of certain governmental handicaps which hindered the best work of our school.

It is a pleasure to be able to report that the Medical College has secured a permit to operate under the new law and is no longer the "Private" Severance Union Medical College. Nor are its graduates any longer to be discriminated against as compared with those of the Government Medical College, for a ruling has been made that the graduates in the "regular" course shall receive licences to practice on their diplomas. Hitherto all of our graduates have had to take examinations for license and a number have failed to pass. This handicap is now removed for "regular" students. Four of this year's class graduated as regulars and one as a special.

"Regular" students, it may be added, are those who have graduated from a recognised middle school or who have taken the official examination for middle school leaving. Special students are those who have graduated from academies which have not secured recognition, in which category are all of the so-called Middle Schools operated by the Presbyterian Missions, or who have not taken the state examination. During the year the Government has announced a plan which will make it easier for private schools to secure recognition and so graduate regulars instead of specials, while at the same time permitting them to put Bible teaching in the curriculum, the point for which we have been contending.

To show our appreciation of the Government's attitude, Dr. Avison gave a luncheon to His Excellency Mr. Aryoshi, and some other prominent officials at the Chosen Hotel. Some days later a more generally attended tea was given at the Keijo Hotel, at which representatives of the government and education, church leaders and prominent men were present.

Judge Watanabe, who has been a member of our Board since the granting of the charter, having reached the age limit, was retired, and has gone to reside in Japan. He was a good friend and counsellor of the institution in every way, and we are sorry to lose him from our Board.

Dr. Oh, who had been acting Dean during Dr. VanBuskirk's absence on furlough, was later appointed to the Deanship, leaving Dr. VanBuskirk free for other duties. Dr. Oh carried on the work of the school and assisted me in the negotiations with the government with marked xxxx ability and success, in addition to handling his clinic.

The Southern Presbyterian Mission, being unable to give us a nurse, supplied the financial equivalent, and the Southern Methodist Mission has since January also supplied money in lieu of a nurse. We hope, however, that these Missions will soon be in a position to give us nurses. The government has not yet issued a permit for the Nurses' Training School under the new law, but we hope to receive it within the present year.

Two big shipments of bandages, dressings, bed linen, patients' clothing, towels, surgeons' gowns, etc. were received from the Brooklyn Nassau Presbyteries, as well as some gifts for the nurses from the Canadian Presbyterian Women's Societies. Two Chase Hospital Dolls, adult and child size were donated and received after some delay in shipment. A Phonograph and records was also donated to the nursing school by the Epworth League, Indianapolis District. Miss Lawrence's father visited her during the summer and gave the hospital a stereopticon with some beautiful slides.

Extension of Site. The negotiations for the exchange of land in the rear of the playground for the expropriated part of our Southern frontage were brought to finality with the result that our playground is enlarged and another house site has been secured in the rear of the playground. A few small parcels of land, formerly roadways, were purchased from the city authorities.

At the December meeting of the Field Board it was decided to have the President devote the major part of his time to promotional work, and to assign the administrative duties to the Vice-President. This change went into effect from January, but the Vice-President's recent illness has led him to request the President to reassume the administrative work at least during this Fall.

The practice of considering the Dental Department as different from others and of charging fees to keep a dentist on the field for work amongst the missionaries specially, gives rise to many anomalous situations. Dentistry is now generally realised to be as much a part of medical care as any other preventative or curative work, and steps should be taken to clear away the discrimination. In practical form this means that Dr. McAnlis should be supported as part of the quota of one of the cooperating boards, in which event he could give service at the cost of materials only to the missionary body, still charging those outside of the missionary body the usual commercial rates.

In order to make the basis of Korean cooperation more secure, the Field Board invited the following bodies to nominate members in future, instead of having the Board itself coopt all:

| | |
|---|---|
| Presbyterian General Assembly | 2 |
| Conference, M.E.Church | 1 |
| do M.E.Church, South | 1 |
| Alumni Association | 2 |
| Board of Managers | 1 |

The results of these invitations are seen to-day in the election of:

At a special meeting of the Field Board of Managers on June 19, 1923 to consider the request of the Cooperating Board that the matter of the President's visit to America should be re-considered, the Board again unanimously voted that the visit should be undertaken. This was reported to the President's Mission which gave unanimous consent to his leaving the field as requested by the Field Board of Managers. This information was cabled to the Presbyterian Board o in New York, as the Cooperating Board had made its approval contingent upon that Board's consent. In due time a cable was received from the Presbyterian Board, and later a confirming letter, part of which reads as follows:

PROPOSED RETURN OF DR. O. R. AVISON

We received in due time the cable of your Executive Committee dated July 6th. The first part of it referring to the assignments of Mr. William Baird, Mr. R. H. Baird and Mr. Purdy was immediately transmitted to them. The second part stated that the Mission had given permission to Dr. Avison to America and that expenses would be provided outside of Mission funds. As this involved the reconsideration of an action that had formerly been taken by the Board, we had to hold it for the meeting of the Board which was not held until yesterday. The Board then took the following action:

"In reply to a cable from the Executive Committee of the Chosen Mission, regarding the proposed return to America of xxx O.R.Avison,M.D. in the financial interests of the Chosen Christian College and the Severance Union Medical College, the Board voted that the difficulties that were stated in Executive Secretary George T. Scott's letter of April 19 to the Field Board of Managers have been so intensified by subsequent developments that it is inadvisable for Dr. Avison to return at present, and that it would be better for him to postpone his return until next year. A cable was authorised."

The part of Dr. Scott's letter of April 19th which referred to the subject under consideration was as follows:

"The proposed return xs of Dr. Avison as indicated in the Minute was carefully and fully discussed. I was instructed to write to the field regarding some of the present restrictions which make very difficult such a campaign as Dr. Avison would wish to conduct. Several, if not all, of the Cooperating Boards are now very definitely limited by their official church bodies in the total amount of money for which they can evermake appeal during a given year, and consequently, the amount that can be authorised for appeal for the single institution is extremely small and is terribly discouraging to financial promoters who are now in America to raise money for missionary institutions. Dr. Williams of Nanking has been trying to secure funds under these handicaps for more than a year and is terribly discouraged. You, of course, realise that the new factor is the limitation of appeal in addition to the limitation of credit for gifts, the latter of which have long existed within the denominations. Our Presbyterian Board, for instance, and its officers are permitted to appeal or to authorise or encourage appeal for only a very limited amount of property, and with the big Presbyterian deficit which has been reported this week (between $600,000 and $700,000) a large

part of the amount allocated for property appeal will have to be transferred to deficit appeal. Incidentally, the receipts of the Methodist Board for the first five months of the fiscal year are reported to have fallen off 27% and the Canadian Presbyterian Board has been forced to cut its appropriations to the field. Members of the Board consequently feel extremely doubtful as to the wisdom of Dr. Avison's coming at this time, not only because he will be forced to campaign under such hampering restrictions, but also because we feel that appeal for new purchase can meet with such little encouragement by the Boards and probably with a reluctant response by the churches. Many members of the Board believe that a special financial campaign should not be begun this year, but other members asked that the matter be not definitely closed and that the Field Board be allowed to reconsider its recommendation and that, if the Field Board, in view of the difficulties and the general attitude of the Cooperating Board, again requested Dr. Avison to return, that consent would be given.
To say that the difficulties stated in that letter have been "intensified by subsequent developments" is putting the case very mildly indeed. The financial situation is more ominous than it has ever been before in all the history of the Board. It is painfully evident that unless every possible effort is ~~maks~~ concentrated on securing the money to clear off the heavy deficit and to cover the large budget for the year, most drastic retrenchments will have to be made. Representatives of other educational institutions who have been trying to raise money in America are quite discouraged. The Home Base Department of the Board feels that under the restrictions which it is compelled by the General Assembly to operate, it could not now give Dr. Avison the cooperation that he would need, and the situation in other boards if quite as bad as it is in ours, if indeed it is not worse. Some boards have already cut down their work. In these circumstances the Board believes that it would be the part of wisdom for Dr. Avison to defer his visit until another year when we hope the financial skies may be clearer. As a cabled reply was asked by the Executive Committee, it was dispatched immediately after the Board meeting as follows:

> OAHUFGUVIR YPAJCOACIP IKKALEJSIR LYMPGUVLER EXEXZYMMAM
> O.R.Avison Board advises --(you) to delay leaving the field until next year George T. Scott explained conditions by letter (to) H. T. Owens April 19, 1923 Worse than when we last wrote.

About the same time the Southern Presbyterian Executive Committee in Nashville cabled to Mr. Swinehart, who had been directed by his Mission to go home on a financial campaign, not to go, for similar reasons, so it was decided that it would not be wise for the President to go at this time. I therefore plan to work with all the greater vigor along the lines of interesting the Korean church and people generally in the work of the College and Hospital.

Early in July, just after I had reached Sorai Beach, I received a telegram suggesting that I come up to Seoul at once to carry through a negotiation which was on foot for a Korean contribution to the Hospital. I at once came up to the city and with Dr. Oh's great help secured a gift of ¥12,000 to be used towards the erection of a building for contagious diseases. This money had been collected by a group of Koreans in the expectation of erecting such a building, but, circumstances having made it difficult for them to carry out their project, they decided to offer it to us to be utilized in erecting the contagious disease building which we were planning to erect. The agreement we made with the Korean Association was as follows:

"In the matter of cooperation in the erection of a Ward for Contagious Diseases in the compound of the Severance Union Hospital, No.115, 5 Chome, Nandaimon Dori, Seoul, the following is hereby agreed to:

<u>First</u>: The Judicial Person (Zaidan Hojin) of the Severance Union Medical College shall be called the First Party and the Promotional Committee of the Private Seoul Hospital shall be called the Second Party.

<u>Second</u>: The First Party shall provide a site and the Second Party a fund of ¥12,000 in cash along with the amount to be collected for the purpose of erecting a building for contagious diseases, and thus a cooperative work shall be carried on.

<u>Third</u>: This building shall be called The Seoul Citizens' Ward.

<u>Fourth</u>: The administration and operation of this ward shall be entrusted to the Judicial Person of the Severance Hospital.

<u>Fifth</u>: When the time comes for the Second Party to enlarge this said Ward, the First and Second Parties will mutually carry out the work.

<u>Sixth</u>: When contagious diseases prevail in the city of Seoul, this said Ward will be opened to the general public of Seoul and the use of Korean medicine under the old Korean doctors will be allowed if the patient so desires. However when any patient desires to secure the services of such doctor and to use such medicine, the patient himself shall obtain such help on his own responsibility.

<u>Seventh</u>: Two copies of this Agreement shall be issued, one to be kept by each Party of this Agreement.

In behalf of the Judicial Person of the Severance Union Medical College,
(Signed) O. R. Avison
President. Board of Managers.

In behalf of the Promotional Committee of the Private Seoul Hospital.
(Signed) Pak Young Ho, Chairman of Committee
You Byeng Yong Kim Il Sun
Pak Hai Meuk Chai Ki Doo
Yi Poong Chai

Seoul, Korea, July 25th, 1923.

The money is in the bank and will be turned over as soon as we are ready to proceed with the new building, which we hope to do almost immediately. in line with the plan of development already approved by this Board. We are hoping that a further contribution will be made to this sum, bringing it up to possibly ¥16,000 or even ¥20,000, which will enable us to make a good start towards the building that we desire to erect. Immediately after the erection of as much of this building as funds will permit, the present isolation building can be used for other purposes, possibly as a hospital kitchen, until in turn that building can be also erected. The first stage in carrying out the developmental plan for the institution was started this summer and members of the Board are invited to see the change that has been made at the rear of the present hospital, in opening up the basement to make it more sanitary and usable, and the changing of the gas and water pipes, electric lines and such things, which have been removed to their permanent positions.

With reference to my proposed visit to America, I shall now await further advice from the Cooperating Board, realising that it is not wise for me to attempt to go home on a financial errand unless I can have the backing of the home Boards.

## 82. 연희전문 이사회 교장 보고서

연희전문학교

현지 이사회에 대한 교장 보고서

1923년 9월 15일

교장을 주로 행정업무에서 풀어주게 한 이사회의 결정이 실행되어, 부교장이 미국에 있으므로, 이미 번다한 의무를 지고 있는 부교장 대리이자 학감인 베커*에게 이 임무를 더 하였습니다. 그러므로 나는 모금 업무에 관해 보고하겠습니다.

교장의 미국 방문 문제를 재고하라는 협력이사회의 부탁을 검토하기 위해 1923년 6월 19일 열린 현지 이사회의 임시회에서 이사회는 다시 만장일치로 반드시 방문하도록 표결하였습니다.** 이 일이 교장의 소속 선교회에 보고되어, 현지 이사회가 요구한 대로 그의 임지 이탈이 만장일치로 동의를 받았습니다. 이 소식은 뉴욕에 있는 북장로회 선교부에 전보로 통지되었는데, 이는 협력이사회가 해당 선교부의 동의를 조건으로 승인했기 때문입니다. 얼마 후에 북장로회 선교부로부터 전보가 왔고, 나중에 그 사실을 확인하는 편지가 왔는데, 그 부분을 읽으면 다음과 같습니다.

에비슨(O. R. 에비슨) 박사의 귀국 계획(선교부 편지 631호, 1923년 7월 17일)

> 우리는 당신들[선교회]의 실행위원회가 보낸 7월 6일자 전보를 송달 기한 안에 받았습니다. …… 두 번째 부분은 선교회가 에비슨 박사의 미국행을 허가하였고 그 경비는 선교회 밖에서 마련할 것이라는 사실을 진술하였습니다. 여기에 선교부가 전에 내렸던 결정을 재고하는 것이 포함되어 있기 때문에, 우리는 이사회 회의의 개회를 어제까지 보류하였습니다. 이번에 이사회는 다음과 같은 결정을 내렸습니다.

---

* A. L. Becker 학감은 1922년 12월 18일 이사회 회의에서 부교장 대리로 임명된 후, 안식년을 맞은 부교장 B. W. Billings의 출국을 앞두고 1923년 9월 15일 이사회 회의에서 부교장으로 선임되었다.

** 이하의 문장들은 본 자료집 66번 에비슨이 1923년 9월 14일 세브란스의전 이사회에 제출한 보고서의 일부 내용을 반복하고 있다.

연희전문학교와 세브란스연합의학전문학교의 재정적 이해관계에서 에비슨(O. R. Avison) 의사의 미국 귀국활동 계획에 관해 조선 선교회의 실행위원회가 보낸 전보에 답하여 본[북장로회] 선교부는 실행 총무인 스코트(George T. Scott)가 현지 이사회에 보낸 4월 19일자 편지에서 진술했던 어려운 점들이 이후의 상황 전개로 악화되어 지금은 에비슨 박사의 귀국을 권할 수 없으므로 그가 귀국을 내년으로 연기하는 것이 좋겠다고 표결하였다. 전보 발송이 승인되었다.

스코트의 4월 19일자 편지에서 그 문제가 언급된 부분은 다음과 같이 검토되었습니다.

회의록에서 가리키는 대로 에비슨 박사의 [미국] 귀국 계획이 신중하고 충분하게 논의되었습니다. 나는 에비슨 박사가 하기 원하는 그런 모금 운동의 실행을 매우 어렵게 만드는 현재의 일부 제약조건들에 관해 현지[서울]에 편지를 쓰도록 지시를 받았습니다. 협력이사회의 이사들 가운데, 모두는 아니지만, 일부는 지금 자신들이 속한 교회의 임원들로부터 일 년 안에 기부 요청을 할 수 있는 금액의 총액을 매우 확실하게 제한받고 있습니다. 따라서 일개 기관을 위해 기부를 호소하도록 승인받을 수 있는 금액이 극히 적고, 지금 미국에서 선교기관들을 위해 모금하고 있는 재정 프로모터들을 굉장히 낙심시키고 있습니다. 난징대학교의 윌리암스 씨는 이런 곤란한 여건 속에서 일 년 이상 기금을 모으려고 노력해왔다가 심하게 실망하고 있습니다. 당신은 물론 기부금의 한도만 아니라 기부를 요청할 금액의 한도도 기부금을 받을 때 고려할 새 요인이 되는 것을 알고 있을 것입니다. 여기에서 전자는 교파들 안에서 오랫동안 존재해온 것입니다. 예를 들면, 우리 북장로회 선교부와 그곳 임원들은 매우 제한된 금액의 자산만을 위해 기부를 호소하거나 승인하거나 권장하는 것을 허가받고 있습니다. 이번 주에 북장로회에서 많은 적자(60만 불과 70만 불)를 보고함에 따라 자산 지원 항목에 책정된 많은 금액이 적자 지원으로 옮겨져야 하게 되었습니다. 때마침 북감리회 선교부는 이번 회계년도에서 처음 다섯 달의 수입이 27%나 줄어들고 캐나다장로회 선교부는 선교지에 대한 충당금을 불가불 삭감하게 된 것으로 보고되고 있습니다. 협력이사회 이사들은 그에 따라 에비슨 박사가 이번에 오는 것이 현명한지를 극히 의심스럽게 여기고 있습니다. 그가 그런 제약요인들의 방해를 무릅쓰며 모금을 해야 할 것이기 때문만 아니라 새로 사야 할 것들을 위해 기부금을 호소하는 일도 선교부들로부터 별로 지지받지 못하고 어쩌면 교회들로부터도 달갑지 않은 반응을 받을 수 있기 때문입니다. 많은 협력이사회 이사들이 올해는 특별한 재정 모금을 시작하지 말아야 한다고 믿고 있지만, 어떤 이사들은 그 문제가 확실히 끝난 일은 아니었는지, 그리고 현지 이사회에 그 권고를 재고하도록 요구하지 않았는지, 그리고 혹시 현지 이사회가 그런 어려운 점들과 협력이사회의 전반적인 태도를 고려하고도 에비슨 박사의 미국 귀국을 다시 요청하고 동의를 받았던 것인지를 묻고 있습니다.

그 편지에서 말한 어려운 점들이 "이후에 상황이 전개되는 동안 심해졌다"고 말한 것은 그 사정을 실로 매우 부드럽게 설명한 것입니다. 재정 상황은 협력이사회의 전체 역사에서 이전 어느 때보다도 더 불길합니다. 막대한 적자를 해소할 자금 확보에 할 수 있는 모든 노력을 집중하고 올해의 많은 예산을 감당하지 않으면, 가장 강력한 삭감을 단행해야 할 것이 고통스럽게도 분명합니다. 미국에서 돈을 모으기 위해 애쓰고 있는 다른 교육기관들의 대표들이 크게 실망하고 있습니다. 선교부의 본국 지원과(Home Base Department)는 총회의 압박으로 가동하고 있는 제약조건들 아래에서 지금은 에비슨 박사에게 그가 필요로 하는 것을 제공할 수 없을 것이라고 느끼고 있습니다. 그리고 다른 선교부들의 상황도 우리보다 더 나쁘지는 않을지라도 우리처럼 나쁜 것은 확실합니다. 어떤 선교부들은 이미 사역을 줄였습니다. 이런 상황에서 본 선교부는 에비슨 박사가 내년까지 방문을 연기하는 편이 지혜로울 것이라고 믿습니다. 그때는 재정적으로 하늘이 갤 것이라고 우리가 희망하고 있습니다. 실행위원회가 전보로 답장할 것을 요청하였기 때문에, 선교부는 회의 직후에 다음과 같은 글을 급히 발송하였습니다.

OANUFGUVIR YPAJOOACIP IKKALEJSIR LYEPGUVLER EXEXZYNMAM

O. R. 에비슨, 선교부가 조언합니다. 당신은 현지를 떠나는 것을 내년까지 미루십시오. 조지 T. 스코트가 H. T. 오웬스에게 (보낸) 1923년 4월 19일자 편지로 상황을 설명하였습니다. 우리가 지난번에 썼던 것보다 상황이 더 나쁩니다.

거의 같은 때에 내쉬빌에서 남장로회 실행위원회가 스와인하트 씨에게 전보를 보냈는데, 그가 그의 선교회에서 본국에 가서 재정 모금운동을 하라는 지시를 받았다가 비슷한 이유에서 가지 말라는 지시를 받았습니다. 그래서 교장이 이번에 가는 것은 지혜롭지 않을 것이란 결정이 내려졌습니다. 그러므로 나는 대학과 병원 사역 분야에서 한국교회와 한국인을 널리 이롭게 하는 방향에서 더 많은 열정을 바쳐 일할 계획을 세우고 있습니다.

한국인의 협력 기반을 더 많이 확보하기 위해 앞으로는 현지 이사회에서 모두를 선출하는 대신 다음의 집단들이 이사들을 지명해주도록 이사회가 그들에게 요청하였습니다.

| 조선예수교장로회 총회 | 2명 |
| --- | --- |
| 미[북]감리회 조선연회 | 1명 |
| 남감리회 조선연회 | 1명 |
| 동문회 | 2명 |
| 이사회 | 1명 |

이런 요청의 결과가 오늘 그 선출로 나타났습니다.

새 교육령이 우리 대학의 기준을 높여서, 우리 학생들을 "본과"와 "별과"로 나누었는데, 여러분이 이미 알고 있듯이 "별과생"들은 총독부로부터 정식으로 지정받지 않은 고등보통학교에서 온 학생들입니다.

여기에 감리회 선교회의 학교들을 제외한 모든 미션계 학교들이 포함됩니다. 그리고 우리가 자연스럽게 정규 입학생을 선호하는 관계로, 그 학교들이 매우 힘들어지게 되었습니다. 비인가 학교 출신의 학생들도 상대적인 지위가 매우 불리해졌고, 비인가 학교들도 졸업생들을 정규학생으로 입학시킬 수 없고 재학생들의 충성을 쉽게 얻을 수 없어서 힘들어졌습니다.

지난봄에 사이토 남작 총독이 정규 노선 밖에 있는 고등보통학교가 총독부의 지정을 받을 수 있게 하면서 교육과정 안에서의 성경 교육도 유지하게 하여, 이제는 그 일이 선교회들이 그들의 학교를 최소한 몇 개만이라도 인가받게 하여 아무 학생도 대학에 "별과생"으로 갈 필요가 없게 만드는 것에 달려 있게 되었습니다. 그러므로 지금부터 대학이 정규 입학자격이 없는 학생들을 받지 말아야 하는가의 문제가 풀어야 할 과제가 되었습니다. 이사회에 이 문제를 의논해주도록 요청합니다.

한국인의 협력을 받는 문제는 당연히 내 관심을 끌지만, 이제까지 여러분께 이미 보고된 것 외에는 가시적인 성과가 거의 없습니다. 최근에 일군의 한국인들이 세브란스연합의학전문학교에 한 건물을 짓도록 1만 2천 원을 기부하여 사역을 도우려는 책임의식 또는 바람을 이미 드러냈던 사실에서 우리가 용기를 얻을 수 있습니다. 조만간 연희전문학교에도 틀림없이 좋은 결과를 낼 것입니다.

(서명됨) O. R. 에비슨

교장

## 연희전문학교

| 문과－교육과정 | | |
|---|---|---|
| **1학년** | | |
| 성경 | 2 | |
| 일본문학 | 2 | |
| 영어 | 5 | |
| 영어 특별반 | 3 | |
| 동양사 | 2 | |
| 시민 정부 | 2 | |
| 생물학 | 4 | |
| 작문 (한문) | 2 | |
| 서양사 | 3 | |
| 중국 문학 | 2 | |
| 음악 | 2 | |
| 천문 화학 | 1 | |
| 체조 | 1 | 31 |
| **2학년** | | |
| 성경 | 2 | |
| 일문학 | 2 | |
| 영문학 | 5 | |
| 영작문 | 3 | |
| 지질학 | 3 | |
| 서양사 | 3 | |
| 심리학 | 4 | |
| 경제학 | 3 | |
| 한문 | 3 | |
| 음악 | 2 | |
| 체조 | 1 | 29 |

| 상과－교육과정 | | |
|---|---|---|
| **1학년** | | |
| 성경 | 2 | |
| 영어 | 5 | |
| 일본어 · 문학 | 2 | |
| 시민 정부 | 2 | |
| 음악 | 2 | |
| 한문 작문 | 2 | |
| 체조 | 1 | |
| 경제 | 3 | |
| 상업 | 2 | |
| 민법 | 4 | |
| 부기 | 3 | |
| 상업 영어 | 3 | 31 |
| **2학년** | | |
| 성경 | 2 | |
| 영어 | 5 | |
| 재정 | 2 | |
| 화폐 | 3 | |
| 상업사 | 2 | |
| 상품 | 2 | |
| 상업 지리 | 2 | |
| 민법 | 2 | |
| 상법 | 2 | |
| 부기 | 2 | |
| 상업 영어 | 3 | |
| 체조 | 1 | 28 |

| 3학년 | | |
|---|---|---|
| 성경 | 2 | |
| 영문학 | 3 | |
| 변론과 토론 | 2 | |
| 근대 세계사 | 4 | |
| 철학사 | 3 | |
| 논리학 | 2 | |
| 교육사 | 3 | |
| 교육방법 | 3 | |
| 작문 (한문) | 2 | |
| 음악 | 1 | |
| 체조 | 1 | 26 |
| **4학년** | | |
| 성경 | 2 | |
| 공증 연설 | 2 | |
| 영문학 | 3 | |
| 영미 역사 | 5 | |
| 교육심리학 | 3 | |
| 철학 | 3 | |
| 사회학 | 3 | |
| 윤리학 | 3 | |
| 음악 | 1 | |
| 체조 | 1 | |

| 3학년 | | |
|---|---|---|
| 성경 | 2 | |
| 영어 | 4 | |
| 경제정책 | 2 | |
| 보험 | 2 | |
| 은행 | 2 | |
| 사업 구성 | 2 | |
| 상법 | 4 | |
| 은행 부기 | 2 | |
| 상업 영어 | 5 | |
| 영어 속기 | 1 | |
| 체조 | 1 | 27 |
| **4학년** | | |
| 성경 | 2 | |
| 영어 | 3 | |
| 사업 수학 | 3 | |
| 상업 실습 | 2 | |
| 관세, 도매, 환율 | 2 | |
| 사업 구성 | 2 | |
| 민간 국제법 | 1 | |
| 상업 영어 | 5 | |
| 영어 속기 | 2 | |
| 타자 | 1 | |
| 체조 | 1 | 24 |

연희전문학교

| 교수 명단 1923년 9월. | | | | |
|---|---|---|---|---|
| 과 | 성명 | 직위 | 과목 | 유자격 |
| 문과 | B. W. 빌링스 | 과장, 교수 | 역사 | 〃 |
| | 원한경 | | | 〃 |
| | J. E. 피셔 | 교수 | 영어, 교육학 | 〃 |
| | 노정일 | 〃 | 사회학, 성경, 윤리학, 철학 | 〃 |
| | K. T. 다카하시 | 〃 | 일본어, 일본사, 수신, 시민 정부 | 〃 |
| | J. W. 히치 | 〃 | 영어, 영문학 | 〃 |
| | 김영환 | 조교수 | 음악 | 〃 |
| | 김도희 | 강사 | 한문 | 〃 |
| | 이관용 | 〃 | 철학, 논리학 | 〃 |
| | 정인보 | 〃 | 한문 | 〃 |
| | H. A. 로즈 | 교수 | 성경, 영어 | 〃 |
| | 백남석 | 〃 | 교육학, 심리학, 영문법 | 〃 |
| | 윤병섭 | 조교수 | 생물학 | 〃 |
| | 가와쿠 | 강사 | 체육 | 〃 |
| 상과 | 이순탁 | 교수 | 통계, 상업사, 재정, 보험, 경제학 | 〃 |
| | 유억겸 | 〃 | 법학 | 〃 |
| | 김규호 | 조교수 | 은행, 부기, 경제정책, 상업, 화폐 | 〃 |
| | 윤정하 | 조교수 | 상품, 부지, 도매, 환율, 상업 수학, 상업지리 | 〃 |
| | R. 캐취 | 강사 | 상업 실습 | 〃 |
| 수물과 | A. L. 베커 | 과장, 교수 | 전기공학, 기계, 물리학, 물리학 실험실 | 〃 |
| | E. H. 밀러 | 교수 | 물리 화학, 전기 화학, 영어 | 〃 |
| | 이춘호 | 교수 | 분석지질학, 미적분, 천문학, 대수, 미분방정식 | 〃 |
| | Y. C. Kwan | 조교수 | 지질학, 측량 | 〃 |
| | 안재학 | 강사 | 분석화학 | 〃 |
| | A. E. 루카스 | 강사 | 공작(工作), 성경 | 〃 |

## 한 해 동안의 몇 가지 애로점들

1. 교실 부족. (언더우드관 미완공, 이학관 미완공)

2. 새 기숙사가 난방 미비로 겨울철 사용 불가.

3. 수물과에 대한 총독부의 인가 거부로 (유자격 교사가 부족한 때문) 인한 이 과의 신

입생 입학 불가.

4. 예산 집행 기금 부족으로 필요한 교수 인력의 가혹한 삭감과 그에 따른 총독부, 교수, 학생 쪽의 비판.
5. 학생들의 '동맹휴학'으로 교수들이 문과 2학년생 19명을 1924년 4월까지 정학시킴.
6. 상과 과장 백상규의 교수직과 이사직 사임. (그가 9년 동안 우리를 유능하게 섬겼음.)
7. 필요한 장비를 공급할 기금 부족.
8. 건축계획을 계획대로 이행하지 못함.

## 몇 가지 고무적인 점들

1. 조선총독부의 새 교육령에 따라 문과와 상과가 인가받음.
2. 상과 교수진에 유자격 교원 2명, 곧 이순탁과 유억겸을 추가하고, 문과에서 유자격 교원 백남석을 확보함. 그 외에 이관용 Ph.D.도 파트타임 교원으로 얻을 수 있었음.
3. 사실상 모든 교수회 회원들이 지닌 충성심과 열정이 어려움을 극복하게 하고 여러 방면에서 확실히 전진할 수 있게 함.
4. 회계 오웬스 씨가 유능하게 우리를 도와 많은 위험한 재정상의 함정을 피하게 함.
5. 음악교수 김[영환] 씨가 2천2백 원어치의 새 피아노[그랜드피아노]를 기증함.
6. 신학박사 빌링스 교수가 미국에서 1년간 공부한 후에 복귀함.

## 연희전문학교
## 한 해 동안 교수들의 주요 활동

1922년 11월 6일.

다음의 사항들과 관련된 규칙들이 채택되었다. (1) 학생들을 위해 교원들이 수업을 준비하는 시간, (2) 각 교원이 제출할 매달 성적. (3) 결석 학생이 제출할 보충과제 개요, (4) 2주나 그 이상 결석한 학생들이 치를 특별 시험.

1922년 11월 29일.

[대학이사회의] 기숙사 위원회가 의사*의 대학 방문을 일정한 간격으로 조정하도록 지시하였다. 세브란스 의사와 합의가 이루어졌다.

1922년 12월 13일.

(1) 새 영어 과정을 채택하였다.

(2) 동양문학 수업을 정규 과목에 포함하도록 조정하였다.

(3) 학생 상담 교수를 정하였다.

(4) 출석 기록을 보관하고 학습과정과 마찬가지로 전체 평균을 낸다.

1922년 12월 13일.

'학생회' 조직의 규칙을 채택하였다.

1923년 1월 15일.

(1) 건물들, 장비들, 학생들을 조사할 위원회를 만들었다.

(2) 매주 [교수] 한 명이 학생 YMCA 활동, 토론, 강의를 맡는다.

(3) 졸업식 때 학생들의 착모를 허가하였다.

(4) 언더우드[원두우] 씨의 장서 사용을 허용하였다.

(5) 학생 기숙사 규칙을 채택하였다.

(6) 에비슨 박사가 교수회 회장직을 사임하였고, 부교장 대리가 회장직을 맡았다.

1923년 2월 7일.

북장로회 선교부에 원한경 씨의 안식년을 1년 연장하여 연희전문 사역을 준비하게 해달라는 요구안을 제출하였다.

---

* 원문의 'phisicial'을 'phisician'의 오기로 여기고 '의사'로 번역하였다.

1923년 3월 7일.

이사회*, 교수회, 학생회, 위원회들 등의 관계를 보여주는 조직도를 개정하였다.

1923년 5월 2일.

문과 2학년을 정학시키고, 그들이 일정한 요구조건을 충족하면 1주일 후에 학업을 재개하게 하였다.

1923년 6월 7일.

채플 참석을 수업 참석과 마찬가지로 계산하게 하는 규칙을 채택하였다.

1923년 6월 18일.

(1) 벌점 제도를 승인하고 그것을 적용할 계획을 세우도록 위원회에 요청하였다.

(2) 한 학기에 시간 당 1학점을 받는 대신 한 학년에 1학점을 받게 하였다.

(3) 학기 말마다 교수들이 바람직하지 않은 학생들을 탈락시키기 위해** 1,2학년 학생들의 명단을 살펴보게 하였다.

1923년 9월 5일.

기한 마감 후 2일 내에 학비를 내지 않은 학생들을 수업에 참석하지 못하게 하고, 지불이 연체되는 날마다 이유를 불문하고 연체한 것에 대해 일일 10전의 벌금을 학비에 더 부과한다.

---

* 원문에는 'Board of trustees'라고 되어있으나, 이사회의 공식 명칭은 'Board of managers'이다.

** 원문의 'purfose'는 'purpose'의 오타인 것으로 생각된다.

## 연희전문학교

### 학생등록 상황

총 131명이 등록하여 다음과 같이 분포되어 있다.

문과: 1학년 28명, 3학년 18명, 4학년 12명, 총 78명.

상과: 1학년 14명, 2학년 11명, 3학년 12명, 총 37명.

수물과: 2학년 10명, 3학년 3명, 4학년 3명, 총 16명.

### 중학교*, 고등학교**, 다른 예비학교들을 다녔거나 졸업한 학생들의 목록

| 출신 학교 | 학생수(명) | 비율(%) |
|---|---|---|
| 중학교 졸업 | 52 | 39.7 |
| 고등학교 졸업 | 28 | 21.3 |
| 중학교 (이수) | 8 | 6.2 |
| 고등학교 (이수) | 18 | 13.7 |
| 다른 예비학교 졸업 | 25 | 19.1 |
| 계 | 131 | |

(차트를 보시오)

### 학생과 교회 관계

| 교파 | 학생수(명) | 비율(%) |
|---|---|---|
| 장로교 | 62 | 47.6 |
| 북감리교 | 34 | 26.3 |
| 남감리교 | 29 | 22.3 |
| 성결교 | 2 | 1.5 |
| 안식교 | 1 | 8. |
| 무종교 | 3 | 1.5 |
| 계 | 131 | |

(차트를 보시오)

* 여기에서 '중학교'는 중등학교 등급의 사립 비인가 학교를 가리키는 것으로 짐작된다.
** '고등학교'는 총독부의 인가를 받은 '고등보통학교'를 가리키는 것으로 짐작된다.

학생 출신 지방

| 도 | 학생수(명) | 비율(%) |
|---|---|---|
| 함경북도 | 5 | 3.7 |
| 함경남도 | 18 | 13.7 |
| 평안북도 | 22 | 16.8 |
| 평안남도 | 16 | 12.2 |
| 황해도 | 8 | 6.2 |
| 경기도 | 35 | 26.7 |
| 강원도 | 8 | 6.2 |
| 충청북도 | 4 | 3.1 |
| 충청남도 | 3 | 2.3 |
| 전라북도 | 4 | 3.1 |
| 전라남도 | 0 | 00.0 |
| 경상북도 | 2 | 1.5 |
| 경상남도 | 6 | 4.6 |
| 계 | 131 | |

(차트를 보시오)

이사회의 진지한 고려가 필요한 점들

(1) 60만 원 이상의 자산 투자

(2) 성실한 교원들로 구성된 교수진

(3) 열심 있는 기독학생회

(4) 총독부 인가

(5) 미국에서 인정하는 대학 수준

(6) 국내와 해외에서의 명성 제고

(7) 500명 이상의 학생들을 수용하는 훌륭한 건물군

전진운동을 펼칠 시기가 무르익음

우리가 1924년 봄에 (150명의 학생을 데리고) 확실하게 '출발'할 기회를 허비할 것인가? 만일 이렇게 출발하려 한다면, 반드시 세 가지 일을 해야 한다.

(1) 수물과가 반드시 인가받게 해야 한다.

(2) 제시한 예산을 반드시 승인받아야 한다.

(3) 난방과 전력시설을 반드시 설치해야 한다.

출처: PHS

VED

25 1923

WHEELER

Answered 9/28/23 - 1426

FILING DEPT.

APR 21

1426-2

CHOSEN CHRISTIAN COLLEGE.

Report of President to Field Board Of Managers

15th September, 1923.

The decision of the Board to relieve the President largely of administrative work was carried into exection and the Vice President being in America, the Acting Vice President , Dean Becker, added these duties to his already onerous ones. I therefore will report chiefly on matters of promotional interest.

At a special meeting of the Field Board of Managers on June 19, 1923 to consider the request of the Cooperating Board that the matter of the President's visit to America be re-considered, the Board again unanimously voted that the visit should be taken. This was reported to the President's Mission which gave unanimous consent to his leaving the field as requested by the Field Board of Managers. This information was cabled to the Presbyterian Board in New York, as the Cooperating Board had made its approval contingent upon that Board's consent. In due time a cable was received from the Presbyterian Board, and later a confirming letter, part of which reads as follows:

PROPOSED RETURN OF DR. O.R. AVISON (Board letter No 631, July 17/23

We received in due time the cable of your Executive Committee dated July 6th............The second part stated that the Mission had given permission to Dr. Avison to return to America and that expenses would be provided outside of Mission funds. As this involved the reconsideration of an action that had formerly been taken by the Board, we had to hold it for the meeting of the Board which was not held until yesterday. The Board then took the following action:

" In reply to a cable from the Executive Committee of the Chosen Mission, regarding the proposed return to America of O.R.Avison, M.D. in the financial interests of the Chosen Christian College and the Severance Union Medical College, the Board voted that the difficulties that were stated in Executive Secretary George T. Scott's letter of April 19 to the Field Board of Managers have been so intensified by subsequent developments that it is inadvisable for Dr. Avison to return at present, and that it would be better for him to postpone his return until next year. A cable was authorised ."

The part of Dr. Scott's letter of April 19th which referred to the subject under consideration was as follows:

" The proposed return of Dr. Avison as indicated in the Minute was carefully and fully discussed. I was instructed to write to the field regarding some of the present restrictions which make very difficult such a campaign as DR. Avison would wish to conduct. Most, if not all, of the Cooperating Board are now very difinitely limited by their official church bodies in the total amount of money for which they can ever make appeal during a given year, consequently, the amount that can be authorized for appeal for the single institution is extremely small and is terribly discouraging to financial promoters who are now in America to raise money for Missionary institutions. Dr. Williams of Nanking has been trying to secure funds under these handicaps for more than a year and is terribly disappointed. You, of course, realize that the new factor is the limitation of appeal in addition to the limitation of credit for gifts, the latter of which have long existed within the denominations. Our Presbyteroan Board, for instance, and its officers are permitted to appeal for only a very limited amount of property, and with the big Presbyterian deficit which has been reported this week (between $600,000 and $700,000) a larg part of the amount allocated for property will have to be transferred to deficil appeal. Incidentally, the receipts of the Methodist Board for the first five months of the fiscal year are reported to have fallen off 27% and the Canadian Presbyterian Board has been forced to cut its appropriations to the field. Members of the Board consequently feel extremely doubtful as to the wisdom of Dr. Avison's coming at this time, not only becouse he will beforced to campaign under such hampering restrictions, but also becouse we feel that appeal for newpurchase can meet with such little encouragement by the Boards and probably with a reluctant response by the churches. Many members of the Board believe that a special financial campaign should not be begun this year, but other members asked that the matter be not definitely closed and that the Field Board be allowed to reconsider its recommendations and that if the Field Board, in view of the difficulties and the /~~difficulties~~/ general attitude of the Cooperating Board, again requested Dr. Avison to return, that consent would be given.

To say that the difficulties stated in that letter have been "intensified by subsequent developments" is putting the case very mildlyindeed. The financial situation is more ominous than it has ever been before in all the history of the Board. It is painfully evident that unless every possible effort is concentrated on securing the money to clear off the heavy deficit and to cover the large budget for the year, most drastic retrenchments will have to be made. Representatives of other educational institutions who have been trying to raise money in America are quite discouraged. The Home Base Department of the Board feels that under the restrictions which it is compelled by the General Assembly to operate, it could not now give Dr. Avison the cooperation that we would need, and the situation in other Boards is quite as bad as it is in ours, if indeed it is not worse. Some Boards have already cut down their work. In these circumstances the Board believes that it would be the part of wisdomfor Dr. Avison to defer his visit until another year, when we hope the financial skies may be clearer. As a cabled reply was asked by the Executive Committee, it was dispatched immediately after the Board meeting as follows:

> OANUFGUVIR YPAJCOACIP IKKALEJSIR LYEPGUVLER RXEXZYNMAX
> O.R.Avison Board advises /You/ to delay leaving the field until next year George T. Scott explained consitions by letter to H.T.Owens april 19, 1923 Worse than when we lastwrote.

About the same time the Southern Presbyterian Executive Committee in Nashville cabled to Mr. Swinehart, who had been directed by his Mission to go home on a financial campaign not to go, for similar reasons, so it was decided that it would not be wise for the President to go at this time. I therefore plan to work with all the greater vigor along the lines of interesting the Korean church and people generally in the work of the College.

In order to make the Basis of Korean cooperation more secure, the ield Board invited the following bodies to nominate members in future, instead of having the Board itself coopt all:

| | |
|---|---|
| Presbyterian General Assembly | 2 |
| Conference, Methodist Episcopal Church | 1 |
| do do do do South | 1 |
| Alumni Association | 1 |
| Field Board of Managers | 1 |

The results of these invitdtions are seen here to-day in the election of:

The new educational ordinance raised the standard of our College and divided our students in "Regular" and "Special", as you already know, "specials" being those coming from any Higher Common School not regularly approved be the Government.

These included all Mission Schools excepting those of the Methodist Episcopal Missions, and made it very difficult for us becouse we naturally prefer to have regularly matriculated students. It was also very hard for students from the unrecognized schools becouse they were greatly handicapped in their relative positions and it was hard on the unrecognized schools becouse their graduates could not be regularly matriculated and they could not easily hold the allegiance of their students.

Last Spring , His Excellency the Governor General, Baron Saito, made it possible for Higher Common Schools outside the regular line to receive government approval and yet retain the Bible in the curriculum and now it is up to the Missions to secure recognition of at least some of their schools so that no students need to came to the College as "specials". It is Therefore a moot question whether the college should from now on refuse to accept students without regular matriculation qualifications. I invite the Board to discuss this question.

The question of Korean cooperation has naturally engaged my attention but so far little visible results have come beyond what has already been reported to you. We may take courage, from the fact that a group of Koreans recently contributed the sum of ¥12,000 to the Severance Union Medical College towards one of its buildings so that the sense of responsibility or the desire to help the work is already manifesting itself and is sure in due time to result in advantage to the Chosen CHristian College.

(Signed) O.R. Avison

President.

CHOSEN CHRISTIAN COLLEGE. Appendix II

**Literary Dept.-Course of study.**

First Year
- Bible........................2
- Japanese Lit.................2
- English......................5
- English Special..............3
- History, Oriental............2
- Civil Government.............2
- Biology......................4
- Composition, Oriental........2
- Occidental History...........3
- Chinese Lit..................2
- Music........................2
- Astronomy Chem...............1
- Gymnastics...................1 31

Second Year
- Bible........................2
- Japanese Lit.................2
- English Lit..................5
- English Composition..........3
- Geology......................3
- Occidental History...........3
- Psychology...................4
- Economics....................3
- Chinese Lit..................3
- Music........................2
- Gymnastics...................1 29

Third Year
- Bible .......................2
- English Lit..................3
- Argumentation & Debate.......2
- History of Modern World......4
- History of Philosophy........3.
- Logic........................2
- Hist. of Education...........3
- Educational Methods..........3
- Composition Oriental.........2
- Music........................1
- Gymnastics...................1 26

Fourth Year
- Bible........................2
- Public Speaking..............2
- English Lit..................3
- English and American Hist....5
- Educational Psychology.......3
- Philosophy...................3
- Sociology....................3
- Ethics.......................3
- Music........................1
- Gymnastics...................1 26

**Commercial Dept.-Course of study.**

First Year
- Bible........................2
- English......................5
- Japanese & Lit...............2
- Cevil Government.............2
- Music........................2
- Chinese Composition..........2
- Gymnastics...................1
- Economics....................3
- Commerce.....................2
- Civil Law....................4
- Book-keeping.................3
- Commercial English...........3 31

Second Year
- Bible........................2
- English......................5
- Finance......................2
- Money........................3
- History of Commerce..........2
- Articles of Commerce.........2
- Commercial Geography.........2
- Civil Law....................2
- Commercial Law...............2
- Book-keeping.................2
- Commercial English...........3
- Gymnastics...................1 28

Third Year
- Bible........................2
- English......................4
- Economic Policy..............2
- Insurance....................2
- Banking......................2
- Business Composition.........2
- Commercial Law...............4
- Bank Book-keeping............2
- Commercial English...........5
- Shorthand in English.........1
- Gymnastics...................1 27

Fourth Year
- Bible........................2
- English......................3
- Business Mathematics ........3
- Commercial Practice..........2
- Custom. Warehouse. Exchange.2
- Buseness Composition.........2
- Private International Law...1
- Commercial English...........5
- Shorthand in English.........2 24
- Typerwriting.................1
- Gymnastics...................1 24

2

## CHOSEN CHRISTIAN COLLEGE

**FACULTY LIST.** 1923. - Sept.

| | Name | Teaching Subjects | Qualified |
|---|---|---|---|
| Literary College | B.W. BILLINGS | Director and Prof. of History.............. | " |
| | H.H. Underwood | | " |
| | J.E. Fisher.... | Prof. of English and Education........... | " |
| | C.Y. Roe....... | " " Sociology, Bible, Ethics, Phil... | " |
| | K.T. Takahashi. | " " Japanese, Hist, Morals, Civil Gov | " |
| | J.W. Hitch..... | " " English, Eng. Literature......... | " |
| | Y.W. Kim....... | Asso. Prof. Of Music.................... | " |
| | T.H. Kim....... | Lecturer in Chinese..................... | " |
| | K.Y. Lee....... | " " Philosophy, Logic............ | " |
| | I.P. Chyeng.... | " " Chinese...................... | " |
| | H.A. Rhodes.... | Prof. of Bible, English................. | " |
| | N.S. Paik...... | " " Education, Psylogy, Eng.Gram.... | " |
| | P.S. Yun....... | Asso. Prof. of Biology.................. | " |
| | Kawaku......... | Lecturer in Exercise.................... | " |
| Commercial College. | S.T. Lee....... | Prof. of (STAtistics, History of Com.)<br>(Finance, Insurance, Economics) | " |
| | U.K. Yu........ | " " Law................................ | " |
| | K.H. Kim....... | Asso. Prof. of Banking, Book-keeping, Eco, Policy, Commerce, Money........ | " |
| | C,H. Yun....... | Asso. Prof. of Commodity, Book-Keeping, Ware-house Exchange, Com, Arith. Commercial Geography............... | " |
| | R.Katch........ | Lecturer in Com. Practice............... | " |
| Physics and Math. College | A.L. Becker | Director & Prof. of Electrical Eng., Mechanics, Physics, Physics Laboratory..... | " |
| | E.H. Miller.... | Prof. of Physicial Chemistry, Electrical Chemistry, English............ | " |
| | C.H. Lee....... | Prof of Anal., Geometry, Calculus, Astronomy, Algebra, Dif. Equations.......... | " |
| | Y.C. Kwan...... | Asso. teacher of Geology, Surveying...... | " |
| | C.H. An........ | Lecturer in Anal, Chmistry............... | " |
| | A.E. Lucas..... | Lecturer in Work-shop, Bible............ | " |

3.

Copy

**Some Disturbing features during year:-**

1. Lack of room (Underwood Hall Unfinished & Science Hall Unfinished)
2. The new Dormitory could not be used during winter becouse of failure to heat.
3. The refusal of Government to recognize the science Dдept. (becouse of lack of qualified teachers) made it impossible to receive new students in this Dept..
4. Shortage of Burget funds meant a severe cutting on the required tbaching force, and consaquent criticism on the part of the Govenment .Faculty and students.
5. 'Strikes' of students compelled the faculty to suspend 19 students o f the Lit. Sophomores until April 1924.
6. The resignation of Prof. S.K.Paik, who was director of the Com. Dept. and member of the Board. (He had served us efficiently for 9 years)
7. The failure of funds to frovide for necessary equipment.
8. The Building Program could not be carried cut as planned.

**Some Encouraging Feature.**

1. The Registration of the Literary and Commercial Colleges under the new regulations of the Gov. Gen. of Chosen.
2. The adding of two qualified teachers to the Commercial college Faculty namely; Yi Soon Tak and Yu Uck Kyum also the secureng of Mr. N.S.Paik qualified as teacher in the Literary College. In addition we have been able to get Dr. Yi Kwan Young Ph D. as part-time teacher.
3. The loyalty and enthusiasm of practically every member of the Faculty has make the difficulties surmountable and made many definite, forward steps possible.
4. The ability of our treasure Mr. Owens has helped us ovoid many dangerous financial shoals.
5. Our music teacher Mr Kim donated a new piano worth Y2200.00.
6. Prof. B.W.Billings D.D. is agion on job after a year of study in U.S.A.

4

## CHOSEN CHRISTIAN COLLEGE.

## IMPORTANT FACULTY ACTIONS OF THE PAST YEAR.

Nov. 6. 1922.

Rules adapted relating to (1) amount of time teachers are to assume that pupils have for preparing lessons. (2) Monthly grades to be handed in by each teacher . (3) Students who are absent to hand in outline covering work. (4) Students absent 2 weeks or more to take special examination.

Nov. 29. 1922.

Dormitory committee instructed to make arrangements for a physicial visiting the college at stated intervals. Arrangements were made with a Severence Doctor.

Dec. 13. 1922.
(1) New English course adopted . (2) arrangements made for course in Oriental Literature as a part of the regular course.
(3) Faculty advisors appointed for students.
(4) Attendance records to be kept and count the same as a course of study in the general average.

Dec. 13. 1922.

Rules for'student-body' organisations adapted.

Jan 15. 1923.
(1) Committee appointed to inspekt buildings equipment and students.
(2) One have each week given to students for Y.M.C.A. activities, debates, lectures.
(3) Students permitted to use caps at graduation.
(4) Use of Mr. Underwood Library accepted.
(5) Rules for Students Boarding club adapted.
(6) Dr. Avison resigned as acting chairmant of Faculty and the Acting-Vice President assumed the duties of chairman.

Febrary7. 1923.

Moved to request the Presbyterian Board to grant Mr. H.H.Underwood and extension of one year to his furlough to prepare for his work in C.C.C.March 7th 1923.

'Schem e8 showing relations of Board trustees, Faculty. student body. committees etc. adapted.

May 2. 1923.

Second year Literary class suspended and allowed to continue work after one week on condition that they fulfil certain requirements.

June 7. 1923.

Rule adapted to count chapel attendance the same as class attendance,

June 18. 1923.
(1) System of demerits approved and committee asked to work out a plan for applying it.
(2) One hour course to have one grade for the whole year instead of one for each term.
(3) At the end of each term names of all Ist 2nd year students to be reviewed by the Faculty for the purfose of eliminating undesirable students.

Sept. 5. 1923.

Students who have not paid their fees within 2 days after scool office not allowed to attend classes and a fine of 10 sen per day to be added to the fee for every day that the student is late in paying regardless off the reason for the delay.

CHOSEN CHRISTIAN COLLEGE.

ENROLLMENT.

There was a total enrollement of 131 distributed as follows:-
Literary Dept. Ist.. 28; 3rd; 18; 4th, 12 total of 78.
Commercial Dept: Ist. 14. 2nd. 11. 3rd. 12, total of 37.
Science Dept: and 10; 3rd, 3; 4th 3, total of 16.

List of Students who have studied or graduated from
Middle School, Go-Tung School, or other Preparatory Schools.

| School Names | Number | Percentage |
|---|---|---|
| Middle School graduates | 52 | 39.7% |
| Go-Tung School graduates | 28 | 21.3% |
| Middle School (studied) | 8 | 6.2% |
| Go-Tung School (studied) | 18 | 13.7% |
| Other Preparatory School Graduates | 25 | 19.1% |
| Total | 131 | |

(see chart)

Student Church Relations

| Church Name | Member | Percentage |
|---|---|---|
| Presbyterian | 52 | 47.6% |
| Northern Methodist | 34 | 26.3% |
| South Methodist | 29 | 22.3% |
| "Holiness" | 2 | 1.5% |
| 'Adventist' | 1 | 8. % |
| No affiliation | 3 | 1.5% |
| Total | 131 | |

(see chart)

PROVINCES FROM WHICH STUDENTS CAME

| Name of Province | Member | Percentage |
|---|---|---|
| North Hamhung | 5 | 3.7% |
| South " | 18 | 13.7% |
| North Pyenyang | 22 | 16.8% |
| South " | 16 | 12.2% |
| Whanghai | 8 | 6.2% |
| Kyungki | 35 | 26.7% |
| Kangwon | 8 | 6.2% |
| North Choongchung | 4 | 3.1% |
| South Choong Chung | 3 | 2.3% |
| North Chunna | 4 | 3.1% |
| South " | 0 | 00.0% |
| North Kyungsang | 2 | 1.5% |
| South " | 6 | 4.6% |
| Total | 131 | |

(see chart)

b

## POINTS WORTHY OF SERIOUS CONSIDERTION BY THE BOARD.

Copy

With
(1) A property investment of over 600.000 yen.
(2) A faculty of loyal teachers.
(3) An enthusiastic Christian Body of Students.
(4) Government Recognition.
(5) A College Standard accepted in U.S.A.
(6) A growing Reputation here and Abroad.
(7) A Fine set of Buildings which will accommodate 500 students.

## THE TIME IS RIPE FOR A FORWARD MOVEMENT.

Shall we dally with the opportunity of making a definite 'start' (taking in 150 students) in the Spring of 1924. If this start is made, Three things must be done.
(1) The Science College must be registered.
(2) The suggested Budget must be approved.
(3) The Heating & Power plant must be put in.

## 83. 에비슨이 맥케이에게

1923년 9월 27일

R. P. 맥케이 목사, 신학박사,

총무, 선교부,

캐나다장로회.

토론토, 온타리오 주.

친애하는 맥케이 박사님:

[세브란스의전] 현지 이사회의 연례회의 회의록을 동봉하면서, 당신의 사무실에 이미 보낸 재정보고서만 빼고, 거기에서 언급된 문서들을 함께 동봉하니 찾아보시기 바랍니다.

당신은 한국인의 협력이 크게 진전되어 한국인들이 격리병사를 짓기 위해 1만 2천 원을 기부한 것을 볼 것입니다.

연합문제에 관한 [캐나다장로회] 총회의 투표 결과 소식을 듣게 되어 기뻤습니다.* 그리고 반대파가 법적 승인을 받을 때까지 계속 고집을 피울 것이란 점을 주목합니다. 탈퇴할 교회들이 극히 소수이기를 진지하게 희망합니다.

당신과 암스트롱 씨께 가장 다정한 안부 인사를 드립니다.

안녕히 계십시오.

O. R. 에비슨

출처: PCC & UCC

* 여기에서 '연합문제'는 캐나다장로회와 캐나다감리회의 교파연합을 가리킨다. 이 연합운동이 성사되어 1925년 두 교파가 '캐나다연합교회'로 통합되었고, 그 과정에서 반대파는 신학적 보수주의가 훼손될 것을 우려하였다. 그 후 연합교회가 협력이사회의 일원으로서 캐나다장로회의 역할을 승계하였다.

OFFICE OF PRESIDENT
O. R. AVISON, M. D.

SEVERANCE UNION MEDICAL COLLEGE
NURSES' TRAINING SCHOOL
SEVERANCE HOSPITAL

SEOUL, KOREA

CO-OPERATING MISSIONS
PRESBYTERIAN CHURCH IN THE U. S. A.
METHODIST EPISCOPAL CHURCH
PRESBYTERIAN CHURCH IN THE U. S.
METHODIST EPISCOPAL CHURCH, SOUTH
PRESBYTERIAN CHURCH IN CANADA
PRESBYTERIAN CHURCH OF AUSTRALIA

RECEIVED OCT 25
ANS'D
Presbyterian Foreign Mission Board

September 27, 1923.

Rev. R. P. Mackay, D.D.,
Secretary, Board of Foreign Missions,
Presbyterian Church in Canada,
Toronto, Ont.

Dear Dr. Mackay:

Enclosed find minutes of the annual meeting of the Field Board of Managers, together with documents therein referred to, with the exception of the financial statements which have already been sent to your office.

You will note the marked advance in Korean cooperation, and the gift from the Koreans of a sum of Y12,000 to the institution for the building of an isolation ward.

I was glad to hear of the outcome of the vote in the Assembly on the union question, and note that the opposition party is keeping the pot boiling until the legislative authority is secured. It is sincerely to be hoped that the number of congregations which withdraw will be few.

With kindest regards to you and Mr. Armstrong,

Very sincerely,

O.R. Avison

## 84. 에비슨이 맥케이에게

1923년 9월 28일

R. P. 맥케이 목사, 신학박사,
총무, 선교부,
캐나다장로회.
토론토, 온타리오 주.

친애하는 맥케이 박사님:

우리 현지 이사회* 연례회의의 회의록과 거기에 제출되었던 보고서들을 함께 동봉하니 찾아보시기 바랍니다. 하는 일이 평소와 거의 같고 그 보고서들에서 충분히 설명될 것이므로 나의 설명이 아마도 필요하지 않을 것입니다.

안녕히 계십시오.

O. R. 에비슨

출처: PCC & UCC

---

* 하루 전 27일 세브란스의전의 이사회 회의록을 보냈을 것으로 짐작되므로, 28일에는 연희전문 이사회 회의록을 보냈을 것으로 짐작된다.

OFFICE OF THE PRESIDENT

O. R. AVISON, M. D.

# Chosen Christian College

Seoul, Chosen

CO-OPERATING BOARDS
PRESBYTERIAN CHURCH IN THE U.S.A.
METHODIST EPISCOPAL CHURCH
METHODIST EPISCOPAL CHURCH, SOUTH
PRESBYTERIAN CHURCH IN CANADA

RECEIVED OCT 25
ANS'D
Presbyterian Foreign Mission Board

September 28, 1923.

Rev. R. P. Mackay, D.D.,
Secretary, Board of Foreign Missions,
Presbyterian Church in Canada,
Toronto, Ont.

Dear Dr. Mackay:

Enclosed find minutes of the Annual Meeting of our Field Board of managers, together with reports presented. As the business was largely routine, and the reports give full information, probably no comment of mine is required.

Very sincerely,

O. R. Avison

## 85. 에비슨이 서덜랜드에게

1923년 9월 28일

조지 F. 서덜랜드 목사,

조선 기독교 교육을 위한 협력이사회 회계,

뉴욕 시, 뉴욕 주.

나의 친애하는 서덜랜드 씨:

현지 이사회*의 연례회의 회의록을 거기에서 제출된 보고서들과 함께 동봉하니 찾아 보시기 바랍니다.

논의된 재정문제들은 별도의 편지에서 다루겠습니다. 노스 박사께서 이 보고서들을 보실 수 있게 해주시기를 부탁드립니다.

안녕히 계십시오.

O. R. 에비슨

출처: UMAC

* 전에 에비슨이 북감리회 총무인 노스와 주고받은 서한들을 보면 주로 연희전문에 관한 내용이었으므로 연희전문 이사회의 회의록이었을 것으로 짐작된다.

OFFICE OF THE PRESIDENT

O. R. AVISON, M.D.

# Chosen Christian College

Seoul, Chosen

803-1

CO-OPERATING BOARDS
PRESBYTERIAN CHURCH IN THE U.S.A.
METHODIST EPISCOPAL CHURCH
METHODIST EPISCOPAL CHURCH, SOUTH
PRESBYTERIAN CHURCH IN CANADA

TRANSFERRED

September 28, 1923.

Mr. Geo. F. Sutherland,
Treasurer, Cooperating Board for Christian Education in Chosen,
New York, N.Y.

My dear Mr. Sutherland:

9-15-23

Enclosed find minutes of the Annual meeting of the Field Board of Managers, together with reports referred to therein.

I shall take up in a separate letter the financial matters referred to. Kindly give Dr. North an opportunity to see these reports.

Very sincerely,

O.R.Avison

Return to G.F.S

## 86. 에비슨이 윌러에게

세브란스연합의학전문학교 교장 에비슨(O. R. Avison) 박사가

윌러(W. R. Wheeler) 목사에게 보낸 1923년 10월 9일자 편지의 발췌문

당신은 몇 주 전에 당신에게 보낸 연례회의 회의록에서 이곳의 시설에 대한 보험과 관련된 항목을 볼 것입니다. 그 문제가 전에 제기되어 협력이사회가 얼마 전 그들의 회의록에서 우리에게 관록 있는 회사들에 보험을 들고 우리 예산에 그것을 부과하라고 조언하였습니다.

우리는 그에 따라 5만 원까지 매년 229원 50전을 내는 보험을 들었습니다. 이것이 현재 우리 의학교 건물에 대해 든 모든 것입니다. 병원은 종업원들이 늘 일하고 있어서 화재의 위험이 그리 크지 않다고 사람들이 느꼈습니다.

행정위원회는 우리가 반드시 보험금을 12만 5천 원으로 올리고 의학교 건물에 8만 5천 원을, 병원에 4만 원을 설정해야 한다고 생각하고, 협력이사회를 향해 보험금에 비례하여 이 위험을 감수하도록 조정해줄 수 없는지 물어보라고 나에게 지시하였습니다. 아마도 모든 선교부가 그렇게 하여, 외부의 보험회사를 후원하게 하는 대신, 선교회의 채널 안에서 선교비를 지키게 하고 있을 것입니다.

당신이 친절하게 미국과 캐나다의 몇몇 선교부들과 연락하여 이 문제를 의논하고 우리에게 이 문제에 대한 당신의 견해를 알려주시겠습니까?

출처: PCC & UCC

1-11-24

Extract of Letter from Dr. O. R. Avison, President, Severance Union Medical College, dated, October 9, 1923, to Rev. W. R. Wheeler.

You will have noted in the minutes of the Annual Meeting sent you a few weeks ago an item relating to the insurance of this plant. The matter has been up before, and the Cooperating Board advised us in its minutes some time ago to take out insurance with old line companies and charge same to our budget.

"We have accordingly taken out insurance to the extent of Y50,000 at an annual cost of Y229.50. This is all at present on the medical college building, inasmuch as some felt that the Hospital, always having employees on duty, was not so great a fire risk.

"The Administrative Council feel that we should increase the insurance to Y125,000. and place Y85,000 on the Medical College building and Y40,000. on the Hospital, and have directed me to enquire whether the cooperating Boards cannot arrange to carry this risk pro rata on the insurance funds which probably all of the Boards have, thereby keeping mission money in mission channels instead of having to patronise outside insurance companies.

"Would you kindly take up this matter by correspondence with the several Boards in the United States and Canada, and advise us their views on the matter."

## 87. 에비슨이 브라운에게

1923년 11월 15일

A. J. 브라운 박사,

M. M. 로이스 부인,

156번지 5번가, 뉴욕 시.

친애하는 우인들:

조선에서 펼치는 정책들과 방법들에 관한 당신의 1923년 6월 24일자 629호 편지를, 내가 지난 8월에 브라운 박사께 [그 편지에 대한 소감을] 간략하게 썼던 것처럼, 매우 흥미롭게 읽었습니다. 이제는 그 소감문을 더 길게 쓸 때가 온 것 같습니다. 그것에 관해 언급한 로즈(H. A. Rhodes) 목사의 편지를 읽고 나서, 당신과 그 사람이 가진 두 가지 관점에 대해 길고 흥미로운 진술을 할 수 있게 되었습니다. 확실히 두 사람의 관점은 매우 크게 다른 것 같습니다.

당신의 편지에서 내 의견을 밝히고 싶은 생각이 들게 한 문장들을 내가 선정하였습니다. 그것들을 순서대로 인용하겠습니다.

> 1. 당신들이 지금까지 널리 써온 정책과 방법으로는 현재 사역을 더 이상 유지할 수 없게 될 위기에 봉착한 것이 점점 더 명확해지고 있습니다.

이 문장은, 예상되는 두 가지 관점 가운데 단 한 가지만 표명하고 있는 것 같습니다. 아마도 다른 진술은 지금 얻을 수 있는 액수의 돈으로는 우리의 현재 사역을 더 이상 유지할 수 없을 것 같다는 내용일 듯합니다. [선교부의] 지급금을 충분히 늘려서 우리 교육기관들에 지혜롭게 나누어주면, 점진적으로 도입되고 있는 것들이 아닌 기존의 정책과 방법을 바꾸지 않고도, 현재 여건에서 그 기관들이 작동하게 할 수 있을 것은 분명합니다. 그리고 다른 사역 형태에 대해서도 그와 같이 말할 수 있을 것입니다. 그러나 선교부가 더 많은 돈을 얻지 못하면 그 두 번째 진술은 단순한 __[판독 곤란]에 불과합니다.

그러나 우리의 이곳 사역이 어떤 시점에 이르지 않았는지에 관해 적법하게 제기할 질문이 있습니다. 곧 한국 선교회가 현재 받은 만큼의 돈으로 지금 성취한 것보다 더 많은 일을 성취하게 하거나 다른 식으로 투입하게 할 수 있을지, 한국 선교회가 시작해서 진행해온 일을 한국교회에 더 많이 넘길 수는 없는지를 생각하는 것이 지혜로울 시점에 이르지는 않았는가 하는 것입니다. ~~이것은 확실히 검토해볼 만한 타당한 주제입니다.~~* 비록 이런 것이 얼마간 검토되고 있고 어떤 노력이 시도되고 있을지라도, 본국에 있는 당신이 이런 것을 매우 강력히 권장할만한 일로 보고 그처럼 확실한 방법으로 우리가 주목하게 해주어서 기쁩니다. 이곳에 있는 어떤 이들이 당신의 편지를 보고 당신이 너무 센 요구를 한다거나 우리가 이룬 일과 하려고 준비하는 일을 충분히 알지 못한다고 하며 오히려 분노하고 있다는 것을 알고 있습니다. 그러나 조금만 지나면 우리가 "정상(頂上)을 넘어서도록" 조금 더 자극받을 필요가 있음을 모두 다 느낄 것이라고 믿습니다. 그리고 우리가 하려고 계획해온 일들 가운데 어떤 일들을 하기 시작할 것이고, 또한 우리가 하려고 계획해온 일들의 일부는 하지 못한 채 남겨놓고 선교부에 자금을 공급해주도록 요청할 것이라고 믿습니다.

지난 6월 우리[서울] 선교지회 회의에서 읽었던 보고서의 사본을 동봉합니다. 그것은 이 문제에 관한 나의 견해를 매우 간략하게 보여줍니다. (이 지점에서 동봉한 A를 읽어주시기 바랍니다.)

2. 선교부는 그 위기를 알지 못하거나 그것에 무관심하였습니다. 그래서 당신은 사용할 예산을 안배할 때와 인력을 보강할 때 그것을 공정하게 다루지 않았습니다.

만일 우리 중 어느 누가 그렇게 생각하였다면, 당신의 편지에 있는, 선교부가 우리에게 한 일들에 대해 당신이 진술한 것이 그런 느낌을 모두 없애줄 것입니다. 로즈 씨가 모은 수치들은 선교비와 선교 인력이 한국에는 다른 선교지들보다 상대적으로 크게 성장한 한국 기독교인의 수에 비례하여 제공되지 못해온 것을 확실하게 보여줍니다. 그러나 이것은 참된 비교의 근거가 아닌 듯합니다. 그것은 어떤 전쟁을 지휘하는 장군에게 쉽게 이겨온 곳에는 병력을 골고루 나누어주고, 가장 힘든 곳에는 그러지 말아야 한다고 주장하는 것과 같을 것입니다.

---

* 이 문장에 줄을 친 것은 원문의 형태를 따른 것이다. 에비슨은 이 문장을 삭제하려 했던 것 같다.

한국은 다행히도 개종자들을 빠르게 확보해온 쉬운 선교지들 가운데 하나였으나, 만일 그것이 진정한 승리였다면 우리가 거둔 승리들은 그만큼 빨리 일꾼들을 증가시키는 결과를 낳아야 합니다. 그렇지 않다면 그것은 의심스러운 승리입니다. 개인적으로 나는 우리 선교회가 거듭 선언해온, 우리 선교비와 선교 인력을 발전을 이룬 선교지 교회의 수에 비례하여—교회가 많으면, 선교사도 더 많이—선교지에 분배해야 한다는 주장에 결코 동의하지 않습니다. 그와 반대로 나는 빈번하게 그런 생각과 싸워왔으나, 소용이 없었습니다. 그래서 때때로 선교회가 그런 정책의 오류에 주의하도록 선교부가 조치하지 않는 것에 의문을 가졌습니다. 이제 선교부는 분명하게 그것을 일깨워 우리에게 알려주고 있습니다.

당신의 편지의 1페이지와 2페이지에 있는 (a), (b), (c), (d), (e) 단락에 대해서는 이렇게 말하겠습니다.

(a) "교육받은 한국인 기독교인들을 더 많이 쓰는 것"은 이미 우리가 꿈꿔온 목표이지만, 불행히도 교육을 잘 받아서 우리 기관들에서 높은 자리를 맡아 선교사들의 책임을 벗겨줄 수 있는 한국인 장로교인은 극소수입니다.

예를 들면, 세브란스연합의학전문학교는 다음의 각 과에 교수를 한 명씩(일본에서 대학교를 졸업했거나 외국에서 일류 종합대학 또는 단과대학을 졸업한 사람으로) 둘 필요가 있습니다.

화학, 생리학, 생화학, 해부학, 조직학, 발생학, 약물학 · 약리학, 내과, 외과, 병리학, 세균학, 안과, 이비인후과, 신경과, 산부인과, 소아과, 피부과, 치과, 일어 · 수신.

우리는 위의 과목들 가운데 최소한 화학, 해부학, 조직학, 발생학, 병리학, 세균학에는 한국인이나 일본인을 기꺼이 투입할 것입니다. 다른 교수직들에도 우리가 자격 있는 사람을 발견할 수 있다면 그렇게 하겠지만, 지금까지는 다음과 같이 구성된 교수진을 두고 있습니다.

| 해부학 | 선교사 교수. 시간을 조금만 할애하고 있음 |
|---|---|
| 화학<br>(유기 · 무기질) | 한국인 조교수 |
| 병리학 | 비어있음. 방금 군대 의학교에서 임시로 구함 |
| 세균학 | 비어있음. 방금 관립의학교에서 구했음. 서울시 위생과에 고용된 일본인의 도움을 임시로 받고 있음 |
| 조직학 | 비어있음.<br>한국인 사역자 한 명이 최선을 다해 임시로 그 자리를 채우고 있음 |
| 발생학 | 비어있음. 위와 같음 |
| 생리학 · 생화학 | 선교사 교수 1명이 두 과목을 맡음. 유능한 조수가 없음 |
| 약물학 · 약리학 | 선교사 교수 |
| 일어 · 수신 | 일본인 시간 강사, 교수가 아님 |
| 내과 | 선교사 교수 2명.<br>(1명은 안식년 중, 1명은 신임이고 방금 언어공부 시작)<br>한국인 조수 2명.<br>(1명은 조교수가 될 역량이 있으나 총독부 법규상 자격이 없음) |
| 외과 · 정형외과 | 선교사 교수 1명<br>(외과 의사인 한국인 조수 2명이 강의와 수술을 하고 있음. 조교수가 될 역량이 있으나 총독부 법규상 자격이 없음) |
| X-레이 · 전기치료 | 선교사 교수 1명, 한국인 X-레이 조수 1명 |
| 산부인과 | 선교사 교수 1명.<br>한국인 조수 1명(조교수가 될 역량이 있으나 공식적인 자격이 미달) |
| 소아과 | 선교사 교수 1명, 미자격 한국인 조수 1명 |
| 이비인후과 | 한국인 강사 및 임상의 1명.<br>교수가 될 자격이 충분하나 공식적인 자격이 미달 |
| 안과 | 선교사 교수 1명 |
| 치과 | 선교사 교수 1명 |
| 피부과 · 비뇨기과 | 선교사 교수 1명. 자격 완비 |

위의 목록은 한국인 교수들을 교직원으로 두는 것이 얼마나 부족한지를 보여줍니다. 전체 교수진에서 1명밖에 없습니다.

우리는 적어도 3명의 일본인 교수를 두기를 간절히 바라고 있고, 우리가 혹시 월 150불(금화인 것을 주목하십시오)의 높은 봉급을 충분히 줄 수 있고 비기독교인을 쓰고자 한다면 그들을 얻을 수는 있지만, 단 한 명도 두고 있지 못합니다. 우리는 매년 1천8백 불(금화)을 얻기를 희망해야 할 것입니다. 이는 그 돈이 선교사 한 가족이 쓰는 식비의 절반에 불과하기 때문입니다. 그러나 우리의 정관은 모든 교원이 기독교인이기를 요청하고 있고, 우리도 사역을 위해 같은 점을 강력히 주장할 필요가 있기 때문입니다. 그런데 일본에는 그런 직종에 있는 기독교인이 거의 없어서 지금까지 그들을 찾는 것이 불가능하였습니다. 이것은 일본에서 선교회들이 한 세대 전에 채택한 정책의 결과입니다. 그들은 선교사역에서 의료사역을 제외하면서 우리에게도 의학교 운영을 보류하도록 경고하였습니다.

총독부의 법규에 따라 자격을 갖춘 한국인 교수에 관해 말하자면, 지금 우리가 미국에서 향후 몇 년 내로 자격을 갖출 몇 사람을 확보하고 있기는 하지만, 그런 사람들도 마찬가지로 드뭅니다.

의학교에 입학하기 전에 인가받은 5년제 고등보통학교를 졸업할 필요가 있는 것은 우리 학교 졸업생이 미국이나 일본에서 일 년간 공부하더라도 자격을 얻기가 극히 어렵게 만들고 있습니다. 그 이유는 그들이 유자격 학생으로서 일본의 종합대학이나 이곳의 자격인정 요건에 맞는 미국 의학교에 입학했다는 것을 보장할 입학서류를 보여줄 수 없기 때문입니다. 당신이 아는 것처럼, 우리 선교회의 고등보통학교들(실제로 지정받은 경신학교를 제외하고)은 총독부의 지정을 받는 수준에 이르지 못하였고, 이것이 우리 의학교의 자격을 좌우해왔습니다. 그 이유는 향후 수년까지 유자격 한국인 교수들의 우리 의학교 영입을 가로막을 것이 예상되는 지금의 매우 유감스런 상황 속에서는 입학수준을 미션계 학교 졸업생들이 입학할 수 있는 수준 이상으로 높일 수 없기 때문입니다. 그뿐 아니라 지금 미국에서 의학을 공부하고 있는 한국인들 가운데 적은 비율의 사람들만 기독교인의 인격과 전공 실력 두 가지 관점에서 교수직을 맡기에 적합하다고 생각될 수 있습니다. 그 두 가지가 우리 대학에 참으로 필요한 것을 채우는 일을 아주 어렵게 만들고 있습니다. 누구의 탓일까요? 서울 선교지회도 아니고 선교부도 아닙니다.

서울에 있는 우리의 다른 대학, 곧 연희전문학교도 비슷한 형편에 있습니다. 비록 미국에서 학부 대학을 졸업하고 돌아온 여러 사람이 교수직을 맡을 자격을 지니고 있고 지금 미국에서 유학 중인 사람들이 그렇게 준비 중인 의사의 수보다 훨씬 더 많으므로 [세브란스의전보다는] 훨씬 덜 심각하기는 하지만 말입니다. 그러나 그런 사람들 사이에도 기독교인의 품성이란 핵심적인 요건이 우리 선택을 제한하고 있습니다.

물론 더욱 큰 제약요인은 우리 예산이 적은 것입니다. 그것이 교원들의 고용을 가로막고 있습니다. 그들은 자격을 갖추게 되면 우리가 예산을 조정하려고 애쓰는 사이에 다른 자리를 구합니다.

연희전문 이사회가 최근의 회의에서 한 결의안을 통과시켰는데, 한국교회의 [예수교장로회] 총회와 [남·북감리회] 연회들을 통해 한국교회들을 초청하여 대학의 한국인 교수들과 강사들을 후원하게 하자는 것이었습니다. 이 결의안은 이사회의 한국인 이사들이 제기하고 제청하였습니다.

당신은 지금 우리의 두 이사회가 예수교장로회, 두 감리회 연회, 대학 동문회를 공식적으로 대표하는 한국인들을 이사로 둔 것을 알고 있습니다. 이것은 현명한 조치입니다. 그 일로 인해 이사회들의 사역에 대한 한국인 이사들의 관심이 크게 높아졌고, 그들이 대표하는 교회들의 관심도 높아질 것이기 때문입니다.

내가 위의 글을 인용한 것은 당신의 제안을 논박하기 위해서가 아니라, 반대로 우리가 한국교회와 한국인의 자원을 고갈시키지 않고 도리어 한 사역을 계획하기 시작한 것을 보여주기 위해서입니다. 그것은 한국인의 노력을 고취하고 그들이 오랫동안 우리의 (외국인들의) 교육기관으로 여겨 방관해온 곳들이 사실은 자신들의 것이었다는 사실에 관심을 갖게 하는 사역입니다. 선교사들은 아마도 우리 기독교인들에게 책임을 맡기는 일을 전보다 더 망설임 없이 하라는 재촉을 본국으로부터 강하게 받을 필요가 있을 것입니다. 유달리 우리는 통솔의 책임을 그들이 부담하는 재정 조달 책임의 정도에 반드시 비례하여 그들에게 주어야 한다는 생각을 빨리 포기하지 못하였습니다.

(b) "일부 선교 인력의 조정."

이것은 물론 권장할만한 일일 것입니다. 적어도 우리가 신중히 고려해주기를 제안하기라도 해야 할 일입니다. 그러나 무엇보다 선교지에 있는 우리는 교회의 수가 증가하면 선교사가 지휘하는 것도 필수적으로 증가해야 하고, 한국인 목사의 수가 많아지면 감독하는 선교사 목사와 동사목사*의 수도 필수적으로 많아져야 한다는 생각을 버려야 합니다. 그렇지 않으면 다시 조정하고 싶은 마음이 생기지 않을 것입니다. 선교지회들과 그 회원들의 사역을 간략히 돌아본다면 아마도 현재 상황을 밝히 보고 무엇을 다시 조정할 수 있는지를 밝히는 데에 도움을 받을 것입니다.

---

* 교회의 명목상 공동 담임목사. 한국인 목사가 선교사 밑에서 동사목사(同事牧師)로 있는 경우가 많았다.

서울

<table>
<tr><td colspan="2">세브란스연합의학전문학교<br>사실상 모두 [북장로회 조선] 선교회(Mission)에 직속된 사역자들입니다. 그 이유는 이곳을 일개 지역 선교지회(Station)가 관장하지 않고 선교회를 대표하는 이사회의 이사들을 통해 선교회가 직접 관장하기 때문입니다. 이 이사들의 수는 5명이고, 제각기 서울, 선천, 대구에서 살고 있습니다.</td></tr>
<tr><td>대학 교수진에 있는 정규 선교사</td><td>에비슨(O. R. Avison) 의사 ($\frac{1}{2}$시간 투입)[연희전문과 사역 중복]<br>허스트(J. W. Hirst) 의사<br>러들로(A. I. Ludlow) 의사<br>홉커크(C. C. Hopkirk) 의사<br>에비슨(D. B. Avison) 의사<br>부츠(J. L. Boots) 치과의사</td></tr>
<tr><td>준회원 선교사</td><td>오웬스(H. T. Owens) ($\frac{1}{2}$시간 투입)[연희전문과 사역 중복]<br>맥안리스(J. A. McAnlis) 치과의사<br>테일러(J. E. R. Taylor)</td></tr>
<tr><td>간호사</td><td>쉴즈(E. L. Shields) 양과 로렌스(Edna Lawrence) 양</td></tr>
<tr><td colspan="2">연희전문학교<br>역시 선교회 기관이고, 이사회 이사들이 세브란스의전과 같은 기반 위에 있으며, 평양, 서울, 청주에서 살고 있습니다.</td></tr>
<tr><td>정규 선교사</td><td>에비슨(O. R. Avison) 의사 ($\frac{1}{2}$시간 투입)[세의전과 사역 중복]<br>로즈(H. A. Rhodes) 목사<br>밀러(E. H. Miller) 목사<br>원한경(H. H. Underwood)</td></tr>
<tr><td>준회원 선교사</td><td>오웬스(H. T. Owens) ($\frac{1}{2}$시간 투입)[세의전과 사역 중복]<br>루카스(A. E. Lucas)</td></tr>
<tr><td colspan="2">선교회 회계(또한 선교회 업무 사역자)</td></tr>
<tr><td></td><td>겐소(J. F. Genso)</td></tr>
<tr><td colspan="2">성경번역위원회 · 예수교서회(일반 선교사역)</td></tr>
<tr><td></td><td>게일(J. S. Gale)</td></tr>
<tr><td colspan="2">선교지회 학교들</td></tr>
<tr><td></td><td>쿤스(E. W. Koons) 목사[경신학교]<br>루이스(M. L. Lewis) 양[정신학교]<br>델마터(Jean Delmarter) 양[피어선성경학원]</td></tr>
<tr><td colspan="2">복음전도자: 남자 3명 또는 톰스가 사임하면 2명, 여자 3명, 총 6명</td></tr>
<tr><td></td><td>앤더슨(W. P. Anderson) 목사<br>코엔(R. C. Coen) 목사</td></tr>
</table>

| | |
|---|---|
| | 하트니스(M. Hartness) 양<br>왐볼드(K. Wambold) 양<br>킨슬러(M. Kinsler) 양<br>톰스(J. U. S. Toms) 목사 (아마도 돌아오지 않을 것) |
| **준회원 선교사**(선교회 업무 사역자, Korea Field 편집인) | |
| | 디캠프(A. F. DeCamp) 목사 |

| | |
|---|---|
| 선교회 사역자* | 정규 13명, 준회원 5명 |
| 선교지회 사역자 | 정규 9명, 준회원 0명 |
| 복음전도 전담 사역자 | 남 2명 (-½명)**, 여 3명, 모두 정규 인원 |
| 선교사 아내 | 정규 15명, 준회원 5명 |
| 투표권자 | 35명 |

평양

| | |
|---|---|
| **숭실대학**(Union Christian College): 선교회 기관 | |
| 정규 선교사 | 마펫(S. A. Moffett) 목사 (½시간 투입)<br>모우리(E. M. Mowry) 목사 (½)<br>루츠(D. N. Luts)<br>맥머트리(R. McMurtrie) (½)<br>솔타우(D. O. Soltau)<br>해밀턴(F. E. Hamilton)<br>라이너(R. C. Reiner) (½) |
| **신학교**: 선교회 기관 | |
| 정규 선교사 | 마펫(S. A. Moffett) 목사 (½시간 투입)<br>클라크(C. A. Clark) 목사<br>로버츠(S. L. Roberts) 목사<br>어드만(W. C. Erdman) 목사 |
| **외국인학교**: 선교회 기관 | |
| 정규 선교사 | 애쉬(Ashe) 부인<br>푸트(Jean Foote) 양 |

* 서울에서 일한 선교사들의 다수가 조선 선교회 회계 또는 그 선교회에 직속된 세브란스의전과 연희전문에서 근무하고 있었기 때문에 '선교회 사역자'로 분류된 듯하다.

** 2명에서 ½명의 인력을 뺄 수도 있음을 가리킨다.

| 주일학교 총무: 선교회 사역 | |
|---|---|
| | 홀드크로프트(J. G. Holdcroft) |
| **성경학원:** 선교회 사역 | |
| | 베스트(Best) 양 ($\frac{1}{2}$), 평양 선교지회 업무에도 $\frac{1}{2}$시간 투입<br>윈(Roger Winn) 부인 |
| **선교지회 학교들**(중등학교 등급) | |
| | 라이너(R. O. Reiner) $\frac{1}{2}$[숭실학교]<br>모우리(R. M. Mowry) 목사 $\frac{1}{2}$[숭실학교]<br>스눅(Snook) 양[숭의학교]<br>맥머트리(McMurtrie) 씨 $\frac{1}{2}$[숭실학교] |
| **선교지회 의료사역** | |
| 정규 사역자 | 비거(J. D. Bigger) 의사<br>스와이어(Swier) 양 |
| **복음전도 사역** | |
| | 번하이슬(C. F. Bernheisel) 목사 ($\frac{1}{2}$)<br>블레어(W. N. Blair) 목사<br>힐(J. H. Hill) 목사<br>필립스(C. L. Phillips) 목사<br>스왈른(W. L. Swallen) 목사<br>베어드(W. M. Baird) 목사, 박사 $\frac{1}{2}$<br>버츠(Butts) 양<br>도리스(Doriss) 양<br>버그만(Bergman) 양<br>헤이즈(Hayes) 양 |
| 성경번역 사역: 선교회 측 성경번역 위원 | |
| | 베어드(W. M. Baird) 목사, 박사 $\frac{1}{2}$ |

| 선교회 사역자 | 정규 14명, 준회원 0명 |
|---|---|
| 선교지회 사역자 | 정규 14명 |
| 선교사 아내 | 정규 16명 |
| 복음전도 전담 사역자 | 남 5명, 여 4명, 총 9명* |
| 투표권자 | 44명 |

* 서울에 비해 복음전도 사역 전담자가 훨씬 많다. 이는 전도사역의 인적 조건이 서울보다 유리한 것을 보여준다. 이런 사정은 서울지역 선교사들의 한 불만 요소였다.

## 대구

| 복음전도 사역 | |
|---|---|
| 정규 선교사 | 블레어(H. E. Blair) 목사<br>브루엔(H. M. Bruen) 목사<br>웰번(A. G. Welbon) 목사<br>윈(G. H. Winn) 목사<br>아담스(Ben. Admans) 목사<br>맥팔랜드(McFarland) 목사<br>버그만(Bergman) 양<br>스와이처(Switzer) 양 |
| 준회원 선교사 | 아담스(J. E. Adams) 목사<br>리브세이(Livesay) 목사 |
| **선교지회 학교[중등학교 등급]** | |
| 정규 선교사 | 핸더슨(H. H. Henderson) 목사[계성학교]<br>폴라드(Pollard) 양[신명여학교]<br>리용(Lyons)* 목사[계성학교] |
| 준회원 선교사 | 필드(Field) 양 |
| **의료사역** | |
| 정규 선교사 | 플레처(Fletcher) 의사<br>호이트(Hoyt) 의사<br>간호사 1명이 올 예정 |

| 선교회 사역자** | 0명 |
|---|---|
| 선교지회 사역자 | 정규 13명, 준회원 3명 |
| 선교사 아내 | 정규9명, 준회원 1명 |
| 복음전도 전담 사역자 | 정규 7명, 준회원 2명 |

## 안동

| | |
|---|---|
| | 크로더스(J. G. Crothers) 목사<br>핸슨(Hanson) 양<br>맥켄지(McKenzie) 양 |

* William B. Lyon의 성에 붙은 's'는 에비슨이 잘못 쓴 것으로 보인다.

** 대구의 선교사들은 선교회의 중앙 업무에 관여하지 않고 지역 업무에만 종사하였던 것을 보여준다.

| 선교지회 회원 | 3명, 모두 정규 |
|---|---|
| 복음전도 전담 사역자 | 남 1명, 여 2명 |
| 선교사 아내 | 3명 |

## 청주

| | |
|---|---|
| | 밀러(F. S. Miller) 목사<br>솔타우(T. S. Soltau) 목사<br>딘(Dean) 양<br>존슨(Johnson) 양<br>말콤슨(Malcolmson) 의사<br>에스텝(Esteb) 양 |

선교지회 회원이 모두 정규 사역자

| 복음전도 전담 사역자 | 남 2명, 여 2명 |
|---|---|
| 의료 사역자 | 남 1명, 여 1명 |
| 선교사 아내 | 3명 |

## 재령

| | |
|---|---|
| | 헌트(W. B. Hunt) 목사<br>아담스(E. Adams) 목사<br>베어드(W. Baird) 목사<br>맥큔(McCune) 양<br>맥키(McKee) 양<br>하비(Harvey) 부인<br>스미스(R. K. Smith) 의사 |

선교지회 회원이 모두 정규 사역자:

| 복음전도 전담 사역자 | 남 3명, 여 3명 |
|---|---|
| 의료 사역자 | 남 1명 |
| 선교사 아내 | 3명 |

강계

| | |
|---|---|
| | 캠벨(A. Campbell) 목사<br>호프만(Hoffman) 목사<br>베어드(R. Baird) 목사<br>밀러(L. Miller) 양<br>헬스트롬(Helstrom) 양<br>바이람(Byram) 의사<br>레러(Rehrer) 양 |

선교지회 회원이 모두 정규 사역자

| | |
|---|---|
| 복음전도 전담 사역자 | 남 3명, 여 2명 |
| 의료 사역자 | 남 1명, 여 1명 |
| 선교사 아내 | 4명 |

선천

| | |
|---|---|
| | 휘트모어(N. C. Whittemore) 목사<br>피터스(A. A. Pieters) 목사<br>로스(C. Ross) 목사<br>램프(W. H. Lampe) 목사<br>코빙턴(Covington) 양<br>사무엘(Samuel) 양<br>팁톤(Tipton) 의사<br>치솜(Chisholm) 의사<br>잉거슨(Ingerson) 양<br>스티븐즈(Stevens) 양<br>스왈른(Swallen) 양 |

선교지회 회원이 모두 정규 사역자

| | |
|---|---|
| 복음전도 전담 사역자 | 남 3명 (-$\frac{1}{2}$명), 여 2명 |
| 교육 사역자 | 남 1명 (-$\frac{1}{2}$명), 여 2명 |
| 의료 사역자 | 남 2명, 여 1명 |
| 선교사 아내 | 7명 |

홍경(興京, 만주)

| | 쿡(Cook) 목사<br>핸더슨(Henderson) 목사 |
|---|---|

선교지회 회원이 모두 정규 사역자

| 복음전도 전담 사역자 | 남 2명, 여 0명 |
|---|---|
| 선교사 아내 | 2명 |

| | 정규 사역자, 선교부가 후원함 (아내 포함) | 준회원 사역자, 기관들이 고용 | 준회원 사역자, 자기 부담 그 밖의 방법 부담 | 목사, 의사, 선교회 관할 | 투표권자 | 투표권 보유 예정자 | 투표 가능자 전체 |
|---|---|---|---|---|---|---|---|
| 평양 | 45(17) | 0 | 0 | 13 | 44 | 0 | 44 |
| 서울 | 36(15) | 9 | 2 | 6 | 32 | 2 | 34 |
| 대구 | 24(10) | 0 | 0 | 8 | 15 | 8 | 23 |
| 선천 | 19( 7) | 0 | 0 | 5 | 17 | 2 | 19 |
| 재령 | 10( 3) | 0 | 0 | 3 | 9 | 1 | 10 |
| 청주 | 8( 2) | 0 | 0 | 2 | 8 | 0 | 8 |
| 강계 | 10( 3) | 0 | 0 | 3 | 8 | 2 | 10 |
| 안동 | 4( 1) | 0 | 0 | 1 | 4 | 0 | 4 |
| 흥경 | 4( 2) | 0 | 0 | 2 | 4 | 0 | 4 |
| 계 | 150 | 9 | 6 | 43 | 141 | 15 | 156 |

## 선교지회 사역자 및 사역 유형 개요 (의료사역자 포함)

| | 복음 전도 | 교육 | 의학교 [세전] | 병원 의사 | 간호사 | 신학교 | 성경 학원 | 문서 사역 | 주일 학교 단체 | 회계 · 기타 업무 | 선교부 책임 |
|---|---|---|---|---|---|---|---|---|---|---|---|
| | 남/여 | 남/여 | | (치과) | | | 남 여 | | | | 남편/아내 |
| 서울 정규 | 2 3 | $4\frac{1}{2}$ 2 | 5-$\frac{1}{2}$ (1) | | 2 | 0 | 0 | 1 | 0 | 1 | 21 14 |
| 서울 준회원 | | | | | | | | 1 | | 2 | 35 |
| 평양 | 5 4 | 7 3 | 0 | 1 | 1 | $3\frac{1}{2}$ | 0 2 | $\frac{1}{2}$ | 1 | 0 | 28 16 / 44 |
| 대구 정규 | 6 2 | 2 2 | 0 | 2 | 1 예정 | 0 | 0 0 | 0 | 0 | 0 | 15 9 / 24 |
| 대구 준회원 | 2 0 | 0 1 | | | | | | | | | |
| 선천 | $3\frac{1}{2}$ 2 | $1\frac{1}{2}$ 2 | 0 | 2 | 1 | 0 | 0 0 | 0 | 0 | 0 | 12 7 / 19 |
| 재령 | 3 3 | 0 0 | 0 | 1 | 0 | 0 | 0 0 | 0 | 0 | 0 | 7 4 / 11 |
| 청주 | 2 2 | 0 0 | 0 | 1 | 1 | 0 | 0 0 | 0 | 0 | 0 | 6 3 / 9 |
| 강계 | 3 2 | 0 0 | 0 | 1 | 1 | 0 | 0 0 | 0 | 0 | 0 | 7 4 / 11 |
| 안동 | 1 2 | 0 0 | 0 | 0 | 0 | 0 | 0 0 | 0 | 0 | 0 | 3 1 / 4 |
| 흥경 | 2 0 | 0 0 | 0 | 0 | 0 | 0 | 0 0 | 0 | 0 | 0 | 2 2 / 4 |

## 선교회 운영기관 및 직접전도 사역자 개요

| 선교지회 | 기관 유형 | 사역자 수 | 직접전도 사역자 |
|---|---|---|---|
| 서울 | 연희전문학교<br>세브란스연합의학전문학교<br>피어선성경학원<br>경신학교<br>정신학교<br>예수교서회 | $3\frac{1}{2}$<br>$7\frac{1}{2}$<br>1 가끔 시간 투입<br>1<br>2<br>1 (총 16) | 5 |
| 평양 | 숭실대학<br>숭실학교<br>숭의여학교<br>평양연합기독병원 | $5\frac{1}{2}$<br>$1\frac{1}{2}$<br>1<br>2 | 9 |

| | | | |
|---|---|---|---|
| | 장로회신학교<br>외국인학교<br>성경학원 | 3½<br>2<br>2 (총 17½) | |
| 대구 | 계성학교<br>신명여학교<br>동산기독병원 | 2<br>2<br>3 (총 7) | 8 |
| 선천 | 신성학교<br>보성여학교<br>미동병원 | 1½<br>2<br>3 (총 6½) | 5½ |
| 재령 | 재령병원 | 1 | 6 |
| 청주 | 소민병원 | 2 | 4 |
| 강계 | 계례지병원 | 2 | 5 |
| 안동 | 0 | 0 | 3 |
| 흥경 | 0 | 0 | 2 |

| | |
|---|---|
| 기관 사역자들 | 52명 |
| 복음전도 전담 사역자들 | 47½명 |

<u>선교회 중앙 업무 사역자와 선교지회 업무 사역자 개요</u>

| | 서울 | 평양 | 대구 | 선천 | 재령 | 청주 | 강계 | 안동 | 흥경 |
|---|---|---|---|---|---|---|---|---|---|
| 선교회 | 13 | 12½ | 0 | 0 | 0 | 0 | 0 | 0 | 0 |
| 선교지회 | 8 | 15½ | 15 | 12 | 7 | 6 | 7 | 3 | 2 |

(b)* 현재의 사역 인력을 어떻게 조정할 수 있을까요?

<u>의료 사역자</u>

| | |
|---|---|
| 평양 | 변경 사항 없습니다. |
| 강계 | 변경 사항은 없지만, 두 번째 의사를 배치하는 계획이 취소되었습니다. |
| 재령 | 한국인 의사 1명을 임명하여 의사 1명을 부담을 덜어주었습니다. 두 번째 의사 배치와 간호사 배치 계획이 취소되었습니다. |
| 청주 | 위와 같이 하여 의사 1명과 간호사 1명의 부담을 덜어주었습니다. |
| 안동 | 위와 같이 하였으나, 부담을 덜어준 사람은 없습니다. 두 번째 의사 배치와 간호사 배치 계획이 취소되었습니다. |

* 원문에 '(b)'로 표기되어 있으나 순서상 '(c)'로 고쳐야 할 것으로 보인다.

| 대구 | 직원을 외국인 의사 1명으로 줄이고, 한국인들을 더 많이 쓰고 있습니다. 청주에서 얻은 외국 간호사 1명을 두고 있습니다. |
|---|---|
| 선천 | 대구와 같습니다. |
| 서울 | 선교회 전체에도 도움을 주도록 최고 수준의 의료교육이 매우 크게 필요하기 때문에 이곳을 강화해야 합니다. |

위와 같은 변경으로 의사 4명이 책임을 벗었으므로 세브란스연합의학전문학교에서 사역할 수도 있습니다.

위에서 거명한 네 선교지회에서 인력을 감축한 이유는 그곳의 의료 사역이 가장 소규모이고 선교사의 수가 가장 적기 때문입니다. 그리고 그곳들이 모두 인근 선교지회의 의사들에게 쉽게 갈 수 있는 거리에 있기 때문입니다.

현재의 지급금이 의료 사역을 보조하기 위해 여전히 필요하고 그들이 의학교로 전임하더라도 의사 봉급이 여전히 지급되어야 할 것이라고 가정하더라도, 선교회가 선교부에 요청한 것은 더욱 크게 줄어들 것입니다. 예를 들면, 지금의 명단에서 빼도 되는 의사들과 간호사들의 이름을 모두 빼면, 선교부가 연 2만 2천5백 불 또는 선교사 1명의 봉급을 절약하게 되는 한편, 새로 필요한 의료 자산의 금액을 크게 줄이게 될 것입니다. 한 항목에서는 의사 5명의 주택을 위해 한 채 당 6천5백 불씩, 3만 2천5백 불이 들 것입니다.

병원들을 새로 짓거나 보완하기 위해 지금 요청되는 것들은 다음과 같습니다.

| 선천 | 진료소 건물을 위해 8천 원이 여전히 필요합니다.<br>병원 종업원들의 숙소를 위해 2천 원이 여전히 필요합니다. |
|---|---|
| 재령 | 한국인 의사의 집이 필요합니다. |
| 청주 | 간호사 숙소를 위해 3천 원이 여전히 필요합니다.<br>격리병사를 위해 5천 원이 여전히 필요합니다.<br>전기 조명시설이 여전히 필요합니다. |
| 안동 | 격리병사를 위해 5천 원이 여전히 필요합니다. |
| 대구 | 격리병사가 여전히 필요합니다.<br>한국인 조수들의 집들을 위해 4천 원이 여전히 필요합니다.<br>외국인과 한국인 간호사들의 숙소를 위해 1만 5천 원이 여전히 필요합니다.<br>진료소와 새 병원을 위해 8만 6천5백 원이 필요한지는 의문입니다. |
| 강계 | 병원을 위해 추가로 5만 원이 필요한지는 의문입니다. |
| 평양 | 병원과 기기를 위해 6만 5천 원이 여전히 필요합니다. |

학교 문제에서는 다음과 같이 계획을 세우면 좋을 것 같습니다.

| | |
|---|---|
| 1 | 연희전문에서 협력사역을 지속할 것 |
| 2 | 여자대학에서 협력사역을 지속할 것 |
| 3 | 만일 절대적으로 필요할 경우, 숭실대학에서 협력사역을 지속할 것 |
| 4 | 세브란스의전에서 협력사역을 지속할 것 |
| 5 | 평양 숭실학교의 수준을 협력사역을 통해 교육령이 요구하는 수준으로 올릴 것 |
| 6 | 서울에서는 위와 같이 할 것 |
| 7 | 서울 정신여학교는 위와 같이 할 것 |
| 8 | 평양의 숭의여학교는 위와 같이 할 것 |
| 9 | 대구의 남녀 학교들에서 제한적으로 협력사역을 확대할 것 |
| 10 | 선천에서는 위와 같이 할 것 |
| 11 | 서울의 남녀 보통학교를 제한적으로 도울 것 |

## 기관 사역 예산의 균형을 맞추는 방법

(c)* 기관들의 예산의 균형을 맞추는 데는 오직 다음의 세 가지 방법밖에 없습니다.

1. 필요한 지출을 뒷받침하기 위해 충분한 수입을 가진다. 이 말은 그 기관이 만족스럽게 사역할 수 있게 소요되는 "필요한" 지출을 충분히 뒷받침하는 것을 뜻한다.
2. 이렇게 하기에 충분한 돈이 없다면, 기관의 수를 줄이되, 쓸 수 있는 돈 안에서 남은 기관을 효과적으로 가동할 수 있을 정도로 줄인다.
3. 모든 기관을 계속 낮은 수준으로 유지한다. 그리고 우리가 가진 돈을 허비하고, 그에 더하여 책임자들의 에너지를 말살시키며, 그런 곳들에 올 정도로 불운한 사람들에게서 악감정만 얻는다.

지금은 우리 선교회가 이 문제에 직면하여 올바른 정책을 선택할 때입니다. 지금 한국에서 얼마만큼의 금액을 받으면 가장 잘 사용할 수 있을까요? 그 돈을 멸시받고 있고 비효율적으로 운영되는 수많은 기관에 얇게 펴 발라야 할까요? 교회의 수를 더 늘리는 일에만 사용해야 할까요? 아니면 [한국]교회가 지금 요청하고 있고, 우리 선교사들보다 실제로 더 효과적으로 일할 본토인 남녀 지도자를 적절히 준비해줄, 소수의 기관에 지금부터 사

* 원문에 '(c)'로 표기된 것을 순서상 '(d)'로 고쳐야 할 것으로 보인다.

용할 수 있게 해야 할까요? 지금 가장 많이 파송해야 할 가장 효과적인 선교사의 유형은 무엇일까요?

그 수를 반드시 제한해야 한다면, 우리는 지도자들을 공급할 필요가 있는 기관들의 종류와 수를 정해야 하고, 그런 다음 필요한 교육기관들에 시설과 사람을 공급할 돈이 부족해질 정도가 되도록 외국인 복음전도자의 수를 늘리기보다는, 외국인 교사들을 상황에 따라 필요한 만큼만 공급하고, 자격 있는 본토인 교사들을 찾을 수 있는 대로 많이 공급해야 합니다. 물론 나는 한국 청년들을 대규모로 직접 교육하는 기관들에 대해 말하고 있지 않고, 기독교인 지도자들을 철저히 길러내는 데에 필요한 교육 기관들에 대해 말하고 있습니다. 간소한 숫자의 남 · 녀 고등보통학교들과 남학생과 여학생을 위한 대학 하나씩 또는 가장 좋게 여긴다면 남 · 녀를 함께 가르치는 대학과 같은 곳입니다. 이것은 연희전문에서 계획해온 것처럼 사람들의 주요 활동 분야들을 다 망라하되, 본 대학과 연합하거나 별도로 운영하는 하나 또는 여러 신학교, 가장 좋게 생각되는 바로, 대학의 주요 부분의 하나로 두거나 따로 두는 의학교를 포함하는 것입니다. 현 단계의 한국 사역에서 우리는 이렇게 하여 교회와 그리스도를 위한 최고의 사역을 할 것을 확실히 기대할 수 있습니다.

이미 목사들을 둔 강력한 본토인 교회가 있으므로, 지금 가장 필요한 것은 목사들과 공직자들과 교회 집단의 교육받은 지도자들이 주일학교와 모든 교회 관련 기관과 지역사회를 위해 사역할 지도자를 공급하는 일입니다.

한국교회는 그들의 초등학교들을 계속 운영해야 하고, 최소한 고등보통학교들의 일부를, 말하자면, 3학년까지는 운영해야 합니다. 그러면 선교회들은 교회들과 협력하여, 말하자면, 완전한 남자 고등보통학교 등급의 학교 2개와 여학교 2개, 신학교, 대학이나 대학들, 그리고 의학교를 운영해도 될 것입니다. 앞서 말했듯이 이 일도, 내가 말한바, 한국인과 선교사들의 협력에 의한 협력사업이 되어야 합니다.

(d)* 이 일은 당연히 발전해갈 수밖에 없습니다. 많은 일이 이루어졌고, 더 많은 일이 이루어질 것입니다. 그것은, 우리가 약간 속도를 늦추고 또 압박할 필요도 있겠지만, 우리 선교회의 역사적인 정책이 될 것이기 때문입니다.

---

* 원문의 '(d)'를 순서상 '(e)'로 표기해야 할 것으로 보인다.

(e)* 우리는 지난날의 노력과 성취가 이렇게 인정받은 것을 감사하고 있습니다. 당신의 제안에 부응하기 위해 우리는 틀림없이 무슨 일을 할 수 있을 것이고 또한 하겠지만, 때때로 조금 자랑하는 것처럼 보인다고 할지라도, 아마도 다른 선교지들에 있는 선교사들보다 더 지혜로워서 그러지는 않을 것입니다.

당신이 3페이지의 첫 번째 문단의 마지막 문장에서 우리의 올해 예산에 관대하게 5천불을 더해준 것과 11명의 새 선교사들을 보낸 일을 쓴 것에 대해 말하고자 합니다. 우리는 이 일로 인해 확실히 고마워하고 있고, 특별히 당신들이 올해 재정적으로 어려운 상황에 있는데도 그렇게 해준 것에 대해서도 감사하고 있습니다. 우리 선교지 및 다른 선교지들에 보낸 선교사들의 수에 대한 당신의 논평은 당신이 우리를 등한히 하지 않고 있다는 것을 매우 긍정적으로 입증해주고 있습니다. 그 기관들을 한국인의 통솔과 후원 아래로 대거 이관하기까지 반드시 보내야 할 수년의 소요 기간 안에 우리 기관들을 공인된 수준으로 올려놓으려면 충분한 돈이 필요하다는 것을 우리가 물론 강하게 느끼고 있기는 하지만 말입니다. 통솔력을 크게 높이려면 반드시 먼저 어떠한 후원을 많이 받는 일이 앞서야 한다는 사실을 우리는 모두 확신하고 있습니다. 그러므로 우리는 반드시 그 학교들과 대학들을 재정적으로 크게 지원하는 문제를 계속 직시해야 합니다. 우리는 일반적인 복음전도 사역을 적절히 발전시키고 교회를 인간적 관점에서 확고하다고 생각되는 토대 위에 세우기 위해 그 일이 필요하다고 마침내 결정하였습니다.

이제, 선교회가 일부 후원금을 대는 기관사역을 위해 경비가 가장 적게 드는 방안이 되리라고 내가 생각한 것을 요약해서 제시해보겠습니다.

병원. 지금처럼 하나의 병원을 각 선교지회에 두고, 지금 하는 대로 매년 재정을 공급하되 남은 후원금으로 공급하고, 절반은 한국인 후원자들이 관장하게 합니다. 현재 지급되는 후원금들에서 병원에 후원한 것만 다 합치면, 그 돈이 선교회에 큰 짐이 되지 않는다는 것을 당신은 잘 알고 있을 것입니다.

(O. R. 에비슨)[대리 서명]

출처: PHS

---

* 원문의 '(e)'를 순서상 '(f)'로 표기해야 할 것으로 보인다.

1923

# COOPERATING BOARD FOR CHRISTIAN EDUCATION IN CHOSEN

CHOSEN CHRISTIAN COLLEGE    SEVERANCE UNION MEDICAL COLLEGE

FILING DEPT. SECRETARIES

Filed June 1.1925

SEOUL, KOREA

**COOPERATING BOARDS**
BOARD OF FOREIGN MISSIONS OF THE PRESBYTERIAN CHURCH IN THE U. S. A.
BOARD OF FOREIGN MISSIONS OF THE METHODIST EPISCOPAL CHURCH
BOARD OF FOREIGN MISSIONS OF THE PRESBYTERIAN CHURCH IN CANADA
BOARD OF MISSIONS OF THE METHODIST EPISCOPAL CHURCH, SOUTH
EXECUTIVE COMMITTEE OF FOREIGN MISSIONS OF THE PRESBYTERIAN CHURCH IN THE U. S.

O. R. AVISON, M. D., PRESIDENT
W. T. OWENS, SECRETARY & TREASURER

**OFFICERS OF THE BOARD**
JOHN T. UNDERWOOD, CHAIRMAN
ALFRED GANDIER, VICE-CHAIRMAN
E. H. RAWLINGS, VICE-CHAIRMAN
W. REGINALD WHEELER, SECRETARY, 156 FIFTH AVE., NEW YORK
GEORGE F. SUTHERLAND, TREASURER, 150 FIFTH AVE., NEW YORK

medical

conf

DR. BROWN, REC'D
MAY 3 1924

Ans'd conf

By Dr. O.R. Avison

November 15th, 1923.

He did not mail this but handed it to me during a call at my office May 3, 1924. I talked with him about it. May 5

A. J. Brown,
Mr. M. M. Roys,
156 Fifth Avenue, New York City.

Dear Friends:

~~Your~~ I read your letter No.629 of June 24, 1923 re Policies and Methods in Chosen ~~was read by me~~ with very great interest, as I wrote Dr. Brown briefly in August last, and now the time seems to have come for a more extended review of it. I have read Rev. H. A. Rhodes' letter of comments on it, so have the advantage of a long and interesting statement from two standpoints, yours and his. Certainly the two differ very widely.

I have selected from your letter certain sentences which appear to me to call for an expression of opinion, and will refer to them in order.

1. "It has become increasingly clear that you have reached a crisis in which it is no longer possible to maintain your present work on the policies and methods that have hitherto prevailed."

~~Comment:~~ This sentence ~~seems to~~ express but one out of two possible ~~statements~~ viewpoints. The other statement might be that it is no longer possible to maintain our present work on the amount of money now being made available ~~by the Board of Foreign Missions~~. It is evident ~~to me~~ that a sufficiently increased grant wisely distributed to our educational institutions would enable them to function under present conditions, without any changes in policy and methods other than those that are ~~constantly being~~ gradually being introduced, and the same could be said about other forms of work. But unless the Board of Foreign Missions cannot get more money the second viewpoint is merely academic.

But there is a legitimate question as to whether we have not reached a point in our work here when it would be wise to consider whether the amount of money now received by the Korea Mission can be made to accomplish more than it does now, or to put it in another way, whether the Korea Mission cannot turn over to the Korean church even more of the work it started and has been carrying on. ~~This is certainly a proper subject for consideration, and~~ Although this has been more or less under consideration and some efforts have been ~~made~~ put forth I am glad that you at home see the advisability of this so strongly and that you have brought it to our attention in so definite a way. I know that some ~~of us~~ here rather resent your letter as being too strong a demand, or as not recognizing sufficiently what we have done and are preparing to do, but all will ~~all~~, I believe, feel, after a bit, that we needed a little more stimulation to make us "go over the top", and I trust we shall begin now to do some of the things we have been planning to do, and also leave undone some of the things we have been planning to do and asking the Board to make provision for.

I will enclose a copy of a statement I read at our Station Meeting last June which, in a very brief way, indicates my own views on this subject. (At this point please read enclosed A)

2. "The Board has been either ignorant of or indifferent to the crisis, and that it has not dealt equitably with you in the distribution of the available budget and reinforcements."

~~Comment (2)~~. If any of us have thought thus, ~~I feel~~ your statement of the Board's dealings with us in your letter farther down should dissipate all such feelings. ~~I know that~~ The figures assembled by Mr. Rhodes ~~go to~~ show that Korea has not had money and forces proportionate to the number of Christians developed as compared with some other fields, but I ~~do not~~ think that is not the true basis of comparison. It would be like claiming that in a war the commanding general should distribute his forces equally to the points where victories have been easiest, and not to those where they have been most difficult.

Korea has fortunately been one of the easy mission fields and our victories should result in the multiplication of working agents if they are real~~ly~~ victories, otherwise they are doubtful successes. I have personally never agreed with our Mission's repeated~~ly expressed~~ declarations that our money and forces should be distributed on the field in proportion to the number of developed churches - the more churches, the more missionaries; on the contrary I have frequently contested such ideas but without avail, and I have sometimes wondered that the Board did not draw the attention of the Mission to the fallacy of such a policy. Evidently the Board has now awakened to it, and ~~you are~~ letting us know.

Referring to ~~the~~ Paragraphs (a) (b) (c) (d) (e) on pages 1 and 2 of your letter I would say,-

(a) "A larger use of educated Christian Koreans" is already the goal of our ambition, but unfortunately we have but few Presbyterians who have been so well-educated that they can take high positions in our institutions and thus relieve missionaries of their responsibilities.

For instance, in the Severance Union Medical College, we ~~must~~ are required to have a Professor (one who has graduated from a Japanese University or from a first-class foreign University or College) in each of the following departments:

Chemistry, Physiology, Biochemistry, Anatomy, Histology, Embryology, Materia Medica & Pharmacy, Internal Medicine, Surgery, Pathology, Bacteriology, Eye, Ear, Nose & Throat, Neurology, Gynecology & Obstetrics, Pediatrics, Dermatology, Dentistry, and Japanese language and Ethics.

3.

Of the above we would be glad to put Koreans or Japanese into Chemistry, Anatomy, Histology, Embryology, Pathology and Bacteriology at the least, and into such other of the Professorships as we could find qualified men for, but so far we have a staff consisting of the following:

| | |
|---|---|
| Anatomy | Missionary Prof. |
| Chemistry, | ~~Elementary~~ organic and inorganic, Korean Asst. Prof. ~~Biochemistry, Missionary Prof.~~ |
| Pathology. | Vacant |
| Bacteriology | Vacant (Just now securing, from the Government, the temporary help of a Japanese who is in the employ of the Sanitary department of the City of Seoul) |
| Histology | A ~~temporary~~ Korean worker |
| Embryology | Vacant - " " |
| Physiology | One missionary Prof. without a competent Assistant |
| Materia Medica) & Pharmacy ) | Missionary Prof. |
| Japanese & Ethics | A Japanese time-teacher, not a Prof. |
| Internal Medicine | Two missionary Profrs. (one on furlo, one new and just beginning language work. Two Korean Assts. (one capable of being an Asst. Prof. but not qualified in accordance with Govt. regulations.) |
| Surgery, Orthopaedics. | A Missionary Prof. (Two Korean Asst. Surgeons, both capable of teaching and operating and being Asst. Prof., but not qualified according to Govt. regulations) |
| X-Ray & Electrotherapy - | A Missionary Prof. and a Korean X-Ray Asst. |
| Gynecology & Obstetrics | A Missionary Prof. A Korean Asst., capable of being Asst. Prof. but not qualified officially. |
| Pediatrics | A Missionary Prof. and an unqualified Korean Asst. |
| Ear, Nose & Throat | A Korean lecturer and clinician, capable of fully occupying the position of Prof., but not officially qualified. |
| Eye | A Missionary Prof. |
| Dentistry | A Missionary Prof. |
| Dermatology | A Korean Prof. fully qualified. |

A look ~~at~~ the above list will show how far short we are of having a staff of Korean Professors - only one in the whole group of teachers.

We earnestly desire to have at least three Japanese Professors, but we haven't even one though we could get them ~~could~~ we pay them a sufficiently high salary $150.00 per month (Gold dollars please notice), and be willing to use non-Christians. We ~~might~~ hope to get the money, $1,800 gold per year, for it would be only about half the cost to the Board of a missionary family, but our charter calls for every such teacher to be a Christian, and the need of our work makes the same insistent call, but there are so few Christian men in the professional ranks in Japan that we have found it impossible to secure them so far. This is a result of the policy adopted by missions in Japan a generation ago to drop medical work.

As for Korean Professors, qualified according to the Government regulations, they are yet equally scarce though we have a few men in America now who may qualify within the next few years.

6.

The necessity for matriculation from an approved five year Higher Common School course makes it exceedingly difficult for our own graduates to qualify even by a period of study in America or Japan, because they cannot show matriculation papers that will ensure entrance as qualified students into a Japanese University or an American Medical School of the grade required for recognition here. As you know, our own Mission Higher Common Schools (with the exception of the John D.Wells' School which has just been approved) have not yet reached a standard that the Government will approve, and this has also controlled the standard qualifications for our Medical School, as we could not well put the entrance standard above the possibility of graduates of our Mission Schools being able to enter, with the present most regrettable situation standing in the way of our Medical College securing a qualified Korean Professoriate during the next few years. Of course, out of the Koreans now studying medicine in America only a small percentage can be regarded as suitable men for Professors from both points of view, Christian character and professional qualifications, which makes it all the more difficult to meet the legitimate demand and our own urgent desire. Who is to blame?

Our other Seoul College, the Chosen Christian College, is in a similar position though much less so than the Medical College, because the number of College graduates who have returned from America qualified for professorships and those now studying in America is much greater than is the number of doctors so prepared; but even from amongst those the essential requirement as to Christian character limits us in our choice.

A further limiting factor, of course, is the smallness of our Budget which prevents the engagement of teachers when they do become available and they secure other positions while we are endeavoring to adjust our budget.

At the recent meeting of the Board of Managers of the Chosen Christian College, a resolution was passed, inviting the Korean churches through their General Assembly and General Conferences to undertake the support of Korean Professors and lecturers in the College. This resolution was offered and seconded by Korean members of the Board of Managers.

You know that our Boards of Managers now have on them Koreans who officially represent the Presbyterian General Assembly, the two M.E.Conferences and the Alumni Associations of the Colleges. This was a wise move, as it greatly increased the interest of the Korean members in the work of the Boards and will correspondingly increase the interest of the churches whom they represent.

I am citing the above not to refute your suggestion but, on the contrary, to show that we have not exhausted the resources of the Korean church and people but just begun to plan our work so as to call forth their efforts and interest them in what have been so long looked upon as our (foreigners') institutions but which are in reality theirs. We probably need a little more urge from the home end to make us hesitate less than we have been doing to entrusting our Christians with responsibility. Especially have we been slow in giving up the idea that responsibility for work must be given to them just in proportion to the responsibility for finances assumed by them.

5.

(b) "Some readjustment of the missionary force".

This, of course, may be advisable. At the least we should give the suggestion careful consideration. But, first of all, we on the field must get away from the idea that the increasing number of churches necessarily calls for an increasing amount of missionary supervision, and that an enlarging number of Korean pastors requires a greater number of superintending missionary pastors and co-pastors. Without this, no amount of consideration will induce a willingness to re-adjust. Perhaps a brief review of the work of the Stations and Station members will help to clarify the present situation and indicate possible readjustments,-

SEOUL

1. Severance Union Medical College, all practically Mission workers, as this is not a local station institution but is under the control of the Mission directly through its representatives on the Board of Managers. These, five in number, live respectively in Seoul, ~~Chungju, Pyengyang and~~ Syenchun and Taiku.

Regular Missionaries on the College staff.

O. R. Avison, M.D. (1/2 time)
J. W. Hirst, M.D.
A. I. Ludlow, M.D.
C.C.Hopkirk, M.D.
D. B. Avison, M.D.
J. L. Boots, D.D.S.

Affiliated Missionaries

H. T. Owens (1/2 time)
J. A. McAnlis, D.D.S.
J.E.R.Taylor.

N u r s e s

Miss E.L.Shields & Miss Edna Lawrence.

Space

2. Chosen Christian College, also a Mission Institution, on the same basis as the Severance Union Medical College, its Board members live in Pyengyang, Seoul, Chungju & Taiku

Regular Missionaries

O. R. Avison, M.D. (1/2 time)
Rev. H. A. Rhodes
Rev. E. H. Miller
H. H. Underwood.

Affiliated Missionaries

H. T. Owens (1/2 time)
A. E. Lucas

Mission Treasurer (also a Mission worker)

J. F. Genso

Bible Translation and Christian Literature Society (Gen. Mission work)

Rev. J. S. Gale

Station Schools

Rev. E. W. Koons
Miss M. L. Lewis
Miss Jean Delmarter

6.

Evangelists Male 3 or 2 if Mr Toms resigns Fem. 3 6

Rev. W. P. Anderson
Rev. R. C. Coen
Miss M. Hartness
Miss K. Wambold
Miss M. Kinsler
Rev. J.U.S. Toms (probably not to return)

Affiliated (Mission worker, Editor - Korea Field)

Rev. A. F. DeCamp

| | | | | |
|---|---|---|---|---|
| Mission Workers | - | Reg. 13 | Affiliated | 5 |
| Station Workers | - | Reg. 9 | Affiliated | 0 |
| Evangelists - Male 2-1/2 | | Female 3 | all regulars. | |

In addition there are 15 wives of regulars
and 5 " " affiliated members.

Voters - - - - - - - - - 35

PYENGYANG

Union Christian College, a Mission Institution.

Regular Missionaries

Rev. S. A. Moffett (1/2)
Rev. C. F. Bernheisel (1/2)
Rev. E. M. Mowry (1/2)
Mr. D. N. Lutz
Mr. R. McMurtrie (1/2)
Mr. D. O. Soltau
Rev. F. E. Hamilton
Mr. R. O. Reiner (1/2)

Theological Seminary, Mission Institution.

Regular Missionaries

Rev. S. A. Moffett (1/2)
Rev. C. A. Clark
Rev. S. L. Roberts
Rev. W. C. Erdman

Foreign School, Mission Institution.

Regular Missionaries

Mrs. Ashe
Miss Jean Foote

Sunday School Secretary, Mission Work.

Regular Missionary

Rev. J. G. Holdcroft

Bible Institute, Mission Work.

Regular Missionaries

Miss Best (1/2) Station 1/2
Mrs. Roger Winn

Station Schools, (Higher Common Grade)

R. O. Reiner 1/2
Rev. E. M. Mowry (1/2)
Miss Snook
Mr. McMurtrie 1/2

Station Medical Work

Regular Missionaries

Dr. J. D. Bigger
Miss Swier

Evangelists
Rev. C. F. Bernneisel (1/2)
Rev. W. N. Blair
Rev. J. H. Hill
Rev. C. L. Phillips
Rev. W. L. Swallen
Rev.Dr. W. M. Baird 1/2
~~Miss Best (1/2)~~
Miss Butts
Miss Doriss
Miss Bergman
Miss Hayes
Translation Work - Mission
Rev.Dr. W. M. Baird 1/2

Mission Workers - Reg. 14 Affiliated 0
Station Workers - " 14
Wives 16
Evangelists - Male 5 Female 4~~1/2~~ (9~~1/2~~)
Voters - - - - - - - 44

TAIKU
Evangelists
Regular Missionaries
Rev. H. E. Blair Rev McFarland
Rev. H. M. Bruen
Rev. A. G. Welbon
Rev. G. H. Winn
Rev. Ben. Adams
Miss Bergman
Miss Switzer
Affiliated
Rev. J. E. Adams
Rev. Livesay
Station Schools (Higher Common Grade)
Regular Missionaries
Rev. H. H. Henderson
Miss Pollard
Miss Grimes
Rev. Lyons
Affiliated
Miss Field
Medical
Regular Missionaries
Dr. Fletcher
Dr. Hoyt
One nurse coming -
Mission Workers 0
Station Members Regular - 13 Affiliated - 3
(additional)Wives " 9 " 1
Evangelists " 7 " 2

ANDONG
Rev. J. G. Crothers
Rev.
Miss Hanson
Miss McKenzie
Station Members 3 all regular
Evangelists Male - 1 Female 2
Wives 1

CHUNGJU

Rev. F. S. Miller
Rev. T. S. Soltau
Miss Dean
Miss Johnson
Dr. Malcolmson
Miss Esteb

All Station Members & Regular Missionaries:

| | | | |
|---|---|---|---|
| Evangelists | Male - 2 | Female - 2 |
| Medical | " 1 | " 1 |
| Wives | 3 | | |

CHAIRYUNG

Rev. W. B. Hunt
Rev. E. Adams
Rev. W. Baird
Miss McCune
Miss McKee
Mrs. Harvey
Dr. R. K. Smith

All Station Members & Regular Missionaries:

| | | | |
|---|---|---|---|
| Evangelists | Male - 3 | Female - 3 |
| Medical | 1 | |
| Wives | 3 | | |

KANGKEI

Rev. A. Campbell
Rev. Hoffman
Rev. R. Baird
Miss L. Miller
Miss Helstrom
Dr. Byram
Miss Rehrer

All Station Members and Regular Missionaries:

| | | | |
|---|---|---|---|
| Evangelists | Male - 3 | Female - 2 |
| Medical | " 1 | " 1 |
| Wives | 4 | | |

SYENCHUN

Rev. N. C. Whittemore
Rev. A. A. Pieters
Rev. C. Ross
Rev. W. H. Lampe
Mr. E. L. Campbell
Miss Covington
Miss Samuel
Dr. Tipton
Dr. Chisholm
Miss Ingerson
Miss Stevens
Miss Swallen

All Station Members and Regular Missionaries:

| | | |
|---|---|---|
| Evangelists | Male - 3-1/2 | Female - 2 |
| Educational | " 1-1/2 | " 2 |
| Medical | " 2 | " 1 |
| Wives | 7 | |

HINGKING

Rev. Cook
rev. Henderson

All Station Members & Regular Missionaries:

| | | |
|---|---|---|
| Evangelists | Male - 2 | Female - 0 |
| Wives | 2 | |

9.

| | Reg.Workers for whom Board is responsible (wives incl'd) | Affiliated persons pd. for by Inst. | Affil.self-support. or otherwise | Rev.ds Under Mission | Voters | To become Voter | Total Voters possible |
|---|---|---|---|---|---|---|---|
| Pyengyang | 45 (17) | 0 | 0 | 13 | 44 | 0 | 44 |
| Seoul | 36 (15) | 9 | 2 | 6 | 32 | 2 | 34 |
| Taiku | 24 (10) | 0 | 4 | 8 | 15 | 8 | 23 |
| Syenchun | 19 ( 7) | 0 | 0 | 5 | 17 | 2 | 19 |
| Chairyung | 10 ( 3) | 0 | 0 | 3 | 9 | 1 | 10 |
| Chungju | 8 ( 2) | 0 | 0 | 2 | 8 | 0 | 8 |
| Kangkei | 10 ( 3) | 0 | 0 | 3 | 8 | 2 | 10 |
| Andong | 4 ( 1) | 0 | 0 | 1 | 4 | 0 | 4 |
| Hingking | 4 ( 2) | 0 | 0 | 2 | 4 | 0 | 4 |
| | 150 | 9 | 6 | 43 | 141 | 15 | 156 |

10.

**Summary by Stations and Type pf Work.**
**Medical Workers**

| Station | Evan'sts: Mal. | Evan'sts: Fem. | Educ'ors: M. | Educ'ors: F. | Med. Coll. | Hosp. Drs. and Dentists | Nurses | Semi-nary. | Bible Inst. M. | Bible Inst. F. | Liter-ary. | S. S. Sec'y | Treas. & Business | Board respon'le for Preceding | Wives | Total |
|---|---|---|---|---|---|---|---|---|---|---|---|---|---|---|---|---|
| Seoul Reg | 2 | 3 | 4½ | 2 | | 5-½ | 2 | 0 | 0 | 0 | 1 | 0 | 1 | 21 | 14 | 35 |
| Seoul Affl | | | | | | 1 | | | | | 1 | | 2 | | | |
| Pyengyang | 5 | 4 | 7 | 3 | 0 | 1 | 1 | 3½ | | 2 | ½ | 1 | 0 | 28 | 16 | 44 |
| Taiku Reg | 6 | 2 | 2 | 2 | 0 | 2 | 1 | 0 | 0 | 0 | 0 | 0 | 0 | 15 | 9 | 24 |
| Taiku Affl | 2 | | | 1 | | | coming | | | | | | | | | |
| Syen Chun | 3½ | 2 | 1½ | 2 | 0 | 2 | 1 | 0 | 0 | 0 | 0 | 0 | 0 | 12 | 7 | 19 |
| Chairyung | 3 | 3 | 0 | 0 | 0 | 1 | 0 | 0 | 0 | 0 | 0 | 0 | 0 | 7 | 4 | 11 |
| Chungju | 2 | 2 | 0 | 0 | 0 | 1 | 1 | 0 | 0 | 0 | 0 | 0 | 0 | 6 | 3 | 9 |
| Kangkei | 3 | 2 | 0 | 0 | 0 | 1 | 1 | 0 | 0 | 0 | 0 | 0 | 0 | 7 | 4 | 11 |
| Andong | 1 | 2 | 0 | 0 | 0 | 0 | 0 | 0 | 0 | 0 | 0 | 0 | 0 | 3 | 1 | 4 |
| Hing King | 2 | 0 | 0 | 0 | 0 | 0 | 0 | 0 | 0 | 0 | 0 | 0 | 0 | 2 | 2 | 4 |

11.

**Summary by Institutions & Direct Evangelism**

| Station | Type of Institution | No. of Workers | | Direct Evang. Workers |
|---|---|---|---|---|
| Seoul | Chosen Christian College | 3½ | | 5 |
| | Severance Union Medical College | 7½ | | |
| | Pierson Mem. Bible Institute | 1 gives sometime | | |
| | John D. Wells' Boys' Higher - Common School. | 1 | | |
| | Girls' Higher Common School | 2 | | |
| | Christian Literature Society | 1 | 16 | |
| Pyengyang | Union Christian College | 5½ | | 9 |
| | Boys' School | 1½ | | |
| | Girls' School | 1 | | |
| | Hospital | 2 | | |
| | Seminary | 3½ | | |
| | Foreign School | 2 | | |
| | Bible Institute | 2 | 17½ | |
| Taiku | Boys' School | 2 | | 8 |
| | Girls' School | 2 | | |
| | Hospital | 3 | 7 | |
| Syen Chun | Boys' School | 1½ | | 5½ |
| | Girls' School | 2 | | |
| | Hospital | 3 | 6½ | |
| Chairyung | Hospital | 1 | | 6 |
| Chungju | Hospital | 2 | | 4 |
| Kangkei | Hospital | 2 | | 5 |
| Andong | 0 | 0 | | 3 |
| Hing King | 0 | 0 | | 2 |

| | |
|---|---|
| Workers in Institutions | 52 |
| " " Direct Evangelism | 47½ |

**Summary as to Mission & Station Workers.**

| | Seoul | Pyengyang | Taiku | Syenchun | Chairyung | Chungju | Kangkei | Andong | Hing King |
|---|---|---|---|---|---|---|---|---|---|
| Mission | 13 | 12½ | 0 | 0 | 0 | 0 | 0 | 0 | 0 |
| Station | 8 | 15½ | 15 | 12 | 7 | 6 | 7 | 3 | 2 |

(b) What adjustments might be made in the present force of workers?

**Medical**

| | |
|---|---|
| Pyeng Yang | No change. |
| Kang Kei | " " but drop proposed second doctor. |
| Chairyung | Put in charge of a Korean doctor, releasing 1 doctor. |
| Chungju | Ditto releasing 1 doctor and 1 nurse. |
| Andong | Ditto releasing no one, but dropping proposed second doctor and proposed nurse. |
| Taiku | Reduce staff to 1 foreign doctor and use more Koreans - keep 1 foreign nurse there obtained from Chungju. |
| Syen Chun | Same as Taiku. |
| Seoul | This should be strengthened because of the great need for first class medical teaching which would help the entire mission. |

The above change would release four doctors who might be used at the Severance Union Medical College.

The reason for naming the above four stations for reduction in force is that they have the smallest medical work and the smallest number of missionaries, and are all within easy reach of doctors in adjoining stations.

Presuming that present appropriations would still be needed for subsidizing the medical work and the doctors' salaries would still go on in case they were transferred to the Medical College, there would still be a great reduction in the Mission's askings from the Board. For instance, the doctors and nurses now on the docket could all be dropped, making a saving to the Board of $21,000 per year, while the amount of new medical property called for could be reduced greatly. One item would be 5 doctors' residences at $6,500 each, $32,500.oo.

New hospitals and additions now asked for are as follows,-

| | | | |
|---|---|---|---|
| Syen Chun | Dispensary Bldng. Y 8000 would still be needed. | | |
| | Homes for Hospital employees Y2000 would still be needed. | | |
| Chairyung | Korean doctor's house. | | |
| Chungju | Nurses' Home | Y3000 | would still be needed. |
| | Isolation Ward | 6000 | " " " " |
| | Electric Light installation | | " " " " |
| Andong | Isolation Ward | Y5000 | " " " " |
| Taiku | Isolation Ward | | would still be needed. |
| | Houses for Kor. helpers | Y4000 | " " " " |
| | Foreign & Korean Nurses' Hm. | 15000 | " " " " |
| | Dispensary & New hospital | 86500 | doubtful. |
| Kangkei | Hospital addition | Y50000 | " |
| Pyeng Yang | Hospital & Equipment | Y65000 | would still be needed. |

In the matter of schools, it would seem that a scheme something like the following would be feasible:-

1. Cooperation in Chosen Christian College to be continued.
2. " in Women's College.
3. If absolutely necessary, cooperation in Union Christian College continued.
4. " " " " Severance Union Med. College continued.
5. Cooperation in Pyengyang H. Com. School for boys (fully standardized)
6. Ditto in Seoul.
7. Ditto in Girls' School in Seoul.
8. Ditto in " " in Pyengyang.
9. More limited Coop. in Taiku schools for boys and girls.
10. Ditto in Syen Chun.
11. Limited assistance to Primary Schools in Seoul, boys & girls.

13.

## How to Balance Institutional Budgets

(c) There are only three ways of balancing the budgets of institutions:

1. Have enough revenue to meet necessary expenditures, meaning by "necessary" enough to meet the expenditures required to enable the institution to do its work satisfactorily.
2. If there isn't enough money to do this, reduce the number of institutions to the point where the available money will enable the remainder to function effectively.
3. Keep on maintaining all the institutions on a low level, and waste the money we have besides killing off those in charge and gaining nothing but the illwill of those so unfortunate as to enter them.

It is time for our Mission to face this question and come to a right choice of policy. Given a certain amount of money, how can it be best used now in Korea? By spreading it thinly over a large number of despised and ineffective institutions, by using it only for adding numbers to the Church, or by using it in a few institutions that will fittingly prepare men and women for the native leadership that the Church is now calling for, and that will then be actually more effective than we, missionaries, can be from now on? What will be the most effective type of missionary to send out now in greatest number?

Surely if the number is to be limited, we should decide on the kinds and number of institutions needed to provide leadership, and then supply only as many foreign teachers for them as conditions call for and as many qualified native teachers as can be found, rather than increase the number of foreign evangelizers to the point where there is not enough money to equip and man the necessary teaching institutions. Of course, I am speaking not of institutions for directly giving an education to the great body of Korean young people, but of those needed for giving a thorough training to Christian leaders, such as a moderate number of Higher Common Schools for girls and boys, a College each for girls and boys or one for both as may be thought best - this to cover the principal activities of the people such as the Chosen Christian College has been planned to do, including a Seminary or Seminaries either affiliated with the College or separate from it, and a medical school as a part of the main College or separate as may seem best. Surely, at this stage of work in Korea, we can expect to do most for Church and for Christ in this way.

There is already a strong native church with pastors, and what it most needs now is a group of educated leaders in the ministry, in the officiary and in the body of the church to provide for leadership in Sunday Schools and all branches of church and community work.

The Korean church should carry on its primary schools, and at least a part of the Higher Common Schools - say, those up to the third year, and the Missions might then conduct in cooperation with the churches say, two full grade Higher Common Schools for boys and two for girls, the Seminary, the College or Colleges and the Medical School. Even these, as stated above, should be cooperative enterprises by which I mean cooperation between Koreans and missionaries.

(d) This should naturally be the line of development. Much has been done and more will be done, for it is the historical policy of our Mission to do this, though possibly we may have slowed up a bit and need a little push.

(e) We are grateful for this recognition of past efforts and accomplishments, and doubtless we can and will do something to meet your suggestion.

but we are probably not wiser than the missionaries in other fields even though we have sometimes seemed to boast a bit.

Referring to the last sentence of the first paragraph on page 3 concerning your generous addition of $5,000 to our budget for this year and the sending of eleven new missionaries, we certainly appreciate this, especially in this year of your financial difficulties. Your review of the number of missionaries sent to us and to the rest of your mission fields proves to me very positively that you have not slighted us, although we naturally feel strongly the need for enough money to put our institutions on a standard basis during the few years that must elapse before they can be in any large measure transferred to Korean control and support. We are nearly all convinced that a large increase of control must precede any large measure of support, so that we must still face the problem of largely financing those schools and colleges which we finally decide to be necessary to the proper progress of the general work of evangelism and the establishment of the church on a firm foundation considered from the human standpoint.

Perhaps I may summarize what to my mind would be a minimum outlay in the way of institutional work partially supported by the Mission at this time.

Hospital - One in each Station as now with the yearly financial allowance as now but with the rest of the support and one half the control in the hands of the proper Korean constituency. You realize, I am sure, that the present money grants for support are not a heavy burden on the Mission totalling for all the hospitals only

(O. R. Avison)

## 88. 세브란스의전의 서울 선교지회 제출 보고서

<u>서울 선교지회에 제출한 보고서, 1923년 12월</u>

<u>세브란스연합의학전문학교</u>

이 보고서의 요지는 '발전'입니다. 각 과가 전체적인 발전에 기여하고 있습니다. 물리적으로 우리 시설이 개선되었고, 우리 학생들과 간호학생들은 동맹휴학으로 이탈하는 일이 없이 꾸준히 본분을 지키고 있습니다. 약국에 온 유료환자의 수는 지난해와 거의 같고, 몇몇 과는 수입이 지난해 같은 기간의 그것을 넘어섰습니다.

<u>물리적인 시설 혁신</u>: 병원 지하의 아궁이를 바로 바깥에 있는 새 건물로 옮기면서 지하가 더 사용하기 좋게 되었고, 남는 공간을 더 적합한 상태의 목욕 및 위생 시설로 만들었습니다. 이 변경 과정에서 높이가 조정되어 병원 뒤쪽에서 들어오는 출입구가 이전의 메인 플로어 대신 지하층에 있게 되었습니다. 이 변경으로 메인 플로어의 통행량이 크게 줄었고 그에 따라 전반적으로 사역의 능률이 크게 올라갔습니다. 높이를 새로 조정하면서 석탄 저장시설이 추가되어 석탄 운반에 드는 수고가 줄어들었습니다.

병원 부엌은 지금 리노베이션의 완성을 위한 최종 단계에 있습니다. 그동안 새 요리사가 고용되어, 이곳의 봉사 수준이 크게 향상되었고, 그에 따라 불평도 줄었습니다. 이 리노베이션에 지금까지 1,357.18원의 비용이 들었습니다.

새 가게는 상품을 들여놓는 단계에 있어서, 며칠 내로 "그랜드 오프닝"이 광고될 것입니다. 이처럼 공간이 넓어져서 얼마나 좋은지는 우리 중 물품 명세서의 작성을 위해 고생한 사람만 참으로 실감할 것입니다. 거기에 더하여 약국을 최신 시설로 만든 일로 인해 손님들로부터 많은 찬사를 받았습니다.

일반 사무실들과 치과가 방들을 바꾸었습니다. 지금은 방들이 전보다 훨씬 더 효과적으로 배치되어 있고, 더 멋진 사무실들이 되어, 우수한 품질의 수입 페인트를 넉넉히 쓴 것에 감사하고 있습니다.

이제까지의 설명은 개량공사가 어떻게 이루어졌는지를 보여주고 있습니다. 이제는 우리가 훨씬 큰 출발을 이룬 것을 보고해야 합니다. 여름 동안 거의 대부분 오[긍선] 의사가 노력한 덕분에, 감염병동을 지으려고 돈을 모았던 한국인들이 이 돈을 우리에게 주고 감염병을 위한 병동을 지어달라고 요구하기로 결심하였습니다. 그들이 1만 2천 원을 현금으로 넘겨주었고, 다른 약정금도 주기로 약속하였습니다. 새 건물이 들어설 땅이 말끔히 정리되고 설계도가 준비되었습니다. 그래서 우리는 지금 가능한 한 빨리 내년 봄에는 건축공사를 시작할 수 있도록 입찰을 받고 있습니다. 이 일은 우리 사역을 위해 한국인들이 거액을 기부한 첫 번째 사례입니다. 우리는 이 일이 더 많은 것의 전조가 되기를 희망합니다.

의학교: 학생들의 등록상황은 다음과 같습니다.

| | | |
|---|---|---|
| 1학년 | 24 | 총 63명 |
| 2학년 | 16 | |
| 3학년 | 16 | |
| 4학년 | 7 | |

우리 교수 인력의 중요한 부분이 여전히 비어있지만, 이 문제는 총독부의 협조와 의학교의 인가취득에 힘입어 시간강사를 구함으로써 최소화되었습니다. 교육업무 분야에서 모든 일이 잘 진행되고 있습니다. 브러프 의사가 몸이 계속 아파서 사임하고 7월에 현지를 떠났습니다.

간호부양성소:

간호학생의 등록상황은 다음과 같습니다.

| | | |
|---|---|---|
| 1학년 | 12 | 총 26명 |
| 2학년 | 9 | |
| 3학년 | 5 | |

1923년 10월 16일, 간호사 5명이 졸업하였습니다.

약국: 4월 1일부터 11월 30일까지 유료환자의 수는 30,602명이었는데, 지난해 같은 기간과 비교하면 467명이 줄었습니다. 무료환자의 수는 19,107명이었고, 지난해의 23,032명과 비교됩니다. 무료환자가 3,925명이 줄어든 것은 지난해보다 무료 사역을 까다롭게 한 것을 뜻합니다. 그러나 우리의 무료 사역은 약국 전체 업무의 38%를 차지합니다. 4월 1일부터 노튼 의사가 안과를 맡았고, 홍[석후] 의사는 이비인후과를 맡았습니다. 이 진료실은 지금 기기를 잘 갖추고 있습니다. 맥라렌 의사가 도착하면서 신경과 진료실이 문을 열었습니다. 지금은 매일 10명이 임상 치료를 하고 있고, 그들의 일부도 따로 실습생들을 두고 있습니다. 홉커크 의사는 스타이츠 의사가 안식년으로 떠난 후에 일반 외국인을 치료하는 사역을 맡았습니다. 10월 1일부터 맨스필드 의사가 그의 병원과 연계하여 외래환자부의 감독 업무 교육을 맡았습니다. 그리하여 한 명의 운영책임자가 외래환자부와 입원환자부를 통합하여 관리하고 있습니다.

병원: 맨스필드 의사가 이에 대해 다음과 같이 보고하고 있습니다.

이번 회계년도의 처음 6개월 동안 입원환자의 기록이 전년도 6개월 동안의 기록을 약간 넘어, 전년도에 평균 72명이었던 데서 처음으로 평균 74.3명이 되었습니다. 이 환자들은 각각 병원에서 평균 18일을 보냈습니다. 47%가 완치되어 퇴원하였고, 34%가 완화되어 퇴원하였습니다. 10%가 나아지지 못하였고, 7%가 사망하였습니다.

우리의 환자 목록에는 매우 흥미로운 사례들이 있습니다. 한 환자가 성진에서 우리에게 왔습니다. 그는 자기 배속에 수은 덩어리가 있을 것으로 추정하였습니다. 우리는 웃으며 그런 것은 불가능하다고 말하였습니다. 첫 번째 X-레이 검사는 우리가 환자 본인이 아닌 그의 친구에게 X-레이를 쪼였다는 것을 알게 될 때까지만 우리 주장이 맞았음을 보여주었습니다. 우리가 이 잘못을 고쳤을 때, 그 환자의 이야기가 맞을지도 모른다는 사실을 깨닫게 되었습니다. 신체검사에서 야구공처럼 던질 수 있을 정도의 덩어리가 있는 것이 드러났습니다. 그런 다음 러들로 의사가 수술을 하여 지름이 2인치쯤 되는 수은과 납염공을 제거하였습니다. 지금 그 환자는 잘 회복되고 있습니다.

며칠 전 시골에서 한 청년을 누가 데려왔습니다. 그는 8달 전에 뱀에 물렸습니다. 무릎 아래에 지혈기를 대고 아주 강하게 묶은 다음 오래 방치하여 괴저가 생겼습니다. 그 환자가 우리에게 왔을 때, 드러난 뼈 두 개에 의해 발이 무릎에 붙어있는 채 검게 오그라들어 있었습니다. 허벅지 중간을 수술해야 하였지만, 그래도 그 청년의 생명은 구하였습니다. 이 사례는 한국에서 자선사업이 시작되어야 할 것을 알려주고 있습니다. 특별히 사고와 절단 수술 사례들이 매우 빠르게 증가하고 있기 때문입니다. 의족을 제공하고 쓰는 법을 가르쳐야 합니다. 우리는 종종 환자들이 다리를 잃기보다 차라리 죽겠다고 말하는 것을 봅니다. 그들에게 그런 손실은 구걸하는 삶을 의미하기 때문입니다. 우리는 환자들을 그런 상태에 남겨놓은 채로 우리 임무를 끝냈다고 생각하지 않습니다. 의족은 환자가 다시 경제적으로 독립하도록 돕습니다. 본국에는 이런 자선사업을 위해 조직된 단체들이 있지만, 한국에서는 아직 아무것도 시작되지 않았습니다.

우리의 간호 상황은 더욱 절망적입니다. 로렌스 양과 영(Young) 양이 모든 일을 책임지고 있는데, 그 누구라도 사역자 2명이 맡기에는 너무나 큰 짐입니다. 우리는 한국인 졸업 간호사들을 그들의 능력의 최대치로 활용하고 있지만, 그 임무가 그들에게 너무 과중합니다. 그 결과 모든 간호업무 분야에 다 손을 쓰지 못하고 있고, 눈부신 봉사의 기회를 많이 잃고 있습니다.

병원의 통계 수치는 다음과 같습니다.

| | 유료환자(명) | 무료환자(명) | 수입(¥) |
|---|---|---|---|
| 1922년 4월~11월 | 1,029 | 432 | 24,403.13 |
| 1923년 4월~11일 | 996 | 357 | 31,236.93 |
| 감소 | 33 | 75 | |
| 증가 | | | 6,833.80 |

안과: 이 과는 노튼 의사가 도착하여 재조직한 후에 활력을 되찾았습니다. 안경 가게에 새 기기와 중국인 기술자를 들였는데, 그는 광학 분야에서 모든 것[렌즈]을 갈아낼 수 있습니다. 판매가 크게 늘었고, 안경을 제작하기 위해 더 이상 도쿄나 베이징에 맡길 필요가 없게 되었습니다. 지금 필요한 것은 더 큰 공간과 또 다른 연마기입니다. 그러면 견습생을 훈련시킬 수 있습니다.

치과: 이미 말했듯이 이 과는 위치를 바꾼 후 지금 멋진 방을 보유하고 있습니다. 새 기기가 지금 오고 있는 중인데, 그것이 설치되면 부츠 의사가 동양에서 자기 과를 상대할

곳은 어디에도 없다고 주장할 듯합니다.

도매부: 여기에서 중요한 소식은 우리가 인디애나폴리스의 린(Lynn) 씨와 린 부인의 방문을 받은 것입니다. 그들은 더글라스 에비슨 부부를 후원하는 교회의 교인입니다. 당신은 그들이 가장 최근에 열린 [서울지역] 선교사 회의 때 우리와 함께 있었던 것을 기억할 것입니다. 린 씨는 세계에서 가장 큰 제약회사의 매니저인데, 우리가 명예롭게 "엘리 릴리 앤 컴퍼니(Eli Lilly & Co.)사의 한국 보급소"라는 이름을 갖게 하였습니다. 부츠 의사도 그 분야로는 세계에서 가장 큰 화이트 치과용품 공급회사(White Dental Supply Co.) 대표의 관심을 사서, 우리가 그 회사의 한국 대리점이 되었습니다. 일본 정부가 마약류의 수입을 금지하고 있어서 우리의 제조시설이 이전보다 이런 약을 만드는 데에 더 크게 사용될 것입니다.

종교와 사회사역부: 그 사역은 이곳에서 평소처럼 진행되고 있고, 한국인 전도사와 전도부인이 우리 종업원들, 학생들, 간호사들에게 성경공부반을 조직하고 경건예배를 인도하는 동시에 환자들에게 꾸준히 복음을 전하고 있습니다. 예를 들면, 전도부인은 7월부터 53명의 개종자를 얻었는데, 그 가운데 7명이 지금 남대문 장로교회에 다니고 있다고 보고하고 있습니다. 이 부서가 한 위원회의 지도를 받아 특별히 어린이 환자들과 교직원의 자녀들을 위한 순서로 구성된 크리스마스 행사를 맡을 것입니다. 우리의 좋은 친구인 시카고의 캐리어(W. C. Carrier) 신학박사가 방금 이 부서를 후원하기 위해 100불을 보냈습니다.

관리부: 우리 교장의 미국 방문 연기와 반버스커크 의사의 병환이 함께 영향을 끼쳐 앞서 보고했던 새로운 행정업무 계획의 완전한 집행이 연기되었습니다. 그 새 계획의 일환으로 이사회는 9월에 열린 회의에서 내부 운영계획을 허가하였습니다. 그것은 전체 행정업무를 전에 이를 관장했던 교수회 대신 행정위원회 안에 두는 것입니다. 부서마다 특별위원회를 두고 각자의 문제점들과 복지 문제를 검토합니다. 예를 들면, 교수회는 강의 사역을 관장하는 위원회를 가동하기 시작하였습니다. 현재 에비슨 박사는 모금 업무, 자산 · 종교 · 사회사역 위원회들을 특별히 책임을 맡고 있고, 반버스커크 의사는 교수회, 병원과 외래환자 관리, 간호학교, 교수회를 감독하고 있습니다.

사역의 빠른 성장과 우리가 신용으로 거래해야 할 금액의 증가가 협력 선교회들이 우리의 적자를 막기 위해 주는 기금의 부족과 결합하여 우리의 재원 문제를 심각하게 압박하고 있습니다. 그래서 우리는 급료 지불과 물품 구매 문제를 해결하기 위해 여름부터 꾸준히 은행에 가서 초과 인출 문제를 조정하고 있습니다. 올해의 첫 6개월분 적자는 약 8천7백 원입니다. 이 금액의 약 절반이 시설 변경과 개선을 위한 비용입니다. 우리는 방금 이 적자를 메꾸도록 세브란스 씨가 보낸 8천 원을 큰 기쁨으로 받았습니다.

우리는 힘든 일이 많지만, 이런 것들에도 불구하고 사역이 꾸준히 발전해가고 있어서 감사하고 있습니다. 학생들과 간호학생들이 배우고, 환자들이 치유되며, 복음이 선포되고 있습니다. 그래서 우리는 우리와 접촉하는 많은 이들 안에서 기독교인의 인격이 형성되고 있다고 믿습니다.

출처: PHS

Came with Mission Report

FILING DEPT.
APR 4 1924
1197-2
SECRETARIES

Report to Seoul Station December, 1923

Severance Union Medical College

The keynote of this report is progress. Each department contributes its quota to swell the total. Our physical plant has been improved, our students and pupil nurses have kept steadily to business without the distraction of strikes, the volume of pay patients in the dispensary is almost as great as last year, and the earnings in the several departments exceed those of the corresponding period of the year before.

Improvements to the Physical Plant: The hospital basement has been made more serviceable by the removal of the furnace to a new building just outside, and the extra space has been used to make the bathing and sanitary conditions more adequate. These changes involved a change of grade so that the entrance from the rear of the hospital would be on basement level instead of on the main floor level as it was before. This change lessens the traffic on the main floor considerably and thus adds much to the efficiency of the whole work. The new grade gives us additional coal storage facilities which lessen the work of hauling coal.

The hospital kitchen is now in the final stages of complete renovation, and a new caterer has been engaged in the interval, so that the standard of service here is much improved with a corresponding lessening of complaints. This renovation has cost about Y1357.18 to date.

The new retail store is at the stage where the stock is being put in, and a "grand opening" will be advertised within a few days. Only those of us who have labored at the job of taking inventories will really appreciate what a boon this extra space is going to be. In addition, there have been many appreciative comments by patrons that we are to have an up-to-date drug establishment.

The general offices and the dental department have changed suites. Each of these now has a much more efficient layout than before, and a more attractive set of offices, thanks to the liberal use of high-grade imported paint.

The foregoing represent what has been done in the line of improvements. Now we have to report a still larger departure. During the summer, very largely through the efforts of Dr. Oh, a committee of Koreans who had collected a sum of money to erect a contagious diseases ward decided to give this money to us and ask us to erect a ward for contagious diseases. They turned over Y12,000 in cash and there are other subscriptions pledged. The ground where the new building is to stand has been cleared, and plans prepared, and we are now getting bids in order that construction can go forward as soon as building operations are possible next spring. This represents the first donation of any magnitude by Koreans to our work, and we hope it is the earnest of many more.

The Medical School: The student enrolment is as follows:

| | | |
|---|---|---|
| 1st year | 24 | |
| 2nd " | 16 | |
| 3rd " | 16 | |
| 4th " | 7 | Total 63 |

There are still important vacancies in our teaching force, but these, with the cooperation of the government and the government medical college authorities have been minimized by the securing of time teachers. Everything is going smoothly in the teaching service. Dr. Bruff resigned on account of continued ill health and left the field in July.

The Nurses' Training School:

The enrolment of pupil nurses is as follows:

| | | |
|---|---|---|
| 1st year | 12 | |
| 2nd " | 9 | |
| 3rd " | 5 | Total 26 |

On October 16, 1923, 5 nurses were graduated.

Dispensary: From April 1st to November 30, the number of pay treatments was 30,602 which represents a falling off by 467 compared with the corresponding period a year ago. The number of free treatments was 19107, compared with 23032 the previous year. The decrease of 3925 free treatments means that we have tightened up on our free work over previous years. Our free work is, however, 38% of the total service in the Dispensary. Since April 1st, Dr. Norton has taken charge of the Eye Department, and Dr. Hong, of the Ear, Nose and Throat. These clinics are now well equipped. Upon the arrival of Dr. McLaren, a Neurological clinic was opened. There are now ten clinics in daily operation, some of which also have sub-divisions. Dr. Hopkirk was assigned the general foreign practice work after the departure of Dr. Stites on furlough. Since October 1st, Dr. Mansfield has assumed in connection with his hospital and teaching duties the superintendence of the out-patient department, thus co-ordinating the out-patient and in-patient departments under one administrative head.

Hospital: Dr. Mansfield reports on this department as follows.

For the first six months of this fiscal year the in-patient record is a little in excess of the record for the previous six months, there being for this time an average of 74.3 patients as compared with 72. These patients spent an average of 18 days each in the hospital. Forty seven percent were discharged as cured, and thirty-four percent were improved on discharge. Ten percent were not improved and seven percent died.

Our list of patients contains some very interesting cases. One was sent to us from Sungjin. He was supposed to have a lump of mercury in his stomach. We laughed and said it was impossible. The first X-ray examination proved our contention until we found that we had X-rayed the patient's friend instead of himself. When we got this mistake corrected, we found that the patient's story was probably correct. Physical examination showed a mass that could be tossed about like a base-ball. Then Dr. Ludlow operated and removed a ball of mercury and lead salts about two inches in diameter. Now the patient is making a good recovery.

A few days ago, a lad was brought in from the country. He had been bitten by a snake eight months before. A tourniquet had been applied below the knee, tied so tightly and left so long that gangrene had set in. When the patient reached us, the foot was a black shriveled mass attached to the knee by two bare bones. A midthigh operation was necessary, but the lad's life will be saved. This case suggests a charity that ought to be begun in Korea especially because accident and amputation cases are so rapidly increasing. That is to supply and teach the use of artificial limbs. We often have patients say that they would rather die than lose a leg, because such a loss means a life of beggery for them. We do not consider our task finished when our patients are left in such a condition. Artificial limbs go a long way toward reestablishing the patient's economic independence. At home, there are societies, organized for this charity; but in Korea, as yet no start has been made.

Our nursing situation is still desperate. Miss Lawrence and Miss Young carry the entire responsibility, much too great a load for any two workers. We are using Korean graduate nurses to the full extent of their ability, but the task is too great for them. As a result, whole sections of our nursing task are untouched, and many splendid opportunities for service are thus lost.

The hospital statistics are as follows:

| | Pay patients | Free patients | Receipts |
|---|---|---|---|
| April to Nov. 1922 | 1029 | 432 | Y24,403.13 |
| ditto 1923 | 996 | 357 | 31,236.93 |
| Decrease | 33 | 75 | |
| Increase | | | Y 6,833.80 |

Optical Department: This department has taken on a new lease of life since Dr. Norton arrived and reorganized it. The optical shop has new equipment and a Chinese expert, who can grind anything in the optical line. The sales have largely increased, and there is no longer the necessity of sending to Tokyo or Peking for optical service. The need now is for larger quarters and another grinding machine, so an apprentice may be trained.

Dental Department: As already mentioned, this department has changed its quarters and has now a splendid suite. The new equipment is now en route, and when it is installed, I think, Dr. Boots will claim that there is nothing anywhere else in the Orient that can touch his Department.

Wholesale Department: The important news here is that we had a visit from Mr. and Mrs. Lynn of Indianapolis, who are members of the church which supports Dr. and Mrs. D. B. Avison. You will recall that they were with us at last Station meeting. Mr. Lynn is manager of one of the largest drug producing concerns in the world, and has honored us with the title of "Distributors in Korea for Eli Lilly & Co." Dr. Boots also secured the interest of Mr. White, head of the S.S. White Dental Supply Co., the largest concern of its kind in the world, and we have secured the agency for Korea for that house. The Japanese government has forbidden the importation of narcotic medicines, so that our manufacturing facilities will be more largely used in making up these medicines than before.

Religious and Social Department: The work goes on here as usual, with the Korean evangelist and Bible woman constantly putting before the patients the claims of the gospel as well as conducting organized Bible classes and devotional meetings with our employees, students and nurses. The Bible woman, for example, reports that since July she has secured 53 converts of whom seven are now attending the South Gate Presbyterian

Church. This Department, which works under the direction of a committee, will have charge of the Christmas activities consisting of remembering the child patients especially and the children of the members of the staff. Our good friend Rev. W. C. Carrier, D.D. of Chicago, has just sent $100 towards the support of this department.

Administrative Department: The postponement of our President's visit to America and the illness of Dr. VanBuskirk have together contributed to delay the putting into full effect of the new scheme of administration which was reported on previously. As part of the new scheme, the Board of Managers sanctioned a plan of internal administration at its meeting in September, which places the general administration in an Administrative Council instead of in the Faculty as before. Each department has a special committee to consider its problems and welfare, the Faculty, for example, being the Committee in charge of the teaching work. For the present, Dr. Avison has special responsibility for the work of the Promotional Business, Property and Religious and Social Work Committees, while Dr. VanBuskirk has oversight of the Faculty, Hospital and Out-Patient, Nursing School and professional Staff Committees.

The rapid growth of the work and the increasing amount we have to do on credit, combined with the lack of sufficient funds from cooperating Missions to work on without creating a deficit, has severely strained our capital resources, and we have had since the summer to go steadily to the bank for overdraft accommodation in order to meet our payrolls and purchases. Our deficit for the first six months of this year is about Y8,700.00. The cost of alterations and improvements accounts for about half of this sum. We have just received, with great joy from Mr. Severance, Y8,000 to apply on this deficit.

We have problems galore, but are thankful that in spite of these the work goes ahead steadily; students and nurses are taught, the sick are healed, the gospel is proclaimed, and we believe Christian character is being built into many with whom we come in contact.

## 89. 에비슨이 서덜랜드에게

1923년 12월 19일

조지 F. 서덜랜드 목사,

150번지 5번가, 뉴욕.

친애하는 서덜랜드 씨,

연희전문학교의 난방 설비에 관해 지금은 보일러를 건물마다 따로 설치하는 쪽으로 생각이 굳혀지고 있습니다. 이렇게 하려면, 다음번 겨울을 맞기 전에 모든 건물에 설치할 수 있도록 그 자재를 가능한 한 빨리 우리에게 보내주어야 합니다. 지금 기숙사가 건립 이래 두 번째 겨울을 맞이하고 있지만, 난방이 되지 않아 또다시 다음 봄까지 문을 닫았습니다—매우 불편한 상황입니다. 난방 설비와 관련하여 건물들이 현재 다음과 같은 상태에 있습니다.

기숙사. 당신의 편지에 따르면, 방열기, 배관과 부속품이 운송 중에 있습니다.

필요한 것－크기가 알맞고 모든 부품의 조립이 완성된 온수 보일러.

아펜젤러관. 방열기, 배관과 부속품이 모두 이곳에 도착하여 설치하였습니다.

필요한 것－크기가 알맞고 모든 부품의 조립이 완성된 온수 보일러.

언더우드관. 다락에 사용할 방열기는 있지만, 필요한 배관과 부품은 없습니다. 그러므로 당신이 우리에게 다음의 것들을 보내주어야 합니다.

1. 크기가 알맞고 모든 부품 조립이 완성된 온수 보일러.
2. 당신이 가지고 있는 주문서에 기재된 내용 그대로의 방열기, 부품과 배관.
3. 다락을 위한 배관과 부품.

루카스 씨가 편지에서 배관 시스템을 중앙난방에서 개별난방으로 바꾸는 문제를 당신과 상의하였는데, 거기에서 그는 당신에게 이 문제를 맥멀런(McMullen) 씨에게 직접 문의하여 당신과 그 사람이 무엇을 결정하든지 간에 실행하라고 요청하였습니다.

그러나 이곳에서 우리가 그 일을 생각해보면, 이런 개별적인 보일러 시스템은 임시변통에 불과할 것이므로 본래의 배관 설계를 따르는 것, 곧 이미 판 도랑에 [난방수] 회수 본관들을 놓고서, 보통 하는 대로 보일러를 공급 본관에 연결하고 회수 본관을 보일러에 연결하는 것이 최선이라고 결론짓는 것이 현명할 듯합니다. 세 건물을 모두 이렇게 조립하려면 어떤 부품들이 필요할지에 관해서는 당신이 맥멀런에게서 제안을 받아야 합니다.

위에서 말한 것의 대금을 지불하는 문제에 관해서는, 남감리회가 아주 가까운 시일 내에 당신에게 지불해야 할 그 1만 7천 불에서 내야 할 것으로 생각합니다.

이곳에 있는 남감리회 선교회의 예산편성 위원회가 최근에 연 회의에서 내쉬빌에 있는 그들의 선교부에 이 돈을 최대한 빨리 보내라고 다시 촉구하였습니다. 보아즈(Boaz) 감독이 올봄에 미국으로 돌아가려 하는데, 2월 말쯤 출항할 작정입니다. 그는 이 돈도 모으고 다른 필요한 돈도 모으기 위해 여러 교회를 다니며 여행할 것입니다. 백주년 기념행사로 인해 제한받았던 순회 모금 활동이 1924년 1월 1일부터 풀릴 것이므로, 그가 자유롭게 새 기금을 모금할 것입니다. 그가 내게 올봄에 본국에서 그와 함께 이런 모금 여행을 하자고 재촉하였지만, 나는 이 여행을 위해 어떤 계획을 다시 세우기 전에 본국 쪽에서 권장하는 어떤 말을 해줄 때까지 기다려야 합니다.

당신이 피츠필드 교회로부터 추가로 받은 기금은 물론 당신에게 도움이 될 것입니다. 그러나 언더우드 씨에게 변상할 금액은 남감리회 선교부가 1만 7천 불을 보내야만 다 해결될 것입니다. 이 일은 당신에게 기숙사 난방 설비의 비용을 대야 하는 어려움을 안겨줄 것입니다. 당신이 어떻게 해서든지 간에 그렇게 할 수 있게 할 방안을 찾아내어 모든 자재를 다 같이 내보낼 수 있을 것이라고 믿습니다.

안녕히 계십시오.

O. R. 에비슨

출처: UMAC

OFFICE OF THE PRESIDENT

O. R. AVISON, M.D.

# Chosen Christian College

Seoul, Chosen

CO-OPERATING BOARDS
PRESBYTERIAN CHURCH IN THE U.S.A.
METHODIST EPISCOPAL CHURCH
METHODIST EPISCOPAL CHURCH, SOUTH
PRESBYTERIAN CHURCH IN CANADA

883-1

TRANSFERRED

December 19th, 1923.

Mr. Geo. F. Sutherland,
150 Fifth Avenue, New York.

Dear Mr. Sutherland,

Re heating plant for the Chosen Christian College, the present idea seems to be that each building will have an individual boiler installed. If this is so, then we should have the materials sent out as soon as possible so that all can be installed before next winter. This is the second winter since the Dormitory was erected, and it is yet without heat and is closed again until next Spring - a very inconvenient situation. The present status of the buildings with regard to the heating plants is as follows,-

Dormitory Radiation, piping & fittings on the way according to your recent letter.
Needed - Hot water boiler of suitable size, complete with all fittings.

Appenzeller Hall Radiation, pipe & fittings all here and installed.
Needed - Hot water boiler of suitable size, complete with all fittings.

Underwood Hall The radiation for the attic is here, but no pipe or fittings for it. You therefore should send us the following:

1. Hot water boiler of a suitable size to heat the building complete with all fittings.
2. Radiation, fittings & pipe as per order in your hands.
3. Pipe & fittings for attic.

The question of changing the piping system from the method for Central Heating to Individual Heating was taken up with you in a letter from Mr. Lucas in which he asks you to take this up directly with Mr. McMullen and whatever you and he decide on will be the thing to do.

However, as we think of it here, it would seem wise to conclude that this system of individual boilers will be only temporary and that it will be best to follow the original piping lay-out,- that is, lay the return mains in the trenches already constructed, and connect the boiler with the ascending main and the return main with the boiler in the usual way. Such fittings as may be necessary for this should be suggested to you by Mr. McMullen for all three buildings.

As for payment for the above, I suppose it will come out of the $17,000.00 due from the Southern M. E. Mission which should be paid to you in the very near future.

- 2 -

At a recent meeting of the Estimates Committee of the S.M.E. Mission here, they again urged their Board in Nashville to release this money at the earliest possible moment. Bishop Boaz is going back to America this Spring, expecting to sail about the end of February, and he is to travel through the churches in an effort to raise this and other needed money. The restrictions on canvassing due to the Centenary Campaign will be removed January 1, 1924, so that he will have a free hand to raise new money. He has been urging me to go home this Spring and go with him on this canvassing tour, but I must await some encouragement from the home end before again making plans for this trip.

Of course, the receipt by you of added funds from the Pittsfield Church will help you. However, the $17,000.00 from the S.M.E. Board will only cover the amount of funds to be repaid to Mr. Underwood, and this will leave it difficult for you to finance the heating plant for the Dormitory. I trust that in some way you will find it possible to do it so that all the materials can come out together.

Believe me,

Very sincerely yours,

O.R. Avison

RECEIVED
ASS'T TREASURER
1-14-24
TO — RECEIVED
ANSWERED
1-18
S.M.B. 1-21
JAN 2 1924 Filed

## 90. 맥케이가 에비슨에게

1923년 12월 20일

O. R. 에비슨 박사,

서울, 한국, 일본,

친애하는 에비슨 박사님:

두 달 전에 대학이사회의 연례회의 회의록을 이사회에 제출된 보고서들과 함께 받았습니다. 그때 그것들을 다 읽기는 했지만, 내가 보았던 것을 지금은 바로 기억할 수 없을 것 같아서 염려됩니다. 그것들은 훌륭할 뿐만 아니라 아름다운 운율과 같다는 인상을 내게 주었습니다. 그런 보고서들을 본국에 보내면서 그것들이 읽히도록 분량을 줄이는 수고를 너무 많이 하지는 않았는지 의문입니다. 그처럼 광범위한 저작물들을 살피다가 그 안에서 길을 찾아낼 이가 거의 없을 것 같아 염려되지만, 그래도 그 문서들은 양과 질, 모든 면에서 훌륭한 사역이 이루어지고 있는 것을 보여주고 있습니다.

지금 나는 그것들을 받은 사실을 알리기까지 많은 시간을 보낸 것에 대해 사과하는 편지를 쓰고자 합니다. 이 사실을 알리지 않는다면, 그것들이 용납하지 않을 것입니다.

당신은 어떻게 지내십니까? 늘 그랬듯이 잘 지내고 사역을 즐기기를 희망합니다. 기금을 얻는 문제만 빼면 모든 것이 그러합니다. 모든 일이 염려됩니까? 사역을 벌이기보다 유지하기 위해 아주 많은 에너지의 투입이 요구될 때는 우리가 올바른 길에 있기 때문이 아닙니까? 연말이 우리 앞에 이르렀습니다. 나는 한 해의 마지막 때에 우리 기금이 앞으로 어떤 상태에 있을지를 예견할 수 없습니다. 어떤 때는 희망을 품지만, 어떤 때는 덜 그렇습니다. [캐나다 장·감교회의] 연합문제를 둘러싼 갈등으로 갈수록 분노가 커지고 있는 상황에서 어디에서나 사람들이 돈 문제를 말하고 있는데, 지금 [캐나다장로회의 선교사업을] 후원하고 있는 많은 이들이 만일 요동치는 상황이 계속된다면 후원을 중단하겠다고 말하고 있는 것을 보면, 그래도 올해는 우리가 내년을 생각하며 겁박을 당하고 있는 것만큼이나 심하지는 않은 셈입니다.

여기에서 우리가 관점을 달리하여, 그 답을 바람을 피하고 폭풍우에서 숨을 피난처가 되시는 그분에게서 찾아볼까요?

연례적인 해외선교대회(Foreign Missions Conference)가 한두 주일 안에 아틀랜틱시티에서 열립니다. 다음 주에 학생자원운동 4년제 대회(Student Volunteer Movement Quadrennial Convention)가 인디애나폴리스에서 열릴 예정이므로 토론토에서 많은 청년이 갈 것입니다. 나는 한두 주일 후에 범장로교협의회(Pan-Presbyterian Council)의 회의에 참석하러 캐롤라이나로 내려갈 작정이므로 두 곳에 다 가지 않습니다. 지난 여름 스위스, 프랑스, 그리고 영국을 여행하면서 무척 즐거웠지만, 그처럼 많은 곳을 가는 것이 옳다는 느낌을 별로 받지 못하였습니다. 에비슨 부인이 계속 건강하고 다른 모든 분도 건강하기를 희망합니다. 소란 속에서도 사역은 이루어지고 또 계속될 것입니다. 바로 이곳에서 우리가 매일의 일과를 수행하는 한편으로 미래에 대한 믿음을 가지고 살고 있습니다.

이 글을 서둘러 마치고, 모두에게 최고의 행운을 빕니다.

안녕히 계십시오.

RPM [R. P. 맥케이]

출처: PCC & UCC

Dec. 20, 1923.

Dr. O. R. Avison,
Seoul, Korea, Japan.

Dear Dr. Avison:

I received two months ago minutes of the Annual Meeting of the Board of Managers, together with reports presented. I went through them at the time, but I am afraid I could not just now recite what I had noted. They impress me as good but melodious. I wonder whether or not the labour would be too great to reduce such reports in order to secure reading when sent home. I fear there are but few who will find their way through such encyclopaedic productions, and yet they represent great work both in quantity and quality.

I am now writing to apologize for allowing so much time to pass before acknowledging. That is if not acknowledged, and I think they have not.

How are you? I hope well and enjoying your work as usual. That is all except the problem of getting funds. What a worry it all is? Are we on right lines when so much energy is required to maintain instead of doing the work? The end of the year is upon us. I cannot predict the state of our funds at the close of the year. I am sometimes hopeful, and sometimes less so. The union conflict that is raging with increasing severity is telling upon funds everywhere; not so much this year as it threatens to effect us next year, for many who are now supporting say that they will not continue to do so if the agitation continues.

May we find that in this as in other respects that He is a hiding-place from the wind and a covert from the tempest.

The Annual Foreign Missions Conference comes on in a week or two at Atlantic City. Next week the Student Volunteer Movement Quadrennial Convention is to be at Indianapolis, and a considerable number of young men are going from Toronto. I am not going to either because I expect a week or two later to go south to Carolina to the meeting of the Pan-Presbyterian Council. I had so delightful a trip in Switzerland, France and England last summer that I scarcely feel justified in going to so many places. I hope Mrs. Avison keeps well and

To Dr. O. R. Avison Page 2.

all others. The work in spite of disturbance does and will go on. It is our place to work a day at a time, and to have faith in the future.

This word hurriedly, and with all best wishes, I am

Yours sincerely,

RPM/MWG.

# ▎찾 아 보 기 ▎

ㄱ

## ㅁ



## ㅂ

## ㅅ

## ㅇ

ㅈ

**ㅊ**



**ㅋ**



**ㅌ**



**ㅍ**

## ㅎ

## 편찬자 소개

### ▌연세대학교 국학연구원 연세학연구소

연세학연구소는 연세 역사 속에서 축적된 연세정신, 연세 학풍, 학문적 성과 등을 정리하고, 한국의 근대 학술, 고등교육의 역사와 성격을 살펴보기 위해 설립되었다. 일제 강점하 민족교육을 통해 천명된 "동서고근 사상의 화충(和衷)"의 학풍을 계승, 재창조하는 "연세학"의 정립을 지향한다. 〈연세학풍연구총서〉, 〈연세사료총서〉를 간행하고 있다.

### ▌번역 | 문백란

전남대학교 사학과, 연세대학교 대학원(문학박사)에서 수학하였으며, 현재 연세학연구소 전문연구원으로 활동하고 있다. 「언더우드와 에비슨의 신앙관 비교」 등의 논문들을 썼고, 본 연구소에서 간행한 『연 · 세전 교장 에비슨 자료집』(Ⅰ)과 (Ⅲ)~(Ⅴ)를 번역하였다.

### ▌감수 | 김도형

서울대학교 국사학과, 연세대학교 대학원(문학박사)에서 수학하였으며, 연세대학교 교수, 한국사연구회 회장, 한국사연구단체협의회 회장, 한국대학박물관협회 회장, 동북아역사재단 이사장 등을 역임하였다. 『민족문화와 대학: 연희전문학교의 학풍과 학문』과 『근대한국의 문명전환과 개혁론: 유교비판과 변통』, 『국권과 문명: 근대 한국 계몽운동의 기원』, 『민족과 지역: 근대 개혁기의 대구 · 경북』을 비롯한 다수의 논저가 있다.

### ▌자료수집 | 최재건

연세대학교 신과대학, Yale University의 Graduate School과 Divinity School, Harvard University의 The Graduate School of Arts & Science(문학박사)에서 수학하였고, 본 연구소 전문연구원으로 활동하였다. 『언더우드의 대학설립』과 『한국교회사론』을 비롯한 다수의 국 · 영문 저서 및 역서가 있다.